吴邦国论经济社会发展

（上）

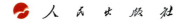

人民出版社

吴邦国

1992 年 2 月 10 日，吴邦国陪同邓小平在上海一家企业视察。

2002 年 11 月 15 日十六大后，吴邦国与江泽民主席合影。

　　2009 年 3 月 13 日，第十一届全国人民代表大会第二次会议在北京人民大会堂举行
闭幕会。会议期间，吴邦国与胡锦涛总书记在一起交谈。

2012 年 11 月 15 日十八大后，吴邦国在北京人民大会堂福建厅与习近平总书记合影。

1993 年 1 月，陈云与吴邦国、陈国栋（左一）在一起交谈。

　　1995 年 3 月 18 日，国务院总理李鹏和副总理朱镕基、邹家华、钱其琛、李岚清、吴邦国、姜春云会见采访全国两会的中外记者。

　　2002 年 11 月 15 日，新当选的中共中央总书记胡锦涛和中央政治局常委吴邦国、温家宝、贾庆林、曾庆红、黄菊、吴官正、李长春、罗干在人民大会堂与采访十六大的中外记者见面。

　　2003 年 3 月 15 日，第十届全国人民代表大会第一次会议在北京人民大会堂举行第五次全体会议，吴邦国当选第十届全国人民代表大会常务委员会委员长。图为李鹏与吴邦国握手。

2002 年 9 月 7 日，吴邦国在北京人民大会堂迎接出访归国的国务院总理朱镕基。

　　2009 年 10 月 1 日，首都各界庆祝中华人民共和国成立 60 周年大会在北京天安门广场隆重举行。胡锦涛、江泽民、吴邦国、温家宝、贾庆林、李长春、习近平、李克强、贺国强等出席大会。

　　2011 年 4 月 24 日，庆祝清华大学建校 100 周年大会在北京人民大会堂举行。胡锦涛、吴邦国、温家宝、贾庆林、习近平、李克强、吴官正等出席大会。

出 版 说 明

　　《吴邦国论经济社会发展》收入了吴邦国同志一九九四年十一月至二〇一二年十一月在先后担任中共中央政治局委员、国务院副总理和中共中央政治局常委、全国人大常委会委员长期间，有关经济社会发展的重要著作，共有报告、讲话、信件、批示、答问等一百四十篇，大部分是第一次公开发表。

　　曾经公开发表过的著作，这次编入本书时，又作了少量的文字订正。为了便于读者阅读，编辑时作了必要的注释，附在篇末。

　　在编辑本书时，作者逐篇审定了全部文稿。

本书编辑组

二〇一七年三月

目　录

（上）

关于国有企业改革的几个问题[*]

（一九九四年十一月四日）

中央调我来北京工作，李鹏总理在跟我谈话时明确我分工负责工交生产和企业改革工作，让我先从熟悉情况着手。一是了解全国的情况，二是了解工作程序，三是了解企业的基本情况。这次借全国建立现代企业制度试点工作会议之机开个座谈会，主要是想听听大家的意见。同时，也想与各地领导同志熟悉一下。刚才大家的发言对我启发很大，各位的讲话反映了各地的情况，认识也基本一致。下面我讲几点意见，基本上是有感而发。

一、抓住机遇，不失时机地搞好国有企业改革。

当前，搞好国有企业改革，面临着难得的机遇。这一机遇是我们盼望多年的，要抓住机遇，珍惜机遇，不失时机地做好工作。我到北京后有两组数据令我印象深刻。一组数据是，在工业企业总数中，国有工业企业占百分之二十，但其资产总值、销售收入、销售税金却分别占全国的百分之七十左右；在国有企业总数中，大中型企业占百分之二十，但其资产总值、销售收入、销

    * 这是吴邦国同志与参加全国建立现代企业制度试点工作会议的各地负责同志座谈时的讲话。吴邦国同志当时任中共中央政治局委员、中央书记处书记。

售税金却分别占全国国有企业的百分之八十左右。这表明，国有企业特别是国有大中型企业在我国国民经济中仍占主导地位，国有企业对国民经济发展负有重要责任。另一组数据是，今年九月底，国有工业企业按企业个数算亏损面达百分之四十四点五，当然主要是中小企业，亏损额达二百九十二亿元。这表明，目前国有企业还相当困难，有相当多的企业还没有走出困境。这两组数据反差很大，一是表明国有企业非常重要，必须搞好；二是表明搞好国有企业的任务还非常艰巨，这正是我们当前深化改革的重点和难点。国有企业改革成败关系到社会主义市场经济体制能否成功确立，我们要充分认识到搞好这项改革的重要意义，不失时机地把国有企业搞上去。

之所以说当前深化国有企业改革面临着难得机遇，我认为主要有以下几点。

一是党中央、国务院明确了国有企业改革是明年经济体制改革的重点。党中央、国务院一直非常重视国有企业改革。党的十二届三中全会明确提出，增强企业活力是经济体制改革的中心环节，以后又就国有企业改革进行了一系列探索。像这样明确地提出企业改革是明年改革的重点，还是第一次。中央这一决断，是在正确分析当前的政治经济形势、总结企业改革的发展历史、分析企业现状的基础上提出的。江泽民总书记在党的十四届四中全会讲话中谈到明年工作时，对企业改革讲了三句话：企业改革要作为明年改革的重点；改革的重点内容是政企分开、企业内部经营管理和搞好社会保障制度；深化企业改革是一项长期的任务，要打几个战役。一至两年不行，就搞三至五年，要有长期作战的准备。总书记的话反映了中央对搞好企业改革的决心。各地和负责企业工作的同志一定要抓住机遇，把企业改革工作搞好。

二是企业改革有了一定的基础，与十五年前、十年前、五年前的情况都大不一样。十五年来，企业改革先后经历了扩权让利、两步"利改税"、承包制和股份制等大量探索和试点，取得了一定成效。十五年企业改革的实践，也使我们对企业的基本状况有了比较客观的认识。来京前，我在上海用十二个半天召开了座谈会，会上反映的情况和问题与国家经贸委起草的《深化企业改革，搞好国有大中型企业的规划和意见》中反映的情况基本一致。国有企业的现状和问题应该说基本上是清楚的。同时，经过这些年的努力，各地都出现了一批搞得比较好的企业，为深化国有企业改革提供了经验。在上海，就有宝钢、二纺机、第二毛纺厂等。总之，十五年企业改革的实践，为我们进一步深化改革打下了很好基础，大家对企业改革中的许多问题逐步形成了共识。如我们以前谈到企业，一般是"生产经营"的概念，现在已逐步深化到"资产经营"的概念。所以说，十五年的实践与探索为今天企业改革提供了宝贵的经验。

三是今年以来，财税、金融、投资、外贸、外汇和价格等重大改革措施的出台，为社会主义市场经济体制的确立跨出了关键性的一步。宏观经济体制改革重大措施的出台，一方面，为企业改革创造了必要的条件，如统一市场、公平竞争条件的逐步形成，以市场为取向的经济体制改革不断完善等；另一方面，又对企业改革提出了进一步深化的要求。企业是经济的微观基础，没有充满活力的企业，没有千万个适应市场经济的独立的经济运行主体，社会主义市场经济体制就无法建立。

二、深化企业改革的关键在实践。

企业改革的基本框架，涉及理论上的问题，在党的十四届三中全会《关于建立社会主义市场经济体制若干问题的决定》中都已经明确了，现在关键是实践。党的十四届三中全会决定指出："建立现代企业制度，是发展社会化大生产和市场经济的必然要求，是我国国有企业改革的方向。"同时，把现代企业制度的基本特征概括为"产权清晰、权责明确、政企分开、管理科学"。这次会议讨论的《深化企业改革，搞好国有大中型企业的规划和意见》、《关于选择一批国有大中型企业进行现代企业制度试点的方案》等文件，对现代企业制度试点的目的、原则、内容、配套文件、组织实施和组织机构，都规定得比较明确和具体。今天座谈会上，虽然同志们反映文件的力度不太够，不解渴，希望尽

1995 年 1 月 25 日，吴邦国在天津考察企业。

快制订十二个配套文件，但又都认为目前的文件基本上是可以操作的。既然如此，希望大家要在党中央、国务院领导下，结合当地和企业的实际，进行积极探索，逐步加以完善。对建立现代企业制度试点工作，我们已经有了规划和意见及试点方案，当然，在具体问题上还会有不同的认识，这都是正常的。我们不要因为对某些问题有不同看法，而影响试点工作。小平同志讲过，"不搞争论"是他的发明。我们要通过实践认真总结经验教训，在实践中逐步统一认识，深化改革。关于试点工作，下面我强调几点。

（一）试点工作要从实际出发。试点的总原则有了，但最终还要与各自的实际相结合，形成可行的操作方案。选择出的一百户企业的情况也各不相同，有效益好的、一般的和亏损的。企业状况不同，这里既有共性问题，也有个性问题。此外，企业所处的地域不同，宏观经济条件也不同，既不能一哄而起，也不能一刀切，还是要从实际出发，分类指导。要依据规划和意见、试点方案，结合本地区和企业的实际开展试点工作。

（二）试点的重点在于政企分开、机制转换。有的同志提出，退所得税百分之十五的政策还不够。我们认为，对试点的政策要有正确的认识。虽然退还百分之十五所得税，就资金数来说是很有限的，但目前试点中的退税已不再是以往的减税让利，而是通过所得税的返还来注入资本金，以改善企业的资产负债结构，是从体制上、机制上解决问题，设法解决资本金的自补机制。要重视从机制上探索问题。企业改革要有新的思路，在转换机制上多下点功夫，就是花点钱，也要花在点子上，换来一个新的机制，不能停留在老方法上，要有些突破才行。

规划和意见把企业当前的困难归纳为三点：一是机制不活，二是效益不高，三是负担过重。要解决这些深层次的矛盾，关键在于政企分开、机制转变。不从制度创新和配套改革上入手，就企业谈企业改革，已解决不了深层次问题。对于试点工作，无论是完善法人制度、确立投资主体、进行公司组建，还是制订配套办法，都要把文章作在政企分开、机制转换上。各地区要为企业解决实际困难和问题，试点工作也要在改革思路、方式和方法上进行探索。

（三）改制、改组、改造要有机结合。改革旨在解放和发展生产力。要把改制与结构调整、技术改造、市场开拓、壮大企业集团等结合进行。规划和意见中明确提出改制、改组、改造结合的思路，这非常重要。前几天，我在冶金部党建工作会议上，了解到一些冶金工业的情况。我国钢铁企业人均年产钢二十至四十吨，即使宝钢也就三百吨，而目前国外一般是人均年产钢五百至八百吨。所以，只有改制、改组、改造相结合，把改革与发展、转制与改造有机地结合起来，不断增强企业后劲，才能逐步提高企业效益和劳动生产率。我们不能就改革而说改革，更不能一哄而起，认为换一块牌子就是企业制度的创新。改革只有促进生产力的发展才有生命力。通过改革，增强企业动力，加快行业改组和企业技术改造，才能增强企业竞争力，提高企业的效率。总之，我们还是要强调试点，强调实践，强调总结经验。

三、企业改革是一个长期的过程。

李鹏总理找我谈话时，一方面谈了国有大中型企业改革的紧迫性，同时也强调了企业改革是一个长期的过程。规划和意见也谈到了这一点。江泽民总书记在十四届四中全会上讲到企业改革打几个战役，一两年不行，就搞三至五年，也是强调需要一个长期过程。不能想象，今天开会，明天就解决问题，这是不可能的。对我们来讲，一方面要有紧迫感，不仅抓住发展机遇，还要抓住改革的机遇；另一方面也要有长期的思想准备，要锲而不舍，充满信心。刚才大家谈到的许多问题，这本身也说明了企业改革的复杂性、艰巨性和长期性。我感到有几个问题，一个是当前的企业困难，不是一两年而是长期形成的。长期形成的困难和问题，不可能在一两年内解决。这次王忠禹[1]同志的报告也谈到，全国国有企业的亏损面已达百分之四十四点五，黑龙江的同志刚才谈到是百分之六十一，辽宁同志谈是百分之五十七。这么大的亏损面，一年亏损四百亿，这不是一两天所能解决的。企业的自有流动资金短缺，也并非一两年形成的。忠禹同志报告中谈到，十八个试点城市企业的自有流动资金比例才占百分之四点六一。上海市专门作过调查，国有企业流动资产负债率为百分之八十九点九，即自有流动资金仅占百分之十点一。此外，流动资金中还有三分之一的潜亏和挂账，不能参加资金循环。这些都不是一两年所能解决的问题。现有一万多亿的工业企业固定资产中，除去借贷外所剩不多。上海市预算内国有企业的资产负债率平均为百分之七十四点七，确确实实存在着资本多、借贷也多的问题。所以，这些问题是长期积累形成的，要解决问题不可能一蹴而就。况且我们的财政还是"吃饭财政"，银行的钱大都来自居民储蓄，是老百姓的钱，呆账坏账准备金也有限，全国一年不到一百亿元。解决问题确实需要一个过程，但又必须解决这个问题，否则企业就不能成为充满生机的独立的市场竞争主体。

另外，企业改革本身是一个系统工程，有一个宏观配套、整体推进的问题。一方面，深化宏观管理体制改革，为企业发展构造一个符合市场经济体制要求的、较好的宏观环境，这需要时间，要有一个过程，要准备付出长期、艰苦的努力。另一方面，作为地方党委和政府还需要考虑稳定的问题，有一个改革、发展和稳定的关系问题。有些问题，我在地方工作时体会比较深，上海市有一个不到三百人的厂想破产，原来想象破产很简单，但麻烦出在这三百人的工作安置上。企业只有三百人，但在社会上有成千上万的同情者。要真正使资不抵债、扭亏无望的企业破产，就要建立社会保障制度，具体涉及到养老、医疗、失业等保险。还有就是再就业问题。国外有再就业机制，失业比例很大，但就业也快。这项改革也是一个长期的过程。总之，企业改革不能离开整个宏观经济环境。现在我们所处的宏观经济环境并不宽松，给企业改革所能提供的条件有限。对企业改革要坚持不懈，锲而不舍，要有一个长期作战的准备。

我相信经过全国上下的共同努力，我们的改革一定会成功，使国民经济持续、快速、健康地发展。

注　释

[1] 王忠禹，时任国家经济贸易委员会主任、党组书记。

把深化企业改革与强化企业
内部管理有机结合起来[*]

（一九九五年二月二十二日）

　　深化改革，强化管理，着力提高经济增长的质量和效益，是当前和今后一个时期国有大中型企业面临的主要任务。这次会议的中心议题是加强企业管理，会议开得很好。相信通过这次会议，一定会推动全国企业管理工作迈上较大的台阶，开创企业管理工作的新局面。

强化企业管理是企业一切工作的基础，
也是深化企业改革的重要内容

　　中央经济工作会议是一次重要的会议，会议正确分析了当前经济形势，明确了今年经济工作的指导方针和主要任务。为贯彻中央经济工作会议精神，结合经贸系统面临的形势和任务，我在去年全国经贸工作会议上强调了三个问题，一是抑制通货膨胀问题，二是提高经济增长的质量和效益问题，三是深化以国有企业

---

　　* 这是吴邦国同志在全国企业管理工作会议上的讲话，原题为《深化改革，强化管理，着力提高经济增长的质量和效益》。

9

为重点的经济体制改革问题。这三个问题都与加强和改进企业内部管理工作关系重大，加强企业管理工作是落实中央经济工作会议精神的重要内容。

现在群众最为关心的问题，还是通货膨胀，而从造成通货膨胀的深层次原因分析，与企业改革不到位有关，与企业经营管理不善有关，与企业效益不高有关。一些企业效益不高，没有能力消化价格改革增加的成本，而是在提高产品价格上动脑筋，推动了物价上涨；一些企业产品积压严重，占用大量资金，迫使货币供应量增加，形成倒逼机制；一些企业约束机制不健全，不是按国家规定的"两个低于"控制消费基金，而是滥发工资奖金，导致消费基金过快增长，引发通货膨胀；一些企业乱铺摊子，重复建设，大而全，小而全，固定资产投资不讲效益，不能提供有效供给，更是直接推动了通货膨胀。之所以出现这些情况，除企业经济工作的指导思想以外，也从一个层面反映了企业管理中的问题，不能说通货膨胀与企业的经营管理不善毫无关系。

当前，我们多数企业面临的突出问题，是经济增长的质量和效益不高，多数企业尚未根本摆脱粗放式经营的模式，这突出反映在：一是产品结构不适应市场需求，能生产的难销售，有市场的难转产；二是劳动生产率低下；三是科技进步含量低，产品附加值低；四是物耗、能耗高。而所有这些，都与企业管理有关。企业管理落后，管理不严，是造成浪费、效益不高的重要原因。在中央经济工作会议上，江泽民同志提出，要提高我国经济的结构优化效益、规模经营效益和科技进步效益，而我们必须清醒地认识到，没有科学的管理，也就不可能出现结构优化效益、规模经营效益和科技进步效益，也就不可能推进经济增长方式由粗放经营为主向集约经营为主的转变。

企业管理不仅是企业一切工作的基础，而且也是企业改革的重要内容。十四届三中全会已经明确，建立现代企业制度是国有企业改革的方向和目标，而现代企业制度的重要内容之一就是管理科学。企业改革与企业管理相辅相成，互为条件，既有内在的有机联系又有区别，不可互相代替。建立健全科学的管理，既是企业一切工作的基础，又是企业改革的重要内容，不存在没有管理的机制，也不存在没有机制的管理。改革的成果要靠管理来加以规范和巩固，而坚实的管理基础又是企业深入改革的必要条件。总之，深化企业改革，建立现代企业制度，就是要用市场机制促使企业提高经营管理水平，提高经济效益，由"政府要我抓管理"转变为"我要抓管理"。改革为强化管理提供了新的内容，提出了新的要求，促进企业加强和改进内部管理。落实《全民所有制工业企业转换经营机制条例》规定的自主权，建立现代企业制度，就要求对过去的管理方式和制度，管理方法和技术，都需加以改革、改进、完善、提高，形成一整套新型的管理制度，以保证新的经营机制正常运行，充分发挥作用。

对加强企业管理工作，中央领导同志是很重视的，不是一般的重视，而是从贯彻中央经济工作会议精神，搞活整个国有经济，摆脱当前国有大中型企业困境的高度，强调加强企业管理的重要性。江泽民同志在十四届四中全会上，就深化企业改革强调三个问题：一是政企分开，二是加强企业内部经营管理，三是逐步建立社会保障体系。加强企业管理，是他强调的三个问题之一。去年十二月江泽民同志视察天津时，又再次强调企业管理的问题。他说，加强科学管理是企业固本治本的大计，并明确提出，生产管理、经营管理、质量管理、成本管理、技术设备管理、队伍管理等，都要精益求精，一丝不苟地搞好，向管理要效益。李鹏[1]同志讲："要大力加强企业管理。目前不少企业管理工作削弱甚至滑坡的情况，必须引起高度注意。"[2]李鹏同志去年在沈阳视察工作时强调，一个好的企业，科学的管理是重要的一条。总之，我们要把深化企业改革和强化企业内部管理有机结合起来，使二者同步发展，以改革为动力，向管理要效益。国家经贸委去年在全国开展"转机制，抓管理，练内功，增效益"的活动之所以很好，就是从当前企业的实际出发，抓住了"转、抓、练、增"之间的内在关系。转换经营机制，是建立现代企业制度的基础，"转机制"要与"抓管理"相结合。企业练内功，既要深化企业内部改革，又要强化内部经营管理，这样，才能不断提高经济效益。

现在，无论是党政机关还是企业，都有相当一部分同志忽视企业管理，在企业管理上存在一些片面的认识，这里我想强调三个问题。

一是在企业改革中，把过多的注意力集中在"产权、股份、公司化"问题上，而忽视企业管理问题。深化企业改革的方向和目标是建立现代企业制度。而现代企业制度包含"产权清晰、权责明确、政企分开、管理科学"四个方面的内容。关于建立现代企业制度，中央一再强调，要全面、完整、准确地理解，不能以偏概全，或割裂开来理解。明晰产权，是企业改革很重要的一个内容，但是光凭"产权清晰"这一条还是不能把企业搞好，不能建立起现代企业制度的。管理是不会随着产权搞清晰了，自然而然上去的。思想上和工作上的偏颇，也是导致管理滑坡的重要原因。在现代企业制度中，管理科学是一条基本的重要的特征，它包括一套完备的、科学的管理体系，没有"管理科学"这一条，现代企业制度是不能真正建立起来的。总之，现代企业制度这四句话十六个字是一个有机的整体，缺一不可。

1995 年 5 月 12 日，吴邦国一行到青海湟中县上新庄藏毯厂考察。图为他与农民企业家交谈。

二是外部宏观上的问题往往掩盖了企业本身的管理问题。我们一再强调，国有大中型企业当前面临的困难，不单纯是企业本身的问题，而是我国国民经济深层次矛盾的综合反映。就企业而言，有外部的原因，也有内部的原因，所以我们一再强调要配套改革。就外部环境而言，企业确实面临很大困难，例如江泽民同志在天津视察时就说到企业债务问题，他说，进入九十年代西方发达国家企业负债率一般仅百分之五十至百分之六十，新加坡、马来西亚等国上市公司的负债率仅百分之四十，而我国国有企业资产负债率为百分之七十五；过去国家拨给国有企业的自有流动资金最多时到百分之七十，而现在国有企业的自有流动资金不到百分之十；再有就是人多，社会负担重的问题，等等。这些都是不能完全靠企业自身解决的问题。还有能源问题，运输问题，资金问题，税收问题，汇率变化问题，原材料价格问题，等等，也都是客观存在的。我们应努力工作，为企业发展创造良好的外部环境。

但是，我们也不否认，任何外部环境的改善都不能取代企业本身的工作，不能代替企业内部的管理。正如李鹏同志所说，目前"一些企业经济效益不好，管理工作差是重要原因"。据有关部门对一九九三年度两千多家亏损国有企业调查，其中经营管理不善造成的亏损占三分之二以上。为什么在同样的外部环境下，产品相同，技术设备相同，有的企业盈利，有的亏损？关键在企业内部经营管理，在于提高企业素质。随着财税、金融、外汇外贸、投资体制改革方案的顺利实施和逐步完善，建立社会主义市场经济体制的步伐明显加快。这一方面会使市场环境更加规范化，为企业深化改革，公平竞争，健康发展，创造比以往都好的宏观环境；另一方面，也会使部分企业那种依赖政府"等靠要"的管理状况，与市场经济不相适应的矛盾更为突出。靠政府的特殊政策，保护竞争性行业企业的手段正在逐步消失，国有企业正经历着改革的考验，优胜劣汰的考验。为此，各级政府主管部门，在积极为企业创造良好外部环境的同时，一定要充分认识到加强和促进企业自主经营、自负盈亏、自我发展、自我约束能力的重要性，尽快提高我国企业的自主经营管理水平。

三是企业在重视外部开拓时，忽视内部管理的问题。目前我们正处于计划经济向社会主义市场经济转轨的过程中，在计划经济的条件下，企业是政府的附属物，企业的供产销都由国家定下来。在社会主义市场经济条件下，我们强调面向市场，强调企业家要走出工厂积极开拓市场，根据市场需求组织生产。应该说增强市场观念，面向国内国外两个大市场，仍是我们深化企业改革必须解决的重大问题，也是当前企业生产经营中的薄弱环节。但是我们也应该看到，确实有一些企业在生产经营中忽视了企业的内部管理，外面看起来，企业红红火火，但内部管理十分混乱，产品经营不稳定，安全事故不断，资产流失严重，劳动纪律松弛。苦练内功，不仅包括经营也包括内部的管理。我们应该认识到，市场是靠竞争得来的，而企业竞争的武器，一是靠有适销对路的产品，二是有用户信得过的质量，三是有竞争力的价格。而这些无一不同企业内部管理密切相关。忽视企业管理，就是一时热销的产品也红火不了多少时间，很快被更有竞争力的产品取代。加强企业内部管理是企业立于不败之地的重要工作，厂长要在苦练内功上下功夫，只有这样才能保证产品的市场。

当前加强企业经营管理中的几个突出问题

关于加强企业管理，我想强调三个问题。

（一）企业要把面向市场作为加强经营管理的首要任务。

企业能不能做到面向市场，最终体现在能不能顺利实现产品的销售上。据国家统计局的统计，一九九四年全年工业产品销售率为百分之九十五点四八，比上年下降零点九个百分点，其中二十七个省区市产销率都有不同程度下降。一九九四年十二月份，全国预算内国有工业企业产成品库存为一千七百五十七亿五千万元，比上年同期净增三百四十二亿八千万元，上升百分之二十四点二，这些情况表明，相当一部分企业的产品不能适应市场需求，积压严重。随着经济体制改革的深入和对外开放的扩大，一般工业消费品的市场竞争将日趋激烈，企业产品是否适销对路，有没有市场，将成为影响企业生产经营以至经济增长质量和效益的一个重要因素。

近几年来，我国市场建设和流通领域改革的步伐不断加快，《全民所有制工业企业转换经营机制条例》颁布和实施后，企业经营权的落实程度和范围比过去有明显的提高和扩大。一大批企业抓住这个机遇，转换机制，面向市场，经济效益不断提高。在这次会议上交流的经验中，杭州钢铁集团公司就是这样的一个例子。与行业中的大企业相比，杭州钢铁集团公司是一个生产规模和技术装备处于劣势的地方企业，但在去年全行业产品供大于求的情况下，这个厂靠市场导向，狠抓产品的市场占有率，主要产品销售率保持在百分之百，经营处于良性循环。这个例子说明，改革只能为企业面向市场创造外部条件。有了外部条件，企业自身的努力是关键，面向市场还要靠企业自身通过加强经营管理来实现。

各级政府有关部门要引导企业按照市场需求、变化组织生产，加强市场预测和信息发布工作，运用信贷、能源、原材料、运力等调控手段，贯彻增产畅销产品，限制平销产品，停产滞销产品的原则，尤其要做好限产压库和没有市场的产品停产、转产工作。协调、组织好工交生产，是经贸委工作的传统项目，要把工交生产的组织与产业结构、产品结构调整结合起来，大力组织有市场、有效益产品的生产，抓好限产压库促销工作。

优化产品结构，提高产品质量，不断开发出适应市场需要的新产品，这是企业提高市场占有率的关键措施。春节前我走访了一些省市，有一个省对本省工业产品进行全面分析，其中百分之二十产品是适销的，百分之五十产品是平销的，百分之三十产品是滞销的。所以，大力进行结构调整，是提高经济增长质量和效益的紧迫任务。而对一个企业来说，就要花大力气进行产品结构的调整。产品是市场的产品，兴衰存亡皆取决于市场。企业要不断推出适销对路、有市场前景的新产品。在政策允许的范围内，提高新产品开发费，使企业新产品开发费占销售收入的比例不断提高，并采取有力措施，最大限度调动科技人员的积极性。同时，要根据企业自身情况，搞多元化经营，增强企业的市场应变能力。企业要不断提高产品质量，从而提高市场竞争能力，走质量效益型的发展道路。

加强企业技术改造，推进企业技术进步，是确保产品质量，提高劳动生产率，增强产品竞争力的重要措施。要尽可能增加企业实际用于技术进步的费用，加快技术改造的步伐，加大技术改造的力度。企业技术改造要以市场和技术进步为导向，以调整产品结构和提高效益为中心，着力支持一批重点项目，向优势产业和优势企业倾斜，提高整个行业的技术装备水平。

企业要进一步强化营销管理，调动销售人员和售后服务人员的积极性。要大力加强市场调查和市场预测工作，注意了解国家宏观经济政策包括产业政策的调整和变化，研究宏观调控可能带来的机遇或影响，使企业的经营决策适应市场的变化和国家的宏

1994年11月5日，吴邦国在黑龙江东北轻合金加工厂考察。

观调控政策。要建立与市场经济要求相适应，与建立现代企业制度相适应的决策、开发、营销体制和各项规章制度，在实践中逐步探索、完善和发展现代企业制度所包含的企业管理体系。

（二）当前，要强化企业的资金管理。

去年来，企业普遍反映资金紧张，企业间的相互拖欠日趋严重，流动资金大量短缺，资产负债率居高不下。据有关部门统计，到去年十一月底，我国仅电力、煤炭、有色、冶金、化工五个行业中企业相互拖欠资金达两千六百多亿元。到去年末，全国乡及乡以上独立核算企业应收账款六千三百多亿元，扣除合理的在途时间及企业占款，企业间债务是相当惊人的。有的省份，企业相互拖欠货款高达八百多亿元，这种情况严重地影响了经济秩序的正常运行。关于三角债的现状及原因，朱镕基^[3]同志在现代企业制度试点工作会议上及中央经济工作会议上已作了深入的分析，例如过量进口钢材和成品油，造成国内产品库存积压，占用大量资金；固定资产投资地方自筹部分资金不到位；为解决冶金、煤炭行业三角债，节前注入二十二亿元资金；等等。这些都是宏观上应努力解决的。我想强调的是，当前企业资金紧张的另一种原因，是资金利用率低，有限的资金在一些企业没有得到合理使用，导致了资金运作效率低下；一些企业盲目追求产值、速度，产品结构不合理，产成品资金占用较大，资金循环受阻。据银行统计，就是在去年工业流动资金紧张的情况下，去年全国工业系统新增产品库存一千多亿元，几乎相当于去年新增流动资金的总额，好不容易增加的工业流动资金，又由于企业生产经营中的问题，相当大一部分被压死了。再有一些企业固定资产投资的摊子铺得过大，项目资金不足，挤占了原来就紧张的流动资金；一些企业自有流动资金总量低，企业自补流动资金观念不强，没有抓住经营形势好的有利时机自补流动资金。由于这些原因，去年我国工业企业流动资金周转次数为一点四三次，低于一九九三年的一点七一次和"七五"期间平均值一点八三次的水平。资金不足加上利用率低，使相当一部分企业的资金利税率下降，资产负债率上升。

冶金部针对当前企业资金紧张的情况，提出冶金系统"企业管理以财务管理为中心，财务管理以资金管理为中心"的管理方针。这个经验，对各地区、各行业和广大企业具有一定的指导意义。要把清理企业间的相互拖欠作为近期企业资金管理工作的重点之一。现在在相当一部分企业中流行拖欠有理、拖欠有利的说法和做法，这是十分错误的，是没出息的表现。企业要注意维护自己的形象。企业形象是企业的无形资产，一定要珍惜。厂长经理绝不能因为自己的错误观念和做法，给企业蒙上欠钱不还的不良形象，给企业脸上抹黑。企业领导要坚持以销定产的原则，加强货款回收工作。要加强结算管理，严格结算纪律，坚决制止拖欠行为。有关部门和企业要共同配合，继续探索实施商业汇票结算办法，防止产生新的拖欠，加速资金周转。

加强企业的成本管理，是搞好企业资金管理的重要一方面。目前，我国工业企业成本费用利润率只有百分之四点九，能源利用率只有百分之三十，能源、原材料消耗占产品成本的百分之七十以上，远远低于国外先进水平。因此，在企业的生产运行中，强化成本管理，减少不合理消耗，杜绝浪费，提高投入产出水平，是十分重要的事情。

在企业的投资发展方面，要从抓资金筹措、使用、运转的管理入手，注意纠正那些盲目追求产值、速度、铺新摊子，扩大再生产外延化发展的倾向，多搞技术改造，走投入少、产出多、质量好、消耗低、效益高的发展道路。

把生产要素转化为资金，盘活资金，也是当前深化企业改革，加强企业管理的一个重要措施。北京一轻经验中很重要的一条，就是盘活存量，把生产要素转化为发展资金。他们一是利用土地级差地租，转让土地获得资金二亿多美元；另一个是公司下属各类企业举办了一百多个中外合资项目，吸引外资二亿多美元。有关部门要引导企业广开资金筹措渠道，立足于盘活资金存量，注重生产要素与资金的转化。

当前，国有企业生产经营面临不少困难，仅靠企业自身不能完全解决资金不足的问题。要改变一九九一年以来信贷结构中固定资产贷款比重连年上升，流动资金贷款比重连年下降的局面。有关部门要协调信贷资金配置，重点支持有市场、有效益以及关系国计民生的国有大中型企业的生产经营。根据财力可能，逐步建立向国有大中型企业注入资本金和企业增补自有资金机制。

（三）企业要把解决富余人员问题，作为加强经营管理的一项主要措施。

富余人员过多是企业经济效益不高的一个重要原因。企业富余人员问题，这既是企业改革要解决的问题，也是企业管理要解决的问题。我国钢铁工业人均产钢二十至四十吨，最高不过是三百六十吨，而发达国家是五百至八百吨；我国煤炭工业人均产原煤一百七十吨，而美国人均产商品煤六千七百吨。要解决企业富余人员过多问题，根本出路是深化改革，加强企业管理。

富余人员过多的问题，不仅存在于那些生产任务不足的企业，那些效益好，生产任务足的企业一般也存在这样的问题。据统计，我国国有企业富余人员一般为三分之一到二分之一。如果把这一部分人员从现有的生产系统转移出来，并安置好，国有企业的许多困难就会迎刃而解。当然，解决企业冗员问题十分复杂，相当艰巨，尤其是在社会保障制度尚未完全到位，再就业机制尚未完全形成的条件下，是比较困难的工作，心急了不行，要考虑社会的承受能力，要妥善处理改革、发展、稳定三者的关系。但是，决不能因为难就放松了这方面的工作，尤其是新办企业和有条件解决富余人员的单位，以及生产不断发展、又依靠大城市的有条件的企业，要采取措施，把一线岗位和管理机构中的富余人员裁减下来，进行转岗培训。要解决劳动力布局方面"一线紧、二线松、三线肿"的现象，要逐步分离企业中的后勤、服务单位，大力发展第三产业，兴办独立的经济实体，分流富余人员。少数有能力的企业，劳动生产率指标要瞄准国际先进水平甚至国际一流水平，裁减和分流企业富余人员的步伐可迈得大一些。地方政府和有关部门要大力支持企业，为企业解决富余劳动力问题创造外部条件。通过建立社会保障体制，大力发展第三产业，实施再就业工程等措施，广泛吸纳企业富余人员。

实践证明，企业兼并是分流企业富余人员、实现生产要素优化组合的有效措施。要重点抓好优化资本结构十八城市的企业兼并、破产工作。要确定和发展五百至一千家国有大型优势企业和企业集团，通过资产纽带连结、带动一大批企业，促进产业结构和企业组织结构的调整，使劣势企业的关、停、并、转有活动的空间。从提高劳动生产率角度讲，分流企业富余人员与分离企业办社会职能密切相关。分离企业办社会职能主要是在百户建立现代企业制度试点和十八城市试点中进行探索，在企业具备条件和自愿的基础上，可将办社会部分分离出去。

改善和加强企业领导班子建设，培养和造就 适应市场经济要求的企业家队伍

企业办得好坏，关键在领导班子，核心是企业一把手。在大体相同的宏观条件下，企业是盈是亏，企业领导人素质的高低，领导班子是否同心协力，具有决定性作用。李鹏同志多次强调，搞好企业，关键在于有一个好的领导班子、一个好的产品和一个好的机制，并在中央经济工作会议上明确提出，要"有组织地对

大中型企业领导班子进行全面考察，不称职的要撤换，问题大、矛盾多的班子要调整"。这是一项十分重要的工作，各有关部门一定要高度重视抓紧办好。

任何外部环境的改善，都替代不了企业家的作用。要提高对企业家在社会主义市场经济建设中重要作用的认识。我们改革的目标之一是要使企业真正成为市场的主体，构筑社会主义市场经济条件下的微观经济基础，而在深化企业改革中，企业家起到至关重要的作用。正确认识培养和造就一支宏大的、懂得社会主义市场经济的、职业化的企业家队伍，是深化国有大中型企业改革、抓好企业管理的基础，是搞好国有企业的一项重要内容。企业家要有强烈的使命感和责任感，特别是经营国有资产的企业家，肩负着国有资产的保值增值的责任，承担着全厂职工的重托，一定要充分认识到自己的历史使命和重大职责。

建立企业家队伍的形成机制、激励机制和约束机制，是深化国有大中型企业改革的重要内容。我们要坚持以小平同志建设有中国特色社会主义理论为指导，积极探讨企业家的职业化和市场化的问题，鼓励企业家成为职业化的经营管理专家，把创立、发展企业作为毕生的事业和奋斗的目标。要积极探索在党管干部的原则基础上市场配置经营者、聘用企业家的途径，建立相应的竞争机制和约束机制。各地要积极探索对企业厂长、经理培养和管理的办法，逐步建立企业高级管理人才的培养、选聘和考核制度及办法，科学地衡量企业经营者的工作业绩。选聘企业家，既要考核他是否忠于党忠于人民，清正廉明，还要考核他的经营业绩、实际才能。企业家的收入要与企业经济效益挂钩，使企业家成为受人尊敬的职业之一。

尽快造就和培养一批政治思想强、敢于和善于经营管理、懂业务和技术的企业家队伍，是社会主义市场经济发展的迫切需要，是建立现代企业制度的重要条件，也是加强企业管理工作的重要内容。从某种意义上说，大批优秀企业家涌现之时，便是社会主义市场经济兴旺发达之日。

关于企业家队伍建设，我就与企业管理有关的问题强调几点。

（一）要有适应市场经济要求的经营管理思想。

要树立市场观念，效益观念，竞争观念，质量观念，人才观念。现在我们处于计划经济向市场经济的转轨过程，企业经营者的观念如果还停留在计划经济的观念上，还是像过去一样，"等靠要"，眼睛向上，碰到问题找市长而不是找市场，困难企业就难于走出困境，好的企业也不能迅速增资壮大。因此，也可以这么说，每一个成功的企业家都有一套符合市场经济要求的经营观念，先进的经营管理思想和观念，可以转化为巨大的生产力，是企业赢得竞争的重要软件。观念落后，认识低人一筹，怎么能在激烈的市场竞争中取胜？有的企业，开始亏损，后来能走出困境，发展壮大，人还是原来的人，设备还是原来的设备，关键是人的观念特别是领导人的观念转变了，经营战略和产品结构适应了市场需求，这样的事例很多。推行管理现代化有五个方面重要内容，即现代化的管理思想、现代化的组织管理制度、现代化的人才、现代化的管理方法、现代化的管理手段，这五个方面都重要，但管理思想现代化是最基本的，因为思想认识是行动的指南。不仅企业和企业家要转变观念，各级政府和有关部门也要加速观念转变，切实为企业搞好服务、协调、监督、指导。

（二）要严格管理，敢抓敢管。

企业管理如果缺乏科学性和规范化，就必然产生部门之间职责不清、扯皮推诿、效率低下、质量低劣、浪费严重等现象。实现规范化，又必须严格管理。严格管理是企业管理最基本的要求，严格管理才能出效益。企业要在市场竞争中取胜，就要求企业对外经营要灵活，对内管理要严格，这是一个问题的两个方面，只有在企业内部实行统一指挥，严格管理，才能保证企业在变化的环境中灵活反应，及时调整，使整体协调动作，增强企业对市场的适应能力。管理不严，纪律松弛，这是当前一些企业的管理中普遍存在的问题。有的企业有章不循，制度形同虚设，劳动纪律、工艺规程不能严格地遵守和执行，甚至违章指挥，违章操作；有的企业现场管理脏乱差，跑冒滴漏现象比比皆是，生产经营运行秩序混乱，安全事故经常发生。这种状况必须尽快改变。要严格纪律，强化责任制，保证各项规章制度的落实。特别是企业的领导人，要率先垂范，从严依法治厂，使整个生产经营的运行规范有序。

（三）要全心全意依靠工人阶级。

市场竞争，从形式上反映是产品的竞争，但归根结底是人才的竞争。强化企业管理，增强企业活力和市场竞争能力，核心的问题还是要千方百计地调动人的积极性、主动性和创造性。人是生产力要素中最关键、最积极、最活跃的因素。企业的一切生产经营活动，是靠人来完成的。对一个企业来说，树立以人为本的观念，调动广大职工的积极性、主动性和创造性，才能保证企业兴旺发达。实行厂长（经理）负责制是企业改革的重要内容，有利于企业建立统一的、强有力的、高效率的生产指挥和经营管理系统。但是，厂长（经理）一定要善于发挥企业领导班子、党组织和职工代表大会的作用，听取各方面的意见，集思广益，使决策建立在集体智慧的基础上。

事业成败在于人，这是颠扑不破的真理。带好队伍，是企业家的最重要职责。企业家要千方百计地调动和发挥广大职工的积极性和创造性，依靠工人阶级办企业。要积极探索在改革开放的新形势下，加强职工民主管理的新途径。要加强对职工的智力开发，舍得花钱培养人才，不断提高职工的思想素质和技术素质。人的素质不断提高，是企业兴旺发达的根本。要大力培育企业文化和企业精神，增强企业的凝聚力。

（四）要抓紧学习，优化知识结构。

有些企业领导者观念落后，领导不力，决策水平低，经营管理不善，都与其知识不足密切相关。认真学习小平同志建设有中国特色社会主义理论，学习小平同志实事求是、一切从实际出发的管理思想和领导艺术，学习社会主义市场经济的基本知识，学习现代企业管理的基本方法，是新形势对企业领导提出的要求。各级政府要加快建立全国性和地方性的企业家培训体系，在推进企业家培养的同时，企业家要自身努力，抓紧学习，更新知识，优化知识结构，努力把自己塑造成政治思想强，经济管理知识丰富，懂业务和技术的政治、经济、技术有机结合的开拓型人才，适应发展社会主义市场经济，建立现代企业制度，进行国内外经营和竞争的迫切需要。

不仅企业家有一个知识更新、加强学习的问题，而且，各级政府部门领导干部，特别是经济主管部门的领导干部，也要努力学习，更新知识。我们要充分认识到，建立社会主义市场经济体制是一场前所未有的伟大变革，没有现成的经验可照抄照搬，在进行这场伟大的变革中，必然会涌现出许多新情况和新问题，需要我们去研究去探索。研究新情况，解决新问题，重要的是抓紧学习。如果我们对市场经济知之不多，对现代企业制度一知半解，是不能搞好企业改革和管理的。因此，为了建设有中国特色的社会主义，为了加快建立社会主义市场经济体制，为了我国能在二十一世纪国际经济激烈竞争中占据有利地位，我们必须学习、学习、再学习。

注　释

[1] 李鹏，时任中共中央政治局常委，国务院总理。

[2] 见李鹏《继续加强和改善宏观调控，确保明年国民经济持续、快速、健康发展》(《十四大以来重要文献选编》中册，中央文献出版社 2011 年版，第 103 页)。

[3] 朱镕基，时任中共中央政治局常委，国务院副总理兼中国人民银行行长。

深化国有企业改革，
提高国有经济整体素质[*]

（一九九五年三月二日）

国有企业改革的目标方向，党的十四届三中全会已明确是建立现代企业制度。江泽民同志在这次全会上提出，国有企业改革要重点抓好政企分开、加强企业内部管理和加强社会保障体系建设这三个关键。去年底以来，国家经贸委对深化企业改革、建立现代企业制度，也做了比较全面的部署。今年企业改革的重点是抓好试点。我们要切实抓好经国务院确定的百户建立现代企业制度试点，五十六户企业集团试点，三户国家控股公司试点和十八城市"优化资本结构"试点。

在抓好试点工作的同时，要处理好面上与点的关系，既要照顾到重点，又要照顾到一般，学会"弹钢琴"。对面上企业来说，要继续落实好"三法"、"两条"、"两则"。"三法"即企业法、公司法、劳动法；"两条"即《全民所有制工业企业转换经营机制条例》、《国有企业财产监督管理条例》；"两则"即《企业财务通则》、《企业会计准则》。要继续深入开展"转机制、抓管理、

---

* 这是吴邦国同志在中央党校省部级领导干部"国有企业改革"专题研究班上的讲话《当前国有企业改革的形势与任务》的一部分。

28

练内功、增效益"活动。

为全面、正确贯彻党中央、国务院关于搞好大中型国有企业的有关指示精神，深化国有企业改革，这里我提出几个应注意的问题，供同志们参考。

一、国有企业改革要着眼于搞活整个国有经济，而不是着眼于搞活每一个企业。

我们深化国有企业改革，要着眼于提高国有经济的整体素质，增强整个国有经济的活力，而不是让每个企业都活起来，把每个企业无一例外地都搞活，既无这个必要，也无这种可能。这里有个观念转变的问题。我们必须清醒地认识到，我国经济体制改革的目标是建立社会主义市场经济，而企业的生生死死、优胜劣汰是市场经济条件下的普遍规律，就是经济发达国家也还存在亏损企业，每年也有相当一批企业在市场竞争中倒闭破产。在计划经济条件下，政企不分，企业是政府的附属物，企业的亏损都由国家包下来，国家对企业负无限责任，可能表面上不存在亏损企业，也不存在倒闭破产的问题，但结果是好坏企业争资金、争原材料、争能源，甚至出现以坏挤好的情况。这势必使生产要素得不到合理配置，国家的包袱越背越重，国有企业的路子也越走越窄。这也就是为什么我们年年讲搞活，年年难活，亏损面、亏损额逐年扩大的重要原因之一。这些问题，正是我们深化企业改革必须解决的重大课题之一。社会主义市场经济与计划经济不同点之一，就是通过市场规律，让企业在市场竞争中优胜劣汰，使资源得到合理配置。一些经营不善、长期资不抵债、扭亏无望的企业破产、被兼并；而一些优势企业可以以最低成本兼并劣势企业，从而迅速发展壮大。而在这优胜劣汰的过程中，资源向高效益企业流动，从而提高整个国有经济的活力。现在，我们正处于计划经济向市场经济转轨过程中，当前企业存在的困难和问题，很大程度上是转轨过程中必然会出现的困难和问题。关键在于我们的思想必须从陈旧的观念中解脱出来，在制定国有企业改革目标、具体部署企业改革工作时，都要按社会主义市场经济规律办。所以我认为，在研究深化国有企业改革时，首先需要注意的问题，就是要着眼于搞活整个国有经济，而不是无一例外地要搞活每一个企业；着眼于建立优胜劣汰的机制，通过市场法则，使国有资产保值和增值；着眼于整个国有经济结构优化，提高整个国有经济的效益，使整个国有经济充满生机活力。

谈到建立优胜劣汰的机制，不能回避的一个问题，就是企业破产的问题。我国企业破产法已经颁布多年，然而工作进展不大。去年国家专门安排七十亿元呆账准备金，基本上没有使用。

1995 年 1 月 3 日，吴邦国慰问宁夏西北煤矿机械一厂生活困难职工家属。

今年在原有七十亿元的基础上，又安排了七十亿元呆账准备金。为什么破产法难于实施，这有工作上的问题，因为我们处在计划经济向市场经济转轨的过程之中，产权尚不清晰，社会保障制度还不健全，劳动力市场还未形成，在这样的条件下实施破产法，可能会造成国有资产流失。同时，我们要考虑国家、企业、社会的承受能力。当然，除了这些宏观方面原因外，还有一个基础工作和具体办法、工作程序的问题。例如原破产法规定，破产企业的财产首先用于偿还债务，而在我国社会保障制度尚未建立时，破产财产不首先用于安置职工就会影响社会的稳定。这个问题在去年十月国务院下发的《关于在若干城市试行国有企业破产有关问题的通知》中得到了解决。还有另一方面的问题，就是思想观念上的问题，"谈破色变"，认为破产是经济生活中的一种不正常行为。当然，破产并不是一件好事，谁都不希望自己的企业破产，干部、职工在感情上一时难于接受都是可以理解的，但是你长期资不抵债，又扭亏无望，除了破产还有什么办法？国家对企业只能是负有限责任，否则，无限责任长期背下去，会将整个国有经济拖垮的。这是从国家方面讲的。就企业而言，对长期资不抵债、而又扭亏无望的企业实行破产，恰恰是企业的资产和职工创造"再生"的机会。事实上，相当一批长期资不抵债而又扭亏无望的企业，长期靠补贴维持生存，日子也是很难过的，是对人力物力财力的极大浪费，也是导致我国产业结构、企业组织结构、产品结构落后的一条重要原因。有的同志讲，现在搞死企业比搞活企业还要难，难在哪里？除工作上的原因外，很大程度是难在对破产、优胜劣汰机制的片面认识上。

当前，全国有相当一批国有企业处境困难，固然有企业本身的原因，但困难企业面这么大，我们就不能简单认为是企业本身的问题，不单是个微观经济的问题。从企业困境的宏观成因分析，我国经济增长的方式是个大问题。长期以来，我国经济增长方式是以外延扩大再生产为主，热衷于铺新摊子，而忽视了老企业的改造、提高、完善，结果出现两种情况：一是老企业的折旧、盈利部分甚至大部分被抽走了，随着生产的发展，企业自有资金比例越来越低，设备陈旧，技术老化，企业负债累累，无力改造，没有发展后劲。二是新建企业由于投资大，见效慢，而资金来源又多为银行贷款，往往投产不久就陷入困境。这种增长方式是不断制造新企业又不断使原有企业老化。我们要搞活整个国有经济，就要从宏观上切实改变这种单纯以外延扩大再生产的增长方式，把主要精力放在对老企业的调整、改造、提高上来，在对市场和现有生产能力长期深入调查研究的基础上，有计划地改造、扶植一批老企业，或组成一批有生命力的企业集团，并在这些企业实行现代企业制度。

现在有些行业确实相当困难，如煤炭、军工、森工、有色、纺织等。要解决这些行业的困难，出路还是在于改革、在于调整，而不是把文章作在现有的每一个企业上。前一时期，我去各地学习，走了几个部，看了一些材料，更坚定了要把文章作在调整上、着眼搞活整个行业的想法。如一些老煤矿，资源已经枯竭，一年人均产煤只有四十至五十吨，光守着这个煤矿是没有出路的，出路就在于走出煤矿。煤炭部的负责同志告诉我，现国家统配煤矿有三百万人，随着技术进步，机械化采掘能力的增强，只需一百多万人就够了。煤炭部设想通过大力发展多种经营和第三产业，变安置型为效益型，力争到本世纪末国有重点煤矿分流出一百万人。这个星期我去有色总公司，他们的负责同志对我讲，提高有色行业效益，很重要的工作就是抓调整，把能耗高的冶炼放在西部能源基地，在那里一度电只有两角多钱，而把精深加工调整到西部，在东部一度电要四五角钱，同时，关闭一些没有开采价值的衰竭老矿。纺织行业打算在一九九八年前完成压缩淘汰一千万落后棉纺锭的任务，并促进棉纺加工向产棉区转移。这些都是很好的思路，这些思路的一个共同点就是抓调整，着眼于搞活整个行业，扶植一批，调整一批，而不是着眼于搞活每一个企业。

二、把改制、改组、改造有机结合起来。

所谓"改制"就是进行制度创新，建立适应社会主义市场经济要求的现代企业制度，着眼于企业机制的转换，为市场经济奠定基础；"改造"就是加大企业技术改造力度，加快企业技术改造步伐，提高企业技术素质，增强后劲，增加实力；"改组"就是调整不合理的企业组织结构，促进存量资产优化，实现规模效益，从整体上提高我国企业的市场竞争能力。我们搞国有企业改革，不是为改革而改革，目的在于提高企业的素质和效益，在于提高企业的市场竞争能力。检验改革成败的标准，还是小平同志讲的"三个有利于"，就是有利于发展社会主义社会的生产力，有利于增强社会主义国家的综合国力，有利于提高人民的生活水平。所以，国有企业改革不能作表面文章，不能一哄而起，不能搞翻牌公司，而要扎扎实实地工作，要根据国家产业政策和技术改造规划，把结构调整和企业技术进步有机结合起来。关于调整问题，上面已经谈了，在这里，我想着重讲一讲技术改造的问题。江泽民同志在中央经济工作会议上的讲话中指出："依托现有企业比新建同样的企业可以节省大量的财力物力，而且见效快，要加大现有企业和老工业基地技术改造的强度。"据一篇文章反映，从一九八四至一九九四年十年间，我国技改投入一元，产出两元，创利税四至六角，与基本建设相比，投资为同样规模新建项目的百分之四十，而产出、利税比新建项目要高一倍，建设周期比新建项目短一半。燕山石化总厂三十万吨乙烯改造为四十五万吨乙烯，产量增加十五万吨，投资二十八亿元，用了二十八个月；而新建一个十四万吨乙烯企业，需投资六十至七十亿元，建设周期四至五年。由此可见，进一步加大技术改造步伐，加大投资力度，有利于国民经济增长的质量和效益的提高。

这里，我要特别强调的是，技术改造要向优势产业和优势企业倾斜。这是技术改造的一条重要原则。这些年来，我国技术改造取得很大成绩，但投资过于分散的问题依然存在。由于我们在资金的使用上是分灶吃饭，决策权又过于分散，尽管投资连年增加，但却大量地在搞低水平的重复建设。又由于投资过于分散，在全国形不成拳头，形不成现代化的经营规模，这就严重地削弱了我国工业产品在国际上的竞争力。当然，这一情况近年来有很大改进，尤其是经贸委直接安排的一块资金，在使用上有很大改进，但就全国而言，这一状况依然存在。所以，这里我要特别强调，要选择一批重点企业，结合产品结构调整、培育新的经济增长点，加大技术改造力度，加大资金投入。要通过向优势产业和优势企业的倾斜，提高整个行业的技术装备水平。"双加"工程的实施，还要与十八城市试点和百户企业试点工作紧密结合起来，以支持企业改革的深化。

技术改造工作本身也有一个改革的问题，这就是技术改造工作要逐步实现"三个转变"。在投资主体方面，以政府为主向企业为主的转变，这就要求企业必须增加自我积累，多渠道筹集资金，加大自有资金的投入，着力选好项目，提高投资效益，增强自我发展能力；在管理方式方面，要实现项目审批为主向政策引导为主转变；在管理覆盖面方面，要实现从单纯管理国有企业，向以国有企业为重点的全社会管理转变。这"三个转变"，体现了市场经济条件下对技术改造工作的新要求，是技术改造工作改革的方向。我们要努力适应新形势的要求，逐步实现这"三个转变"，开创技术改造工作的新局面。

三、扶植一批优势企业。

多年的经验告诉我们，要搞好搞活国有企业，就必须集中力量抓好一批龙头骨干企业，使其发挥"火车头"的作用。国家经贸委陈清泰[1]同志给我一组五百户国有工业大企业的统计数据，其基本概念是，这五百家大企业虽然只占整个国有工业企业总数的百分之零点七，但资产总额占百分之三十七，销售税金占百分之四十六，利润总额占百分之六十三。这是国民经济关键的少数，抓住了这些企业，就抓住了国有经济的大头。

抓好这五百至一千家大企业的意义，不仅在于这些企业本身在我国整个国民经济中起着举足轻重的作用，而且还在于随着这些优势企业的经济效益和经济规模进一步提高，促进社会经济资源的优化配置，会通过资产纽带连结，带动一大批企业，促进产业结构、企业组织结构的调整，使一些劣势企业的关、停、并、转有了活动空间。这样，通过这五百至一千家企业的滚动发展，逐步地把整个国有经济搞好搞活。

关于抓五百至一千家优势企业的问题，最近国家经贸委为此向国务院写了专题报告，李鹏、镕基、家华、岚清[2]同志均有明确指示，要求把此项工作抓紧抓好。前几天，我找经贸委的同志一起进行了专题研究，现经贸委正会同有关部门组成专门小组，由杨昌基[3]、陈清泰两位同志负责，准备在充分调查研究的基础上，提出切实可行的方案。在与经贸委同志讨论时，我们重点研究了几个问题。

一是分期分批地确定五百至一千户企业的名单。名单的确定要坚持高标准。从大原则来讲，这些企业一是要符合国家产业政策，关系国计民生；二是要有相当经济规模，是全国税利大户；三是行业的排头兵。在讨论中，我们议到了如冶金行业的首钢、宝钢等十大钢铁企业，石化的燕山、金山、齐鲁、扬子四大石化企业，发电设备的哈尔滨、上海、东方三大动力，汽车的"三大三小"六大企业集团，彩电的长虹、康佳、上海广电，等等。这些都是关键的少数。经贸委对冶金系统十大钢铁企业进行过测算，这十大钢厂的固定资产占全行业的百分之五十六，销售收入占全行业的百分之三十九，利税占全行业的百分之五十一。这十大钢铁企业平均销售利税率达百分之二十七，净资产的增值率达百分之三十三。这十家企业的好坏就会决定全国冶金行业的好坏，这十家企业的发展就会带动全行业的发展。所以，名单确定要坚持高标准，调研组也准备搞一量化标准，先选择二百家，成熟一户搞一户，不搞滥竽充数。

二是搞清这些企业家底，切实帮助这些企业解决发展中的问题。其中一个突出的问题，就是优化企业资本结构，解决债务负担重的问题。应该说，优势企业总体来讲资本结构是好的，例如上面谈到的全国十大钢铁企业平均资产负债率仅百分之五十一。当然也会有不少企业负债过重，要积极创造条件，解决这些企业债务过重的问题。关于企业债务过重的问题，泽民同志在中央经济工作会议上明确提出："从多方面采取措施，处理好国有企业历史债务和社会负担问题，解决好企业改革和生产经营中的困难。"李鹏同志在中央经济工作会议上也明确提出："积极解决企业的过度负债问题。这个问题比较复杂，需要统盘规划，采取多种方法，逐步加以解决。明年可以先选择部分城市或企业，在财政、银行和国有企业之间，进行企业债务清理和重组的试点。"解决优势企业债务过重的问题，只要大胆探索，还是可以解决的。春节前，我受李鹏总理的委托，同有关方面的八位部长一起去天津研究解决大无缝钢管厂的债务问题。该厂投资一百二十二亿元全部是贷款，资产负债率是百分之百，近五年是还款高峰，平均每年还本息二十四亿元，这种状况的企业是无法经营的。经反复研究，初步方案是两条：一是债务重组，组建股份公司。从一百二十二亿元中拿出近六十亿元，使债权变股权，其中冶金部直属公司认三亿美元债务，天津市认一亿四千四百万美元债务，宝钢认一亿美元债务，石油天然气公司认四亿元人民币债务，冶金部和天津市债务利息由增值税返还支付，少量不足部分再由财政贴一点；二是条件成熟时在境外上市。李鹏同志在中央经济工作会议上讲，要用多种方法，逐步解决。我认为，只要各方面相互配合，积极探索，还是可以找到解决问题的方法的。

三是逐步使这批企业变为投资主体，也就是解决企业积累和发展问题。无非是两条：第一是完善企业自我积累、自我发展的机制。一靠折旧，宝钢去年一年提折旧费就提取四十六亿元，宝钢三期六百亿元投资主要靠折旧费。二靠企业留利，再加上新产品开发费、大修理基金等。第二是积极探索企业融资的渠道，积极探讨建立关系银行的问题。当然，这是一个很复杂的问题，但是大集团的发展离开银行的支持是困难的。

四是为使这些企业集团真正成为市场主体，根据责权一致的原则，要相应赋予这些企业一些权力，如授权国有资产的经营权等。

以上就是我们初步议论的几个问题，总的原则是，多在机制上动脑筋，不是靠减税让利，根据市场经济规律重点扶植一批优势企业。这五百至一千家企业集团抓好了，可能真正走出一条搞活国有大中型企业的路子来。

四、全面理解现代企业制度，搞好试点工作。

现在，我们已经明确国有企业改革的目标和方向是建立现代企业制度。党的十四届三中全会明确现代企业制度，包括"产权清晰、权责明确、政企分开、管理科学"四方面内容。江泽民同志在党的十四届四中全会上提出，国有企业改革要重点抓好政企分开、加强企业内部经营管理和加强社会保障体系建立这三个关键环节。朱镕基同志针对当前情况，一再强调对国有企业改革，要全面、完整、准确理解，不能以偏概全或者割裂开来理解。

前一时期，有些同志过多地强调产权清晰这一条，过多把注意力集中在"公司化、股份化"上，而忽视了其他方面的内容。产权清晰确实是现代企业制度的重要内容，要明确投资主体，其基础就是要产权清晰。公司化、股份制的试点也是重要的，而且我们已经出现了一批有活力的股份制企业，促进了企业机制的转换。但"单打一"，把全部注意力都放在公司化、股份制上，似乎现代企业制度就是进行公司化试点，这就会造成一种误解。最近，我看了一些材料，就是在西方资本主义国家，私人企业也有独资企业、合伙企业和公司制企业三种。在美国，公司制企业也只占企业总数的百分之十九点三。西方的国有企业也存在多种形式，一种是国有国营企业，如铁路、邮电、电讯、煤气等，一种是国有民营企业，还有一种是股份制企业，而这类企业往往不是以盈利为目的的。这是西方资本主义国家的情况，它是以私有制为基础的。而我们搞的是社会主义市场经济，是以公有制为基础的。所以，对现代企业制度要有全面、准确、完整的理解，以免工作指导上的失误。理解上的片面性，就可能造成一刀切、一哄而起的局面。我们还是坚持一切从实际出发，扎实工作，全面理解现代企业制度，认真抓好试点工作，切实提高企业的效益，促进企业发展。

很多问题上面已经都谈了，这里想重点谈一下企业管理的问题。强化企业管理，是企业一切工作的基础，是深化企业改革的重要内容，是落实中央经济工作会议精神的重要措施。在现代企业制度中，"管理科学"是一条重要的基本特征，它包括一套完备的、科学的管理体系，没有"管理科学"这一条，现代企业制度是不可能真正建立起来的。经贸委刚刚召开了全国企业管理工作的专题会议，这是近十几年来第一次开这样的全国工作会议。当前召开这个会议，具有很重要的现实意义，因为无论是党政机关还是企业，都有相当一部分同志忽视企业管理，在企业管理问题上存在一些片面的认识。主要有：一是上面谈到的在企业改革中，把过多的注意力集中在"产权、股份、公司化"问题上，而忽视企业管理问题。二是外部宏观上的问题往往掩盖了企业本身的管理问题。任何外部环境的改善都不能取代企业本身的工作，不能代替企业内部的管理。据有关部门对九三年度两千多家亏损国有企业调查，其中经营管理不善造成的亏损占百分之六十以上。三是一些企业在重视外部开拓时，忽视内部管理。从外面看起来，企业好像红红火火，但内部管理混乱，产品经营不稳定，安全事故不断，资产流失严重，劳动纪律松弛。因此，当前必须大力加强企业管理。

实践证明，企业管理与企业改革是相辅相成、互为条件的。它们既有内在的有机联系，又有区别而不可互相代替。不存在没有管理的机制，也不存在没有机制的管理。改革的成果要靠管理来加以规范和巩固，而坚实的管理基础又是企业深入改革的必要条件。

五、抓好配套改革。

企业改革是一个系统工程。现在企业存在的困难和问题，是我国国民经济中深层次问题的反映，所以单靠企业本身努力是难以解决的，必须有方方面面的支持，必须在制度创新的同时进行配套改革，使企业改革与宏观改革、企业改革与各项配套措施同步进行。经贸委在部署百户现代企业制度试点时，就同时提出十二个配套文件。这就需要方方面面，尤其是综合部门的支持，为深化企业改革创造良好的客观环境。特别是政企分开和建立社会保障体系两个问题，如果不从上面开始，从全局着眼，企业是用不上力的。我们在管理体制上长期是政企不分，以政代企，企业中的许多问题都不是企业行为，而是长官意志造成的。现在的情况是，一方面许多政府部门不愿意把企业推向市场，另一方面历史遗留这么多问题，也难于一下子把企业都推向市场。这些都要在实践中共同探索。这里我想重点谈一谈企业分流富余人员问题。

前面已经谈到了，目前企业面临的困难之一，就是人多。富余人员过多，是企业经济效益不高的一个重要原因。当然，解决企业冗员问题十分复杂，相当艰巨，尤其是在社会保障制度尚未建立，再就业机制尚未形成的条件下，不能盲目把职工推向社会。要考虑社会的承受能力，要妥善处理改革、发展、稳定关系，但是，我们也决不能因此而放松这项工作。一方面，要积极建立完善社会保障制度和再就业机制。各级政府要通过建立社会保障制度，大力发展第三产业，实施再就业工程等，广泛吸纳企业富余人员，为企业分流富余人员创造较为宽松的外部环境。另一方面，企业要加强这方面工作，尤其是新办企业和有条件解决富余人员的企业，例如生产不断发展、又依托大城市的企业，要采取措施，下决心把一线岗位和管理机构中的富余人员裁减下来，进行转岗培训；下决心改变"一线紧、二线松、三线肿"的状况，逐步分离企业中的后勤服务单位，兴办独立的经济实体，分流富余人员。

注　释

[1] 陈清泰，时任国家经济贸易委员会副主任。

[2] 李鹏，时任中共中央政治局常委，国务院总理。镕基，即朱镕基，

时任中共中央政治局常委，国务院副总理兼中国人民银行行长。家华，即邹家华，时任中共中央政治局委员，国务院副总理。岚清，即李岚清，时任中共中央政治局委员，国务院副总理。

〔3〕杨昌基，时任国家经济贸易委员会副主任、党组副书记。

正确把握国有企业
改革的方向和方法[*]

（一九九五年三月二日）

在党的十四大报告中，江泽民同志提出，用邓小平同志建设有中国特色社会主义理论武装全党。邓小平同志把马克思主义基本原理与中国实际相结合，第一次比较系统地初步回答了中国这样的经济文化比较落后的国家如何建设社会主义、如何巩固和发展社会主义的一系列基本问题，用新的思想、观点，继承和发展了马克思主义，是马克思主义同中国实际相结合的最新成果，是当代中国的马克思主义。我国改革开放以来取得的每一项成就，都是在邓小平同志建设有中国特色社会主义理论指导下取得的。

邓小平同志建设有中国特色社会主义理论是一个完整的科学体系，对建立社会主义市场经济体制，深化企业改革都有深刻的论述。我们这次研究班的任务，就是学习小平同志的理论，指导国有企业改革。希望同志们在认真读书的基础上，结合深化国有企业改革的实际进行研究，提高认识，统一思想，以便更好地把国有企业改革工作搞好。

---

[*] 这是吴邦国同志在中央党校省部级领导干部"国有企业改革"专题研究班上的讲话《当前国有企业改革的形势与任务》的一部分。

因为同志们还要深入学习研究，我只简要谈谈与深化国有企业改革关系密切的三个问题。

一、坚持社会主义方向。

邓小平同志曾多次强调我国的改革开放必须坚持以公有制为主，坚持走共同富裕的道路。小平同志说："在改革中，我们始终坚持两条根本原则，一是以社会主义公有制经济为主体，一是共同富裕"[1]，并说："一个公有制占主体，一个共同富裕，这是我们所必须坚持的社会主义的根本原则，我们就是要坚决执行和实现这些社会主义的原则。"[2] 我们学习小平同志理论，研究深化国有企业改革，首先需要解决的问题，就是坚持社会主义方向，坚持公有制的主体地位，坚持共同富裕，在这个原则基础上探讨国有企业的改革问题。

春节前泽民同志在视察天津的重要讲话，专门谈到了我国改革开放必须坚持的原则。他说："我们搞的市场经济，是同社会主义基本制度紧密结合在一起的。如果离开了社会主义基本制度，就会走向资本主义。中国如果走向资本主义是个什么结局呢？不但发展不起来、富强不起来，而且连国家和民族的独立也保不住，势必变成帝国主义的附庸，变成发达资本主义国家的附庸，没有什么独立自主权。"西方政治家欢迎中国的改革，但他们希望的改革就是搞私有化，要中国放弃社会主义的基本制度，对此我们必须高度警惕。所以，搞活国有大中型企业的意义，不仅在于提高企业效益和素质，还关系到社会主义基本制度能否巩固的大问题。我们肩上的责任是很重的。

对这一根本性的问题，我们一是要有坚定的社会主义信念，具体来说，就是坚信国有企业是可以搞好的。通过十六年的改革，出现一大批富有生机活力的国有大中型企业，就可证明建立在公有制基础上的国有企业是可以搞好的。从全国大的形势来说，中国改革开放十六年所取得的巨大成就也足以证明，社会主义的基本制度是完全可以同市场经济有机结合的。市场经济不是私有制独家占有的，在社会主义条件下也可以发展市场经济。而我们的创造性和特色，也就是我们与他们所不同的是，西方市场经济是在资本主义制度下搞的，我们的市场经济是在社会主义制度下搞的。小平同志早就讲过计划同市场的关系，他说社会主义也有市场，资本主义也有计划，计划和市场都是经济手段。现在我国国有企业还有不少困难，还存在相当多的亏损企业，而之所以出现这些情况，不是所有制的问题，而是机制不活，历史包袱沉重。只要深化改革，是完全可以解决的。所以，我们学习小平理论，首先要坚定社会主义信念。不坚定这个信念，就可能把改革引入歧途，也不可能搞活国有企业。二是要保持清醒的认识。在坚持社会主义方向这个根本性的问题上，往往会有这样那样的议论，当然西方是公开鼓吹在中国搞私有化，认为中国国有企业的出路就在私有化。在国内也或明或暗、自觉不自觉地有这方面的议论。我们不能受此干扰。原苏联东欧国家的实践证明，实行私有化不仅没使苏东经济摆脱困境，而且下滑的趋势至今尚未根本扭转。三是在工作上要努力搞活国有企业，使国有资产不断增值，使国有企业的主导地位不断加强，使国有企业的效益不断提高。

二、解放思想，实事求是，一切从实际出发。

解放思想，实事求是，一切从实际出发，是我们党的思想路线，也是小平同志建设有中国特色社会主义理论的精髓。小平同志多次深入论述了这个问题。小平同志一九八五年在同外宾的一次谈话中说："二十年的历史教训告诉我们一条最重要的原则：搞社会主义一定要遵循马克思主义的辩证唯物主义和历史唯物主义，也就是毛泽东同志概括的实事求是，或者说一切从实际出发。"[3] 小平同志还说："解放思想，就是使思想和实际相符合，使主观和客观相符合，就是实事求是。今后，在一切工作中要真正坚持实事求是，就必须继续解放思想。"[4] 我们深化国有企业改革，就是坚持解放思想、实事求是的思想路线，一切从实际出发。

1995 年 5 月 11 日，吴邦国在西北地区最大的特种钢厂——西宁钢厂考察。

这里我想强调三点。

一是大胆实践，抓好试点。虽然国有企业改革的目标方向、基本思路已经明确，但在中国建立现代企业制度仍是一项创造性的系统工程，我们还没有经验，也没有现成的模式，这就要求我们在小平同志思想路线的指导下，勇于探索，大胆实践，及时总结经验教训，不断深化自己的认识。当前，就是要认真抓好试点工作。在深化国有企业改革中，我们碰到不少难点问题，难点问题不解决，国有企业就难于搞活。而当前解决这些难点问题，一是我们缺少办法，二是有了办法也难于一下子取得一致意见，出路就在于实践。在实践中探索解决问题的办法，在实践中统一大家的认识。

二是实事求是，注重实效。国有企业改革工作，泽民同志在中央经济工作会议上提出，不要一刀切，不要不顾条件一哄而起。这有很强的针对性。是否建立了现代企业制度，不在于你的名称是叫公司还是集团，而在于企业经营机制是否真正转变，是否在市场竞争中充满生机活力。现代企业制度不是一种形式，而是有丰富的内涵。所以，我们不能在形式上做文章，而应在转换机制上下功夫。

三是坚持实践是检验真理的唯一标准。改革的成败不在于建立了多少公司，也不在于发表多少篇文章，而在于企业是否真正搞活。这个问题前面已经说过，这里就不展开讲了，还是小平同志讲的"三个有利于"，以此作为检验国有企业改革的标准。

三、正确处理改革、发展、稳定的关系。

正确处理改革、发展和稳定的关系，是小平同志建设有中国特色社会主义理论的重要组成部分，也是深化国有企业改革必须坚持的重要方针。小平同志说："没有一个安定团结的政治局面，就不能安下心来搞建设"[5]，"我们国家要改革，要改革就一定要有稳定的政治环境，离开这一点，什么都搞不成"[6]。这里我

要强调的是两个问题：一是企业改革不要急于求成，改革的力度
要充分考虑国家、社会和职工的承受能力，要在充分做好工作的
情况下，稳步推进，稳定是我们改革的基础；二是涉及群众切身
利益的问题要慎重，要对职工负责，要充分发动群众，依靠群
众，共同把改革引向深入。

注　释

[1] 见邓小平《在中国共产党全国代表会议上的讲话》(《邓小平文选》
第 3 卷，人民出版社 1993 年版，第 142 页)。

[2] 见邓小平《一靠理想二靠纪律才能团结起来》(《邓小平文选》第 3
卷，人民出版社 1993 年版，第 111 页)。

[3] 见邓小平《政治上发展民主，经济上实行改革》(《邓小平文选》第
3 卷，人民出版社 1993 年版，第 118 页)。

[4] 见邓小平《贯彻调整方针，保证安定团结》(《邓小平文选》第 2 卷，
人民出版社 1994 年版，第 364 页)。

[5] 见邓小平《目前的形势和任务》(《邓小平文选》第 2 卷，人民出版
社 1994 年版，第 251 页)。

[6] 见邓小平《改革要有稳定的政治环境》(《十三大以来重要文献选编》
上册，中央文献出版社 2011 年版，第 341 页)。

答《人民日报》记者问[*]

（一九九五年三月十七日）

记者：人们注意到，您在担任中共上海市委书记期间，上海在改革开放、经济和社会发展等方面都取得很大进展，实现了邓小平同志提出的"一年一个样，三年大变样"要求。这是很了不起的成绩。您能否谈点感受？

吴邦国：邓小平同志南方谈话、浦东开发，是上海千载难逢的机遇。上海这几年确实有变化，成绩属于上海的广大干部群众。上海几届市委、市政府特别是江泽民同志、朱镕基^[1]同志主持上海工作期间，打下了很好的基础。我们的工作就在于保持连续性、稳定性、开拓性，上下一心，团结一致，把中央对上海工作提出的要求落到了实处。其实，全国到处都在变，上海的变化是全国变化的一个缩影。

记者：有人这样概括上海工作给人的印象：宏观思路比较清晰，各项工作层次分明，领导比较得力。请您就此谈点看法。

吴邦国：上海是全国的上海，上海的发展要面对国内国际两

这是吴邦国同志被任命为国务院副总理后接受《人民日报》记者采访时的谈话。吴邦国同志当时任中共中央政治局委员、中央书记处书记，国务院副总理。

个市场。我们提出上海要"打中华牌"、"打世界牌",提倡各级领导眼观六路,耳听八方,深入调查研究,力求把决策建立在民主化和科学化基础上。这几年我们到过广东、山东、江苏等许多地方,也去国外考察,吸取各种有利于加快上海建设的经验和意见。在充分论证的基础上,明确加快上海经济社会发展的三个战略重点是:加强基础设施建设,发展第三产业,发展高新技术。根据这一发展思路,经过几年努力,已经初见成效。制约上海经济发展的交通等"老大难"问题有所缓解,中心城市的辐射功能增强,新一代支柱产业逐步形成。一九九四年,轿车、通信等六大支柱产业的产值,已占全市工业总产值的百分之四十五。

记者:在上海发展新的支柱产业中,您曾担任通信产业发展领导小组组长,当时出于什么考虑?

吴邦国:凡事贵在落实。抓与不抓,大不一样;亲自抓和让别人抓,也不一样;具体抓和笼统地抓,更不一样。根据全市总体规划,我分工抓通信产业,扶植上海高新技术产业的发展。经过全市各方面的努力,上海高科技通信产业销售额已从一九九一年十四亿元,发展到一九九四年一百零二亿元,并形成了程控交换机、光纤通讯、移动通信、终端设备和卫星通信五大类产品的生产格局。上海的目标是将通信产业建成第二大支柱产业。

记者:看您的简历,知道您是从工人、技术员、科长、厂长、经理一步步走上领导岗位的。上海的同志都说您没有架子,容易接近。这大概和您的出身和经历有关。听说您一九九一年任市委书记时,上海市郊遭受洪涝、"龙卷风"的灾害,您往灾区跑了十趟去解决问题。

吴邦国:我们的责任是向人民负责。我清华大学毕业后进工厂，做过操作工、搬运工、炉前工，"三班倒"的工作也干了好几年，虽然工作很辛苦，但与最基层的群众建立了感情，知道他们的困难和要求，这为我后来的工作打下很好的基础。上海是个大基层，工作直接面对群众，面对基层，工作也离不开群众的支持。我觉得，不论职位高低，都应是人民的勤务员。为人民服务本来就是我们党的宗旨，又有什么架子好摆？

1991 年 8 月 15 日，吴邦国到金山枫围乡菖梧村慰问灾民。

记者：上海的国有企业改革很有成效。您到中央工作刚几个月时间，就已经跑了九个省市自治区的近百家企业。您关注国有企业改革，一定有不少看法和想法。

吴邦国：国有大中型企业是国民经济的支柱，是国家财政的主要来源，国有企业改革也是深化经济体制改革的重点和难点。抓好国有企业改革，不仅关系到我国经济能否持续、快速、健康发展，而且也关系到社会主义基本制度能否巩固。十几年来，我国企业改革积累了宝贵的经验。邓小平同志建设有中国特色社会主义理论关于建立市场经济、深化企业改革的深刻论述，党的十四届三中全会通过的决定，为深化企业改革指明了方向。财税、金融、外汇、外资、投资等宏观改革措施出台和顺利实施，为企业改革创造了有利条件。同时，对国有企业改革的复杂性和艰巨性也要有清醒的认识。我认为，当前深化企业改革的重点，一是要扎扎实实抓好企业改革试点工作；二是国有企业改革要着眼于提高整个国民经济的质量；三是把改制、改组、改造有机地结合起来。要下力量抓一批有竞争力、符合结构调整方向、关系国计民生的支柱产业和优势企业。要从政企分开、加强内部经营管理和建立社会保障体系等几个方面入手，打几个战役。饭要一口口吃，仗要一个个打，事要一件件做，要准备付出长期艰苦的努力。只要在邓小平同志建设有中国特色社会主义理论的指引下，在党中央和国务院的领导下，结合各地的情况，勇于实践，积极开拓，国有企业就大有希望。

记者：您现在被任命为国务院副总理，有什么想法？

吴邦国：这是党和人民的信任。我感到现在肩上的担子更重了，压力也更大了。我的知识和能力都有限，今后还要多学习，向群众学习，向实践学习，向老同志学习。我对自己的要求是：不偷懒，不耍滑，不谋私，认认真真、老老实实为基层服务，为人民多办实事，不负党和人民的重托。

注　释

[1] 朱镕基，时任中共中央政治局常委，国务院副总理兼中国人民银行行长。

四川成为商品和生产要素集散地的关键在提高开放度[*]

（一九九五年三月二十一日——二十七日）

四川要增强开放意识，加快开放步伐。讲开放，首先要解决思想观念问题。要比较好地实现经济结构调整，无论如何要增加开放度。这里讲的开放，一个是对国内的开放，一个是对国外的开放。我在上海时，花了大量的精力，解决上海人的观念问题。当时有一种观念，"肥水不外流"，对外面来的人排斥得很厉害，后来解开了。这好像围城一样，围墙拆掉了，人家想进来，但自己脑子里还有一个围墙，出不去，也不愿意出去。所以，我的看法是要加大开放力度，包括对国内开放。因为对内开放度越大，各方面的要素就会相对集中。四川能不能成为西南、西北九个省市的商品和生产要素的集散地，能不能把九个省市通过你这个地方与国内国外其他地方连接，关键在提高开放度。开放度提高以后，国内的资金潜力会相应增大。如浦东开发这段时间，国内资金进来一千多亿，主要是企业的。外资的引进，要同整个发展战略和结构调整有机结合。

进一步改善开放的硬软环境。在开放过程中，要加强基础设

---

* 这是吴邦国同志在四川省考察工作期间讲话的一部分。

施的建设，因为投资者要考虑效益、方便，并要求资金的回报率要高。省里可考虑重点搞一些基础设施，搞一点配套的条件，这是硬件；另外就是软件，就是人的素质高一点，市场经济意识强一点，跟外国人打交道的经验多一点，办事的官僚主义少一点。要坚定不移地坚持对外开放的方针，要想办法加大开放步伐。广东、浦东在前十年都是靠开放，开放促进了改革。包括重庆在内的四川部分老的城市，城市建设不可能都用了外资，但光靠财政那点钱搞不了多少建设项目。总的来讲，要从四川的实际出发，进一步扩大开放，完善配套政策和改善投资环境，特别重要的，是要培养一批能适应扩大开放的干部。

振兴辽宁老工业基地[*]

（一九九五年六月十一日）

辽宁老工业基地振兴的出路第一在于调整，第二在于进一步深化改革。关键是解放思想，实事求是，深化改革，扩大开放，扎实工作。综合大家的意见，讲三点想法。

第一点想法，要切实转变经济增长方式，使经济工作由粗放型经营为主转为集约型经营为主。

江泽民同志去年在中央经济工作会议上明确指出："从明年起，全国上下都要用很大的注意力做好提高经济增长的质量和效益这篇大文章，促进整个经济的良性循环。这里的根本要求就是积极推进经济增长方式由粗放经营为主向集约经营为主的转变，这也是我国经济发展战略转变的核心内容和主要课题。"江泽民同志的这一精辟论述，是我们振兴老工业基地的指导思想，也是辽宁经济发展的指导思想。我想强调的是，江泽民同志这些论述，对辽宁省经济工作有很强的针对性，大家一定要深刻领会、全面理解、认真贯彻。下面，我简单地分析一下辽宁的优势产业，就很能说明这一点。

---

* 这是吴邦国同志在辽宁省考察工作时讲话的一部分。

55

钢铁工业是辽宁的优势产业。全省的生产能力达一千五百万吨，数量居全国首位，但生产工艺落后，产品附加值不高。如鞍钢平炉炼钢还占百分之六十，连铸比仅百分之十六，同类线材的成本每吨比邯钢高四百元，同类板材价格每吨比宝钢低七百元、比武钢低三百五十元。本钢是一九三七年建厂，现在连铸比还为零，这在全国也是少有的。为什么货款拖欠严重，很重要的一条原因是质量不高、品种不适销对路。由此可见，辽宁钢铁工业调整的思路，不是扩大产量，而是在于提高技术装备水平，增加品种，提高质量，提高产品的附加值，像鞍钢、本钢，就要花大力气增加连铸比，淘汰平炉炼钢，改造热轧机，增加适销对路的品种。

石化工业是辽宁的又一优势产业。辽宁炼油能力有四千万吨，去年仅加工二千四百万吨，轻质油收率仅为百分之五十五，低于全国百分之六十的平均数；吨油加工利润，全国平均为六十元，最高的有一百七十元，而辽宁为三十三元六角，最低的是锦西只有二元七角。辽宁每年烧掉的重油高达五百万吨，效益都烧掉了。全省乙烯生产能力为三十四万吨，但规模分别是九万吨、十二万吨、十三万吨，都是小乙烯。花不大投资都能改造到二十万吨的生产能力，效益就能大大提高了。有同志算了一笔账，如果辽宁炼油、乙烯进行相应改造，石化的税利将由目前的三十九亿元提高到九十亿元，就是考虑今后原油涨价，利润也可达七十亿元。这比再上一个新的四十五万吨乙烯效益要高得多。

有色金属工业也是辽宁的优势产业。加工能力全国第一，产量全国第二，但是利税全国第四、利润全国第九。主要问题是原料缺、电价高、设备老、污染大，大而全、小而全。出路也不是增加产量，而在于生产合理布局，在于深度加工。

机械工业，在辽宁有一百九十六家大中型企业，数量较多，生产加工能力也不弱，但辽宁机械工业占全国机械工业的比重却逐年下降，而辽宁和全国其他地区的一些工业装备、成套设备还在大量进口。这说明辽宁机械工业的发展潜力还是很大的，但只有加速技术改造才有出路。

从以上情况分析不难看出，辽宁老工业基地改造振兴的出路不在数量，不在规模速度，而在提高质量和效益。关键是改善品种结构、增加技术含量和提高装备水平。因此，必须切实抓好结构调整和技术改造，真正实现泽民同志讲的"三大效益"，即结构优化的效益、规模经营的效益和技术进步的效益。这对辽宁有着十分重大的现实意义。为此，建议进一步重视抓好以下三项工作。

一是搞好资产存量的调整，实现生产要素的优化组合。辽宁要十分重视资产存量的调整，这是花小钱就能办到的。要通过发展以产品为龙头、以资产为纽带的跨地区、跨行业的优势企业集团，实现生产要素的优化组合，带动和促进整个国有经济的发展。

二是搞好技术改造。尤其是对行业调整起关键作用的改造项目，要集中力量搞上去，形成拳头和优势。改造的主要目的是，提高产品的质量、产品技术含量和市场适应度。要通过改造，促进劳动生产率的提高，促进生产工艺和技术装备的进步。

三是搞好企业内部经营管理。企业内部经营管理包括生产经营管理和建设项目管理，一定要花大力量抓好。好的管理是出大效益的，能够把职工积极性充分调动起来。

第二点想法，辽宁老工业基地改造和调整工作要量力而行，有所不为才能真正有所为。

刚才有同志谈到，经济增长方式要转变，要充分发挥市场作用，要讲比较优势，扬长避短，这样才有出路。辽宁老工业基地振兴要量力而行，要有所为，有所不为，只有有所不为才能有所为，也才有可能集中力量办几件大事。辽宁老工业基地的改造和调整，要充分体现这个思想。原因很简单：因为财力有限。国家和地方财政都比较困难，想做和须做的事又很多，这本身是一对矛盾。因此，只有将有限的资金用在刀刃上，才真正能做成几件事，否则摊子铺大了，不仅劳而无功，还会带来更大的困难。花了钱就要出效益。钱只能花在效益高的地方，不能花在盲目铺摊子上。

怎样扬长避短，发挥优势，我考虑，一是要扶持优势企业、行业、产品的发展，扶植优势企业可以达到事半功倍的效果，并带动经济全局发展。如全国抓一千家优势企业，辽宁也要重点抓有相当经济规模的、符合辽宁发展战略的、是行业排头兵的优势企业。二是要将其他企业推向市场，在建立优胜劣汰机制上下功夫，用好用足兼并破产的优惠政策，实现生产要素的优化组合。政府应主要在市场环境条件方面、在政策配套上、在建立社会保障制度上、在建立劳动力市场上多下功夫。

第三点想法，辽宁经济振兴立足点，要放在自力更生、内部挖掘的基点上。

辽宁提出希望国家扶持的要求，这是可以理解的。但中央财政也很困难。上个月，我到青海省看了一下，那里发展经济的条件和生活条件比辽宁要困难多了，所以国家必须拿出一定资金支持西部地区的建设。希望辽宁同志能体谅国家的困难。国家对辽宁老工业基地改造进行扶持是必要的，但调整、改造和振兴的立足点应放在自力更生、内部挖掘的基点上，而不是放在国家扶持的基点上，否则振兴就会成为空话。刚才同志们谈得很好，一方面国家给予必要的扶持，创造相对宽松一点的环境；另一方面也要看到，在国家的扶持下，辽宁筹集资金还是有潜力的，如预算外资金的利用，现在预算外资金与预算内资金基本上是一比一，一年就是一百多亿元，辽宁的基础设施经"八五"期间的努力已经很不错了，可集中资金支持辽宁工业调整、改造。在扩大利用外资方面，辽宁潜力也是很大的。大连等开放城市不仅要对外开放，而且要对内开放，要在辽宁振兴中起龙头作用。通过引进外资，增加一百亿元人民币的投入，应该说不是一件困难的事。提高折旧的潜力也相当大，全省国有企业有一千七百多亿元固定资产，通过资产评估，一般可增值百分之四十至百分之五十，现在辽宁省所提折旧率不高，若按规定再提高两个百分点，就是一笔不小的数字。

正确认识农村剩余劳动力的
转移和流动问题 *

（一九九五年七月十一日）

  当前在我国出现的人口大规模流动，从根本上说是农村剩余劳动力的转移和开发就业。我们要把这个问题放在改革开放和建立社会主义市场经济体制这个大背景下，放在整个经济、社会发展过程中，用马克思主义认识论全面地、历史地去看待它、分析它。形成现阶段人口流动的原因主要有三个：一是党的十一届三中全会以后，随着农村经济体制改革的深入进行和生产力的发展，原来潜在的大量剩余劳动力从土地的束缚中解脱出来，这些劳动力要寻找出路。二是城市和沿海地区经济建设的迅速发展，对劳动力的需求大量增加，使劳动力由农村向城市、由欠发达地区向发展地区流动有了可能。三是在改革开放和发展社会主义市场经济的条件下，广大农民的观念已发生了深刻的变化，加上目前农业的基础地位还不够稳固，地区之间和城乡之间差距还比较大，许多农民为了求得生活改善和个人发展而纷纷外出。从以上分析看，我国现阶段流动人口的逐年增加，农村剩余劳动力向非

---

  * 这是吴邦国同志在福建厦门召开的全国流动人口管理工作会议上的讲话《搞好流动人口管理工作，促进我国的改革、发展和稳定》的一部分。

60

农业转移和跨地区流动，与过去因天灾人祸外出逃命要饭吃而产生的人口流动有着本质的区别，与"文化大革命"中知识青年上山下乡、城市人口向农村流动也是完全不同的。应该看到，现阶段的人口流动是伴随着改革开放和社会主义市场经济体制的建立而出现的一种必然现象，是生产力发展和社会进步的表现。

在发展社会主义市场经济条件下的人口流动，尤其是劳动力的流动，必然对经济发展产生深刻的影响。首先我们应该看到它两个方面的积极影响：一是它缓解了输入地经济发展与劳动力不足的矛盾，成为城市经济发展、市政建设和第三产业的重要力量，从城市和沿海经济发达地区来看，外来人员已成为一些劳动密集型企业和各种基础建设的生力军。二是经济欠发达地区通过劳动力的输出，有力地促进了当地脱贫致富，为发展经济积累了资金，引进了先进管理经验和科学技术。如果对流动人口疏导有力，管理得当，农村剩余劳动力这一资源就会成为一笔巨大的财富，进而促进城乡经济的发展，加速我国社会主义现代化建设的进程。

但是，我们还必须清醒地看到，由于疏导、管理、服务和教育等各项配套工作一时跟不上，目前农村剩余劳动力的转移和流动在很大程度上还处于盲目无序状态，由此产生了一系列值得高度重视的问题。一是农民大量外出，在一定程度上影响了农业生产和农村工作。农业是基础，青壮年劳动力都出去打工了，谁来种地？农民由于外出打工信息不准，徒劳往返，造成不应有的损失。二是春运期间铁路列车严重超员，交通秩序难以维持。三是对流入地的社会治安、交通运输、城镇就业、计划生育以及工商税务等方面的管理工作造成了严重的冲击，特别是在社会治安方面带来了一些不安定因素，引发了一些违法犯罪活动和社会丑恶现象。四是侵害外来务工经商人员合法权益的现象大量存在，不少地方出现了外来打工人员闹事的苗头。人口的盲目流动已经成为影响当前社会稳定的一个重要因素，成为直接关系国家发展和社会稳定的重大政治、经济问题。我们对这些问题要予以高度重视。

以上是对现阶段流动人口问题的分析。就今后而言，由于我国庞大的人口基数和高比重的农业人口，随着经济体制改革的不断深化和农村经济结构的不断调整，必然会释放出越来越多的农村剩余劳动力。据有关部门估计，目前我国农村实际上有劳动力约四亿五千万人左右，约有一亿二千万的剩余劳动力。预计到本世纪末将有二亿多农村剩余劳动力，也就是说，五年内还将有八千万农村剩余劳动力，需要重新寻找就业渠道实现充分就业。大量剩余劳动力如果不能实现合理转移，不仅是很大的经济损失，并且会带来严重的社会问题和政治问题，既影响我国农业现代化的步伐，又影响社会安定。因此，在我国建立社会主义市场经济体制初期，农村剩余劳动力的大量流动有一定的必然性，而这种流动在一定阶段中出现盲目无序状态也是难以避免的。但是，如果对这种状态长期放任不管，任其发展下去，就会危害社会稳定，就会干扰和影响我们进行改革开放和社会主义现代化建设的进程。因此，如何实现农村剩余劳动力的合理转移和有序流动，就成为我们党和政府在现阶段迫切需要解决的一个重要问题。

解决我国农村剩余劳动力的出路主要有两条：一是要通过农业综合开发、发展乡镇企业、加快小城镇建设，来就地就近消化和吸纳，这是由我国国情决定的一个基本方针。因此，我们首先要着力发展农村经济，使农民觉得农村大有奔头，能安居乐业，从而减少农民的盲目外流。决不能盲目鼓励农民外流，更不能放任自流。二是对农村剩余劳动力的流动必须加强组织、引导和管理工作，使之形成合理、有序的流动。党的十四届三中全会指出："鼓励和引导农村剩余劳动力逐步向非农产业转移和地区间的有序流动。"近年来，中央有关部门和各地党委、政府在加强流动人口的疏导和管理方面做了大量卓有成效的工作，有力地促进了农村剩余劳动力的合理、有序流动。

"打假"是保护人民群众利益的大事[*]

（一九九五年八月二十六日）

必须从对人民负责、对国家负责的高度，
重视"打假"工作，树立长期作战的思想

从现在起到本世纪末，是我国实现两大奋斗目标，即在经济上翻两番达到小康水平和初步建立社会主义市场经济体制的关键时期。假冒伪劣商品泛滥的势头如果得不到根本遏制，将对我国改革开放和经济建设造成极大的危害，直接影响两大奋斗目标的实现。因此，我们要以对人民负责、对国家负责的精神，充分认识"打假"工作的重要性，树立长期作战的思想。

首先，我们要充分认识到，严厉"打假"是深化改革、扩大开放，培育和发展社会主义市场体系，促进国民经济持续、快速、健康发展的需要。从近代的社会发展来看，在实行市场经济的一些国家，与制售假冒伪劣商品的违法行为斗争已有一二百年的历史了。近年来，各种假冒伪劣商品在世界市场上泛滥，已成

---

* 这是吴邦国同志在全国打击制售假冒伪劣商品违法行为工作会议上讲话的一部分。

为引人注目的国际公害。据国际上有关统计资料，由地下工厂制造的假冒商品约占世界总贸易额的百分之二，即四百亿美元左右。全世界制药厂因假药而蒙受损失每年达几十亿美元。在东南亚和中东出售的汽车零件中，近一半是冒牌货。此外，国外由于使用假冒零件而造成空难事件也屡见不鲜。党的十四届三中全会《关于建立社会主义市场经济体制若干问题的决定》中要求，要"坚决依法惩处生产和销售假冒伪劣产品、欺行霸市等违法行为"，这是建立统一、开放、有序的社会主义市场体系的需要。市场经济是讲求效益的，但绝不能为了单位和个人的私利，损害他人，危害社会的利益；市场经济是鼓励竞争的，但竞争必须是平等的、守法的，绝不能无法无天，不择手段，为所欲为。

过去，我国在计划经济体制下，产品由国家统一调拨，"皇帝女儿不愁嫁"。那时的主要问题是质次而不是假冒。改革开放促进了我国经济繁荣，但经济活动中的拜金主义、利己主义、极端个人主义等腐朽思想抬头，一些违法分子在暴利的诱使下，见利忘义，铤而走险。由于目前我国社会主义法制还不够健全或者执法不严，也给一些违法分子以可乘之机。制售假冒伪劣商品行为，成为建立社会主义市场经济体制过程中的一个突出问题。如果不认真解决这个问题，势必影响我国的改革开放，影响社会主义市场经济体制的建立，影响国民经济持续、快速、健康发展。我们虽在前一阶段"打假"工作中取得了明显成绩，但从近几年我国市场上出现的大量假冒伪劣商品看，以下几方面情况应引起我们高度重视：一是范围越来越广，从日用消费品到农药、种子、化肥等生产资料和药品，并且有向耐用商品和高技术产品方向发展的趋势，如拼装汽车、摩托车、机械设备等。高技术电脑软件、计算机防病毒卡、激光全息防伪标志等也开始成为假冒对象。二是数量越来越大，非法经营额、获利额越来越大，甚至有的假冒商品数量已超过真品。三是假冒手段越来越狡诈，越来越恶劣，欺骗性越来越大，违法活动更具隐蔽性、流动性。有些假冒伪劣产品模仿水平十分高明，从外表看，几乎可以达到以假乱真的地步。四是参与者越来越多，从个体户发展到集体单位甚至国有单位，有的已经形成制造和销售的网络体系，形成"产供销"一条龙，有些地方已形成区域性的假冒伪劣商品集散地。五是假冒伪劣商品从国内市场发展到国际市场，严重败坏我国出口商品和对外贸易的信誉，其恶劣影响短时间内难以消除。有的出口商品在国外赢得声誉后，国内竞相假冒，水货一冲，使多年艰苦创造的名优产品在国外倒了牌子。前不久我随李鹏总理访问俄罗斯，就有不少同志向我反映这个问题。我国商品要在俄罗斯再建立信誉，就需要费更大力气。现在有一种说法，"打假"、"打假"，越打越假。这种说法虽然有片面性，但也说明了"打假"工作的重要性。这些情况都充分表明"打假"的斗争是艰巨的，我们要有长期作战的思想和除恶务尽的决心。

其次，我们还要充分认识到，严厉"打假"是保护广大企业和消费者利益的需要。从近几年的"打假"实践看，一种商品上市后一旦销售好，马上就有假冒、伪制品出现。许多企业特别是大中型企业深受其害，几乎没有一个生产名牌产品的企业在其发展壮大过程中未曾受到过假冒行为的侵扰。在一些地方，由于违法分子采用高额的"回扣"、"好处费"、"手续费"等不正当的竞争手段，造成真货斗不过假货，好货斗不过劣货。假冒伪劣商品使一些国有大中型企业经过长期艰辛努力才创立的名牌产品受到严重侵害，企业蒙受巨大经济损失，也给国家财政收入造成巨大损失。如"红塔山"香烟被假冒，国家一年就减少税利五十多亿元，生产"红塔山"的玉溪卷烟厂为自卫"打假"，已投入了上亿元的资金。更为严重的是，假冒伪劣商品屡禁不止，还使广大消费者蒙受了人身、经济、精神等多方面的伤害，严重影响社会的稳定。假药、假酒、劣质食品致死人命的恶性案件，屡有发生。许多假药虽然不能立刻致人于死地，但这些假药往往延误治疗，也给病人带来灾难性后果，这同谋财害命没有多大的区别。假冒伪劣商品祸国殃民，是当前一项突出的社会公害，广大群众对此深恶痛绝。因此，"打假"工作是保护人民群众切身利益的大事，是密切党和政府与人民群众联系的大事，不仅是经济问题，也是社会问题、政治问题。李鹏总理说过，我们的政府是人民的政府，是对人民负责的政府。我们要从对国家、对人民负责的高度，从密切党和政府与人民群众联系的高度，充分认识"打假"工作的重要性。抓不抓"打假"，是否认真抓"打假"，实际上反映了各级政府、各级领导干部有没有群众观点的问题，是不是为人民服务的问题，是不是对国家负责的问题。我再强调一句，我们要本着对国家、对人民高度负责的精神，认真抓好"打假"工作。

党中央、国务院对"打假"工作历来十分重视。一九八五年和一九八九年，国务院先后责成有关部门组织了对福建晋江制售假药和浙江乐清制售伪劣低压电器的打击、查处；近几年来，全国人大常委会陆续颁布了产品质量法、反不正当竞争法、消费者权益保护法和严厉惩治生产、销售伪劣商品犯罪的决定等多项法律，国务院也先后颁布了十几个文件，对"打假"工作作出了明确的规定和部署。江泽民总书记、李鹏总理等中央领导同志都十分关心这项工作，对"打假"工作也作过多次重要指示。希望各地区、各部门，认真领会和切实贯彻中央的指示精神，不管"打假"工作多么艰难、复杂，都要下大决心，花大气力，坚定不移地把这项工作深入开展下去。

认真解决"打击不力"的问题

总结前一阶段"打假"工作存在的问题，最主要的是打击不力。解决打击不力是下一阶段"打假"工作要着重抓的一个问题。

第一，要坚决克服地方保护主义的干扰，纠正"以罚代刑"的现象。地方保护主义对"打假"工作的干扰，来自于少数地方政府和部门法制观念淡薄，还存在着"假冒得利"、"假冒出效益"的错误认识。具体表现在，对本地区发生的制售假冒伪劣商品违法行为不管不问，对外地来本地查办的案子故意推诿刁难，甚至顶着不办，致使一些违法分子逍遥法外，制假售假的窝点长期得不到查处。前几天，我看到新华社的一个材料，标题叫"打假比打仗还难"。材料介绍国家烟草专卖局等单位"打假"的情况。某地有三十个假烟生产窝点，已有四年的历史，不仅屡禁不止，而且规模越来越大。今年六月二十六日，国家烟草专卖局会同司法机关，组织几百名公安干警"打假"，结果有人通风报信，黑窝点的卷烟机等设备早已转移。在个别人的煽动下，一些不明真相的群众围攻"打假"人员，形势一度十分紧张，"打假"也打不下去了。为什么会出现这种"打假比打仗还难"的现象，道理也很清楚，就是地方保护主义干扰，有后台，有人通风报信，有人煽动不明真相的群众。当地有的干部居然说："我们这个穷地方，不干这个怎么富得起来。"除地方保护主义干扰外，一些地方"以罚代刑"的问题也比较严重。本应移交司法机关追究的刑事案件只做行政处罚。经济处罚也远没有达到使违法分子伤筋动骨、倾家荡产的程度。我们要十分清醒地认识到，地方保护主义与党和国家的方针政策是相违背的，也是与发展社会主义市场经济的要求不相容的，是一种腐败现象。地方保护主义，其实并不能真正保护地方百姓的利益，而是保护愚昧，保护落后，最终会妨碍地方的经济发展和社会进步。所以，许多同志说，地方保护主义是假冒伪劣商品的"保护伞"。

克服地方保护主义的各种干扰，要采取一些有力措施。一是必须明确"打假"工作是当地政府义不容辞的职责。哪个地方发现假冒伪劣问题，哪个地方的政府就要切实负责解决。对假冒伪劣问题严重的地区，当地政府主要领导必须亲自抓并要限期取得成效。河南省对巩义市劣质电线产品的整顿、河北省对无极药品集贸市场的取缔等事例说明，只要地方政府领导下决心，不护短，就可以把假冒伪劣打下去。今后，凡发现支持、包庇、纵容制假售假违法行为或对案件拖着不办、顶着不办的，对一些制假售假的集散地和黑窝点不采取果断措施整顿取缔的，都要追究当地政府领导的责任。二是要深入查处跨地区的案件。凡对跨地区案件拖着不办，顶着不办的，要对当地政府、部门有关领导严肃处理。同时，上级"打假"工作机构要出面协调，直接过问查处工作。对一些跨市、县的案子，省"打假"工作机构要出面协调。对一些跨省、市，跨部门的重大案件，全国"打假"办公室要出面协调，各级"打假办"要充分发挥组织协调作用，协同有关部门和地方查处。三是要把"打假"工作与反腐败斗争结合起来。根据对已经查处的一些大案要案的分析来看，"犯罪分子利用腐败分子，腐败分子庇护犯罪分子"的情况确实存在。充当犯罪分子的保护伞，往往是自己不干净。对这些损害国家和人民利益的腐败分子，要坚决给予打击。

第二，要加大执法力度，严格执法，依法查处，形成威慑力量，狠刹假冒伪劣犯罪活动的嚣张气焰。近几年，全国人大常委会陆续公布的各项法律，《国务院关于严厉打击生产和经销假冒伪劣商品违法行为的通知》等文件，都对"打假"工作所应采取的措施做了明确的规定。现在关键是要严格执法，依法查处。一是要充分发挥执法机关的作用。有关执法机关要切实履行"打假"职责。凡是生产和经销假冒伪劣商品给他人造成损失的要承担赔偿责任。侵犯商标权、专利权的，要承担侵权责任；损害消费者利益的，要承担赔偿责任。构成犯罪的，要毫不留情地追究制售假冒伪劣商品者的刑事责任。对构成犯罪的人员在追究刑事责任的同时，决不能让犯罪分子在经济上占便宜，必须最大限度地挽回国家和企业的经济损失。只有坚决依法查处，严格执法，才能刹住制售假冒伪劣商品违法行为的嚣张气焰。二是要突出重点。重点查处药品、食品、农业生产资料、建筑材料等与人民群众生产、生活密切相关的重要商品的假冒伪劣违法行为，重点打击制售假冒伪劣商品的窝点和"批发市场"。三是要深入查处大案要案。大案要案影响大，危害大，查处一个可以威慑一片。要抓住那些社会影响比较大，人民群众深恶痛绝的大案要案，集中力量，集中时间，抓紧侦破，依法从重从快惩处。对那些用暴力抗拒执法的恶性案件的首恶分子，要采取果断措施，依法严惩，特别是要对那些害人致死的罪犯，坚决判以重刑，予以重处。对一些涉及面广、问题突出的案件，要打破行政区划界限，统一部署，集中打击，上级政府和有关部门要给予大力支持。对大案要案的查处，行政执法机关和司法机关要紧密配合，衔接好各个办案环节。为了加快办案进度，有些案件查处可采取联合办案和提前介入等形式。四是要依靠群众揭发举报，并注意保护举报人员。凡对举报人员进行打击报复的，一定要严惩。司法机关要对执法人员的执法活动提供保护，如果执法人员执行公务，被违法分子殴打伤害，司法部门要作为大案要案进行严肃处理。五是各地区和各有关部门要从物质条件保障方面支持"打假"工作。中央的"打假"经费，财政部要给予支持。省、市、县的"打假"经费，地方财政要给予支持。"打假"办案经费，各级财政要积极支持，给予保证。

第三，要加强对市场的管理和监督，完善交易规则，规范市场行为，保护消费者的合法权益。市场不治理好，假冒伪劣商品就难以杜绝。近几年来，我国各类市场建得较多，这对促进商品流通、繁荣经济起了重要作用。但是，目前不少地方普遍存在市场发展过多、管理不严、监督不力的现象，质量监督体系极不健全，致使假冒伪劣商品得以滋生和蔓延。特别是一些中药材专业市场，无证和超范围经营的情况严重，给伪劣药材和药品销售开了方便之门，群众深受其害。

各级政府和有关部门一定要加强对市场的管理和监督，保护参与市场竞争的各个经济主体的合法权益，保障市场公平竞争的经济秩序，坚决制裁那些危害市场经济发展的违法行为。保证市场健康发育，要有具体措施。规范市场秩序，就要有严格的商品质量监督体系，运用各种监督手段，加强对各类市场商品质量的监督检查。各级政府要针对本地区社会反映强烈、管理秩序混乱、假冒伪劣商品屡禁不止的市场，继续组织力量，依法进行治理整顿。对那些经多次整顿不见成效的市场，要坚决取缔。

"打假"工作既要面向流通领域，又要面向生产领域，既要监督国内生产的产品，也要注意对进口商品的监督。凡是在市场上发现的问题，一定要追踪到生产领域，坚决捣毁制假窝点，铲除造假源头。现在我国市场上出现的伪劣商品，也有国外生产的，所以对进口商品也要监督。

第四，要加强领导。"打假"工作是否有力，能否取得成效，关键在领导。要把"打假"工作列入各级政府的议事日程。全国"打假"办公室在过去几年做了大量工作，根据工作需要，还要保留。全国"打假"办公室主要负责"打假"工作的日常协调。对于重大问题和大案要案，可召开有关部门负责人参加的会议研究，通过一些不定期的协调会议来解决。各省、自治区、直辖市人民政府也要加强对"打假"工作的领导和协调。"打假"办公室要配备素质好的干部。

要进一步加强舆论宣传。在三年多的"打假"工作中，新闻舆论部门做了大量工作，充分发挥了舆论监督的作用和威力。今后，各新闻单位还要继续配合，搞好宣传报道。重点宣传"打假"工作的经验、做法和典型案例，提高消费者的质量意识和善于用法律自我保护的意识等。

加强管理，切实提高产品质量

假冒伪劣和产品质量是两个有区别的问题，但同时又是紧密联系着的问题。产品质量差与假冒伪劣对于消费者来说，感受往往是一起的，往往混在一起。所以，我们在大力"打假"的同时，要花大力气提高产品质量，提高全民的质量意识，造成全社会重视质量的大环境。

改革开放以来，我国产品质量有了很大的提高，这是有目共睹的。围绕提高产品质量，发展新品种，各地区、各部门和广大企业都做了大量工作。特别是广大企业，不断增加对技术开发、技术引进和技术改造的投入，产品质量不断提高，品种明显增多，涌现出一批名优产品和质量效益型的企业，部分产品质量和性能达到或接近国际先进水平。但是我们切不能盲目乐观，要有清醒的头脑和正确的分析。我国产品质量抽查的合格率低，不良品损失大，产品质量的总体水平与发达国家相比，还有很大的差距。面对激烈的国际竞争，我们的一些产品在质量、品种、档次上还缺乏竞争力。原材料、基础件、元器件质量差的状况，长期得不到根本扭转，影响了最终产品的质量。

针对我国当前产品质量和质量工作的状况，我们首先要下决心转变经济增长方式。要坚决克服盲目追求数量、追求速度的倾向，正确处理速度、质量和效益的关系。真正重视质量，把"质量第一"的方针提高到经济发展的战略高度来认识。努力提高质量，上档次、上水平，增加品种，提高效益。要切实依靠科技进步，把提高质量、增加品种与企业技术进步紧密结合起来。进一步把企业推向市场，充分利用优胜劣汰的市场机制，促进企业在竞争中提高质量。强化质量监督力度，加强政策导向，加快产品质量认证工作，激励企业提高质量，增加品种。要进一步引导企业眼睛向内，加强企业内部管理，建立严格的质量管理制度，结合转换企业经营机制，整顿劳动纪律、工艺纪律，加强现场管理，从各方面从严治厂，向管理要质量，向管理要效益。要严格执法，依法管好质量。各地区、各部门要认真贯彻《国务院关于进一步加强质量工作的决定》，加强对企业质量工作的指导，把我国产品质量提高到一个新的水平。

"打假"不仅是净化市场环境、维护市场秩序的需要，更是关系到改革、发展和稳定，关系到保护人民群众利益、密切党和政府与人民群众联系的一件大事。对"打假"工作，广大人民群众的呼声很高，寄予厚望。我们坚信，在以江泽民同志为核心的党中央的正确领导下，有全国人民的支持，只要我们振奋精神，齐心协力，扎实工作，"打假"工作一定会取得更大的成绩。

建设团结、富裕、文明的新西藏*

（一九九五年八月三十一日）

在西藏自治区成立三十周年的时候，我们中央代表团全体同志来到这里，与大家欢聚一堂，共同庆祝这个喜庆的节日，感到非常高兴！江泽民、李鹏[1]等中央领导同志让我们来看望大家，向西藏各族干部和群众致以节日的祝贺和亲切的慰问！

一九六五年西藏自治区的成立，在西藏历史上开创了人民当家作主的新时代。三十年来，特别是党的十一届三中全会以后，在党中央、国务院领导下，全区各族干部群众团结奋斗，西藏面貌发生了翻天覆地的变化，取得了举世瞩目的成就，这是西藏历史上任何一个时代所无法比拟的。三十年来的实践证明，加快西藏发展，维护社会稳定，必须坚持中国共产党的领导，走社会主义道路；必须坚持以经济建设为中心，坚持改革开放，解放和发展生产力，提高人民生活水平；必须坚持两手抓、两手都要硬的方针，坚持人民民主专政，维护祖国统一，反对分裂，保持社会稳定；必须坚定不移地依靠广大农牧民、工人、知识分子和其他

---

    * 这是吴邦国同志在庆祝西藏自治区成立三十周年干部大会上讲话的主要部分。

劳动者，充分发挥各族各界爱国人士的作用，最大限度地调动一切积极因素；必须坚持汉族离不开少数民族、少数民族离不开汉族这"两个离不开"的方针，巩固和发展平等互助、团结合作、共同繁荣的社会主义民族关系；必须全面正确地贯彻党的民族、宗教政策；必须坚持"中央关心西藏，全国支援西藏"的原则，把国家的支援帮助与西藏的自力更生结合起来。

从现在起到本世纪末，是实现我国社会主义现代化建设第二步战略目标的关键时期，也是加快西藏发展，促进社会进步的关键时期。关于西藏工作的大政方针，中央第三次西藏工作座谈会已经作出了战略决策和全面部署。不久前召开的中共西藏自治区第五次代表大会，明确了进一步贯彻第三次西藏工作座谈会精神、开创西藏工作新局面的思路和措施，下一步的工

1995 年 8 月 29 日，以吴邦国为团长的中央代表团抵达拉萨，参加西藏自治区成立三十周年庆祝活动，受到西藏各界群众的热烈欢迎。图为僧侣代表向吴邦国敬献哈达。

作就是狠抓落实。

一、要继续坚持和完善民族区域自治制度，
巩固和发展社会主义民族关系

民族区域自治，是我们党正确处理民族问题的一项基本政策和国家的一项基本政治制度。它既能保证少数民族在自己的聚居区内实现当家作主的权利，又能保证国家的统一和中华民族的团结，共同建设社会主义。实践证明，实行民族区域自治，对于保障西藏各族人民当家作主，建立平等互助、团结合作、共同繁荣的社会主义民族关系，维护祖国统一，反对分裂，促进民族地区经济发展和社会稳定，具有重要意义。当今世界并不安宁，一些国家和地区民族矛盾加剧，社会动荡不安。我们保持了各民族的团结和民族地区的稳定，很重要的一条，就是坚定不移地实行民族区域自治制度，走出了一条具有中国特色的解决民族问题的正确道路。

江泽民同志在谈到民族区域自治时指出："经过几十年的考验，证明了这项制度是适合我国国情的，具有强大的生命力。"[2]在建设社会主义现代化的过程中，我们要十分珍惜毛泽东、周恩来和邓小平等老一辈无产阶级革命家留下的这一宝贵财富，坚持和完善民族区域自治制度，认真贯彻执行民族区域自治法和党的民族政策。要重视民族语言文字的学习和使用，尊重民族风俗习惯，保护民族文化遗产。必须大力培养选拔少数民族干部，团结和动员各族人民为西藏的改革、发展和稳定共同奋斗。

二、以经济建设为中心，加快西藏发展

实行民族区域自治，在今后相当长的一段时期里，最重要的，是要团结和组织各族人民，努力把经济搞上去。我们党和国家要尽一切努力，创造共同发展的环境和机会，促进全国各民族繁荣昌盛。西藏自治区成立三十年来，中央对西藏的直接投资和财政补助累计达三百亿元。西藏二十年大庆时，中央帮助西藏建设了四十三个项目；西藏三十年大庆，中央和全国援藏项目达六十二个，投资已超过三十亿元。这些项目的建成使用，已经并将继续对西藏的经济建设和社会发展产生巨大的促进作用。随着中央财政收入的增加、综合国力的增强，中央将进一步加大对西藏的扶持力度。

加快西藏的经济建设和社会发展，关键是把中央的大政方针同西藏的具体实际结合起来，推动各方面的工作上一个新台阶。首先，要重视调整产业结构，提高经济效益，加快经济发展。在此基础上，努力提高人民生活水平，完成脱贫任务，实现小康目标。其次，必须加强社会主义精神文明建设，要加快教育科技、文化卫生、广播影视等各项社会事业的发展，促进社会全面进步。第三，从西藏的实际出发，深化改革，扩大开放。在当前和今后一个时期，要加大对内地的开放力度，采取有力措施，加强多种形式的交流与合作，优势互补，建立西藏经济与全国经济的有机联系。

三、维护祖国统一，保持社会稳定

我国是一个统一的多民族国家，西藏是祖国不可分割的一部分。西藏人民历来有爱国主义的光荣传统。历史上，藏族人民和全国人民共同抵御了帝国主义的侵略，谱写了光照千秋的历史篇章。今天，我们要继续高举爱国、团结、进步的旗帜，彻底粉碎国际敌对势力和达赖集团搞乱西藏、分裂祖国的图谋。驻藏人民解放军、武警部队和政法干警肩负着保卫边疆、维护统一、反对分裂的艰巨任务，要进一步加强军政、军民团结和警民团结，为西藏的稳定与发展贡献力量。

维护祖国统一和社会稳定，必须认真做好民族、宗教工作，壮大爱国统一战线。要加强党对统一战线工作的领导，充分发挥

1995 年 9 月 3 日，吴邦国在西藏曲水县其奴乡桑玛村看望藏族群众，了解他们的生活情况。

各族各界爱国人士的作用，形成最广泛的爱国统一战线，为经济繁荣和社会进步共同奋斗。要全面正确地贯彻党的宗教信仰自由政策，尊重和保护群众正常的宗教活动。坚决揭露和打击利用民族、宗教作掩护，破坏民族团结、分裂祖国的犯罪活动和犯罪分子，严禁利用宗教干预行政、司法、教育等政治和社会事务。

四、各族干部团结起来，为建设西藏作出更大的贡献

西藏自治区干部中，有藏汉族和其他民族的干部，有在藏工作几十年的老同志，也有才到西藏的新同志。同志们为建设西藏、保卫西藏顽强拼搏，无私奉献。孔繁森[3]同志就是同志们的杰出代表，共和国不会忘记你们，党和人民不会忘记你们。大家担负着建设西藏、保卫西藏光荣而艰巨的重任，要以孔繁森同志为榜样，继承和发扬特别能吃苦，特别能忍耐，特别能战斗，特别能创业，特别能团结，特别能奉献的"老西藏"精神，互相学习，互相帮助，互相爱护，带领全区各族人民团结奋斗，为建设西藏、保卫西藏作出新的贡献。一是要密切联系群众，关心群众生活，全心全意为人民服务，为西藏人民造福。二是要加强基层党组织和基层政权建设。这是我们全部工作和战斗力的基础。三是要结合西藏发展与稳定的实际，加强马列主义、毛泽东思想，特别是邓小平同志建设有中国特色社会主义理论和马克思主义民族、宗教理论的学习，加强社会主义市场经济知识、现代科学技术和管理知识的学习，切实提高理论水平和领导能力。四是要有远见地培养和造就一支德才兼备的干部队伍，尤其是培养这样一批藏族干部。同时保持一支相对稳定，能在西藏长期工作的

进藏干部队伍，并采取有力措施，解决他们的后顾之忧。

同志们，我们正处在一个继往开来的伟大时代，从事着前人没有做过的伟大事业。加快西藏发展，维护社会稳定，我们有许多有利条件和难得的历史机遇。中央相信，在邓小平同志建设有中国特色社会主义理论和党的基本路线指引下，在以江泽民同志为核心的党中央领导下，在全国人民的大力支持下，西藏自治区各族干部群众团结一心，努力奋斗，一定能把西藏建设得更加美好，以团结、富裕、文明的崭新面貌，迎接伟大的二十一世纪！

注　释

[1] 李鹏，时任中共中央政治局常委，国务院总理。

[2] 见江泽民《高度重视民族工作和宗教工作》(《十四大以来重要文献选编》上册，中央文献出版社 2011 年版，第 448 页)。

[3] 孔繁森（一九四四——一九九四），山东聊城人。一九六六年加入中国共产党。一九七九年和一九八八年两次赴西藏工作，历时十年。曾任中共西藏阿里地委书记等职。一九九四年十一月在赴新疆考察途中因车祸殉职，是新时期领导干部的楷模。

致中国经济效益纵深行组委会的信

（一九九五年九月五日）

中国经济效益纵深行组委会：

"中国经济效益纵深行"活动以强化经济管理作为一九九五年调研宣传的主题，并正在开展和实施"堵管理漏洞增经济效益"宣传计划。我认为，这一宣传有很强的现实意义和针对性。

我国正处在计划经济体制向社会主义市场经济体制转换的关键时期。我们建立社会主义市场经济体制的重要目的之一是为了实现资源的合理有效配置。而资源的这种合理有效的配置最终要通过科学细致的管理来体现、来贯彻。在改革日益深化的形势下，企业效益不高的原因是多方面的，但从目前情况看，多数企业效益不高的问题确实出在内部管理上，当前尤为突出的是企业财务管理、资金管理不严格、不科学。必须把企业的深化改革和强化管理有机地统一在一起，企业的经济效益才能真正得到提高。

效益是资源合理有效配置的结果，是经济运行的综合指标，这不是一句空洞的口号。当大家都能从自身抓起，从身边做起，在每一个细小环节上都注意效益问题，堵塞管理漏洞时，提高经济效益才真正落到了实处。

　　祝九五中国经济效益纵深行活动取得圆满成功并向参加"纵深行"活动的所有同志问好！特别向中央电视台《经济半小时》的同志们问好，他们在效益宣传中作出了良好的成绩。

吴　邦　国

一九九五年九月五日

在深化改革和结构调整中
要关心群众生活、体察群众疾苦[*]

（一九九五年九月九日）

当前，我国经济运行和企业改革的形势是好的。"八五"时期，我国经济和社会面貌发生了显著的变化，改革取得较大的突破，开放再创新局面，国民经济保持持续、快速、健康的发展，各项社会事业都取得较快发展。这四年，我国国内生产总值实际年均增长速度达百分之十一点七，增长幅度超过计划三至四个百分点，比"七五"时期的年均增长率高近四个百分点，在经济总量上提前完成了翻两番的战略目标，是我国国民经济发展历史上增长速度最快的时期。这四年中，我国城镇居民家庭人均生活费收入实际年平均增长百分之八点四，与"七五"时期平均每年递增百分之三点七相比，增速明显加快。农村居民人均纯收入也有提高。但是，在充分肯定我们工作的同时，也应当清醒地看到，在深化改革和结构调整中，出现了一些困难和问题。其中比较突出的是，部分国有企业生产经营困难，亏损增加，职工收入减少，生活水平下降。这种情况在东北和

---

　　* 这是吴邦国同志在陕西西安召开的困难企业职工生活保障和分流安置工作座谈会上讲话的一部分。

84

西北地区，在煤炭、军工、森工等行业尤为突出，相当一部分在职或离退休职工的生活确实困难。加上去年以来，粮、油、菜、肉等生活必需品价格上涨过猛，对于亏损企业的职工来说，更是难上加难。

关心群众生活，体察群众疾苦，是我们党的优良传统，也是我们共产党和人民政府的性质所决定的。马列主义一条很重要的原理是人民群众创造历史。毛泽东同志把群众路线作为我们党的三大法宝之一，一再强调要关心群众生活，注意工作方法。毛泽东同志说："要得到群众的拥护吗？要群众拿出他们的全力放到战线上去吗？那末，就得和群众在一起，就得去发动群众的积极性，就得关心群众的痛痒，就得真心实意地为群众谋利益，解决群众的生产和生活的问题，盐的问题，米的问题，房子的问题，衣的问题，生小孩子的问题，解决群众的一切问题。我们是这样做了么，广大群众就必定拥护我们，把革命当作他们的生命，把革命当作他们无上光荣的旗帜。"[1]邓小平同志尊重群众，热爱人民，总是时刻关注最广大群众的利益和愿望，把"人民拥护不拥护"、"人民赞成不赞成"、"人民高兴不高兴"、"人民答应不答应"作为制定各项方针政策的出发点和归宿。以江泽民同志为核心的党中央历来十分重视关心群众生活。前不久，江总书记视察东北时，曾特别关照要关心困难企业职工生活，妥善解决企业富余人员的分流和破产企业职工的再就业问题。李鹏总理在今年人大会议上的政府工作报告中，把部分国有企业生产经营比较困难，作为我们前进中的一个重要问题提了出来。他指出："要关心贫困地区人民、低收入者和离退休人员的生活，认真帮助他们解决困难。"我们党的宗旨是为人民服务，我们的政府是为人民服务的政府，我们搞的是社会主义市场经济，当广大职工遇到生活困难时，我们有责任、有义务关心他们的生活，体察他们的疾苦，帮助他们解决困难，这是我们各级党委和政府义不容辞的责任。因此，我们要把做好困难企业职工生活保障和分流安置工作，提高到密切党和政府与人民群众联系的高度来认识。

现在老企业困难很多，其中很重要的一条，是历史债务多，离退休职工多，企业负担重。现在经济发展了，但是我们不能忘记老企业对国家作出的巨大贡献。建国以来，这些企业把利润上交给国家，对国民经济发展作出了无私的贡献，而国家投入却很少，企业来不及改造，现在企业设备老化了，老职工和退休职工也多了，无力与新建的企业竞争。困难企业的职工，特别是中老年职工和离退休职工，他们曾为经济建设作出了贡献，为国家创造了大量财富，贡献了自己的青春。我们讲现代企业制度，讲强化企业管理，精简富余人员，但不能只讲这一条，还要讲关心群众生活。讲剥离人员，得首先考察剥离的人往哪里去，职工有困难必须帮助解决。这些老职工和离退休职工目前遇到了困难，我们要主动关心他们，满腔热情地帮助他们解决困难。在这种情况下，我们的企业领导干部更要严格要求自己，要与群众同甘共苦，共同克服困难。对那些由于个别企业领导官僚主义、滥用职权、腐败堕落和搞不正之风，而引发群众不满、造成事端的，要严肃处理，触犯刑律的要依法惩处。

注　释

[1] 见毛泽东《关心群众生活，注意工作方法》(《毛泽东选集》第 1 卷，人民出版社 1991 年版，第 138—139 页）。

总结经验，进一步加大
国有企业改革的力度[*]

（一九九五年十月九日）

　　本世纪的最后五年和下世纪的头十年，是我国现代化建设事业非常关键的时期。要实现党的十四届五中全会《关于制定国民经济和社会发展"九五"计划和二〇一〇年远景目标的建议》提出的跨世纪宏伟蓝图，关键是实行两个具有全局意义的根本转变，一个是经济体制从传统的计划经济体制向社会主义市场经济体制转变，一个是经济增长方式从粗放型向集约型转变。这两个转变，前者是生产关系如何变革，后者是生产力如何发展。两个转变最终都要落实到企业。企业不改革就不能实现这两个转变。国有企业在市场竞争中将面临更严峻的挑战，我们将面临真正的买方市场，过去那种"皇帝女儿不愁嫁"的局面再也不会出现。随着进口关税税率的降低，我们还将面临国际商品的竞争。在这种形势下，国有企业改革搞得好不好，直接关系到两个转变能否顺利进行，现代化建设奋斗目标能否实现。这既是重大经济问题，也是重大政治问题。我们必须从战略高度，深刻认识搞好国

---

　　* 这是吴邦国同志在山东青岛召开的全国企业改革试点工作经验交流会上的讲话《加强领导，总结经验，加快现代企业制度建设》的一部分。

有企业改革的重大意义，积极推进国有企业改革。

第一，对国有企业改革实行分类指导。这是五中全会建议中提出的一条很重要原则。国有企业数以十万计，分布在各个领域，企业规模、技术水平、生产社会化程度以及它们在国民经济中的地位和作用大不相同。因此，对国有企业改革不能用一种模式、一种办法，而必须进行分类指导。在工作上，我们要突出三个重点：一是老工业基地的调整；二是搞好优势企业；三是加快小企业改革的力度。

老工业基地国有企业比较集中，工业基础雄厚，综合功能强。如果把像上海、沈阳、天津、武汉、重庆、哈尔滨等这样的老工业基地的国有企业改革搞好，不仅可以使国家几十年积累起来的巨大规模的存量资产发挥效益，而且可以对其他中小城市起到带动和辐射作用。现代经济的发展，要高度重视中心城市的作用，特别是大城市，结构调整余地大，潜力也大，有条件进行综合配套改革。十八个试点城市改革今年进展比较大，就是因为他们从搞活国有经济出发，将改革与结构调整相结合，并出台相应配套措施，为企业改革创造了较好的外部环境。

抓住关键的少数，搞活一千家企业，这是具有全局意义的大事。国务院决定抓一千家企业，其中工业企业有八百七十八家。八百七十八家也不是同时抓，当前先集中精力抓三百家。三百家户数不多，但资产总额占全国预算内工业企业的百分之四十六点四，销售收入占百分之五十二，利税总额占百分之六十七。这些企业是关键的少数，抓好了，就抓住了关键。这个问题大家谈了很多很好的经验，我不再重复。总之要创造条件，赋予这些企业充分的自主经营权利，使这些大型企业真正成为市场的主体，成为独立的法人。这些企业搞好了，可以带动一大批企业。大企业有了实力才有可能兼并其他企业，才能带动整个国有经济结构的调整。

加快国有小企业改革的步伐。党的十四届三中全会和五中全会都讲了这个问题。国有小企业为数众多，遍布各地，目前存在不少困难和问题。比如，亏损面大、资产负债率高、净资产利润率低，同时企业富余人员多等包袱也很沉重。如何进一步放开搞活国有小企业？党的十四届三中全会《关于建立社会主义市场经济体制若干问题的决定》指出："一般小型国有企业，有的可以实行承包经营、租赁经营，有的可以改组为股份合作制，也可以出售给集体或个人。"江泽民同志最近也强调，对一般小型国有企业，要进一步放开、放活，有的可以实行兼并、联合或租赁，有的可以改组为股份合作制，也可以出售。国有小企业改革可以采取多种形式、多种途径，只要符合邓小平同志提出的"三个有利于"原则，无论哪种形式都应当支持。李鹏[1]同志在五中全会上讲，县属小型企业可以放得更开些。这里要特别强调，一是放开、放活小企业决不是一放了之，撒手不管，放任自流，更不是一卖了之，而是要加强领导，分类指导；二是国有资产不能流失，要加强对国有资产的监管；三是对职工要采取负责的态度。从山东、安徽两省的实践来看，真正卖掉的企业是极少数，多数可转变为集体经济。

今年国务院制定了有关企业兼并政策，这里再强调一下。要从战略的高度看待企业兼并，并加以有力的引导和推进。进入八十年代以来，世界范围内金额超过十亿美元的大型企业兼并已相当常见，其中许多兼并是跨国性的。今年以来，世界性的兼并又出现新的高潮。这是市场经济条件下必然出现的一种现象。兼并不是落后和衰退企业的归宿，而是企业摆脱落后和衰退的起点。兼并可以使劣势企业获得一次重组的机会，使其振兴，同时也可使优势企业获得一次扩张的机会，促其取得规模效益。现在各地都很重视企业的兼并，这里我想强调三点：一是兼并是一种经济行为，要坚持自愿原则，不能搞"拉郎配"，不能使经济行为变成行政行为；二是要规范化，工作要细，不能借兼并之名，行赖债之实，要对国家财产负责；三是要全心全意依靠工人阶级，只有得到职工的理解、支持，才能做好这一工作。但是，根据当前我国企业的实际情况，要多兼并少破产，对那些长期亏损、资不抵债、扭亏无望的企业，还是要依法破产。当然这里面要考虑社会的承受能力。有些破产可以采用整体收购的方式，核心问题是要把人安置好。

第二，着眼于提高企业整体素质。搞好国有企业，必须把改革同改组、改造和加强管理结合起来，才能提高企业整体素质，增强企业活力。江泽民同志在天津视察时，着重讲了五个方面：一是要有好的班子；二是要依靠技术进步；三是要搞科学管理；四是要大力协同，为企业进入市场创造平等竞争的外部环境；五是要全心全意依靠工人阶级。李鹏同志在沈阳视察时也讲到，搞好企业，要有一个好的机制、一个好的产品、一个好的班子。这些方面的工作都是必要的，不能只重视一个方面，而忽视另一个方面。我们要在实践中不断总结经验，坚持下去，取得实效。

这里我想特别强调一下管理问题和领导班子问题。近几年来，各地在加强企业管理方面创造了许多好的经验。比如邯郸钢铁公司，加强成本管理，把成本分解落实到人，使每个人的头上都顶着一个算盘，建立起成本责任制，经济效益取得明显提高。但我们确有不少企业不重视管理，存在"以改代管"的倾向，热衷于所谓改革带来的轰动效应，而轻视企业内部管理，使我们不少企业出现管理滑坡的情况。现在不少企业厂长经理不重视核算，心中无数，对企业的经营状况缺乏深入的分析。例如现在不少企业反映资金紧，为什么紧，紧在什么地方？许多人往往缺少深入分析，心中无数。资金周转是快了还是慢了，资金利税是高了还是低了，是什么原因造成的？各项经济技术指标是否达到本企业历史最好水平？在行业中又处在什么位置等等，往往不是很清楚。实践表明，在相同的外部环境下，一个企业的发展，与企业管理水平、企业经营者素质有非常密切的关系。加强领导班子建设是深化企业改革的重要组成部分。一个政治思想素质好、具有开拓精神、善于决策、精于管理的经营者，就能使一个企业由弱变强、由小变大、由亏损到盈利。

第三，要继续解决企业改革中的重点和难点问题。今年来，我们在这方面取得了一些成绩，摸索了一些经验，但这仅仅是初步的，还要继续探索，继续努力。解决重点和难点问题要注意：一是要敢于突破。要突破就要开阔思路，勇于探索，允许在探索中出点毛病。探索哪有百分之百的正确？错了可以再总结，改过来就是了。二是面不要铺得太宽，还是搞有限目标。因为现在企业存在的困难不是一时形成的，解决起来有一个过程。过去企业的全部税利都上交，折旧也要交，而且什么打入成本抠得很死，最后企业就空掉了。这些问题，一下子全部解决不可能。之所以强调解决企业改革中带有普遍性的难点和重点问题，是因为不解决这些问题，企业改革难以跨出步子，更难于深化。

　　第四，政府要为企业改革创造一定的市场环境。政府起码有三个方面的工作。一是做好规划。这包括产业调整的规划和企业改革的规划。企业面对从卖方市场到买方市场的转变，尤其是面对国际产品激烈竞争的形势，比较优势越来越重要。要扬长避短，有所不为才能有所为，要明确哪些是有所为的，哪些是有所不为的，避免结构调整中"趋同化"的问题。对企业的状况要做分析，哪些企业是重点扶持的，每个城市都要有一个通盘考虑，要有一个规划。二是处理好改革、发展、稳定的关系。尤其是对困难企业和困难职工一定要注意搞好生活保障和安置分流。前不久，我们在西安开了一个会，就是想解决困难企业和困难职工的问题。这个问题不解决，改革、建设、发展都搞不好。这是政府要下大力气做的很重要的一项工作。三是为企业进入市场创造条件。社会保障制度的建立以及分离分流，没有政府支持是办不成的。如学校、医院只好交给政府，交给社会办。分流人员多多少少总归有一些人进入社会，这就要形成一个劳动力市场。

注　释

　　[1] 李鹏，时任中共中央政治局常委，国务院总理。

关于推进企业技术进步的几点意见[*]

（一九九五年十月二十一日）

按照建立社会主义市场经济体制和促进企业技术进步的要求，总结几十年来企业技术进步工作的成功经验，结合大家在这次会议讨论中反映的问题，着重强调以下几点。

一、必须把企业改革与企业技术创新、技术进步紧密结合起来。

我国国有固定资产总额已达三万五千亿元，每年技术改造新增投入也有三千多亿元，是相当大的资产存量和资金投入。现在的问题是，资产的存量还不能有效流动，在新的投入中，有相当一部分不能形成良性循环，不能产生效益。这从一个侧面反映了目前国有企业体制和机制上的问题，制约了企业的技术进步。从这个意义上说，深化企业改革是推动企业技术进步的体制保障。

最近，我刚从山东调研回来。齐鲁石油化工公司以转机建制为契机，深化企业内部改革，坚持抓技术进步与抓转机建制相结合，进行科技攻关和科技开发，注重新产品、新工艺、新技术的

---

　　* 这是吴邦国同志在全国企业技术进步工作会议上的讲话《加速企业技术进步，转变经济增长方式，提高经济增长的质量和效益》的一部分。

开发和成果转化，一九九一年至一九九四年开发新品种三十三个，五百八十二项科技成果实现工业化应用，科技进步对经济效益增长的贡献率已达到百分之五十以上。几年来，销售收入、利税逐年上升。一九九四年实现销售收入一百零七亿元，列中石化系统第一位。今年一至九月，实现销售收入一百一十亿元，实现利税十五亿元，分别比上年增长百分之四十七和百分之四十五，提前三个月超过去年全年水平。实践证明，凡是企业改革与技术进步工作结合得好的企业，活力就大，市场竞争力就强，经济效益就高。因此，一定要把改革、改组、改造与加强管理紧密结合，在改革中增强企业技术开发、技术革新和技术改造的能力，通过加快改革步伐，加大技改力度，促进企业技术进步。

这里，要特别强调一下技术创新问题。长期以来，在计划经济体制下，企业市场竞争意识不强，缺乏技术创新的动力和压力。目前，市场机制的作用越来越强，卖方市场逐渐转向买方市场，国内与国际市场联系更加紧密。面对这种新形势，不加快建立技术创新机制，企业在激烈的市场竞争中就难以生存。技术开发和创新是企业技术进步的源泉，是在市场经济新形势下对企业技术进步提出的更高要求。在科技进步和国内外市场激烈竞争情况下，引进国外先进技术的同时，必须坚持创新。有创新才会进步，才有出路，才能占领市场竞争的制高点，永远立于不败之地。如果技术创新能力上不去，一味靠引进技术，就永远难以摆脱技术落后的局面。正如江泽民同志所说的："创新是一个民族进步的灵魂，是一个国家兴旺发达的不竭动力。""一个没有创新能力的民族，难以屹立于世界先进民族之林。"[1]"要把建立技术创新机制作为建立社会主义市场经济体制的一个重要目标，特别要把建立健全企业的技术创新体系作为建立现代企业制度的重要内容和搞好国有大中型企业的关键环节。"[2] 企业改革是调整生产关系，为技术创新、技术进步提供了内在动力机制。而技术创新、技术进步则是推动生产力迅速发展、巩固新的生产关系、使国有企业保持强大竞争力的有效手段，是不断推进企业改革的必要条件。因此，通过技术创新、技术进步，增强企业发展后劲和在国内外市场的竞争能力，就会巩固改革的成果，增强改革的信心，有利于改革的进一步深化。

二、进一步加快政府职能转变，使企业成为推动技术进步的主体。

长期以来，我国的企业技术进步缓慢，现有企业的工业技术装备大多处于六七十年代水平，百分之二十的设备老化，百分之

1996 年 1 月 13 日，吴邦国陪同李鹏总理视察杭州汽轮机厂。

四十的设备超期服役，经过全面技术改造的设备只有百分之二十左右。造成这种状况的原因是多方面的，有历史的原因，也有现实的原因；有投入不足的问题，也有机制上的问题；等等。其中重要原因之一，是政企不分，企业还没有真正成为推动技术进步的主体，真正做到"自主决策、自筹资金、自担风险、自求发展"。

企业要成为推动技术进步的主体，应解决好三个问题：一是企业在认识上要有一个飞跃，要有推动企业技术进步的紧迫感和危机感。在市场经济条件下，产品的竞争、企业的技术状况、自主开发的能力，在很大程度上决定着企业的生死兴衰。即使是现在发展很红火的企业，如不重视产品的升级换代，不重视新技术、新工艺的开发，不重视不断进行技术改造，今天的优势企业就可能变为明天的劣势企业，这在国内已经有不少教训。现在我们实行大公司、大集团战略，其中要解决的一个重要课题，就是企业自主创新的问题。国际上有竞争力的大公司，无一例外地都有大量的专利和技术秘密，这些经验都值得我们借鉴。二是企业技术进步的立足点，一定要放在企业自身。当然，国家要支持企业的技术进步，但是，目前国家和地方的财力有限，如果我们的企业仍然依赖"等靠要"，推动企业技术进步，就会成为一句空话。这次会议上反映较多的，就是科技开发和技术改造的投入问题。当前由于国家财力有限，而企业欠债又多，从总体上看，投入不足，这是客观存在的。但是国家制订了允许企业提取一些费用，用于技术进步的相关政策，如提取折旧、新产品开发费、税后利润等。由于效益不好，或者怕影响职工分配等原因，有的企业该提的不提，该折旧的不折旧，不能有效地用好国家支持企业技术进步的相关政策。企业一定要眼睛向内，不断增加自我积累，多渠道筹集资金，加大自有资金的投入，增强自我发展能力。三是要建立健全技术进步投资决策的责任制，切实改变目前投资风险主要由国家承担的状况。现在有不少项目由于选择不当，或缺少资本金等原因，项目建成以后，没有市场，没有效益，成了新的包袱。有人说，现在搞技术改造是"贷款拿到厂，责任交给党"。不健全技术进步风险责任机制，就无法走出"不技改等死，技改找死"的怪圈。

现在企业技术进步工作中存在的许多问题，往往是由长官意志、政企不分造成的。转变政府职能，提高工作效率，从制度上合理规范政府与企业的职责，是使企业成为推动技术进步主体的主要环节。江泽民同志在关于国有企业改革的重要讲话中指出："政府职能不转变，政企就难以分开，政府就会干预企业的生产经营活动，企业或者只能按政府行政意志办事，或者躺在政府身上不承担责任，很难适应市场经济的要求。"[3]要使企业真正成为技术进步的主体，就必须把政府的经济管理职能真正转变到制定和执行宏观调控政策上来，为推动企业技术进步创造良好的宏观环境，把一些不应由政府行使的职能逐步转移给企业、市场和中介组织。政府职能要逐步实现"三个转变"，即在投资主体方面，从以政府为主向企业为主转变；在管理方式方面，从项目审批为主向政策引导为主转变；在管理覆盖面方面，从单纯管理国有企业，向以国有企业为重点的全社会管理转变。这"三个转变"体现了市场经济条件下对企业技术进步工作的新要求，也是企业技术进步工作的改革方向。

三、加快科技成果产业化是推动企业技术进步的重要环节。

当前，我国科技成果转化为现实生产力仍是薄弱环节。一是科技成果的转化率低。中央在京研究机构，包括国务院部门所属研究机构和高等院校及中科院所属研究机构，共有三百八十七个科研院所，对这些科研院所的粗略统计，一九八六年至一九九一年共有科技成果三万二千零三十五项，其中应用技术成果二万一千一百零二项，向全国转让成果五千一百三十项，占成果总数的百分之十六，占应用技术成果的百分之二十四点三，远远低于发达国家的水平。二是我国生产领域科技投入少。近几年来在我国全部研究与开发费用中，企业支出比重较低。三是在科技成果的产业化过程中大量存在着投资小、布点多、管理弱、盲目重复建设、经济效益不高、资源浪费严重等现象。

要从根本上解决这些问题就必须依靠现有企业，发挥企业在科技成果产业化过程中的主体作用。要鼓励企业逐步创造条件，建立科技成果产业化的基地，促进企业技术进步项目尽早实现规模经济效益，避免产业化过程中的资源浪费，形成高效的科技成果产业化机制。在具体工作中，要充分利用现有企业的人才、资金、物资和管理优势，形成科研机构、高等院校与企业相结合，研究开发与生产相结合的机制，坚持研究开发、生产经营和贸易一体化，缩短高新技术成果产业化、商品化的周期。

科研院所要面向市场，支持科研院所以各种形式进入企业或企业集团，联合进行技术开发，合作建立技术开发中心等。要加大企业的科技投入，实行科研、设计、生产的有机结合，增强企业应用先进技术的内在动力。建立健全企业技术创新体系，建设高水平的技术开发中心，提高企业的技术开发水平和消化吸收能力。

四、坚定不移地依托现有企业进行技术改造，推动企业技术进步。

建国以来，由于特定的历史条件，在相当长的一段时期内，我国企业技术进步走的是一条主要依靠新建发展的道路。这种传统的企业技术进步方式对我国迅速改变一穷二白的落后面貌，建立比较完整的工业体系和国民经济体系起过重要作用，但是经济规模和总量达到一定水平后，这种方式就给经济发展带来一系列新的矛盾和问题。

世界经济发展的历程表明，当一国经济进入高速发展时期，要保持经济持续增长态势，就必须加快推动企业技术进步。无论是美国、德国、日本还是亚洲的"四小龙"，在经济调整、发展和稳定增长阶段，其设备更新投资占固定资产投资的比重都在百分之五十以上。从国内情况来看，经济发展状况较好的八十年代，技术改造投资占固定资产投资的平均比例在百分之三十以上，其中最高的年份达百分之三十五点五。我国现在工业基础已相当庞大，更应立足于现有基础，坚持依靠技术进步，充分挖掘现有企业的潜能，真正按照"能够以现有企业为依托，通过改革、改组、改造提高生产能力的，就不要再铺新摊子"[4]的要求去做。

对现有企业进行技术改造与新建企业相比，有三个特点：一是依托现有企业，可以收到投资省、见效快、效益高的效果。据有关分析表明：从一九八四年至一九九四年的十年间，我国技术改造投入一元，产出两元，创利税四角至六角，与基本建设相比，投资只相当于同样规模的百分之四十，而产出利税比新建要高一倍，建设周期要短一半。我国上海、天津、沈阳、哈尔滨、武汉、重庆等六个老工业基地工业发展的实践证明，"八五"期间的前三年新增产值和新增利税的三分之二均来自于技术改造。二是技术改造对通货膨胀的拉动作用明显低于基本建设。有关研究表明，基本建设投资中大约有百分之四十转为消费基金，而技术改造投资中只有百分之二十转化为消费基金。在技术改造投资中其非生产性投资所占比重较低，此外，建设周期短能及时增加有效供给。三是加大技术改造力度有利于调整存量，充分发挥现有资产的利用效率，特别是有利于老工业基地焕发活力。党的十四届五中全会关于技术改造问题明确提出三条意见：一是能够以现有企业为依托，通过改革、改组、改造提高生产能力的，就不要再铺新摊子。二是较大幅度地提高技术改造投资的比重。三是建立资本金制度。希望同志们认真学习领会，并在实际工作中贯彻落实。

转变经济增长方式，强调以现有企业为依托，并不是忽视必要的新建。我国目前水利、能源、交通、通信等基础设施还比较薄弱，随着经济的发展、改革的深化和对外开放步伐的加快，应当有计划、有步骤地安排一批重点项目。为了填补空白，提高技术水平，也需要新建一些具有现代化水平的骨干企业，关键是要以提高经济效益为中心，把技术改造和新建有机地结合起来。

五、提高劳动者素质是企业技术进步的重要战略任务。

企业技术进步，关键是人才。小平同志在一九八二年就指出："人才不断涌出，我们的事业才有希望"，"二十年规划能否实现，关键就在这里"[5]。一九八五年他说："改革经济体制，最重要的、我最关心的，是人才。改革科技体制，我最关心的，还是人才。"[6]随着工业生产及社会服务自动化、信息化、智能

1996 年 4 月 4 日，吴邦国在北京参观 "863" 计划十周年成果展览。

化水平的不断提高，许多繁重、重复的体力劳动正在被各种自动化机械和计算机所取代，对劳动者知识和技术水平的要求越来越高。因此，提高劳动者的素质，对于企业技术进步具有重大意义。一是要加强精神文明建设，提高劳动者的政治素质，要有一种创新、求实、奉献、团结的精神，增强职工的主人翁责任感，形成企业的凝聚力；二是要加强职工培训，不断提高职工的技术、业务素质；三是要充分发挥企业现有科技人员的作用，加速企业科技人才的培养，特别要注意培养和造就一批企业技术带头人和科技骨干；四是培养和造就一大批企业家队伍，建立健全企业家队伍的形成机制、激励机制和约束机制。总之，要建设一支适应社会主义市场经济要求、高素质、跨世纪的劳动者队伍。

注　释

[1] 见江泽民《实施科教兴国战略》(《江泽民文选》第 1 卷，人民出版社 2006 年版，第 432 页)。

[2] 见江泽民《实施科教兴国战略》(《江泽民文选》第 1 卷，人民出版社 2006 年版，第 430 页)。

[3] 见江泽民《走出一条具有中国特色的国有企业改革道路》(《江泽民文选》第 1 卷，人民出版社 2006 年版，第 448 页)。

[4] 见《中共中央关于制定国民经济和社会发展"九五"计划和二〇一〇年远景目标的建议》(《十四大以来重要文献选编》中册，中央文献出版社 2011 年版，第 479 页)。

[5] 见邓小平《前十年为后十年做好准备》(《邓小平文选》第 3 卷，人民出版社 1993 年版，第 18 页)。

[6] 见邓小平《改革科技体制是为了解放生产力》(《邓小平文选》第 3 卷，人民出版社 1993 年版，第 108 页)。

建立技术创新机制 *

（一九九五年十月二十一日）

　　建立技术创新机制，是建立现代企业制度的一项重要内容。要在继续抓好国家已认定的一百四十家企业技术中心的同时，继续鼓励和支持有条件的大型企业和企业集团建立技术中心，使其率先成为技术开发、科研投入和高新技术产业化的主体，逐步积累自身研究开发能力，激励企业不断开发新产品，积极采用新材料、新技术、新工艺。发展技术转让的中介机构，建立地区和行业的技术创新组织和技术推广网络。要采取多种形式，积极创造条件吸引科研院所进入企业或企业集团，吸引国内外高水平的科技人才到企业工作。要继续大力推动"产学研"结合，切实组织好"产学研联合开发工程"，逐步建立以企业为主体，科研院所、高等学校、技术服务机构共同推进的企业技术进步机制。要着手研究重大装备的国产化工作。

---

　　* 这是吴邦国同志在全国企业技术进步工作会议上的讲话《加速企业技术进步，转变经济增长方式，提高经济增长的质量和效益》的一部分。

充分调动企业科技人员积极性[*]

（一九九五年十月二十一日）

科技人员是企业技术进步的重要骨干力量。几十年来，特别是改革开放以来，他们为企业技术进步艰苦奋斗，无私奉献，建立了卓著的功勋。但是也应当看到，我国企业科技人员无论在数量上还是整体水平上，还很不适应社会主义市场经济对企业技术进步的要求。因此，要在加速培养优秀科技人才的同时，充分发挥现有科技人员的作用，充分调动科技人员的积极性。

一是要形成尊重知识、尊重人才的氛围，尊重科技人员的劳动，提高他们的政治地位。

二是要从体制上保证人尽其才，才尽其用，使企业现有科技人员在他们的岗位上充分发挥作用，同时，鼓励科研院所和大专院校的科技人员投入到企业技术进步的主战场。

三是要切实增加企业技术进步的科技投入，改善科技人员的工作和生活条件。有突出贡献的科技人员可以取得较高报酬，对承担企业技术进步重大课题项目的科技人员可以实行课题津贴

---

[*] 这是吴邦国同志在全国企业技术进步工作会议上的讲话《加速企业技术进步，转变经济增长方式，提高经济增长的质量和效益》的一部分。

制，建立科技人才激励机制。

四是要充分发挥工人技师、能工巧匠的作用，积极鼓励开展群众性的合理化建议和技术革新活动，制定奖励办法。

五是广泛开展与国外企业界的科技合作和交流，积极引进国外智力，拓宽与国外企业界交流的渠道。积极创造条件，吸引留居海外的科技人员回国工作，或以各种形式为企业技术进步服务。

转变经济增长方式的两个重要方面[*]

（一九九五年十二月十日）

经过四十多年的建设，我国国民经济已有相当大的规模。新中国成立后，为了迅速改变一穷二白的落后面貌，我们党领导人民集中精力进行大规模经济建设。经过几个五年计划，相继建成了一批重大项目，形成了门类比较齐全，具有相当规模的工业体系和国民经济体系。这对于巩固国家独立，奠定稳固的工业化基础，满足人民基本生活需要，都起到了重大作用。特别是改革开放十七年来，经济体制发生了深刻变化，过去的封闭半封闭型经济转变为开放型经济，国民经济持续快速发展，综合经济效益和科技技术水平有很大提高。但是，由于历史、经济体制和其他方面的原因，我国经济的增长基本沿袭着粗放型的增长方式。采用粗放型的经济增长方式，在一定时期内有着客观的必然性，是不可逾越的，但当经济达到一定规模后，仍然采用这种增长方式，就会带来一系列矛盾和问题。

粗放型的经济增长方式是高投入、高消耗、低产出、低质量

---

　　* 这是吴邦国同志在全国经贸工作会议上的讲话《积极推进经济体制和经济增长方式转变，做好一九九六年经贸工作》的一部分。

的经济增长方式。这种经济增长方式主要靠扩大建设规模，大量增加生产要素投入，不注重技术进步和科学管理，不重视提高生产要素的使用效率和经济运行质量。据统计，我国资本要素的投入对经济增长的贡献率为百分之六十一点六，而日本为百分之二十三点八，美国为百分之十九点七，德国为百分之二十二点五。科技进步对经济增长的贡献率，目前我国不到百分之三十，而日本为百分之五十五，美国为百分之四十七点七，德国为百分之五十五点六。这就是说，我国经济增长主要靠资金投入，发达国家的经济增长主要靠科技进步。目前我国每万元国内生产总值的能源消耗为美国的三倍，日本的九倍。能耗从另一个方面反映出我国对物资的利用不合理，浪费严重。这就是说，经济增长主要是依赖资金、物资和劳动力等生产要素的数量扩张来实现。加上我国人口众多，资源的人均占有量大大低于世界平均水平，这也决定了我国粗放型增长方式难以为继。我国经济增长方式必须转变，这是经济发展到现阶段的客观要求。经济增长方式从主要依靠资金、物资、劳动力等生产要素量的扩张，转变到主要依靠生产要素使用效益的提高和合理构成来实现，这就要求我们认真做好向结构优化要效益、向规模经济要效益、向科技进步要效益、向科学管理要效益这四篇文章。

　　转变经济增长方式，涉及到方方面面。下面，我着重讲一下经济结构调整和企业技术进步两个方面的问题。

　　关于经济结构调整问题。我国经济粗放式增长的一个重要原因，是经济结构不合理。主要表现为：一是产品不对路，档次低，附加值低，竞争能力弱。如我国国内机床企业的市场占有率，由一九九〇年的百分之七十下降到一九九四年的百分之三十四点三,一方面机床行业开工不足,另一方面又要大量进口我国不能生产的机床。据了解,自一九七三年我国引进第一套三十万吨合成氨和五十二万吨尿素装置以来,到一九九四年全国共引进化肥装置一百一十六套(包括中间产品的装置),其中氮肥六十五套,而现在还要靠引进。再比如,目前我国电视机、电冰箱、汽车等生产能力已经闲置了三分之一至二分之一。原因很清楚,就是产品结构调整滞后于市场变化,对于有些产品不是我们不能生产,而是我们调整产品结构的决心还不大。二是生产集中度低,经济规模效益难以实现。如我国有汽车厂家一百四十个,一九九四年汽车产量仅为一百四十万辆,百分之八十的厂家年产量不足一千辆。而日本、美国等国家,一家汽车厂的年产量一般都是几十万辆,甚至几百万辆。三是地区产业结构趋同化,失去了地区优势,重复建设、重复引进的现象相当严重,难以发挥地区比较优势。四是产业结构不合理。农业基础比较脆弱,基础产业、基础设施落后。对于这些问题,我们要在"九五"期间的经济工作中认真加以解决。江泽民同志强调,一九九六年经济工作要"加大结构性调整的力度,着力于治'散'"。"现在全社会资金总量不少,问题是使用过于分散,效益不高。要通过深化改革,运用多种有效的调控办法,合理引导各类社会资金的投向,特别是要坚决限制粗放经营,鼓励集约经营。"江泽民同志这些指示非常重要,我们要把调整结构作为促进经济增长方式转变、提高经济效益的重要环节抓紧抓好。从经贸工作来看,需要突出强调以下几点。

一是要充分发挥地区优势,扬长避短,坚持量力而行和有所为有所不为的原则,制定符合本地区实际的结构调整规划。要通过调整结构克服"大而全"、"小而全"的倾向，充分发挥地区优势，形成自己的拳头，从整体上提高经济效益。不管是东部沿海地区还是中西部地区，都要在全国大市场中找准自己的位置。按照国家规划和产业政策，选择适合本地条件的发展重点和优势产业，避免地区间产业结构趋同化，促进各地经济在更高的起点上向前发展。

二是把调整结构落实到优势企业和优势行业上来。要以名牌产品和关系国计民生的重要产品为龙头，组织跨地区、跨部门的联合与协作，通过存量资产重组和生产要素的流动，发展企业集团，使优势更优，强者更强。通过加大改组、改造力度，明显提高优势企业生产技术水平、产品质量水平、产品结构档次及加工深度。积极开发高新产业，并积极运用高新技术改造传统产业，不断提高高新产业在国民经济中的比重。

三是集中资金保证重点。要重点扶持优势企业、优势行业，提高资金使用效率。对经济效益好、结构调整快的企业，在资金和物资上给予支持，银行适当给予优先贷款。对那些经济效益差、产品无销路的企业，进行改组、联合、兼并。总之，资金使用要择优扶持，集中突破，以利经济结构的调整。这里要特别强调的是，十八个企业优化资本结构试点城市，尤其是六个老工业基地，要把企业改革和结构调整有机结合起来。这些城市工业基础好，大中型企业比较集中，配套能力强，结构调整的回旋余地大。如果把这些大城市抓好，不仅可以使国家几十年积累起来的巨大的存量资产发挥更大效益，而且可以对其他中小城市起到带动和辐射作用。这些城市结构调整总的思路应该是，促进存量资产优化，推动经济结构合理化、集约化和外向化，培育新的经济增长点，从整体上提高市场竞争能力，提高经济增长的质量和效益。

　　关于企业技术进步问题。江泽民同志在党的十四届五中全会上的讲话中明确指出，贯彻经济增长方式转变的基本要求是，从主要依靠增加投入、铺新摊子、追求数量，转到主要靠科技进步和提高劳动者素质上来，转到以经济效益为中心上来。五中全会通过的《中共中央关于制定国民经济和社会发展"九五"计划和

　　1995 年 10 月 19 日，中共中央总书记、国家主席、中央军委主席江泽民，中共中央政治局委员、国务院副总理李岚清和吴邦国在北京参观航空"八五"预研成果展。

二〇一〇年远景目标的建议》提出："较大幅度地提高技术改造投资比重，加快工艺设备更新，提高企业技术装备水平和技术开发能力"。当前，无论是从国际环境还是从国内情况来看，全面推进技术进步是我国社会主义建设中的一项十分艰巨和紧迫的任

务，也是实行经济体制和经济增长方式两个具有全局意义的根本性转变的关键。我们要采取有力措施，加速推进企业技术进步，使我国企业技术水平在"九五"期间再上一个新台阶。

一是技术改造要体现产品档次的升级，先进工艺的应用，以及企业效益的提高。也就是说，要真正体现在企业技术进步上，不要把什么项目都向技术改造这个筐里装。现在一些所谓填平补齐的项目，实质上是在搞简单再生产，低水平的重复建设。前不久家华[1]同志对我说，技术改造要以产品为龙头，体现在产品升级换代、质量提高、成本降低上，但最终要体现在产品销售上。这些意见很重要，这也是在市场经济新形势下对企业技术进步提出的更高要求。

二是要提高企业技术改造资金使用效益。要集中资金投向优势产业、优势企业，促进重点行业、重点企业上品种、上规模、上水平。燕山石化公司年产三十万吨乙烯改造为四十五万吨乙烯，共投资二十八亿元，产量增加了十五万吨，用了二十八个月时间；而新建一个年产十四万吨乙烯企业，需投资六十至七十亿元，建设周期四至五年。该公司一九九四年实现利税十三亿元，一九九五年预计可增加到二十五亿元。在编制"九五"计划时，有的省对"八五"技术改造进行总结，发现"八五"期间技术改造无效投入高达百分之二十五，无效投入不仅没效益，而且往往会成为后人的包袱，这要引起我们高度重视。

三是优势企业要建立技术开发中心。要加强科研部门与企业的合作，推动科研院所、高等院校与企业联合，参与企业的技术改造和技术开发，形成市场、科研、生产一体化的技术进步机制，尽快使科研成果转化为生产力。要使企业逐步成为技术开发的主体，推动企业在发展中逐步提高自身研究开发实力。前不久，我听了武汉钢铁公司同志的汇报。武钢建厂以来，后十三年与前十八年相比，科技进步贡献率由百分之二十增加到近百分之五十，科技进步突破性的发展，使武钢生产面貌发生了深刻的变化，带动了产品产量、品种、质量、利税的增加和提高。

注　释

[1] 家华，即邹家华，时任中共中央政治局委员，国务院副总理。

加快对国有企业实施战略性改组 *

（一九九五年十二月十日）

企业改革中，要搞好大的，放活小的，加快对国有企业实施战略性改组。中央确定的搞好大企业和放活小企业的战略，是当前搞好国有企业的正确选择。党的十四届五中全会《关于制定国民经济和社会发展"九五"计划和二〇一〇年远景目标的建议》指出："重点抓好一批大型企业和企业集团，以资本为纽带，连结和带动一批企业的改组和发展，形成规模经济，充分发挥它们在国民经济中的骨干作用。"大型企业是行业的排头兵，有相当经济规模，是资产、利税大户，通过它们可以带动一大批中小企业健康发展。比如嘉陵摩托车集团在全国就带动了三百多家中小企业，在重庆就有一百九十八家中小企业为它生产配套产品。所以抓好大型国有企业，就抓好了国有企业的大头。各地区、各部门都要把抓好国有大企业当作一件大事。

在目前国家经贸委选出的一千户企业中，有八百七十八户工业企业，大体上分为三种类型：第一类有三百户，这些企业生产

---

* 这是吴邦国同志在全国经贸工作会议上的讲话《积极推进经济体制和经济增长方式转变，做好一九九六年经贸工作》的一部分。

经营正常、经济实力强、经济效益好、平均资产负债率接近合理水平。这三百户企业仅占三万六千户全国预算内工业企业的百分之零点八，利税总额却占百分之六十七点三，销售收入占百分之五十二点六四，资产总额占百分之四十六点四四。第二类有四百户，这些企业生产经营正常、实力较强、效益较好，但资产负债率偏高。第三类有一百七十八户，这些企业目前困难较多，但这类企业在国民经济中地位很重要，多为军工企业。所以对一千户企业也要分类指导。国家经贸委提出，一九九六年重点抓好三百户。如何抓好这三百户大企业，从各地的经验和这次会议讨论的情况看，集中起来主要在以下几方面。

第一，认真做好企业分离分流工作。这些企业资产负债率已经比较合理，债务负担不是主要矛盾。深化企业改制改革工作，转变经营机制，就要认真做好企业分离分流工作。关于分离分流工作，不少地区、部门和企业都创造了一些经验。如宝山钢铁公司按照"管好主体、放活辅助"的要求，将一批辅助部门推向市场，放开经营，使主体更加精干，同时也调动了辅助部门的积极性。他们坚持凡是社会能办的，宝钢坚决不办；社会暂时办不了的，公司就创造小社会，成立开发公司进行过渡。宝钢一、二期工程，设计定员四万人，经过分流精简，至一九九五年八月，公司定员为一万二千九百八十人。预计今年粗钢产量可达八百五十万吨，人均年产钢六百五十吨。投产十年，经济效益不断提高，国有资产实现保值增值，一九九四年完成销售额二百五十一亿元，实现利税七十九亿元。同时，深化企业改制改革工作，以资产为纽带组建企业集团。

第二，逐步解决企业积累和发展问题。这无非是两条，一是逐步完善企业自我积累、自我发展的机制。通过加大企业折旧，提高新产品开发费用和大修理基金等，把更多的企业税后利润，用于补充企业自有资金和进行技术改造。二是探索企业融资的渠道。这包括直接融资和间接融资，把有限的资金集中用于对国民经济发展起举足轻重作用的重点企业，逐步使这类企业成为投资的主体。目前，石化总公司已有三分之一的企业步入良性循环轨道，计划到一九九八年将再有三分之一的企业步入良性循环轨道，到本世纪末全部企业进入良性循环的轨道。

第三，鼓励大型企业建立技术开发中心。加强产学研联合，提高企业的技术创新和消化、吸收能力。一味靠引进技术，就永远难以摆脱技术落后的局面。正如江泽民同志所说，创新是一个民族进步的灵魂，是一个国家兴旺发达的不竭动力；一个没有创新能力的民族，难以屹立于世界先进民族之林。大型企业一定要有自己独特的产品和技术，增强企业在国内外市场的竞争能力，并瞄准国际先进水平，不断进行技术改造，不断提高技术装备水平。

第四，按照现代企业制度的要求，深化改革，加强内部管理。建立适应市场机制的企业内部各项管理制度，搞好劳动、分配、人事制度等改革，积极运用计算机等现代管理办法和手段，逐步使实物劳动生产率、资金回报率等指标达到国际先进水平。机械行业要注意运用计算机辅助管理和辅助设计。

关于放活小企业，不少地区都创造了许多新鲜经验。这里，强调以下三个问题：一是加强领导，小企业的情况千差万别，一定要分类指导，决不是一放了之，放开放活小企业的目的，是为了把小企业搞得更好；二是防止国有资产流失，放开小企业也决不是一卖了之，要保证国有资产保值增值，要进行资产评估，资产存量不能量化给个人，甚至分掉吃掉；三是调整过程中要注意安排好职工生活和工作。加大小企业改革力度，要充分发挥各级地方政府的作用。根据五中全会精神，总的来说，胆子要大一点，放得更开一些。只要符合邓小平同志提出的"三个有利于"，就要大胆改，大胆试。

解决困难企业问题的
根本出路在于深化改革[*]

（一九九五年十二月十日）

目前生产经营状况不好、困难较多的企业，主要集中在煤炭、军工、森工、纺织等行业，较多分布在东北三省和湖南、河南、四川等省。现在全国困难企业职工有七百万人，不能按时领到工资的约五百万人，这不仅仅是个经济问题，处理不好会影响社会稳定。正确处理改革、发展、稳定的关系，是我们重要的工作方针，也是改革十七年来的经验总结。关心困难企业职工生活，是我们党和政府义不容辞的责任，也是维护社会稳定的大事。我们一定要满腔热情地帮助他们解决困难，多为困难职工办些实事。

在关心困难企业职工生活，帮助落实最基本的生活需要的基础上，我们一定要清醒地认识到，解决困难企业问题的根本出路在于深化改革，发展经济，开拓新的生产经营路子。必须明确以下三条指导思想。

第一，解决困难企业问题不能仅仅着眼于补助、救济，而应

---

* 这是吴邦国同志在全国经贸工作会议上的讲话《积极推进经济体制和经济增长方式转变，做好一九九六年经贸工作》的一部分。

着眼于发展生产力、解放生产力，这是解决困难企业问题的基本战略。我们不能把困难企业当成包袱，而应当把它们作为重要的资源，通过再次开发和合理利用，转换成创造社会财富的动力。

第二，要通过深化企业改革、加强企业管理来解决困难企业问题。在市场经济优胜劣汰机制的作用下，一部分企业发展壮大，一部分企业亏损、陷入困境，这是市场经济的客观规律。我们实行社会主义市场经济，允许一部分人先富起来，逐步达到共同富裕；但社会主义绝不允许有人没饭吃甚至饿死人。因此，我们要妥善处理好社会主义市场经济条件下的公平与效率问题。通过深化企业改革，加强企业管理，加大企业改组和技术改造力度，帮助一些产品有市场、基本条件较好的企业尽快走出困境。

第三，对于解决困难企业问题，国家给予适当帮助是必要的，但最终要立足于企业自身的努力。对于困难企业来说，一定要强调思想观念的转变，不能一遇到困难就张口要钱，等着国家补助、救济，宁肯守着"铁饭碗"没饭吃，也不愿意自谋出路找饭吃。遇到困难，最重要的是要想办法自救。有的企业通过举办多种经营的经济实体，由二产转三产，组织富余职工搞开发性安置；有的企业采取剥离经营、局部解困的办法；有的企业划小核算单位，实行自主经营、自负盈亏，减轻了负担，实现了扭亏为盈。这方面已经有不少成功的经验。如东北地区林业系统的困难企业，利用行业优势，发展庭院经济，搞种植业、养殖业和加工服务业，既保证了职工的基本生活，又发展了经济。一些煤矿组织从主业分离出来的职工，由二产转向一产和三产，从事农牧生产和多种经营，既实现了资源枯竭后的产业调整，又转移了富余人员。军工系统按照"换一个民品，养活一批人"的要求，积极在困难企业推进划小经营核算单位，走"分而治之、分块搞活、逐步搞大"的求生存之路，对一部分地处大中城市的军工企业，逐步进行"退二进三"等调整。纺织行业打算在一九九八年以前完成淘汰一千万落后棉纺纱锭的任务，促进棉纺加工向棉产区转移，通过扶植一批、调整一批，搞活整个行业。这些都是很好的思路，要认真总结、推广。

安全生产工作来不得
半点虚假和马虎 *

（一九九六年一月二十二日）

改革开放以来，特别是"八五"期间，各地区、各部门认真贯彻"安全第一、预防为主"的方针，做了大量认真细致的工作，安全生产取得很大进展。一是加快了安全生产法制建设。一批法律法规比如《中华人民共和国劳动法》、《中华人民共和国矿山安全法》、《中华人民共和国道路交通管理条例》等陆续出台，部门规章得以制定、修订和完善，依法管理、依法监察得到加强，有法不依、执法不严、违法不究现象得到有力纠正。二是确立了安全生产工作体制。"企业负责、行业管理、国家监察、群众监督"和劳动者遵章守纪的体制得以完善，加重了企业安全生产的责任，对劳动者遵章守纪提出了具体要求。三是加强了事故的调查处理和事故隐患的监控与治理。重大事故调查逐步规范化，维护了事故处理工作的严肃性，事故的结案工作取得重大进展。对全国的重大事故隐患进行了初步调查，基本掌握了事故隐患的分布，并进行了全面的分析，制定了隐患监控和治理措施，

---

　　* 这是吴邦国同志在全国安全生产工作电视电话会议上的讲话《提高认识，落实措施，坚持不懈地抓好安全生产工作》的主要部分。

121

一些多年未解决的隐患得到有效治理。四是建立了安全生产责任制。全国范围内，建立起以政府、部门、企业主要领导为责任人的安全生产责任制，安全生产工作责任到人、重大问题有专门领导负责解决的局面基本形成。五是推动了安全生产知识的普及。以提高劳动者安全生产素质和全社会安全生产意识为主要内容的宣传教育活动蓬勃开展，违章指挥、违章作业、违反劳动纪律的现象得到进一步制止。通过以上工作，安全生产收到明显效果。

但是，安全生产形势仍不容乐观。许多事例表明，安全生产工作还存在严重问题。如果任其发展下去，人民生命财产将受到极大威胁，经济发展和社会稳定也要受到严重影响。这与我们党和政府为人民服务的宗旨是相违背的，与我们发展经济的愿望是相违背的，与维护社会稳定的要求是相违背的。产生问题的主要原因，是责任心不强，管理松懈，甚至违章违法，玩忽职守。据统计，因管理不善、违章指挥、违章作业、违反劳动纪律而发生的事故占百分之七十以上。各级党委和政府一定要引起高度重视。

保证人民生命财产的安全是党和政府的神圣职责

保护劳动者、保证人民生命财产安全，是我们国家的一项基本政策。我们党和政府，始终把保证人民生命财产安全视为自己的神圣职责。一九九四年全国政法工作会议部分同志座谈会上，江泽民总书记指出：不能保一方平安的领导，不是称职的领导。各级政府和公安机关，还要把预防发生特大火灾等严重治安和灾害事故作为自己重要的工作。要经常进行认真负责的安全检查，发现违反规定的，就要重处、重罚，直至给予直接责任人和主要领导以党纪、政纪或刑事处分，这是对人民负责，决不能含糊。在同一会议上，李鹏总理也指出：各级党委、政府都要对本地的社会治安负责，要为官一任，保一方平安，凡是发生重大社会治安问题，包括特大火灾等责任事故，都要追究直接责任者和主要领导的责任，构成渎职罪的，应依法治罪。最近发生的几起火灾，我们处理了一批有关责任人。不这样做，不足以平民愤，也不会引起各级领导的警惕。这些重要指示精神，我们一定要认真学习，深刻领会，落实到实际工作中去。

1999 年 12 月 2 日，吴邦国和国务院"11·24"特大海难事故调查处理小组成员一起来到烟台市牟平区医院，亲切看望在海难中的生还者。

我们党和政府一贯把保护人民生命财产摆在十分重要的地位。早在一九二二年，中国共产党就提出《劳动法大纲》，一九三一年，中国共产党召开的中华工农兵苏维埃第一次全国代表大会制定了《中华苏维埃共和国劳动法》，其中都规定了保护劳动和劳动者的条款。一九四九年九月中国人民政治协商会议通过的《共同纲领》，提出了劳动保护的要求。新中国成立以后通过的历次宪法都包含了劳动保护的内容。改革开放以来，为适应社会主义市场经济体制的建立，中央每年都对安全生产工作提出新的要求，并适时作出规定。以《中华人民共和国劳动法》为代表的一系列法律法规陆续出台，对劳动保护、职业病防治、安全生产等做了明确规定，使保护劳动者的安全、保障劳动者合法权益从法律上进一步确定下来。目前，我们正在制定安全生产法。这是一部专项法律，将会对我国的安全生产管理进入法制化轨道起重大作用。中央对发生的重大事故都十分重视，特别是对重大责任事故，要求坚决依法查处。近年来，所有造成重大人员伤亡和经济损失、产生重大影响的事故，都是中央组织调查处理，或者是由中央委托有关部门和省级人民政府组织调查处理。一些有重大影响的事故都结了案，得到人民群众的好评。

安全生产是实现两个根本性转变的重要保障

党的十四届五中全会指出，实现今后十五年的国民经济和社会发展目标，关键是实现两个具有全局意义的根本性转变。实现两个根本性转变的前提条件是社会的稳定。搞好安全生产是保障社会稳定的重要方面。事故造成人员伤亡和经济损失，影响家庭幸福，就有可能引发社会问题，影响社会稳定。一些重大、特大事故，还产生了不好的国际影响。各级党委和政府必须从保持社会稳定的高度，严肃认真地对待本地区、本部门的安全生产问题，使安全生产的政策、立法和各项措施尽快适应建立社会主义市场经济体制的需要，促进两个根本性转变的实现。

两个根本性转变的目的，是促进生产力发展，提高经济效益。这就要求我们必须搞好安全生产。只有搞好安全生产，企业才能有效地组织生产，一心一意抓经济效益，才能保护生产力，使每个职工在安全、卫生的环境中创造经济价值。不搞好安全生产，就可能频发伤亡事故，劳动者的人身就会受到伤害；不搞好安全生产，就可能造成机器设备和生产设施的严重破坏；不搞好安全生产，就会整天忙于处理事故，生产就不能正常进行。抓安全与促效益是相统一的。我们一定要在促进企业深化改革和提高经济效益的同时，督促企业加强安全生产管理，落实企业的安全生产责任制。

认真做好"九五"期间安全生产的规划和实施

目前，各地区、各部门都在制定"九五"计划和二〇一〇年长远规划，要把安全生产作为重要内容纳入计划之中。同时，要注意以下几个问题。

（一）把安全生产建立在科技进步的基础上。科学技术是第一生产力，这不是一句空话。搞好安全生产同样也要依靠科技进步。安全生产的科学研究，要考虑安全生产的实际需要，要注意抓好安全生产科学技术的开发与推广，促进安全生产科技产业化。在"九五"期间，要在安全生产工作急需的重点科技项目和关键技术上有所突破，在科研成果的推广应用与安全生产相结合方面见到实效，促使安全生产科技产业化上一个新台阶。

（二）安全生产工作必须坚持预防为主。这是我们多年来抓安全生产工作积累的一条宝贵经验。预防就是把工作抓在出事之前，经常分析安全状况，对本地区、本部门的事故隐患做到心中有数。目前我国的事故隐患是惊人的，据劳动部调查，全国有重大隐患九百五十九项，其中特大隐患二百零六项。隐患是导致事故的直接因素。隐患既已发现，就不能等闲视之，必须彻底解决，"九五"期间要重点解决一批隐患。各地区、各部门要根据自己的经济实力，加大对安全生产的资金投入。存在事故隐患的企业必须下大力气，多方筹集资金，认真治理。上海市在治理事故隐患时，根据行业特点拓宽资金渠道。其中，医药行业和化工行业，从利润中提取一定比例的资金，用于治理事故隐患和改善劳动条件。目前医药行业积累的资金达一亿多元，化工行业达八千多万元，较好地解决了一批事故隐患，保障了这两个行业的安全生产。只有坚持预防为主，才能从根本上减少事故的发生，安全生产才能取得成效。

（三）进一步加强安全生产的管理与监察。随着机构改革和政府职能的转变，一些专业经济管理部门将逐步改组为不具有政府职能的经济实体，或改为国家授权经营国有资产的单位和自律性行业管理组织。需要强调的是，无论怎样改，安全生产管理和安全生产责任只能加强，不能削弱。各有关部门必须承担起自己的责任。劳动部门更要有效地发挥职能作用，对安全生产实行监察，对安全生产管理是否到位、国家关于安全生产的法律法规是否落实进行监督检查。要继续探索和完善新时期的安全生产监察体制，并在"九五"期间有一个实质性的进展。各个方面、各个系统必须统一认识，顾全大局，搞好协作，使安全生产工作尽快适应建立社会主义市场经济体制的需要。

（四）建立工伤保险与安全生产相结合的机制。通过工伤保险的差别费率和浮动费率促进安全生产，在许多市场经济国家已有成功的经验。迄今为止，我国安全生产的制约机制还没有形成，今后应加强这一工作。可以从工伤保险费中提取一定比例的资金，用于安全生产宣传和职工安全生产教育培训，奖励对安全生产作出突出贡献的单位和个人，适当补偿安全设施、设备建设中的资金不足，减少伤亡事故和职业病的发生。劳动部门要认真组织好这项工作，可以选择部分中心城市开展试点，总结经验，再行推广。

加强领导，狠抓措施落实

安全生产工作是一项实实在在的工作，必须制定有效的措施作保障，并把这些措施落到实处。没有措施不行，但有了措施不落实同样不行。安全生产工作来不得半点虚假和马虎，严重的事故给我们以深刻的教训，搞好安全生产一定要抓好措施落实。

第一，进一步落实安全生产责任制。安全生产的责任制在很多地区和部门已经建立起来，但落实不够，有的还只是一种形式。各地区、各部门必须加强对安全生产的领导，切实把搞好本地区、本部门的安全生产工作作为重要职责。不能抱侥幸心理，不能有临时思想，不能在自己任职期间得过且过，要以对人民生命财产高度负责的精神，认认真真地发现问题，踏踏实实地解决问题。各级政府不仅要抓好任期内的安全生产，还要为下届政府奠定安全生产基础。落实安全生产责任制，要有相应的措施。一些地方在这方面已有好的经验。福建省和安徽省狠抓责任制，从省到地（市）、到县、到企业，层层建立了责任制，并采取措施予以落实，切实解决了一些影响安全生产的问题。福建省政府不仅对安全生产工作做具体部署和要求，省领导还经常下基层检查落实，现场办公，解决问题，有力地促进了本地区各级政府、部门及企业对安全生产工作的重视，产生了好的效果。到"八五"末期，全省安全生产形势趋于稳定，重大、特大事故得到有效遏制，一九九五年比一九九四年下降百分之四十。安徽省在"八五"期间彻底治理了三十三项重大事故隐患，对重大事故的查处建立了严格的制度。最近又作出《关于依法加强安全生产工作的决定》，建立了事故汇报和检查制度，规定凡出了重大事故由主管市长、专员向上级汇报、检查。安全生产责任制就是要使我们的各级领导真正负起责任。哪个地区哪个部门的安全生产发生问题，就应追究那个地区那个部门领导的责任。

第二，要严肃事故查处工作。事故调查和处理的政策性、技术性很强，对事故原因和责任的调查，必须做到公正、客观、科学，必须认真组织。事故原因和责任查清后，对责任者的处理必须依法办事，严肃处理。是哪层领导的责任，就处理哪层领导。不能推诿扯皮，不能徇情枉私，不能大事化小、小事化了。处理重大事故，要严把事故批复结案关，每起事故要在规定期限内结案。各地区、各部门要在自己权限内，对重大、特大事故调查处理的各个环节进行有效管理，适时通报一些有重大影响的事故。新闻单位也要对重大事故的调查处理情况适当进行跟踪报道、公布调查处理结果，以发挥舆论监督的作用。

　　第三，开展安全生产检查，加强现场监察。各地区、各部门要组织安全生产检查，督促落实劳动法、矿山安全法、重大事故隐患管理规定以及其他各项管理规定。对事故多发行业和地区的安全生产状况，对易燃、易爆物品管理，对运输繁忙季节的运输安全，都必须加强现场监察。要通过检查督促，落实责任制，发现问题，及时制定措施予以解决。重大情况要报告国务院。

学习邯钢经验要抓住实质和关键 *

（一九九六年三月二日）

邯钢经验是在我国深化企业改革、强化企业管理过程中产生的，内容十分丰富。它的精神实质是：以经济效益为中心，依靠职工群众，坚持"三改一加强"方针，按照市场经济要求，建立起"模拟市场核算，实行成本否决"的管理机制。这是经济体制转轨过程中决定企业改革与发展的关键，具有普遍适用性。以下几点，是当前特别要强调的。

第一，面向市场，转变观念，建立起适应社会主义市场经济要求的经营机制。

思想观念的转变是企业转换经营机制的先导，只有在思想观念上有了转变，才能带动企业经营机制的转换。而企业经营机制转换的核心问题是以市场为导向，把市场作为企业一切生产经营活动的起点和归宿，真正做到面向市场，逐步建立起适应市场经济要求的经营机制。邯钢面对严峻的市场挑战，克服"等靠要"思想，一不幻想市场好转，二不依赖国家，而是切实转变传统的

---

　　* 这是吴邦国同志在河北邯郸召开的全国学习推广邯钢经验暨企业管理工作会议上的讲话《切实加强企业管理，努力促进"两个转变"》的一部分。

计划经济和粗放经营观念，增强参与市场竞争的意识和能力，眼睛向内，靠挖掘企业内部潜力，靠练内功降耗增效。他们从改革成本核算方式入手，拆掉企业内部生产经营活动与市场之间的"隔墙"，建立起"模拟市场核算，实行成本否决"的机制。邯钢成本管理的出发点不再是原来的计划价格，而是市场价格，按照市场价格倒推，算出目标成本，以盈亏平衡点作为否决的依据。这样的成本管理是从市场出发的，是市场经济中的成本管理，是与改革相结合的成本管理。这样一改，市场信息就能够及时有效地传递到企业内部，全厂职工都关心市场原材料、燃料和本企业产品价格的变动，全厂职工的市场观念、竞争观念、成本效益观念大大增强，促使企业开始按价值规律规范自身行为，形成人人讲成本，个个求效益的局面。

目前一些国有企业经济效益不好，甚至亏损，重要原因之一就是没有真正做到面向市场，转变观念，没有从传统的管理模式中走出来。我们要通过改革，坚决摒弃传统的计划经济管理模式，也来个"推墙入海"，把适应市场经济规律的经营机制逐步建立起来。要眼睛向内，立足内部挖掘，着力搞好企业内部改革，加强企业内部管理。只有这样，企业才能在市场竞争中站住脚，不断提高企业的经济效益。

第二，紧紧抓住降低成本这个提高经济效益的核心，全面改进和加强企业各项管理工作，促进经济增长方式转变。

成本是一个综合性指标，成本高低是企业各项管理工作水平的集中反映。企业经济效益不好，有装备水平问题，有技术问题，但更重要的是管理落后问题。物耗高、效率低、浪费大，这是当前企业管理中要解决的首要问题。邯钢正是抓住了这个症结所在，加强了财务、质量、物供、销售、计划、外经、审计等方面的专业管理工作，理顺了企业内部各个职能部门的管理职能，改进和加强了各项基础管理工作。我们学邯钢，就要坚持企业管理以财务管理为中心，紧紧抓住降低成本这个提高经济效益的"牛鼻子"，带动全局工作，促进各项管理水平的提高。

抓成本管理，必须制定先进合理的目标成本指标并严格考核。一方面指标的制定要先进合理，另一方面考核要严格。目标成本定低了，不费力气就能达到，起不到应有的作用；如果定得太高，很难达到，同样达不到预期目的。邯钢在确定构成产品成本的各项消耗、费用时，都与历史最好水平比，与同行业比，与同类型企业的先进水平比，将目标成本定在先进水平上。既有一定的压力，又是经过努力可以实现的。实行成本否决制度，目标成本完不成，否决全部奖金；连续三个月完不成，否决内部工资晋级指标，形成了降低成本的激励机制。邯钢在考核时坚持"三不"原则，一是不迁就，二是不照顾，三是不讲客观。正是因为邯钢制定了先进合理的目标成本指标，又坚持严格的考核，而且常抓不懈，所以取得了可喜的成绩。在冶金部考核的四十三项经济技术指标，邯钢有百分之六十五的指标是行业前三名。这是很了不起的事情。我们一些企业，成本指标定得较低，不费力气就可以达到；有的虽然先进合理，但缺乏过硬的保证措施，考核时往往心慈手软，成本否决不坚决，目标成本形同虚设。我们在制订目标成本时要做到先进合理，在考核时态度要坚决，奖罚要分明，这样才能达到预期的目的。

第三，加大科技投入，加快技术改造，增加技术进步在降低成本提高效益因素中的比重，增强企业竞争能力。

实现经济增长方式的根本转变，要依托现有企业，通过改革、改组、改造和加强内部管理来提高生产能力、优化资产存量，走内涵式扩大再生产的道路。邯钢一方面通过加强管理，提高现有设备使用效率，增加技改投资的资金来源，另一方面在项目选择上量力而行，不贪大求洋，保证技改项目的成功率。五年来，邯钢完成"短、平、快"项目一百一十五个，投入资金六亿七千万元，取得了较高的经济效益。他们投入一亿二千万元建设一座三百立方米高炉，仅用七个月就建成投产，年创利润二千多万元；他们自力更生发展连铸，投资五千七百万元建成五台连铸机，将连铸比由百分之五十提高到百分之百，成为全国百万吨以上钢厂第一个实现全连铸的企业，企业装备水平提高了一大步。邯钢降低成本为企业技术改造积累了资金，而技术改造的成功又促进了成本的降低和经济效益的提高，使企业发展步入主要依靠自身积累扩大再生产的良性循环。各企业都要加快技术进步和技术改造，精心计算投入产出，讲求投资效益，不要盲目上新项目、铺新摊子，把有限资金用在效益最好的项目上，走低投入、高产出的集约化发展道路。

第四，全心全意依靠工人阶级，充分发挥广大职工群众的主人翁作用，人人当家理财。

江泽民总书记指出，在改革开放的新时期，我们仍然要坚持全心全意依靠工人阶级，这个基本的政治原则，任何时候都不能动摇。强化企业管理，增强企业活力和市场竞争力，办好社会主义企业，必须全心全意依靠广大职工群众，充分调动他们的积极性、主动性和创造性。这是国有企业的一大政治优势。邯钢在推行"模拟市场核算，实行成本否决"时，把降低成本作为企业上至厂长下至每个职工的事，每个人都要分担成本指标或费用指标，人人当家理财。邯钢把十万个指标层层分解落实到二万八千名职工的头上，而且变成了职工的自觉行动。这是很不容易的事情，光这十万个指标的制定和分解就是很困难的。他们改革分配制度，将每个人的工作业绩与个人收入挂钩，形成激励机制和约束机制，调动了广大职工参与管理的积极性。几年来职工群众提合理化建议十多万条，创效益二亿多元。这样，企业战略目标的实施，就有了坚实的群众基础，职工真正成为企业的主人，使依靠工人阶级办好国有企业的原则落到了实处。全心全意依靠工人阶级，充分发挥职工群众的主人翁作用，不仅是个经济问题，也是一个政治问题，关系到国家的长治久安。各地区、各部门和企业都要高度重视，认真抓好落实。

第五，建设一个政治素质和业务素质高的企业领导班子。

加强企业领导班子建设，是建立现代企业制度的客观要求，是加强企业管理工作的重要内容。当前国有企业困难很多，建设一个坚强有力的领导班子尤为重要。企业办得好坏，与企业领导班子素质高低关系甚大。一个好的班子可以使一个亏损大户变成盈利大户，一个不好的班子可以搞垮一个优秀企业。邯钢从总厂到分厂两级领导班子十分注意加强自身建设。他们建立了一套例会制度，学政治、学业务、学法律，分析市场形势，研究企业的重大问题。他们制定了廉洁自律的八条意见，迄今为止，他们仍然在旧平房中办公，在家庭住房方面严格要求，用的轿车多数是中低档车。由于领导班子作风过硬，他们在工作中敢于"推墙入海"，让企业在市场竞争中求生存、求发展；敢于坚决实行成本否决，不迁就，不照顾，停产那些质次、成本高的赔钱产品；敢于从严治厂，特别是严格堵住原材料、燃料进厂和产成品出厂中弄虚作假的漏洞，刹住侵吞国家资财的不正之风；敢于拉开分配差距，使那些工作突出、贡献大的职工多劳多得。江总书记经常讲，"己不正，焉能正人"，领导不正，根本管不了下面，人家不买你的账，你也不会有威信。"无私，才能无畏"，那是一点不错的。在关系企业兴衰的大事面前，邯钢的领导班子表现出了较高的政治觉悟和较强的战斗力。

近几年来，各地认真地抓了企业领导班子建设。但是，问题仍然不少，有的是班子观念陈旧，有的是班子素质不高，有的是班子团结不够好，少数的甚至贪污腐化。这些问题必须引起各级党委和政府的重视。各级党委和政府要认真贯彻《关于加强和改进国有企业领导班子建设的意见》、《关于国有企业（事业）领导干部廉洁自律的规定》、《关于加强企业政治思想工作的通知》精神。要从实际出发，培养和选拔德才兼备的干部充实到企业领导班子中去。当厂长要有资格，企业长期搞不好，就不能再当厂长。河北省提出，如果厂长两年不能扭转企业亏损，就改任命制为选举制。对企业现有领导班子要有计划、有组织地进行全面考察，坚决调整那些不称职、问题大、矛盾多的班子。企业的领导班子一定要讲政治，讲党性，树立强烈的事业心和使命感，全心全意为人民服务；一定要切实转变观念，增强参与市场竞争意识，优化知识结构，提高经营管理水平；一定要密切联系群众，廉洁自律，克己奉公，自觉接受党和群众的监督；一定要加强团结合作，统一思想认识，坚定搞好企业的信心，齐心协力带领职工群众克服困难，开拓进取，把自己领导的企业办好。

治理公路"三乱",维护
社会主义市场经济秩序*

(一九九六年三月二十九日)

治理公路"三乱",关系到党风政风的好转,关系到社会主义市场经济秩序的建立。我们必须更清醒、更深刻地认识当前公路"三乱"问题的实质,把握新的特点,进一步统一思想,提高认识。当前在思想上要强调以下四点。

一是必须遵守政治纪律。党中央、国务院始终高度重视治理公路"三乱"工作,近年来发布了一系列文件,中央领导同志也三令五申。一九八五年发出了《国务院关于立即制止在公路上乱设卡、滥罚款、滥收费的通知》,一九九〇年九月又发出了《中共中央、国务院关于坚决制止乱收费、乱罚款和各种摊派的决定》,先后对治理公路"三乱"工作提出了明确的措施和要求。一九九三年中纪委第三次全会以来,治理公路"三乱"被列为反腐纠风工作的一项重要内容。尽管如此,有些地方政府和部门的领导认为天高皇帝远,"抓住了就是你的、抓不住就是我的",我行我素,置改革、开放、稳定的大局于不顾,对党中央、国务

---

* 这是吴邦国同志在治理公路"三乱"全国电话会议上的讲话《加强领导,明确责任,坚持不懈地做好治理公路"三乱"工作》的一部分。

院的三令五申置若罔闻，致使公路"三乱"久治不愈。一九九四年七月，国务院再次发出了《关于禁止在公路上乱设站卡、乱罚款、乱收费的通知》，明确要求各级人民政府和国务院各部门都要从维护国家利益、促进改革开放和经济建设、维护社会稳定的大局出发，严格查处本地区、本部门在公路上乱设站卡、乱罚款、乱收费行为，明确提出违反规定设置的各种站卡要一律撤销。这一文件是治理公路"三乱"的法规性文件，是各级政府和部门治理公路"三乱"的基本依据。文件下发后一年多的时间里，全国加大了治理力度，进展比较明显。江泽民总书记最近向全党提出"领导干部一定要讲政治"的要求，严格政治纪律是重要的一条。治理公路"三乱"是党中央、国务院的重要部署，任何借口情况特殊搞所谓"变通"，敷衍塞责，只说不做，甚至"上有政策、下有对策"的行为都是错误的。各级领导干部在治理"三乱"问题上一定要有严格的政治纪律观念，坚决反对本位主义、分散主义和地方、部门保护主义，确保中央政令畅通。

二是必须维护社会主义市场经济秩序。现在全国"吃"公路的人很多，各种站卡养了不少人，还有临时设卡打游击的。有的基层地方政府把公路当成"钱袋子"。有一个县级市，收费站不归主管部门管，而是由政府办公室管，发文下达收费指标，副市长还从中拿奖金。有的执法人员说什么"要想富，就上路"，有的执法单位通过拦车罚款私设小金库。这些费用最终都要摊进运输成本，抬高商品价格，消费者付出很高代价，生产者又得不到利益，搞乱了商品流通，是对市场经济秩序的严重破坏。有个地方原来有一个很活跃的香菇交易市场，很多部门看到有利可图，蜂拥而上，在路上随意设卡拦车，乱收费乱罚款，好端端的一个市场很快就垮掉了。发展社会主义市场经济必须把流通搞活,把交通搞通畅,这是大道理。但是一些部门总是考虑小单位的实惠,有的地方总是讲地方的小道理,搞地域封锁和条块割据,既不利于社会主义大市场、大流通,又制约地方经济的发展。各级领导对这一点应当有清醒的认识,自觉维护社会主义市场经济秩序。

1996年3月29日,交通部、公安部、国务院纠正行业不正之风办公室在北京联合举行治理公路"三乱"全国电话会议。吴邦国出席会议并讲话。

三是必须树立顾全大局的观念。改革开放以来,各级政府非常重视公路建设,全国公路通车里程已达一百一十多万公里,是公路发展的最好时期。但是,有的地方滥用"贷款修路、收费还贷"的政策,有一个市贷款修建市政道路,在十四公里环城路上设了七个收费站。老城楼没有了，又修起了"新城楼"，这股在城市周围建收费站的风越刮越猛。也有的地方为了"用足政策"，一段公路要拦腰设置好几个收费站，有一条高速公路上两个收费站的间距仅二点七公里。这样发展下去全国要设多少收费站？交通部要很好地研究收费公路的发展政策，用贷款建路，收费还款，主要是高速公路和封闭半封闭的汽车专用路。各级政府的领导要从有利于国家宏观调控的大局出发，正确处理需要与可能的关系，在发展收费公路方面既要尽力而行，又要量力而行，合理安排计划项目，合理规划和严格审批收费站点。交通主管部门有责任为地方政府把好设置收费站点这一关。

四是必须明确治理工作是关系国家政权建设的重要一环。公路"三乱"的产生既有违法违纪的问题，也有管理体制上的问题。今年党中央、国务院对治理公路"三乱"提出了更高的要求。江泽民总书记在中纪委第六次全会上指出："纠正部门和行业不正之风。这项工作，既要巩固已有的成果，又要取得新的进步。"李鹏总理在国务院第四次反腐败工作会议上也指出："对人民群众反映强烈的几股不正之风，必须紧抓不放"，"制止乱收费需要从源头上解决问题，要规范政府和部门行为。要查一查收费项目究竟是哪级政府发的文，哪个部门发的文，哪个领导签的字，收来的钱干什么用"。李鹏总理在今年的政府工作报告中，再次重申了这些问题。中央领导同志的指示，不仅明确指出了当前公路"三乱"问题的要害，而且对治理工作提出了非常明确和具体的要求。从根本上说，治理公路"三乱"工作能否搞得好，关键在各级政府和有关部门。我们一定要牢牢把握新特点，把治理公路"三乱"提高到反腐倡廉、维护社会稳定、密切党和群众关系的政治高度来认识，当作国家政权建设的一项重要任务，在机制设置和管理体制上作进一步研究。当前，有一些同志盲目乐观，存在着自满松劲情绪；也有一些同志对治理"三乱"信心不足，存在着消极厌战情绪。这两种认识都严重影响我们治理任务的完成，是十分有害的，必须认真加以克服。

广大青年职工要努力成为创业的一代*

（一九九六年四月五日）

实现经济体制和经济增长方式的根本性转变，尤其是经济增长方式的根本性转变，要坚定不移地走依靠科技进步、提高劳动者素质的路子。青年岗位能手活动是促进两个转变的一项有益实践。青年岗位能手活动通过严格岗位规范和标准，建立科学考评和奖励机制，以岗位的优化促进企业科学管理水平的提高，有利于现代企业制度的建立，有利于经济体制的转变。青年岗位能手活动的广泛开展，增强了广大青年职工的质量意识、安全意识、科技意识、敬业爱岗意识，提高了岗位技能和操作水平，有效地促进了产品质量和经济效益的提高，有利于经济增长方式的转变。现在全国都在学习邯钢经验。邯钢经验有一个重要内容，就是把青年岗位能手活动纳入“模拟市场核算，实行成本否决”的全过程，调动了青年职工当家理财的积极性，为企业的发展壮大打下了坚实的基础。实践证明，青年岗位能手活动应该也能够在促进两个转变方面发挥积极的作用。这里我要强调指出的是以下

---

* 这是吴邦国同志在全国青年岗位能手活动推进大会上的讲话《全面提高青年职工队伍素质，为实现跨世纪宏伟目标奠定人才基础》的一部分。

几点。

第一，要把青年岗位能手活动与推动企业技术进步紧密结合起来。转变经济增长方式，必须依靠科技进步。每一件产品都是职工体力和智力的物化。提高职工素质是科学技术向现实生产力转化的重要环节。青年岗位能手活动通过大力推进岗位训练，提高广大青年职工的岗位技能，就可以把先进的科学技术转化为高技术含量、高附加值的产品。这方面的成功例子很多。上海宝钢热轧厂在青年岗位能手活动中开展"青年质量控制排行榜"和"跟踪世界一流技术讲座"活动。前者在张榜公布世界一流热轧操作指标的同时，对照排出本厂技术名列前茅青工的操作实绩，使青工了解世界一流操作指标，看到自己的差距；后者是在每月末开设各类技术讲座，增加青工的科学技术知识。这种群众性活动，使青工了解世界最先进的操作水平，激发了他们学技成才的热情，很有成效。

第二，要把青年岗位能手活动与加强企业管理结合起来。管理出效益，管理出生产力。建立现代企业制度，转变经济增长方式，都要求切实加强企业管理。在青年岗位能手活动中，许多企业以岗位为依托，通过明确每一个岗位的具体目标，严格岗位考评，并且把产品质量、成本与岗位效益直接挂起钩来，实现了企业管理的整体优化。山西长治洗衣机股份有限公司在青年岗位能手活动中颁发了《青年岗位能手手册》，青工人手一份。对生产、销售和服务这三类不同工作，分别制定百分制考核细则，并且按考核成绩，划分出不合格岗位、标准化岗位、样板化岗位和全优化岗位四个等级。同时，确定了对不同岗位的奖惩办法，达到全优化岗位的青年职工就成为青年岗位能手。

这样，通过岗位评价、岗位考核及岗位奖惩，推动了企业管理的科学化。

第三，要把青年岗位能手活动与激发青年职工当家作主的精神结合起来。转变经济增长方式，必须千方百计开发和利用人力资源。青年岗位能手活动给青年职工创造了成长的条件，提供了展示才华的舞台，使青年职工在岗位上找到了实现自己价值的场所，激发了青年职工当家作主的积极性。许多企业在青年岗位能手活动中，适应青年特点，努力创造条件，把广大青年职工的积极性和创造性引导到工作中来，有力地推动了企业发展。刚才，河南中原油田的同志介绍，他们在青年岗位能手活动中，为一线青工购买下发技术书籍四万多册，举办培训班近三百期，培

1996年4月5日，全国青年岗位能手活动推进大会在北京人民大会堂举行。图为吴邦国为获得全国杰出青年岗位能手荣誉称号的职工颁奖。

训青工五万多人次，举办青工岗位技术比武三百八十多次，九千多名青工参加，掀起了学技术、比技能的热潮。大多数青年职工精神面貌有了可喜变化，技术水平明显提高。在全油田举行的职工持证上岗考核中，青工统考合格率由原来的百分之七十九提高到一九九五年度的百分之九十二；青年科技人员去年获科研成果一百五十项，创造经济效益五百多万元。

广大青年职工要努力成为跨世纪的合格劳动者。青年是国家和民族的希望。青年职工占企业职工的百分之六十，占一线职工的百分之八十，是企业改革和发展的基本力量。当代青年职工是跨世纪的一代，在很大程度上决定着跨世纪宏伟目标能否实现，决定着中华民族在下个世纪的前途和命运，责任重大。青年职工要严格要求自己，进一步振奋精神，珍惜机遇，明确跨世纪责任，承担跨世纪的使命，勇敢地肩负起历史赋予的重担。广大青年职工要努力成为创业的一代，奋斗的一代，早成才，成大才，积极投身到伟大的社会主义实践中去，让青春在改革开放和现代化建设的第一线，在振兴中华民族的伟大事业中闪闪发光。具体来说，主要有以下几个方面。

一要树立崇高的职业理想。职业理想是创造美好未来的强大精神支柱和动力。广大青年职工要认真学习邓小平同志建设有中国特色社会主义理论，自觉坚持党的基本路线，坚定不移地走社会主义道路。要学习中国近现代史，了解基本国情，弘扬爱国主义、集体主义和社会主义精神，增强民族自信心和历史责任感。要强化工人阶级主人翁意识，正确处理国家、集体、个人三者利益关系，乐于奉献，甘于奉献。要把远大的理想与本职工作紧密结合起来，把个人的理想与祖国的命运和前途紧紧连在一起，脚踏实地，埋头苦干，把振兴中华的热情转化为勤奋工作的动力。这次会议表彰的三百二十名青年岗位能手，他们之所以在平凡岗位上取得突出的成绩，主要原因，就是有事业心，具有崇高职业理想。学习青年岗位能手，首先要学习他们有崇高的职业理想。刚才发言的上海石油化工股份有限公司青年职工高国强，在平凡岗位上作出了不平凡的业绩，是青年职工的优秀代表。

二要培养良好的职业道德。职业道德是规范职业行为的准则。广大青年职工要把工人阶级的优良传统、中华民族的传统美德同社会主义的道德规范有机地结合起来。要艰苦奋斗，敬业爱岗，干一行、爱一行，学一行、精一行。要向具有高度职业文明的优秀青年职工学习，遵守职业道德规范，讲质量，讲安全，讲信誉，以形成为人民服务、对社会负责的良好职业道德风尚。

三要练就过硬的职业技能。职业技能是建功立业的条件。应当看到，青年职工的整体素质在改革开放和现代化建设中不断提高，这是要充分肯定的。但是，目前的状况和水平与市场经济和新技术革命的要求还很不适应。青年职工要强化科学技术是第一生产力的意识，努力学习现代科学技术知识，提高自身的科技素质。要学习社会主义市场经济知识，增强市场应变能力。要钻研岗位技能知识，在岗位上学习本领，在实践中增长才干，把工作过程变成不断学习和提高技能的过程，努力成为本职工作的行家里手。

四要争创一流的岗位效益。岗位效益是衡量青年职工贡献大小的尺度。企业工作最终成果的综合体现是效益。广大青年职工要立足岗位，做好本职工作，在岗位上争创一流。要通过提高效率，减少消耗，降低成本，改进产品质量和服务水平，为企业创造良好的经济和社会效益。这方面的潜力大，投资少，收效快，是大有作为的。

振兴机械工业，提高装备水平[*]

（一九九六年五月三十一日）

机械工业部为打好产品质量翻身、组织结构优化和开发能力提高"三大战役"，今天在北京召开全国电话会议，很及时，很必要。下面，我讲几点意见。

一、机械工业在实现两个根本性转变中具有重要作用，国家十分重视机械工业的发展。

党的十四届五中全会指出，实现"九五"计划和二〇一〇年国民经济和社会发展的奋斗目标，关键是实行经济体制和经济增长方式的两个根本性转变。机械工业作为装备工业，在实现两个根本性转变，特别是经济增长方式的转变中，具有重要作用，肩负着特殊的使命。

转变经济增长方式要靠科技进步，科技进步的重要载体是技术装备。装备水平的高低，直接影响各行各业的生产效率和效益，影响产品的质量和档次，影响资源利用和物质消耗，影响科技进步和科技成果的转化。改革开放以来，我国经济发展取得了

---

* 这是吴邦国同志在全国机械工业打好"三大战役"电话会议上的讲话《积极推进两个根本性转变，大力振兴我国的支柱产业》的一部分。

举世瞩目的成就，但是，经济运行质量和效益并不理想，除体制和机制上的原因外，与我们的装备水平有很大关系。据有关部门调查，我国工业企业的技术装备大多数处于六七十年代水平，达到或接近国际先进水平的仅占百分之十五。由于装备落后，在相当大的程度上，造成我国工业生产的单位物质消耗大大高于工业发达国家，他们一般在百分之四十以内，而我们则高达百分之六十以上。与美国相比，我国单位国民生产总值的能源消耗大约是他的五倍，钢材消耗将近十倍。机械工业是各行各业技术装备的主要提供者，产业关联度高，不仅自身要对我国的经济发展作出更大贡献，而且还要为其他行业的发展提供强有力的支持。一个国家的经济地位和实力，在很大程度上取决于机械制造业的水平。世界各工业发达国家，以及一些新兴工业化国家，尽管产业结构不尽相同，但大都把机械制造业作为优先发展的重点，作为带动整个经济增长和产业升级的主导产业。有一些"漂在油海上的国家"，虽然人均国民收入很高，但也只能算是富国，很难说是强国。现在他们已经认识到这一点，并采取措施发展机械工业。机械制造业上不去，就谈不上国家的现代化。因此，打好"三大战役"，努力改善行业整体素质，大力提高我国技术装备水平，是摆在我国机械工业面前的一项紧迫任务，也是转变经济增长方式对机械工业提出的客观要求。

党中央、国务院历来十分重视机械工业的发展。党的十四大、十四届五中全会和八届全国人大四次会议都反复强调要振兴支柱产业，并对发展支柱产业的方针、任务和重点提出了明确要求。江泽民总书记在党的十四大报告中指出，要"振兴机械电子、石油化工、汽车制造和建筑业，使它们成为国民经济的支柱产业"。最近，江总书记又多次谈到基础工业和支柱产业的关系，强调要重视装备工业的发展。李鹏总理还专门就机械、汽车工业的振兴作出指示：振兴机械、汽车工业，使之尽快成为国民经济的支柱产业，是国家的一项重要战略决策，抓好这件事，对提高各行各业的技术装备水平、生产效率和经济效益，提高人民的生活质量，具有重要作用。江总书记和李鹏总理的指示，是对机械、汽车等支柱产业在国民经济中地位的科学评价和高度概括，充分说明党中央、国务院对机械、汽车工业的关怀和重视。希望机械工业的各级领导和广大职工，以高度的责任感和紧迫感，努力完成时代赋予的历史使命，为提高国民经济的装备水平和实现两个根本性转变作出更大的贡献。

二、"三大战役"切合机械工业的实际，符合实现两个根本性转变的要求。

党的十一届三中全会以来，机械工业的改革与发展取得了显著成就，一是机械工业系统率先下放了直属生产企业，推动企业面向市场，自主经营，企业运行机制发生了重大变化；在集团化、股份制改造和现代企业制度试点方面呈现较好的势头，涌现出一批活力强、效益高的企业和企业集团。二是全行业生产平均每年以百分之十四左右的速度递增，是我国工业中增长最快的行业之一，一九九二年提前八年实现翻两番的目标。一些重要产品的产量已跃居世界前列，如一九九五年生产发电设备一千六百多万千瓦、金属切削机床十八万台等。三是机械产品出口也大幅度增加，一九九五年达到二百七十五亿美元，占全国外贸出口的百分之十八点五。十多年来，机械行业引进技术两千多项，外商直接投资近五十亿美元。通过引进技术和自主开发，掌握了一大批重大成套设备的生产制造技术，如大型电力设备、大型露天矿成套设备、大型冶金设备、大型合成氨装置、大型煤炭港口装卸设备等。这些成就，为机械工业今后的改革和发展打下了良好的基础。

但是，我们也要清醒地看到，与国际水平和国民经济发展的需要相比，机械工业还有很大的差距，产品质量差、组织结构散、开发能力弱等问题尤为突出。首先，在产品质量方面，"常见病"、"多发病"久治不愈，可靠性明显偏低，成套设备重大事故时有发生，用户反映强烈。近几年来，进口设备对国内市场冲击很大，究其原因，虽然有些是国内不能制造的，有些是利用国外贷款必须买人家的，但不能否认，我们在品种、质量和售后服务等方面还存在着许多问题。成套设备少个螺丝钉就转不起来，而我们有时候就是螺丝钉不行，这种情况还不是个别的。其次，在组织结构方面，重复分散、集中度低、经营规模小、企业"大而全"、"小而全"已成为机械工业的顽症。以汽车为例，我国的整车生产企业有一百二十二家，超过发达国家汽车生产企业的总和，但年产量不及美国通用汽车公司的四分之一。这怎么能与人家竞争！如果再不联合重组，尽快形成几个大集团，一旦失去政策保护，民族汽车工业很可能被挤垮。第三，在开发能力方面，机械工业主导产品的关键技术大多依靠国外引进，而且消化吸收缓慢，自主创新步履艰难。有些市场需要的东西，我们开发不出来，或者开发周期过长，错过市场良机。为什么这些年机械工业的发展速度不低，但效益不高，症结就在这三个薄弱环节上。说到底，走的还是铺摊子、高消耗的粗放型发展路子。因此，机械工业本身就存在着如何实现两个根本性转变这一紧迫问题。

为此，机械工业提出打好"三大战役"，其基本任务和目标是，扭转追求速度和数量的粗放型发展模式，在质量、结构、开发上下功夫；改变国产机械产品在市场上的形象，树立良好信誉，提高市场竞争能力；改变企业结构"散、乱、全"的局面，努力造就一批结构优化、规模经营、效益显著并有较强竞争能力的"巨人"企业；缓解机械工业的发展主要依靠国外技术的被动局面，在一批重点企业建成具有较强开发能力的技术中心，提高行业整体水平和素质。经过五年奋斗，到本世纪末，主要产品技术水平与国际先进水平的差距由目前的二十年缩短到十五年左右；销售额列全国前一百家企业的生产集中度由目前的百分之二十四提高到百分之二十七以上，国内市场占有率由目前的百分之六十九上升到百分之八十左右，出口总额占全国出口比重由目前的百分之十八点五提高到百分之二十以上，使机械工业的整体面貌发生显著变化，走出一条既有较高速度又有较好效益的集约型发展路子。

三、坚持技术引进和自主创新相结合，是打好"三大战役"，实现我国现代化的客观要求。

机械工业把增强自主开发能力，作为"三大战役"的一个重要内容来抓，这就抓住了关键。增强自主开发能力，实质上是增强创新能力。创新是经济发展的基本驱动力和企业活力之源。江总书记多次强调，创新是一个民族进步的灵魂，是一个国家兴旺发达的不竭动力，一个没有创新能力的民族，难以屹立于世界先进民族之林。发达国家的政府把技术创新摆到经济社会发展的战略地位上，纷纷采取措施，激励企业创新，甚至直接参与和推动。一九九四年美国政府就曾与十一家企业组成半导体技术集团，联合开发新一代芯片技术。世界上知名的大公司也都不惜巨资建立研究开发中心，把技术创新当作关键的竞争手段。我国北大方正集团跳过几代信息技术，直接开发激光技术，取得了成功，现在已向日本、美国等发达国家市场进军了。

我们强调创新，决不是闭关自守，排斥别人先进的东西，一切从头做起。像我们这样一个基础差、底子薄的大国，搞社会主义现代化建设必须广泛吸取世界各国的先进经验和先进技术。十几年来，我们引进了一大批先进技术，通过消化、吸收、创新，使许多领域的技术水平有了较大提高，与国际先进水平的差距也明显缩小。例如，机械行业三十万、六十万千瓦火电机组的制造技术，基本上达到了当代国际水平，初步满足了我国电力工业发展的需要。再如，仪器仪表行业引进的百余项制造技术，经过消化和改进，大多数已形成批量生产能力。其他行业也有不少成功的经验。应当肯定，如果不搞对外开放，不引进先进技术，我们的经济建设不会有今天这样的成就。

当然，在技术引进上，也有一些值得总结的教训。比较突出的问题是消化吸收不够，自主创新更差，导致了一些技术重复引进；再一个问题是引进工作上重硬件轻软件。这方面，日本和韩国的做法值得借鉴，他们主要是买专利、软件和制造图纸，引进后集中力量消化吸收，再自主创新。设备则由自己制造，非买不可时，只买一套，然后搞国产化。日本的家用电器就是在引进技术的基础上，通过创新发展起来的，而且后来居上。韩国的钢铁工业和汽车工业能在二十年时间内，达到世界先进水平，也是引进技术和自主创新结合的结果。相比之下，我们花钱不少，效果却不尽人意。关键是要处理好引进和创新的关系，只依靠进口设备实现现代化是不可能的。现代化是买不来的，不创新就没有出路，就会永远落后。说得再严重一点，就是我们的经济发展将永远受制于人。这就不仅是经济问题，而且是严肃的政治问题。今后我们一定要坚持高起点的技术引进，在引进的同时，坚持不懈地提高自主开发能力，把技术引进和开发、创新很好地结合起来，形成自己的优势，努力实现从引进到创新的跨越。

生产企业要通过自营出口
积极参与国际竞争 *

（一九九六年六月十八日）

生产企业自营进出口的意义，不仅仅在于增加多少外汇收入，更重要的还在于通过生产企业参与国际竞争，促进企业经营机制的转换和技术水平的提高，优化产业结构和商品结构，创造更多的长期发展机会。

首先，生产企业获得进出口权后，直接参与国际市场竞争，按国际惯例组织生产和销售，促使企业在经营决策、管理制度、营销方式等方面向国际惯例靠拢，有力地推动企业经营机制的转换。我国造船工业在国内需求不足的情况下，面向国际市场，严格按照国际标准组织生产，努力消化引进的技术和工艺，使造船技术迅速提高，船舶质量达到或接近国际水平。今年，全公司新接订单二百五十六万吨，其中出口船二百五十四万吨，占百分之九十九，出口额达十七亿美元。国内几个主要造船厂订单都很饱满，有的已订到一九九九年。造船行业是自营出口比较成功的一个行业。据了解，全国六百多家有进出口权的纺织企业，经济效

---

　　* 这是吴邦国同志在全国生产企业自营进出口工作会议上讲话的一部分。

益都明显好于其他企业。洛阳白马集团公司（洛阳棉纺厂），在国内市场疲软的情况下，提出了"人无我有，人有我优，人优我转"的经营战略和"以品种开拓市场，以质量巩固市场"的经营方针，积极抢占国际市场，生产产品百分之百出口，实现了向外向型企业的转换。一九九五年，在全国纺织业不景气的情况下，公司销售收入达到六亿元，实现利税一千七百多万元，出口创汇近五千万美元，在纺织系统自营进出口企业中名列前茅。

其次，扩大生产企业自营进出口，对利用国内国外两个资源、两个市场，改善整个宏观经济运行状况，保持企业和社会稳定，都有积极作用。拿我国冶金行业来看，一九九五年在国内钢材市场供大于求、订货严重不足的情况下，通过控制进口和组织一大批冶金企业积极开展自营出口，缓解了全行业生产运行中的困难。许多自营企业摆脱了相互拖欠，保证了资金的回笼和周转，明显地提高了企业效益。如株洲冶炼厂，是我国铝锌冶炼行业的骨干企业。近几年，他们努力提高产品质量，优化产品结构，强化管理，降低成本，使产品在激烈的国际市场竞争中站稳了脚跟。出口创汇由一九九〇年的六百万美元，上升到一九九五年的九千万美元，增长近十五倍。由于企业效益好，职工收入也相应提高，企业发展，人心稳定，还为湖南省扶贫作出了贡献。

第三，生产企业自营进出口促进了外贸体制的改革，加强了工贸的结合。大批生产企业获得进出口权，使工贸双方优势互补，在平等的基础上实现了新的结合，促进了外贸代理制的推行。经过近几年改革，我国已形成了包括外贸专业公司、有进出口权的生产企业、商业物资企业、科研院所和十几万家外资企业在内的新外贸经营体系。生产企业直接开展自营进出口业务，充分发挥技术、生产和售后服务等方面的优势，显示了较强的竞争力和应变能力。北京同仁堂集团公司为了适应国外客户需要，主动改进出口品种、剂型、包装，在香港、马来西亚、澳大利亚、英国等地区和国家打开了市场，很受欢迎。现在，这个集团的产品已在五十个国家和地区进行了商标注册。生产企业自营进出口，还有力地推动了企业向集团化、集约化、规模经营的方向发展。许多自营企业以资产为纽带组建了企业集团，实现了出口产品系列化，出口市场多元化。

用改革的思路和办法
抓好企业扭亏增盈[*]

（一九九六年八月二十日）

扭亏增盈工作讲了多年，抓了多年，也有一定的成效，但企业亏损问题仍很突出。一方面，企业亏损是长期积累的一些深层次矛盾的集中反映，不可能一蹴而就；另一方面，也要看到我们工作中的问题，这就是行政措施多，改革办法少，有些企业不是眼睛向内，而是要求给"特殊政策"、"吃偏饭"、"开小灶"。这次国务院批转的四部门建立扭亏增盈工作目标责任制的意见，指导思想就是强调要用改革的思路和办法抓扭亏增盈工作，而不是强化对企业的行政干预。这是我们建立扭亏增盈工作目标责任制的基本思路和出发点。各地区、各部门要积极探索，大胆实践，标本兼治，重在治本，拿出新思路、新办法，把扭亏增盈工作的责任、措施、办法落到实处。这里，我提几点具体要求。

第一，我们落实扭亏增盈工作目标责任制，首先要着眼于抓调整，将扭亏增盈与企业结构调整有机结合起来。江泽民总书记指出："要着眼于搞好整个国有经济，通过存量资产的流动和

---

* 这是吴邦国同志在全国企业扭亏增盈工作电视电话会议上的讲话《建立责任制，把扭亏增盈工作落到实处》的一部分。

重组，对国有企业实施战略性改组，以市场和产业政策为导向，集中力量抓好一批国有大型企业和企业集团，放开搞活一般国有小型企业，以利于更好地发挥国有经济在国民经济中的主导作用。"[1]江总书记的这一要求应当成为我们对国有企业结构调整的指导思想，而当前正是进行结构调整的有利时机。要按照"搞好大的，放活小的"原则，集中力量搞好一批国有大中型企业和企业集团。各地区、各部门要积极做好对一千户重点企业的分类指导，为它们创造自主经营、在市场竞争中发挥优势的外部环境。要加快国有小企业的改革、改组步伐，采取多种形式，把国有小企业推向市场。五十个试点城市和八个比照试点城市，调整的潜力很大，大有可为，今年要有明显成效。国家为推进国有企业兼并破产，出台了一些政策，要抓紧落实，在试点城市和工业领域加大兼并破产的力度。对那些长期亏损、包袱沉重、资不抵债、扭亏无望的企业，能兼并的兼并，该破产的依法破产。

第二，抓扭亏增盈工作，就要花大力气调整产品结构，积极开拓国内外市场。在由卖方市场转向买方市场的情况下，一个企业产品是否适销对路，往往决定这个企业是否具有竞争力。开拓国内外市场，一是要搞好市场调查和预测，根据市场需求变化，积极调整产品结构和企业经营战略。二是要大力开发新产品，提高产品的科技含量和附加值，由主要依靠数量扩张转向以质量、品种、效益取胜。三是要加强市场营销工作，提高营销队伍素质，搞好售后服务。四是要扶持发展一批在国际市场有影响的名牌产品，增强我国产品在国际市场上的竞争能力。五是要对产品有销路、有效益、出口创汇多的企业，在资金、运力和能源、原材料供应上给予重点支持。

1996年8月20日，国务院召开全国企业扭亏增盈工作电视电话会议，吴邦国发表讲话。

　　第三，应当把推进企业技术进步、建立企业技术创新机制，作为今后相当一段时间内扭亏增盈工作的重要环节。要坚定不移地依托现有企业进行技术改造，推动企业技术进步。针对当前技术改造中存在的问题，要特别强调选准项目和落实资本金，要有利于促进产业结构优化和产品升级换代，提高行业技术装备水平和企业经济效益。要努力形成企业技术创新机制，鼓励和支持有条件的大型企业和企业集团建立技术中心，使其率先成为技术开发和高新技术产业化的主体。采取各种形式，积极创造条件，吸引科研院所和高等院校进入企业集团，大力推动"产学研"结合。增加科研、开发投入，增强自主创新能力，缩短新产品开发周期。充分调动科技人员的积极性，发挥科技人员在企业技术进步中的作用。总之，扭亏增盈，提高经济效益，要把重点真正转移到主要依靠技术进步和提高劳动者素质上来。

第四，在扭亏增盈工作中，强化企业管理尤为必要，这方面有很大潜力。管理不严，纪律松弛，浪费严重，缺乏监督和自我约束机制，造成了一些企业效益不高，甚至出现亏损。据有关部门调查，有相当数量的亏损企业都与管理不善有关。强化企业管理，一是要学邯钢，抓好资金、成本管理。石化总公司在原油等价格上调，化工、化纤产品价格下跌的严峻形势下，大力推广邯钢经验，挖掘内部潜力，提高加工深度，今年上半年五十八亿元的增支减利因素基本上在企业内部消化，实现利润加上多提折旧与去年同期大体持平。二是要强调一个"严"字，严格执行纪律，坚持从严治厂。围绕成本这个中心，加强财务、质量、物资供应、销售、计划、审计等各方面的专业管理工作，在提高产销率、提高资金运营效率、提高产品质量和降低物耗上下功夫。三是要减人增效。河南煤炭行业一九九二年亏损三亿八千万元，到一九九五年实现利润四亿七千万元。五个矿务局除焦作矿外，其余四个都已扭亏为盈。焦作矿是一个有百年开采历史的老矿，连续二十三年亏损，去年还有三千万元亏损，今年新的增支因素一亿五千万元，他们力争今年扭亏为盈。其成功的经验之一，就在于发展非煤产业，减人增效。焦作矿务局的王封矿，今年五月封井后，一千四百多名职工全部得到妥善安置，今年利润还将达到一千万元。

第五，加强企业领导班子的建设。江泽民总书记、李鹏总理都一再强调，搞好国有企业，要有一个好机制，一个好产品，一个好班子，全心全意依靠工人阶级。企业领导班子是搞好企业的关键。目前，有的企业领导班子政治业务素质不高，领导能力不强，不能适应发展社会主义市场经济的需要。据调查，在亏损企业中，因领导班子不力造成的约占百分之二十，有的地方甚至高达百分之五十。对此，各级党委、政府必须高度重视，把企业领导班子建设问题摆到重要议事日程上来。要认真贯彻落实《中共中央组织部、国家经贸委、人事部印发〈关于加强国有企业领导班子建设的意见〉的通知》，切实加强企业领导班子建设。因企业领导班子失职、管理混乱造成亏损的，要及时整顿或调整。对这类企业领导班子问题拖延不解决的，要追究其主管部门主要负责人的责任。

注　释

[1] 见江泽民《加快国有企业改革和发展步伐》(江泽民《论社会主义市场经济》，中央文献出版社 2006 年版，第 292 页)。

解决国企改革重点、难点问题的现实可行途径[*]

（一九九六年九月十一日）

从各地实践看，在解决改革的重点和难点问题上，已经探索出了一些现实可行的途径，积累了不少好的经验，这些经验都是今后工作中要长期坚持并不断加以深化的。

第一，搞好整个国有经济，必须坚持搞好大的，放活小的。

从搞活每一个国有企业，到着眼于搞好整个国有经济，这是我们在工作指导上一个很重要的转变。国有企业千差万别，大企业与小企业在国民经济中的地位、作用不同，其经营管理的特点、方式也有很大差异，不可能采取一种模式、一个办法。一方面，要集中力量抓好一批国有大型企业和企业集团，使其在稳定经济、稳定市场和贯彻国家产业政策等方面发挥骨干作用；另一方面，要放开放活量大面广的国有小企业，使之寻找更为适合自身经营和发展的灵活方式。这是对国有企业实行战略性改组，焕发国有企业活力，更好地发挥国有经济主导作用的重要措施。经过一年多来的努力，在这方面已经迈出了实实在在的步子，积累了一些有益的经验。

---

*　这是吴邦国同志在天津召开的全国经贸工作座谈会上讲话的一部分。

162

在搞好大企业方面，国家主要抓一千户重点企业和企业集团。国家经贸委、中国人民银行分别与企业联网的信息系统均已建立。对一千户重点企业的三百户明确主办银行、落实经营资金。对这三百户企业的主要政策有三条：一是明确商业银行总行或由总行委托的省分行为主办银行，银行要保证企业信贷资金来源；二是核定合理的流动资金，将短贷改为一年期贷款，贷款实行基准利率，不得向上浮动；三是企业保证不挪用贷款、不欠息，并制定补充流动资金中自有资金的计划。到九月五日，已有二百七十九户与银行签订了银企合作协议，协议贷款四百五十亿元。三百户企业虽然为数不多，但这三百户企业的销售收入、实现利税分别占全部国有工业企业的百分之四十七点四和百分之

1996年3月9日，吴邦国来到出席八届全国人大四次会议的辽宁省代表团，与老工业基地的代表共同商讨如何搞好国有大中型企业。

六十八点八，基本上各占一半。各地区、各部门也都十分重视以市场和产业政策为导向，围绕支柱产业、优势企业、名牌产品，集中力量抓好一大批大型企业和企业集团，带动一大批关联企业的调整和改组，促进生产要素向这些大型优势企业流动。上海市立足于企业优生、集团优育、项目优选，对工业结构进行优化重组，对资本要素进行优化配置，实施大集团战略。江苏省以优势企业为核心，以资产为纽带，重点抓了十户企业集团的组建完善工作。春兰集团通过出资购买具有近亿元固定资产而无力运转的苏州空调设备厂，使其重现生机。广西规定大型企业集团可以享受建立现代企业制度试点企业的有关政策，集团公司一个口子对财税部门，统一解缴所得税，从一九九六年起五年内全部返还新增所得税，转增国家资本金。天津实施大公司大集团战略，以骨干企业和名牌产品为龙头，通过联合、收购、兼并等方式组建了一批大型企业集团。天津汽车工业集团兼并二十一户企业，使企业生产经营规模不断扩大，现已成为天津第一大支柱产业。山东对一百二十户企业落实主办银行，除与国家三百户做法相同外，还增加一条，就是银行驻厂信贷员对企业资金使用情况进行监督。通过大力培育，各地都形成了一批颇具实力的企业集团，在市场竞争中日益发挥着重要作用。

在放开放活小企业方面，各地坚持"三个有利于"标准，不搞一刀切，采取改组、联合、兼并、股份合作制、租赁、承包经营和出售等多种形式，把一大批小企业直接推向市场。从实践情况看，职工参股的股份合作制是放活小企业的一个好办法，当然也不要刮风，还是从实际出发。山东省坚持"三放两不放"的原则，对二万九千户县乡两级国有和城镇集体工商企业进行了改革、改组、改造，占总数的百分之六十五点五。浙江省通过委托经营和授权经营或让优势企业兼并、收购、控股、参股等办法，把小企业纳入优势企业的生产经营和管理体系。安徽省采取扶持壮大、合资嫁接、"退二进三"、分离重组、破产淘汰等形式，对全省八百二十八户国有小企业进行了改革，占全部国有企业的百分之三十九。湖南、福建小企业改制的面达百分之六十左右。全国出现了像山东诸城、四川宜宾、浙江兰溪、黑龙江宾县等探索出放开放活国有小企业有效办法的地区。关于放开放活小企业，我在河南考察时谈了三点意见，一是国有小企业是国民经济的重要组成部分，在繁荣市场、为民服务、增加就业方面有不可替代的作用；二是当前放开放活小企业，关键在于进一步解放思想，允许试点，鼓励探索，胆子要大一点，步子要快一些；三是一切从实际出发，不搞一刀切，一个模式。判断小企业改革是非得失的标准，只能是小平同志提出的"三个有利于"。只有坚持"三个有利于"，改革才有正确方向，也才能使改革不断深化。从绝大多数地区的情况看，放小的效果都是比较好的，而且投入少、见效快。

第二，提高企业的整体素质，必须坚持"三改一加强"。

国有企业存在的问题是多方面的，各种矛盾和问题交织在一起，仅仅依靠一种办法是不行的。要使企业真正走向市场，增强活力，提高效益，必须坚持"三改一加强"，把改革、改组、改造和加强管理这四个方面的工作有机地结合起来，通过改革建立新的机制，通过改组优化组织结构，通过改造推进其他技术进步，通过加强管理充分发挥各种生产要素的作用，全面提高企业的整体素质，使企业有一个好机制、好产品、好班子。搞好"三改一加强"，不只是抓企业的单项工作，而是企业各项工作紧密结合的有机整体。邯钢等一大批企业的实践证明，"三改一加强"是当前企业工作的一个纲，是搞好国有企业的有效途径。

围绕"三改一加强"，企业和政府有关部门做了大量工作。在解决一些难点问题上取得了重要突破。一是减人增效。煤炭行业三年转移富余职工五十五万人，亏损额由六十亿元减少到十亿元。宝钢总厂职工由三万人减为一万三千人，人均产钢六百多吨，接近世界先进水平。二是增资减债。辽宁省五个试点城市，采取多种途径增资减债，使国有大中型企业资产负债率由去年的百分之七十六，下降到今年的百分之六十七点八。山东省积极为企业处理损失和潜亏，近两年全省预算内国有工业企业共处理历史包袱三十多亿元。三是分离分流。今年上半年，五十多个试点城市分离非生产性机构三千一百七十九个，分流人员五十五万八千人。宝钢等一批企业按照"管好主体、放活辅助"的要求，将一些辅助部门推向市场，放开经营，使主体更精干。长沙市探索从全社会筹资的办法，分离企业自办中小学，取得了初步成效。

第三，优化企业结构、建立优胜劣汰机制，必须加大兼并破产的力度。

国有经济的优势是资产存量大，问题是企业长期只生不死，存量资产不能流动，结构不合理，造成资产运营质量不高，效率低下。经过这几年的实践，我们已经认识到，要求把每一个国有企业无一例外地都搞好，是不可能的，也是不必要的。适者生存，强者发展，优胜劣汰，这是市场经济的客观规律。目前，一部分国有企业扭亏无望，资不抵债，生产经营遇到很大困难，这正是实施兼并破产，加快结构调整的有利时机。去年，十八个试点城市共有一百零三户企业破产，三百三十六户企业被兼并。今年上半年，五十多个试点城市已破产终结的企业一百三十一户，涉及银行贷款四十三亿元，职工十万人；被兼并的企业二百一十五户，使九十三亿五千万元资产、十七万职工得到了优化配置。

关于兼并破产，我这里要多说几句。兼并破产是企业改革不断深化的产物，也是经济发展的需要。兼并破产不是落后企业的归宿，而是企业摆脱落后的起点。兼并破产可以使劣势企业获得一个重组的机会，同时，也是优势企业获得扩张、取得规模效益的一次机会。兼并破产在于建立优胜劣汰机制，优化资源配置，促使资产向优势企业转移，促进企业转换机制。一定要把这件事办好。当前，比较担心的问题有两个：一个是试点城市的进度不快，观念转不过来，各方面工作不协调；另一个是假破产、真逃债，在兼并破产工作中出问题。不久前，国务院领导同志主持会议，就破产中存在的一些问题专题开会研究。会议明确：第一，当前破产的依据主要是一九八六年公布的《中华人民共和国企业破产法（试行）》和一九九四年国务院下发的《关于在若干城市试行国有企业破产有关问题的通知》。破产法没解决职工的安置问题，而通知解决了职工的安置问题，通知规定破产后的清偿次序为先安置职工，再偿税，第三是还债，但只限于"企业优化资本结构"试点城市和工业企业。第二，这次专题会再次重申三条：一是破产试点只限于"企业优化资本结构"试点城市和比照试点城市；二是只限于国有工业企业，不要扩大；三是试点工作由国家经贸委牵头负责，中国人民银行参加，既要简化手续，提高效率，又要加强审核，依法办事。第三，会议要求由国家经贸委牵头，会同国家体改委、财政部、人民银行等部门，对破产问题进行调研。这里我要特别强调的是，不是兼并破产的政策有变化，原则是一贯的；也不是要放慢兼并破产的进度，而是要加大"企业优化资本结构"试点城市兼并破产的力度。我在座谈会上提出，希望各省集中精力，在今年高质量地抓一批具备条件的企业进行兼并破产，碰到问题及时上报国家经贸委。希望同志们都以对国家负责的态度，把好事办好。

企业不能以改革代替管理 *

（一九九六年十二月八日）

　　管理是改革的重要内容，一个企业改革搞得好不好，很重要的标准就是看它的管理水平是不是提高了。管理科学，是现代企业制度的重要组成部分，它与深化改革是相互促进、相辅相成、互为保证的关系，两者不可偏废。一方面，改革促进管理，为企业科学管理提供了条件；另一方面，科学管理也是深化改革的必要条件。但是，改革不能代替管理，特别是不能代替具体的管理制度和管理事务。一些企业经营者，热衷于改革的轰轰烈烈，忙于与外商谈合资、出国考察，或是盲目追求铺摊子、上项目，就是不愿在企业管理上下功夫。这些问题，必须引起我们重视。要坚决摒弃以改革代替管理的糊涂认识。那种认为现在搞改革了，可以放松甚至不要管理的认识，是极为有害的。

---

　　* 这是吴邦国同志在辽宁沈阳召开的全国经贸工作会议上的讲话《认真落实中央经济工作会议精神，努力做好一九九七年的经贸工作》的一部分。

加大经济结构调整的力度 *

（一九九六年十二月八日）

当前，部分国有企业生产经营困难、盈利水平下降、经济效益不好，虽然有利润转移等客观因素，但主要是体制和结构问题。盲目建设、盲目引进，经济建设中长期存在的"大而全、小而全"和低水平重复建设问题，造成生产能力过剩，资源配置浪费，效益低下，这是国民经济中一个突出的问题。针对目前存在的问题，江泽民同志在去年中央经济工作会议上提出："无论是保持经济总量基本平衡、巩固和发展这几年宏观调控的成果，还是缓解企业生产经营困难、深化和加快国有企业改革，也无论是推进两个根本性转变，还是适应我国经济发展新阶段产业结构升级的要求，都需要大力调整和优化经济结构。"这包括产业结构，行业内部结构，企业组织结构和产品结构。他还强调："我们要充分认识这项工作的重要性和紧迫性，增强主动性和自觉性，切实抓紧抓好。"大力调整和优化经济结构，是今年中央经济工作会议的重要内容，也是一九九七年和今后一段时间各地区、各部

---

* 这是吴邦国同志在辽宁沈阳召开的全国经贸工作会议上的讲话《认真落实中央经济工作会议精神，努力做好一九九七年的经贸工作》的一部分。

170

门和企业的一项重要工作。

经济结构不合理主要表现为以下三点。

一是企业规模不经济。我国企业普遍规模小而分散，难以取得规模经济效益。在汽车、机械、钢铁和石化等规模经济效益十分显著的产业中，我国企业规模较小的问题更为严重。在中央经济工作会议上，江泽民同志讲了大量例子说明这一问题。一九九五年我国汽车产量仅为一百五十万辆，不到美国通用汽车公司的五分之一，但拥有整车厂一百二十二家，改装厂六百二十六家，零部件厂两千多家。钢铁产量已达九千六百万吨，为世界第二位，但生产集中度低，钢铁企业数占世界钢铁企业总数的三分之二，平均每个企业年产钢仅五万四千吨，年产二十万吨以下的企业占百分之六十以上。世界炼油企业平均年生产规模为五百三十三万吨，最大炼油厂为三千多万吨，我国一百一十六家炼油企业平均年生产规模为一百六十七万吨，不及世界平均水平的百分之三十五。在棉纺、食品、家电等行业，规模偏小和分散的问题也十分突出。

二是地区经济结构趋同。地区结构趋同起源于初级产品的加工，继而延伸到以家电为代表的机电产品，目前又开始进入支柱产业。从各地制定"九五"计划情况看，将汽车列为支柱产业的省、区、市有二十二个，且大多都把整车列为重点；将机械列为支柱产业的有十六个省、区、市；有二十四个省、区、市将电子列为支柱产业，并相应地提出了一大批项目。这完全有可能形成新一轮规模更大、投资更多的盲目重复建设。

三是产品结构不合理。当前企业产销率下降的一个重要原因，是产品不适销对路。大路产品多、低档次产品多。如冶金工业，一方面有二千万吨的中小型材生产能力放空，另一方面，大量进口钢板、钢管等产品，高附加值产品市场基本上被进口钢材占领。我国社会消费钢材中，板管比为百分之四十三，而我们生产的板管比为百分之三十八，进口钢材板管比为百分之六十八。我国彩电一般屏幕多，大屏幕还要靠进口。化肥低效能的多，复合肥料少，氮肥总量中，碳酸氢铵占百分之五十以上；磷肥总量中，钙和钙镁磷肥占百分之九十以上；复合肥料仅占化肥总量的百分之十。有不少产品国有企业竞争不过乡镇企业，一个重要原因是生产同一档次产品时，乡镇企业生产成本大多低于国有企业。

调整经济结构，强调以下三点。

第一，调整经济结构，必须以市场为导向，同积极开拓国内外市场结合起来。近年来，国内市场发生很大变化，不少产品已由卖方市场转向买方市场。过去那种"皇帝女儿不愁嫁"的情况一去不复返了。同时，随着改革开放的深入，国内市场进一步与国际市场接轨，国外一些大企业正在进入我国市场，成为国内企业强有力的竞争对手。市场制约因素进一步增强。因此，调整结构首先必须研究市场，以市场需求为导向，特别是在发展社会主义市场经济和扩大对外开放的形势下，这应该成为企业一切工作的出发点。据中国人民银行北京市分行对北京市场供求情况的调查，供不应求的产品占百分之六点一，而紧缺产品是重油、柴油、铅、锡、纸张、红小豆、绿豆等。这就是我们面临的市场环境。据有关部门调查，我国自行车生产能力五千万辆，一九九五年生产三千七百七十万辆；洗衣机生产能力一千五百万台，一九九五年生产九百四十四万台；电冰箱生产能力一千五百万台，一九九五年生产九百三十万台；空调生产能力一千二百万台，一九九五年生产五百八十万台，一九九六年一至十月生产五百四十万台，积压一百三十万台。据国家统计局反映，现有生产能力利用率较好的占百分之三十五，生产能力闲置三分之一的占百分之二十七，闲置一半的占百分之十八。我们不能再盲目扩大生产能力，也不能再盲目搞合资，不然，自己吃苦，别人也跟着吃亏。生产能力过剩，大量产品积压，是企业效益低下的重要原因。

中央经济工作会议提出了大力开拓市场的任务，这包括投资市场、国内消费市场、国外市场。开拓市场是经济增长的出发点和落脚点。这里要强调的是，大家要重视农村市场。我国有九亿农民，这两年农民人均收入增长速度高于城镇居民，农民对生产资料、工业消费品需求增长较快，但现在的产品有城市化倾向，不适合农民的需要。总之，希望大家把精力放到调整产品结构上来，重视产品的研制和生产，重视产品的销售和售后服务。

第二，调整经济结构要立足于现有企业的改组改造，立足于资产存量合理重组。一是以现有骨干和优势企业为核心，以资产为纽带，以名牌产品为龙头，组建一批跨地区、跨部门、符合专业分工又有规模经济的大型企业集团。通过企业集团打破条块分割，促使其成为市场主体，优化资源配置，造就一批在国内、国际市场上有竞争力的大公司、大集团。二是要加大兼并破产的力度。兼并破产是资产存量合理重组的重要办法。通过兼并破产，优化企业的组织结构、产品结构和生产规模，提高现有资产的使用效率。现在兼并破产存在一些问题，问题出在非试点城市和非国有工业企业。试点城市总的状况是好的。关于兼并破产，我们有《中华人民共和国企业破产法（试行）》，有《国务院关于在若干城市试行国有企业破产有关问题的通知》，国务院将再发一个文件[1]，希望同志们认真学习。为加强对兼并破产的领导，各试点城市都要成立由经贸委牵头的协调小组。兼并破产是建立优胜劣汰机制的一项重要措施，是建立社会主义市场经济的客观要求，也是深化国有企业改革的需要。当前，矛盾和困难不少，财产变现难、职工安置难，认识也不太统一，这更需要加强领导，各级经贸委要勇敢地把这个担子挑起来，并着手编制一九九七年兼并破产的工作计划，按照国务院的统一部署，切实地把工作做好、做扎实。要解放思想、注意引导，提供有利环境，便于企业跨地区、跨行业、跨部门、跨所有制的联合、兼并，推动资产存量在全国范围内优化重组。

第三，调整结构，必须立足开发新技术、新产品。一是要鼓励和支持有条件的大型企业和企业集团建立技术中心，使其率先成为技术开发、科研投入和高新技术产业化的主体，逐步增强自身研究开发能力，鼓励企业多提科研费，鼓励企业以市场为导向，不断开发新产品，积极采用新材料、新技术、新工艺。要继续大力推动产学研结合，切实组织好技术创新工程，逐步建立以企业为主体，科研院所、高等学校、技术服务机构共同推进的企业技术进步机制。二是加大技术改造力度，促进产业结构的优化、产品结构的升级和重点行业上水平。技术改造的出发点不是提高产量，而在于增加品种，提高质量，提高产品的科技含量。过去一段时间强调填平补齐，其指导思想还是走外延扩大再生产的路子。技术改造要着眼于提高劳动生产率，要同减人增效结合起来。搞技术改造要注意解决好三个问题：一要选准项目；二要有足够的资本金，不能再搞无本生意；三要落实项目法人责任制，务必确保每一改造项目都有成效。要结合国家抓的一千户国有大中型重点企业，支持一批"强、优、大"企业和企业集团，发挥其在壮大国有经济、促进产业结构优化和产品结构升级等方面的主导和带动作用。三是切实加强质量管理，充分体现企业技术进步工作的有效成果。技术进步离不开科技人员的积极性、离不开人才。要充分调动科技人员的积极性，充分发挥科技人员在企业技术进步中的作用。

产品是企业的立身之本，是决定企业兴衰的关键。只有真正选准和大力开发技术含量高、市场容量大、经济效益好、发展后劲强的拳头产品，才能使企业在国内外市场激烈竞争中立于不败之地。所以，企业要把开发新技术、新产品当作企业生死攸关的战略问题来抓。要切实按照两个根本性转变的要求，大力开发新产品，提高产品的科技含量和附加值，从主要依靠数量扩张转向以质量、品种、效益取胜。这是一批企业在市场竞争中不断发展壮大的重要经验。

在中央经济工作会议上，江泽民同志讲了基础设施和加工工业的关系，讲了新上项目和老企业的关系。现在一些地方对基础设施、新上项目热情高得很，资金都用在基础设施、新建项目上。这里不是说不要基础设施、不上新的项目，而是在企业困难重重，急需加大对企业投入的情况下，应该把工作精力和资金更多地投向结构调整、新产品开发和技术改造。现在都讲没资金，但只要领导重视，资金还是可以挤出一些来。河北省多渠道增加企业资本金，一是税收返还；二是从预算外收入中征收百分之五至十；三是以一九九五年为基数，个人所得税增加部分用于企业帮困，今年可征集八至十亿元。大连通过土地使用权有偿转让等方式，今年可征集十一亿元用于企业补充资本金。这些做法无论对缓解当前企业生产经营的困难，还是推动两个根本性转变都会起到重要的作用，都是应该提倡的。只要我们认识一致，我相信国有企业改革和发展会取得更大成绩。

注　释

[1] 指国务院一九九七年三月二日发出的《关于在若干城市试行国有企业兼并破产和职工再就业有关问题的补充通知》。

关于重庆的发展机遇和发展思路 *

（一九九六年十二月十九日）

一

重庆面临着难得的发展机遇，发展前景广阔。尽管重庆的发展存在着许多困难和问题，但是往前看，重庆面临着难得的发展机遇，有一个非常广阔的发展前景。邓小平同志多次强调要抓住机遇，机遇抓住了，就上去了。抓不住，就会错过大好时机。

目前重庆面临着难得的发展机遇。

一是中央决定设立重庆直辖市。涪陵、万县、黔江两市一地划归重庆后，重庆的经济规模和总量大幅度增加，资源优势突出了，为重庆的发展奠定了更好的基础。中央将赋予重庆更大的权限，重庆的对外影响也会随之扩大。比如，外资银行现在不来，成立直辖市后它就可能会来。另外，国务院已决定将大变压器项目、大化肥项目等放在重庆，还要增加重庆的上市公司数量，这必然会对重庆的发展起到推动作用。

二是中央决定把经济发展的重点逐步向中西部转移。现在，

---

* 这是吴邦国同志在重庆市考察工作时讲话的一部分。

177

国务院批准的在中西部地区建设的项目比以前增加了；世界银行、亚洲开发银行等国际金融组织的贷款，都已大幅度向中西部倾斜。重庆地处中西部地区，自然也会受益。

1996 年 12 月 21 日，吴邦国在上海白猫集团四川有限公司调研。

三是三峡工程建设。三峡移民安置费静态投资四百亿元，其中由重庆支配三百一十五亿元，这笔钱都是拨款，可以作为资本金，能够带动很多资金，用于基本建设和技术改造项目。如西南制药总厂通过搬迁得到改造，可以达到年产维生素 E 三千五百吨，比改造前增加二千五百吨。涪陵太极药厂搞得不错，也是靠搬迁资金滚动发展起来的。结合三峡库区企业的搬迁，经济发达地区的许多大企业，如常州柴油机厂、上海的白猫集团和杭州的娃哈哈集团等都积极到万县、涪陵等地合资建厂，取得了良好效果。这种模式将吸引更多的企业到库区来，对库区的经济发展将起到促进作用。

除此之外，重庆的发展还有三大优势。

一是资源丰富。如以重庆为中心的川东天然气田是全国最大的，已探明储量二千三百七十二亿立方米，现年产气量达四十三亿立方米，本世纪末预计年产气量将达到七十五亿立方米；煤炭资源也很丰富，可实现自给；铝土矿、盐矿储量大。此外，土地资源、水资源、动植物资源、旅游资源也十分丰富，苎麻是全国最好的。

二是科技力量雄厚，有一定的技术开发能力。全市共有高等院校四十七所，科研开发机构三百九十九个，专业技术人员四十万人。一些企业利用当地的技术力量，已创出了一些名牌产品。

三是区位条件和基础设施较好。重庆历来是西南地区和长江上游的物资集散地和商贸中心，一九九五年国内生产总值七百四十二亿元，物资、商品流通额达八百多亿元。城市知名度较高，目前已与一百多个国家和地区建立了经济贸易关系，与沿江的大中城市一直保持密切的联系。全市铁路、公路网密度较高，水运有"黄金水道"——长江，民航也有了较快发展，已开通国内外五十三条航线，邮政通信发展迅速。

二

长期以来，重庆在巩固国防、加快现代化建设中，发挥着重要作用，已成为西南地区的工商业重镇，西部地区最大的工业城市。只要重庆市的同志能抓住当前难得的机遇，理清发展思路，上下一致，齐心协力，真抓实干，重庆的振兴是大有希望的。

要进一步理清经济发展思路，搞好发展规划。一个科学的符合实际的发展规划，它本身就是一笔财富。重庆设立直辖市，把两市一地纳入重庆管辖，管的范围大了，经济规模和总量大了，各方面都有很大变化。因此，首先要在调查研究，理清思路的基础上，编制好规划。用规划来统一全市人民的思想，这是当前很重要的一项工作。一个地区、一个城市的发展规划是经济和社会发展的重要依据，也是统一思想、统一认识、统一步调、统一行动的准则。有了规划，就不会因为领导人的变动而随意改变城市定位和发展方向，就会少走弯路，加快发展。制定发展规划时，要认真贯彻中央关于两个根本性转变的要求。具体说要体现以下几点。

一是改造振兴工作要有所不为，才能真正有所为。要发挥重庆的比较优势，扬长避短。比如，在汽车工业方面，重庆的优势可以概括为"微、轻、重、全"四个字，即微型车、轻型车、重型车以及为其配套的零部件生产企业。你们要紧紧抓住这一优势不放，尽快形成经济规模，增强竞争实力，不断开拓、占领市场，使之成为带动重庆经济发展的支柱产业。如果不这样做，而是再大量投资建设市场已趋饱和的一升排量以上的轿车生产线等，不仅不能充分发挥自己的优势，又可能使自己背上新包袱。在冶金和天然气化工方面，重庆也有产品、技术和资源优势，搞好了就能成为一个很大的经济增长点，并带动一大批企业。但是，有些就不能成为你们的支柱产业。比如，建材行业是"小、散、低"，即使增加投入，也不会有太大的效益。一般意义上的化学工业也不是重庆的优势。

二是坚持扶优扶强的原则。重点支持优势产业、优势企业、优势产品，发挥优势企业和优势产品在经济结构调整中的积极作用。通过近些年的技术改造等工作，重庆也出现了一些优势企业，要充分发挥它们在经济结构调整中的积极作用，支持它们加快发展壮大。但也要看到，目前规模都不算大，有的优势企业也存在隐患，如嘉陵、建设、长安等集团存在人员负担重，西南铝加工厂存在债务过重等问题。你们应当把优势企业列出来，从政策、资金、技术等方面给予支持，通过深化改革，促使这些企业更加健康地发展。

三是立足现有企业改组改造，尽可能少铺新摊子。重庆资产存量大，要立足现有企业，能不搞新项目就不要搞，这是客观形势的要求，也是两个根本性转变的要求。现在许多企业的生产能力都没有得到充分发挥，如奥拓轿车，一九九六年长安公司生产六千辆，大江厂生产一万辆，都远未达到生产能力。西南铝加工厂生产能力是二十一万吨，一九九六年只生产五万吨。特钢厂一九九六年生产了二十多万吨，但它的能力可以达到三十多万吨。因此，重庆的发展首先要立足于现有企业的改组改造，充分发挥它们的生产能力。

四是量力而行，有多少钱办多少事。重庆出现的问题是长期积累下来的，不可能在"九五"期间全部解决。这次重庆提出的基建、技改项目很多，总投资很大，各方面的财力都难以承受。因此，只能根据实际情况确定一个符合实际的目标，争取在"九五"期间缓解主要矛盾，开始步入良性循环。据有关部门测算，轿车的年利润要达到二十亿元，轻型车利润要达到十亿元，才有能力开发新车型。现在看，重庆还没有这个能力，重庆好的汽车厂年利润才四亿元。要量力而行，不要急急忙忙地搞新车型。

三

重庆老工业基地能不能振兴，关键在于调整。一要调整三大产业的结构。重庆是西南地区最大的城市和交通枢纽，是重要的商品集散地和商贸中心，目前第三产业所占比重偏低，远不能适应经济发展的需要，因此，要充分利用其丰富的人力、物力和旅游等资源，加快发展，尽快提高第三产业的比重。在加快发展第三产业的同时，要调整轻重工业结构，改变"重工偏重、轻工偏轻"的状况。此外，要加强农业生产，大力发展粮食生产和优质、高效农业。重庆农业人口比重大，贫困人口多，搞好农业生产，既能解决群众温饱问题，又能为轻纺工业提供充足的原料，促进全市经济的发展。二要调整行业和企业组织结构。要加大调整力度，努力改变"大而全"、"小而全"的状况，积极创造条件，促进企业间的兼并联合，走集团化、规模化的发展道路。如建设和嘉陵两大集团都生产摩托车，自成体系。这次兵器总公司要求他们先做到信息共享，资源共享，今后要逐步走联合发展的路子。三要调整产品结构。你们谈到一百一十三种产品有百分之七十销售额下降，其中百分之八十是老产品。所以，产品结构的调整任务还是很艰巨的，必须加大调整力度。在努力增加适销对路产品生产的同时，要密切跟踪市场，加大开发市场前景看好的高新技术产品和高附加值产品的力度。此外，要在继续发展国有经济的同时，大力发展乡镇企业，包括鼓励个体、私营经济的发展。三峡库区有与外地企业联营发展的经验，要很好地总结推广，使之成为促进当地经济发展的新增长点。

企业管理要适应社会主义
市场经济的要求[*]

（一九九七年一月二十三日）

管理要面向市场

我们过去的管理有许多好传统，比如文明生产、原始记录、质量计量管理、定员定额、严格劳动纪律等。但是，最大的问题是不面向市场，是按计划组织生产，计划要生产什么就生产什么，要生产多少就生产多少，产品是统购统销，不是以销定产，而是以产定销。企业生产的目的，是完成计划。完不成计划的厂长，就不是好厂长。所以，计划经济条件下的企业，管理的核心不是市场，不是销售，而是生产，围绕生产进行管理。这就是计划经济管理的特点。市场经济则不同。企业关心的首先是销售，生产围着销售转，销售围着市场转，有销售才有生产，以销定产。如果产销率是百分之九十三，就意味着还有百分之七的产品积压在仓库，这实际上是资金的占压，资源的浪费。产品生产出来，卖不出去，用市场经济的观点来看，这个生产过程还没有完

　　* 这是吴邦国同志在江苏无锡召开的全国企业管理工作会议暨学习邯钢经验交流会上的讲话《更新观念，开拓创新，把学邯钢抓管理进一步引向深入》的一部分。

成。这就是市场经济管理与计划经济管理的根本不同点。是面向市场，还是面向生产、等靠要，是衡量企业管理思想是否转变的重要标志。

面向市场，就要改变传统的管理体制和管理方法。机械部经过两年的调查认为，我国机械行业的管理体制和管理方式，是影响企业竞争力的重要因素。据统计，我国生产的机床，一九九〇年市场占有率为百分之七十六，一九九五年降为百分之三十三。我们的产品在市场上被进口产品挤了出来。一些外国机床之所以有竞争力，其重要原因是采用了"哑铃型"的管理模式，即企业产品设计开发能力很强，市场营销能力很强，而生产环节主要是以总装为主，有些零部件自己生产，而多数零部件是谁的好，谁的便宜，就买谁的。他们一切从用户出发，对市场反应灵敏，价格很有竞争力。而我们的机床企业恰恰相反，是"橄榄型"的，两头小，中间大，生产环节"大而全"、"小而全"，产品的开发和销售力量严重不足，产品更新不快，以生产通用机床为主，不能根据用户需要设计生产专用设备，售后服务跟不上，这自然会在竞争中失去市场。国有企业只有面向市场，重视产品开发，重视市场营销，积极开拓市场，坚持以销定产的管理体制和管理方法，为企业赢得市场，才能生存下来并不断发展壮大。

面向市场，就要研究市场。最近，《求是》杂志刊登了内贸部经济研究中心的一篇文章。文章认为目前我国市场形势的特点是供求平衡或供大于求。农产品供求平衡或偏紧，工业产品供过于求，库存积压已超过五千亿元，是结构性过剩。一九九六年上半年社会总供给三万四千五百五十亿元，总需求三万一千一百五十九亿元，供大于求百分之九点八以上。

一九九六年下半年，在六百零九种消费品中，供不应求的只有三十八种，占百分之六点二四；百分之九十三点七六的产品是供大于求或供求基本平衡的。供不应求的产品中，绝大部分是农产品。这就是我们当前面临的市场环境。在短缺经济条件下，企业是不会感受到市场压力的，尽管口头上也讲进入市场，但缺乏面向市场的自觉性，还不是真正意义上的进入市场。现在情况不同了，每一个企业，包括好的企业，都无一例外地感到市场的压力，不主动、自觉地面向市场，就会在市场竞争中打败仗。"小天鹅"公司是个很有活力的企业，他们讲：我们的管理称之为危机管理，企业最好的时候，也可能是最危险的时候，好企业在卖方市场环境下，同样也要有危机感。因此，无论是市场经济的客观要求，还是当前的市场环境，都要求企业管理实行面向市场的全过程管理。企业在继续搞好生产管理的同时，要向两头延伸：向前延伸到市场调查和技术产品开发；向后延伸到产品销售和售后服务。要一切从市场出发，按市场需要，实施生产、销售、服务、信息反馈、科研开发、再到生产的全过程管理，而市场则是这一管理的出发点和落脚点。

面向市场，就要按市场经济的规律办事。一是竞争规律，尽管我国的竞争与西方竞争有所区别，有竞争也有合作，但进入市场就要参与竞争；二是价值规律，价格是在交换中形成的，供求影响价格，价格调节生产；三是供求规律，在市场供大于求的条件下，还在盲目扩大生产，就违背了供求规律，最终会受到市场的惩罚。现在存在的地区经济结构趋同化和企业产品趋同化的问题，就不符合市场经济的要求。各个地区、各个企业，情况千差万别，地理条件、历史条件、资源条件、人才条件等都不同，这就决定了不同地区的经济结构，不可能是相同的，不同企业的产品结构，也不可能是一样的。只有发展符合实际的优势经济、特色经济，一个地区的经济才能持续、健康、快速发展；只有发展符合实际的优势产品、特色产品，企业才能在市场竞争中立于不败之地。人家搞啥我也搞啥，以为人家能赚钱，我也可以赚钱，不发挥自己的优势，最后只能是背上新的包袱。

管理要以质量效益为中心

计划经济时期的企业管理工作，是以生产为中心，讲的是产值、速度。评价企业好坏的标准，是看计划完成得怎么样。搞社会主义市场经济，企业管理必须以质量效益为中心，讲投入产出。办企业有三条最基本的要求：一是企业就是要赚钱，赚不到钱，还不如把钱存到银行；二是借钱是要还的，借个人的钱要还，借银行的钱也要还；三是搞项目要有资本金，将本求利，不能搞无本生意。市场经济条件下，企业管理的主要目标，就是增强企业的市场竞争力，一是要在提高产品质量上下功夫，二是要在提高市场占有率、资金利润率和劳动生产率上下功夫。

市场占有率是企业综合经营管理水平的集中体现。从总体上说，我国产品在价格上还有竞争力，影响市场占有率的主要原因是质量、品种。我们一方面产品卖不出去，一方面又大量进口，一个重要原因是我们经营管理不行，品种不对路，质量不高。我们的一些纺织厂没活干，但又大量进口面料，因为我们一些面料不能满足出口服装的需要，有疵点，后整理不行。目前，我国产品质量状况还不尽如人意。据国家技术监督局抽查，国家监督抽查的产品质量抽样合格率，一九九二年、一九九三年、一九九四年连续三年徘徊在百分之七十左右，虽然一九九五年和一九九六年前三个季度有所回升，但仍低于一九九一年三至五个百分点。质量不好，不仅影响市场占有率，而且直接影响企业效益。目前全国工业企业因产品质量问题造成的损失，约占总产值的百分之十。在市场经济条件下，评价企业产品如何，服务如何，最终取决于消费者手中的"货币选票"和用户的订单。用户花钱就是要买个放心，质量不好，就不会有订单，也就谈不上什么市场占有率。现在产品的市场份额正在向名优产品集中，一条重要原因是，名优产品质量好，有信誉，这包括产品的性能、可靠性和售后服务。现在，我国经济发展已经从数量扩张进入到质量提高的阶段，人民群众的消费水平和消费结构发生了很大变化。企业要保住已有的市场份额，进而提高市场占有率，就必须努力提高产品质量，开发新产品，开展技术创新和管理创新，这是真功夫、硬功夫。

资金利润率的高低，是衡量企业经济效益的重要指标。目前，企业一方面普遍感到资金紧张，另一方面资金利用率越来越低。加强企业管理，当务之急是加强资金管理，加速周转，减少占用，提高资金利用效率。这是缓解企业资金紧张状况的很现实的一条途径。企业领导要明白一个最基本的道理，借钱是要还的，资金的使用是有成本的，不但要还本，还要付息。去年一至十一月份，国有独立核算工业企业盈亏相抵后的利润仅二百七十二亿元，而支付银行的利息就高达一千一百八十三亿元，还不包括对银行的欠息。当然，造成这种状况的根本原因是企业自有资金不足，但资金的使用效益不高，不能说不是一条重要原因。邯钢资金年周转二次，比全国高零点五次。邯钢经验说明，切实加强内部资金管理，提高资金运营效率，是企业提高效益、缓解资金紧张的有效措施。所有的企业都应该像邯钢那样，树立贷款风险意识和利息意识，加强对资金的集中管理，建立科学的投资决策体系和资金运营体系，保证资金使用效益。在适度从紧的货币政策下，企业的流动资金贷款要增加百分之十是很困难的，但是，经过努力，加速资金周转，节约出百分之十的流动资金，则是有可能做到的。

目前，国有企业富余人员过多，人浮于事，既增加了企业管理工作的难度，也严重影响了企业经济效益的提高。国有企业不减人，管理就改善不了，劳动生产率也难以提高。以煤炭行业为例，我国国有重点煤矿有三百六十万人，每年光是工资性支出就是二百多亿元，全员效率每人每个工日仅一点三三吨。我国的煤产量与美国相当，但用人却是他们的七倍，效益怎么能够提高？这几年，煤炭行业重点抓了减人增效、转产分流。从一九九三至一九九五年的三年中，国有重点煤矿精减分流五十五万一千人，其中职工人数净减三十五万人。采取这些措施，煤炭行业的面貌很快发生了变化。一九九五年亏损额由一九九二年的六十亿元降至十亿三千万元；到一九九六年底，盈利企业由九个上升至五十五个，亏损面下降到百分之四十一。他们计划到本世纪末，实现百万大"裁军"，情况就会进一步好转。减人增效，是提高企业劳动生产率的重要途径，也是一些成功企业的重要经验。当然，我们不同于资本主义国家，不能通过大量裁员解决冗员过多问题，而是要建立健全社会保障制度，积极开展再就业工程，多渠道开拓就业的门路。朱镕基[1]同志不久前就这个问题讲了四句话：减人增效，下岗分流，规范破产，鼓励兼并。要把减人增效作为今年加强企业管理，提高劳动生产率和经济效益的一项重要措施，扎扎实实做工作，抓出成效来。

以质量效益为中心，加强企业管理工作，是兴国之道，兴企之道。武钢"八五"时期坚持走质量效益型的道路，钢材产量没有增加，但品种优化、质量提高、消耗降低，实现利税一百四十亿元，比"七五"时期净增六十亿元。武钢等企业的经验说明，企业管理工作只有坚持以质量效益为中心，才能转变经济增长方式，提高企业在国际国内市场上的竞争能力。

要坚持从严治厂

企业管理说来说去，没有太大的奥妙，关键就是要突出一个"严"字。严格管理是企业管理的最基本要求。这方面，我们过去有不少好的传统。当年大庆油田的"三老四严"[2]和"四个一样"[3]，至今还在被日本企业界、管理界所称道、学习。邯钢的经验也是突出一个"严"字。他们实行成本否决，提出"不照顾、不迁就、不讲客观"，看似无情却有情，松是害，严是爱。邯钢领导说得好："不是我们无情，而是市场无情；不是我们否决你们，而是市场否决我们。"刘伯承元帅曾讲过"慈不掌兵"，软心肠是带不了兵的。企业管理也是一样，不敢碰硬的"老好人"是管不好企业的。我们有些厂长、经理脸面拉不下来，动起真格来顾虑太多，缺少敢于从严管理的胆识。现在情况与过去有很大不同，管理的内容、方式、方法、手段、对象都发生了很大变化，比过去复杂得多，难度大得多，这就更要求根据新的情况，严格管理，科学管理。目前，管理不严，纪律松弛，有章不循，制度形同虚设，劳动纪律、工艺规程不能严格遵守和执行，甚至违章指挥、违章操作，是企业管理中普遍存在的突出问题。不少企业现场管理脏乱差，到处跑冒滴漏，生产经营秩序混乱，安全事故屡有发生，要尽快改变这种状况，就必须狠抓一个"严"字。

严，首先要严得有依据。管理是门科学，它有许多基本的和基础的内容，这些都是不可缺少的，只能加强，不能放松。企业内部管理必须适应市场经济的需要，要根据新形势对企业管理工作的要求，建立健全各项规章制度，强化管理的基础工作。过去企业有八大管理，现在企业管理的内涵就更丰富了，有基础管理，有生产、成本、质量、技术、财务、营销等专业管理，还有现场管理。这些管理工作都要按改革的要求做好，实施精细管理、零缺陷管理，从点滴抓起，一丝不苟。

严，还要严得有道理。有了规章制度还不行，关键是要抓落实，建立责权利相结合、量化可考的责任体系，严格考核，奖罚分明；还要通过职工教育，使之成为职工的自觉行动，严得让大家心服口服。邯钢把十万个指标分解落实到二万八千名职工头上，使每一个职工都能"有家可当、有财可理、有责可负、有利可得"。他们这套做法，就是建立在过硬的基础工作和严格的责任体系上的。现在有些人有一种管理就是惩罚的片面认识，认为面向市场管理就是重奖重罚，严格管理就是罚款、开除、撤职。当然，不是说不要这些东西，而是说不要把它作为唯一的办法。就是要罚，也要有依据，严得有道理，令人心服口服。

社会主义的企业管理，必须坚持以人为本，全心全意依靠职工群众办企业，提高职工队伍的素质，把从严管理变成职工的自觉行动，敬业爱岗，尽职尽责。

注　　释

[1] 朱镕基，时任中共中央政治局常委、国务院副总理。

[2] "三老四严"，是大庆油田职工在二十世纪六十年代初提出的口号。"三老"指对待革命事业要当老实人，说老实话，做老实事。"四严"指对待工作要有严格的要求，严密的组织，严肃的态度，严明的纪律。

[3] "四个一样"，是大庆油田职工在二十世纪六十年代初倡导的工作作风，指"对待革命工作要做到：黑天和白天一个样；坏天气和好天气一个样；领导不在场和领导在场一个样；没有人检查和有人检查一个样"。

核电建设一定要贯彻
以我为主的方针*

（一九九七年五月十五日）

今天，我受李鹏总理的委托，参加岭澳核电站主体工程开工典礼，感到非常高兴。岭澳核电站是我国"九五"期间的重点工程，也是继大亚湾核电站之后，在广东建设的又一座大型核电站。岭澳核电站在中央领导同志的关心和有关部门的支持下，在省、市领导和广大建设者的积极努力下，用两年多时间，完成了可行性研究、主设备供应合同和贷款协议的签订，以及初步设计等前期准备工作，现在已具备了主体工程开工的条件。今年四月二十二日，国务院审查批准了岭澳核电站主体工程的开工。在此，我代表国务院，向广大核电建设者表示亲切的慰问，并致以热烈的祝贺！

今年是国家"九五"计划的第二年。"九五"期间，我国在发展火电和水电的同时，已安排岭澳核电站、秦山核电站二、三期和连云港核电站等四个项目八个机组的建设。秦山核电二期工程已于去年开工，秦山三期和连云港核电站争取在明、后年开工。这样，"九五"计划头四年将形成每年有一座核电站开工的

---

* 这是吴邦国同志在广东岭澳核电站主体工程开工典礼上的讲话。

193

好形势。发展核电，是我国电力建设的重要组成部分。核电建设一定要认真贯彻以我为主的方针，要通过岭澳核电站等项目的建设，总结经验，吸收、消化国外的先进技术和管理方法，努力使我国大型核电建设迈上一个新台阶。

岭澳核电站是由多家国内国外单位参加建设的大型工程项目。在工程建设中，一是要搞好团结合作，相互学习，取长补短，共同把工程建设好。二是要坚持"安全第一、质量第一"的方针，始终把保证工程质量放在第一位。三是设备供应各方，要严格按合同办事，按时提供质量优良的设备。四是有关银行要按照工程进度，及时提供建设所需的出口信贷和商业贷款。总之，我们要在保证质量的前提下，在国家批准的总概算范围内，如期

1995 年 10 月 25 日，广东岭澳核电站设备供应、工程顾问合同和贷款协议签字仪式在北京人民大会堂举行。图为签字仪式后，李鹏总理与邹家华、吴邦国副总理和法国驻华大使白乐尚（左二）等举杯祝贺。

完成建设任务。

岭澳与大亚湾两个核电站相距仅一点二公里，尽管是两个不同的法人单位，但是两个核电站之间已经签订了相互支持协议，这是一个很好的做法，有利于充分利用现有的人力、物力和技术资源，提高经济效益。希望你们能在现有协议的基础上，使合作不断深化和完善。为了保证工程建设顺利进行，国务院已经批准，成立以国家计委为组长单位，国务院有关部门、广东省等参加的岭澳核电工程建设协调小组，及时协调解决建设中有关问题。但在日常工作中，国家计委、中国核工业总公司、电力部等有关部门以及广东省、深圳市，要给予更多的关心和支持。

今年是我国发展历史上的重要一年，香港即将回归，党要召开十五大。我们要同心同德，兢兢业业，艰苦奋斗，把党中央、国务院的指示精神，贯彻落实到核电建设的每一个阶段、每一个环节中去，以优异的成绩，为党的十五大召开增添光彩，为我国核电事业的发展，作出更大的贡献。

实现石油工业持续快速健康发展 *

（一九九七年六月二十日、一九九八年八月四日）

一

　　"九五"期间，是我国迈向二十一世纪的关键时期。海洋石油工业要继续探索深化改革、扩大开放之路，实现持续、快速、健康发展。要加强勘探工作，增加储备，不断发现新的油气资源。要积极推进现代企业制度建设，继续走"油公司"的道路。要学习邯钢经验，按照市场经济的要求，严格责任制，完善企业内部管理制度。要充分发挥国有企业的优势，加强领导班子建设和职工队伍建设，培养各方面的人才，为跨世纪发展创造条件。

　　（一九九七年六月二十日给海洋石油工业改革与
　　发展战略高级研讨会的贺信）

---

　　* 这是吴邦国同志两篇文稿的节录。

196

二

大庆是我国重要的石油、石化生产基地，为国家作出了巨大贡献。对于当前石油、石化生产经营状况，我提四点要求。

一是认真贯彻"稳定东部、发展西部"的方针，东部地区要积极采用高新技术，提高采收率，继续保持稳产高产，同时，搞好勘探，努力增加油田可采储量；西部地区要加大工作力度，尽快成为我国石油生产的接替地区。

二是面对亚洲金融危机的影响和我国市场开放度不断提高的现实，抓住这次石油行业两大集团成立和原油、成品油价格与国际接轨的机遇，采取更有力的措施，积极参与国际竞争，努力提高抗御市场风险的能力。

三是认真研究和规划石油基地发展替代产业的问题，未雨绸缪，为子孙后代创造良好的生存环境，绝不能等资源开发完了再起步。

四是石油、石化工业是利税大户，今年的后五个月，要抓紧工作，挖掘潜力，增收节支，确保今年实现利润一百亿元。

（一九九八年八月四日在黑龙江大庆市
考察工作时讲话的要点）

进一步深化大型企业集团试点工作 *

（一九九七年六月二十三日）

今天，一百二十家试点企业集团的领导人和国务院有关部门的负责同志在一起，共同商讨我国企业集团的改革和发展问题。我们希望通过这次会议，进一步明确改革思路和政策措施，使大企业和企业集团发展迈出更大的步伐。

下面，我讲四点意见。

一、充分认识发展大企业和企业集团的重要意义。

党中央、国务院一直非常重视大企业和企业集团的发展。一九九五年六月，江泽民同志在关于国有企业改革与发展的重要讲话中明确指出："要集中力量抓好一批大型企业。一个国家经济的发展、工业化的实现、经济整体素质的提高，主要依靠大型企业和企业集团。"全国人大通过的《中华人民共和国国民经济和社会发展"九五"计划和二〇一〇年远景目标纲要》也明确提出："重点抓好一批大型企业和企业集团，以资本为纽带，连结和带动一批企业的改组和发展，形成规模经济，充分发挥它们在国民经济中的骨干作用。"这些都说明，大企业和企业集团在我

---

　　* 这是吴邦国同志在大型企业集团试点工作会议上讲话的要点。

国改革和发展中处于十分重要的位置。这种重要性，可以从以下几方面去理解。

（一）大企业和企业集团是我国国民经济的骨干和中坚。国务院已经确定的落实主办银行的五百一十二户国有大中型重点企业的资产、利润和实现利税分别占全部国有工业企业的百分之五十五、百分之六十九和百分之八十五。我国的国有工业企业大致为七万户，国家财政主要靠国有工业企业，而国有企业利税主要靠大企业。一百二十家试点企业集团，大多数都在五百一十二户的范围之内，而且是其中最具有实力的。大企业和企业集团在国民经济中的地位，不仅表现在经济总量中所占的份额，而且体现在国民经济关键行业中的地位和作用。例如，电力行业六家试点企业集团的发电量占全国的一半以上，经营范围覆盖了华北、东北、华东、华中和西北五大电网，这六家企业集团的经营和发展状况，对全国的电力供应乃至整个经济和社会发展都有着至关重要的影响。冶金行业八家试点企业集团，钢产量在全国钢产量中约占百分之四十。航空运输业，国际、东方、南方三大民航集团的周转量，占全国总周转量的百分之五十五。在机械、电子行业，共有三十家企业集团参加试点，其中六家汽车工业企业集团的产量在全国汽车产量中占百分之五十七，代表了我国汽车工业的实力和水平。我们经常强调，国有经济要在国民经济中发挥主导作用，国有大企业和大集团则是这种主导作用的重要体现。因此，搞好这些大企业和企业集团，就抓住了"关键的少数"，就抓住了国有经济乃至整个国民经济的龙头。

（二）大企业和企业集团是我国参与国际市场竞争的主力。在当今世界，国家间的经济竞争主要是各国大企业、大集团之间的竞争。一个国家的经济实力和国际竞争力，集中体现在大企业、大集团的实力和竞争力上。目前，世界二十家著名的跨国电脑公司几乎控制了全球的计算机市场；十家跨国化学公司、十家跨国半导体公司、二十家跨国汽车公司所占有的国际市场份额都在百分之九十以上。一个国家的国际竞争力，主要不在于它的经济总量大小，而在于它的大企业、大集团在世界市场上的竞争力。一个国家有几个大公司在国际竞争中站住了，这个国家在世界经济舞台上的地位也就确立了。目前，我国的经济总量已经排在世界前列，但国际竞争力还不能说很强。如果在不久的将来，我们能有十家、二十家具有国际竞争力的大公司、大集团出现，我们就能在世界经济格局中占据应有的地位。

（三）大企业和企业集团代表着我国经济发展的后劲。《中华人民共和国国民经济和社会发展"九五"计划和二〇一〇年远景目标纲要》提出的一项重要奋斗目标，就是发展机械、电子、石油化工、汽车和建筑等支柱产业。这些支柱产业大都是资金、技术密集型产业，经济规模、技术水平要求都很高，只有大规模生产才能使成本和价格有竞争力，只有大规模投入才能使产品和技术有竞争力。对于现代科学技术而言，技术进步意味着巨大的投入和巨大的风险，这是中小企业难以承担的。发展资金、技术密集型产业依靠小企业不行，新一代支柱产业的发展责任，只能主要由一批大企业、大集团来承担。只有在这些产业中形成一批国家级和世界级的大公司、大集团，才能成为真正的支柱产业。在现代经济中，大型企业和企业集团已成为推动技术进步、实现科研成果转化的主体，一个国家也只有依靠本国大企业才能形成自主的技术开发和产品创新能力。大企业和企业集团的产品创新和技术进步具有辐射作用。一个大企业、大集团的产品创新、技术创新就可以带动一大片企业，就可以带动整个产业以至整个国家经济的发展。所以，大企业、大集团是我国经济发展的后劲力量之所在，代表着我国经济发展的未来。

（四）大企业和大集团是调整经济结构的重要力量。经济结构不合理是我国经济中的突出问题，也是我国经济效益不理想的症结所在。这种不合理主要表现在：一是总量大，单个规模小，生产集中度低；二是企业技术档次不高，产品雷同，自主开发能力弱；三是"大而全"、"小而全"，地区结构趋同；四是专业化分工协作程度低，无论上游企业还是下游企业都想自我配套、自我延伸、自我服务。缺乏专业化分工协作的优势。不合理的经济结构带来了严重的不良后果。正因为如此，党中央、国务院对这个问题十分重视。在一九九六年底的中央经济工作会议上，江泽民同志强调，要在继续注意总量平衡的前提下，主要是加大结构调整的力度，着力于治"散"。在社会主义市场经济条件下，进行经济结构调整，着力治"散"，就需要依托一批有实力的大企业、大集团作为主体，通过市场机制，让它们去兼并、收购、联合中小企业，尤其是一批困难企业，实现优胜劣汰，使存量资产得到优化重组，以提高国民经济的整体素质。首批五十七家试点企业集团，近几年就兼并、收购、联合、托管了一大批劣势企业，使资产迅速扩张，销售收入成倍增长，在本行业中的地位明显增强。大企业、大集团之所以能够成为调整经济结构的主导力量，不仅因为它们有产品、有资金、有技术、有管理能力，还因为它们在发展规模经济的同时，能够通过产品协作关系，把大量中小企业纳入到专业化分工体系中去，按照社会化大生产的要求，对生产力布局和内部组织结构进行调整。这也正是克服我国生产力布局不合理、企业组织结构松散、规模不经济的有效途径。如四川长虹集团，他们就是靠规模效益，薄利多销，占领了国内近四分之一的彩电市场。一九九六年长虹集团彩电降价促进了国内彩电行业重组，提高了生产集中度，这是过去用行政办法治"散"达不到的效果。长虹集团的发展也带动了一批为长虹配套的零部件企业，迫使这些企业加强管理，降低成本，提高质量。因此，我国经济结构调整进展如何，效果怎样，将在越来越大的程度上取决于大企业、大集团的实力和活力，也将越来越具体地落实到大企业、大集团对其他企业的引导带动上。

世界经济发展的历程表明，一国经济发展到一定水平，必然会出现一批大企业和企业集团。而大企业、大集团的成长，必将推动技术革命步伐的加快，专业化协作的扩展，公司法人制度的形成，企业管理制度的创新，整个经济活动集约化的加速，市场体系发育程度的提高。我国经济已经发展到相当水平，而且连续十几年保持快速增长态势，当前正是发展大企业、大集团的时期。因此，一九九一年国务院决定进行企业集团试点，推动大企业和企业集团的发展，是正确的战略决策。我们要抓住这个历史机遇，学习和借鉴世界经济发展的经验，大力推进大企业、大集团的形成和发展，充分发挥其在实现现代化和建立社会主义市场经济体制中的骨干作用。

二、企业集团试点取得了积极进展。

一九九一年《国务院批转国家计委、国家体改委、国务院生产办公室〈关于选择一批大型企业集团进行试点的请示〉的通知》下发以来，企业集团试点工作已经进行了六年，取得了积极的进展。这主要体现在以下几个方面。

（一）试点企业集团的实力普遍增强，一些企业集团在经济发展和结构调整中已经发挥了重要作用。在试点过程中，多数试点企业集团充分利用了国家的支持政策，通过收购、兼并等方式进行低成本扩张，壮大了集团的实力。例如，在一九九一年至一九九六年的五年间，冶金行业四家试点企业集团的资产总额增长百分之二百九十五，销售收入增长百分之一百四十六，利税增长百分之七十三。化工行业的四家试点集团在五年间，资产总额增长百分之三百一十四，销售收入增长百分之一百三十一。试点企业集团面对国内外市场的激烈竞争，普遍认识到技术进步的重要性，重视了产品开发。技术创新，提高了竞争力。一些试点企业集团已从着重于生产能力开发的"橄榄型"企业，逐步转变为着重于产品开发和市场营销的"哑铃型"企业。不少企业集团成立了技术中心，加大了技术开发的投入，提高了产品的技术含量。部分企业集团已经拥有了自己的独特产品和技术，为集团的发展提供了保障。

（二）试点企业集团不断深化改革，在建立现代企业制度方面迈出了新的步伐。党的十四届三中全会以后，试点企业集团按照《中华人民共和国公司法》及有关法规，积极进行建立现代企业制度的探索。在第一批五十七家试点企业集团中，有十五家企业集团参加了建立现代企业制度试点，有三十二户企业通过股票上市实现了公司制改建，发行 A 股的公司有三十户，发行 B 股的有三户，境外上市的有十户。有三家母公司，通过省、市人民政府授权改建为国有独资公司。目前，试点企业集团加快母子公司体制的建设，充分发挥母公司的主体作用，通过投资、收购、兼并等多种方式，构造母公司对子公司的控股、参股关系，初步建立了比较规范的母子公司体制。

试点企业集团在深化内部改革、转换经营机制方面也取得了新的进展。许多企业集团通过劳动、人事、分配制度改革，初步建立了激励和约束机制；通过分流富余人员、分离办社会职能，减轻了企业负担；通过建立企业集团内部的资产经营责任制，强化了国有资产保值增值责任。

（三）各部门积极配合，制定并实施了一系列配套改革政策，为企业集团的发展创造了较好的外部条件。一是落实了自营进出口权、外经权和外事审批权，促进了试点企业集团的国际化经营。二是落实了融资政策。第一批五十七家试点企业集团中有三十八家具备条件的成立了财务公司，四十三家有子公司在境内外上市。试点企业集团的企业属于五百一十二户重点企业的，绝大部分都实行了主办银行制度。三是落实了税收政策。国家在税收政策方面对试点企业集团给予了支持，实行了母子公司合并报表、统一纳税。四是对试点企业集团的技术创新给予了支持。五十七家试点企业集团中有二十六家建立了技术中心，增强了企业的发展后劲和市场竞争力。五是落实了增资减债政策。按照有关文件精神，试点企业集团核心企业及其全资、控股子公司的"拨改贷"资金本息余额转为国家资本金，一定程度上减轻了试点企业集团的债务负担。

（四）企业集团试点对全国起到了示范作用，从整体上促进了"抓大"的工作。近年来，我国企业集团的发展很快，其中有许多是学习试点企业集团的经验而组建和发展起来的。中央提出"抓大放小"的方针之后，各地区、各部门都把组建和支持大集团作为"抓大"的一项具体措施，积极予以推动。例如，陕西省选择了五十户优势企业进行重点扶持；江苏省一九九六年用了十亿元解决企业集团流动资金紧张问题；广东省出台了加快大型企业集团发展的十项措施，重点扶持大企业集团的发展。中央各部门，如机械部、电子部、化工部、轻工总会等在制定行业发展规划时，也都把扶持大企业集团发展放在了重要的地位，促进了本行业大企业集团的发展和行业生产集中度的提高。

在充分肯定试点工作取得进展的同时，我们也要看到企业集团发展所面临的一些矛盾和问题。首先是企业集团发展的外部环境还没有完全理顺。主要表现在：一是投融资体制的改革还没有到位。二是条块分割的问题仍没有解决，企业集团跨地区、跨行业发展还面临很多困难。三是在企业集团的组建和发展过程中，"拉郎配"等形式的行政干预依然存在，搞不好会把好的企业拖垮。四是国有资产管理体制改革滞后，政企不分，政资不分，妨碍了企业集团母公司的现代企业制度建设。从企业集团自身的角度讲，问题主要在于：相当一部分企业集团虽然改成了公司，但内部经营机制转换的任务仍很艰巨，企业集团内部的管理和制度建设也与现代化大公司有很大差距；大部分企业集团科技开发、产品开发和市场开发能力不足，缺少自有技术和优势产品，企业集团长期稳定发展的基础并不牢固。

企业集团试点是在建立社会主义市场经济体制的过程中进行的，一些体制关系还没有完全理顺，企业自身的改革也没有完全到位。在这样的背景下，企业集团试点和发展面临一些困难和问题是难以避免的。通过试点去发现问题也是进行试点的目的之一。我们可以用这样几句话来概括这几年企业集团试点工作：一是涌现了一批优势企业集团，二是创造了一些值得推广的成功经验，三是制定了一些配套政策，四是找到了需要进一步解决的重点和难点问题。

三、进一步深化企业集团试点工作的几个问题。

深化大型企业集团试点工作，对推进经济工作两个根本性转变至关重要。经过这几年的探索，大家对企业集团试点的方向、方针和需要解决的难点问题有了进一步的认识。特别是江泽民同志关于国有企业改革和发展的一系列重要讲话，进一步统一了思想，明确了企业改革的方向、目标和基本方针。今年，《国务院批转国家计委、国家经贸委、国家体改委〈关于深化大型企业集团试点工作的意见〉的通知》对深化企业集团试点提出了进一步的要求。我们要按中央领导同志讲话和有关文件的精神，坚持实事求是，大胆实践，大胆试点，认真落实。

（一）加快大型企业集团的现代企业制度建设。党的十四届三中全会提出国有企业改革的方向是建立现代企业制度，为企业集团试点的进一步深化指明了方向。大型企业集团的现代企业制度建设，关键是要抓好母公司的现代企业制度建设。试点企业集团的母公司要按照公司法进行规范和改建，要明确出资人，建立出资人制度。这对于逐步理顺企业集团内部产权关系，促进母公司层次上的政企分开，具有重要意义。试点企业集团母公司改建为国有独资公司的，其出资人应该是国家授权投资的机构或国家授权的部门，少数具备条件的试点企业集团母公司，经国务院批准，可以作为国家授权投资的机构。授权的实质就是要解决国有资产出资人不明确、资产经营责任不清晰，以及由此导致的政企不分问题。

在母公司进行公司制改建的基础上，要在企业集团内部建立以资本为主要联结纽带的母子公司体制。规范母子公司体制，是为了使企业集团真正成为具有凝聚力的集团，而不仅仅是"归大堆"式的、松散的企业群体。要建立规范的母子公司体制，子公司也要按公司法进行公司制改建。子公司一般应改建为两个股东以上的有限责任公司或股份有限公司。子公司实行投资主体多元化，是一项很重要的措施，既有利于拓宽集团的融资渠道，尤其是股权融资渠道，也有利于调节母公司和子公司之间的关系，使子公司在服从集团发展战略需要的同时，也具有真正的独立法人地位。

（二）建立企业集团的市场优势。企业集团要发展，必须在国内外市场竞争中处于优势地位。市场优势从何而来？是不是企业的生产能力大了就有优势？实践证明，大了也不一定就有优势。现在我们搞市场经济，市场发生了很大变化，由过去的卖方市场转向了买方市场，绝大多数产品供大于求或供求平衡。在这种情况下，企业如果没有自己独特的产品、独特的技术，就无法打开市场。只有生产能力而没有市场份额，也就谈不上竞争优势，反而变成包袱。当今世界有实力、有竞争力的大公司、大集团，都是靠自己独特的产品和先进的技术来建立市场竞争优势的。企业间的竞争，尤其是在国际市场上的竞争，说到底是产品开发和技术开发能力的竞争，谁掌握了产品开发和技术创新的主动权，谁就能在市场竞争中长期占据制高点。技术开发能力差是我国企业集团发展中一个带有普遍性的问题，也是我国企业集团发展不快的一个重要原因。我们的有些企业集团只是规模庞大的企业群体，主要靠着人多势众，可能在短时间内有一定的竞争力，但往往难以持久。因此，所有企业集团都要在增强技术和产品开发能力上下大的力量，只有这样，才能真正具有市场优势，才能在竞争中立于不败之地。

建立企业集团的市场优势，关键是要适应市场变化，制定一个好的集团发展战略。企业集团发展战略是企业集团的灵魂。企业集团发展要开发什么产品、开发什么技术？怎样开发产品、怎样开发技术？开拓哪里的市场、怎样开拓市场？所有这些重要决策都要围绕企业集团发展战略和目标来进行。发展战略要符合实际，找准自己在国内外市场上的位置，搞清自己的优势，没有一个好的发展战略，企业集团发展必然是东一榔头、西一棒槌，集团内的企业很可能各自为战、各奔东西，就很难在产品开发、技术开发上形成企业集团优势。

（三）在结构调整中促进企业集团的发展。要充分发挥试点企业集团在结构调整中的作用，积极支持它们对国有资产存量进行重组。同时，企业集团也要抓住结构调整这个机遇，促进自身的发展。

一是要抓住当前结构调整的有利时机，实现低成本扩张。在经济结构处于大调整之时，最容易实现低成本扩张。目前我们正遇上这样的时机。经过几年的宏观调控，许多企业在市场竞争中败下阵来，有的经营困难，有的濒临破产，这些市场竞争中的弱者的主要出路是，等待市场竞争中的强者来兼并、联合和收购。同时，为了加快结构调整，国家制定了一系列优惠政策，以鼓励企业间的兼并和收购。如今年国务院决定拿出三百亿元核销银行呆、坏账准备金规模，支持国有企业兼并、破产和职工再就业工程。现在既有结构调整的现实需要，又有国家的鼓励政策，试点企业集团要把握住这个机遇，把注意力放到存量结构调整和低成本扩张上来，不要再盲目铺新摊子、上新项目。

二是要盘活企业集团内部的存量资产。在兼并、联合方面，我们已经有不少失败的教训。究其原因，有的是决策本身就有失误，是"拉郎配"搞起来的；也有的决策并不错，只是因为没有把存量资产调整与企业转换机制结合起来，兼并、收购之后，经营机制没有转换，领导班子该调整的没有调整，产品该更新的没有更新，技术改造该搞的没有搞，富余人员该分流的分不出去，管理上也还是老一套。这样一来，存量资产没有盘活，没有发挥出更高的效益，兼并时承担下来的债务也就变成了包袱，不仅达不到原来的目的，还会把优势企业拖垮。这样的教训很多，我们必须认真吸取，以免重蹈覆辙。

（四）加强企业集团内部管理制度的建设。强化企业管理，提高科学管理水平，是建立现代企业制度的内在要求，也是企业增强竞争力的重要途径。要从严管理企业，实现管理创新。集团的管理不仅要求有新的观念、新的方法，而且要求有新的制度。内部管理制度的改革和建设跟不上，是大型企业和企业集团面临的一个带有普遍性的问题。

大型企业集团内部管理制度改革和建设的一个中心问题，是在决策权的集中与分散之间寻找最佳平衡点。在这方面，很难说有什么统一的模式，主要是要靠各个企业集团根据自己的实际情况积极探索。但有几个问题是有一定共性的。一是决策的科学化、民主化。企业集团内部在一定程度集中决策权是必要的，尤其是投资决策权要相对集中在母公司，使母公司真正成为投资中心。但集中起来的决策权一旦在使用上有失误，就会带来更大的损失。我们有些大企业和企业集团，投资决策权很大，决策的随意性也很大。投资建厂、跨国兼并，动辄几亿、十几亿元的资金，"钱到地头死"，自己背上了沉重的包袱，国有资产也蒙受了巨大损失。因此，企业集团在试点中一定要抓好决策的科学化、民主化，从制度上堵塞漏洞，减少决策失误，尤其是重大决策失误。二是内部的监督、约束机制。企业集团内部一定程度的分权毫无疑问也是必要的。分权能不能自然提高效率，关键在于形成有效的监督、约束机制，使权力与责任统一。如果分权导致失控，出现资产流失的漏洞，企业集团就会面临很大的危险。分权要成功，必须同时加强监督和约束。

（五）加强试点企业集团经营者队伍的建设。一个企业集团能不能搞好，关键在于领导班子。现在国有企业正处在机制转换、走向市场的过程中，既不像过去计划经济中那样可以依靠行政手段来管理，也不像成熟的市场经济中那样可以依靠法制和市场机制来规范和约束。在这种情况下，厂长经理手中的权力不小，但相应的约束和监督机制还不健全，他们能否正确使用手中的权力，很大程度上取决于自身的素质。经营者责任心强不强、自身正不正、本事大不大，直接关系到企业的成败兴衰。一百二十家企业集团在我国的经济发展中责任重大。目前，各个企业集团和成员企业的领导班子从总体上看是好的，但也不可否认存在这样那样的问题。党中央提出，今年要对国有企业领导班子进行一次普遍的认真的考核，对不适应改革发展要求的要进行调整充实。这是搞好国有企业的一项重大举措，也是试点企业集团加强领导班子建设的一个重要契机。考核领导班子，重点是要抓近两年严重经营性亏损以及职工意见比较大和问题比较多的国有大中型企业领导班子的考核。要在弄清情况的基础上抓紧进行调整和整顿，坚决实行优胜劣汰机制。加强对企业经营者的培训，是经营者队伍建设的一个重要方面。对于大多数经营者来说，在现代市场经济的条件下经营大企业集团，都有一个补充、更新知识的问题，尤其需要认真学习现代市场经济和现代企业管理的知识。国务院已经同意有关部门的意见，在近一两年内对一千家重点企业的经营者进行工商管理知识培训，切实提高大企业经营者的素质。

（六）进一步推进各项配套改革。企业集团试点系统性很强，涉及到现行体制的方方面面，有大量的工作要做。推进各项配套改革，对试点工作具有重要的意义。一是在国有资产管理方面，要抓紧研究对具备条件的试点企业集团母公司作为国家授权经营国有资产的具体办法。今年内要先选择几家具备条件、素质较好的企业集团进行授权。二是在投资体制方面，要在《国务院批转国家计委、国家经贸委、国家体改委〈关于深化大型企业集团试点工作的意见〉的通知》的基础上，按照政企分开的原则，研究进一步改革的可行途径，使企业集团母公司具有完整的投资功能和决策权，真正成为企业集团的投资中心，并承担投资的风险。三是在融资方面，要积极创造条件，为试点企业集团拓宽融资渠道。要优先安排试点企业集团在国内外证券市场发行股票和债券，提高企业集团在资本市场上的筹资能力。四是国家在兼并破产、减员增效、增资减债等方面的政策，也要向试点企业集团倾斜，为它们的发展创造条件。五是在财政税收体制方面，也要研究有效办法，促进企业集团跨地区发展。

四、加强对企业集团试点的组织领导。

大型企业集团试点是国务院确定的一项重要工作，抓好试点的组织领导，是保证试点工作不断深入的一个关键。在这里，我主要强调以下几点。

（一）大型企业集团的试点工作由国家计委、国家经贸委和国家体改委共同负责，各部门要根据分工，协同配合，形成合力。

（二）各级地方政府要积极配合企业集团试点，为大型企业集团发展壮大创造良好的外部条件。目前跨地区的资产流动仍然有许多障碍，影响了企业集团的发展壮大。在这方面，各级地方政府要按党中央的方针，加大"抓大放小"的工作力度。"抓大"，就是要重点抓好国务院确定的重点企业和试点企业集团，实行政策倾斜，为大型企业集团发展创造条件，把这项工作作为发展本地区经济的一条重要途径。对"抓大放小"的方针，要正确理解，不要简单化。大企业、大集团的"大"，是相对于市场规模，而不是相对于行政区划而言的，不能搞"层层抓大"。县及经济规模小的市，大量的是小企业，要把更多精力放在"放小"上。如果说在"抓大"方面也要做什么工作的话，主要是为国家确定的重点企业和试点企业集团发展创造条件。

（三）试点企业集团在改革、发展、结构调整和加强管理等方面都要先行一步。企业集团试点的范围这次已经扩大到了一百二十家，从数量上看已经不少了。对试点的企业集团要建立淘汰机制，有进有出。搞得好的集团国家要继续扶持；搞不好的，失去了发展机遇，不够条件，就要退出。同时，没有参加试点的企业集团，凡是搞得好、有充分发展前景的，不论属于什么部门、什么地区、什么所有制，国家都要予以支持。

维护企业合法权益，
切实减轻企业负担 *

（一九九七年七月十日）

《中共中央、国务院关于治理向企业乱收费、乱罚款和各种摊派等问题的决定》，是一个很重要的文件。它对维护经济秩序，推动企业改革和发展，端正党风和社会风气，加强廉政建设，具有十分重要的意义。这个文件是在大量调查研究的基础上形成的。有关部门按照党中央、国务院的要求，通过对天津、河北、广东、浙江、广西、福建、湖南等七省区市，以及绍兴、湘潭、佛山、保定等十八个地级市和三百七十户企业调查后，草拟了文件初稿。后又征求了国务院二十八个部门和部分省市及企业的意见，对文件初稿进行了反复修改。国务院反腐败工作第十五次联席会议讨论了决定初稿，国务院领导同志多次听取汇报，对文件的指导思想、政策界限以及基本框架提出了重要意见。最后经总理办公会议、政治局常委会审议并通过了这个文件。

中央决定总的精神是：坚持党中央、国务院关于企业改革的一系列方针政策，坚决维护企业合法权益，认真清理各种规费，

---

* 这是吴邦国同志在全国治理向企业乱收费、乱罚款和各种摊派电视电话会议上的讲话《认真贯彻中央〈决定〉，切实减轻企业负担》的一部分。

建立健全各项管理制度，切实减轻企业负担。各地区和有关部门要认真学习领会中央决定，准确把握文件的精神实质。简单地说，就是三句话：一是"切一刀"，二是全面清理，三是上收审批权限。

第一，关于"切一刀"问题。就是坚决取消不符合规定的行政事业性收费、罚款、集资、基金项目和各种摊派。各地区、各有关部门必须严格按照中央决定第一条规定的取消范围，认真地、不折不扣地执行。文件规定，一是凡属国家法律法规、国务院及财政部、国家计委和省、自治区、直辖市明文规定之外，向企业的行政事业性收费项目；二是国家法律法规规定之外，向企业实施的罚款项目；三是国家法律法规和国务院明文规定的集资办学、集资办电、修路、建住房等之外，向企业集资的项目；四是国务院及财政部规定之外，向企业收取的基金项目，均一律取消，这就是"切一刀"。不下决心"切一刀"是不行的，如果不这样做，向企业随意收费、罚款、摊派就治理不了。有的地方提出，有些项目如果取消，会造成一定的影响。一是加大财政支出的压力，二是有些需办的事难以开展。当然，对地方财政面临的困难，我们充分理解，但财政困难不能靠向企业收费来解决。现在，企业尤其是国有企业已经很困难了。全国约有百分之七的国有工业企业长期处于停产半停产状态，涉及职工七百五十万人，约有两千万职工在亏损企业工作，他们中许多人不能按时领到工资，不少地方的职工甚至长期领不到工资，还有几百万下岗职工在待业。这已经成为影响社会稳定的热点问题。减轻企业负担，增强企业的活力和效益，已经成为事关全局的重大问题，解决好这个问题是各级政府义不容辞的责任。这就是大道理，大道理要管小道理。当然，对有些确实需要收费的，考虑到当前的实际情况，可采用个案处理的办法，按管理权限重新审批。文件中作了这样的规定，过去已经省级政府财政、物价部门审批的收费项目，少数确需保留的，应经省级政府重新审批，并征得财政部、国家计委同意。这里留了一个口子，但总的原则要从紧掌握，要充分考虑企业尤其是国有企业的困难。至于有些地方和单位，靠收费、摊派盖办公楼、盖宿舍楼、买小汽车，这是绝对不允许的。

第二，关于全面清理问题。这是中央决定的一个重要内容。清理的范围，是指那些符合规定的行政事业性收费、罚款、集资、基金项目。清理的原则是，不合理的要取消，并进行公布；合理的予以保留，但标准过高的要降下来；重复收取的要合并。凡需保留的，包括降低标准和合并的项目，要按照管理权限从严重新审批。清理的办法，采取统一领导、分级负责，自查自纠与监督检查相结合。清理整顿期间，除国家法律法规规定之外，暂停审批新的向企业的行政事业性收费、集资、基金项目。清理工作直接涉及到地方和部门的利益，各地区和有关部门一定要从大局出发，认真做好这项工作，防止形式主义和走过场，杜绝相互扯皮，相互推诿。

第三，关于上收审批权限问题。中央决定中取消省、自治区、直辖市人民政府财政、物价部门的行政事业性收费审批权，并规定今后省级政府审批新的收费项目，要征得财政部和国家计委的同意。同时，重申了罚款、集资和设立基金的现行审批权限。对审批权限上收问题，我们要有正确的认识。过去，根据当时国民经济发展的实际情况，授予省级人民政府及其财政、物价部门行政事业性收费审批权。现在，随着改革的不断深入，经济环境的变化，以及收费混乱的现状，文件对审批权限做了调整。这种调整，有利于企业的改革和发展，有利于在建立社会主义市场经济过程中规范政府机关行为。从更深层次意义上讲，还有利于进一步理顺中央与地方、国家与企业之间的利益关系。在大多数发达国家，政府主要是通过税收，而不是通过收费来调整各方面利益关系。我们调整审批权限，就是朝着这个方向努力的，这也是建立社会主义市场经济体制的客观要求。

中央决定还对建立健全有关资金和财务管理制度、严格执行收费标准、加强监督检查等问题作出了明确规定。这里，我就不一一展开讲，希望各地区和有关部门认真学习领会，全面贯彻落实。

强强联合，提高大企业的国际竞争力*

（一九九七年十一月十九日）

近几年，我国吸引外资出现了新的特点，中小企业直接投资比重下降，大型跨国公司投资比重上升。据统计，世界五百强企业中，约有一半已涉足中国市场。在与国外大公司的竞争中，我们企业的一个劣势，就是规模小。一九九六年底，我国国有大型工业企业有近五千家，与八万七千户独立核算国有工业企业相比，产值占百分之六十三，资产总额占百分之六十五，国有大型工业企业在国有工业企业中占有举足轻重的地位。但是，如果与国外同类大公司相比，无论按销售收入还是按资产总额，我们的大企业都相差很多。在世界五百强中，我国工业企业没有一家。这表明，在与国外大公司竞争中，我们的企业缺乏规模经济的优势。

在当今世界，国家之间的经济竞争实际上是各国大企业、大集团之间的竞争。一个国家的经济实力和国际竞争力，集中体现在大企业、大集团身上。虽然我国的经济总量已经比较大，但缺

---

    *　这是吴邦国同志在中国东联石化集团有限责任公司成立暨揭牌仪式上讲话的一部分。吴邦国同志当时任中共中央政治局委员，国务院副总理。

乏规模经济的优势，这反映了我国经济质量方面存在的问题。今后，要使我国经济进一步强大，就必须加快提高大企业的国际竞争力，逐步发展一批在国际上摆得出、叫得响的大集团。发展规模经济，提高大企业的国际竞争力，最重要的一条途径，就是并购、联合。近几年世界范围内的企业并购已形成高潮。据联合国欧洲经济委员会的统计，一九九六年全世界大中规模的企业并购事件二万三千多起，涉及资金总额一万一千四百亿美元。去年以来，最著名的企业并购有：日本的东京银行与三菱银行合并，成为全球最大的银行；波音与麦道合并，改变了全球民用航空工业竞争格局；等等。这些并购企业自身都具有很大的规模，在国际市场中也都具有相当可观的份额，这些并购实际上都是强强联合。所以，加快大企业联合的步伐，是增强企业国际竞争力的客观需要。

企业制度创新要与本地
实际情况相结合*

（一九九七年十二月十五日）

　　党的十五大报告提出了"继续调整和完善所有制结构"、"公有制实现形式可以而且应当多样化"、"以资本为纽带，通过市场形成具有较强竞争力的跨地区、跨行业、跨所有制和跨国经营的大企业集团"等重要论述。这是企业制度创新和深化改革的依据和出发点。这些论述是社会主义经济理论的重大突破，涉及的是实践中回避不了的问题，也是过去常常束缚我们思想和行动的一些问题。做实际工作的同志，一定要抽时间坐下来认真学习，对于我们提高认识，增强改革的自觉性，避免工作的盲目性，具有特别重要的意义。深入学习十五大报告，核心有两条，一是认真学习，全面准确领会，不能偏离方向；二是实事求是，一切从实际出发，不要刮风。要将十五大精神与本地实际情况结合起来，创造性地开展工作。朱镕基[1]同志在十五大陕西团小组讨论和中央经济工作会议上都强调，要全面、准确理解十五大精神，严厉批评了"一股就灵，一股就化，一股就了"的错误倾向

---

　　*　这是吴邦国同志在四川成都召开的全国经贸工作会议上讲话的一部分。

和不从实际出发乱刮风的坏风气。他说千万不能把十五大理解为搞股份化、股份合作化的动员会，国有企业改革一定要从实际出发，努力解决好存在的三个重点问题，一是市场问题，或者说重复建设问题；二是历史包袱重的问题；三是富余人员多的问题。

这里我讲一下公司发行股票、上市问题。现在各地跑项目、跑"试点城市"的少了，多的是跑企业股票上市指标。截至一九九七年十一月，上海、深圳两个交易所上市公司已有七百四十多家，流通股票市值一万六千多亿元。一批企业通过上市获得急需的资金，支持了生产发展。一九九七年通过上市筹集资金一千三百多亿元，包括中国电信在香港上市筹资四十二亿美元。部分公司通过股份制改造、股票上市，转换了经营机制，促进了生产经营。十五大报告肯定了股份制是现代企业的一种资本组织形式，搞市场经济一定要发展、培育资本市场，但不是所有企业都要改为股份制企业，而股份制企业中的上市公司在任何国家都是少数，是所谓"宝宝厂"。证券专家讲资本市场有三大功能，一是筹资；二是改革，转换机制；三是资产重组。一些地方现在搞上市公司的兴奋点、动力往往集中在筹资功能上，忽略了改革和重组功能，甚至把股市筹资等同于"圈钱"，认为通过股市的筹资是不用还本、甚至不用付息的钱，这就理解偏了。上市公司如果经营不好，股民分不到红利，股票又卖不上好价钱，股民就会闹事，社会就不会稳定。我们的出发点是通过资本市场，使优势国有大企业筹集到急需的资金，推动国有经济的战略性调整，推进国有企业经营机制的转换。上市公司的重要条件之一，是企业连续三年盈利，但不少地方将企业上市发行股票当作"扶贫"、"帮困"的手段，为使企业"合格"，就在"包装"上做文章，造假账，欺骗投资者。"包装"不是"伪装"，不能搞假冒伪劣。这都是一些不容忽视的问题。对重点企业上市筹集资金，我主张：一是解决企业资本金的问题、债务问题；二是解决企业发展问题，搞技术改造和结构调整；三是资产重组问题，但关键是企业的经营机制要转换。

关于股份合作制，十五大报告明确要支持和引导，但不能乱来，更不能刮风。对产品没市场的企业，不能强迫职工入股。我有机会见到省、区、市领导同志时就讲，职工的钱全是辛苦钱，储蓄一点钱不容易，职工的辛苦钱是不能轻易剥夺的。产品没市场的企业即使搞了股份合作制，也是没有市场，也就没有利润。没有利润，拿什么给职工分红、怎么向职工交待？过去一些地方搞乱集资，不顾条件发行企业债券，吃了不少苦头，至今还是一些地区社会不稳定的一个重要因素。股份合作制企业的职工分不到红利也会闹事的。

关于组建大企业集团。十五大报告提出，要"以资本为纽带，通过市场形成具有较强竞争力的跨地区、跨行业、跨所有制和跨国经营的大企业集团"，这是"抓大"的一个方向。目前，世界五百强中中国只有三家，中国银行、中国粮油进出口总公司和中国化工进出口总公司，而工业企业无一家进入。因此，"抓大"对搞好国有工业企业，增强企业竞争力，具有重要意义。但组建企业集团要从实际出发，按经济规律办事，不能贪大求快，不能把"规模经济"等同于"经济规模"，也不是不分产业、不分产品，认为企业规模越大越好。企业规模应该是适度的、有效益的规模。规模经济不是企业数量的简单叠加。真正的大企业集团，最重要的还在于他们有强大的技术开发能力和市场开拓能力。还有一点就是行政手段和市场手段的关系问题，我在东联集团成立会和齐鲁石化兼并淄博两厂的签字仪式上，都讲了这个问题。计划和市场都是手段，在当前市场经济还不成熟的情况下，政府在资产重组中，是可以有所作为的，但这种作为主要是引导，而不是强迫命令，不是包办代替，不是"拉郎配"、"归大堆"。关于政府的作用，我提了两条要求：一是要根据产业政策加以导向，二是要为企业兼并、资产重组创造良好的市场、政策环境。总之，要按经济规律办事，否则，不仅不能使劣势企业摆脱困境，而且会把优势企业拖垮。

这些都是实践中的重大问题。江泽民总书记在中央经济工作会议上有一段讲话特别重要。他说，在改革中要注意两种倾向，一是要克服畏难情绪，知难而上，勇于创新，积极推进国有企业改革；二是要防止刮风，各地要从实际出发，尊重经济规律，尊重群众意愿，不能囿于一种方式，不能用行政手段搞强迫命令，更不能急于求成，一哄而起，搞一刀切。江泽民总书记的这段讲话切中要害，语重心长。希望同志们深刻领会，认真贯彻。这是一个长期的指导思想。

注　释

[1] 朱镕基，时任中共中央政治局常委，国务院副总理。

实现国有大中型企业
三年摆脱困境的目标*

（一九九七年十二月十五日）

在党的十五届一中全会上，江泽民总书记明确提出用三年左右的时间，通过改革、改组、改造和加强管理，使大多数国有大中型亏损企业摆脱困境，力争到本世纪末使大多数国有大中型骨干企业初步建立起现代企业制度。这里明确提出了两个目标，一是使大多数国有大中型亏损企业摆脱困境，二是使大多数国有大中型骨干企业初步建立起现代企业制度。在中央经济工作会议上，江泽民总书记又指出，"这两个目标是密切相关的两个方面"。

江泽民、李鹏[1]、朱镕基[2]同志在中央经济工作会议上，都以大量篇幅谈了三年实现两大目标的工作。这是党中央、国务院交给我们的光荣任务，也是个艰巨的任务。一九九八年是实现三年目标的第一年，一定要花大气力把这一工作抓好。据国家经贸委提供的数字，目前国有大中型工业企业的基本状况是：到一九九六年底，全国共有国有大中型独立核算工业企业

---

　　* 这是吴邦国同志在四川成都召开的全国经贸工作会议上讲话的一部分。

一万五千七百户，其中亏损企业五千八百八十五户，亏损面为百分之三十七，亏损额为五百五十五亿元。还有一组数字，亏损企业中连续三年亏损的有二千一百零六户，连续两年亏损的有三千三百四十四户。这就是我们面临的三年摆脱困境工作的基本情况，任务是相当繁重而艰巨的。当然，中央提出的目标是有很大余地的。时间是三年左右，范围是大多数国有大中型亏损企业，大多数不是全部，摆脱困境不等于使全部亏损企业都扭亏为盈。

三年摆脱困境工作的具体要求，大体上有三个方面。

一是从总体上讲，国有企业的经济效益要明显好转。企业利润大幅度上升，涌现出一批具有竞争力的大型企业和企业集团，国有经济的控制力大大增强。

二是国有大中型工业企业的亏损面要下降到正常水平。在市场经济的优胜劣汰机制作用下，不可能没有亏损企业。据国务院研究室提供的材料表明，世界五百强企业也不是年年都盈利，亏损面和亏损额也不小。一九九四年，亏损四十六家，亏损面为百分之九点二；一九九五年亏损四十九家，亏损面为百分之九点八；一九九六年亏损三十三家，亏损面为百分之六点六。在前一百户更强的企业中，也有九家企业亏损，亏损额最多的是十二亿美元。不仅如此，一九九四年、一九九五年、一九九六年连续三年亏损的企业有六户，其中法国两户，日本四户。这就说明，世界上大的跨国公司，由于受多种因素的影响，也不是年年经营状况都好。韩国一九九六年有一万五千户企业破产，其中就有不少大企业。但问题在于我们的企业亏损面太大，国有大中型企业亏损面为百分之三十七，如果加上国有小企业，亏损面接近百分之五十。所以我们提出，经过努力，使国有大中型工业企业亏损面下降到百分之二十左右，同时，基本淘汰长期性亏损企业。

三是企业经营状况要明显好转。怎样算好转？如果一家企业原来一年亏损二亿元，现在一年亏损五千万元，减亏一亿五千万元，说明这家企业的经营状况在好转，也可以算开始摆脱困境。

在中央经济工作会议上，有的同志反映，对实现三年摆脱困境工作的目标，群众很高兴，但有的干部信心不足，心中无底。这里，我向同志们交个底。我与国家经贸委的领导分析过，一九九七年一至九月份，一百一十一个试点城市全年预计实行兼并破产的大中型企业七百五十户，实行下岗分流、减员增效的大中型企业六百户，共计一千三百五十户。一九九七年核销银行呆坏账准备金三百亿元，一九九八年增加到四百亿元。按每年整治一千五百户算，实现三年目标从一九九八年算起是三年时间，再加上一九九七年共四年时间，可重点整治五千五百户企业。如果工作得力，三年摆脱困境工作目标，是完全可以实现的，我们应当有信心。

三年摆脱困境的具体方法，主要是三条：一是把纺织行业作为突破口；二是坚定不移走"鼓励兼并、规范破产、下岗分流、减员增效和实施再就业工程"的路子；三是建立职工基本生活保障制度。如何做好这些工作，这里强调四点。

一、各地要认真编制好企业兼并破产和职工再就业工作计划。希望一九九八年计划比一九九七年计划在工作质量上有所提高，资金的使用不要分散，要集中解决国有大中型企业的问题。企业兼并破产工作一定要与结构调整结合起来。编制计划时，首先考虑的应是兼并主体，它应是优势企业，而不是困难企业，而且兼并、破产的目的是优化资源配置。有资本扩张需要的优势企业才可能充当兼并主体、收购主体，这样资源才能向优势企业、名牌产品集中。减员增效工作的主要目标，是集中解决当年就能扭亏为盈的大中型亏损企业，不要撒"胡椒面"。我们有不少大中型亏损企业，有产品、有市场、班子也好、管理也不错，就是人多、债多，造成企业亏损。这样的企业只要支持一下，把人减下来，债减下来，就可以扭亏为盈。我们要集中力量，解决这些企业的问题。

一九九七年编制和执行计划各方面思想比较统一，其中重要的一条，就是在整个工作过程中，有关方面人员，尤其是主要债权人，要自始至终参加。这一点要坚持下去。一定要请银行、财政和有关部门一起编制计划。

对银行反映的负面影响问题，要高度重视。有能力交利息的企业，一定要按期交息，这是财会制度所要求的，也涉及到企业的信誉问题。工商银行已开出一张欠息企业的单子，对于有能力付息又不按期交息的企业，各级经贸委要帮助银行催交利息。

二、一九九八年纺织行业压锭任务一定要落实。把纺织行业解困扭亏，作为国有企业改革和摆脱困境工作的突破口，是党中央、国务院的战略部署。一九九八年一定要把有关工作抓好。为什么选择纺织行业作为突破口，原因有三条：一是纺织行业是最困难行业之一，国有大中型纺织亏损企业有两千户，一九九六年亏损额九十六亿元，涉及职工达一百八十万人。纺织行业问题解决了，就解决了全部国有企业亏损面的五分之一。如果最困难的纺织行业的问题能够解决，对面上的工作将具有很强的带动和示范作用。二是纺织行业解困扭亏的工作方针比较明确。一九九一年就确定压锭改造，现在要继续坚持压锭改造、减员增效的方针。具体来说，就是今后三年要压缩淘汰一千万落后纱锭，分流一百二十万职工，二〇〇〇年实现整体扭亏为盈，基本上摆脱困境。三是纺织行业解困扭亏政策措施落实。每压缩淘汰一万纱锭补贴三百万元，提供二百万元贴息贷款。一九九七年安排给各省、自治区、直辖市纺织行业的核销银行呆坏账准备金规模为九十七亿三千万元，一九九八年不能低于这个规模。一九九八年新增的一百亿元银行呆坏账准备金核销规模，主要用于解决四个方面问题：一是军工行业等中央直属企业的重点问题；二是重大结构调整项目；三是一些非试点城市纺织行业的兼并破产工作项目；四是其他一些特殊问题。一九九八年纺织行业解困扭亏首先从沿海省市开始，淘汰四百八十万落后纱锭，分流职工六十万人，减亏三十亿元，然后再推向内地。沿海省市要切实行动起来，一九九八年一定要见成效。

三、要做过细的工作。我这里有两份材料，一份是辽宁省北票矿务局减员万人无震荡的报道，一份是华源集团上海投资发展公司收购合肥安纺一厂、二厂造成十二月九日、十日职工大规模上街游行的报道。北票矿务局能做到减员万人无震荡，关键在于工作做得比较细。我专门了解了情况，北票是一个县级市，地处偏远山区，实现减员万人无震荡，靠的是通情达理的思想工作，靠的是依靠职工群众的积极性，靠的是稳妥地做好下岗职工的安置工作，他们的说法是"把减员刀把子交给职工"。华源投资集团公司收购案例，初衷是好的，造成职工大规模上街游行的原因，是没把收购的方案交职工讨论，没经职代会通过，也没将有关政策措施向职工进行宣传解释，就匆忙发布通知，引起了职工的极大不满和误解。后经安徽省委和省政府、合肥市委和市政府做工作，尽快取得职工谅解、支持，生产经营秩序恢复正常。兼并破产、下岗分流，涉及职工切身利益，是关系社会稳定大局的大事，非做过细的思想政治工作不可。有些地方清算组一进厂，党政工团都靠边，党团组织、工会组织都瘫痪了，谁来做工作？要纠正这种错误的做法。思想政治工作是我们党的优势，实施兼并破产、下岗分流、再就业工程更要发挥我们的优势。

四、高度重视领导班子建设。中央经济工作会议强调要做好两件事：一是向五百户企业派出监事会，加强对企业的监管；二是对长期亏损的企业，一定要调整领导班子。各级经贸委要关心企业领导班子建设，因为这是搞好企业、实现三年摆脱困境工作目标的关键。安徽省组织力量对一百户亏损企业进行审计，发现不少问题，其中相当部分亏损企业是领导班子问题造成的。各级经贸委要主动与组织部门联系，共同派人考察企业班子，不能因为考察企业班子是组织部门的事就放手不管。

注　释

[1] 李鹏，时任中共中央政治局常委，国务院总理。

[2] 朱镕基，时任中共中央政治局常委，国务院副总理。

把纺织工业作为国有企业改革、解困的突破口 *

（一九九七年十二月二十六日）

党中央、国务院对纺织工业非常重视，决定把它作为国有企业改革、解困的突破口。江泽民总书记、李鹏总理、朱镕基副总理都作了重要指示，我们要认真学习，深刻领会，不折不扣地贯彻落实。国家经贸委和中国纺织总会联合召开的全国纺织工业深化改革调整结构工作会议，就是贯彻党的十五大和中央经济工作会议精神，打好突破口攻坚战的一次动员大会。这是一次很重要的会议。

充分认识以纺织工业为突破口
推动国有企业改革、解困的重要意义

几年来，国有企业改革和发展取得很大进展。特别是一九九七年，经过大家的努力，国有企业改革和发展工作又取得了新的成绩。在成都召开的全国经贸工作会议上，我着重讲了感

---

* 这是吴邦国同志在全国纺织工业深化改革调整结构工作会议上讲话的一部分。

受最深的三条：一是国有企业的经济效益有所好转；二是企业兼并破产、减员增效和实施再就业工程进展顺利；三是资产重组取得重大突破。与全国国有企业改革一样，国有纺织企业改革也取得了一定成效。

但是，就总体而言，国有企业面临的形势依然十分严峻，多年积累的深层次矛盾已尖锐地暴露出来。相当一部分国有企业的产品结构与不断变化的市场需求脱节，经营状况不佳，经济效益低下。据统计，一九九六年，国有大中型亏损企业近六千户，占总数的百分之三十七，亏损额五百五十五亿元，占总亏损额的百分之七十。据劳动部统计，全国国有工业企业尚未安置的下岗职工达三百二十五万人。随着我国买方市场的形成，对外开放程度日渐提高，国有企业面临着越来越激烈的市场竞争，生产经营面临着前所未有的困难。面对严峻的形势，国有企业尽快从困境中摆脱出来，已经刻不容缓，可以说，国有企业改革已经进入攻坚阶段。

党中央、国务院对国有企业改革十分重视。江泽民总书记在十五大报告中强调，深化国有企业改革是全党重要而艰巨的任务，并在十五届一中全会上明确提出：用三年左右时间，通过改革、改组、改造和加强管理，使大多数国有大中型亏损企业摆脱困境，力争到本世纪末使大多数国有大中型骨干企业初步建立现代企业制度。一九九七年中央经济工作会议，对如何实现三年摆脱困境工作又作了全面部署。具体办法主要是三条：一是把纺织工业作为突破口；二是坚定不移地走"鼓励兼并、规范破产、下岗分流、减员增效和实施再就业工程"的路子；三是建立职工基本生活保障制度。这里重点讲一下，为什么要选择纺织工业作为

国有企业改革、解困的突破口,这是因为:

(一)纺织工业是目前国有工业中困难最大、亏损最严重的行业。自一九九三年以来,国有纺织工业已连续五年亏损,一九九六年净亏损一百零六亿元,亏损额居全部国有工业首位,一九九七年预计亏损额仍将达八十亿元。一九九六年全国国有大中型纺织企业中的亏损企业已达一千零三十一户,涉及职工一百八十万人,分别占全国国有大中型亏损企业的百分之十七点五和百分之十九点六,大约占五分之一。一些大中城市纺织企业的亏损情况更为严重,重庆市纺织企业亏损面达百分之九十六。朱镕基同志在上海对纺织工业进行专题调研时指出,国有纺织工业是全国国有工业中亏损最严重的行业,如果劳动力密集、亏损严重的纺织行业的问题解决了,全国其他行业就没有什么解决不了的问题。如果纺织工业摆脱了困境,不仅对一些特困行业改革、解困能够积累经验,而且对面上的改革也能起到带动和示范作用。

(二)纺织工业陷入困境的原因已经清楚。一是重复建设严重,造成总量过剩。仅以棉纺锭为例,一九八一年至一九九一年十年间就由一千八百九十四万锭猛增到四千一百九十二万锭,十年增加二千三百万锭,翻了一番多,初加工能力大大超过市场需求,企业过度竞争,相当一部分国有企业在原料、人工等各项成本费用不断提高的条件下,完全丧失了竞争优势。二是国有企业历史包袱沉重。据对三千零五十九户国有纺织企业分析,资产负债率超过百分之百的占四分之一,低于百分之五十的仅占百分之五,平均资产负债率高达百分之八十二,比全国国有工业企业平均负债率高出十七个百分点。中心城市的纺织老企业离退休职工与在职职工的比例一般为一比一，有的企业甚至达到二比一。三是人员太多。一个人的饭三四个人吃，人浮于事，大大降低了劳动生产率。国有纺织企业的困难，在国有工业企业中很有代表性，把纺织行业突破工作搞好了，有利于大多数国有大中型亏损企业整体解困扭亏。

（三）纺织工业改革、解困的路子比较明确。办法就是：压锭、减员、增效，坚定走减量增值、调整结构、减员增效的路子，而"压锭"是整个工作的抓手，具体一点，就是下决心用三年时间，压掉一千万锭，减少一百二十万人，到二〇〇〇年实现整体扭亏为盈，使国有纺织企业总体摆脱困境。为此，国务院及有关部门已经为纺织工业三年解困制定了若干政策，如压锭政策，核销银行呆坏账准备金向纺织行业倾斜政策，提高出口退税率政策等等，大体具备了把纺织工业作为突破口的外部条件。

把纺织工业作为国有企业改革、解困的突破口，具有十分重要的意义。纺织工业是我国的传统产业，有过十分辉煌的发展历史。从建国初期到一九七八年的二十九年时间里，累计为国家上缴利税一千二百五十四亿元，是同期国家对纺织工业投资的七点八倍，为国民经济建设积累了大量资金。改革开放以来，纺织工业进入了一个新的发展阶段，在出口创汇、增加就业和满足人民消费方面，都作出了突出成绩。实践证明，纺织职工队伍是一支很好的队伍。当前，在国有企业改革处于关键时期的情况下，又选择纺织工业作为改革、解困的突破口，这是党中央、国务院对纺织工业广大职工的重托。希望在国家政策的扶植下，经过广大职工的共同努力，使纺织工业尽快走出困境，重振昔日辉煌，不辜负党中央、国务院的殷切期望。

纺织工业可以说是永恒的产业，衣、食、住、行不论在什么时候都是不可缺少的。关键在于调整结构，适应人民生活的需要。因此，各国都对纺织工业高度重视，采取各种措施，使纺织工业结构不断调整，产品不断升级换代，以适应不断变化的市场需求。纺织工业如何调整，世界上有两种不同的方式。一种是英国式的，听任市场竞争规律支配，调整周期长，代价大。英国的纺织工业调整从上世纪七八十年代开始，经历了一百多年的漫长时间，从三千多万棉纺锭压缩到二十七万锭，调整所付出的代价十分巨大。另一种是日本式的，在六十年代，他们采取了政府援助的方式，用近四千亿日元，参与纺织工业的结构调整，对过剩设备实行收购淘汰，并对调整中的失业者提供经济补助和就业培训支持等等，结果，只用十几年的时间，就完成了纺织工业的结构调整和产业升级。我国是社会主义国家，有必要也有能力用政府、社会共同参与的方式，用尽可能短的时间，较少的代价，帮助纺织工业加快调整。调整的目的不是不要纺织工业，而是要搞活搞强纺织工业，大大提高我国纺织工业的竞争能力，使纺织工业获得新生。因此，中央决定把纺织工业作为突破口，这是纺织工业一次难得的调整和发展机遇。天津的同志说得好，这是天津纺织工业发展的最后一次机遇。我相信，纺织工业的广大干部职工，一定会抓住这一难得的历史机遇，克服一切困难，出色地完成这一光荣任务。

纺织工业作为突破口的任务和需要注意的问题

纺织工业作为突破口的目标和任务，在中央经济工作会议上已经作了明确的部署，一九九八年的任务主要是三条：一是先从沿海地区启动，当年基本完成四百八十万棉纺锭的压缩淘汰任务。在沿海地区先行一步，主要是因为这些地区的经济基础较好，其中一些省、市又是棉纺能力较为集中的地区，本着先易后难的原则，先积累一些经验。内地条件具备的，也可以列入一九九八年计划。二是安置好六十万下岗职工。三是国有纺织企业减亏三十亿元。

突破口的任务很艰巨，为了确保这场攻坚战的胜利，中央经济工作会议上决定对纺织工业给予五条支持政策：一是对压锭实行财政补贴，每压一万锭给予三百万元财政补贴，中央地方各承担一半，同时安排贴息贷款两百万元，贴息的钱由地方财政负担，还本期限为五年至七年。二是一九九七年各省、自治区、直辖市纺织工业的银行呆坏账准备金核销规模为九十七亿三千万元，要求各地一九九八年用于纺织行业的银行呆坏账准备金核销规模不低于一九九七年规模。一九九八年新增的一百亿元核销规模，也要重点向国有大中型棉纺企业倾斜。三是支持纺织品扩大出口，出口退税率将从现在的百分之九提高到百分之十一。四是直接分配一部分纺织品出口被动配额给纺织自营出口企业。五是对使用新疆棉顶替进口棉出口的产品实行零税率，纺织企业使用新疆棉顶替进口棉的任务一定要不折不扣地完成。国产棉已经积压得很多，一九九八年不能再进口棉花。国务院对一个行业采取的扶持政策这样集中，力度这样大，是少有的。

为了确保完成突破口的任务，纺织工业必须按照中央经济工作会议提出的要求，贯彻"鼓励兼并、规范破产、下岗分流、减员增效和实施再就业工程"的指导思想，以中心城市的国有企业调整为重点，坚定不移地走压锭、减员、增效的路子。这里，我想强调三个问题。

（一）纺织工业解困扭亏为什么要从压缩棉纺锭入手。在成都召开的两次座谈会上，大家都认为从压缩棉纺锭入手，解决纺织工业困难的思路是对的，因为：一是棉纺企业是纺织工业的"老大"，一九九六年产值占纺织工业的百分之三十三，是纺织工业的重头；二是在棉纺织企业中，国有企业最为集中，产值占到百分之四十六；三是棉纺织企业是纺织工业最困难的一部分，棉纺织企业的亏损额占到整个国有纺织工业亏损总额的百分之五十七。我国有一批棉纺企业历史已超过百年，设备普遍陈旧、离退休人员多、包袱沉重。听纺织总会的同志讲，这些老棉纺企业调整难度很大，主要是人员多、债务重，可变现资产少。虽然一九九七年整个纺织系统列入兼并破产计划的有二百四十六个企业，银行呆坏账准备金的核销规模达九十七亿三千万元，相当于全国可核销规模的三分之一，但其中棉纺企业只有四户。不是不想解决棉纺企业的问题，而是因为相当一部分棉纺企业已到了"死不了"、"活不成"的地步，难度太大。但棉纺企业的问题又是一个回避不了，非解决不可的问题。因此，如果能把国有棉纺企业的困难解决好了，就等于解决了国有纺织工业中最困难的问题。

（二）要认真总结一九九一年以来压锭工作的经验教训。压缩淘汰一千万棉纺锭是从一九九一年开始提出的，并且给予了相应的政策措施，但是我们没有认真贯彻，教训是深刻的。一九九二年至一九九六年压缩淘汰了四百六十五万锭，但同时又新增了四百四十四万锭，实际只压缩了二十一万锭。花了不少钱，五年只压缩了二十一万锭。为什么压不下来？我看主要原因有两个：一是认识不统一，政策没有能够自始至终地贯彻下去。一些同志没有认识到初加工能力过剩是一个严重问题，总认为我们国家这么大，随着生活水平的提高，棉纺织品的需求总量在不断扩大，四千万锭不算多。因此压锭态度不积极，有的没有真压，有的为局部利益、眼前利益牺牲全局和长远利益，把压锭变成移锭。二是压锭的同时没有管住纺机制造厂，一边压一边卖，一边压一边涨。一些地区和部门出于局部利益的考虑，我行我素，在压锭中盲目新增棉纺生产能力。正因为总量没有压下来，才加剧了今天棉纺企业的困难。

现在，我们再次提出要坚决压缩淘汰一千万落后棉纺锭，有些同志仍然心存疑虑，信心不足。据纺织总会统计，现在我国落后棉纺锭有一千二百六十六万锭，即所谓应淘汰的"四类分子"一千二百六十六万锭。这些落后棉纺锭不淘汰是没有效益的，要下决心解决初级加工能力大量过剩的问题。当然，压锭难度很大，但我们也应该看到，这次压锭的条件与背景同以往相比，发生了很大变化。一是前几年棉花便宜，价格远远低于国际市场价格，国内买方市场还没有形成，棉纺企业的亏损问题并不突出，在利益的驱动下，一些地区新上棉纺能力的积极性很高，压锭的阻力很大。近两年，国内棉价已高于国际市场，卖方市场已转变为买方市场，即使产品卖得出去，也卖不出个好价钱，在这样形势下，企业用人多、成本高的矛盾显露出来，亏损问题越来越严重。市场是无情的。在市场的压力下，不走压锭调整的路是难以找到出路的。二是思想认识发生了变化。经过几年的实践探索，上海、天津、济南、武汉等中心城市都深切感受到压缩初加工能力的必要性。上海纺织行业原有二百三十万纱锭，五十五万职工，是上海的第一大产业，但随着市场的变化，已深切感到再不调整，纺织将成为上海难以承受的最大包袱。朱镕基同志在上海主持工作期间，就下了"壮士断腕"的决心。经过艰苦努力，到一九九六年纱锭已由二百三十万锭压缩到一百七十万锭，职工由五十五万人减为二十八万人，并开始整体扭亏为盈，当年盈利一千五百万元，一九九七年盈利将达到三亿元。名优产品也有了很大发展。在严峻形势下，各地都认识到，中心城市纺织工业的前途在于调整，实现产业升级，死死抱住棉纺初加工是没有发展前途的。三是职工的择业观念发生了变化。棉纺企业走出困难的一个重要措施是减少人员，提高劳动生产率。几年前，我国的劳动力市场刚刚建立，职工的择业观念还停留在计划经济阶段。经过几年的发展，社会保障体系初步建立，劳动者的择业观念也有了很大变化，尽管减员和再就业工作仍然十分艰巨，但经过努力，压锭、减员工作是能够落到实处的。四是压锭的方法有所不同。过去的压锭改造主要是"单兵作战"，一厂一厂的压，人员、债务都没有减。现在的压锭，是以企业资产重组、整体压缩为主，目的是通过压锭和重组，"消号"一部分企业，壮大一部分优势企业，这不仅可以解决棉纺行业总量和结构问题，而且能够解决棉纺企业债务重、人员多和成本高的问题，能够"压"出一个健康的、有活力的纺织工业。因此，应该说，压锭减员、重组的条件比几年前更为成熟了。只要统一认识，树立信心，扎实工作，就能取得预期的进展和成效。

（三）压锭要统筹规划，着眼于整体重组。压锭不是目的，只是一种手段，通过压锭实现解困，实现结构调整，实现产业升级，实现纺织工业的振兴。在成都召开的座谈会上，大家对这个问题讨论最多，也提出了很多很好的意见。其中，谈得最多的是三个"结合"。这里，我提出来供大家进一步讨论。

一是棉纺压锭要与行业结构调整、资产重组结合起来。据纺织总会同志介绍，棉纺企业也有个经济规模的问题，三万锭以下的规模是难以盈利的，因为固定成本太高。因此，棉纺压锭不能采取一个企业一个企业去压，将大企业压成小企业，把经济规模压成不经济的规模。解决这个问题的办法，就是压锭要与中心城市的结构调整、资产重组结合起来。天津市提出"综合压锭、整体重组"的思路，他们将六个棉纺厂合并重组为三个棉纺厂，最终形成一个大棉纺集团。作为第一步，以天津棉纺一厂为龙头对棉纺三厂、棉纺五厂进行重组，其中棉纺三厂破产，棉纺五厂被兼并，将三个厂的设备集中起来，腾出棉纺一厂的土地进行转产开发，这样就能综合运用压锭、兼并和土地开发政策，集中三块资金，搞活全局。河北省经贸委的同志提出，部分效益好的企业棉纺锭不一定好，而部分亏损严重的企业设备却不一定差。怎么办？他们提出，用效益好的企业兼并差的企业，把好的设备集中到好企业中来，淘汰掉旧锭子，这样既压缩了陈旧落后的棉纺锭，又盘活了资产存量，优势企业得到了扩张。

二是棉纺压锭要和减员、减债、产品结构调整结合起来。在棉纺压锭的同时，必须坚决把富余人员减下来。我国棉纺企业，每万锭用人六百人以上，国际先进水平是一百多人。湖北襄樊第一棉纺织厂，有十万纱锭，只有三千名职工，每万锭三百人，在纺织行业普遍不景气的情况下，这个厂的效益却不错。可见，只要把富余人员真正减下来，企业效益就会提高。当然还要相应减轻企业的债务,对此,国家制定了相应的政策。一九九八年各地在安排兼并破产、减员增效计划时,要保住棉纺压锭重组这个重点。还有一点要指出的是,企业在资产重组中被置换出的土地收益,要全额留给企业,这是上海、天津等地的一条重要经验。企业压锭重组后,土地留给企业,把地产开发的收益用于冲债、安置人员,这也体现了各级政府对纺织解困工作的支持和关心。现在纺织产品不是没有市场,而是产品不对路。据纺织总会介绍,我国每年进口纺织面料达四十多亿美元,出口服装所用的面料百分之五十都是靠进口。因此,棉纺企业在压锭重组的同时,要注意调整产品结构,提高产品的技术含量和附加值。棉纺企业的产品要往下延伸,搞些深加工产品,开发功能性的纺织品。杭州中医学院两个研究生开发了一种防菌纺织品,在普通的毛巾、织物上作些处理,起到抗菌、防菌的作用,在医院、服务性行业有广阔的市场,卖价比普通纺织品高好几倍,取得了很好的效益。这说明企业只有大力依靠技术进步,开发新产品,才能把重组的效益发挥出来。

三是压锭要和控制新增棉纺能力结合起来。不控制棉纺锭的源头,一边压一边涨,就会前功尽弃。这是前几年压锭的教训,决不能重蹈覆辙。纺织总会要管住所属企业,严格执行纺机生产许可证和销售准购证制度,不允许无证生产,也不允许向无准购证的企业销售棉纺锭。各地区、各部门也要管好各自的企业,严格遵守两证制度,做到令行禁止。不论是国有企业还是集体、乡镇或私营企业,不论是纺织系统内的,还是供销社以及其他系统的,都不允许以任何形式新增棉纺锭。淘汰下来的落后棉纺锭必须报废,不能转移,纺织总会要监督执行。凡是列入国家压锭计划的，不管是哪个地区、哪个系统的企业，都要不折不扣地执行。在控制源头的同时，要鼓励棉纺锭向境外转移，如西非、中亚等地区，这些地区有廉价的棉花资源和丰富的劳动力，我们可以转移一部分具有一定技术水平的棉纺锭到当地办厂。当然，要积极研究纺机企业的出路。我想出路主要有两条：一是纺机企业要调整结构，纺织优势企业要加大技改力度，为纺机企业提供新的市场；二是支持纺机出口。这些都要有政策保证，国家经贸委、纺织总会及有关综合部门要积极支持这项工作。

压锭重组直接关系到能不能塑造一个健康的、步入良性循环的纺织工业，更关系到大多数国有大中型亏损企业三年能不能摆脱困境的重大问题。所以，这场攻坚战只能胜利，不能失败。我相信，在纺织工业广大干部职工的共同努力下，在各方面的支持配合下，一定会达到我们的目的。

满腔热情地做好职工下岗分流工作[*]

（一九九七年十二月二十六日、一九九八年五月十四日）

一

人员富余是国有企业普遍存在的问题，纺织工业是劳动密集型行业，"人往哪里去"的问题比其他行业更为突出。随着压锭重组、兼并破产、结构调整，必然有大量富余人员下岗分流和再就业，预计三年中仅纺织工业下岗分流的职工就有一百二十万人，一九九八年压缩四百八十万锭，需下岗分流六十万人，这是一个很现实的问题。纺织工业作为国有企业改革和解困的突破口，其成功与否，关键在于下岗分流人员能否得到妥善安置。这是工作的重点和难点。一九九八年，国务院将再次召开全国国有企业再就业工作会议，交流各地下岗分流、职工安置工作中行之有效的经验，完善现行的办法，制定一些新的政策措施，进一步部署职工下岗分流和再就业工作。各地政府和国务院有关部门，一定要从大局出发，满腔热情地做好职工的下岗分流工作，这里，我强调四点。

　＊　这是吴邦国同志两篇文稿的节录。

一、一定要保证下岗职工的基本生活费用。国有企业要深化改革，亟须抓紧建立和完善社会保障体系。要实现三年摆脱困境的目标，对这方面的要求就更为迫切。要按照国家的要求，首先把最低生活保障制度建立起来。下岗职工基本生活费所需资金要多渠道筹集，由政府、企业和社会多家承担，各级财政最后要兜底，这笔钱无论如何要留出来，要纳入各级财政预算。这是保持社会稳定的基本措施。镕基[1]同志在中央经济工作会议上要求中央和地方财政在编制预算时要安排好三笔钱，第一笔是粮食超正常库存补贴的钱；第二笔是安置下岗职工，保证职工基本生活费的钱；第三笔是支持进出口的钱。在这些方面实行分级负责，中央企业中央财政负责，地方企业地方财政负责。要保证下岗职工有饭吃，没有饭吃就不稳定；有饭吃，再加上我们积极推进再就业，就不会出乱子，就能顺利地推进国有企业的进一步深化改革。

二、职工下岗分流要有计划地进行。目前，大家对减员的认识大大提高，只有把富余人员减下来，才能把效益提上去，一个人的饭几个人吃，是不可能扭亏为盈的。十五大报告指出，随着企业改革深化、技术进步和经济结构调整，人员分流和职工下岗是难以避免的，这会给部分职工带来暂时的困难，但从根本上说，有利于经济发展，符合工人阶级的长远利益。这里要强调的是，下岗分流要注意平稳推进，有计划地进行，太急了会引起社会动荡，要兼顾到各方面的承受能力。各地一定要精心安排，从最困难、最容易做工作的企业入手，做好压锭、重组、下岗人员的安置和思想政治工作。要依靠广大工人和工会组织做好这项工作。例如，天津市一九九八年要压缩二十多万锭，仅压锭下岗的职工就达一万多人，这么多人集中下岗，没有统筹规划，精心部署，就很难做到安定。在中央经济工作会议期间，上海华源投资置业公司在合肥收购两个纺织厂，本来是件好事，但有关方面没有把工作做细，没有把职工的情绪调整好，结果出现了工人上街。后经安徽省委、省政府和合肥市委、市政府做工作，很快取得职工的谅解、支持，生产经营秩序恢复正常。这个问题要引起我们注意。各级政府、各有关部门要及时掌握本地区、本行业下岗职工的情况，做到心中有数，有条不紊地实现分流安置。

三、建立国有企业下岗职工再就业服务中心。这是一条不使下岗职工滞留在企业内部，又不简单地推向社会的平稳分流的办法。压锭减员有一定的政策支持，资金相对容易落实，建立国有企业下岗职工再就业服务中心，完全有条件搞得好一些。现在的问题是，不少城市虽然已经建立了再就业服务中心，但没有正常运转起来，其主要原因在于政府、企业和社会"三家抬"的资金没有落实。在实施再就业工程中可以多想一些办法。如对自谋出路的下岗职工，有条件的地区和单位，可以提供小额贷款和税收优惠，在场地费和工商登记等方面给予照顾。对吸纳下岗职工达到一定比例的单位，给予必要的资金保证和政策支持。据煤炭部反映，黑龙江鸡西矿务局分流富余人员，保留职工工龄，医疗、住房待遇不变，前半年还发给百分之六十左右的工资，同时提供贴息贷款。结果年轻力壮的小伙子都愿意弃工务农，种地养猪，分流安置十分顺利。天津市为了给下岗职工开辟新的就业门路，方便市民生活，搞了一批"早点工程"。由单位提供场所并进行统一装修，政府给分流到"早点工程"的职工，每人贴息贷款一千元，职工再拿一部分资金入股，搞股份合作制，并在税费上给予减免。结果"早点工程"搞得很好，不光是卖早点，还卖炒菜，一日三餐都做。职工的收入也由原来的三四百元提高到七八百元。

解决下岗职工再就业，最根本的还是要培育新的经济增长点，发展经济，增加就业岗位。据国家计委的分析，国内生产总值每增加百分之一，可安排就业八十万人，而第三产业产值每增加百分之一，可安排就业一百三十万人。由此看来，第三产业吸收就业的潜力还是很大的。有的经济学家作过统计，当经济增长水平保持在百分之六以上时，国内生产总值每增长百分之一，失业率降低两个百分点。城市里可以发展新的劳动密集型的就业岗位，如家政服务、物业管理等。

四、转变择业观念，深入细致地做好下岗职工的思想政治工作。目前，转变就业观念对于做好再就业工作十分重要。需要转变就业观念的不仅是下岗和失业人员，而且应该包括在岗职工。择业时要求"先国有、后集体，死活不去干个体"，"路不要太远，活不要太累，钱不要太少，管得不要太严"等等，都说明一部分职工就业观念还没有转变过来。前些天，我从《人民日报》看到，杭州一家相当规模的涉外饭店，专门向纺织等行业下岗职工招工，饭店开始还担心应招者太多，难以应付。结果出乎预料的是，招收三十名，报名的人也不过三十多人，原因是饭店工作辛苦，管理严格，很多人不愿意干。

总之，实施再就业工程，安置下岗职工，一定要做到"无情调整，有情操作"。"有情"，就是所有政策、措施的制定和出台，都要充分考虑和维护广大职工的利益，体现对下岗职工、失业人员负责的精神，真正把党和政府的关怀送到下岗职工和失业人员的心上。这里我再强调一下，元旦、春节即将来临，各级政府、有关部门、行业主管部门都要做好送温暖工作，保证困难企业职工、欠发工资职工、下岗职工、离退休人员过好年。对没有多少储蓄、负担重、双职工都下岗的家庭，领导要登门拜访、慰问。要注意发挥党政工团组织的作用，尤其是工会组织的作用，做好思想政治工作。对欠发离退休人员的养老金、医药费要做好计划，随着企业效益好转，逐步偿还。一句话，要满腔热情，心中无论如何要有老百姓，以我们满腔热情的工作，确保纺织行业以及整个国有企业的改革稳步推进，实现国泰民安。

（一九九七年十二月二十六日在全国纺织工业
深化改革调整结构工作会议上的讲话）

二

解决下岗职工的问题，最终还是要帮助他们实现再就业。近年来，在党中央、国务院的领导下，各级党委、政府做了大量工作，使国有企业富余的六百四十万名职工实现了分流和再就业，缓解了下岗职工的就业压力。我们要在现有工作的基础上，加大工作力度，千方百计地帮助下岗职工实现再就业。

实现下岗职工再就业，要着眼于发展经济，提供更多的就业岗位。中央提出今年经济增长百分之八的宏观调控目标，一个很重要的考虑，是为了缓解就业压力。为了实现今年再就业目标，这里强调三个问题。

第一，引导下岗职工切实转变择业观念。当前社会经济生活中一个明显的问题，就是"有活没人干，有人没活干"。这是全国普遍存在的现象。之所以存在这种情况，一条重要的原因，就是下岗职工的择业观念还不适应市场经济发展的需要。在过去几十年中，我国的劳动人事制度实行国家包分配、包就业，传统的就业观念和择业观念还在束缚一些人的头脑。要进一步做好下岗职工再就业工作，必须引导下岗职工适应发展市场经济的新形势，转变择业观念。

当前，我们确实面临下岗职工再就业的巨大压力，但也应该看到，我国城镇就业的潜力大得很。这里有两组数据可以说明问题：一是一九九一年至一九九七年，第三产业经济增长每增加一个百分点，增加就业九十九万人，带动就业的效应最大。我国目前第三产业从业人员占全部就业人员的比例只有百分之二十六，比发展中国家百分之四十的平均水平低得多。第二组数据是，一九九一年至一九九六年，我国城镇新增就业人员二千三百八十三万人，这期间国有、集体企业净减少三十二万人，而非公有制经济增加就业人员二千四百一十五万人。据有关部门提供的资料，现在平均每天有一万六千五百人进入个体、私营企业就业，其中下岗职工占百分之八十。这两组数据说明，城镇就业的潜力还大得很。《中共中央、国务院关于转发〈国家计划委员会关于应对东南亚金融危机，保持国民经济持续快速健康发展的意见〉的通知》明确提出，要加快发展第三产业和私营、个体经济，吸纳更多的劳动力就业。我们要坚持实行在国家政策指导下，劳动者自主择业、市场调节就业和政府促进就业的方针，广开就业门路，在继续发展公有制经济的同时，大力发展个体、私营经济，积极发展第三产业。只要工作做得好，是完全能够解决下岗职工再就业问题的。我们要有这个信心。要切实引导下岗职工转变择业观念。不能认为只有进国有企业才算上岗就业，无休止地挑挑拣拣。观念转变天地宽，只要转变观念，树立自强自立意识，很多就业岗位就在面前。比如，计时工、商品配送、环保绿化、社区服务、物业管理等都大有就业岗位，哈尔滨市二十一万下岗职工中，有百分之四十八的人在第三产业中实现了再就业，天津市仅"早点工程"就吸纳了一千多名下岗职工。要通过我们的工作，使每一个下岗职工、社会上的每一个人都知道，在市场经济条件下，只要诚实劳动、合法经营，不存在不体面的岗位，不存在低人一等的工作；只要自强不息、奋发向上，在任何岗位上都可以充分施展自己的才干，体现自身的价值。

下岗职工有个转变择业观念的问题，用人单位也有个转变观念的问题。要从企业需要出发，提出合理要求。凡是条件相同的，要优先录用下岗职工，为下岗职工再就业作出自己的贡献。

第二，鼓励下岗职工通过劳动力市场自谋职业。通过劳动力市场实现再就业，是市场经济条件下就业的基本形式。当然，我们目前还难以完全做到这一点，政府还要给予帮助。要鼓励下岗职工自谋职业或自愿组织起来就业。沈阳市去年通过自谋职业或自愿组织起来实现再就业的，占实现再就业人数的百分之四十，有的地方这个比例还要更高些。更可喜的是，各地都涌现出一批自强自立，不等不靠，通过自身努力实现再就业的典型。有的不仅通过自身努力解决本人的就业问题，还帮助其他下岗职工实现了再就业。要认真总结这方面的经验，鼓励和支持通过劳动力市场自谋职业或自愿组织起来就业。中央已经明确指出，对下岗职工自谋职业或自愿组织起来就业，要在资金、税收、收费及登记注册等方面给予一定的优惠和支持。现在各地为支持下岗职工自谋职业和合伙就业，都制定了一系列优惠政策，取得了良好效果。希望各地认真落实中央精神，结合本地实际，在总结经验的基础上，加大政策扶持的力度。这里要特别强调的是，中央已经明确，银行要为下岗职工自谋职业和自愿组织起来就业提供小额贷款。现在中国人民银行正在研究这个问题，要尽早拿出切实可行的、便于操作的具体方案，以便在资金上支持下岗职工自谋职业。

第三，加快劳动力市场建设。加快劳动力市场建设，完善市场就业机制，为下岗职工提供优良服务和就业指导，是搞好再就业工作的重要环节，各级党委、政府要委派得力人员做再就业工作，满腔热情地为下岗职工服务。现在各地在建设劳动力市场方面都做了大量工作，积累了不少经验。这里再强调两点：一是要建立条块结合、相互联系、灵敏高效的就业信息网络，为下岗职工提供招工信息，要通过报纸、广播、电视、电脑网络等现代化的通信设施，为下岗职工提供必要的信息咨询服务和就业指导。二是切实做好下岗职工职业技术培训工作。职业技术培训是再就业工程的重要内容和基本前提，是促进下岗职工再就业的重要保证。现在有些下岗职工技术单一，不适应新的就业岗位的要求，这是制约下岗职工再就业的重要因素之一。针对目前下岗职工的状况，各级政府和有关部门要制定规划和政策，鼓励和方便下岗职工的职业技术培训。要充分利用现有设施和力量，为下岗职工培训创造良好条件。培训要有针对性，面向市场需求，市场需要什么人才就培训什么内容，下岗职工职业技术培训要作为一种公益性事业来办，不能以盈利为目的，提倡义务培训。培训费用不能从下岗职工基金中支出，所需资金要按照有关规定渠道解决。

（一九九八年五月十四日在中共中央、国务院召开的国有
企业下岗职工基本生活保障和再就业工作会议上的报告）

注　释

[1] 镕基，即朱镕基，时任中共中央政治局常委，国务院副总理。

关于国有小企业改革[*]

（一九九八年五月九日）

近来，国有小企业改革方面出现一些问题，各方面反映比较多，有些问题应该引起重视。这些问题归纳起来，主要是四个方面。

一是片面理解党的十五大关于放开搞活国有小企业的精神，搞"一卖了之"、"一股了之"，舆论也炒得很厉害。有的地方发布公告，让境内外各种经济成分的企业、经济组织和自然人，来该市购并国有小企业。不仅是工业企业，而且商业企业、外贸企业，都要卖。这种理解和做法是不正确的。中央讲放开搞活小企业，从来都是讲要采取多种形式，十五大报告列举的有改组、联合、兼并、租赁、承包经营和股份合作制、出售七种形式，出售只是其中的一种。小企业可以卖，但不是唯一的形式，一定要根据各地和各企业的实际情况，一厂一策，适宜采用哪种形式就采用哪种形式。股份合作制是搞好国有小企业的一种有效形式，但同样不是唯一的形式，更不能强迫职工去入股。有些地方在推行

---

* 这是吴邦国同志在天津召开的省区市经济运行形势座谈会上的讲话《当前工业经济形势和需要做好的几项工作》的一部分。

股份合作制中强迫职工入股，不入股就下岗，甚至除名。这种做法必须坚决纠正。职工的钱，都是血汗钱，辛辛苦苦攒点钱不容易，有的还是求亲告友，东借西凑来的。到时候，企业产品卖不出去，搞垮了，职工血本无归，是要出乱子的。这个问题，一定要引起各级领导的高度重视，切不可掉以轻心。

二是在推进国有小企业改革方面，采用搞运动的方式。有的开大会动员，还有的压指标。我们国家曾经吃过搞运动的苦头，这个经验教训，我们一定要记取。推进国有小企业改革，还是要实事求是，做深入细致的工作。

三是在国有小企业改制过程中，存在大量的国有资产流失现象。一方面是在改制中大量悬空银行债务，另一方面是在评估时，低估国有资产。

四是在放开搞活国有小企业的过程中乱提口号。比如有些地方提出：放小以出售转让为最主要的内容，是市县改革的主要任务；放开搞活的领域要从工业向商贸、物资、建筑等企业发展，要由小企业向中型企业和没有进入抓大范围的大型企业发展；等等。这些都是有悖于中央精神的，需要引起我们的重视。

总之，放开搞活国有小企业，还是要坚持"三改一加强"，走"鼓励兼并、规范破产、下岗分流、减员增效和实施再就业工程"的路子，这是搞好企业的根本措施。国有小企业改革也应有标准，那就是经营状况改善，经济效益提高；职工积极性得以发挥，收入有保证。今后国有小企业工作由经贸委负责，主要是负责政策指导，要按照中央关于放开搞活国有小企业的方针政策，促进国有小企业改革的健康发展。

国有企业下岗职工基本生活保障和再就业工作的目标、任务和重点[*]

（一九九八年五月十四日）

《中共中央、国务院关于切实做好国有企业下岗职工基本生活保障和再就业工作的通知》，对做好国有企业下岗职工基本生活保障和再就业工作提出了明确的要求，是我们做好这项工作的依据和准则。根据国有企业改革的总体部署并考虑到社会各方面的承受能力，中央要求：当前和今后一个时期，主要解决国有企业下岗职工基本生活保障和再就业问题，把保障他们的基本生活作为首要任务，并力争每年实现再就业的人数大于当年新增下岗职工人数，一九九八年使已下岗职工和当年新增下岗职工的百分之五十以上实现再就业。争取用五年左右的时间，初步建立起适应社会主义市场经济体制要求的社会保障体系和就业机制。这样的目标，是积极稳妥的。当然，不是说五年以后就不存在职工下岗问题了，随着企业技术进步和资本有机构成的提高，必然会有部分职工转岗和下岗。市场经济的规律之一是优胜劣汰，职工下岗、再就业，是正常现象。中国有十二亿多人口，每年净增人口

---

　　* 这是吴邦国同志在中共中央、国务院召开的国有企业下岗职工基本生活保障和再就业工作会议上报告的一部分。

一千多万，就业问题是我国经济和社会发展中的一个难题。但是，通过深化改革，我国将逐步形成适应社会主义市场经济发展要求的社会保障制度和新的劳动就业机制，问题就不会像现在这样突出了。

解决下岗职工的问题，必须突出重点。重点就是国有亏损企业下岗职工。之所以明确这个重点，是考虑了国有企业改革和脱困的要求。中央一再明确，国有企业改革是整个经济体制改革的中心环节。当前，国有企业改革已进入攻坚阶段。解决国有企业冗员问题，是国有企业改革的一个重要内容。同时，当前国有亏损企业下岗职工的问题也最为突出，全国下岗职工中百分之七十左右是国有亏损企业职工，这部分职工的问题解决了，其他企业下岗职工的问题也就容易解决了。在社会保障制度还不健全，国家财力不充裕的情况下，只有集中力量，突出重点，才能更加有效地解决问题。国有企业的职工多年来为经济建设、改革开放和国有企业发展作出了重大贡献，党和国家理所当然地要给予更多的关心，解决他们的生活困难，帮助他们实现再就业。

为了解决好国有企业下岗职工的问题，首先要明确界定下岗职工的范围。这里有两个概念要搞清楚：一是要把下岗和失业区分开。下岗是指下岗职工与企业没有解除劳动关系，仍然是企业的职工；失业则不同，这些人与企业没有劳动关系，滞留在社会上。从一九八四年开始，我国对新进厂的职工实行劳动合同制。凡是实行劳动合同制的新职工，合同到期解聘后，也就自然与企业解除劳动关系，这部分人就不能作为下岗职工。我们经常看到两组数据，一个是下岗职工数，一个是登记失业数，这二者区别就在于与企业有无劳动关系。二是要把职工下岗和分流区分开。

分流是指企业通过自办经济实体、劳务输出、离岗退养等渠道，将富余人员从原岗位上分离出来。较早提出分流概念的是宝钢，他们提出主业辅业分离，精干主体，目的是为了提高主业的竞争能力，从主业分离出的富余人员搞多种经营，自负盈亏，没有推向社会，这实际上是企业内部转岗，不同于职工下岗。所以，下岗职工指的是：一没有与企业解除劳动关系，二在原企业已没有工作岗位，三有就业要求但还没有找到新的工作。

对国有企业职工下岗要把握好宏观调控力度。目前，我国的社会保障制度不完善，劳动力市场发育还不成熟，城镇就业压力比较大，如果一段时间内职工下岗过于集中，就会造成严重的社会问题。这里的核心问题，是要从国家整体利益出发，照顾全局，充分考虑国家财政和社会保障的承受能力，考虑经济发展、结构调整所能提供就业岗位的容量。要坚持减员增效与促进再就业相结合、职工下岗分流与社会承受能力相适应的原则。前些时候，有些地方职工下岗过于集中，在工作指导上又放松了再就业，造成了部分职工心理上的恐慌，出现了一些不安定因素，必须引起我们高度重视。为了加强对职工下岗的宏观调控，这里强调三点：一是职工下岗不能放任自流，要建立职工下岗申报备案制度。目的是要考虑方方面面的承受能力。下岗职工的基本生活费和缴纳的保险费，大头来自财政和失业保险基金，向劳动和社会保障部门申报备案是理所当然的。二是要规范职工下岗程序，增加工作的透明度。谁下岗谁不下岗，不能经理（厂长）一人说了算，要经企业领导班子集体讨论决定，企业减员增效、下岗分流的方案要充分听取职代会的意见。制定职工下岗方案的同时，要提出再就业的意见，做到公平下岗，竞争上岗，使下岗的人服气，在岗的人有压力。三是要充分考虑职工实际困难，制定一些保护措施，避免夫妻双方同时下岗，尽量避免劳模、烈军属、残疾人下岗等。

现在，有些地方和企业对接近国家规定退休年龄的老职工，采取提前退休的办法。对这个问题如果不加控制，养老保险基金承受不了，而且提前退休的职工会挤占新的就业岗位，增加下岗职工再就业的困难。目前，我们只对"优化资本结构"试点城市的破产企业和纺织行业的细纱和织布两个特殊工种开了口子，可以办理提前退休。对这个问题必须严格控制。各地一定要严格按照中央的规定办，不准再擅自办理职工提前退休。

加快公路建设必须坚持
正确的方针和政策[*]

（一九九八年六月二十一日）

这些年公路建设取得很大成绩，是建国以来发展最快最好的时期。表现在三个方面：一是通车里程已达到一百二十二万六千公里，近几年平均每年新增公路里程两万五千公里，有的年份达到三万公里。二是高速公路从无到有，十年搞了近五千公里，而且二级以上公路大幅度增加，路面质量明显提高。三是实现了县县通公路，通公路的乡已达到百分之九十八以上。根据国民经济发展的需要，我们已经确定了公路建设"九五"规划和到二〇一〇年的目标。即"两纵两横三个重要路段"以及"五纵七横"十二条国道主干线，到二〇一〇年要在中国形成一个比较现代化的公路网。如何实现国家的规划目标，我看还是要坚持多年来行之有效的方针和政策。

一、坚持统筹规划，条块结合，分层负责，联合建设。

坚持统筹规划、条块结合、分层负责、联合建设，这是近几年公路建设很重要的经验。统筹规划可以集中力量办大事，避免

---

* 这是吴邦国同志在福建福州召开的全国加快公路建设工作会议上的讲话《提高认识，狠抓落实，进一步加快公路建设步伐》的一部分。

重复建设。条块结合、分层负责、联合建设可以发挥中央和地方两个积极性，尤其是有利于充分调动地方的积极性。各级地方政府和人民群众的积极性被调动起来了，公路建设才能取得大发展。从这次会议交流的经验看，凡是按照国家制定的国道主骨架要求，从当地的经济和社会发展实际出发，统筹考虑，重视做好地区网络规划的一些省、自治区和直辖市，公路建设特别是高等级公路建设明显加快。"九五"以来，全社会公路建设投资总额每年都在一千亿元以上，其中地方投资比例达到百分之八十以上。广东、山东、江苏等省，自筹建设资金已达百分之九十以上。由此可见，没有这一条，就没有今天的大好局面。今后的公路建设，仍然要这样坚持下去。

二、坚持从大局出发，突出重点，提高公路网的整体水平。

公路交通只有形成网络，才能发挥效益。这包括两个方面：一是以"五纵七横"十二条国道主干线为骨架的国家公路网。其中"九五"或较长时间要重点建设"两纵两横三个重要路段"的国家骨干公路。二是与国道主干线相连接的地区性、区域性公路网，两者互联互通才能形成完善的公路网络。现在，全国近五千公里的高速公路分布在二十三个省（区、市），二级以上公路还不到总里程的百分之十一，这使得通过能力大大受到了限制。从"九五"前两年建设情况来看，"两纵两横三个重要路段"进展是不够理想的。究其原因，除建设资金不足和前期工作跟不上以外，主要是有些省过多地从自身经济发展需要去考虑，把投资的重点放在地区性、区域性的公路网络上，对国家公路网的建设重视不够，这样就出现一些"断头路"，影响了整个网络的形成。今后三年，各地要按照公路建设"九五"计划的目标，确定资金投向，加快本地区国道主干线的建设力度。交通部门要在加强协调方面做好工作。关于提高乡村公路通达深度问题，要从实际出发，宜路则路、宜水则水，关键是能解决当地群众出行不便、运输困难的问题。这对实现国家"八七"扶贫攻坚计划，帮助中西部贫困地区的群众脱贫致富有着重要意义。现在全国还有七百多个乡镇、十多万个行政村舟车不通。各有关省、自治区、直辖市要作出规划，提出符合实际的通行标准，分期分批予以解决。

三、坚持深化投融资体制改革，多方筹集建设资金。

公路建设尤其是高速公路建设既是劳动密集型产业，也是资金密集型产业。改革开放以来，中央为筹集公路建设资金，相继批准开征车辆购置附加费、提高养路费征收标准、使用贷款修建的高等级公路和大型桥隧可收取车辆通行费，并允许实行以工代赈修建公路等，逐步形成了"中央投资、地方筹资、社会融资、利用外资"的投资新格局，使公路建设有了比较稳定的资金来源。今后三年公路建设任务能否按期完成，保证资金投入是个重要问题。要继续深化投融资体制改革，扩大筹资渠道。根据公路建设投资规模加大的实际情况，国务院已在年初决定增加银行贷款和发行公路建设债券。利用外资也是一个很重要的方面。利用外资一定要考虑资金的成本，不能饥不择食。国家正在研究以公路交通作为试点，实行费改税。费改税后仍要专款专用，保证公路建设投入。

四、坚持"建、改、养"并重，确保公路畅通。

公路交通是一个系统工程，新建公路是发展，加强现有公路改造和管理养护，提高现有公路通过能力也是发展，不能把全部文章做到新建公路上，还要抓好老路的改造和养护。要正确处理公路建设、改造、养护三者的关系，坚持"建、改、养"并重。这是由我国公路的实际状况所决定的。我国低等级公路占了相当大的比重，又是一个自然灾害发生频繁的国家，每年因各种自然灾害造成的公路损毁情况十分严重，不通或通而不畅的现象时有发生。例如，西藏墨脱县早在八十年代公路就通了，后来由于自然灾害破坏，很多年来一直处于时通时不通的状况。说明即使公路建好了，要保持常年畅通，加强养护和管理十分必要。同时，高速公路车流量大，行车速度快，路面状况不好、坑坑洼洼很容易造成交通事故。所有这些，对公路的养护提出了更高的要求。加快老路的技术改造，也是改变我国公路交通落后状况的重要举措。几十万公里的低等级公路，不可能也不必要全部新建。充分利用老路拓宽改造，提高老路技术等级，是投入少、产出高、见效快、效益好的成功之路。

关于建立稽察特派员制度*

（一九九八年七月九日）

党的十五大提出，要用三年左右的时间，通过改革、改组、改造和加强管理，使大多数国有大中型亏损企业摆脱困境，力争到本世纪末使大多数国有大中型骨干企业初步建立起现代企业制度。为了实现这个目标，党中央、国务院采取了许多重要的措施，建立稽察特派员制度就是其中之一，其目的是在政府转变职能、实行政企分开、放手让国有企业自主经营的同时，强化政府对企业的监管。

对于建立稽察特派员制度的重要意义，朱镕基[1]同志概括为"三个重大"：是实现政企分开的重大举措，是国家对国有企业管理方式的重大转变，也是对企业领导人员管理制度的重大改革。我们要深刻学习和理解。

建立稽察特派员制度是符合国际惯例、符合中国国情的。政企不分，缺乏有效监督，这是改革必须解决的课题。稽察特派员的职责是以财务监督为核心，通过查账对企业贯彻执行党的路线

---

* 这是吴邦国同志在中央大型企业工作委员会工作会议上讲话的一部分。

260

方针政策和国家的法律法规情况、国有资产保值增值情况、主要领导成员的经营业绩等进行监督，对侵犯国有资产所有者权益的行为进行监督。根据稽察结果，对企业主要领导人员的经营业绩进行评价并提出奖惩、任免建议。加强企业管理，关键是抓企业的班子建设，特别是企业主要领导成员的选拔、任免和奖惩。企业财务管理水平的高低和企业经营业绩的好坏都与企业主要领导成员的能力、水平和政治素质有着极其密切的关系，在一定程度上甚至可以说企业主要领导成员的能力和素质决定着企业经营状况和发展前途。建立稽察特派员制度就是国家通过稽察工作，对企业主要领导成员作出客观公正的评价，以对他们及时进行奖惩和任免，这无论是对国家还是对企业领导人员都是公正的、必要

1998 年 4 月 28 日，国务院第一批国有重点大型企业稽察特派员培训班在中南海举行开班式。国务院总理朱镕基、副总理吴邦国出席开班式并向 21 名稽察特派员颁发任命书。

的、有好处的。

稽察特派员制度是一个新事物，深受社会各方面的关注，广大人民群众对此寄予极大希望，希望它能给企业带来生机与活力。特别是一些大企业的领导同志，希望能够成为第一批接受稽察的企业，以此为契机，以理顺财务管理为龙头，全面加强企业管理。但是，也有一些同志还存在着这样那样的疑虑，如担心会不会多了一个管企业的"婆婆"，是不是对企业领导不信任（甚至等着来撤换自己），会不会给企业增加负担，等等。这些疑虑和担心都是不必要的。

第一，稽察特派员不参与、不干预企业的生产经营，因此不可能成为企业新的"婆婆"。稽察特派员与企业是监督与被监督的关系，主要任务非常清楚，就是查账，代表政府监督企业，而且是一种事后的监督。

第二，建立稽察特派员制度，目的不是撤换多少人，更不是对企业领导人不信任。当然，对违法乱纪的、不称职的企业领导人，该处理或者撤换的还是要坚决处理、坚决撤换。但这决不是目的，目的是要建立一种监督机制。稽察特派员制度是一外部监督机制，是在公司法对国有独资企业监督机制还不完善情况下的一种监督办法，我们还将根据现代企业制度的要求，积极探索内部与外部相适应的有效监督机制。

第三，通过建立稽察特派员制度，统一规范企业财务管理，有利于对各企业经营状况和领导人的业绩进行科学、公正、客观的评价。过去，企业干部管理中的一个问题就是干好干坏一个样，缺少公正的、客观的评价，甚至还出现一些怪现象，比如有的企业干部今天是"五一奖章"获得者，明天就携款外逃等。现在，企业财务管理制度很不规范，盈亏没有一个规范的判断标准。要通过实施稽察特派员制度，改变这种情况，创造一个公平、公正评价的环境，对奉献敬业的是承认和肯定，对违纪违法的是制约，对无所作为的是督促。

第四，在考虑稽察工作时，不给企业添麻烦是一个出发点。例如，规定稽察经费完全由国家财政统一拨付，对派出稽察特派员的企业，今后不再进行财务大检查等。建立稽察特派员制度，从根本上说是为企业发展服务的。

国务院已经制定下发了《国务院向国有重点大型企业派出稽察特派员的方案》和《国务院稽察特派员条例》，任命了第一批二十一名稽察特派员，培训了八十三名稽察特派员助理和九十多家大型企业的总会计师。国务院已经确定了第一批派出稽察特派员的九十多家企业，稽察工作已经开始。

建立稽察特派员制度，做好对企业的稽察工作，涉及到财政、审计、银行、纪检监察、经贸以及行业主管部门，有关部门都要关心和支持稽察特派员的工作。特别是国务院监管的重点大型国有企业，更要积极参与，密切配合，共同努力，确保稽察工作初战必胜。

注　释

[1] 朱镕基，时任中共中央政治局常委、国务院总理。

关于成立中央大型企业工委 *

（一九九八年七月九日）

中央明确，企业工委[1]是党中央的派出机关，主要职责是：第一，负责管理国务院监管的大型国有企业和国家控股企业中党的领导干部职务，以促进党的路线方针政策和党中央、国务院的有关精神在大型国有企业的贯彻落实；第二，根据社会主义市场经济体制和建立现代企业制度的要求，研究探索改革和加强大型国有企业党的领导班子建设；第三，完成中央交办的其他有关工作。企业工委职责任务的确定，总结了国有企业领导班子建设的经验，坚持了党管干部的原则，体现了政企分开和干部分类管理的要求，改革了国有企业领导人员的管理制度，是新形势下在企业坚持党管干部原则、改进党管干部方法的探索和实践，将逐步做到管资产与管人相结合，建立起与现代企业制度相适应的企业人事管理体制。

按照党中央、国务院决定，根据管少、管好的原则，国务院以及企业工委管理的干部，主要是国务院监管的大型国有企业和

---

　　* 这是吴邦国同志在中共中央大型企业工作委员会工作会议上讲话的一部分。吴邦国同志当时兼任中央大型企业工委书记。

国家控股企业中的党政领导职务。大体分三种情况：一是管全班子。包括在京的国务院监管的大型国有企业和国家控股企业中党的领导班子成员。二是管三个主要领导职务，即企业法人代表、党委书记和总会计师。对国务院监管的大型国有集团公司和国家控股公司所属二级企业的法人代表、党委书记、总会计师管理问题，在具体方法上应充分发挥集团作用，即一般由集团公司或控股公司按有关规定自行管理，少量情况特殊的采取协管的办法由总公司上报国务院以及企业工委审批。三是管审核备案。对下放给地方而由国务院派稽察特派员的企业，如三十个大型国有煤炭企业，其领导班子由地方管理，但其中企业法人代表、党委书记、总会计师的任免要以稽察结果为依据，并在任免前分别报送国务院以及企业工委备案。上面说的干部管理范围，只是一个初步考虑，目前正在抓紧制定具体的职务名称表，待党中央、国务

1998年7月9日，中共中央大型企业工作委员会在北京成立。吴邦国出席会议并讲话。

院批准后下发执行。干部管理是复杂细致的工作，特别是企业领导干部的管理，涉及到企业的运作和生产经营等敏感问题，一定要审慎细致地做好工作，保证企业的正常运行。中央、国务院有关会议和文件精神的传达贯彻，党的宣传、统战、纪检工作，仍保持原渠道不变。

企业工委作为党中央的派出机关，与人事部合署办公，是为了对大型国有企业党政领导班子实行统一管理，提高工作效率，也是企业干部管理方式创新的一种尝试。企业工委一定要切实履行好党中央赋予的职责，认真做好大型国有企业和国家控股企业中党的领导职务的管理工作。要严格按照党章和干部管理权限与程序办事，认真贯彻党的干部路线方针政策，坚持干部"四化"方针和德才兼备标准。要把稽察特派员制度与企业领导职务任免工作结合起来，将稽察结果作为奖惩、任免的重要依据。要把企业党的领导班子建设与行政领导班子建设结合起来，统筹考虑，全面加强企业领导班子建设。

加强和改善党的领导，发挥党组织在国有企业中的政治核心作用，这是我国国有企业领导制度的特点。企业工委不仅要做好企业中党的领导职务的任免，还要注意加强大型企业党的领导班子建设，要注意培养选拔政治业务素质好、群众拥护的优秀中青年干部充实到党委领导班子中来。要根据社会主义市场经济体制和建立现代企业制度的要求，积极研究探索改善和加强大型国有企业党的领导班子建设的办法，带动和促进整个领导班子建设，以保证党的路线方针政策和党中央、国务院的有关精神在大型国有企业的贯彻落实。

注　释

[1] 企业工委，即中共中央大型企业工作委员会。中央大型企业工委是党中央派出机关，一九九八年七月九日正式成立。一九九九年十二月一日，中共中央发出《关于成立中共中央企业工作委员会及有关问题的通知》，决定撤销中共中央大型企业工作委员会，成立中共中央企业工作委员会。二〇〇三年三月十九日，国务院常务会议根据十届全国人大一次会议通过的国务院机构改革方案，决定设立国务院国有资产监督管理委员会。二〇〇三年三月二十四日，中共中央发出《关于成立中共国务院国有资产监督管理委员会委员会有关问题的通知》，决定撤销中共中央企业工作委员会，成立中共国务院国有资产监督管理委员会委员会，即国资委党委。

三峡企业迁建要迁出效益来[*]

（一九九八年十一月六日）

三峡工程二期移民任务十分艰巨。一九九八年至二〇〇三年的六年间，必须完成迁建安置移民五十五万人，修建房屋一千五百多万平方米，迁建工矿企业六百二十四家，还要复建大量的公路、输变电、通讯线路等基础设施，静态总投资达一百七十七亿元。其中，企业迁建数量大、时间紧、任务重，库区各级政府对此都要有十分清醒的认识。二期移民中的企业迁建工作，不仅要按期完成，而且必须迁出效益来。这关系到三峡工程能否按期发电、通航，关系到三峡工程移民工作的成败，关系到库区的脱贫致富和经济振兴。为了进一步做好对口支援工作，郭树言[1]同志会前曾与湖北、重庆的领导交换意见，与三峡库区十一个市区县的领导座谈。大家在总结经验的基础上认为，在企业迁建工作中必须明确以下三个问题。

---

　　* 这是吴邦国同志在重庆召开的国务院对口支援三峡库区企业迁建工作会议上的讲话《转变观念，搞好迁建，努力开创企业对口支援工作新局面》的一部分。

一、企业迁建与结构调整相结合，加大企业组织结构和所有制结构调整的力度。

三峡库区迁建工矿企业中，除三十二个为大中型企业外，小型企业占百分之九十八，最小企业资金仅二万元。这些小型企业平均资产负债率达百分之一百一十三，亏损面达百分之七十以上，在激烈的市场竞争条件下是难以生存的。事实上绝大多数生产经营很困难。

从已迁建的小型企业来看，凡是原样迁建的，尽管厂房盖得

1998年11月6日，吴邦国出席国务院对口支援三峡库区企业迁建工作会议并讲话。

很漂亮，对部分设备也进行了更新改造，但大部分企业效益仍然不好，原因是没有适销对路的产品，老产品、老机制不会为企业带来新气象。事实表明，企业迁建不与结构调整相结合，从全局来说是没有出路的。涪陵区十三家迁建组合企业上交的税收，占全区财政收入的百分之九十，财力增强了，自然就可以拿出更多的资金用于安置移民和解决其他方面的困难。这个企业成功的经验，就在于从结构调整上做文章，把迁建与结构调整相结合，促进了地区经济结构的优化。

李鹏[2]同志曾经讲过，三峡库区的一千五百九十九个迁建企业要是能够通过组织结构调整，重新组合成二百个左右就好了。湖北省三年滚动规划迁建的企业为二百三十一家，规划组合为一百八十八家；重庆市将二百零四家规划组合为一百三十九家。企业数量平均仅压缩百分之二十五，显然组合力度不够。究其原因，有如下三点。

第一，一些领导和企业对结构调整的认识不足。在十五届三中全会闭幕式上，江泽民总书记在谈到一九九八年经济工作时，突出强调了经济结构调整的问题。他一再讲：要把工作的重点放在调整结构、改进质量和效益上来，把工作的着力点放在稳定和加强农业、调整经济结构、提高经济增长的质量和效益上来，抓住当前有利时机，加大结构调整力度，通过"三改一加强"，建立健全企业激励机制和约束机制，促使企业按市场需求变化，自觉调整产品结构。由于多年来低水平的重复建设，结构不合理、生产能力过剩，已经成为国民经济健康发展的重要制约因素。据有关部门一九九七年对全国九百零一种主要工业产品调查，有一半以上生产能力利用率不足百分之六十。由于生产能力严重过剩，导致企业之间恶性竞争，这是造成企业效益不高，甚至陷入困境的重要原因。三峡库区企业迁建，就是在这样的市场环境下进行的。我们的思想不能长期停留在短缺经济的时代，现在多数工业品是供大于求，不能再继续搞低水平的原样迁建。江总书记的讲话，是针对全国情况谈的。但必须明确，库区企业的条件比沿海发达地区差得多，调整的任务更加艰巨。我们讲三峡建设为库区经济振兴带来机遇，不是说有了七十五亿元的补偿资金就自然会带来库区经济发展，而是要抓住三峡移民的有利时机，利用移民资金和一系列优惠条件使库区经济结构优化。只有将迁建与调整相结合，加大调整力度，才能为库区经济振兴带来机遇。否则，如果一对一迁建，还是老产品、老机制，在迁建中会形成新的债务，只会给库区经济背上更大的包袱。江总书记要求我们把工作重点、着力点放在结构调整和改进质量、提高效益上，这应该成为库区企业迁建的指导思想，库区各级政府和企业领导要把思想真正统一到江总书记讲话精神上来。在总结经验教训的基础上，更好地将企业迁建与结构调整有机结合起来，加大调整力度，这是企业迁建工作能否成功的关键所在。

第二，部门、行业、所有制的限制，造成了条块分割、政企不分、自成一统。这是计划经济的特征。建立社会主义市场经济体制，就是要打破部门、行业、所有制界限，资源配置由市场起基础性的作用，使资源向效益好的企业流动。迁建企业的补偿资金不是行业的，也不是部门的，是补偿给企业的。行业、部门领导人就是要按照市场规律，引导这些资金流向效益好的企业，而企业领导人的本领就在于使这些资金产生效益。如果企业自身没有发展条件，就要走出去、请进来，主动投向优势企业；仅在部门内、系统内做文章是一种自我束缚，处理不好，会造成整个行业和部门的被动。这一点，部门和行业的领导人一定要想得通。只有打破行业、部门、所有制的界限，才有可能抓住调整的有利时机，为行业和部门带来新生。

1998 年 11 月 6 日，吴邦国在重庆涪陵调研企业情况。

第三，迁建企业本身的问题。从几年来的实践看，主要反映在三个方面：一是怕被人吃掉。这是对市场规律缺乏认识的表现。优胜劣汰是市场法则，是抗拒不了的。资源优化配置，也是市场经济的客观要求，谈不上谁吃掉谁的问题。二是不量力而行，盲目追求扩大规模。有的迁建企业补偿资金只有几百万元，而技改贷款竟要求上亿元。据了解，有个市的四十四个项目，迁建补偿资金约二亿元，而规划投资达五十亿八千万元；还有少数企业用百分之八十至百分之九十资金盖厂房，厂房一流而设备落后，产品仍没销路；有的迁建企业投产后，生产能力仅发挥百分之二。借钱是要还的，这样搞今后还得了吗？低水平重复建设，铺摊子，"大而全"、"小而全"，这些问题应引起高度重视。三是厂长、经理怕丢官。这是觉悟不高的表现。如果不顾企业死活，不顾职工利益，只想着保自己的位置，这本身就说明不具备做厂长的条件，早就应该撤换。这些情况虽说是个别的，但要引起重视，否则将影响结构调整的力度。

上面谈到的是企业组织结构的调整。从库区需迁建企业情况分析，还有所有制结构调整的问题。在一千五百九十九家需迁建企业中，国有企业约占百分之三十五，集体企业约占百分之六十四，民营企业只占百分之一。这是从企业数量统计的，若从资产、销售额、职工人数统计，民营企业的比重还会更小。这种所有制结构，是计划经济体制下形成的，从实践情况看不适应库区生产力发展的要求。党的十五大报告明确提出了调整和完善所有制结构的任务，并明确"公有制为主体、多种所有制经济共同发展，是我国社会主义初级阶段的一项基本经济制度"，"公有制实现形式可以而且应当多样化。一切反映社会化生产规律的经营方式和组织形式都可以大胆利用"，而且肯定了劳动者的劳动联合和劳动者的资本联合为主的股份合作制。"采取改组、联合、兼并、租赁、承包经营和股份合作制、出售等形式，加快放开搞活国有小型企业的步伐"。所以，库区企业迁建必须与所有制结构的调整和完善相结合。"国有经济起主导作用，主要体现在控制力上"，"国有经济比重减少一些，不会影响我国的社会主义性质"。当然，我不是让大家都去卖企业，更不是要大家刮风，来个"一卖了之",也不是让大家去强迫职工入股,不入股就除名。这些都是我们要极力防止和纠正的。库区企业迁建和调整完善所有制结构可以有几种方式:一是鼓励支持民营企业参与库区企业迁建的对口支援工作。这次对口支援会上,又有一些民营企业参与了对口支援工作。二是库区国有小企业迁建可以和改制相结合。这里,我再次强调改制有七种形式,不是"一卖了之",要一厂一策,不要刮风;要经职工讨论,不能强加于职工。三是引导、激励、扶植迁建企业职工自办经济实体,兴办个体、民营、股份合作制的企业。调整和完善库区所有制结构,对繁荣库区经济、解决库区就业意义重大。但要全面、准确地理解中央精神,坚决按照党中央、国务院的有关政策办事。

这里特别强调三点:一是防止国有资产的流失,不能七折八扣,地方和企业没这个权。要防止私分和低价甚至无偿将国有企业变成企业厂长、经理的私人企业。二是防止债务悬空,地方无权随意减免企业债务,也不允许"大船搁浅,小船逃生",将债务留在老企业这一空壳上。三是安置好职工,不仅要考虑职工的工资,还要考虑职工的社会保障。三峡库区静态移民总数是八十五万人,其中一千五百九十九户迁建企业职工二十万人,占有很大比例。这些职工全部都留在国有企业内部,人浮于事,势必影响企业的竞争力。所以,库区企业迁建也有一个下岗分流、减员增效的问题。这是回避不了的一个问题。其出路就是通过调整,使一批国有企业转换机制,更具有活力,并将一部分人逐步分流到非公有制企业去。这既是深化企业改革的需要,也是做好移民工作的需要。

二、大力引进名优产品,加大对口支援力度。

关于结构调整，除上面谈到的企业重组、调整完善所有制结构之外，还有产品结构调整的问题。库区迁建企业之所以有百分之七十以上亏损，其主要原因就在于没有适销对路的产品，就是有一定市场的产品，也普遍存在着品牌不硬、产品技术含量低、产品档次低的问题。不解决适销对路产品问题，就是通过迁建，厂房全是新的，设备全是新的，仍不能摆脱停产半停产的局面。调整产品结构，无非是两条路：一是依靠企业自身力量，开发新产品，调整产品结构，适应市场需求。凡是有能力开发新产品和依靠自身力量调整产品结构的，我们都要支持、鼓励。我们也很高兴地看到，现在库区已经出现一些具有产品开发能力的企业，出现一批消费者承认的名牌产品。但是，应该说库区要迁建的一千五百九十九户企业，大多数是没有产品开发能力的，要在当前买方市场条件下独闯市场，谈何容易。当前市场一大特征，就是市场份额的分配越来越向名优企业、名牌产品集中。通过这几年库区迁建的实践，我们找到了调整产品结构的第二条路，即通过对口支援，引进名优产品。实践证明，这不仅是调整库区迁建企业的可行办法，而且是一条捷径。通过对口支援，引进名优产品，使企业很快摆脱困境，产品走向全国甚至国际市场。这样的例子在库区已经很多了，库区同志在对口支援中尝到了产品结构调整的甜头。这次会议的目的之一，就是坚持对口支援的方针，加大对口支援的力度，使更多的名优产品在库区落户，力争三峡库区逐步成为名优产品荟萃、工业增长迅速的地区。

这里要感谢十九个省（自治区、直辖市）的领导，感谢十个市的领导，感谢五十个中央部委的领导，你们在对口支援中，发扬社会主义团结协作的精神，识大体，顾大局，不仅促成企业的对口支援，而且还为开发性移民积累了大量经验。更要感谢对口支援的企业，为三峡移民和库区经济振兴作出了巨大贡献。三峡工程是举世瞩目的世界级工程，而三峡工程的成败关键在于移民。你们的贡献，库区人民不会忘记，全国人民也不会忘记。

应该指出的是，对口支援不仅是三峡库区的需要，也是支援方企业自身发展的需要。在买方市场条件下，制约企业发展的最大因素是市场。尽管库区经济比较落后，但其巨大的优势在于有广阔的市场。据了解，近年来每年外地调进四川的商品总值约一百九十亿元，调进重庆的约九十亿元。如果变产地销为销地产，就可大大降低销售成本，提高产品的竞争力，可赢得大西南的市场，为企业进一步发展提供新的动力。有的同志形象地说，对口支援使支援方找到了启动西南市场的钥匙。况且三峡库区还有劳动力便宜、资源丰富、政策优惠等其他优势。这些优势与支援方产品、技术、管理优势有机结合起来，就会带动支援方优势企业自身的发展。

还要指出的是，除名优产品外，还要鼓励那些有市场、有效益、有能力还贷的"三有"劳动密集型产品由沿海发达地区转移到库区。这不仅可以尽量多地安置移民，也可增强产品的竞争力。

三、改善三峡库区的投资环境，是招商引资的关键。

改善三峡库区的投资环境，是吸引对口支援企业来库区投资、合作必不可少的重要条件。改善投资环境包括改善硬环境和软环境两方面。三峡库区的投资硬环境，在能源、交通、通讯等方面都有了明显的改善。今后随着移民迁建工作的进展，还会进一步改善。当前的关键问题是，要大力改善投资软环境。对口支援企业普遍反映，涪陵区和宜昌市区的投资软环境较好。但对重庆万州区投资软环境，不少企业一度都有反映，当然万州区情况也不尽相同。这里，我要点几件事，必须引起我们高度重视。例如，有的对口支援企业要在厂区内扩建仓库，三个月审批不下来；有的部门将车辆收费站设在对口支援企业大门口；还有的与支援方合建旅游客轮，合同规定由支援方经营，但看到经营效益好，就千方百计逼人家交出经营权。目前这些问题已经基本解决，但造成了恶劣影响。据了解，库区的区县迁建企业的领导不讲信誉、不信守合同的事件仍时有发生。这些问题的存在，既损害了受援方的声誉，还挫伤了对口支援省（自治区、直辖市）和企业的积极性。企业与企业之间的合作，最忌讳的是不讲信誉、不信守合同，这种事例哪怕发生一例，就会传扬开来，使对口支援企业望而却步。

改善投资软环境，就是要在提高办事效率、降低成本上大做文章。也只有高效率、低成本的投资环境，才能吸引更多区外企业到库区落户。这就要求库区各级政府改进管理方法，简化办事手续，提高工作效率，制定优惠政策，热情为对口支援企业服务。万州的同志在大会发言时讲得很好，他们提出："人人都是投资环境，事事都是万州形象"，并作出了改善投资软环境的七条决定。看来他们在改善投资软环境方面，已经下了很大决心。

要改善投资软环境，根本问题是要提高各级干部和企业领导人的素质。在社会主义市场经济条件下，经济的振兴最终取决于人的素质。通过企业迁建和对口支援，三峡库区要造就一批改革开放意识强，讲信誉、守合同，廉洁、勤政，能够按照社会主义市场经济规律办事的干部队伍和企业家队伍。

注　释

[1] 郭树言，时任国务院三峡工程建设委员会副主任兼办公室主任、党组书记。

[2] 李鹏，时任中共中央政治局常委，全国人大常委会委员长。

关井压产，调整结构，促进煤炭工业持续健康发展[*]

（一九九八年十一月十一日）

这次全国煤炭行业关闭非法和布局不合理煤矿工作会议，是国务院决定召开的，主要任务就是动员部署煤炭行业关井压产工作。这是在国有重点煤矿下放地方管理之后，煤炭行业进行的又一重大改革，它对于合理开发利用煤炭资源，调整和优化煤炭工业结构，规范煤炭生产经营秩序，实现煤炭产需基本平衡，促进煤炭工业健康发展，都具有重大的意义。

一、关闭非法和布局不合理煤矿，是国家对煤炭工业采取的一项重大举措。

煤炭是我国的主要能源。煤炭工业作为基础产业，在国民经济发展中占有重要的位置。改革开放以来，全国各类煤矿特别是小煤矿发展很快，煤炭产量迅猛增长，根本扭转了过去那种煤炭供不应求的局面，为国民经济的快速发展作出了重要贡献。但是，我们也应清醒地看到，煤炭行业重复建设、盲目发展、非法生产、乱采滥挖、污染环境等问题相当严重，影响了整个煤炭行

---

[*] 这是吴邦国同志在全国煤炭行业关闭非法和布局不合理煤矿工作会议上的讲话。

业正常的生产经营秩序，已经到了非解决不可的地步。党中央、国务院对此非常重视。一九九四年三月，国务院曾召开全国乡镇煤矿工作会议，确定了对乡镇煤矿"扶持、改造、整顿、联合、提高"的十字方针。一九九七年五月二十二日，煤炭部、劳动部、地矿部、监察部、国家经贸委、全国总工会按照国务院的要求，又联合召开电视电话会议，部署和开展了全国范围内的煤炭生产秩序整顿工作，关闭非法生产、经营的个体煤矿。整顿工作在地方各级人民政府的领导下，在有关部门的配合下，取得一定的成效，全国共取缔无证非法矿井一万四千七百处，停产整顿矿井八千六百处。但是，煤炭生产和经营秩序混乱的局面没有得到根本扭转。非法开采、违法生产、乱采滥挖、低水平重复建设等现象依然严重存在，由此造成的浪费资源、污染环境、井下伤亡事故增多、煤炭生产总量过剩等问题，已成为制约煤炭工业健康发展的主要矛盾。一九九八年以来，由于煤炭市场持续疲软，使这一矛盾更加突出，前三个季度，国有重点煤矿累计亏损三十七亿五千万元，超退库计划九亿七千万元。

煤炭工业严重亏损的状况，与党的十五大提出的用三年左右时间使大多数国有大中型亏损企业摆脱困境的改革目标不相适应。为了从根本上解决煤炭工业的问题，促进煤炭行业尽快摆脱困境，国务院决定采取三项措施：一是下放原煤炭部直属的全部九十四个国有重点煤炭行业；二是在下放国有重点煤矿的基础上，实行关井压产；三是向国有重点煤矿派出稽察特派员，加强监管。下放，主要是解决煤炭管理体制不顺的问题；关井，主要是解决煤炭总量过剩的问题；监管，主要是解决国有资产的管理机制问题。这三者是一个相互联系的有机整体，是国家对煤炭工业采取的重大改革举措。

一九九八年七月三日，国务院发出了《关于改革国有重点煤矿管理体制有关问题的通知》。按照通知要求，国家有关部门与产煤省（区、市）人民政府互相配合，仅用了一个多月的时间，就完成了煤炭企业下放交接工作。目前，九十四个国有重点煤矿以及原随煤矿上收的一百七十六个企事业单位、二千三百九十七亿元资产、三百二十万名职工和一百三十三万名离退休人员全部下放地方管理，为煤炭行业整体改革迈出坚实的一步。这是我们多年来想做而没有做成的一件事，现在仅用一个多月的时间就完成了。这充分反映了产煤省（区、市）和国有重点煤矿的同志顾全大局、支持改革的精神。在九十四个国有重点煤矿下放地方以后，各级政府对国有重点煤炭企业面临的困难都很重视，许多省（区、市）研究制定了解决的办法。但要从根本上解决煤炭行业的困难，使之步入良性循环的轨道，唯一的出路在于解决煤炭总量过剩的问题。作为改革的第二步，企业下放以后，必须进行关井压产。

对煤炭行业的解困工作，朱镕基[1]同志多次强调，关键是要关井压产。要下决心关闭非法开采和布局不合理、乱采滥挖的各类小煤矿，充分发挥国有重点煤矿的作用，让现代化矿井开足马力生产。我在许多场合也讲过，煤炭行业有过辉煌的时期，现在主要问题是乱采滥挖、低水平重复建设造成总量过剩。九十四个国有重点煤矿下放工作结束后，工作重点是关闭非法和布局不合理的小矿。不下决心压产二至三亿吨煤，煤炭行业的困难状况是改变不了的。前一段时间，国家经贸委和煤炭局，对关井压产进行了深入的调查研究，对有关的政策措施，反复进行推敲，并征求了各方面的意见。我也多次听取了国家经贸委和煤炭局的有关汇报。国务院还召开总理办公会议专题研究了关井压产工作，原则同意国家经贸委和煤炭局的汇报方案，并决定召开这次会议进行部署，会后还要下发《国务院关于关闭非法和布局不合理煤矿有关问题的通知》。可以说，实行关井压产是国务院在全面分析煤炭供需形势的基础上，依据国民经济发展对一次能源需求情况，对煤炭工业采取的重大宏观调控举措，这对煤炭工业摆脱目前的困境，优化资源配置，实现煤炭工业的健康发展，具有重大而深远的意义。

一是有利于煤炭工业调整结构，解决煤炭总量过剩的问题。据统计，一九九七年底全国共生产煤炭十三亿三千万吨，其中国有重点煤矿四亿八千七百万吨，占总产量的百分之三十六点六；地方煤矿二亿一千六百万吨，占总产量的百分之十六点三；各类小煤矿六亿二千万吨，占总产量的百分之四十七点一。一九八〇年至一九九七年，全国煤炭产量共增长七亿五千万吨，其中各类小煤矿增长了五亿吨。小煤矿盲目发展，上得太快，而国有重点煤矿生产能力严重放空，这不仅造成煤炭工业结构上的不合理，也是导致煤炭总量过剩的重要原因。解决煤炭总量平衡的问题，调整煤炭工业结构，就是要把非法和布局不合理煤矿乱采滥挖的产量压减下来，实现煤炭供需总量的平衡，实现煤炭工业结构的优化。

二是有利于建立正常的煤炭生产经营秩序，为国有重点煤矿摆脱困境创造良好的市场环境。小煤矿在发展中的突出问题就是非法办矿、违法生产。目前全国六万一千处各类小煤矿中，有五万一千二百处属非法生产，产量达四亿三千万吨。其中，在国有煤矿矿区范围内非法生产的各类小煤矿一万三千处，产量一亿一千四百万吨。一九九三年至一九九七年，由于非法小矿与大矿贯通，造成大矿透水事故六百三十九次，瓦斯爆炸五十七次，直接经济损失达二十五亿元以上。由于非法、违法小煤矿无序竞争，挤占了煤炭市场，扰乱了煤炭生产和经营秩序，一九九八年以来，百分之六十的国有重点煤矿出现停产、半停产现象，能力不能充分发挥，闲置的生产能力达九千万吨。关闭非法和布局不合理的煤矿，让现代化大型矿井开足马力生产，是建立正常的煤炭生产经营秩序的迫切任务。不建立正常的煤炭生产经营秩序，国有重点煤矿严重亏损的局面不仅难以缓解，还将继续加剧。

三是有利于推动煤炭工业经济增长方式的根本性转变，提高煤炭工业的整体素质。我国虽然是世界第一产煤大国，但是近一半的产量是由小煤矿靠原始落后的生产方式开采出来的。小煤矿的井型平均为八千吨左右，仅相当于国有重点煤矿的百分之一；煤炭资源回收率一般只有百分之十至百分之十五，而国有大矿一般在百分之七十以上；小煤矿伤亡事故多，一九九七年全国煤炭生产死亡人数中，小煤矿就占百分之七十三点五。小煤矿不仅劳动生产率低，伤亡事故多，还乱采滥挖，浪费资源，造成严重的环境污染。所以，要改变煤炭工业的落后面貌，保护、利用好煤炭资源，提高煤炭工业的整体素质，就必须下决心整顿小煤矿。

以上三个方面充分说明，实行关井压产是完全必要的，也是非常迫切的。符合市场经济规律的要求，符合煤炭工业的实际。各级政府和各有关部门，要从改革发展的全局出发，认清这次关井压产工作的重大意义，统一思想，坚定信心，以高度的责任感和使命感，认真抓好这项工作。

二、突出重点，把握政策，采取有力措施，坚决实现关井压产的目标。

国务院决定，从现在起到一九九九年底，关闭各类小煤矿二万五千八百处，压缩非法和不合理煤炭产量二亿五千万吨左右。确定这样一个目标，一是充分考虑了煤炭市场的有效需求，压缩二亿五千万吨就能基本实现煤炭供需总量的平衡，解决总量过剩的问题；二是目前六万一千处小煤矿中，仅非法开采的小煤矿就达五万一千二百处，通过依法整顿煤炭生产经营秩序，关闭二万五千八百处，既是合理合法的，也是完全做得到的。

按照国家有关规定，开办煤矿需营业执照、采矿许可证和煤炭生产许可证三证俱全。按照这个要求，这次关井的对象主要分为三种情况：第一种情况是，既无采矿许可证又无煤炭生产许可证的各类小煤矿，要全部取缔。第二种情况是，根据修订后的《中华人民共和国矿产资源法》有关规定，在国有煤矿矿区范围内不允许开办各类小煤矿，所以一九九七年一月一日矿产资源法实施后，在国有煤矿矿区范围内开办的各类小煤矿均属非法，应予取缔；一九九七年一月一日以前在国有煤矿矿区范围内开办的各类小煤矿，虽已取得采矿许可证，但未取得煤炭生产许可证要予以关闭；国有煤矿矿区范围外的各类小煤矿，虽已取得采矿许可证，但未取得煤炭生产许可证的，要全部停产，限期整顿，经整顿仍达不到煤炭生产许可证发放条件的，要予以关闭；开采高硫高灰煤，又无有效降硫降灰措施的煤矿，依据《中华人民共和国大气污染防治法》等有关法律、法规的规定，也要予以关闭。第三种情况是，一九九七年一月一日以前在国有煤矿矿区范围内开办的小煤矿，虽已取得采矿许可证和煤炭生产许可证，但因布局不合理，影响国有煤矿长远发展，要予以关闭。

这次关闭非法和布局不合理煤矿工作大体分四个阶段：第一阶段是宣传发动和动员部署阶段。会议之后，利用十天左右的时间，宣传贯彻会议精神，研究制定实施方案，并把这项工作部署下去。第二阶段是落实一九九八年的关井计划阶段。至迟在一九九九年春节之前，对予以取缔和关闭的矿井，全部下达关闭通知单；对停产整顿的矿井，下达停产通知单。第三阶段是落实一九九九年关井计划阶段。力争在一九九九年六月底，将计划予以关闭的小煤矿全部关闭，包括停产整顿后仍没有达到煤炭生产许可证发放条件的各类小煤矿。第四阶段是关井的检查验收阶段。严格按照关闭矿井的有关规定进行检查验收，达不到要求的，要采取有力措施进行处理，并做好善后工作。整个工作力争在一九九九年底结束。

这次关井压产工作的重点，从地区来讲，主要是山西、河南、内蒙古、黑龙江、贵州五省区。这五个省区要关闭矿井一万零一百处，占全国关井总数的百分之三十九点三；压产一亿六千一百万吨，占全国压产总量的百分之六十四点二。从对象来讲，主要是关闭那些无证非法开采、违法生产的小煤矿，特别是国有煤矿矿区范围内的各类小煤矿。国有重点煤矿也要认真贯彻这次关井压产会议的有关精神，对自己开办的小煤矿进行清理整顿，该关闭的要坚决关闭。并抓住关井压产的有利时机，搞好结构调整，对那些成本畸高、亏损严重、扭亏无望的矿井，实施规范破产，搞好资产重组。

为了确保关井压产目标的实现，要采取以下政策措施。

第一，认真贯彻执行国家颁布的《中华人民共和国矿产资源法》、《中华人民共和国煤炭法》、《中华人民共和国矿山安全法》和《中华人民共和国环境保护法》等法律及相关法规，严格依照法律规定，整顿治理各种非法办矿、违法开采的行为，真正实现依法办矿、管矿。

第二，关井压产期间，各省、自治区、直辖市一律停止审批新开煤矿。对应予取缔和关闭的各类小煤矿不得换发、补发采矿许可证、煤炭生产许可证和营业执照。希望国土资源、煤炭、工商行政管理等部门，严格按此执行，坚持原则，依法办事。

第三，关于关闭合法开办小煤矿适当补偿问题，要区别情况，统筹算账。具体补偿办法由省、自治区、直辖市人民政府制订并实施。切实关闭小煤矿后，对财政收入影响较大且地方财政比较困难的地区，由中央财政酌情予以补贴。补贴办法由国家经贸委商财政部、煤炭局制定。

第四，关井压产要同整顿煤炭经营秩序相结合，从源头抓起，堵源截流，禁止非法、违法矿井生产的煤炭进入流通领域。依据煤炭法，要尽快建立煤炭经营资格审批制度，依法规范煤炭经营秩序，制止靠收购非法小煤矿生产的煤炭从中牟取暴利的行为。

第五，关井压产要与反腐倡廉相结合。按照中央的要求，坚决制止党政军机关、政法机关参与办矿。一九九七年依法整顿煤炭生产秩序时，就提出了这一要求，但是仍有一些单位、一些领导干部不听招呼，我行我素。这次关井压产工作中，如果查出这方面的问题，决不姑息迁就，必须从严查处。

这次关井压产的对象大部分是乡镇煤矿和个体煤矿，因而必然会触及一些地方的利益，难度比较大，工作比较复杂，必须要有打攻坚战的思想准备。但是，也要看到与以往的清理整顿相比，这次关井压产从外部环境上还是具备多方面有利条件的：一是国务院作出关井压产的决策以后，通过这一段时间的宣传，上下基本形成共识。大家都认为煤炭工业实行关井压产符合市场经济规律，各地的呼声比较强烈，关井压产有一定的思想基础。二是国有重点煤矿下放地方管理后强化了地方政府的责任，为各地统筹规划，实施关井压产，从管理体制上创造了有利条件。三是煤炭供需紧张的局面已经缓和，目前煤炭市场供大于求，总量过剩，为整顿煤炭生产经营秩序提供了条件。四是中央实行了积极的财政政策，采取一系列扩大内需的举措，加大对基础设施建设的投入，党的十五届三中全会对农业和农村工作的有关重大问题作出决定，这都为农村富余劳动力的转移提供了出路。小煤矿关闭后，农民工可以返乡务农，也可以从事水利、公路等基础设施的建设。只要我们认清形势，上下齐心协力，抓住当前的有利时机，是一定能够实现国务院确定的关井压产目标的。

三、加强领导，明确责任，协调行动，务求实效。

这次关井压产，力度比较大，涉及的范围比较广，牵涉到方方面面的利益，是一项政策性很强的工作。必须切实加强领导，精心组织，在充分做好群众思想工作的前提下，采取经济的、行政的，特别是法律的手段，动员各方面的力量，实行综合治理。

借鉴纺织行业限产压锭的做法，国务院决定，关井压产工作由国家经贸委牵头、协调；各省、自治区、直辖市人民政府负责组织实施；煤炭局负责监督检查。成立煤炭行业关井压产领导小组，由国家经贸委主任盛华仁同志任组长；煤炭局、国土资源部、工商局领导同志为副组长，财政部、国家计委、监察部、公安部、环保总局等单位领导同志为成员。关井压产领导小组办公室设在煤炭局，负责日常工作。各产煤省（区、市）以及地（市）、县（区）、乡（镇）都要成立以主要领导为组长的关井压产领导小组和关井压产办公室，切实加强对这项工作的组织领导。实行领导责任制，一级抓一级，共同做好工作。下面提几点要求。

一是省（区、市）政府要切实加强领导，真正负起责任。这次关井压产工作，主要是由各级地方人民政府组织实施，所以责任在地方，完成任务的关键也在地方。会议之后，有关省（区、市）政府要把关井压产列入重要议事日程来抓，按照煤炭行业关井压产领导小组下达的关井压产规划和分省（区、市）目标，抓紧研究制订本地区关井压产计划和实施方案，并将关井压产目标分解到县、乡人民政府，做到关井压产组织落实、责任落实、计划落实、措施落实。

二是要强化县、乡两级政府的责任，加强考核。这次准备予以关闭的小煤矿大部分是乡镇煤矿，乡镇煤矿大都是由县有关部门直接管理的。所以县、乡两级政府在关井压产工作中起着非常关键的作用。县、乡政府要把关井压产作为今后一个时期的重点工作来抓，要把关井压产的成效作为考核领导政绩的重要内容。对领导不力，完不成关井压产任务以及弄虚作假、虚报瞒报的，要追究领导责任。矿井关闭后又擅自恢复生产的要从严查处。各级监察部门要加强监督，确保关井压产任务的落实。

三是要搞好广泛深入的宣传教育和舆论监督。各地要利用各种新闻媒体，开展关井压产工作的宣传活动。对重点地区，要进行广泛的动员，把关井压产工作的必要性、重要性以及有关的政策措施向群众讲清楚，取得群众的理解和支持，并自觉服从大局。对工作抓得好的地方和单位，要总结经验，加以宣传；对具有典型意义的违法案件，要公开曝光。各新闻单位要积极搞好配合。

四是切实加强行政执法。这次关井压产也是一次大规模的行政执法活动，要坚持依法办事。重要产煤地区人民政府要组成由公安、工商、监察、煤炭、地矿、电力等部门参加的联合执法队伍，负责关井的实施及行政执法监察，必要时对予以取缔和关闭的矿井可采取强制性封闭措施。在执法过程中要注意工作方法，宣传有关政策措施，防止因方法简单粗暴、执法不公正而激化矛盾。对予以取缔和关闭的矿井，铁路和交通部门不得提供运输；有关部门和商业单位不得购销其煤炭；供电部门不予供电，其他单位不予转供电；银行不为其开设账户和提供贷款；民爆器材供应部门不提供火工产品。这要作为一条纪律来执行，违者要严肃追究领导责任。

五是加快进度，提高办事效率。这次关井压产大体安排一年多的时间，主要考虑小煤矿关闭以后的善后工作和检查验收工作比较复杂，需要有一段时间抓落实。但是，关井压产工作不能等，对已经明确予以取缔和关闭的煤矿，会后马上就应该制定关停措施，尽快下达关闭和停产通知书，不能再继续生产下去。争取一九九八年年底至一九九九年春节前，对于非法开采、违法生产，没有采矿许可证和煤炭生产许可证的各类小煤矿，要全部关掉。没有煤炭生产许可证的小煤矿要全部停产整顿，经停产整顿仍达不到生产许可证发放条件的，也要关闭。

以上这五条要求，希望各地区、各部门认真执行。现在距年底仅剩下一个半月的时间了，时间非常紧迫，工作也很艰巨。各地、各部门要坚决贯彻落实国务院的决定，希望大家回去以后，立即着手组织实施，抓紧行动，把这项事关全局的工作抓紧抓好，抓出成效。

注　释

[1] 朱镕基，时任中共中央政治局常委，国务院总理。

实行国有企业战略性改组
要打破条块分割*

（一九九八年十一月十七日）

上海地区钢铁企业联合，是上海地区钢铁企业以及有关方面多年的愿望，是人心所向、大势所趋。国务院对上海地区钢铁企业联合十分重视，多次召开会议进行研究，并派出调研组实地了解情况，充分听取企业和有关方面的意见，反复酝酿讨论。上海宝钢集团公司的成立，对于加快上海地区钢铁工业发展，促进我国钢铁工业结构调整，推动国有企业战略性改组，具有十分重要的意义。

第一，这是加快上海地区钢铁企业发展，实现资源优化配置的重要途径。这主要表现在以下几个方面：一是联合有利于实现上海地区钢铁工业的统一规划、合理分工，防止重复建设，促进资源的合理配置。上海地区是我国重要的钢铁基地，一九九七年宝钢、上海冶金、梅山三家企业共生产生铁一千零四十七万吨、钢一千五百一十五万吨、钢材一千二百六十万吨，销售总额六百七十七亿元，总资产一千三百四十四亿元。上海地区钢铁企业为我国钢铁工业的发展作出了重大贡献。但由于历史的原因，

---

* 这是吴邦国同志在上海宝钢集团公司成立大会上的讲话。

1998 年 11 月 17 日，吴邦国出席上海宝钢集团公司成立大会。

各企业自成体系，产品结构不尽合理，已建成和规划建设的项目中，部分产品已有重复。要防止重复建设，最有效的办法就是实现联合。联合后，不仅能够防止重复建设所造成的浪费，而且可以通过宝钢优良资产上市筹集资金，加快企业的技术改造，最大限度地盘活现有资产存量。二是联合有利于产品优势互补、各展所长。宝钢产品以高档次、大批量的薄板、无缝管为主；上海冶金可以生产全国百分之七十以上、共一千一百多个品种规格的钢材，以多品种、多规格的普通钢、特种钢见长。联合后，可以发挥各自的产品优势，在优化工艺结构基础上，提高质量、增加品种，形成我国规模最大、产品档次较高的汽车用钢、石油管、造船板、不锈钢、民用建筑用钢和电磁钢等六大类产品的生产基地。三是联合有利于发挥三家企业的科研、技术和人才优势。三家企业在科技开发方面都是很有实力的，拥有先进的设备、技术，人数众多的科技队伍，科技开发的经费也不少，但现在是各搞各的，力量分散。联合后三家企业的优势能够形成拳头，集中力量办大事，更好地发挥和挖掘科研、技术以及人才的优势和潜力，把上海建成我国钢铁工业新工艺、新技术及新材料开发的主要基地，从而带动我国钢铁工业科技水平的提高，进一步增强我国钢铁工业的国际竞争力。

第二，这是我国钢铁工业调整结构、提高竞争力的一项重大措施。改革开放以来，我国钢铁工业得到了较快的发展，整体实力有了很大提高，钢产量由一九七八年的三千一百七十八万吨，增长到一九九七年的一亿零八百九十一万吨，为国民经济发展作出了重要贡献。目前，我国已成为世界上最大的钢铁生产国，但钢铁工业发展还面临不少矛盾和问题。一是生产集中度低，一亿多吨钢由一千多家企业生产，年产钢五百万吨以上的企业只有四家，而国际上年产钢在一千五百万吨以上的大企业就有六家。规模效益差是影响我国大型钢铁企业国际竞争力的一个重要因素。二是整体技术水平和产品水平不高。比如连铸比，我们经过多年的努力，去年达到了百分之六十一，而日本、韩国等国家早在七十年代末八十年代初就已超过百分之九十五；高档次、高附加值的产品，有相当部分我们不能生产，有的我们虽能生产，但质量与国外先进水平相比存在一定差距，仍要大量进口，去年就进口了一千三百二十二万吨钢。三是"大而全"、"小而全"，低水平重复建设。要解决这些矛盾和问题，除了加强产业政策的引导和行业管理外，很重要的一条，就是对大型钢铁企业进行联合重组，在更大范围内、更高层次上调整存量资产，优化增量资产的配置，从而提高国际竞争力。回顾国际钢铁业的发展历史，基本上也是走的联合重组的道路。如日本的新日铁，就是一九七〇年由八幡和富士两家钢铁公司合并后成立的。组建上海宝钢集团公司，是我国钢铁工业规模最大的一次联合。到"九五"末期，上海宝钢集团公司的生产能力将接近二千万吨钢，提高产品质量、增加品种规格的工作也会取得新的进展，这对于实现我国钢铁工业结构调整，改善我国钢铁工业的现状，提高国际竞争力将产生深远的影响。

第三，这是落实中央"抓大放小"方针、对国有企业进行战略性改组的积极探索。组建上海宝钢集团公司是继今年组建石油、石化两大集团公司之后，党中央、国务院采取的又一重大措施，是贯彻落实党的十五大精神的具体体现，是国有企业实施战略性改组、打破条块分割实现大企业"强强联合"的有益实践。大企业联合要遵循以下几个原则：一是联合要从国有资产优化配置的大局出发。大家知道，原宝钢是中央企业，上海冶金、梅山是地方企业，是地方投资发展起来的。上海冶金和梅山两家企业年产二百五十多万吨生铁、六百多万吨钢，净资产一百三十亿元，是一个不小的摊子，总体上看也颇具实力。由于联合有利于上海地区钢铁企业国有资产优化配置，所以大家都从这个大局出发，一致提出实行国有资产整体划拨，组建上海宝钢集团公司。地方企业的国有资产进入中央企业，到目前为止这是规模最大的一次。二是联合要确保企业的有效运作。在新的集团公司如何组建等具体问题上，各方面曾反复酝酿、讨论。最后，大家达成共识，就是要确保新的集团公司有效运作，以宝钢为主组建上海宝钢集团公司，并对三家企业进行了相应的改组、调整。如将原宝钢变更登记为上海宝钢集团公司并成立董事会；上海冶金控股（集团）公司依法注销，其下属的企业、梅山以及今后的上市公司作为上海宝钢集团公司的全资企业，其领导班子由上海宝钢集团公司任免、管理等。由于认识统一、目标一致，大家都能正确对待并积极落实改组、调整措施。这对于"强强联合"是十分重要的，如果各方面都争大小、比高低，是搞不成"强强联合"的。应该说，组建上海宝钢集团公司在这方面带了个好头。三是联合要促进企业深化改革。《研究上海地区钢铁企业联合有关问题的会议纪要》和《国务院关于组建上海宝钢集团公司有关问题的批复》中明确，同意上海宝钢集团公司进行国家授权投资的机构和国家控股公司试点。这是实现政企分开的一种探索，目的是

　　1998 年 11 月 17 日，由宝钢、上海冶金和梅山三家钢铁企业联合组建的上海宝钢集团公司在上海正式成立。吴邦国和上海市委书记黄菊为该公司成立揭牌。

要切实转变政府职能，政府不再直接管理企业，让企业依法自主经营，加快发展。另外，纪要和批复还要求上海宝钢集团公司继续加大主辅分离、减人增效的力度，增强在国内外市场上的竞争力等。这将会对上海宝钢集团公司的改革与发展产生积极的促进作用，同时也为其他大企业、企业集团的改革、改组提供实践经验。

当前，我国经济发展总的形势是好的。今年以来，面对亚洲金融危机的冲击，党中央、国务院审时度势，相继发出了《关于转发〈国家发展计划委员会关于应对东南亚金融危机，保持国民经济持续快速健康发展的意见〉的通知》、《关于转发〈国家发展计划委员会关于今年上半年经济运行情况和下半年工作建议〉的通知》，采取一系列重大措施，包括实施积极的财政政策，增加基础设施投入，扩大国内需求，提高出口产品退税率，打击走私，深化国有企业改革，实施再就业工程，对国有重点企业派出稽察特派员等，以保证我国经济的持续增长。在全国上下的共同努力下，党中央、国务院采取的一系列重大政策措施已经发挥作用。一至九月国内生产总值比去年同期增长百分之七点二，商品零售价格总水平下降百分之二点五，人民币汇率保持稳定。这与受亚洲金融危机冲击的其他一些国家货币贬值、经济负增长形成了鲜明对照。工业经济运行也出现了积极的变化，增长速度加快，尤其是九、十月份出现了比较强劲的回升势头。企业经济效益开始好转，三季度以来，大多数省（区、市）工业企业盈利状况比上半年明显改善，国有及国有控股企业七月份以来实现利润逐月增加，其中五百一十二户国有重点企业第三季度共实现利润一百七十八亿元，占五百一十二户企业一至九月实现利润的百分之四十五。随着国家加大基础设施投入效应的进一步显现和灾后重建投资的拉动，预计第四季度工业增加值的增长速度将继续加快，企业经济效益将会进一步好转。但我们在肯定成绩的同时，还要清醒地看到我们面临的形势仍然是十分严峻的，从当前的情况和今后一个时期的发展趋势看，近期消费品市场平淡的状况不会有大的变化，销售额和价格可能继续走低；随着亚洲金融危机影响的加深，出口形势不容乐观。要克服面临的困难，实现党中央、国务院确定的经济增长目标以及国有企业改革和脱困三年目标，国有大企业肩负着重任。上海宝钢集团公司是钢铁行业的排头兵企业，党中央、国务院对上海宝钢集团公司寄以厚望。江泽民总书记一九九五年曾勉励宝钢要"办世界一流企业，创世界一流水平"。这要成为上海宝钢集团公司的奋斗目标。要实现这个奋斗目标，需要上海宝钢集团公司的广大干部和职工付出长期、艰苦的努力，扎扎实实地做好各项工作。这里，我提几点要求和希望。

（一）优化产品结构，发展钢铁精品基地。从装备、技术、产品、规模等方面看，上海宝钢集团公司在我国钢铁工业中处于十分重要的地位，应该瞄准世界一流水平，发展钢铁精品，为我国钢铁工业调整结构、产品升级作出更大贡献。这是上海地区钢铁企业联合的主要目的，也是上海宝钢集团公司今后的主要任务和发展方向。上海宝钢集团公司及其全资、控股企业要成为一个有机整体，按照优化产品结构、发展钢铁精品的要求，通过资本纽带，统一制订发展规划，统一安排技术改造，集中使用资金。在这个问题上不能各自为政，不能迁就、照顾，更不能搞重复建设。近期要集中力量把宝钢三期工程及一批效益好的改造项目搞好，尽快淘汰落后的工艺设备，淘汰效益差的产品，挖掘效益好产品的生产潜力，提高经济效益。

（二）大力推进技术进步，狠抓技术创新工程。衡量一个大企业的实力和发展潜力，很重要的是看它的技术实力，如果没有先进的技术、没有技术创新的能力，企业规模再大、销售收入再多，企业的实力也不能算强。相反，这种不重视技术进步的做法还会加速企业的衰退，最终在市场竞争中被淘汰。上海宝钢集团公司成立后，要把技术进步这件大事抓紧抓好，把技术创新作为企业发展的基本方针长期坚持下去。上海宝钢集团公司的科研、技术、人才优势，是今后提高经济效益、提高国际竞争力的一个源泉，是上海宝钢集团公司未来发展的潜力所在。因此，要发挥这个优势，科技开发和产品开发的人、财、物要统筹安排、合理使用，围绕优化产品结构、发展钢铁精品基地的目标，集中力量打攻坚战，争取在三到五年时间里，通过技术创新使上海宝钢集团公司拥有一批世界一流的技术，为我国钢铁工业技术进步作出更大贡献。

（三）深化企业改革，建立现代企业制度。上海宝钢集团公司改建后，在改革方面面临着十分艰巨的任务。下决心完成这些任务，上海宝钢集团公司才能前进、才能发展。一是要抓好原宝钢钢铁优良资产上市的前期准备工作。拟进行改制上市的子公司，要切实转换内部机制，规范运作，加强管理，不断提高经济效益。二是加大主辅分离、减员增效的力度。各企业都要从自己的实际出发，围绕提高劳动生产率的目标，确定减人增效的计划，办好企业再就业服务中心，充分利用土地资源等条件，切实安置好分流人员。三是要继续调整企业组织结构，对符合兼并条件的少数困难企业，要走兼并重组的道路。四是建立适应市场需要的决策机制。上海宝钢集团公司作为国家授权投资的机构和国家控股公司试点，具有了相应的权利。要用好这些权利，就必须建立适应市场需要的决策机制，包括健全的决策机构、科学民主的决策程序和严格的、可追溯的决策责任制度。

（四）提高管理水平，向管理要效益。原宝钢管理比较先进，上海冶金、梅山管理上也有自己的特点。联合后，要下大力气抓管理，创世界一流的管理水平。近几年全国开展学邯钢活动，一大批企业通过学邯钢、抓管理，提高了经济效益，冶金行业学邯钢收到了非常显著的成效。实践证明，邯钢经验对国有企业具有指导意义，邯钢面向市场抓管理的许多措施、办法对钢铁企业很适用。因此，上海宝钢集团公司要认真学习邯钢经验，充分发挥广大干部职工积极性，进一步开拓国际、国内市场，提高产品质量，降低成本，减少费用支出，提高经济效益。原宝钢、上海冶金、梅山一九九七年实现利润近三十亿元，上海宝钢集团公司效益的高低，对全国冶金行业有很大的影响，对全国经济也有一定影响。因此，在实现利润方面，上海宝钢集团公司要有奋斗目标，围绕实现这个目标，进一步改善经营管理，提高管理水平。

（五）要积极为上海宝钢集团公司的发展提供支持和服务。上海宝钢集团公司是在国务院各有关部门和上海市委、市政府的大力支持下组建的。今后，在改制上市、资产重组、主辅分离、职工下岗分流和再就业等方面，国务院各有关部门、单位和地方政府要继续大力支持上海宝钢集团公司。国家经贸委、冶金工业局要加强对上海宝钢集团公司改革与发展工作的指导、帮助和服务，为企业发展创造良好的外部环境。当然，上海宝钢集团公司经营管理的好坏，关键在于企业自身，在于企业的领导班子。国务院对上海宝钢集团公司的领导班子十分信任，也寄予很大希望。前一阶段，筹备组很好地完成了公司组建的各项筹备工作。上海宝钢集团公司成立后，包括其全资、控股企业在内，各企业就是一个整体了，希望上海宝钢集团公司领导班子的每一个成员都要顾全这个整体，从这个整体出发，团结一致，互相配合，振奋精神，积极工作，带领广大职工深化企业改革，加快技术改造，加强经营管理，提高国际、国内市场竞争力，为建设世界一流企业，创世界一流水平而努力奋斗。

城镇职工医疗保险制度改革
需要把握好的几个重点问题[*]

（一九九八年十一月二十六日）

国务院《关于建立城镇职工基本医疗保险制度的决定》中明确指出，我国医疗保险制度改革的主要任务是：建立城镇职工基本医疗保险制度，即适应社会主义市场经济体制，根据财政、企业和个人的承受能力，建立保障职工基本医疗需求的社会医疗保险制度。围绕实现这一任务，我们必须着眼于职工医疗保险制度创新和机制转换，促进医疗保险服务和管理的社会化、制度化。为此，在改革中需要把握好以下几个重点问题。

第一，坚持"低水平、广覆盖"，保障职工基本医疗需求。这是建立城镇职工基本医疗保险制度必须遵循的一个重要原则。职工基本医疗保险的水平，应取决于经济发展的水平。我国目前处在社会主义初级阶段，社会生产力水平不高，综合经济实力不强，社会财力有限，地区经济发展、居民收入和生活水平也很不平衡。因此，建立城镇职工基本医疗保险制度，只能从我国的国情出发，根据国家、企业和个人的实际承受能力，确定合理的基

---

　　* 这是吴邦国同志在全国城镇职工医疗保险制度改革工作会议上讲话的一部分。

本医疗保险水平，不能将保险水平定高了。在医疗保险方面，我们不能和欧美等经济发达国家攀比。我国有十二亿多人口，医疗需求大，目前实施基本医疗保险制度，不仅只能限于城镇职工，而且只能确定一个低标准的最基本的医疗保险水平。由于我国城镇职工人数多，如果每人提高一元钱，就是一个相当大的数目。如何确定基本医疗保险水平，是城镇职工医疗保险制度改革能否顺利推进的关键。

当前，不少地方的财政、企业很困难，在这种情况下，职工医疗保险也只能从"低水平"起步，只能是雪中送炭。大家知道，医药科技发展迅速，检查设备日新月异，治疗手段层出不穷。现在只要花得起钱，不仅许多疾病可以得到较好的治疗和控制，而且患者在生活上也能得到很好的照料。但是，这超越了我们现阶段经济发展的水平，实在负担不起。因此，我们还不能从需要出发，只能根据实际可能来确定职工基本医疗保险水平，合理确定基本医疗保险的用药目录、诊疗项目、医疗服务和给付标准；而对于换血、换肾和换肝脏等一些非基本医疗服务，则需要患者自费或通过其他方式解决，不能列入职工基本医疗保险范围。

确定合理的基本医疗保险水平，关键是恰当确定筹资的比例。如果把筹资比例定得过高，用人单位、各级财政和职工个人都承受不了。有些城市的医疗保险制度改革在企业中难以推开，主要原因就是筹资水平定高了。国务院决定中，对全国城镇职工基本医疗保险水平提出了一个宏观控制标准，即用人单位缴费率定为职工工资总额的百分之六左右，职工个人缴费率一般为本人工资收入的百分之二。这个标准的提出，主要是考虑了目前的实际状况。据一九九六、一九九七两年的统计，全国职工医疗费占工资总额的比例近百分之十；其中，财政和企业实际负担的医疗费约占工资总额的百分之七点八，如果扣除不在基本医疗保险范围开支的离休人员医疗费和企业工伤、生育医疗费，约为百分之六左右。目前各地的情况差别较大，有些企业还不到百分之六，而有些试点城市的企业已超过百分之六，甚至高达百分之十以上。把用人单位缴费率定为职工工资总额的百分之六左右，是总结了各地的试点经验，也考虑了大多数地方的财政和企业的承受能力。把职工个人缴费率定为本人工资的百分之二，是充分考虑了目前大多数职工在经济上和心理上的承受能力，是比较合适的，今后可以随着经济发展和工资增加逐步提高。大家对这个宏观控制标准有什么意见，在讨论中还可以提出来。

"广覆盖"，就是要求城镇所有用人单位及其职工，都要参加基本医疗保险。扩大城镇职工基本医疗保险覆盖面是这次改革的一个重要原则。这既是考虑广大职工利益的需要，也是提高基金统筹共济能力的需要。截至一九九七年底，全国国有企业职工和离退休人员仅有三百六十万人参加了医疗保险制度改革，占全国职工人数的百分之二点五；加上实行大病医疗费用社会统筹的企业职工和离退休人员，参加医疗保险制度改革的仅覆盖百分之十一点三的城镇职工。现在有些医疗保险制度改革试点城市的参保率很低，只有百分之十几，有些城市的医疗保险制度改革仅在机关事业单位中进行，广大企业和职工基本没有参加，特别是集体、私营和外商投资企业等非国有企业单位和职工参加的更少。应当指出，基本医疗保险是政府从保障企业和职工利益的需要出发，所采取的一种强制性社会保险，任何单位和职工都必须参加，决不能愿意参加就参加、不愿意参加就不参加。国务院决定要求，职工基本医疗保险制度要覆盖城镇所有用人单位及其职工，包括国有企业、集体企业、外商投资企业、私营企业和职工，以及机关、事业单位、社会团体、民办非企业单位及其职工；城镇个体经济组织业主及其从业人员也可以参加基本医疗保险。当然，所有参加城镇职工基本医疗保险制度改革的单位都必须有健全的财务制度，要有账可查。这些规定是完全必要的，应当认真执行。要求城镇各类所有制单位和职工都参加基本医疗保险，是所有市场经济国家的通行做法，也是我国城镇职工基本医疗保险制度建设的需要。外商投资企业中方职工参加基本医疗保险制度，不仅不会影响外商投资的积极性，而且会有利于完善投资环境。这已在上海等地实践中得到证明。如果没有"广覆盖"，社会保险所遵循的大数法则就无从体现，就不能有效地分散风险，均衡负担，也实现不了社会互助共济的作用，新的医疗保险制度就建立不起来。同时，只有使职工基本医疗保险覆盖所有用人单位和职工，才能适应公有制经济为主体、多种所有制经济共同发展条件下广大职工对基本医疗保险的需求，也才能使各用人单位富余人员更新就业观念，轻装上阵，努力适应岗位转变和市场需求，较好地解决我国庞大的劳动力队伍就业问题。因此，在改革中必须坚决实行"低水平、广覆盖"的原则。

第二，实行基本医疗保险费由用人单位和职工个人共同负担，形成新的筹资机制。改变过去由国家财政和企业全部包揽职工医疗保险费的做法，实行基本医疗保险费由用人单位和职工个人双方共同缴纳，是建立新型的城镇职工基本医疗保险制度的重要内容。这样，不仅使得基本医疗保险费用合理负担，资金来源更为稳定，职工医疗更加有保障，而且通过建立用人单位和职工个人共同缴纳基本医疗保险费的机制，可以增强职工的自我保障责任和节约医疗费用意识。社会保险费用实行用人单位和职工个人共同负担，改变福利型的社会保障制度，是当今世界上市场经济国家社会保险制度发展的一个重要趋势。在我国养老、医疗、失业保险等社会保险制度改革中，通过引入个人缴费机制，使人们从依赖国家和单位的"大锅饭"中解脱出来，有利于减轻政府和企业负担，有利于体现效率和公平的原则，有利于改善社会保障资金管理。从职工个人工资中提取百分之二缴纳基本医疗保险费，这部分钱今后还是用于职工个人，而且作为基金存入银行，有利息收入，对职工个人的好处是很明显的。当然，这涉及到职工个人收入用途的调整，一定要做好深入细致的思想政治工作，使广大职工正确认识这项改革的意义，积极参与改革。

第三，建立社会统筹与个人账户相结合的制度。国务院决定要求，基本医疗保险实行社会统筹与个人账户相结合，也就是用人单位和职工个人缴纳的基本医疗保险费要分别建立统筹基金和个人账户。采取这种方式，是总结我国医疗保险制度改革试点的经验，借鉴国外医疗保险制度的成功做法，并结合中国国情提出来的。这是一项重要的制度创新。所谓社会统筹，就是对基本医疗保险基金实行统一筹集、统一管理、统一调剂、统一使用。建立基本医疗保险统筹基金，可以实现医疗保险基金的互助共济、统筹调剂，较好地分散风险、均衡负担，有助于实现社会公平。然而，它只解决了医疗保险基金需要的横向调节问题，不能解决个人自我约束问题。建立基本医疗保险个人账户，就是要建立职工自我约束和储蓄积累机制。个人账户的资金，包括职工本人缴纳的基本医疗保险费，还包括用人单位缴费中百分之三十左右的部分，归职工个人所有。建立职工个人账户，不仅能够促使职工自觉地节约医疗费用，也会促使职工在年轻健康时为年老多病时做必要的积累。社会统筹与个人账户相结合，既可以发挥基本医疗保险统筹基金的互助共济作用，又可以发挥基本医疗保险个人账户的积累作用，增强个人节约医疗费用的意识和自我保障的能力。

明确统筹基金和个人账户各自的支付范围，并要分别核算，不能互相挤占，是把社会统筹与个人账户相结合制度落到实处的关键。个人账户主要支付小额医疗费用或门诊医疗费用，统筹基金主要支付大额医疗费用或住院医疗费用。从一些地方的实践经验看，实行统筹基金与个人账户相结合的基本医疗保险制度，还必须明确统筹基金的起付标准和最高支付限额。起付标准是指按规定可以进入统筹基金支付的"门槛"；最高支付限额就是"封顶"线，超过"封顶"线以上的医疗费用，可以通过商业医疗保险等途径解决。起付标准以上、最高支付限额以下的医疗费用，主要从"统筹基金"支付，个人也要负担一定比例。这样做，才不致于造成统筹基金的超支，才能保持收支平衡。国务院决定中提出，统筹基金起付标准原则上控制在当地职工年平均工资的百分之十左右，最高支付限额原则上控制在当地职工年平均工资的四倍左右。这个控制标准，是根据目前全国职工医疗费用的实际支出测算，综合考虑筹资水平和各方面承受能力，总结近几年部分试点城市的经验提出的。各地方情况不同，统筹基金的起付标准和最高支付限额，由统筹地区根据以收定支、收支平衡的原则自行确定。

目前，各地存在着许多不同的医疗保险管理模式，随着改革的不断深入和发展，都要向社会统筹与个人账户相结合的模式逐步过渡。统筹基金和个人账户如何结合得更好，各地要根据自己的实际情况继续探索，进一步总结经验，逐步完善。

第四，合理确定基本医疗保险统筹范围，加强基金管理。在前几年的改革试点中，有的地方以县（市）为单位搞医疗保险，基金只在县（市）范围内统筹共济。这样的统筹范围，在一些经济发展水平不高的地方，统筹基金捉襟见肘，互济和抵御风险的能力比较弱。考虑到各地经济发展和职工医疗消费水平差异较大，也考虑到基本医疗保险制度刚起步和管理上经验不足等实际情况，国务院决定中提出，基本医疗保险基金的统筹范围，原则上以地级以上行政区（包括地、市、州、盟）为统筹单位，也可以县（市）级为统筹单位，北京、天津、上海三个直辖市原则上在全市范围内实行统筹。各地要根据这些原则，全面分析本地区的实际情况，合理确定统筹范围。

城镇职工基本养老保险已经取消行业统筹，实行属地管理。城镇职工基本医疗保险也要实行属地管理，不搞行业统筹。城镇职工基本医疗保险制度实行属地管理，是国务院从进行医疗保险制度改革试点开始时就反复强调的，但在试点中一些地方反映落实的难度较大，主要原因是一些行业和单位效益好，医疗待遇高，若参加所在地的基本医疗保险，不仅要多拿钱，还要降低原来的医疗待遇水平，因此不愿意参加。有些地方的筹资比例偏高、统筹层次较低，确实给少数行业和大企业参加地方改革带来一些实际问题。在国务院的决定中，已考虑到这些因素，严格控制了筹资水平，避免过多地增加这些行业和单位的负担；同时明确提出，为了不降低一些行业的企业职工现有较高的医疗消费水平，这些企业在参加基本医疗保险的基础上，作为过渡措施，允许建立企业补充医疗保险。企业补充医疗保险费在工资总额百分之四以内的部分，从职工福利费中列支，福利费不足列支的部分，经同级财政部门核准后，列入成本。亏损企业不得建立企业补充医疗保险。企业补充医疗保险不参加社会统筹。因此，各行业、各单位都要从大局出发，认真落实属地管理原则，参加当地的基本医疗保险，并执行统一政策和标准。对于铁路、电力、远洋运输等跨地区、生产流动性较大的企业及其职工，可以相对集中的方式，跨行政区异地参加统筹地区的基本医疗保险。

加强医疗保险基金管理，是城镇职工基本医疗保险制度健康运行的必要条件。为此，一是所有医疗保险基金，都要由社会保险经办机构负责筹集、管理和支付，并要建立健全预决算制度、财务会计制度和内部审计制度。二是要加强医疗保险基金支出管理，要严格按照统筹基金和个人账户的支付范围，量入为出，以收定支；坚持做到统筹基金起付标准以下的医疗费用，由个人账户支付或个人自付；统筹基金要做到收支平衡，不要超支。三是基本医疗保险基金要纳入财政专户，实行收支两条线管理，做到专款专用。基本医疗保险基金是职工的"救命钱"，任何单位和个人都不得挤占、挪用。四是要切实加强对基本医疗保险基金支付、使用的审计和监督。五是社会保险经办机构和财政部门要增强服务意识，做到基金及时拨付和结算，提高工作效率。各项开支都要厉行节约，杜绝浪费。

第五，加快医药卫生体制改革，降低医疗成本，提高医疗服务质量和水平。这是城镇职工医疗保险制度改革成功的关键。医疗机构和医疗服务管理是控制职工医疗费用的中心环节。目前，我国城镇职工医疗费用浪费严重和上涨过快，一些改革试点城市的统筹基金大量超支，都与现行医药卫生体制和运行机制有很大关系。在医疗保险制度的改革中，基本医疗保险带给职工的权益将通过医疗服务得以具体实现，而基本医疗保险制度要求医疗机构提供质量好、成本低、方便、规范的服务。因此，医药卫生体制改革必须与城镇职工医疗保险制度改革配套进行。如果医疗机构不改革，不加强医疗服务管理，城镇职工基本医疗保险制度即使建立起来了，也难以正常运转下去。

目前，我国卫生资源配置上存在总量不足与城市卫生资源过剩并存，同时也存在结构不合理的问题。城市大中型综合医疗机构普遍处于供过于求、人浮于事的状态。一九九七年，全国有百分之六十七点三的病床和百分之六十点四的医务人员集中在县级以上大中型医院，而基层医疗机构卫生资源稀少。医疗机构这种布局和结构，使城市卫生资源的使用效率很低。庞大的公办医疗机构和医务人员，要靠财政、企业和职工医疗费用来维持是非常困难的，也是不合理的。应当与建立职工基本医疗保险制度相配合，加快推进医药卫生体制改革的步伐，不断改善医疗服务管理，使职工群众能够以较少的医疗费用得到较好的基本医疗服务。为此，国务院决定中提出了一个总的要求和几方面的具体措施。总的要求是，要根据《中共中央、国务院关于卫生改革与发展的决定》作出的部署，调整医疗卫生服务结构，改革医药卫生体制，规范医疗行为，减员增效，提高卫生资源的利用效率和医疗服务水平。其具体措施：一是确定基本医疗服务的范围和标准。要制定基本医疗保险药品目录、诊疗项目和医疗服务设施标准以及相应的管理办法，使有限的医疗保险基金真正用于职工基本的医疗需求。二是对提供基本医疗服务的医疗机构和药店实行定点管理，引进竞争机制，职工可以在定点医疗机构就医、购药，也可以在定点药店购药。三是在对医疗机构进行调整、改革，分流富余人员，并进行经济运行分析和成本核算的基础上，合理提高医疗技术收费价格，体现医术劳务价值。四是实行医、药分开核算，分别管理。五是积极发展社区卫生服务，将社区卫生服务中的一些医疗服务项目纳入基本医疗保险范围。社区卫生服务的广泛开展，既可以促进医疗资源的合理配置和有效利用，又可以为职工提供方便、快捷、优质的医疗服务。搞好医药卫生体制改革和医疗服务管理，不仅会有利于城镇职工基本医疗保险制度的顺利建立，而且将有力地推进我国整个医药卫生事业的健康发展。国务院有关部门要抓紧制定具体的实施办法和相关配套措施。

在做好以上重点改革工作的同时，还要注意妥善解决好以下有关人员的医疗待遇问题。

离休人员和老红军不参加医疗保险制度改革，有关的医疗待遇保持不变。目前全国有一百八十多万名离休老同志，健在的老红军为数更少，他们为新中国的成立和社会主义事业作出了重要贡献，是国家的功臣。各地要保证这部分老同志的医疗需要，医疗费用仍然实行实报实销，所需费用按原资金渠道解决。对支付这部分老同志医疗费用确有困难的单位，各级政府要切实帮助解决。

二等乙级以上革命伤残军人的医疗待遇也不变，医疗费用按原资金渠道解决，由社会保险经办机构单独列账管理。医疗费用不足部分，由当地人民政府解决。

退休人员参加基本医疗保险，个人不缴纳基本医疗保险费。退休人员是一个很大的群体，目前全国有近三千万人，医疗费支出占总支出的比例也较大，约为百分之二十三。各地在制定城镇职工医疗保险制度改革政策时，既要考虑这部分老同志过去没有个人账户积累，现在年老体弱、医疗费支出较多的实际，又要充分考虑基本医疗保险基金的承受能力，对他们的个人账户的计入金额和个人负担医疗费的比例给予适当照顾。

目前，全国国有企业有下岗职工六七百万人，预计今后几年内还会有部分职工下岗。保证下岗职工的基本医疗，是保证国有企业改革顺利进行的重要条件，是当前各级政府面临的一项重要任务。在一九九八年五月党中央、国务院召开的国有企业下岗职工基本生活保障和再就业工作会议上，江泽民总书记、朱镕基总理都发表了重要讲话，要求各级政府高度重视并切实解决国有企业下岗职工的基本生活和社会保障问题，会议明确了由再就业服务中心为下岗职工缴纳包括医疗保险费在内的社会保险费的有关政策。国务院决定中进一步明确，国有企业下岗职工的基本医疗保险费，由再就业服务中心按照当地职工平均工资的百分之六十为基数代职工缴纳，并享受相应的医疗保险待遇。各地要按照中央的要求，务必高度重视，切实解决好国有企业下岗职工的基本医疗保险问题。

关于国家公务员的医疗保险问题，国务院决定规定，国家公务员在参加基本医疗保险的基础上，享受医疗补助政策。国际经验表明，要吸引高素质人员进政府部门工作，保证有一支稳定、廉洁的公务员队伍，使政府高效率运行，对公务员就要有较高的福利待遇。在我国，这种待遇目前很难体现在工资上，只能体现在养老、医疗保险等方面。劳动保障部等有关部门正抓紧研究具体办法。

医疗保险制度在世界上已经有一百多年的发展历史了，多数市场经济国家已建立了社会医疗保险制度。由于社会、政治、经济制度以及历史、文化背景的不同，各国医疗保险制度的模式也不尽相同。迄今为止，还没有哪一个国家的医疗保险制度是完美无缺的，各国都在进行改革和完善。在我们这样一个处于社会主义初级阶段的发展中大国，建立覆盖城镇所有用人单位和职工的基本医疗保险制度，需要研究解决许多矛盾和问题。只要我们认真贯彻执行中央的决策和部署，上下共同努力，有中国特色的城镇职工基本医疗保险制度就一定能够顺利建立起来。

为振兴广西创造出更加辉煌的业绩[*]

（一九九八年十二月十一日）

广西地处南疆，临近港澳，背靠大西南，面向东南亚，是我国西南地区对外开放的窗口和最便捷的出海通道。随着南昆铁路通车和防城港、北海港、钦州港等北部湾港口群的进一步配套完善以及能源、通信等其他基础设施的不断改善，广西的区位优势更加突出，投资环境更具吸引力。广西属亚热带，土壤和气候条件对于发展特色农业得天独厚。广西丰富的旅游、水力、矿产等自然资源，也为经济的发展提供了良好的条件。广西正面临着前所未有的发展机遇。全区各族干部群众要抓住机遇，团结奋斗，在振兴广西的伟大事业中创造出更加辉煌的业绩。

坚持以经济建设为中心，加快发展，提高各族人民的生活水平，是广西面临的首要任务。要认真贯彻党的十五届三中全会精神，坚持党在农村的基本政策不动摇，进一步加强农业的基础地位，加快农村经济的发展，增加农民的收入，保持农村社会的稳定，这是实现广西发展和稳定必须抓好的头等大事。要按照转变

---

* 这是吴邦国同志在庆祝广西壮族自治区成立四十周年大会上讲话的一部分。

经济增长方式的要求，重点发展"两高一优"农业、生态农业、创汇农业，大力实施粮食、蔗糖、林业、水果、蔬菜、烟叶、畜牧、水产等产业化工程。要加强水利设施建设，提高农业科技水平，完善农业服务体系，建设一批有一定规模的高起点、高效益的种养基地和系列化加工项目，以贸工农一体化为纽带，积极推进农业产业化经营。要以市场为导向，立足于发挥区域优势，培育新的经济增长点，下大力气解决地区产业趋同和低水平重复建设问题，努力提高经济增长的质量和效益。要按照政企分开，抓"大"放"小"和"三改一加强"的要求，加快国有企业改革步伐，改造提高现有工业企业的技术水平，增强市场竞争力。要优先发展依托本地资源、具有地方特色的优势产业和名牌产品。既要鼓励优势企业壮大，又要扶持中小企业发展，不断提高经济效益和市场占有率。要高度重视扶贫攻坚工作。近些年来，在自治区党委、人民政府的领导和社会各界的大力支持下，经过贫困地区广大干部群众的艰苦努力，广西的扶贫工作取得了显著成绩，贫困人口大大减少，贫困面迅速下降。但是扶贫任务仍然十分艰巨，尚未解决温饱的贫困人口大部分居住在大石山区，生产生活条件恶劣，扶贫工作的难度很大。我们必须站在讲政治的高度，进一步加大扶贫力度，走就地开发与异地开发相结合的路子，打好扶贫攻坚战役，确保本世纪末基本解决贫困人口温饱问题的战略目标如期实现。在经济建设中必须实施可持续发展战略。要切实抓好计划生育工作，落实人口与计划生育目标责任制，实现人口增长与经济发展相协调。要十分注意保护生态环境，加强管理，严格执行土地、森林、矿产、海洋等资源管理和保护的法律法规，合理利用资源。刚刚结束的中央经济工作会议，总结了一九九八年的经济工作，提出了明年经济工作的总体要求和政策措施，对改革和建设各项工作作出了全面部署。希望广西结合实际，全面抓好落实。

进一步解放思想，转变观念，深化改革，扩大开放。改革开放是经济发展的强大推动力，也是各民族共同繁荣的必由之路。要准确把握党在社会主义初级阶段的基本路线、基本理论和基本纲领，从广西生产力发展的实际出发，坚持"三个有利于"标准，积极探索公有制的实现形式和一切符合社会化生产规律的经营方式，调整和完善所有制结构。要坚持以公有制为主体、多种所有制经济共同发展的方针，引导和鼓励个体、私营经济的发展，进一步繁荣城乡经济。要认真贯彻落实党的十五届三中全会通过的《关于农业和农村工作若干重大问题的决定》，继续深化农村改革，坚持以家庭承包经营为基础、统分结合的经营制度和以劳动所得为主与按生产要素分配相结合的分配制度。要加快国有企业改革的步伐，按照"产权清晰、权责明确、政企分开、管理科学"的要求，全面推进现代企业制度的建立。要着眼于搞好整个国有经济，对国有企业实施战略性改组，切实抓好大中型国有企业，放开搞活小型国有企业，实行鼓励兼并、规范破产、下岗分流、减员增效和实施再就业工程。同时，要积极推进各项配套改革，建立和完善社会保障体系，保证经济体制改革的顺利进行。要按照建立社会主义市场经济体制的目标，加快和深化各项改革，促进统一开放、竞争有序的市场体系的形成，进一步发挥市场机制对资源配置的基础性作用。同时，要加强民主与法制建设，按照中央的统一部署和精简、统一、效能的原则，积极稳妥地搞好政府机构改革。要充分发挥广西的区位优势，全面实施开放带动战略，推动全区的对外开放。大力推进南宁、北海、钦州、防城港等沿海地区的开放开发，形成全区对外开放和经济发展的龙头，更好地利用国际国内两种资源、两个市场，促进经济的开发与振兴。

1998 年 12 月，出席广西壮族自治区成立 40 周年庆典的中央代表团分五路赴广西各地慰问。图为中央代表团团长吴邦国在南宁市郊的武鸣县双桥镇杨李村慰问壮族群众。

坚持和完善民族区域自治制度，全面贯彻党的民族政策，维护民族团结和社会稳定，是广西经济和社会发展的基本前提。广西壮族自治区成立四十年来，在党的民族政策光辉照耀下，各民族和睦相处，平等、团结、互助的社会主义民族关系不断得到巩固和发展，"汉族离不开少数民族，少数民族离不开汉族，少数民族之间也相互离不开"的观念牢牢扎根于各族人民心中。良好的民族关系，为加快广西经济发展创造了良好的社会环境。民族区域自治制度适合我国国情，具有强大的生命力，今后要继续结合民族地区的实际和社会主义市场经济的要求，进一步坚持和完善这一具有中国特色的基本政治制度。要大力培养和使用少数民族干部，不仅要保证数量，更要提高质量、改善结构，造就一支高素质的包括政治、经济、科技、教育、卫生等各方面人才的少数民族干部队伍，使少数民族干部在经济建设、改革开放和维护社会稳定的实践中发挥更大作用。广西地处边疆，在改革开放和社会主义现代化建设的过程中，必须始终把维护社会稳定和国家安全放在十分重要的地位。要进一步加强全区各民族的团结，加强军政、军民团结，加强各级各族领导干部的团结，加强干部和群众的团结。要从大局出发，正确对待和处理改革与发展过程中出现的新情况、新问题，巩固安定团结的政治局面。要采取坚决措施，依法严厉打击走私、贩毒等各种危害国家利益和安全的犯罪活动，为改革开放和经济建设创造一个稳定良好的社会环境。

实施科教兴国战略，加强社会主义精神文明建设，提高各族人民群众的综合素质，促进广西社会的全面进步。坚持"两手抓、两手都要硬"，是我国社会主义现代化建设的一个根本方针。要在积极推进物质文明建设的同时，把精神文明建设提高到突出地位，认真抓紧抓好。要讲学习、讲政治、讲正气，搞好党风廉政建设。要坚持不懈地用邓小平理论教育各族干部群众，坚定走建设有中国特色社会主义道路的信心，深入持久地开展爱国主义、集体主义、社会主义教育，广泛开展多种形式的群众性精神文明创建活动，坚决扫除各种社会丑恶现象，营造良好的文化氛围，提高社会文明程度。要增强科学技术是第一生产力的意识，促进科技成果向现实生产力的转化，提高经济增长的科技含量，努力实现经济增长方式由粗放型向集约型的转变。要切实地把教育摆到优先发展的战略地位，努力提高各级各类学校办学水平，培养同现代化要求相适应的高素质劳动者和大批专门人才。要努力发展文化、卫生、体育等各项社会事业，提高全区各族人民的综合素质，为经济与社会的协调发展创造良好的条件。

信息产业应将微电子工业
作为重点之一 *

（一九九九年一月二十日）

半导体是信息产业的基础，国内有巨大市场，而我国半导体工业从六十年代起步，至今仍主要依靠进口，应该说教训很多。信息产业部成立的目的之一，就是促进产业的发展，除移动通信、数字电视等作为产业发展的重点之外，应将微电子也作为重点。今年九〇九工程[1]一季度将流片试生产（各方都很关注），这为发展我国半导体工业提供机遇。核心问题是低成本和自主创新能力（而不是生产线），建议专题研究，指定专人负责，把我国半导体搞上去。

注　释

[1] 九〇九工程，指二十世纪九十年代我国国民经济和社会发展第九个五年计划期间实施的超大规模集成电路专项工程。

---

* 这是吴邦国同志在一份关于半导体产业发展的研究报告上的批示。

做好民航工作的几点意见 [*]

（一九九九年一月二十五日）

近年来，我国民航事业发展很快，扭转了一度严峻的安全形势，各方面工作都取得了很大成绩。但是，去年经济效益大幅度滑坡，出现了全行业亏损，飞行安全也发生了一些事故征候，有的还比较严重，引起了党中央、国务院领导同志的高度重视。民航每年要承运五千余万名旅客，民航工作的好坏，直接关系到人民群众生命财产的安全，关系到社会的稳定。下面，我对做好一九九九年民航工作，尤其是安全和扭亏工作谈几点意见。

一、要始终贯彻"安全第一"的方针，坚持不懈地抓好安全工作。

一九九八年民航安全工作有以下三个特点：一是总的来说比较平稳，没有发生机毁人亡的大事故。二是还存在不少隐患，全年发生事故征候多起，有的已经到了机毁人亡的边缘。三是事故征候中人为因素占多数，人为因素中，违章操作的又占多数。这些事故征候绝大部分都是由于机务人员责任心不强，违章操作造成的，都是不应该发生的。这些事故的发生既反映了一些职工责

---

* 这是吴邦国同志在民航工作座谈会上的讲话。

任心不强，纪律性较差的问题，也暴露了民航企业在管理上的漏洞。因此，落实安全责任制，加强制度建设，狠抓安全管理，对做好民航安全工作至关重要。民航是高科技装备的行业，越是科技含量高的行业，对人员的素质要求越高，越要尊重客观规律，严格按规章制度办事。特别是对飞行和机务人员一定要高标准、严要求，严格管理。这既是对国家和人民负责，也是对他们个人负责。只有落实责任制，严格管理，加上过硬的技术，良好的作风，才能确保安全飞行万无一失。

目前，航空公司经济效益不好，在各方面压力很大的情况下，民航系统的干部职工一定要保持清醒的头脑，绝不能因为抓效益而放松了安全工作，要在保证安全的基础上抓经济效益。这里我想强调的是，千万不要把安全和效益对立起来，更不能绝对化。航空公司如果使人没有安全感，也就失去了乘客。没有人坐你的飞机，哪里还谈得上效益。企业如果没有效益，各方面矛盾就会突出出来，职工队伍也难以稳定，势必对安全造成不利影响。安全和效益是辩证的统一，不能一讲安全就不要效益，更不能一讲效益就不顾安全。民航系统的各级领导都要重视安全工作，主要领导要亲自抓安全工作。今后，凡是发生安全事故的单位，除了要对直接责任者进行严肃处理外，还要追究该单位主要领导的责任。民航系统全体干部职工要从保持社会稳定的政治高度来认识做好民航安全工作的重要性，坚持安全第一、预防为主的方针不动摇。党中央、国务院十分关心民航的安全问题，希望同志们再接再厉，作出新的成绩，创造更好的安全纪录。

二、狠抓扭亏，打好经济效益翻身仗。

一九九八年，民航系统经济效益严重滑坡，全行业亏损二十四亿四千万元，比一九九七年减利增亏五十五亿二千万元。亏损主要集中在直属企业，在全行业二十四亿四千万元亏损中直属企业亏损就达二十四亿三千万元，直属六大航空公司全部由赢利大户变为亏损大户。一九九八年四月我就对民航的效益问题多次作过批示，但有的同志认为下半年效益会好起来，民航总局虽然也采取了一些措施，但力度不大，有些问题还没有引起重视，没有遏制住亏损增加的势头。民航系统的企业财务报表显示，上半年亏损，八月份持平，九月份亏损五亿九千万元，十月份亏损八亿元，十一月份亏损六亿六千万元，十二月份亏损八亿七千万元。亏损的原因固然有亚洲金融危机等外部环境的影响，如境外旅客减少、汇兑损失等，但主要还是运力增加过快、航班供过于求、空飞虚耗增加、企业恶性竞争、管理粗放等内部管理问题。因此，绝不能因外部环境的影响而掩盖内部管理存在的问题，要敢于正视自己内部的问题。应该看到，现在不少国有大中型企业的经营状况趋向好转，如铁路系统一九九八年在客货运量有较大幅度下降的情况下减亏十九亿元，冶金行业在每吨钢降价一百八十元的情况下实现利润二十四亿元，基本与上年持平。而民航在运输周转量增加百分之六点三的情况下，却减利增亏五十五亿二千万元，这还是账面数字，若按同口径比较，实际比一九九七年减利增亏八十九亿六千万元，这在各行业中是比较突出的，应当引起我们的高度重视。不能强调客观，更不能怨天尤人，要真正把工作的注意力和着重点放在怎样适应市场需要上来，放在自己能做的事情上来。要有强烈的责任感、危机感和紧迫感，下定决心，竭尽全力，尽快把经济效益抓上去。当前迫切需要解决的是票价大战问题、销售代理问题、航线航班调整问题以及内部管理粗放问题。一九九九年要在坚持安全第一的前提下，以经济效益为中心，打好几个硬仗。

第一，坚决制止低价倾销，维护运输市场秩序。对这个问题，有的同志抱有不正确的观念，一是认为削价竞争是市场行为。应该看到以低于成本的价格促销，实质上就是倾销，不是正常的市场行为，而属于不正当竞争，根据《中华人民共和国反不正当竞争法》和《中华人民共和国价格法》的有关规定，要依法给予处罚。制止低价倾销不是干预企业自主权，而是维护市场的公平竞争。另外，低价倾销也没有给企业带来好处。按我国目前的经济发展和人民生活水平，航空公司服务的对象除了旅游者以外，主要是出差和经商的乘客，通过降价争取到乘客比例不大。据统计，由于削价竞争，一九九八年民航国内航线损失收入约二十多亿元，加上国际航线损失收入约在三十亿元以上。这个数字很能说明问题。二是认为削价竞争属于企业行为，政府不宜多管。国有企业与国外企业不同，国外企业多是私人公司，亏损严重老板是要跳楼的。民航企业都是国有企业，航空公司降价，降的是国家的税收、企业的利润。国有企业经营者的责任就是完成国家对企业提出的经营目标，不能离开国家利益和企业的经营目标谈企业行为。利润目标没有实现，低价倾销只能是坑害国家和企业，这样的企业领导是不称职的。三是认为目前航空运输市场萎缩，不如此就不能保住已有的市场份额。而实际上航空公司乘客是一个相对固定的群体，一般不会变化太大；另外还有一个消费心理问题，消费者一般是买涨不买落。如有一段时间汽车销售价格降得很厉害，但销量并没有增加很多，后来汽车制造业实行行业自律，不再降价，销量反而上去了。所以一味降价并不是有效的促销方式。

低价倾销的做法严重干扰了航空运输市场秩序和价格秩序，损害了国家利益。国务院已经批准的国家计委和民航总局关于民航运价管理规定明确：国内航线除国家规定的优惠对象外，严格执行公布票价，特殊优惠的范围严格限制在团体、教师和学生，优惠幅度为公布票价的百分之十，并由航空公司的自办售票处和指定代理人销售；上收和集中临时性折扣、免票审批权。各航空公司要讲大局，服从国家的宏观调控，不折不扣地执行这个管理规定。民航总局、民航各地区管理局及地方物价部门要加强监管，严肃查处违规行为。

第二，下决心彻底整顿销售代理。造成航空运输市场混乱的一个重要原因，是销售代理过多过滥。据统计，全国销售代理五千多家，加上"二代"、"三代"及违规代理，总数可能超过一万家。民航系统每年销售五千六百万张机票，其中百分之七十通过代理销售，仅代理费一项一年支出竟达二十四亿元。一方面请了上万家销售代理，另一方面民航许多职工又没有事情干，这岂不是怪事。销售代理过多过滥，不仅使航空公司收入大量流失，损害了国家和企业利益，而且腐蚀了队伍，败坏了风气。因此，民航总局要对机票销售代理进行全面清理，大幅度削减机票代售点，增加航空公司机票直销点。销售代理的"花头"多得很，对清理中发现的问题要不讲情面，坚决处理。同时，要对销售代理的经营资格作出规定，凡达不到条件的一律取消其代理权。要把清理整顿销售代理，作为控制成本的一项措施，作为航空公司减员增效和改善服务的一项重要工作抓紧抓好。

第三，要根据市场需要，适当调整航线航班。对国际航线应本着对外竞争，对内联合，内外有别，一致对外的原则，进行必要的调整，对国内航线也要进行清理。据统计，一九九五年民航班机客座率是百分之七十一点五，一九九六年是百分之六十九点三，一九九七年是百分之六十五，一九九八年是百分之五十八点五。造成这种每况愈下的原因有两条：一是盲目购机，造成运力过剩；二是航线航班不合理，一条航线一家航空公司飞是赚钱的，如果三家航空公司飞就都赔钱。根据这种供大于求、客座率过低的情况，航线经营应适当集中，并适当调减航班、减少空飞虚耗、节约成本支出。调整航线航班要引进市场竞争机制，民航总局要抓紧研究航线、航班的调整办法，做到公开、公平、公正。同时要严格控制运力增长，多渠道消化过剩运力。民航系统

2000 年 3 月 12 日，吴邦国来到北京南苑机场，参加西安飞机公司制造的首架新舟60 飞机首飞活动。

三年之内不再批准购买大型飞机，个别公司由于飞机更新造成运力紧张的，可以在国内调剂解决。

第四，切实改变管理粗放的状况，加强企业内部管理。内部管理工作比较薄弱是民航工作存在的突出问题。民航企业要立足依靠自己的力量脱困，通过深入学习邯钢经验，眼睛向内，真抓实干，向管理要效益，靠管理挖潜力。邯钢一九九八年钢产量并没有增加，但利润却保持了一九九七年的水平，靠的就是加强管理，从原料和设备的购进、生产设施的大修等各个环节中挖掘潜力，降低成本。民航航材库存占用资金有多少，一年仅利息支出就吓死人，礼品采购一年就达数亿元，改革一下采购和管理方式，潜力大得很，还堵塞了腐败的漏洞。现在国有企业都在减员增效，外国航空公司效益不好也要裁员，民航不能再吃"大锅饭"了。一九九九年要积极推进减员增效、下岗分流和实施再就业工程，把富余人员减下来，通过转换用人机制充分调动广大职工的积极性。

这里我要特别强调一点，就是要落实扭亏增盈责任制。国有企业搞得好不好，领导班子是关键。领导班子特别是一把手如果懂经营、会管理、廉洁自律，困难再大也能克服。领导班子不得力甚至腐败，好的企业也会搞垮。因此，要任人唯贤，切实搞好领导班子建设。对那些因经营不善而导致企业亏损的主要领导，一年"黄牌"警告，两年就地免职。抓扭亏增盈是一个硬仗，抓效益也是对民航企业领导干部的一次严峻考验，只要大家坚定信心，知难而进，扎扎实实地工作，就一定能够实现扭亏为盈的目标。

考虑到民航的实际困难，最近国务院调整了对民航的部分政策，主要是为了减轻航空公司的负担。这是中央领导对民航工作的关心和支持。希望大家正确理解和对待中央所给予的政策，不要有任何依赖思想。民航企业生存和发展的根本出路还是要靠自己艰苦奋斗。

三、要进一步深化民航的体制改革。

民航系统从一九八〇年脱离军队建制走企业化道路开始，经历了几次大的改革。但是，目前的管理体制还不能适应社会主义市场经济体制的要求。一九九八年民航经济效益出现严重滑坡，直接原因虽然很多，但是体制和机制问题也是一个重要原因。当航空运输由卖方市场变为买方市场以后，不论企业的经营机制还是民航管理部门的行政管理，都很不适应，暴露出了很多问题。民航改革的关键是实行政企分开。民航管理部门要精简机构，转变职能；航空运输企业要进行企业改组，实行大公司大集团战略，加快建立现代企业制度；机场管理体制要能够充分发挥地方的积极性。要转变观念，做好思想政治工作，统一认识。改革的决心要坚决，方法步骤要积极稳妥，并尽量保持骨干队伍稳定。

最后，对领导干部提几点要求。在座的都是民航各大单位的主要领导，希望大家认清肩负的重任。一要加强学习，提高素质。要认真学习邓小平理论，关键是掌握立场、观点、方法，在认识和解决实际问题上下功夫；要学习市场经济理论，提高在复杂的情况下适应市场、驾驭市场的能力；要学习现代管理知识，探索适应我国实际的现代企业管理方法；要学习业务知识，特别是本行业、本岗位的知识，掌握工作主动权。二要搞好团结，形成合力。作为领导干部，特别是一把手，要胸怀宽阔，不要在非原则问题上耗费精力，更不能因一点小事闹不团结，搞内耗。三要讲究领导艺术。当前工作很多，哪一项都不能耽误。领导干部要胸怀全局，善于抓住主要矛盾，兼顾次要矛盾，带动其他工作。四要重视思想政治工作。民航系统发生的一些事件，暴露了思想政治工作薄弱的问题。要认真汲取教训，充分发挥我们的政治优势，有的放矢地做好思想政治工作，为确保安全、提高效益、深化改革提供强有力的思想保证。

建立质量技术监督管理新体制 *

（一九九九年三月二十六日）

国务院决定召开全国质量技术监督管理体制改革工作会议，贯彻落实《国务院批转国家质量技术监督局质量技术监督管理体制改革方案的通知》，部署省以下质量技术监督系统实行垂直管理的体制改革工作。参加会议的除了质量技术监督部门的负责同志外，还请了各省、自治区、直辖市人民政府分管领导和组织、机构编制、财政部门负责同志。希望各地党委和政府加强领导，各有关部门大力支持，通力合作，共同努力，圆满完成质量技术监督管理体制改革任务。

一九九九年是实现跨世纪宏伟目标关键的一年，各项改革和发展的任务十分繁重。搞好各项改革，做好今年的经济工作，对于保持国民经济持续、快速、健康发展和社会稳定，把建设有中国特色社会主义事业全面推向二十一世纪，具有十分重要的意义。通知明确了质量技术管理体制改革的具体方案，并对有关工作作出了全面部署。下面，我就质量技术监督管理体制改革和加

强质量技术监督工作讲三点意见。

一、改革现行质量技术监督管理体制，是党中央、国务院加强质量技术监督工作的一项重大措施。

党中央、国务院十分重视质量技术监督工作。江泽民总书记在党的十五届三中全会上指出：我们的经济增长，是要实实在在、没有水分的增长，是在提高质量和效益上的增长。对此，各级领导干部一定要引起注意。要把工作的重点放在调整结构、改进质量和提高效益上来。在一九九八年十二月召开的中央经济工作会议上，江泽民总书记再一次强调：要在保持经济适度快速增长的同时，把工作的着力点放在优化结构、提高经济增长的质量和效益上来。改革开放二十年来，我国的质量工作取得了可喜的成绩，质量总体水平有了一定提高，为经济的发展和人民生活的改善作出了贡献。但总的看，我国的产品质量、工程质量和服务质量状况还不能适应经济建设的需要，已经成为制约我国经济发展的一个重要因素。党中央、国务院决定改革现行质量技术监督管理体制，就是要下决心加强质量技术监督工作，逐步营造一个健全有效的适应社会主义市场经济的质量技术监督体系，促进国民经济持续、快速、健康发展和社会全面进步。这次改革最核心的一条，就是省以下质量技术监督系统逐步实行垂直管理。这是党中央、国务院加强质量技术监督工作的一项重大措施。实行省以下质量技术监督系统垂直管理体制，原因有三条。

（一）实行省以下质量技术监督系统垂直管理，是落实党的十五大提出的深化行政体制改革，加强执法监督部门，保障社会主义市场经济健康发展的需要。质量技术监督部门是政府主管标准化、计量、质量工作并行使行政执法监督职能的部门。在国民经济和社会发展中，质量技术监督工作有着十分重要的作用：一是实现社会化、集约化生产的重要技术基础。二是加强技术进步、技术创新、加强企业科学管理的重要保证。三是规范市场秩序，联结国内外市场的重要手段。质量技术监督以法律为准绳，以标准为依据，以计量检测为手段，具有很强的科学性、公正性、权威性，这是其他监督手段无法替代的。改革现行质量技术监督管理体制，目的就是根据党的十五大提出的总体要求和发展社会主义市场经济的需要，把质量技术监督部门建设成为统一高效、运转协调、行为规范和有权威的管理标准化、计量、质量工作的行政执法部门。简言之，改革的目的就是要强化质量技术监督的职能，加大执法力度。

（二）实行省以下质量技术监督系统垂直管理，是保证执法的公正性、权威性，维护良好市场秩序的需要。质量技术监督部门在打击制售假冒伪劣商品、维护市场秩序方面做了许多工作，但是，制售假冒伪劣商品及市场欺诈等违法行为还没有从根本上得到遏制。之所以如此，原因是多方面的，但质量技术监督部门层层属地化管理是一个重要原因。这种体制难以保证监督部门独立、统一、严格、公正执法，不可避免地受到地方保护主义的干扰，办案难、处罚难，执法人员甚至因公正执法而屡遭打击报复。朱镕基总理严正指出：这些问题已经到了非解决不可的时候，既不能回避，也不能再拖，更不能后退，否则贻误整个改革和发展的进程。实行省以下垂直管理，有利于排除各种干扰，保证执法的独立性、公正性、权威性；有利于强化监督职能，加大执法力度，严厉打击制售假冒伪劣商品等违法行为；有利于建立起统一规范、运转有序的质量技术监督体系，解决技术监督机构重复设置和监督执法中重复检验等问题。

（三）实行省以下质量技术监督系统垂直管理，是提高质量技术监督队伍素质和执法水平的需要。实行省以下垂直管理，有利于加强对机构设置和人员编制的管理，把住进人关，制止素质差的人员混入质量技术监督部门；有利于统一协调、依法行政，发挥整体优势，提高行政执法水平；有利于加强作风建设，建立健全系统内部的监督、制约机制，加快建立一支高素质的质量技术监督队伍，树立科学、公正、廉洁、高效的行业形象。

希望各地党委和政府以及质量技术监督部门，充分认识改革现行质量技术监督管理体制的必要性和重要性，真正把思想认识统一到党中央、国务院关于改革质量技术监督管理体制的精神上来，积极自觉地做好改革工作。

二、加强领导，周密部署，精心组织，狠抓落实，确保质量技术监督系统管理体制改革工作如期完成。

质量技术监督管理体制改革是一项政策性强、涉及面广和难度较大的工作，需要各地区、各有关部门大力支持，密切配合，共同努力，稳妥实施。这次会议请各省、自治区、直辖市政府分管质量技术监督工作的负责同志参加，就是为了加强对这项工作的领导。为此，提出以下几点要求。

（一）各地党委和政府要高度重视，加强领导。要从建立和完善社会主义市场经济体制、维护良好的市场秩序、创造一个公平竞争的市场环境的大局出发，积极做好质量技术监督管理体制改革的各项工作。要根据通知精神，结合本地实际，抓紧制定实施方案，加强领导，周密部署，精心组织，狠抓落实；要及时协调解决改革方案实施中遇到的具体困难和问题，保证改革工作顺利进行。省级人民政府要加强对质量技术监督工作的领导，支持质量技术监督部门搞好机构改革和干部队伍建设，维护和强化质量技术监督部门的独立执法地位，使质量技术监督部门更加统一、有效地履行国家赋予的综合管理和行政执法职责。

（二）各有关部门要大力支持，密切配合。改革现行质量技术监督管理体制需要有关部门的支持和配合。一是各省、自治区、直辖市的组织部门要按照通知的规定，在征求国家质量技术监督局同意后，配备好省级质量技术监督局的领导班子；二是各省、自治区、直辖市机构编制管理部门要按照通知要求，确定和落实省级质量技术监督部门的机构设置和人员编制，保证质量技术监督工作正常开展；三是各省、自治区、直辖市财政部门要根据质量技术监督部门实行垂直管理和业务发展的需要，将所需经费足额纳入省级财政预算予以重点保障，为省以下各级质量技术监督部门依法行政提供必要的经费保证。

（三）各级质量技术监督部门要把实施管理体制改革作为当前的重要工作，切实抓紧抓好。国家质量技术监督局要尽快商中组部、中编办、财政部等有关部门，提出有关干部管理、机构设置和人员编制、经费保障等管理办法，并下发执行。各省、自治区、直辖市质量技术监督局要根据通知精神和各地的实施方案，尽快组织实施。在实施中，既要态度坚决、行动积极，又要精心组织、步子稳妥，保持正常的工作秩序。各地质量技术监督部门要紧紧依靠地方党委、政府的领导，及时主动地与组织、机构编制管理和财政等部门沟通协商，取得有关部门的支持。

三、加大工作力度，加强队伍建设，开创质量技术监督工作新局面。

一九九九年，在我们党和国家的历史上是具有特殊意义的一年，我们将庆祝中华人民共和国成立五十周年，喜迎澳门回归祖国。做好今年的经济工作意义十分重大。我们要努力实现一九九八年中央经济工作会议和九届人大二次会议提出的经济工作的总体要求，在保持经济适度过快增长的同时，切实把工作的着力点放在优化结构、提高经济增长质量和效益上来。因此，我们应当把质量问题作为经济发展中一个战略问题予以高度重视。

改革现行质量技术监督管理体制，充分体现了党中央、国务院狠抓质量工作的决心和对质量技术监督工作的重视。全国质量技术监督系统的同志们，应不辜负党中央、国务院的期望，扎扎实实地搞好管理体制改革工作，加强队伍建设，加大工作力度，为维护良好的经济秩序，促进国民经济持续、快速、健康发展，作出应有的贡献。为此，要突出抓好以下几方面工作。

（一）充分认识当前质量状况的严重性，进一步加大质量技术监督工作力度。改革开放以来我国的产品质量水平有了较大的提高。从近几年的情况看，国家监督抽查合格率稳定在百分之七十五至百分之七十八之间，较一九九二年至一九九四年的百分之七十有所上升；部分名牌彩电、冰箱、洗衣机、空调等产品，主要性能达到国际水平，钢材质量连续几年保持稳定，尿素、农用薄膜等重要农用产品质量有所上升；涌现出一批像邯钢、宝钢、上海大众、四川长虹、青岛海尔等质量效益型的企业。但我们也要看到，产品档次低、质量差、假冒伪劣屡禁不止的状况没有得到根本扭转，质量形势依然十分严峻，对此应有清醒的认识。我同意国家质量技术监督局对当前质量状况严重性的分析意见，一是产品质量低劣问题相当普遍；二是假冒伪劣现象屡禁不止；三是质量管理严重滑坡；四是优难胜、劣不汰问题十分突出；五是监督乏力，有效手段不足。这些问题对国民经济和社会发展造成多方面的严重危害，必须加强质量技术监督工作，加大执法力度。

首先，要加强质量技术监督立法工作，依法加大打击力度。要认真清理和修订现行质量技术监督法律法规，制定更为严厉的惩处措施，解决当前对制假、售假者打不"疼"、打不"死"的问题。严厉打击制售假冒伪劣商品的不法行为，对于建立和完善社会主义市场经济体制、保护人民群众的合法权益、深入开展反腐败斗争具有重要的意义。我们一定要以对人民、对国家高度负责的态度，充分认识这一工作的重要性、紧迫性和艰巨性，以打击走私一样的勇气和决心打击制售假冒伪劣商品等违法行为。

第二，要加大产品质量的监督、检查力度，对重要产品予以重点检查，保证产品质量国家监督抽查工作到位。对抽查出的不合格产品以及拒绝质量监督检查的企业，要组织新闻媒体予以公开曝光，并对这些企业的厂长、经理进行质量技术培训，责令限期整改；对整改后经复查其产品仍不合格的企业，由质量技术监督部门会同同级经贸委，严令停产整顿。

第三，落实"打假"工作领导责任制。各级政府要按照《国务院办公厅转发国家经贸委等部门〈关于深入开展打击生产和经销假冒伪劣商品违法行为的意见〉的通知》的要求，从省到乡镇逐级建立"打假"工作责任制，落实国家关于"打假"工作的部署。国务院有关部门要对假冒伪劣情况严重地区"打假"责任制落实的情况进行检查，并责令限期整治；对"打假"不力、限期内达不到整治目标的，要追究主要负责人的责任。各级质量技术监督部门要对"打假"工作实行一把手负责制，建立"打假"目标责任制，严格考核。

（二）转变机关职能，转变工作方式，改进工作作风。首先，要树立全局观念，转变机关职能。实行省以下质量技术监督系统垂直管理后，省级质量技术监督局既是省级政府的职能部门，又是全省质量技术监督系统的领导机关，因此，省局要树立全局观念，抓好宏观管理，统筹规划，统一领导省以下质量技术监督部门的工作；要尽快理顺职能，该管的事一定要认真管好，该下放、转移的职能要下决心下放、转移；要进一步提高工作的有效性，在政府管理经济和社会事务中充分发挥作用。第二，要转变工作方式，改进工作作风。实行省以下质量技术监督系统垂直管理后，省级质量技术监督部门的工作职能、工作要求和工作侧重点都将发生不同程度的变化，因此，我们的工作不能局限在过去的方法和方式上。质量技术监督工作任务重、头绪多，要突出重点，要有切实可行的措施和制度作保证，对部署的各项工作要件件抓落实，抓出成效；要深入调查研究，总结和推广典型经验。总之，要把主要精力放在想大事、议大事、管大事上，要办企业和广大消费者希望我们办的事。研究问题要有深度，解决问题要有力度，办事要有速度，工作要求实效。

（三）努力建设一支公正廉洁的质量技术监督队伍。朱镕基总理一九九三年就告诫质量技术监督部门：技术监督有了公正廉洁，就在社会上站得住；失去公正廉洁，就会垮台。因此，要以改革质量技术监督管理体制为契机，努力建设一支高素质的队伍，为强化质量技术监督执法和各项监督管理职能提供可靠的组织保障。一是要严把进人关。严格进人条件，严格考录公务员，坚持"公开、平等、竞争、择优"的原则，确保人员素质。二是要建立健全能上能下、激励与制约相结合的干部管理机制，加强廉政建设，切实提高干部的政治素质和业务素质。三是要逐步完善职工能进能出的机制，把那些不适合在质量技术监督系统工作，特别是以权谋私、吃拿卡要的人清除出去。要结合这次机构改革和管理体制改革，精简机构，裁减冗员，抓好人员分流工作。四是要加强各级领导班子和基层队伍建设。党中央决定在县级以上党政领导班子、领导干部中深入开展"三讲"教育，以整风的精神认真解决干部队伍建设中存在的突出问题，质量技术监督系统各级领导班子必须以良好的精神状态，认真抓好本系统的"三讲"教育工作，继续狠抓作风建设，树立良好的行业形象。要把加强以县级质量技术监督机构为重点的基层建设，作为一项既紧迫又长期的任务继续抓紧抓好。

（四）认真贯彻执行收支两条线管理的规定，促进依法行政。实行收支两条线管理，不仅有利于依法行政，割断利益关系，预防和治理腐败，也有利于各级财政的经费支持。质量技术监督管理体制改革后，质量技术监督系统要全面实行收支两条线管理，进一步规范执法中罚款和收费行为，严格依法行政。各级人民政府和有关部门要支持质量技术监督部门做好收支两条线管理工作，决不允许给质量技术监督部门下达罚款指标。

质量技术监督部门在维护经济秩序、促进国民经济健康发展中承担着十分重要的职责，党中央、国务院寄予厚望。希望质量技术监督部门的同志们在党中央、国务院的领导下，在地方各级党委、政府和各有关部门的大力支持下，周密部署、精心组织、狠抓落实，全面完成质量技术监督管理体制改革任务，建立起办事高效、运转协调、行为规范、执法统一，与发展社会主义市场经济相适应的质量技术监督管理新体制，为促进国民经济持续、快速、健康发展作出积极的贡献。

建设高素质的国有企业
领导班子和经营管理者队伍 *

（一九九九年四月十四日）

　　实现党对国有企业的政治领导，推进国有企业的改革和发展，必须建设思想政治素质好，经营管理能力强，掌握现代经济、金融、科技和管理知识，遵纪守法、廉洁自律的高素质的企业领导班子和经营管理者队伍，尤其是要选好企业的主要领导人。邯钢的经验很能说明这个问题。邯钢的钢铁产量在全国各大钢铁企业居中等，利润却连续几年保持全国第二；同时，他们还派出得力干部帮助一些困难企业，效果很明显。可见，加强国有企业领导班子和经营管理者队伍建设，是搞好国有企业的关键。江泽民、李鹏[1]、朱镕基[2]同志对这个问题都作过很多重要阐述，我们要认真学习。这里，我再强调四点。

　　第一，要充分认识加强国有企业领导班子和经营管理者队伍建设的重要性和紧迫性。目前，国有企业领导班子和经营管理者队伍总的状况是好的。绝大多数企业领导班子团结协作，开拓进取，顽强拼搏，涌现出一批在国际国内市场上享有良好信誉、具

---

　　* 这是吴邦国同志在全国加强国有企业领导班子建设座谈会上讲话的一部分。

有很强实力的优势企业。许多企业领导人员面对种种困难和压力，锐意改革，艰苦奋斗，忘我工作，赢得了广大职工的拥护和信任，为国有企业的改革、发展和社会主义现代化建设作出了重要贡献。在近几年国有企业遇到许多困难的情况下，如果企业领导人员没有一定的思想政治觉悟和事业心，就不会有今天的发展局面。对此，一定要充分肯定。

邓小平同志多次强调，政治路线的实现要靠组织路线来保证。他在一九九二年视察南方的谈话中指出："中国的事情能不能办好，社会主义和改革开放能不能坚持，经济能不能快一点发展起来，国家能不能长治久安，从一定意义上说，关键在人。""要按照'革命化、年轻化、知识化、专业化'的标准，选拔德才兼备的人进班子。我们说党的基本路线要管一百年，要长治久安，就要靠这一条。真正关系到大局的是这个事。"搞好国有企业，同样是这个道理。大量事实说明，一个好的领导班子可以使一个亏损企业变成赢利大户，一个不好的领导班子可以把一个优秀企业搞垮。搞好一个企业，光靠一个人无论如何是不行的；搞垮一个企业，一个人就足够了。这次座谈会上介绍的先进事迹说明，搞好国有企业要抓的工作千头万绪，但关键是要抓好企业领导班子和经营管理者队伍建设。加强企业领导班子建设，建设一支高素质的经营管理者队伍，是建立现代企业制度的要求，也是搞好国有企业的重要组织保证。

当前，加强国有企业领导班子和经营管理者队伍建设的任务十分紧迫。今年是实现国有大中型企业改革和脱困两大目标的第二年。九届全国人大二次会议通过的《政府工作报告》，明确了今年国有企业改革的主要任务。现在，国有企业改革和发展进入了关键时期和攻坚阶段，形势逼人。在这种情况下，加强企业领导班子建设，造就一支高素质的经营管理者队伍，就显得更加重要，更加紧迫。各级党委、政府和企业主管部门，一定要从改革开放和社会主义现代化建设的大局出发，进一步认识加强企业领导班子和经营管理者队伍建设的重要性、必要性和紧迫性，把这项工作作为一件大事抓紧抓好，抓出成效。

第二，努力提高国有企业领导班子和经营管理者队伍的政治业务素质。国有企业经营管理者队伍是我们党的干部队伍的重要组成部分。加强国有企业领导班子建设必须把思想政治建设放在首位，为什么这么讲？这是因为，对国有企业的改革和发展没有信心，不坚信国有企业与市场经济能够结合，就谈不上搞好国有企业。精神状态不振奋，怎么能去面对困难？没有事业心和责任感，又怎么能带领群众去克服困难？现在，西方发达国家也要求企业经营者有社会责任感，有精神凝聚力，也不只是靠物质刺激。提高国有企业领导人员的思想政治素质，主要体现在：认真贯彻执行党的路线方针政策和国家的法律法规；坚持企业改革的社会主义方向，具有强烈的事业心和责任感；从党和人民的根本利益出发，处理好国家、企业和个人三者利益的关系；廉洁自律、勇于奉献，全心全意依靠职工把企业办好。领导人应时刻想到自己的历史责任。目无法纪、损害国家利益，侵吞国有资产，是犯罪行为；为了个人或小集团利益，"打擦边球"、"绕着红灯走"，是违背党性原则的。党和国家把这么多国有资产交给我们经营，是对我们莫大的信任。我们应该事事处处把这种信任转化成做好工作的动力和责任，尽心尽力，保证国有资产的安全和增值，有损于国家利益的事情绝对不能做。这是对国有企业经营管理者思想政治素质的基本要求。

国有企业的领导人不仅要有较高的思想政治素质，而且要有较高的业务素质和经营管理能力。对那些经营状况长期不能好转的企业，必须调整领导班子。有些同志思想政治素质不错，工作也很辛苦，为什么还要调整职务呢？因为他们打不开局面，调整了之后换个思路，可能有新的变化。党的十四大以来，建立社会主义市场经济体制的进展加快，世界经济全球化的趋势日益明显，国内国外市场竞争非常激烈。对于许多国有企业来说，现在供求关系变了，市场规则变了，竞争对手也多了。国有企业不仅要与个体的、私营的企业竞争，还要与三资企业和跨国公司竞争。国有企业生存和发展的内外环境发生如此大的变化，相应地对企业经营管理者的素质提出了更高的要求。企业经营管理者只有尽快全面提高自身素质，才能适应这种变化。目前，在国有企业经营管理者队伍中，懂生产的多，熟悉市场的少；懂技术的多，熟悉管理的少，熟悉资本运营的更少。许多同志比较熟悉计划经济、卖方市场和国内市场的环境，对市场经济、买方市场和国际市场条件下的企业运作则很不熟悉，有的甚至感到束手无策。我们做过调查，许多企业亏损的原因主要有两个：一是决策失误，大都是由于对本行业的产品、技术和市场现状及未来发展趋势缺乏研究；二是一些企业领导人对财务管理不熟悉，对企业的账目不清楚。从根本上说，这两方面原因都与决策者的知识水平和业务素质有直接关系。因此，必须努力学习，主动地去适应变化，否则就有被淘汰的危险。江泽民同志多次强调，要学习学习再学习。国有企业的领导班子和经营管理者一定要按照江泽民同志的要求，把学习当作一项重要任务，不仅要学生产，也要学经营，学销售；不仅要学技术，也要学管理，学现代经营管理所需的各种知识；不仅自己要学习，还要带领全体职工学习，在企业中形成一种浓厚的学习风气。这样，才能提高驾驭市场经济的能力，提高管理水平，在市场竞争中立于不败之地。如果我们有一支宏大的高素质的经营管理者队伍，国有企业的改革和发展就大有希望。

1999 年 8 月 27 日，丁关根、吴邦国、曾庆红在北京人民大会堂接见国有企业领导班子先进事迹报告团全体成员。

第三，要建立健全对国有企业经营管理者的约束和激励机制。加强对国有企业监督，是国有企业健康发展的重要保证。目前，对国有企业监督不力的问题比较突出，导致国有资产大量流失，有些问题怵目惊心。一九九八年，通过稽察特派员的稽察，发现一些企业的问题相当严重。如有一户企业先后查了三次，前后相差十几亿美元，到底亏损多少，企业自己也不知道。有户企业自己查了三个月，连子公司、孙公司究竟有多少都搞不清。出现这种情况，主要原因是监督约束机制不完善。因此，建立和完善有效的监督约束机制是一项重要任务。

随着改革的深入，国家直接管理国有企业的职能逐步减少，但是作为所有者的监督职能要切实加强。国家作为国有企业的所有者，为保证国有资产的安全，保证所有者的权益，对国有企业实行有效的监督，这是天经地义的事情。要从体制上机制上加强对国有企业的监督。一九九八年国务院实行向国有重点大型企业派稽察特派员制度，这是建立和完善国家作为所有者对国有企业监督机制的重要探索。从这项制度初步运行的情况看，效果是好的。稽察特派员制度，主要是强化外部监督。外部监督很重要，内部监督更不可缺少。按照《中华人民共和国公司法》的要求建立法人治理结构，实质上是强化企业的内部监督，这要逐步完善。在企业内部，还要加强企业党组织的监督和职工民主监督。党组织和职工的监督有自身特点，包括事前、事中和事后监督，是企业自我约束的重要组成部分，是其他监督方式不能替代的。监督就是帮助，可以帮助企业领导人减少决策失误。监督就是爱护，可以使企业领导人头脑清醒，不栽大跟头。要把企业的外部监督和内部监督结合起来，更好地发挥作用。

在完善国有企业监督机制的同时，要重视调动国有企业经营管理者的积极性，完善激励机制。要制定必要的政策，在收入、荣誉以及相关的社会地位方面，充分肯定和体现国有企业经营管理者的劳动价值和贡献。要把国有企业经营管理者的收入和经营业绩挂钩，那些为企业发展作出重大贡献的经营管理者应当得到更多的奖励。各地近年来在激励手段方面进行了不少探索，要总结经验，不断完善，逐步制度化、规范化。

第四，要紧紧依靠党组织和职工群众办好企业。国有企业党组织是企业的政治核心。充分发挥企业党组织的政治核心作用和党员的先锋模范作用，调动广大职工的积极性和创造性，是国有企业的政治优势和力量源泉。把市场机制、先进的技术和管理与党的政治优势有机地结合起来，我们的国有企业就一定能够搞好。《中华人民共和国全民所有制工业企业法》、《中华人民共和国公司法》无疑要坚决贯彻执行，经营管理者依法行使职权必须予以保障，但不能片面理解厂长（经理）所拥有的权力。我们必须认识到，企业重大问题的决策，事关企业兴衰。发挥集体的智慧，实行民主、科学的决策，是防止和避免决策失误的最有效方法。在重大问题上搞个人说了算，把什么权力都揽到自己手上，既不尊重党委的意见、也不听其他同志的意见，这是对厂长（经理）负责制的片面理解和歪曲。搞独断专行、个人权力至上，最终都不会有好结果。企业的党员干部，要不断增强党的观念，自觉接受党组织的监督。当然，企业党组织也要大力支持厂长（经理）、股东会、董事会、监事会依法行使职权，切实发挥保证监督作用。企业党的工作要紧紧围绕企业改革和生产经营这个中心来进行。党组织负责人要不断提高参与决策的能力和水平。许多国有企业从实际出发制定了重大问题决策的程序和制度，要坚持并不断完善。

要充分尊重职工的民主权利，真正使职工当家作主，在国有企业的改革和发展中发挥好主人翁作用。当前，国有企业的改革和发展正处在关键时期，充分发挥包括工人、经营管理者和专业技术人员在内的全体职工的积极性，尤其重要。一个人的本事再大，决策再正确，如果得不到职工的理解和支持，企业改革和发展的任务也是不可能完成的。特别是困难企业，企业领导者必须把企业的实情向职工讲清楚，团结带领职工奋力拼搏，战胜困难。坚持和完善以职工代表大会为基本形式的企业民主管理制度，实行企业民主评议企业领导人和厂务公开。这既是对职工权利的维护，也是贯彻全心全意依靠工人阶级方针的具体体现。这样做的好处很多，一定要认真总结、推广这方面的经验，并长期坚持下去。

当前，不少企业思想政治工作非常薄弱，有许多职工十分关心的热点、难点问题没有得到很好解决。这值得我们高度重视。加强思想政治工作是我们党的优良传统。在新的历史条件下，这个好传统不能丢。企业越是困难，越要发挥党组织和党员的作用，越要加强思想政治工作。要帮助广大职工认清当前部分国有企业生产经营困难、富余人员过多的原因是多方面的，应正确对待。要明确认识企业实行下岗分流、减员增效是振兴国有企业的重要举措，有利于整个国有经济的发展，符合工人阶级的长远利益。要帮助职工群众树立与社会主义市场经济相适应的择业、就业观念。同时，要把做好职工的思想政治工作同解决实际问题结合起来，关心职工生活，倾听职工呼声，帮助职工解决生产和生活中的困难，把党中央、国务院对国有企业下岗职工的关心落到实处，以保证国有企业改革和脱困目标的顺利完成。

注　释

[1] 李鹏，时任中共中央政治局常委，全国人大常委会委员长。

[2] 朱镕基，时任中共中央政治局常委，国务院总理。

推行厂务公开，调动职工和
经营管理者两个积极性 *

（一九九九年四月十八日）

这次会议十分重要。我因故不能参加会议，在此作一个书面讲话。

第一，各级政府（行政）一定要充分认识推行厂务公开对于促进国有企业改革、发展和稳定的重要作用，高度重视这项工作。

经过二十年的实践，我国的国有企业改革取得了重大进展，管理体制和经营机制发生了深刻变化，总体实力大大增强。当然，一些国有企业确实遇到了不少困难。这些困难是前进中、发展中的困难，是完全可以克服的。围绕国有企业的改革和发展，中央制定了正确的方针政策，采取了一系列重大举措。现在，改革的思路和方针已经明确。一批企业在市场竞争中发展壮大，一些企业已经或正在走出困境，在实践中积累了许多成功的经验。只要按照中央的部署，动员和依靠工人阶级和全社会的力量，坚定信心，把握时机，迎难而上，扎实工作，中央提出的国有企业

---

* 这是吴邦国同志在天津召开的全国厂务公开经验交流会上的书面讲话，原题为《高度重视和大力推行厂务公开》。

改革和发展的目标就一定能够实现。当前最重要的是把我们的思想和行动统一到党的十五大精神上来，坚定不移地贯彻执行中央确定的方针政策。

落实中央的方针政策，大力推进国有企业的改革与发展，需要做的工作很多。朱镕基[1]同志在九届全国人大二次会议上所作的《政府工作报告》中，确定了今年政府要突出抓好的几项工作，其中第三项工作就是推进政企分开，健全监管制度，整顿和加强企业领导班子。这里包括全心全意依靠工人阶级，大力推进基层民主政治建设，切实发挥企业职工代表大会的作用，发挥职工群众的民主监督作用，坚持职代会评议企业领导人员的制度等。国务院强调这些问题的目的，全在于调动和发挥广大职工的积极性，全心全意依靠职工群众推进国有企业的改革与发展。现在的问题不在于要不要依靠职工群众，而在于怎么样去依靠职工群众，切实引导好、保护好、发挥好职工群众的积极性。要调动和发挥好职工群众的积极性，最重要的是维护好职工群众的物质利益，保障好职工群众的民主权利。这应该成为各级政府（行政）制定和实施国有企业改革政策与改革方案时的首要出发点。职工群众的物质利益得不到保障，职工群众的民主权利得不到尊重，职工群众的积极性就无从谈起。厂务公开正是从尊重和保障职工群众的民主权利，让职工知厂情、议厂政、务厂事，不断扩大基层民主，调动和发挥职工群众的积极性，推进国有企业改革、发展、稳定的客观需要出发，所做的大胆实践和有益探索。

从这次会上一些企业介绍的经验来看，实行厂务公开，确实产生了积极的效果。河北石家庄天同拖拉机有限公司、天津国际经济技术合作公司、辽宁抚顺特殊钢（集团）有限公司等单位，都是通过实行厂务公开，依靠职工加大改革力度，加强民主管理，调动了广大职工的积极性，或较快地扭转了亏损局面，或加快了发展步伐，使企业步入良性发展的轨道。当然，我们不能把这些企业的变化简单归之于实行厂务公开这一项因素。从根本上来讲，它是发动和依靠职工群众深化企业改革的结果。但也必须看到，推行厂务公开本身也是深化企业改革的客观要求。由于实行厂务公开，调动了广大职工的积极性，促进了企业管理的科学化、民主化，从而又推动了企业的改革，促进了企业的发展，维护了企业的稳定，这也是毫无疑问的。实践已经证明，推行厂务公开的企业，一般说来，职工群众的积极性就能得到更好发挥，各项改革措施实施得也比较顺利，实现企业脱困和发展目标也就有了可靠的群众基础和力量源泉。因此，无论是从推进企业的改革与发展，还是从维护企业的稳定来看，厂务公开都是扩大基层民主，加强群众监督，调动和发挥广大职工群众积极性的一种有效形式。它符合党的十五大精神，符合政府工作的要求。

第二，各级政府（行政）一定要切实看到推行厂务公开是建立现代企业制度的内在要求，自觉地按照建立现代企业制度的目标推进这项工作。

中央早就明确指出，搞好国有企业改革的两个中心环节是：理顺国家与企业的关系，政企分开，使企业真正成为自主经营、自负盈亏、自我约束、自我发展的法人实体和竞争主体；理顺企业与职工的关系，确立和保障职工的主人翁地位，最大限度地调动和发挥广大职工群众的积极性、智慧和创造力。国有企业改革的方向是建立"产权清晰、权责明确、政企分开、管理科学"的现代企业制度。这一制度的显著特征之一，就是要求企业必须加强科学管理，探索符合社会主义市场经济规律和我国国情的企业领导体制和组织管理制度，建立决策、执行和监督体系，形成有效的激励和制约机制。在这一特征中，无论是企业领导体制，还是组织管理制度；无论是决策、执行体系，还是监督制约体系；无论是激励机制，还是制约机制，都包含着邓小平同志强调的企业管理民主化的深刻内容。从一定意义上讲，离开人的管理，离开管理的民主化，都不会有真正的科学管理。民主管理是企业科学管理的基础和题中应有之义。因此，厂务公开与现代企业制度的内在要求是一致的，与现代企业制度的有关机制是统一的。像职代会制度和平等协商、集体合同制度等，也都是现代企业制度的题中应有之义，是现代企业内部管理制度中不可缺少的重要内容。所以，推行厂务公开，不仅仅是因为企业有了困难才提出这种要求，在企业改革和发展形势比较好的情况下，也同样需要实行厂务公开，因为它是一种科学管理制度的内在要求。同时，厂务公开搞好了，又能够进一步促进现代企业制度的完善和健康发展。从这次会议介绍的经验来看，不少企业正是朝着这个方向努力的。对厂务公开与现代企业制度内在要求的一致性，厂务公开对建立现代企业制度的促进作用，各级政府（行政）的领导同志务必要有深刻的认识。

第三，企业经营管理者要积极主动地实行厂务公开，真正把职工群众的智慧和力量凝聚到推进企业的改革与发展上来。

实行厂务公开，首要的问题是国有企业的经营管理者，想不想公开，愿不愿公开，敢不敢公开。解决这个问题，重要的是这些领导同志要对厂务公开有正确的认识。那种认为厂务公开会影响经营管理者权力行使的思想是不对的。必须看到，厂务公开的目的是为了调动广大职工和经营管理者这"两个积极性",共同搞好企业的改革、发展和稳定。实践已经证明,实行厂务公开,不仅不会影响经营管理者权力的行使,恰恰相反,它使这种权力的行使能够建立在更加广泛的群众基础之上,使这种权力的行使有了更加可靠的保证。当然,实行厂务公开对不正当行使权力的人的确是一种有效的制约和监督。在任何一种事物运动中,都有"动力"和"制衡"两个最基本的方面,"动力"有多大,"制衡"力也必须有多大,否则,其后果是不言而喻的。同样,作为企业管理机制,也必须有"激励"和"制约"两个基本方面,削弱或丧失"制约"的机制,其后果也是不言而喻的。因此,不能离开监督、制约去讲企业的科学管理,离开监督和制约,就没有管理的科学可言。健行[2]同志强调监督是对企业经营管理者行使权力的一种支持,是对经营管理者的一种保护、一种爱护,其道理就在这里。国有企业经营管理者权力的行使与职工群众民主管理和民主监督权利的行使是分不开的,企业领导人、领导班子只有自觉地把自身置于群众的监督之下,只有在决策的过程中善于集中广大职工群众的智慧和力量,在实施决策的过程中善于得到广大职工群众的理解和自觉执行,在监督决策落实的过程中善于获得广大职工群众的有效参与,其经营管理指挥权才会是真正有效的。也就是说,经营管理者在实施指挥的过程中,只有坚持一切相信群众,一切依靠群众,其自身的科学民主的"公仆"形象和管理权威才有可能真正树立。因此,推行厂务公开同加强企业管理、行使好经营管理者的指挥权是一致的,不能将其割裂开来,更不能将其对立起来。

第四,各级政府(行政)一定要采取有效措施,切实加强对推行厂务公开工作的领导。

厂务公开也好，村务公开也好，政务公开也好，都是为了贯彻党的十五大提出的"扩大基层民主，保证人民群众直接行使民主权利"的精神。企业职工代表大会在大力推进基层民主建设中的重要载体地位，在国家的法律、党与政府的文件和中央领导同志的讲话中都是十分明确的。推行厂务公开，是政府分内的事情，不能看作只是党委或纪委或工会的事。为此，各级政府（行政）及有关部门对推行厂务公开，一定要作出必要的安排，制定必要的措施，提出必要的要求，对工作的开展情况要加强督促检查，遇到问题和出现困难要主动出面协调解决。这就是说，推行厂务公开，各级政府（行政）承担着义不容辞的责任。

加强对推进厂务公开工作的领导，各级政府（行政）要做的工作很多，重要的是要加强学习，提高认识，统一思想，自觉站在改革、发展、稳定大局的高度，认识和把握推行厂务公开的重要性；要纳入日程，作出安排，分步实施，把推进国有企业的改革与发展，同不断扩大基层民主，加强群众监督很好地结合与统一起来；要在党委的统一领导下，积极主动地搞好与纪委、工会等有关方面的配合，合力推进这项工作；要加强督促检查，发现问题，及时解决，保证这项工作的健康发展。总之，要通过各方面扎实、细致、有效的工作，努力把包括推行厂务公开在内的国有企业改革、发展、稳定的各方面的工作做好，充分发挥国有经济在整个国民经济中的主导作用。

会议之后，希望各级政府（行政）及有关部门要认真贯彻这次会议精神，提出具体的贯彻意见。已经制定推行厂务公开办法的省市，要继续在实践中不断完善；还没有拿出方案的地方，要结合各自的实际，借鉴已有的经验，尽快研究制定具体办法，推动厂务公开健康发展，取得更大的成效。

注　释

[1] 朱镕基，时任中共中央政治局常委，国务院总理。

[2] 健行，即尉健行，时任中共中央政治局常委、中央书记处书记、中央纪律检查委员会书记，中华全国总工会主席。

关于国防科技工业管理体制改革 *

（一九九九年四月二十六日）

这次国防科技工业工作会议，是关系到国防科技工业改革重组和长远发展的一次重要会议。党中央、国务院对国防科技工业非常重视，江泽民总书记多次对国防科技工业的改革和发展问题作出重要指示，朱镕基总理几次主持国务院会议研究国防科技工业体制改革问题。三月八日，中共中央政治局常委会讨论通过了五个军工总公司[1]改组为若干企业集团的框架方案。一九九九年，国防科技工业的任务紧迫而繁重，国防科技工业战线的广大干部、职工要提高认识，统一思想，齐心协力，努力推进国防科技工业的改革和发展。下面，我讲几点意见。

一、深刻理解国防科技工业体制改革的重大意义，把思想统一到中央的决定上来。

国防科技工业是我国实现国防现代化的重要基础，是国民经济发展的战略性产业。国防科技工业从创立以来，在党中央、国务院、中央军委的正确领导下，经过几代人的不懈努力，培养了一支高素质的国防科技队伍，建成了一个比较完整的国防科技工

---

* 这是吴邦国同志在国防科技工业工作会议上讲话的主要部分。

业体系。在核、航天、航空、船舶和兵器高科技领域都取得了很大的成就，尤其是国家重点项目以及核电站、民用航天、民用航空、船舶和汽车、摩托车等民用产品的研制和发展，都为加速我国国防现代化建设和促进国民经济的发展作出了重要贡献。在这里，我代表国务院，向五个军工总公司以及新组建的企业集团领导和广大职工表示衷心的感谢，对你们在国防科技工业建设中取得的成绩表示祝贺！

2015年9月3日，在纪念中国人民抗日战争暨世界反法西斯战争胜利70周年阅兵式上展示的新型战略核导弹。

我国的国防科技工业是在帝国主义对我国进行经济封锁和战争威胁中建立起来的。党中央、国务院根据当时的历史情况，在国家十分困难的情况下，集中国力建设了包括三线在内的国防工业，成功地完成了"两弹一星"任务，大大增强了我国的综合国力。对于这段历史，党中央、国务院给予了充分的肯定。

改革开放以来，邓小平同志在对国际政治、经济和军事力量进行对比和深入分析的基础上，提出了争取和平环境，抓紧军队和国防建设，实现现代化的战略要求。在这个过程中，我们深切地体会到，随着社会主义市场经济体制改革的不断深入，在计划经济体制条件下建立起来的国防科技工业，由于低水平生产能力过剩、高水平研制能力不足、政企不分、企业经营机制不活等原因，已经越来越不适应军事战略和社会主义市场经济发展的需要，必须加快国防科技工业管理体制的改革。江泽民总书记指出："迎接世界军事发展的挑战，要千方百计把我军的武器装备搞上去。""一个重要问题，就是要理顺武器装备的科研、生产、购置和维修等方面的体制。体制不顺，浪费了资金，延误了时间，这是我们长期以来没有解决好的老问题。"[2]

遵照江总书记的指示，党中央、国务院和中央军委根据对世界多极化发展趋势的分析，及时制定了新时期的军事战略方针，并决定改革国防科技工业管理体制，组建新的国防科工委，成立总装备部，同时将五个军工总公司改组为若干企业集团。通过改革，新组建的国防科工委与企业脱钩，真正成为主管国防科技工业的政府部门，对国防科技工业实施行业管理，以加强对军事装备科研、生产的组织、协调和监督，更加有利于保军；各军工总公司改组为若干企业集团，推动企业走向市场，加快企业经营机制的转换，引入竞争机制，增强企业活力，使之成为市场的竞争主体。总而言之，这次改革的目的就是要建立起符合新时期军事战略需要和社会主义市场经济发展需要的供需分离、政企分开、产研结合、精干高效的国防科技工业管理体制和运行机制，为跨世纪长远发展奠定坚实的基础。

这次改革的力度很大，涉及面很广，许多部门和单位的职能也都发生了变化，有的甚至连工作性质也发生了变化，这就要求国防科技工业战线的广大干部、职工要提高认识，深刻理解改革的重大意义。尤其是我们的党员领导干部更要站在党和国家利益的高度，坚决把思想统一到中央的决定上来，切实把企业集团组建好，完成振兴国防科技工业的历史使命。

二、认真处理好各方面的关系，切实搞好企业集团的组建和运行。

在考虑各军工总公司改组为若干企业集团时，我们反复研究了两个问题：一个是如何实行政企分开，从体制上解决企业的活力；另一个是企业集团组建后如何保军。经过长时间的反复研究，并充分听取各方面的意见，尤其是不同意见，应该说思路基本上清楚了。在新的国防科技工业管理体制中，代表国务院对国防科技工业行使政府职能的就是国防科工委，各军工总公司改组为若干企业集团以后，作为国家授权的资产经营主体与所属企业建立母子公司关系，按现代企业制度组建企业集团。在国防科工委行业管理范围内，经过国防科工委对合同和生产单位的资格审查并落实保障条件以后，由集团公司或由集团公司与军方商定的集团公司所属单位与军方签订供货合同，由集团公司来组织完成依据合同编制下达的军工科研生产计划。这里我还要强调三点。

（一）关于集团公司的定位问题。这次体制改革以后，集团公司与原公司一个很大的区别就是集团公司不再承担政府职能，而是要真正按照企业的机制去运行，这里最关键的就是思想观念和管理方式要尽快转变。集团公司的领导一定要按照新的管理体制，准确地把握集团公司的定位，真正做到按市场机制的要求去进行经营管理，理顺与政府、军队和子公司之间的关系。

（二）关于保军问题。实行军品订货合同制以后，军工集团要不要在国防科工委和总装备部指导下，对国防科技工业的发展负责？要不要在军民结合的同时，保证军品的科研生产？经过反复研究，我认为这个答案是肯定的。这是因为，军品研制配套范围很广，过程十分复杂，如果没有政府的协调、保障和集团公司的管理，只靠合同去各自研制，就很难按时保质地拿出装备。另外，工业部门内部还有一个要按照新的布局进行科研生产能力调整的问题，调整要与任务结合起来，不然结构调整就成了一句空话，也就很难全面实现改革的战略意图。因此，无论国防科工委还是集团公司的子公司，都要在这个问题上统一认识，把保军工作抓好。

（三）关于集团公司之间的适度竞争问题。在确定集团公司组建原则的时候，镕基同志一再强调，要在军工企业之间建立起社会主义市场经济下适度竞争的机制。我理解，镕基同志讲的竞争，主要的还不是产品方面的竞争，而是包括机制、管理、效益方面的竞争，是希望集团公司在这种竞争中加快结构调整和搞活企业。这种竞争又不是无序竞争，而是既有竞争，又有协作，尤其是同行业的两个集团公司之间，还有产品相互配套问题。今后，集团公司之间一定要按照国防科工委下达的军品科研生产计划组织好配套供应，确保军品任务的完成。

在下一个阶段工作中，各企业集团筹备组要按照国务院的指示精神和国防科工委的具体部署，抓紧搞好集团公司组建和运行。在集团组建工作上，要按照国务院同意的组建方案和章程，尽快成立集团总部，同时做好企事业单位资产的划转、机关人员的安置和富余人员分流以及各项业务的交接工作。在筹备工作中，各筹备组要讲大局、讲原则，加强协调，相互支持。在集团公司的运行上要正确处理好各种关系，牢固树立为国防现代化服务的思想，把武器装备研制生产任务放在首位，真正承担起保军的责任。集团公司要按照国务院的有关规定，规范集团母公司和子公司之间的职责和权限，搞活企业，落实企业的经营自主权，保证企业依法进行各项经营活动。集团公司内部的企事业单位也要按照母子公司的关系服从集团公司的统一管理，发挥集团的整体优势。在领导班子建设上，要结合当前的"三讲"教育，深入学习邓小平理论和党的十五大精神，"讲学习，讲政治，讲正气"，顾全大局，搞好领导班子的思想建设、组织建设和作风建设，以良好的精神状态、正确的发展思路和优良的工作作风带领集团公司全体干部职工，完成国防科技工业的发展和改革任务。

国务院各部门、各级地方政府和企事业单位都要积极支持集团公司的工作。国防科工委要加强对集团公司的指导，国务院各部门要尽快落实给予集团公司的各项政策，各级地方政府要积极支持集团公司搞好子公司的扭亏脱困工作。希望总装备部也要在签订武器装备科研生产合同等方面给予集团公司必要的支持。

三、充分发挥国防科工委的行业管理职能，努力为国防建设和国民经济发展作出更大贡献。

根据九届人大二次会议通过的《政府工作报告》提出的任务，作为主管国防科技工业的政府部门，国防科工委在组建集团公司的工作告一段落以后，要尽快把工作重点转移到搞好行业管理上来。在进行行业管理中，要着重抓好以下几个方面的工作。

（一）坚决完成武器装备研制、生产和保障任务。国防科工委和各集团公司都要把军品第一的思想落到实处，认真抓好重点型号，特别是党中央、国务院、中央军委高度重视的项目的研制，打好技术基础，提高产品质量，确保任务完成。要按照建国五十周年国庆阅兵的总体要求，切实组织好国庆受阅装备工程的研制、交付和服务保障工作。国防科工委要认真研究和制定市场经济条件下政府管理武器装备科研生产的政策和措施，认真做好军方与集团公司之间，集团公司与集团公司之间，集团公司与民用部门之间军品研制的组织协调，发挥组织、协调、监督、检查作用，搞好军品科研生产合同审核，切实保证计划落实。

（二）积极推进国防科技工业的结构、布局和生产能力调整。为适应新时期军事战略发展需要，按照"多研制、少生产、多品种、小批量"的要求，在抓好"杀手锏"武器装备研制的同时，抓紧组织制定军工行业的生产能力调整方案，上报中央专委批准后，尽快组织实施。各集团公司也要按照国防科工委的统一安排，服从军品科研生产的资格审查，坚决把结构调整工作做好。

（三）努力搞好国防科技工业的行业管理。集团公司组建以后，国防科工委要通过制定行业法规、行业规划、行业政策、行业标准和进行行业监督等方式，搞好行业管理和宏观调控。要结合结构、布局和生产能力调整，组织好军品科研生产单位定点、资格审查和许可认定工作，安排好军工固定资产投资项目和三线调迁项目，按照有关规定，组织好军工企事业单位的军品出口。要研究制定加快民用航天、民用航空、核电、船舶等高技术产业发展的政策措施，发挥对国民经济的促进作用。

（四）千方百计搞好企业扭亏脱困工作。今年是实现国有企业脱困目标的关键一年。国务院关于国有企业改革的思路和方针政策已经明确，当前最重要的是结合实际狠抓落实。各集团公司及所属企事业单位都要抓住市场开发、技术开发这两个关键环节，调整结构、强化管理，进一步走向市场。各级领导同志都要高度重视兼并破产、下岗分流、减员增效、实施再就业工程，提高思想认识，增强紧迫感和责任感，保证中央关于搞好国有企业重大决定得到贯彻落实。国防科工委要加强对企业改革和脱困工作的指导，要力争通过今年的努力，遏制亏损的势头，努力开创扭亏脱困的新局面。

在迈向二十一世纪的进程中，国防科技工业承担着重要的历史使命，任重而道远。让我们继续高举邓小平理论伟大旗帜，在以江泽民同志为核心的党中央领导下，依靠广大国防科技工业全体职工的共同努力，真抓实干，为把一个充满活力的国防科技工业推向二十一世纪而努力奋斗！

注　释

[1] 五个军工总公司，指当时的中国兵器工业总公司、中国航空工业总公司、中国航天工业总公司、中国船舶工业总公司、中国核工业总公司。

[2] 见江泽民《以改革创新的精神迎接世界军事发展的挑战》(《江泽民文选》第 1 卷，人民出版社 2006 年版，第 609、610 页)。

在首届中国国际电子商务应用博览会开幕式上的致辞

（一九九九年九月六日）

女士们、先生们：

首届中国国际电子商务应用博览会，经过一年多来的精心筹备，今天开幕了。参加这次博览会的有信息技术产业方面著名跨国公司代表以及专家、学者和政府有关部门的官员。大家汇聚北京共同探讨电子商务的发展趋势，展示当今世界最先进的电子商务应用技术和各领域的成果。这是一次集高新信息技术展示、电子商务合作洽谈、电子商务研讨为一体的全球电子商务盛会。在此，我谨代表中国政府，向与会的海内外朋友表示热烈欢迎。

二十世纪九十年代以来，以专用网和国际互联网为基础的电子商务迅速席卷全球，成为当代信息革命最重要的标志和组成部分。电子商务将商业活动纳入网上，扩大了贸易机会，降低了贸易成本，提高了贸易效率，增强了企业竞争力，带来了贸易方式的全新改变。不仅如此，电子商务的发展，还促进了国际分工的再调整和国际市场的重新划分，开拓了新的生产领域和销售领域，对于世界经济格局和贸易体制的改变，以及整个社会就业结构的改变，具有深远而重大的影响。由此可见，无论是发达国家，还是发展中国家，无论是政府，还是企业，如何充分利用电子商务，在世界经济和市场一体化过程中保持活力，争取有利地位，都面临着挑战和机遇。可以说，电子商务已经成为各国经济实力较量的重头戏。

1999 年 9 月 6 日，吴邦国在北京出席首届中国国际电子商务应用博览会开幕式，并参观展览。

中国政府对电子商务的发展予以极大关注。一九九八年，国家主席江泽民在吉隆坡举行的亚太经合组织第六次领导人非正式会议上指出，电子商务代表着未来贸易方式的发展方向，其应用推广将给成员国带来更多的贸易机会。他还强调，在发展电子商务方面，我们不仅要重视私营及工商企业的推动作用，同时也应加强政府部门对发展电子商务的宏观规划和指导，并为电子商务的发展提供良好的法律法规环境。目前，我国电子商务尚处于起步阶段，但发展速度很快。迅速膨胀的网络用户，为中国电子商务应用提供了坚实的基础，更为中国企业和中国经济带来了前所未有的发展空间。"中国国际电子商务网"的初步建成和运营，以及"中国商品交易市场信息网"等互联网站点的建立，就是其中成功的范例。我国将遵照江泽民主席的指示，积极推进电子商务的发展和运用，为加快经济建设，扩大对外交流，促进世界繁荣，作出更大贡献。

博览会期间，通过举办电子商务高级研讨会、应用成果汇报会、专题学术报告会，以及招商引资洽谈会等各种活动，为中外各界朋友提供了相互学习和交流的机会，不言而喻，其中也蕴藏着良好商机，这有待各位朋友用心把握。我希望大家高兴而来，满载而归。并衷心祝愿本届博览会取得圆满成功。

谢谢！

指导国有企业跨世纪
改革和发展的纲领性文件[*]

（一九九九年九月二十七日）

党的十五届四中全会是深入贯彻落实党的十五大精神的重要会议，是在国有企业改革处在攻坚阶段、发展进入关键时期召开的。这次会议专门研究了国有企业改革和发展的问题，并审议通过了《中共中央关于国有企业改革和发展若干重大问题的决定》。这个决定是推进国有企业改革和发展的纲领性文件，在国有企业改革和发展进程中具有里程碑的意义。各级领导干部要认真学习决定，全面准确地领会决定的精神，不折不扣地贯彻落实。

国有企业改革和发展的形势、目标和方针

中央决定高度评价了建国五十年来，特别是改革开放二十年来，国有企业在促进国家工业化和现代化建设中作出的重大贡献，国有企业朝着建立社会主义市场经济体制的改革目标迈出了前所未有的步伐。同时强调国有企业体制转换和结构调整正处于

---

* 这是吴邦国同志在中宣部等五部委学习党的十五届四中全会精神报告会上的报告，原题为《推进国有企业改革和发展的纲领性文件》。吴邦国同志是十五届四中全会决定起草组组长。

攻坚阶段，一些深层次矛盾集中暴露出来。出现这些困难的主要原因：一是传统计划经济体制的长期影响，造成企业观念陈旧，机制不活，"等、靠、要"思想严重；二是历史形成的诸多问题，主要是人多、债多、社会负担重；三是多年来的重复建设，造成布局不合理，一般生产能力严重过剩，企业开工不足；四是市场环境急剧变化，从过去的卖方市场变为买方市场，竞争加剧，企业一时难以适应。正是由于以上原因，目前相当一部分国有企业生产经营艰难，经济效益下降，一些职工生活困难。这已经成为当前的一个突出问题。全党既要充分认识推进国有企业改革和发展的重要性和紧迫性，又要清醒地看到这项工作的艰巨性和长期性。决定强调要增强国家的经济实力、国防实力和民族凝聚力，就必须不断促进国有企业的发展壮大。从当前面临的形势和国有企业的重要地位出发，提出了国有企业改革和发展的任务。决定重申了党的十五大和十五届一中全会提出的三年改革和脱困目标，即用三年左右时间，使大多数国有大中型亏损企业摆脱困境，力争到本世纪末大多数国有大中型骨干企业初步建立现代企业制度。同时，根据十五大精神，第一次提出了到二〇一〇年国有企业改革和发展的中长期目标，这就是：适应两个根本性转变和扩大对外开放的要求，基本完成战略性调整和改组，形成比较合理的国有经济布局和结构，建立比较完善的现代企业制度，科技开发能力、市场竞争能力和抗御风险能力明显增强，经济效益明显提高，使国有经济在国民经济中更好地发挥主导作用。

对于三年目标和中长期目标的关系，江泽民同志在青岛和大连召开的座谈会上指出，关于"三年脱困"，主要强调的是国有企业改革的紧迫性、重要性，决不是说国有企业改革可以一蹴而就。他要求我们把握好三点：第一，发展不平衡是绝对的，我国东部、中部、西部差别很大，不能一个标准，要有区别；第二，除军工等少数行业外，实现全行业扭亏为盈，经过努力是可以做得到的，但行业总体扭亏为盈，不是每个企业都扭亏，还会有不少亏损企业；第三，要认识国有企业改革的艰巨性、长期性，实现三年脱困目标要和十年国有企业改革发展联系起来，更要着眼于今后十年，三年目标是阶段性的，是打基础。决定对此也作了明确的阐述，强调要从不同行业和地区的实际出发，根据不平衡发展的客观进程，着力抓好重点行业、重点企业和老工业基地，把解决当前的突出问题与长远发展结合起来，为国有企业跨世纪发展创造有利条件。在全会闭幕会议上，江泽民同志在讲话中又明确指出，就全国而言，实际进展是不平衡的也不能要求一样，东部地区基础和条件较好，应加大建立现代企业制度的改革步伐，加大企业技术进步、技术创新和结构优化的力度，努力率先实现这一目标，并向更高目标迈进；一些老工业基地、中西部地区困难相对大一些，要树立积极进取、迎难而上的信心，逐步解决面临的突出问题，保持社会稳定。

为了实现国有企业改革和发展的三年目标和中长期目标，决定提出了必须坚持的十条指导方针。概括起来讲了五个问题：第一条强调以公有制为主体，国有经济与其他所有制经济共同发展，这是社会主义基本经济制度的客观要求；第二条强调从整体上搞好国有经济，这是国有企业改革和发展的一个重要前提；第三、四、五、六、七条，讲改革同改组、改造、加强管理相结合，通过企业制度创新，推动科技进步，全面加强管理，建立优胜劣汰的竞争机制，使优者可以快速发展，劣者能够淘汰出局；

第八条讲协调推进配套改革，这是顺利推进国有企业改革和发展的外部环境和必要条件；第九、十条，讲两手抓，加强经济管理者队伍建设、企业党组织建设、职工队伍建设和企业精神文明建设。这十条方针，基本涵盖了国有企业改革和发展的各个方面，是多年实践经验的总结，反映了我们党对国有企业改革和发展规律性的认识，我们必须在今后的实践中长期坚持并进一步加以完善。

要着眼于从整体上搞好国有经济

国有经济布局和国有企业组织结构不合理，是国有企业难以搞好的重要原因。布局不合理主要表现在：国有经济分布过宽，战线过长，各行各业无所不包，力量过于分散，整体素质不高。企业结构不合理主要表现在：重复建设严重，企业大而全，小而全，没有形成专业化生产、社会化协作体系和规模经济，缺乏市场应变能力。在这样的格局下，要把几十万家国有企业都无一例外地搞活搞好，是根本不可能的，也是不必要的。必须着眼于从整体上搞好国有经济，对国有经济布局进行战略性调整，对国有企业实施战略性改组。从力图搞好每一个国有企业，到从整体上搞好国有经济，这是国有企业改革和发展在理论上、实践上和工作指导上的一大转变。

国有经济在国民经济中要起主导作用，是由我国社会主义制度性质决定的。十五大报告创造性地提出了国有经济控制力的概念，认为国有经济的主导作用，主要体现在控制力上。十五届四中全会决定对国有经济控制力的涵义，作出了如下三点解释：

（一）国有经济的作用既要通过国有独资企业来实现，更要大力发展股份制，探索通过国有控股和参股企业来实现。国有资本通过股份制可以吸引和组织更多的社会资本，放大国有资本的功能，提高国有经济的控制力、影响力和带动力。国有大中型企业尤其是优势企业，宜于实行股份制的，要通过规范上市、中外合资和企业互相参股等形式，改为股份制企业，发展混合所有制经济，重要的企业由国家控股。（二）国有经济在关系国民经济命脉的重要行业和关键领域占支配地位。国有经济需要控制的行业和领域，主要包括三种行业、两类企业。三种行业分别是：涉及国家安全的行业，自然垄断的行业，提供重要公共产品和服务的行业；两类企业分别是：支柱产业和高新技术产业中的重要骨干企业。至于其他行业和领域，可以通过资产重组和结构调整，集中力量，加强重点，提高国有经济的整体素质。（三）国有经济应保持必要的数量，更要有分布的优化和质的提高。在经济发展的不同阶段，国有经济在不同产业和地区的比重可以有所差别，其分布要相应调整。这体现了量与质的统一，这种分布的优化和质的提高，是动态的，变化的，不同行业和地区是有差别的。不能一刀切，不能一成不变，也不能一劳永逸。

老工业基地在历史上曾对我国的经济建设作出过重大贡献。西部大开发是我国下世纪发展的一个大战略。对于老工业基地和中西部地区国有经济布局的调整，决定提出要统筹规划，采取有效的政策措施，加快它们的调整步伐。对困难较大的老工业基地，国家要在技术改造、资产重组、结构调整以及国有企业下岗职工安置和社会保障资金等方面，加大支持力度。对于中西部地区，决定分别对国家、中西部地区本身、东部地区提出了要求，通过共同努力，加快中西部地区产业结构的优化升级和经济发展。国有经济控制力的概念，为国有企业的股份制、公司制改革开辟了道路。

对于国有经济布局的战略性调整，决定第一次提出了要坚持有进有退、有所为有所不为这个总的原则，这符合十五大精神，符合中国国情。随着国民经济的不断发展，国有经济有着广阔的发展空间，总量将继续增加，整体素质进一步提高，分布更加合理，但在整个国民经济中的比重还会有所减少。只要坚持公有制为主体，国家控制国民经济命脉，国有经济的控制力和竞争力得到增强，这种减少不会影响我国的社会主义性质。

目前，我国国有企业数量众多，遍布各行各业，对国有企业进行战略性改组，需要区别情况，分类实施。决定把国有企业分为四类：一是必须由国家垄断经营的企业。它们往往具有特殊的功能，如涉及国家安全、提供重要公共产品和服务等，对它们不能完全推向市场，但也不能完全躺在国家身上。这类企业要尽快适应市场经济的要求，同时，国家要给予必要支持，使它们更好地发挥应有的功能。这类企业数量不能多，只能是极少数。二是竞争性领域中有一定实力的企业。这些优势企业主要是如何更快地发展，途径是吸引多方投资。这既有利于实现投资主体多元化，促进企业转换经营机制，又有利于增加资本金，加快发展步伐。三是产品有市场，但负担过重、经营困难的企业。这类企业是战略性改组的重点对象，要通过兼并、联合等形式进行资产重组和结构调整，盘活他们的存量资产。四是需要破产、关闭的企业。这类企业大体分为两种情况：一种是产品没有市场、长期亏损、扭亏无望的企业和资源枯竭的矿山；另一种是浪费资源、技术落后、质量低劣、污染严重的小煤矿、小炼油、小水泥、小玻璃、小火电等。其实远远不止这"五小",几乎各行各业都存在这个问题。对这些企业和小厂小矿必须痛下决心,坚决实行破产、关闭。在对国有企业实施战略性改组和指导国有企业改革与发展中,采取区别对待的方针,十分重要。各个企业情况不同,千差万别,无论是改革还是发展,都要分类指导,切忌用一个模式去套。

推进国有企业战略性改组,一项重大措施是"抓大放小"。关于"抓大",决定指出:要着力培育实力雄厚、竞争力强的大型企业和企业集团,有的可以成为跨地区、跨行业、跨所有制和跨国经营的大企业集团。针对近年来有的地区出现拼凑企业集团的倾向,决定强调,发展企业集团,要遵循经济规律,以企业为主体,以资本为纽带,通过市场来形成,不能靠行政手段勉强撮合,不能盲目求大求全。要在突出主业、增强竞争优势上下功夫。

中央决定对"放小"的表述,有两点重要变化。一是第一次明确提出"放开搞活国有中小企业",把放开搞活的范围扩大到国有中型企业。按照决定的精神,今后国有中型企业在向"专、精、特、新"方向发展过程中,一部分向大型企业靠拢,同大企业建立密切的协作关系,或者向大企业方向发展,建立现代公司;一部分则从本企业实际出发,采取多种形式放开搞活。二是既要放小,又要"扶小"、"带小"。强调"放小"要从实际出发,不搞一个模式。在"放小"的七种形式中,股份合作制和出售这两种,是涉及产权变动的。根据近年来出现的一些新情况,决定强调对股份合作制企业要支持和引导,不断总结经验,使之逐步完善。出售要严格按照国家有关规定进行。无论采取哪种放开搞活的形式，都必须听取职工意见，规范操作，注重实效。决定指出要重视发挥各种所有制中小企业的重要作用，积极扶持中小企业特别是科技型企业，使它们向"专、精、特、新"的方向发展，同大企业建立密切的协作关系，提高生产社会化水平。要培育中小企业服务体系，为中小企业提供多方面的服务。

国有企业战略性改组，是一项政策性很强的工作。决定特别强调，在改组过程中，要充分发挥市场机制作用，综合运用经济、法律和必要的行政手段。涉及产权变动的企业，并购中要规范资产评估，防止国有资产流失，防止逃废银行债务及国家税款，妥善安置职工，保护职工合法权益。

坚持建立现代企业制度的改革方向，加强企业管理

建立现代企业制度，是党的十四届三中全会提出来的。对于现代企业制度的内涵和建立现代企业制度的要求，十四届三中全会和十五大都有详尽的论述。决定总结几年来的实践经验，强调要全面理解和把握产权清晰、权责明确、政企分开、管理科学的要求，突出抓好四个环节。

一是继续推进政企分开，进一步理顺政企关系。政企不分、政资不分，是多年来影响搞好国有企业的老大难问题。政府作为社会管理者，对企业负有调控、指导、管理、督促之责，这对各种所有制企业都是一视同仁的，国有企业也不例外。政府与国有企业需要理顺的，是出资人与被出资企业的关系。政府作为所有者，对国家出资兴办和拥有股份的企业，通过出资人代表行使所

有者职能，按出资额享有资产收益、重大决策和选择经营管理者等权利，对企业的债务承担有限责任，不干预企业日常经营活动。企业作为法人实体和市场主体，要依法自主经营，照章纳税，对所有者的净资产承担保值增值责任，不得损害所有者权益。

二是按照国家所有、分级管理、授权经营、分工监督的原则，逐步建立国有资产管理、监督、营运体系和机制，并建立健全严格的责任制度。国有资产所有权由国务院代表国家统一行使，由中央和地方政府分级管理，授权大型企业、企业集团和控股公司负责经营。对于国有资产的具体管理方式，允许和鼓励地方试点，进行积极探索。这就为各地寻找国有资产管理的有效形式，开辟了广阔的天地，并有利于积累更多更丰富的经验。从近几年的实践看，如何确保出资人到位、防止"内部人控制"是个大问题，决定对如何监管国有资产作出原则性规定，即继续试行稽察特派员制度，同时积极贯彻十五大精神，健全和规范监事会制度，过渡到从体制上、机制上加强对国有企业的监督，确保国有资产及其权益不受侵犯。

三是对国有大中型企业实行规范的公司制改革。公司制是现代企业制度的一种有效组织形式，决定第一次明确公司法人治理结构是公司制的核心，这是理论上和政策上的一大进展。决定还对公司法人治理结构的主要内涵作出表述：明确股东会、董事会、监事会和经理层的职责，使他们各负其责，协调运转，有效制衡，所有者对企业拥有最终控制权。对于"新三会"和"老三会"的关系，提出了原则意见，指出"国有独资和国有控股公司的党委负责人可以通过法定程序进入董事会、监事会，董事会和监事会都要有职工代表参加";"党委书记和董事长可由一人担任,董事长、总经理原则上分设"。这些都是原则性的意见,用了"可以"、"可由"、"原则上"等表述,这主要是考虑各地区、各企业之间情况不同,各企业干部状况不同,要允许不同地区、不同企业工作有个过程,企业领导体制也不要简单划一,但方向、要求是明确的。这里既遵循了现代企业制度的一般规律和基本原则,又考虑从我国具体国情出发形成自己的特色。这些规定,目的在于充分发挥董事会对重大问题统一决策、监事会有效监督的作用。这一点非常重要。今后公司重大问题由董事会统一决策,而不是多头决策。决定强调,股权多元化有利于形成规范的公司法人治理结构,除极少数必须由国家垄断经营的企业外,要积极发展多元投资主体的公司。无论是从理论分析,还是从实践经验看,即使是国有独资公司,由多个投资主体共同持股,对于建立和完善法人治理结构,促进新机制的形成,也是有益的。

四是面向市场,着力转换企业经营机制,形成优胜劣汰、经营者能上能下、人员能进能出、收入能增能减、技术不断创新,国有资产保值增值等机制。决定对如何建立与现代企业制度相适应的收入分配制度进行了论述,确定了董事会、经理层和职工的不同分配方式和原则,允许和鼓励资本、技术等生产要素参与分配。

管理是企业永恒的主题。目前,我国国有企业管理方面的问题不少,这是造成一些企业生产经营困难的重要原因。强化企业管理,提高科学管理水平,是建立现代企业制度的内在要求,也是国有企业扭亏增盈、提高竞争力的重要途径。决定要求必须高度重视和切实加强企业管理工作,从严管理企业,实现管理创新。针对企业管理中普遍存在的突出问题，着重强调了四个方面。

一是要加强对企业发展战略的研究和管理。国有大中型企业尤其是优势企业，都要适应市场，制定和实施明确的发展战略、技术创新战略和市场营销战略，实现由偏重生产管理到重视技术开发和市场营销的转变。也就是我们常讲的要从"橄榄型"变为"哑铃型"。企业决策的失误是最大的失误。随着市场竞争的日趋激烈，不确定因素增多，必须搞好风险管理，实行决策民主化、科学化，避免出现大的失误。

二是强化基础工作。关键是要有章可循，照章办事，从严治企。企业的各个层次、各个环节都要订立制度，实行严格的责任制，令出法随，奖罚分明，彻底改变无章可循、有章不循、违章不究、规章制度形同虚设的现象。市场经济是法制经济，要增强法制意识，依法经营管理。

三是狠抓管理薄弱环节，重点搞好成本管理、资金管理和质量管理。市场经济下的企业管理，关键是看三张表：资产负债表、损益表和现金流量表。这三张表要及时编制，真实反映企业经营状况。目前，企业管理混乱，突出表现是财务不清，账目不实，搞"两本账"，有的甚至是几本账。这往往是与各种腐败现象联系在一起的。决定强调，要把加强管理和反腐倡廉结合起来，加强对企业经营活动的审计和监督，坚决制止和严肃查处做假账、违反财经纪律、徇私舞弊、挥霍浪费等行为。

四是广泛采用现代管理技术、方法和手段，国外企业的现代管理方法，要认真借鉴。信息是现代企业的神经系统，是企业科学决策和及时应变的依据，要加强现代信息技术的运用，建立灵活、准确的信息系统。

逐步解决企业面临的突出困难和问题

负债率过高，资本金不足，是国有企业普遍存在的问题。特别是前些年用"拨改贷"建立起来的企业，几乎没有什么资本金。对于改善企业负债结构，决定提出六条措施：一是增加银行核销呆坏账准备金，主要用于国有大中型企业的兼并破产和资源枯竭矿山的关闭，并向重点行业倾斜。过去企业兼并享受有关鼓励政策只限于国有企业之间，这次明确集体企业兼并国有企业也可享受有关鼓励政策。二是对一部分企业实行债转股。办法是把一部分产品有市场、发展有前景，由于负债率过高而陷入困境的重点企业的银行债权，转为金融资产管理公司的股权。三是提高企业直接融资的比重。这主要指那些上市和准备上市的企业，通过发行股票、债务重组、股票配售等，在境内外资本市场上筹集资本金。选择一些信誉好、发展潜力大的国有控股上市公司，在不影响国家控股的前提下，适当减持部分国有股，所得资金由国家用于国有企业的改革和发展。四是非上市公司经批准，可将国家划拨给企业的土地使用权有偿转让及企业资产变现，其所得用于增资减债或结构调整。五是严格执行国家利率政策，减轻企业利息负担，主要是合理确定贷款期限，对有些企业的贷款利率适当下浮。六是具有偿债能力的国有大中型企业，可在国家批准的额度内发行企业债券，有的经批准可在境外发债。

企业办社会，是传统计划经济体制留给国有企业的一个大包袱，严重影响着国有企业与其他所有制企业平等地进行竞争。为减轻企业办社会的负担，决定提出，位于城市的企业，要逐步把所办的学校、医院和其他社会服务机构移交地方政府统筹管理。独立工矿区也要努力创造条件，实现社会服务机构与企业分离。各级政府要采取措施积极推进这项工作。

1999年1月12日至13日，国有企业下岗职工基本生活保障和再就业工作会议在北京举行。中共中央政治局常委、国务院总理朱镕基在13日的闭幕会上作重要讲话。国务院副总理李岚清、钱其琛、吴邦国、温家宝等出席了闭幕会。

我国国有企业的用工制度，存在很大的弊端：一是富余人员多，过去长期实行低工资、高就业，富余人员一般占三分之一；二是流动性差，一次分配定终身；三是职工福利、医疗、养老全由企业包起来。这种状况，不适应市场经济激烈竞争的新形势。必须下决心把多余的人员减下来，才能降低企业成本，提高效率和效益。减下来的人，不能全部推向社会，鼓励有条件的企业自行消化，通过实行主辅分离、转岗分流，安置富余人员，减轻社会就业压力。对于下岗分流的职工，通过再就业服务中心，进行再就业培训，保障他们的基本生活，帮助他们实现再就业。决定对于规范职工下岗程序、办好再就业服务中心、保障下岗职工基本生活、落实资金来源、搞好三条保障线的相互衔接、大力做好再就业工作等，都提出了具体要求。

社会保障体系是社会的稳定器。要从根本上解决富余人员问题，还必须建立健全社会保障体系，解除职工的后顾之忧。要依法扩大养老、失业、医疗等社会保险覆盖范围，强化社会保险费的征缴，进一步完善养老保险省级统筹制度，多渠道充实社会保障基金，严格社会保障基金的管理与监督，逐步推进社会保障的社会化管理等，加快社会保障体系建设，为顺利推进国有企业改革和发展创造条件。

推进技术进步、产业升级，改善企业外部环境

近年来，我国由卖方市场转向买方市场，由此而出现的一个突出矛盾是总量过剩，绝大多数产品供过于求。这与过去短缺经济相比，是一大进步。但要看到，总量过剩的背后是结构性矛盾，结构问题的背后是产业水平和企业技术水平低下。我们要清醒地看到，一是目前我国的供过于求是建立在大量进口基础上的，一九九八年我国进口达一千四百零二亿美元，仅纺织品每年就进口六十多亿美元，产品结构不合理，很多产品我们还做不出。二是我国虽然有不少产品的产量位居世界前列，但这个前列是建立在落后工艺基础上的，能耗高，物耗高，缺乏竞争力。单位国民生产总值能耗，我国是日本的五倍，美国的二点六倍，德国的三点六倍，甚至比印度还高一倍。加快企业技术进步，加速

产业升级，无论对于解决当前总量和结构的突出矛盾，还是增强企业发展后劲，实现经济增长方式的转变，都是非常紧迫的任务。决定提出国有企业必须在技术进步和产业升级中走在前列，并明确了国有企业技术进步和产业升级的方向和重点，特别要利用当前国家实行积极财政政策、扩大内需的有利时机，集中必要力量，对重点行业、重点企业、重点产品和重大先进技术装备制造加大技术改造投入。要采取积极有效的政策措施，支持企业技术进步和产业升级，包括给予技改贷款贴息、对技改项目的国产设备投资减免税、多渠道筹集技改资金、加速折旧、加大新产品开发费提取、减免进口先进技术与设备的关税和进口环节税等。

企业是技术进步和产业升级的主体，要形成以企业为中心的技术创新体系，大型企业都要建立技术开发中心。推进产学研结合，组织重大技术难题的联合攻关，强化应用技术的开发和推广，增加中试投入，促进科研成果向生产力的转化。推进企业技术进步和产业升级关键在于人才，在于充分发挥科技人员的积极性、主动性和创造性。要形成吸引人才和调动科技人员积极性的激励机制，保护知识产权。

中央决定指出，国有企业改革和发展是复杂的社会系统工程，需要搞好宏观调控和相关的配套改革，并提出了六个方面的任务：一是保持经济总量基本平衡，防止经济增长大幅波动，为国有企业改革与发展创造有利的宏观经济环境。二是继续扩大对外开放，推进和完善全方位、多层次、宽领域的对外开放格局，鼓励国有企业合理利用国内外两个市场、两种资源，提高国际竞争力。三是制止不合理重复建设，严格控制新上国内生产能力已经明显超过市场需求的项目。四是发展各类市场，建立全国统一的市场体系，规范市场秩序，营造公平竞争的市场环境。抓紧解决企业互相拖欠款项问题，依法严厉打击走私贩私、制售假冒伪劣商品等犯罪行为，清理整顿向企业乱收费、乱罚款和各种摊派。五是健全中介服务体系，规范中介机构的行为，整顿和规范行业协会，加强行业自律。六是加强立法、司法、执法和执法监督，加强社会主义市场经济法制建设。所有这些，对于推进国有企业改革和发展都是必不可少的。

建设高素质的经营管理者队伍，加强党的领导

中央决定指出，国有企业要适应建立现代企业制度的要求，在激烈的市场竞争中生存发展，必须建设高素质的经营管理者队伍，培养一大批优秀企业家。要深化国有企业人事制度改革，坚持党管干部原则，改进管理方法。中央和地方党委对关系国家安全和经济命脉的重要骨干企业领导班子要加强管理。加快培育企业经营管理者人才市场，努力营造经营管理者和企业家队伍成长的社会环境。目前在经营管理者的激励和约束机制方面，问题不少。该给的没给，不该拿的乱拿这两种情况都存在。要建立健全国有企业经营管理者的激励和约束机制。一方面，坚持物质鼓励和精神鼓励相结合，使经营管理者获得与他们的责任和贡献相符的报酬。年薪制、持股分红等形式，可以继续探索。另一方面，要规范经营管理者报酬，增加透明度，并加强对企业及经营管理者在一些重大问题上的监督。

决定强调，加强和改善党的领导，是加快国有企业改革和发展的根本保证。必须建立符合市场经济规律和我国国情的企业领

导体制与组织管理制度，加强企业领导班子建设，发挥企业党组织的政治核心作用，坚持全心全意依靠工人阶级的方针。各级党委、政府要坚定地站在国有企业改革的前列，从各行各业国有企业的实际出发，解放思想，实事求是，团结和带领广大干部和群众迎难而上，开拓前进。

国有企业改革和发展的大政方针已定，现在关键是要全面贯彻落实。我们搞社会主义市场经济，推进国有企业改革和发展，是一项前无古人的创举，是一场深刻的社会变革，必然会遇到许多意料不到的困难和矛盾。关键是要有战胜困难的勇气和夺取胜利的信心。我们要进一步认清形势，统一思想，真抓实干，奋力开拓，把国有企业改革和发展的各项工作落到实处。只要我们紧密团结在以江泽民同志为核心的党中央周围，按照十五届四中全会决定确定的路子坚定不移地走下去，咬定青山不放松，就一定能实现全会确定的目标，努力开创国有企业改革和发展的新局面，把建设有中国特色社会主义的伟大事业全面推向新的世纪。

推动电动汽车技术
发展和产业化进程[*]

（一九九九年十月十四日）

自一九六九年十一月，在美国亚利桑那州凤凰城开始举办第一届国际电动车会议至今已三十年了。正值世纪之交召开的这次会议将对电动汽车技术发展和产业化进程进行总结，进一步推动电动汽车技术的发展。电动汽车作为绿色交通工具将在下个世纪给人类的生活带来不可估量的巨大变化。

中国政府十分重视研究发展电动汽车。在我国"八五"和"九五"科技攻关计划中一直作为重大科技产业工程，从研究开发、试制生产、运行示范、推广应用、基础设施建设等方面，积极加以推进，并取得可喜的进展。

当今国际电动汽车及相关高新技术的发展，是在汽车技术、电化学、新材料、新能源、微电子学、电力拖动、计算机智能控制等高新技术发展基础上的集成产物。只有在现有基础上，继续攻克一系列技术难关，同时，解决一系列政策、法规、标准、售后服务等问题，电动汽车才有可能实现产业化。面向二十一世

＊　这是吴邦国同志在北京举行的第十六届国际电动车会议暨展览会开幕式上致辞的主要部分。

纪，科学技术的进步，工业与交通的现代化，必将促进国际电动汽车及相关高新技术的发展；电动汽车的发展必将对改善城市环境，提高能量效率，以及人类生存环境的改善，发挥重要的作用。

本届会议以"电动汽车——二十一世纪的清洁交通工具"为主题，非常有意义。我相信，在世界电动汽车协会以及美洲、欧洲、亚洲—太平洋地区的电动汽车协会的积极倡导和推动下，世界电动汽车技术水平必将有显著的提高。我国政府将继续有效地推进电动汽车及相关高新技术开发和研制，为促进世界电动汽车技术领域的新突破、改善人类生存环境作出自己的贡献，共创二十一世纪人类美好生活。

使三峡外迁移民
搬得出、稳得住、逐步能致富 *

（一九九九年十月三十日）

　　三峡库区的外迁移民都是农村移民。根据几十年来我国水库移民的经验和几年来三峡移民的实践，对于农村移民的安置，必须遵循以农为本、以土为本的原则。这是因为，农业是农村移民世代从事的本业，也是一个相对稳定的职业，在这方面，他们轻车熟路，有所作为。如果要他们丢弃熟悉的农业，去从事不熟悉的二、三产业，要有一个重新学习和适应的过程，还得承受市场经济的风险。农村移民的文化素质相对偏低，对新的就业条件和工作要求很难适应。因此，以大农业为基础安置农村移民，既符合移民发展经济的要求，也符合广大农村移民的习惯心理，也只有这样，移民才能稳得住。

　　这几年三峡移民的经验与教训也说明了这一点。前几年考虑到库区土地容量不足问题，曾将部分农村移民安置到二、三产业。但是，随着市场条件的变化，库区二、三产业大都不景气，企业效益很差，结果部分移民进厂不久就下岗，有些办了招工手

＊　这是吴邦国同志在重庆召开的三峡工程库区农村移民外迁现场会议上讲话的一部分。

385

续却迟迟上不了岗。这些农村移民失去了自己赖以生存的土地，工作无着落，生活非常困难。虽然后来采取了很多措施，使一些移民重新获得了就业的机会，但没有从根本上解决问题，存在很多不安定因素。还有个别地方，对自谋职业的移民把关不严，移民提出申请后，没有进行严格审查，就将移民补偿费发给个人，这种移民表面上销了号，但实际上没有搬出去，留下的后遗症很多。所以，要使移民搬得出、稳得住、逐步能致富，就必须坚持以农为本、以土为本，给移民一块地。

1999 年 10 月 27 日，吴邦国出席三峡工程库区农村移民外迁现场会议并讲话。

这次接收三峡库区移民的十一个省市，人均耕地占有量差别较大，有的相对较高，有的相对较低，但不管怎样，接收外迁移民安置的地方，都必须保证移民承包的耕地、自留地、宅基地不低于当地的平均水平。关于耕地的来源，从重庆、湖北的经验，以及听取其他接收库区移民的省市意见的情况分析，主要有以下几条途径：一是利用当地农民进城、进镇有了固定职业、农转非后留下的耕地；二是没有承包给农民个人，由村、组集体掌握的耕地；三是部分省市农场的耕地；四是开发改造荒地和滩涂地。此外，有的省市还提出，对人均耕地较多的地方，适当调整原来承包给当地农民的耕地。总之，各省市可以根据自己的情况，多种途径解决土地问题。这里只是提出几条途径供大家借鉴，希望大家在实践中创造更多的经验。

对于分配给移民的耕地，迁入地政府要及时颁发土地承包证，落实移民户的土地承包权、生产自主权和经营收益权，并要积极引导他们以市场为导向发展生产。三峡库区属于山区，大部分移民原来都是种植玉米、小麦、红薯、土豆等旱地作物和柑橘等经济作物，而长江中下游地区和沿海一些省市，大都是种植水稻、棉花，还有的城镇郊区种植蔬菜等。由于耕作内容不一样，生产方式也就有很大改变。因此，迁入地政府要帮助移民尽快提高生产技能，以适应当地生产条件的需要。同时，迁入地的农业、林业、水利、科技等部门，也要帮助他们以市场为导向，发展高效生态农业。

对于那些耕地较少、但经济比较发达的省（市），如上海、江苏、浙江、广东等，二、三产业有很大的优势，可适当吸收部分素质较高的外迁移民从事二、三产业，以增加移民收入，为移民逐步致富创造条件。但即便如此，也必须保证每户外迁移民有一份基本耕地，一旦企业不景气，效益不好，移民回去后，仍有地可种，不至于生活无着落，产生不安定因素。

三峡库区农村移民外迁安置工作，国家的政策是统一的、清楚的，各个接收地区的任务是明确的、具体的，怎样完成任务，各地既可学习他人的成功经验，也可根据本地的特点，提出适合当地情况的办法。江津市和宜昌市远安县采取了"相对集中、插花安置"的方式，从实践看，这种方式在这两个地区是比较成功的。这一思路是值得其他地区借鉴的。上海、江苏、山东根据自己的情况，提出"政府组织、相对集中、分散安置"，这也是一种较好的思路。最好不要将移民成片地安置在一起，这样不利于移民与当地居民的融合。总之，我们要求各地要先试点，后铺开。

产品质量是经济工作的
一个根本性问题*

（一九九九年十一月四日）

提高产品质量总体水平
是关系我国经济发展全局的大事

产品质量问题，是经济工作的一个根本性问题，任何时候都需要高度重视。那么，为什么现在要召开一个全国性会议专门部署加强质量工作呢？无论是解决当前经济生活中存在的突出问题，促进国民经济良性循环，保持经济持续、快速、健康发展，还是实现党的十五大确定的跨世纪宏伟目标，增强综合国力和国际竞争力，都必须加大质量工作力度，全面提高产品质量。也就是说，我们应当从改革和发展的全局来认识加强质量工作的重要性和紧迫性。

首先，提高产品质量总体水平，是我国当前经济形势发展的迫切要求。当前，我国总的经济形势是好的。去年以来，为应对

---

* 这是吴邦国同志在全国质量工作会议上的讲话《加大质量工作力度，提高产品质量总体水平》的一部分。

亚洲金融危机的冲击，党中央、国务院及时实施扩大内需和积极
的财政政策，使国民经济保持较快增长。今年一至九月国内生产
总值比去年同期增长百分之七点四。农业稳定发展，结构调整取
得一定成效。工业生产持续增长，行业结构调整迈出较大步伐。
国有企业改革取得较大进展，经济效益明显回升。外贸出口出现
回升势头，比年初的预计要好。财政收支增幅较大，金融平稳运
行。价格总水平降幅缩小。其他各项改革和建设事业也都在稳步
推进。同时，在复杂的国外和国内经济环境下，经济生活中还存
在一些问题，突出的是有效需求仍然不足，通货紧缩的趋势尚未
有效遏制。主要表现为消费需求持续不振，固定资产投资增长速
度放慢，全国商品零售价格总水平已连续二十五个月下降，在未
来几个月仍会处于下降状态。这些问题妨碍着国民经济持续快速
发展。

我们必须清醒地看到，当前经济生活中存在的问题，既是社
会总需求不足的反映，也是经济深层次矛盾的反映。一是过去重
复建设造成经济结构不合理的问题，在有效需求不足的情况下变
得更加突出。目前，多数工业产品生产能力利用率不足。据第三
次全国工业普查，在调查的四百零二种主要工业产品中，有百分
之八十三的产品生产能力利用率不足或严重不足。许多生产设备
利用率低下。据国家经贸委最近的调查，我国主要行业生产设备
的利用率只有百分之六十五，其中百分之三十五放空。二是许多
产品档次低、质量差，不能满足市场需要。改革开放以来特别是
近年来，我国质量管理工作得到加强。产品质量总体水平有了较
大提高，部分产品质量已达到或接近国际先进水平。但是，目前
我国产品质量的状况与经济发展要求和国际先进水平相比，仍有

比较大的差距。许多产品档次偏低，可靠性差，质量不稳定，抽查合格率较低。大路产品多，名优产品少；粗加工产品多，深加工产品少；传统技术产品多，高新技术产品少。假冒伪劣商品屡禁不止，重大质量事故时有发生。据中国消费者协会反映，今年第三季度受理的投诉中有百分之六十五点五属于产品质量的问题。由此可见，广大消费者对当前产品质量差的状况是很不满意的。

产品结构不合理、产品质量低，对生产建设和人民生活造成的影响是多方面的。第一，不仅使国内生产能力大量闲置，许多企业开工不足，而且每年花费了大量外汇进口生产资料和消费品。例如，我国是纺织大国，服装、棉纺和化纤产量居世界首位，但每年仍要进口六十至七十亿美元的纺织面料。我国钢产量居世界首位，一九九八年钢材生产能力一亿三千万吨，产量一亿零五百一十八万吨，还进口了一千二百四十二万吨；今年计划进口钢材七百万吨，而一至九月已累计进口一千一百二十五万吨，同比增长百分之三十点一。第二，产品结构不合理、产品质量低，是我国产品物耗、能耗过高的重要原因。许多原材料、机电产品性能低、质量差、不合格率高、损失浪费严重，极大地影响了我国经济效益的提高。第三，产品质量低，假冒伪劣产品多，还直接造成国家财产的重大损失，危害人体健康和人身、财产安全。这方面事例不胜枚举。去年以来，一些地方连续发生多起重大恶性事件。这些恶性事件引起社会震动，对这些恶性事件的当事人，有关部门虽然进行了严肃处理，但造成的巨大损失和恶劣影响，是不可挽回的。许多产品质量低，假冒伪劣产品多，还严重影响了居民的消费意愿，这是目前消费需求不足的一个重要原因。还需要指出的是，近两年来，一些企业即使有了市场需求和生产任务，也不在增加品种、提高产品质量上下功夫，因质量问题导致的事故屡屡发生。这些都说明，加强产品质量工作，已到了刻不容缓的时候。

应当看到，当前加大质量工作力度，提高产品质量总体水平，有着多方面的重要作用。它既可以增加有效供给，改善供给结构，增强产品的市场竞争力，提高市场占有率；又可以生产出更多适销对路、高质量的产品，创造市场需求，把潜在需求转变为现实的购买力，还可以提高我国产品的竞争力，减少进口，节省外汇。更要看到，我们实行扩大内需和积极的财政政策，相当部分资金是靠扩大发行国债。这项政策的成效大小，很大程度上取决于工程建设质量和相应的建材、机械设备等产品质量。因此，大力提高产品质量对巩固和发展当前好的经济形势，克服前进中的困难，具有十分重要的意义。

第二，提高产品质量总体水平，是我国现代化建设进程的客观要求。建国五十年来，特别是经过近二十年的改革和发展，我国社会主义现代化建设进入新的发展阶段，第二步战略目标即将全面实现，并向第三步战略目标迈进，社会经济生活发生了一系列深刻的变化。全国人民生活由温饱进入小康，并逐步向更高水平前进。城乡居民不仅要求消费品数量的满足，更要求商品质量和档次的提高，花色、品种的增加和售后服务的保证。从市场供求关系看，现在主要商品供过于求，已由过去卖方市场转为买方市场。据国内贸易局对六百多种主要消费品的调查，有三分之二供大于求，三分之一供求平衡，几乎没有供不应求的。从经济运行方式看，国民经济市场化程度明显提高，市场竞争机制发挥着越来越重要的作用。我国现代化建设事业的这种新形势、新任务，对产品质量工作提出了新的、更高的要求。

提高我国产品质量总体水平，也是实施可持续发展战略的需要。随着我国人口进一步增加和经济规模的不断扩大，我国人均资源相对不足的矛盾将更加突出。我国耕地、水和重要矿产资源的人均占有量大大低于世界平均水平，其中有四十五种主要矿产资源人均占有量不足世界平均水平的一半，许多重要原材料长期依赖进口。我国的资源状况，难以长期支撑高投入、高能耗、低质量、低产出的粗放型经济增长方式。能源、原材料的节约使用，始终是我国经济建设中的重大问题。提高产品质量，增加合格产品和优质产品，减少废品和劣质产品，不仅可以有效增加社会财富，而且实际上节约了能源、原材料消耗。产品质量低，两个不顶一个用，实际上是浪费资源。资源的过量消耗和浪费，还会造成环境污染。提高生产资料产品性能和质量，有助于保护环境，治理污染。所以，我们必须把发展经济转到主要依靠科技进步、提高质量、降低消耗和增加效益上来，合理利用资源，提高投入产出率，增加单位产品的附加值，绝不能让质量低的产品，甚至假冒伪劣产品耗费宝贵的资源，污染环境。只有这样，我们才能实现国民经济的可持续发展。

第三，提高产品质量总体水平，还是扩大对外开放，增强我国经济竞争力的必然要求。当今世界，经济全球化步伐加快，国际市场上竞争激烈，优胜劣汰。市场竞争在很大程度上取决于产品质量的优劣和性能的高低。只有产品质量过得硬，才能在市场上有竞争力。现在世界各国都非常重视提高产品质量，把改进产品质量作为增强国力、提高自己在国际经济中地位和竞争力的重要手段。实行对外开放是我国的基本国策，我们必将继续扩大对外开放的广度和深度。对外开放很重要的方面，一是允许国外产品进入我国市场，二是要使我国产品打入国际市场。这两个方面都需要我们大力提高产品质量。如果不努力提高我们的产品质量水平，国外产品就会大量挤占我国市场，我国企业的产品市场占有率就会越来越低。我国现在外贸出口商品附加值低，换汇成本高，在同类产品竞争中往往处于劣势。例如，我国自行车出口量为世界第一，但平均单价仅四十二点四美元，只相当于台湾出口自行车的三分之一，是世界平均价格的一半，主要原因是生产工艺落后，产品材料、电镀、焊接、冲压、加工精度、配合精度等方面质量问题多。我国陶瓷每件出口换汇仅二十多美分，而日本陶瓷为一点一二美元，德国、英国陶瓷为一点九六美元，主要原因也是因为我们产品档次和质量低。由此可见，不下大力气改进出口产品质量和档次，提高出口产品竞争力，就难以保住已有的国际市场，也难以开拓新的国际市场，从而会严重影响我国对外开放的水平。

统观世界发达国家经济发展的历史进程，无一不高度重视产品质量和质量工作。战后日本经济的振兴，就是从着力抓质量开始的。八十年代，美国产品在世界市场遇到来自日本、德国等国家产品的严重挑战，竞争力明显下降时，美国政府认识到，重振美国经济靠贸易保护主义不行，靠美元贬值也不行，关键在于提高产品质量，认为经济上的成功取决于质量。于是，一九八四年美国国会通过决议，规定每年十月为"质量月"，其口号是"质量第一"。我们要增强经济实力和竞争力，以至赶上发达国家，也必须采取切实有力的措施，大力振兴产品质量，显著提高产品质量总体水平。

我们党和政府历来十分关心和重视质量工作，要求不断提高产品质量水平。邓小平同志对产品质量问题和质量工作作过一系列精辟的论述。他反复强调，在经济建设中要把产品质量放在突出的位置，坚持质量第一。早在一九七五年八月他就指出："一定要坚持质量第一。"[1]"质量第一是个重大政策。这也包括品种、规格在内。""要想在国际市场上有竞争能力，必须在产品质量上狠下功夫。"[2]一九八五年七月他又强调："工业生产特别是出口产品的生产，中心是提高质量，把质量摆到第一位。乡镇企业也要抓质量。""质量问题虽然经常提，但现在只是一般地提不行，要突出地提，切实地抓。"[3]以江泽民同志为核心的党的第三代中央领导集体，在加快改革开放和经济建设的新形势下，反复强调要正确处理发展速度和产品质量的关系。江泽民总书记在党的十五大报告中指出：要"真正走出一条速度较快、效益较好、整体素质不断提高的经济协调发展的路子"。他在党的十五届三中全会上又强调：我们的经济增长，是要实实在在、没有水分的增长，是在提高质量和效益上的增长；要把工作的重点放在调整结构、改进质量和提高效益上来。不久前，党的十五届四中全会通过的《中共中央关于国有企业改革和发展若干重大问题的决定》明确要求，在推进国有企业改革和发展中，必须"重点搞好成本管理、资金管理、质量管理"；并强调"坚持质量第一，采用先进标准，搞好全员全过程的质量管理"。以上这些充分说明，坚持质量第一，把提高产品质量放在首位，是我们党关于经济建设的一贯重要指导思想，是我国经济发展战略的核心问题。我们一定要从经济发展全局和战略的高度，来看待产品质量问题，进一

1999 年 11 月 4 日，全国质量工作会议在北京举行，吴邦国出席会议并讲话。

步增强提高我国产品质量总体水平的责任感和紧迫感，切实把"质量第一"的思想贯穿到经济工作的各个环节中去。

提高产品质量总体水平需要着力抓好的几项工作

国务院一九九六年发布的《质量振兴纲要（一九九六年——二〇一〇年）》提出，我国质量振兴的主要目标是：经过五至十五年的努力，从根本上提高我国主要产业的整体素质和企业的质量管理水平，使我国的产品质量、工程质量和服务质量跃上一个新台阶。这次《国务院关于进一步加强产品质量工作若干问题的决定（征求意见稿）》，明确提出了今后加强质量工作的任务和措施。这些是根据我国经济发展趋势和对产品质量的总体要求提出来的，是必要的和可行的，也是经过努力可以实现的。各地区、各部门要认真贯彻执行。

这里需要强调，要把我国产品质量提高到一个新水平，必须适应改革和发展的新形势，转变质量管理思想、完善质量管理机制和改进质量管理方法。在社会主义市场经济条件下，市场机制在生产、建设、流通、消费各个环节起着越来越明显的作用。因此，对产品质量的管理必须遵循市场经济规律，充分发挥市场机制的作用，促进企业以市场为导向加强质量工作；同时，也必须重视和发挥政府在质量工作中的重要作用，综合运用法律的、经济的和必要的行政手段以及其他配套措施，促进产品质量总体水平的提高。特别是在目前新旧体制转轨时期，规范化的市场经济秩序还没有建立起来，加大质量工作的力度尤为必要。针对当前产品质量存在的问题和对提高产品质量的总体要求，今后在产品质量工作中需要着力抓好以下几个方面的工作。

第一，加强基础性工作，改进和健全产品质量保障制度。严格、完善的质量保障制度，是从生产、建设、流通、消费各个环节保证产品质量的重要依据。没有规矩，不成方圆。没有一套科学的质量管理制度，质量工作就失去了标准。我们不仅要坚持已有的、行之有效的各项制度，而且应当根据改革开放、经济发展和科技进步的新形势和新要求，不断加以充实和完善，健全适应社会主义市场经济发展要求的质量保障制度和办法。当前特别要抓好以下三个环节。

一是建立健全科学先进的产品质量标准。如果产品质量标准低，即使产品百分之百合格，在市场上也不会有竞争力。现在我国许多产品的质量标准偏低，而且很多企业标准低于国家标准，甚至无标生产。据粗略统计，全国县以下中小企业无标生产的比例高达百分之四十。在对外开放不断扩大和技术进步日新月异的情况下，这种低质量标准的产品越来越没有出路。我们要用发展的观点，而不能用静止的观点来看待产品质量标准问题。因此，要密切跟踪国际标准和国外先进标准的发展状况，及时修订现有的国家标准，提高我国的质量标准水平。所有工业企业都必须按标准组织生产，严禁不按标准生产。凡生产涉及人体健康和人身、财产安全产品的企业，必须严格执行国家强制性标准。要积极引导企业采用国际标准和国外先进标准，鼓励它们制定具有竞争力的、高于现行国家标准的企业内控标准。引进设备和利用外资生产的一般工业产品，质量水准不得低于国际标准。否则，设备不准引进，项目不得审批。抓好了这个环节，就可以从产品标准方面保证产品质量水平的提高。

二是加强计量检测体系建设。计量检测工作是整个工业企业素质和管理现代化最基本的条件，凭数据指挥生产、监控企业、检验成品，质量才能真正得到保证。没有准确的计量，就没有可靠的数据，就无法正常控制工艺过程，也就不可能生产出高质量的产品。在工业发达的国家，计量检测同原材料、工艺装备一样视为工业产品生产的三大支柱。没有完善的计量检测体系，没有统一的计量单位，没有准确一致的量值，就不可能生产出高质量的产品。因此，完善我国计量检测体系，不断提高我国工业企业计量检测技术水平，是企业提高产品质量和经济效益、参与国际竞争的重要措施。要把提高计量基准和标准的国际等效性，完善计量检测手段，严格对计量设备的定期检定，作为提高我国产品质量总体水平的基础性工作，充分发挥计量检测工作在提高质量、降低消耗、增进效益方面的作用。要大力加强计量测试手段和方法的研究，为提高产品质量的总体水平提供必要的计量检测保证，并促进产品升级换代和高新技术产业化。

三是完善全面质量管理。全面质量管理是我国在七十年代末成功引进的一种现代化质量管理制度，对我国加强产品质量工作，提高产品质量，促进经济发展发挥了重要作用。要继续开展全面质量管理、质量改进和降废减损活动。在新的形势下，要进一步完善全面质量管理。要认真宣传贯彻质量管理和质量保证系列国家标准，大力加强质量体系认证工作。要继续参照国际先进的产品质量标准和技术要求，推行产品质量认证制度。经认证合格的，由认证机构颁发产品质量认证证书，准许企业在产品或者其包装上使用产品质量认证标识。进入市场的商品必须具备规范化的质量标识。没有标识的产品就像没有正确说明的药品，人命关天。要按照不同产品的特点，推行各种标识制度，包括产品安全标识、生产许可证标识、警示标识、特性标识、认证标识、防伪标识和保险标识等等。同时，国家对可能危及人体健康和人身、财产安全的工业产品，实行生产许可证制度和产品质量安全认证制度，严格把好市场准入关。要积极借鉴国外企业科学的质量管理方法，推行"零缺陷"和可靠性管理技术。

以上这几项质量管理的基础性工作，是提高产品质量总体水平的重要依据和保证，要在今后的质量管理工作中大力推行和严格实施。

第二，企业要坚持以市场为导向，切实加强质量工作。在市场经济条件下，企业是市场竞争的主体，也是提高产品质量的主体。产品质量比较好的企业，他们共同的特点是把产品质量视为企业的生命，面向市场，严把质量关。质量出问题，根子在企业。现在大部分产品的质量问题都与企业管理松懈有关。要显著提高产品质量的总体水平，就必须大力提高企业的质量管理水平。这里，至关重要的应当抓好以下三个方面。

一是制定和实施企业质量发展目标。一个企业要在市场经济中生存和发展，必须有明确的质量发展目标。这是企业发展战略的一个重要内容。没有明确的质量发展目标，就不可能有市场竞争力。所有企业都要根据国内外市场变化的趋势，制定和实施切实可行的质量发展目标，并提出相应的措施。这是提高企业产品质量的重要前提。大型企业和企业集团要瞄准世界先进水平，积极采用国际标准和国外先进标准，形成一批高质量、高档次的名优产品，提高市场占有率。中小企业要根据自身特点和市场需求，制定质量改进措施，加强技术基础工作，增强产品市场竞争力。这里强调指出，要把实施名牌战略作为企业质量发展目标的一个重要组成部分。名牌产品是高质量和综合经济优势的象征，代表着一个国家、一个民族的实力和形象。一个国家没有一大批在国际国内叫得响的名牌产品，就缺乏市场竞争力。企业也只有创出名牌产品，才能占有国内市场，打进国际市场，提高市场占有率。实施名牌战略，特别是在已经掌握了关键技术、具有开发能力的企业中创出一批具有国际竞争力的拳头产品，意义十分重大。因此，企业要把创名牌、保名牌作为在竞争中求生存、求发展的自觉行动。创立和发展名牌产品没有捷径可走，必须在质量、技术、管理和营销等方面下硬功夫。同时还要指出，现代科技瞬息万变，那种认为一种名牌产品可以优势长存、一劳永逸的观点是不对的。今天是优势、是名牌，明天就有可能成为劣势，不再是名牌，就有可能被其他优势产品、名牌产品所取代。企业必须树立忧患意识和危机感，要有不断创新、不断开拓、不断进取的精神，这样才能不断保持优势，保住名牌。

二是建立和完善企业的质量保证体系。产品质量是通过设计、制造到售后服务等一系列环节实现的，哪个环节出了问题，产品质量都得不到保证。设计质量决定着产品质量的水平，而设计质量能否实现，关键在于制造工艺和严格操作。产品质量高低的标准是用户和消费者是否满意。因此，企业要建立从产品设计到售后服务全过程的质量保证体系，严格执行标准，重视计量检测，搞好全员全过程的质量管理。要从严治理企业，没有严格的管理和健全的责任制，产品质量难以保证，更难以提高水平。企业必须有一套严格的质量保证体系和责任制度。企业主要负责人要用很大精力抓质量工作。经理（厂长）是产品质量的第一责任者，对企业的质量工作负主要责任。要把企业的质量管理工作和质量状况，作为对企业经营者考核的重要内容。要提高经营者的质量意识。现在，相当一部分企业的经营者质量意识淡薄，重数量、轻质量，这种现象必须坚决加以改变。为推动企业经营者重视质量，提高质量意识，对生产不合格产品的企业经营者要"亮黄牌"，要组织他们进行专门培训。去年各地举办三十多次产品不合格的厂长（经理）学习班，是一个很好的做法，让这些厂长有点不光彩的记录，对他们提高产品质量意识有好处。企业必须根据各个环节的质量责任，制定严明的考核办法。产品生产要有标准，企业要有检验人员和检测设备。要严格原材料、元器件、外协件入厂把关，严格工艺纪律，严格生产过程质量控制，严格产品出厂质量把关。这里十分重要的一招，就是要认真实行质量否决制度。无论哪个环节、哪个岗位出了质量纰漏，就严厉惩处。企业经营者不但自己要敢于碰硬，也要支持质量检验人员碰硬。要切实解决企业质量管理制度形同虚设的问题，确保不合格产品不出厂。

三是全面推行售后服务质量国家标准。从根本上说，售后服务是产品质量的延伸。生产企业要建立健全售后服务制度和网络，把售后服务作为企业提高产品市场竞争力的重要手段，忠实履行对用户的服务承诺，实现售后服务的规范化。各类商业企业也要建立售前、售中和售后质量保证体系和自律机制，对所售商品质量实行先行负责制，严格执行包修、包退、包换的规定，切实维护消费者权益。同时，铁路、交通、邮电、民航、旅游、医疗卫生以及银行、证券、保险、房地产、信息咨询等服务业，要把提高服务质量作为一个永恒的主题，不断研究、解决服务中出现的问题，深入开展"创优质服务"活动，强化服务质量管理工作，改进服务方式，改革和完善各项规章制度，全面推行服务质量国家标准，实现服务质量的制度化、程序化、标准化。

第三，狠抓技术改造和技术进步。这是提高产品质量水平的根本性措施和重要途径。我国产品质量水平低的一个重要原因，是多数工业企业技术装备落后、工艺陈旧。据有关部门提供的材料，目前我国国有企业中关键设备达到或接近国际先进水平的仅占百分之十五左右，机械工业技术装备大体只相当于国际上六七十年代的水平，只有少数达到发达国家八十年代的水平。许多行业总的生产能力相对过剩，但技术水平低、产品结构不合理，不能适应市场需求。解决这个问题，关键是以市场为导向，加大技术改造力度，增强企业技术创新和更新换代能力。要围绕增加品种、改进质量、提高效益和扩大出口，采取有力措施，加大投入，改造落后装备，完善技术保障手段，引导和促进企业采用新技术、开发新产品，提高现有产品的质量水平。同时，企业要面向市场，建立技术创新体系，推进产学研结合，加强技术改造，加快技术进步，切实解决一批重要产品的关键技术，努力开发一批适应国内外市场需求的新产品，全面提高产品的档次和质量水平。

中央领导同志非常重视企业技术改造和技术创新工作。中央在决定今年进一步实施扩大内需和积极的财政政策力度的同时，明确地把加强企业技术改造作为重要任务，从今年增发的长期国债中，拿出相当部分作为技术改造贷款的贴息资金。这样，可以带动两千多亿元贷款资金投入企业技术改造。的确，当前的市场供求状况和中央关于加强技术改造的决策，为企业技术进步提供了难得的机遇。我们应当珍惜、抓住和用好这个机遇。搞好技术改造工作关键是要选准企业、项目和产品。要围绕以产顶进、采用先进工艺、淘汰陈旧设备三个方面，集中力量支持重点行业和重点企业，解决重点产品突出的结构性矛盾。在技术改造中，着力增加品种，改进质量，增加有效供给；大力开发技术含量高、市场容量大、有发展前景、经济效益好的产品；节能降耗，降低成本；瞄准国际先进水平，积极采用新技术、新工艺、新材料。坚决不搞低水平重复建设和单纯数量扩张。

经过研究确定，当前国家重点改造的行业是冶金、纺织、石化、有色金属、机械、信息产业和军工七大行业。鼓励技术改造采用国产设备，促进装备国产化。冶金行业要针对吨钢综合能耗高、品种不齐、关键钢材品种大量依靠进口等问题，把改造重点放在采用转炉和高效连铸等新工艺、增加关键钢材品种和节能降耗上。纺织行业的改造重点是提高后整理等主要工艺水平，实现高档纺织面料以产顶进和纺机国产化。石化行业改造的关键在于增加品种，重点是油品（润滑油、沥青等）升级和乙烯后续产品的结构调整。有色金属行业的改造重点是铜、铝、铅、锌四大品种的节能降耗，提高质量，顶替进口。机械行业的改造重点是为重大技术改造提供装备，努力提高这些装备和重点基础机械产品的质量、技术水平和国产化水平，重大技术装备要有依托工程。信息产业要针对数字技术产品落后、基础电子元器件薄弱等问题，以实现移动通信产品国产化、发展新型电子元器件为改造重点。军工行业也要按照增加品种、改进质量、提高效益的要求来进行技术改造。

中央决定运用积极的财政政策，加大对技术改造的投入，支持国家重点技术改造，这是对产品质量工作的巨大支持，一定要把这笔资金用好。需要强调的是，在技术改造实施过程中，一定要精心选择产品和项目，精心施工，坚持高起点，积极采用国际标准和国外先进标准；坚持质量第一，严格执行工程质量终身负责制；鼓励企业技术改造采用国内技术和国产设备，提高装备国产化水平，带动国内机电产业的振兴和发展；技术改造资金要注意向老工业基地和中西部倾斜；严禁挤占、挪用、侵吞技术改造资金，确保技术改造项目的成功和取得实效。

第四，加大政府监督力度，强化质量法治。市场经济条件下，政府管理产品质量主要是依法切实履行维护市场公平的职责，加强对产品质量的监管。要通过制定和实施质量管理法律、法规以及各种具体监督制度、措施，查处不合格产品和假冒伪劣产品，保护消费者和用户权益，维护公平竞争的市场秩序，促使产品质量总体水平不断提高。

一是实行重要产品质量监管制度。我们已经对一些重要产品实行了生产许可证和产品质量安全认证制度，现在的问题是不仅实施范围小，而且执行不严格。目前不少生产重要产品的企业，特别是一些私营企业和乡镇企业，普遍存在无生产许可证、无质量安全认证的情况。对重点产品和特殊商品必须切实加强质量监管，对涉及人体健康和人身、财产安全的产品，质量技术监督部门要严格执行生产许可证、产品质量安全认证制度，加强对开业的审查。没有生产许可证和质量安全认证的产品，一律不得生产和销售，违者要依法严惩。凡不具备基本生产条件、不能保证生产出合格产品的企业，一律不准开工生产。商业企业要加强对进货质量的检查验收，认真实行商品质量先行负责制。有关执法部门要加强对各类专业市场商品质量的监督检查，对阻挠监督检查的要严厉查处，并追究当事人责任。

二是建立符合市场经济要求的公平竞争机制。目前，一些地方存在着地方保护主义行为，通过报验、准销、准用、公路设卡等手段阻挠外地产品进入本地。这种做法破坏了全国统一的市场，不利于建立公平竞争的市场环境，不利于企业努力提高产品质量，必须坚决制止。同时，还要坚决杜绝各种虚假宣传和质量欺诈行为，保证公平竞争，实现优胜劣汰。这里需要重申：除国家明确规定外，各地区、各部门、新闻单位、企事业单位及学会、协会等社会团体组织一律不得进行对企业产品、服务等的综合评价，以及带有排序、推荐评比性质的企业和商品信息发布活动。现在五花八门的评价、推荐排序活动，既加重了企业的负担，又扰乱了市场秩序，必须全面清理。

三是完善质量监督抽查制度。国家监督性的产品质量抽查制度已经实行了十四年，这是一项保证产品质量行之有效的措施。要继续充分发挥这一措施"规范市场、扶优治劣、引导消费、服务企业"的作用，并不断加以完善。要把涉及人体健康及人身和财产安全的产品、关系国计民生的重要产品、消费者对质量问题反映强烈的产品作为监督抽查的重点，定期跟踪检查，加大抽查频次，随时突击抽查并公布抽查和试验结果。要加强监督检查的后处理工作，完善和坚持已有的后处理制度，即公告制度、整改制度、处罚制度、通报制度以及吊销有关证书制度。要加大对产品质量抽查不合格产品的企业及其主要负责人的处罚力度。要重点检查产品质量问题比较多的中小企业、乡镇企业、个体（私营）企业以及普遍发生质量问题的区域。加强对重点产品、重点行业质量监督。不断加大监督抽查覆盖面，增强科学性，确保有效监控。查到不合格产品就要追到企业，追到责任人，该责令停产整顿的停产整顿，该吊销生产许可证、产品质量安全认证、营业执照的，一定要吊销。要排除阻力，一查到底。必要时，纪检监察部门可以一起上。这样，才能真正发挥监督的震慑作用。在淘汰技术落后、浪费资源、产品质量低劣、危及人身健康和污染严重的产品和企业方面，质量主管部门一定要加强监督检查，促其整改。同时，对产品质量长期稳定、市场占有率高、企业标准严于国家有关标准的产品，可确定为免检产品，以鼓励企业生产优质产品。

强化质量法治，依法治理质量。要健全产品质量法律法规体系。为了强化质量法治工作，国务院已向全国人大常委会提交《中华人民共和国产品质量法修正案（草案）》，全国人大常委会正在审议。其他有关法律的修订工作也要抓紧进行。针对质量工作中的突出问题和存在的处罚偏轻、操作性不强的问题，要为加大执法力度提供法律法规保障。对现有的法律法规要认真清理，修订那些不符合社会主义市场经济发展要求的内容。同时，还需要考虑制订一些新的质量法律法规，以尽快形成一个从宏观调控到生产、流通和消费，相互协调、操作性强的质量法律法规体系。从目前来看，最重要的是严格执法。应该说现有的质量法律法规不少，但质量违法现象仍大量存在。这里的关键是执法不严，惩治不力。因此，一定要认真执法，加大执法力度。质量工作要以法律为准绳，在执法过程中要坚决同各种质量违法行为作斗争，该重罚的要重罚，对触犯刑律的要坚决追究刑事责任，切实做到有法必依、执法必严、违法必究，绝不能姑息迁就。为增强执法的权威性和有效性，要建立执法监督检查制度，加强对质量法律法规执行情况的监督检查，坚决查处有法不依、执法不严、违法不究和滥用职权的行为。政府部门在转变职能的过程中，要强化依法行政的法律意识和责任，无论是制订政策还是监督抽查，都要依法办事，努力提高依法治理质量的工作水平。

严厉打击制售假冒伪劣产品的违法犯罪行为

近几年，各地政府和有关部门按照党中央、国务院的部署，广泛开展多种形式的打假活动，查处了一批大案要案，端掉了一批制假售假的窝点，销毁了一批假冒伪劣产品，整顿了一批问题严重的市场，取得了一定成效。但是，我们必须清醒地看到，制售假冒伪劣产品的现象没有得到有效遏制,有些地方还相当猖獗。一是制假范围继续扩散。一些重要产品,如药品、食品、农用生产资料、建筑材料、通讯器材、汽车配件、低压电器、卷烟等,甚至一些高技术产品,如电脑软件、计算机防病毒卡、激光全息防伪标志等,都成为假冒的对象,许多假冒伪劣产品通过各种渠道继续蔓延。二是制假规模呈扩大之势。许多制假售假活动已由简陋的小生产发展到使用现代化设备的批量生产,有的还形成了跨行业、跨地区的产供销网络。三是参与制假售假的单位和人员日趋复杂。不仅有个体私营企业、乡镇企业,而且还有三资企业、国有企业。有些地方的制假售假活动还与境内外不法分子相互勾结。四是党政机关和执法部门中的一些腐败分子与制假售假的违法分子互相勾结,以各种名义包庇、纵容制假售假活动。五是暴力抗拒打假执法事件时有发生,甚至伤害执法人员,打击报复举报人员。制假售假的违法活动,严重干扰了市场经济秩序,损害了消费者和企业的合法权益,败坏了名优产品和出口商品的信誉,影响了我国产品的竞争力。同时,假冒伪劣产品挤占市场,还造成一些国有企业质优价廉的产品积压,不能开足马力生产,严重影响了国有企业的改革和发展。我们必须充分看到制售假冒伪劣产品的严重性和危害性。鉴于当前制假售假屡禁不止的严峻形势,要切实抓好以下几项工作。

一要广泛深入持久地开展打假斗争。必须像严厉打击走私活动一样坚决打击制假售假活动。要有计划地在全国范围组织打假联合行动和专项斗争,严厉打击制假售假违法犯罪活动。要精心组织,周密部署,坚决地打、狠狠地打。各级政府和各有关部门要互相配合,协同作战,动员社会各方面的力量,大张旗鼓地开展打假斗争，狠狠打击制假售假的违法犯罪分子的嚣张气焰。同时，要把集中打击与经常打击结合起来，把治标与治本结合起来。要树立长期作战的思想，常抓不懈。

二要突出重点，紧紧围绕假冒伪劣问题严重的重点产品、重点市场、重点区域，采取专项斗争的办法，进行认真治理。从全国情况看，当前假冒伪劣问题突出的产品是药品、卷烟、食品、白酒、饮料、农用生产资料、建筑材料、低压电器、汽车和摩托车零配件、燃气用具及一些出口商品。这些产品，有的关系人民生命安全，有的关系农民投资收益，有的关系国家信誉，必须作为打假的重点。各地要根据实际情况，制定整治方案，每年要彻底解决几个突出的问题。打假要紧紧抓住几个关键环节：一是端窝点，坚决铲除制假售假的生产、经销点；二是查市场，看看它是如何流入市场的，把日常检查与突击查处结合起来，绝不允许假冒伪劣产品在市场泛滥。

三要抓大案要案，加大查处案件的力度，依法从重从快惩处一批制假售假的违法犯罪分子。对那些违法数额特别巨大、情节特别恶劣、造成人员致死、致残的罪犯，要坚决依法重判，该判死刑的要判死刑，杀一儆百。对有组织有计划长期制假售假的犯罪团伙，必须彻底摧毁，对首恶分子和骨干分子严惩不贷。对制假售假的企业，一经查实，就要坚决吊销其生产和经营许可证。对为制售假冒伪劣产品提供场地、设备、仓库、运输、物资、资金等手段和条件的单位或个人，也要依法从严查处。打假一定要动真格，坚决解决"打不痛、打不死"的问题。无论案件涉及到什么单位、什么人，都要一查到底，绝不手软。特别要追查有关领导干部和企业领导人的责任。

四要整顿市场秩序，规范市场行为，严防假冒伪劣产品流入市场。要强化市场监管，健全市场规则，清除市场障碍，形成竞争有序的市场秩序。要立足治本，堵源截流。加强对批发市场和专业市场的监管，对假冒伪劣屡禁不止的市场，要采取断然措施予以关闭。对假冒卷烟的集散地和销售场所，以及非法兴办的中药材市场，一律予以取缔。要加强对旧货市场的管理，严禁危害人身和财产安全的废旧物资、设备再次投入使用。要切实加强对产品标识和广告的管理，加强对侵权行为的打击。严格审查药品、食品、医疗器械、农药、兽药等产品的广告，严禁利用虚假广告推销假冒伪劣产品。对于关系人民生命安全、农民利益和国家信誉的重要产品，一定要有市场准入制度，不符合准入要求的产品，一律不得进入市场。要从源头上防止假冒伪劣产品的产生。

五要在严厉打假的同时，加强对名优产品的保护。要对假冒"名、优、新、特"产品的违法犯罪行为，集中开展打击活动，切实保护"名、优、新、特"产品生产企业的合法权益。在依法惩处制假售假者的同时，积极支持企业运用法律手段同假冒侵权行为作斗争。政府有关部门不仅要继续与名优产品生产企业联合开展"打假保名优"活动，而且要加强宣传，动员社会各界一起参与这一活动。

注　释

[1] 见邓小平《关于国防工业企业的整顿》(《邓小平文选》第2卷，人

民出版社 1994 年版，第 26 页）。

〔2〕见邓小平《关于发展工业的几点意见》（《邓小平文选》第 2 卷，人民出版社 1994 年版，第 30 页）。

〔3〕见邓小平《抓住时机，推进改革》（《邓小平文选》第 3 卷，人民出版社 1993 年版，第 132 页）。

在现代物流发展
国际研讨会上的讲话

（一九九九年十一月二十五日）

各位来宾、女士们、先生们：

在二十一世纪即将到来之际，由国家经贸委和世界银行共同主办的"现代物流发展国际研讨会"，今天在北京隆重开幕。这是我国政府部门与世界银行在推进现代物流发展方面进行的一次重要而有意义的合作。我代表国务院对会议的召开致以热烈祝贺，对来自国内外的政府官员、企业代表、专家学者表示热烈欢迎！

随着现代科学技术的迅猛发展，全球经济一体化的趋势加强，各国都面临着前所未有的机遇和挑战。现代物流作为一种先进的组织方式和管理技术，被广泛认为是企业在降低物资消耗、提高劳动生产率以外的重要利润源泉，在国民经济和社会发展中发挥着重要作用。加快中国现代物流的发展，对于优化资源配置，提高经济运行质量，促进企业改革发展，推进中国经济体制与经济增长方式的两个根本性转变，具有十分重要的意义。

由于我国长期实行的计划经济体制和受经济发展水平的制约，我们对现代物流的认识和实践，与发达国家相比还存在较大的差距。在我国工商领域中，采购、制造、运输、仓储、代理、配送、销售等环节彼此分割，造成一方面生产企业的原材料和产成品库存过大，占压资金较多，产品成本上升；另一方面运输、仓储等企业有效货源不足，现有设施能力未能充分利用。因此，大力推进现代物流发展，把彼此分割的环节有机地连接起来，优化企业物资供应链，是国民经济发展的迫切需要。

中国经济要融入世界经济，需要加速创造现代物流发展的宏观环境。中国企业要参与国内外两个市场竞争，需要增强现代物流的意识，积极采用先进的组织方式和管理技术。同时，为了改善投资环境，吸引更多的外商投资，也迫切需要提供高质量的现代物流服务。可以预料，二十一世纪，现代物流业将会成为中国经济发展的重要产业和新的经济增长点。我们必须抓住有利时机，继续坚持对外开放的方针政策，广泛开展国际交流与合作，学习借鉴发达国家的先进技术和管理经验，结合实际，开拓创新，努力实现我国现代物流业的跨越式发展。

现代物流是一项跨行业、跨部门、跨地区甚至跨越国界的系统工程。国家经贸委要会同有关部门抓紧研究相关政策措施，大力推动此项工作。有关部门要积极参与，形成合力。各级政府要从政策、规划、法规、资金等方面给予支持，为发展现代物流创造良好的外部条件。广大企业要加强对现代物流的理解认识和实践探索，真正成为现代物流发展的市场主体。通过各方共同努力，在我国逐步建立起专业化、社会化、现代化的物流服务网络体系。

预祝会议取得圆满成功！

飞机发动机项目应列为
国家高科技重点工程[*]

（二〇〇〇年一月十日、十二月六日）

一

　　飞机发动机应列为国家高科技重点工程。发动机问题不解决，飞机就上不去。

（二〇〇〇年一月十日在一份关于解决飞机
发动机问题的材料上的批示）

二

　　我听过一次汇报，总的印象是基础研究薄弱，关键技术没有储备，飞机发动机将是影响我第三代、第四代战机的关键技术。

（二〇〇〇年十二月六日在国防科工委报送的《加快我国
航空动力发展的思路和建议》上的批示）

---

　　*　这是吴邦国同志关于飞机发动机研制工作的两则批示。

加强和改善党对国有企业的领导 *

（二〇〇〇年二月二十七日）

　　加强和改善党对国有企业的领导，是建立有中国特色现代企业制度的本质要求。建立现代企业制度，既要符合市场经济规律，也要符合我国国情。我们一定要十分清醒地认识到，我国是共产党领导下的社会主义国家。我们的改革是社会主义制度的完善，我们建立现代企业制度，不同于资本主义国家一般意义上的现代企业制度，而是有中国特色的现代企业制度。我们搞社会主义市场经济，绝不是搞私有化；进行股份制改革，目的是增强国有企业的活力，增强国有经济的控制力。因此，在我国建立现代企业制度，一要坚持公有制与市场经济的有机结合，二要坚持党对国有企业的领导，三要坚持工人阶级的主人翁地位。所以，充分发挥企业党组织的政治核心作用，形成一套适应企业改革和发展要求、与生产经营紧密结合的机制和制度，是建立有中国特色现代企业制度的题中应有之义。比如：在实行规范的公司制改革中，既要明确董事会、监事会和经理层的职责，形成有效制衡的公司法人治理结构，还要发挥党组织、职代会、工会的作用，全

---

　　* 这是吴邦国同志在中央企业工委工作会议上讲话的一部分。

心全意依靠工人阶级；在企业领导班子建设中，如何把坚持党管干部的原则与董事会依法选择经营者结合起来，把组织推荐与市场选择结合起来；在加强企业监督方面，如何把外部监督和内部监督结合起来，发挥党内监督和职工民主监督的作用。把这些问题处理好了，才能使国有企业更好地适应社会主义市场经济的要求，才能使国有企业改革和发展顺利向前推进。

一、进一步加强国有企业党的建设。

江泽民总书记指出："越是改革和发展的任务艰巨繁重，越是要加强党的领导。"[1] 这些年来，许多国有企业党组织在把握企业改革与发展方向、支持董事会和经理人员依法行使职权、协调企业内部关系、维护企业稳定等方面做了大量工作，发挥了政治核心作用。但是必须指出，有些企业党的工作是很薄弱的。有的企业领导班子"一手硬、一手软"；有的企业党组织软弱涣散，不能正常工作；有的企业党组织不健全，机构设置不合理，工作不到位；有的企业党组织缺乏创新精神，工作的内容和形式单一，缺少凝聚力，等等。这些问题影响了党的政治优势的发挥，妨碍了党的路线方针政策在企业的贯彻执行，必须引起高度重视。各级党组织要认真贯彻落实《中共中央关于进一步加强和改进国有企业党的建设工作的通知》精神，结合实际，采取有效措施，努力搞好国有企业党的建设工作。

一是充分发挥企业党组织的政治核心作用。党的十五届四中全会《关于国有企业改革和发展若干重大问题的决定》明确，坚持党的领导，发挥国有企业党组织的政治核心作用，是一个重大原则，任何时候都不能动摇。同时明确，企业党组织政治核心作用，主要体现在：保证、监督党和国家方针政策在本企业的贯彻执行；参与企业重大问题决策，支持股东会、董事会、监事会和经理（厂长）依法行使职权；全心全意依靠职工群众，领导和支持工会、共青团等群众组织及职工代表大会依照法律和各自章程独立自主地开展工作；领导企业思想政治工作和精神文明建设，努力建设有理想、有道德、有文化、有纪律的职工队伍；加强党组织自身建设，搞好党性党风教育，发挥党支部的战斗堡垒作用和党员的先锋模范作用。这五条中，参与企业重大问题的决策，是发挥企业党组织政治核心作用的重要内容，要从制度上予以保证。其办法就是"双向进入，交叉兼职"，这是党的十五届四中全会已经明确的问题，应认真贯彻。企业党组织要认真贯彻党的基本路线，围绕生产经营开展工作，为实现党的任务和企业改革发展服务。要不断改进企业党组织的工作内容和活动方式，进一步探索发挥政治核心作用的途径和方法。

二是加强企业党组织建设。党的基层组织是党的全部工作和战斗力的基础。加强企业党组织建设，一要建设一个坚决贯彻执行党的路线、方针、政策，善经营，会管理，廉洁公正，得到群众拥护的领导班子；二要建设一支能够在企业发展中经得起困难和风险的考验，在两个文明建设中发挥先锋模范作用的党员队伍；三要建立一个适应企业改革和发展要求，与生产经营紧密结合，保证企业党组织发挥作用的工作机制；四要健全一套加强党员教育管理，能及时解决自身存在的矛盾和问题，不断增强凝聚力和战斗力的工作制度。在深化企业改革过程中，必须建立健全党组织，按照精干、高效、协调，有利于加强党的建设与思想政治工作，有利于促进企业改革和发展的原则，合理设置工作机构。

三是加强企业的思想政治工作，全心全意依靠职工群众办好企业。企业党组织要加强对思想政治工作的领导，根据企业改革和生产经营的实际，一要制定思想政治工作的总体规划、年度计划和重要制度，并组织实施；二要讨论决定企业思想政治工作和精神文明建设中的重大问题；三要负责经营管理人员队伍的思想作风建设；四要组织和发动党员发挥先锋模范作用；五要做好群众工作，动员职工完成各项任务；六要掌握职工思想动态，有针对性地进行思想政治教育；七要指导工会、共青团根据各自特点，做好思想政治工作。要教育职工弘扬工人阶级主人翁精神，爱岗敬业，艰苦创业，遵守职业道德。特别是亏损企业、困难企业、破产企业党组织，更要大力加强思想政治工作，主动关心并帮助解决困难职工和离退休职工的实际问题。

搞好国有企业必须坚持全心全意依靠工人阶级的方针。要从党和国家的性质，工人阶级地位和作用的高度，充分认识全心全意依靠工人阶级的重要性和必要性。在深化改革、建立现代企业制度中，必须调动包括工人、经营管理人员和专业技术人员在内的企业全体职工的积极性。要把全心全意依靠工人阶级的方针落在实处，关键是要在政治上保证、制度上落实、素质上提高、权益上维护四个方面狠下功夫。要认真贯彻工会法、劳动法，依法保障和维护职工的合法权益。坚持和完善以职工代表大会为基本形式的民主管理、民主评议、民主监督制度，实行厂务公开，在企业重大问题上听取职工群众的意见，用有效的制度和措施，保证职工了解和参与企业的改革和经营管理，实现职工群众对企业领导人员的有效监督。

二、进一步加强企业领导班子建设。

企业办得好坏，关键在领导。目前，国有企业领导班子和经营管理者队伍总体上是好的，绝大多数企业领导班子团结协作、开拓进取，涌现出一批优秀企业经营管理者。但也要看到，有些企业领导人员政治业务素质偏低，不善经营管理，工作责任心不强；有的滥用权力，以权谋私，甚至违法乱纪；有的任人唯亲，搞小团体，甚至拉帮结派。有的企业领导班子结构不尽合理，整体合力不强。加强企业领导班子建设，就必须针对班子建设中的突出问题，采取切实有效的措施，逐步加以解决。

一是对企业领导人员坚持高标准、严要求。党的十五届四中全会决定对国有企业领导人员提出了明确要求：一要思想政治素质好，认真执行党和国家的方针政策和法律法规，具有强烈的事业心和责任感；二要经营管理能力强，熟悉本行业务，系统掌握现代管理知识，具有金融、科技和法律等方面的基本知识，善于根据市场变化作出科学决策，善于依靠职工群众办好企业；三要遵纪守法，廉洁自律，求真务实，联系群众。企业的领导人员要按照这些基本条件，严格要求自己，不断提高政治业务素质。要把传统的好经验与现代意识很好地结合起来，把自己锻炼成为适应市场经济竞争需要的企业经营管理者。

二是建立健全企业领导人员管理制度和办法。要按照党的十五届四中全会决定的要求，积极探索适应现代企业制度要求的选人用人新机制，这包括对经营管理者培养、选拔、管理、考核、监督的办法，并逐步制度化、规范化。无论是企业工委管理的干部，还是企业自己管的干部，都要有可操作的明确规定，防止选人用人上的不正之风。选拔企业领导人员，必须坚持德才兼备，坚持民主集中制，坚持走群众路线。要把坚持党管干部原则和董事会依法选择经营管理者，以及经营管理者依法行使用人权结合起来，改变简单套用党政干部的标准来选拔企业干部，用管理党政干部的方法来管理企业干部的做法。选择任用企业中层干部，必须征求企业党组织的意见，企业党组织要对人选进行考察，提出意见和建议，并严格按法律程序办理。在使用干部的问题上，不允许个人说了算，更不准任人唯亲，搞团团伙伙。

2001年3月9日，中组部、中央企业工委管理的国有大中型企业领导班子及成员"三讲"学习教育活动工作会议在北京举行，吴邦国在会议上讲话。右三为中央政治局候补委员、中央书记处书记、中央组织部部长曾庆红。

三是加强对企业领导人员的日常教育和管理。现在，有不少企业领导干部陷于事务之中，整天忙忙碌碌；有的把时间浪费在没有意义的交际应酬上，不注意学习，不注意提高。这些现象必须坚决纠正。企业领导干部要努力学习马列主义、毛泽东思想特别是邓小平理论，还要努力学习市场经济知识、现代科学技术知识、法律知识和其他各方面的知识。养成良好的学习习惯，不断充实自己，以适应工作的需要。要坚持和完善民主生活会制度、领导班子现状定期分析制度、领导干部个人重大事项报告制度，以及定期同干部谈话、诫勉等制度，做到勤提醒、早告诫、高标准、严要求，及时发现问题，及时解决问题，防微杜渐。对企业工委管理的企业要这样，企业对下属班子的日常教育和管理也要加强，切实担负起责任。

四是高度重视培养选拔年轻干部。近年来，许多国有重要骨干企业选拔任用了一批三十多岁到四十多岁的年轻干部。这些年轻干部有较高的文化水平，有朝气，有开拓进取精神，在自己的岗位上作出了出色成绩。培养选拔年轻干部，是关系国有企业长远发展的重大问题。各级党组织要加强对年轻干部的教育和培养，使他们树立正确的世界观、人生观、价值观；要敢于把一些重要的、关键性的工作压给他们，使他们在实践中得到锻炼提高；要考察、掌握一批近期能进领导班子的后备干部，尤其要重视企业董事长、党委书记、经理人选的培养，保持后备干部队伍的数量、质量和活力。

三、深入开展反腐败斗争，进一步加强国有企业的党风廉政建设。

这些年，国有企业的党风廉政建设是有成效的。当前存在的主要问题是：个人擅自决定企业的大额度资金运作，擅自决定企业重大决策和重要人事任免；私自将国有资产转移到个人名下，或以个人名义在国（境）外办公司；用公款进行高档消费，超标准住房和用车；利用职权为配偶、子女及其他亲属经商办企业，提供便利和优惠条件；弄虚作假，谎报成绩，授意、强令财会人员做假账或搞账外账；擅自兼任职务，领取兼职工资或其他报酬；在设备和原材料购销、项目招投标等方面，采取各种手法中饱私囊。凡此种种，严重侵害了国家的利益，损害了共产党的形象。

今年初召开的中纪委第四次全会，把大力加强国有企业的党风廉政建设，作为二〇〇〇年党风廉政建设和反腐败斗争的重点。我们要认真学习江泽民总书记在会上作的重要讲话，对照中纪委第四次全会精神，检查所在企业的党风廉政建设状况，举一反三，抓好落实。搞好国有企业的党风廉政建设，关键在于领导班子和领导人员要带头遵纪守法，廉洁自律，认真执行党风廉政建设的有关规定。要加强对领导班子特别是一把手的监督管理，充分发挥党组织的政治核心作用和保证监督作用。国有企业的党风廉政建设必须与企业的经营管理密切配合，把党风廉政建设的要求贯穿于企业的各项管理制度之中。要按照建立现代企业制度的要求，建立健全重大决策失误追究制度，实行财务审批制度、物资竞价采购和项目招投标制度。要积极推进厂务公开制度，凡涉及企业重大问题和职工群众切身利益的事项必须公开。坚持企业职代会对领导班子成员每年进行一次民主评议制度，坚持业务招待费使用情况向职代会报告制度。要认真落实对国有企业领导人员进行任期、离任经济责任审计的规定。要从制度上、机制上铲除滋生腐败的条件和土壤，从源头上防止和治理腐败。要加大对大案要案的查处力度。对无视法纪、违法乱纪的腐败分子要用重典，不论什么人，该给什么处分就给什么处分，该重判的要重判，决不手软。对情节恶劣、影响大的典型案件要曝光，教育大家引以为戒。各级领导对查处违法违纪案件，不准说情，更不能袒护和包庇。对瞒案不报、压案不办，或设置障碍、阻挠查处的，要严肃处理。要通过深入持久的反腐败斗争，维护党纪国法的尊严，为国有企业改革和发展创造良好的条件。

四、健全国有企业监督机制。

加强对国有企业的有效监督，确保国有资产保值增值，是建立现代企业制度需要研究解决的重要问题，也是当前面临的一个现实问题，党中央、国务院对此非常重视。一九九八年国务院机构改革后，撤销了一些部门，企业与党政机关脱钩，同时决定向国有大型企业派出稽察特派员，代表国家对企业国有资产实施监督。从两年的实践看，效果是明显的。在总结稽察特派员工作经验的基础上，根据党的十五届四中全会精神，为从体制上、机制上加强对国有资产的监管，决定在稽察特派员制度试点基础上向监事会制度过渡。

近些年来，特别是从一些被稽察的企业反映的情况看，国有资产流失严重，触目惊心。东方锅炉、甘肃白银、哈尔滨轴承等企业反映出的问题充分说明，对国有企业不是要不要监督，而是必须加强监督。国有企业领导人员必须明确，为了维护出资人的权益对企业进行监督是理所当然的，任何国家都不例外。这是一种保证企业正常运作的机制。企业领导人员要正确对待监督，共同为建立有效监督机制积极探索。这也是建立现代企业制度必须解决的问题。为了进一步强化国家对国有资产的监督管理，国务院即将出台《国有企业监事会暂行条例》。按照条例规定，监事会要以财务监督为核心，对企业的财务活动及经营管理行为进行监督，确保国有资产及其权益不受侵犯。监事会与企业是监督与被监督的关系，监事会不参与、不干预企业的经营决策和经营管理活动。

按照规定，监事会主席由国务院任命，派出监事由监事会管理机构任命。监事会主席应具有较高的政治觉悟和政策水平，坚持原则，廉洁奉公，熟悉经济工作。监事应当自觉贯彻执行党的方针政策，并具有专业知识，熟悉企业经营管理，坚持原则，廉洁奉公，忠于职守。监事会成员不得接受企业的任何馈赠，不得参与由企业安排、组织或者支付费用的宴请、娱乐、旅游、出访等活动，不得在企业中为自己、亲友或者他人谋取私利，不得接受企业的任何报酬、福利待遇，不得在企业中报销任何费用。

中央企业工委要努力把自身建设成为廉洁勤政，务实高效，开拓进取，中央放心，企业欢迎的工作机关。要认真贯彻执行党的方针政策，齐心协力把中央交给的三件大事[2]办好；要以经济建设为核心，为基层服务、为企业排忧解难；要严格执行党风廉政建设有关规定，不吃企业、不拿企业，发挥表率作用，树立良好形象。工委机关干部要"讲学习、讲政治、讲正气"，与党中央保持高度一致。大家来自五湖四海，彼此要讲原则，讲团结，取长补短。要增强服务意识，形成良好风气，创造性地把中央交给的任务完成好。

注　释

[1] 见江泽民《关于国有企业改革和发展》（《江泽民文选》第 2 卷，人

民出版社 2006 年版，第 387 页）。

［2］这里所说的三件大事，是吴邦国在此次会议上概括的中共中央企业工委的三项任务。一是做好企业党的工作，二是加强对企业领导班子的管理，三是负责国务院稽察特派员的管理工作。

建设移动通信网可走
跨越式发展道路 [*]

（二〇〇〇年六月十二日）

关于 CDMA 建设，我曾主持会议研究，大家一致意见是：鉴于 CDMA 二代半（115K）和三代第一阶段（384K）技术已经成熟，我不必再从二代 CDMA 起步，直接上二代半和三代第一阶段。对这一结论，请进一步研究、论证。

  ＊ 这是吴邦国同志在国家发展计划委员会《关于应对入世挑战，开拓我国移动网竞争新局面的建议》上批示的一部分。

关于有色金属行业管理体制问题[*]

（二〇〇〇年七月十三日）

新中国成立五十年来，特别是党的十一届三中全会以来，经过几代人的共同努力，我国有色金属工业发生了根本性变化，产量居世界第二，实现了从卖方市场向买方市场的历史性转变，为发展国民经济、加强国防建设、改善人民生活作出了重要贡献。这是有色金属战线百余万干部职工在党的领导下艰苦创业、奋发图强、辛勤劳动取得的重大成果。

党中央、国务院对有色金属工业历来十分重视和关心。早在建国之初，就集中力量建设了一批有色金属企业，奠定了我国有色金属工业的基础。为了进一步促进有色金属工业的发展，一九八三年决定成立中国有色金属工业总公司；随着市场经济的发展和形势的变化，一九九八年决定撤销总公司，在成立国家有色金属工业局的同时，于一九九九年八月组建了中国铝业集团公司、中国铜铅锌集团公司、中国稀有稀土金属集团公司。有色金属行业管理体制的几经变动，都是体制改革的积极探索和深化，

＊ 这是吴邦国同志在调整中央所属有色金属企事业单位管理体制工作会议上讲话的一部分。

对生产建设都起了推动作用。这是应该给予肯定的。

今年初，辽宁省葫芦岛市杨家杖子矿在关闭停产结案后，发生了大规模群众聚集事件。在党中央、国务院直接关心下，通过有关部门和地方党政领导的共同努力，这件事得到了妥善处理。事件是平息了，但是集中暴露了两大问题。

一是资源枯竭的矿山如何妥善关闭破产的问题。由于矿产资源不可再生，一批矿山经过长期开采，资源逐渐枯竭。仅需要关闭的中央所属有色金属矿山就不下四十五个，需要安置的职工近六万人。资源枯竭矿山问题是长期积累下来的，国家曾采取过补贴转产等多种措施，但未能从根本上解决，近几年问题越来越突出，有的长期停产，主要靠国家财政补贴过日子。矿区职工群众生活艰难，是目前最困难的群体之一。由于生活十分困难，矿区职工不断聚众上访，确实到了非解决不可的地步。

二是有色金属行业管理体制如何理顺的问题。有色金属企业特别是矿山，大多数地处偏远地区。由中央直接管，无论是原来的总公司，还是后来的三大集团公司，都隔了好几层，很难管理。这种管理体制突出反映出两方面问题：一方面由于分散、地处山区，鞭长莫及，从总体上造成有色金属行业改革滞后，管理滞后。造成这种局面，有主观原因，也有客观原因，其中体制问题不能不说是重要原因之一；另一方面不利于发挥中央和地方的两个积极性，特别是不利于维护稳定。这次杨家杖子矿事件使我们认识到，关闭破产的关键是把社会职能移交地方，把人员安置好。离开地方的支持，这些工作是很难做好的。而有色金属行业减员增效、分离社会职能、关闭破产的任务又特别重。杨家杖子矿这样的大规模群体聚集事件说明，现有的体制不适应有色金属行业结构调整、深化改革的形势。

今年三月六日晚，江泽民总书记针对杨家杖子矿事件，专门找辽宁省和中央有关部门主要负责人谈话。江总书记说，我非常重视、非常关心这件事，为此睡不好觉。这次是解决了，不等于以后没人再闹。矿产资源是稀有资源，不可再生，资源枯竭的矿山今后如何处理，要做专门的调查研究，不能就事论事。三月八日，朱镕基总理主持国务院党组会议，传达和学习江总书记的重要讲话，总结杨家杖子矿事件的教训，借鉴国有重点煤矿下放的经验，决定调整有色金属行业管理体制，把大多数中央所属企事业单位下放地方管理。三月十六日上午，中央政治局常委会听取了汇报，同意国务院提出的调整有色金属行业管理体制的意见。

根据江总书记指示和国务院会议精神，我于三月下旬和四月中旬带领有关部门负责同志先后到陕西、青海、甘肃、宁夏和江西、湖南六省（区）进行调研，实地考察了一些矿山和企业，召开了两次资源枯竭矿山矿长、书记参加的企业座谈会，与六省（区）主要负责同志交换了意见。七月初，又去云南、贵州，与两省负责同志交换意见。从调研的情况看，对管理体制的调整大致有三种反映：一是大多数企业希望下放。我所调研的企业几乎都愿意划归地方管理。当然也有个别困难企业担心下放后不能再抽肥补瘦，亏损补贴失去来源。当知道对困难企业维持现有政策不变，留给地方一定机动财力后，这种担心也就没有了。二是地方认为下放符合方向，但怕中央甩包袱。如果中央原有的支持政策不变，不增加地方负担，地方是欢迎下放的。三是三大集团公司和一些老同志有些不同意见。他们的意见是可以理解的，有些意见也是很有道理的。

综合分析调查研究的情况和大家的意见，我们认为，将大部分中央所属有色金属企事业单位下放给地方，更符合有色金属行业实际情况，更有利于有色金属工业的发展和稳定。具体来说，有这样几条。

（一）下放有利于有色金属矿山、企业关闭破产工作的稳妥进行。目前中央所属有色金属企事业单位总体效益并不理想。去年在二百七十三户企事业单位中，有一百五十三户是亏损户，盈亏相抵总体上还亏损二亿八千万元。特别是一些矿山资源早已枯竭，需要关闭；许多工厂产品没有市场，长期亏损，污染严重，早该破产。江西、湖南一些矿山是百年老矿，有的开采于明朝万历年间。这些需要关闭停产的企业，必须下决心关闭破产，让他们退出市场。而退出市场必须有地方的支持，同时，下放后地方可以根据实际情况，有计划、有步骤、主动稳妥地把这项工作做好。

（二）下放有利于地方统一规划、调整结构和更好地发展。现在有色金属行业分为中央企业和地方企业。去年，三个集团公司完成十种有色金属产量占全国的百分之四十六点五，六种精矿金属量占全国的百分之三十八点三，铜材产量占全国的百分之六，铝材产量占全国的百分之十点八。除中央企业外，余下一大块是地方企业，而地方企业又多是设备落后、质量低劣、污染严重的小企业，资源得不到有效利用，重复建设，分散生产，形不成整体合力。中央企业下放后，有利于地方从资源优势出发，统一规划，统筹考虑，扶优汰劣，以优势企业为支柱搞好调整，真正形成几家依托资源优势，依靠科技进步，布局合理和具有较强竞争力的盈利大户。例如，宁夏就可以依托水电优势，把铝业做强；江西可以以江西铜业为中心，形成全国最大最强的铜采选、冶炼和加工基地。

（三）下放有利于克服体制上的一些缺陷。现在三大集团公司内部不像石油、石化两大集团，企业间缺乏内在联系。国外一些大集团公司的子公司，要么是上下游关系，有自然的产品联系；要么有资产联系，相互持股。至于非盈利或盈利低的非主营业务，一般都分离出去了。而我们三大集团公司，不仅存在大量的非生产单位，而且生产单位之间缺少内在联系，再加上"山高皇帝远"的管理体制，必然会影响有色金属工业的健康发展。

总之，针对有色金属工业的现状和目前管理体制存在的问题，将大部分中央所属企事业单位下放地方管理，是非常必要的。至于铝业的调整和重组，有个认识深化和方案完善的过程。最初曾考虑全部下放。但在调研中发现，铝业集团现有电解铝企业十二户，产量占全国的百分之四十，而全国电解铝企业共一百一十六户，大量是地方小企业，铝企业特别是氧化铝生产企业下放，很可能引发新一轮电解铝重复建设。为此，我在调研后曾建议将在山东、山西和河南的氧化铝企业为主，组建为一个新的铝业集团，以保证氧化铝资源的合理配置，控制各地小电解铝厂的重复建设。后来，为了有利于新组建的铝业集团到境外上市，以筹集更多的资金用于加快我国铝业的发展，决定将氧化铝生产企业和部分电解铝生产企业组建为新的铝业集团，这就更容易为国际投资者所接受，也有利于现代企业制度的建立。实施这个方案，将增加贵州、广西、青海、河南、山西等省（区）工作的难度。为了不增加地方的财政负担，充分考虑到地方困难，国务院决定在原有各项补贴不变的基础上，作为特例，对进入新的铝业集团的企业，其上缴的所得税留给地方，用于解决其他下放企业的困难，并且不调减中央与地方的财政基数。这体现了中央对地方的关心和支持。希望大家都从大局出发，同心协力，搞好下放工作。

西部大开发交通要先行 *

（二〇〇〇年七月二十一日）

　　这次西部开发交通建设工作会议，是贯彻落实党中央实施西部大开发战略决策的一次重要会议。交通部提出的《加快西部地区公路交通发展规划纲要》，对西部地区公路交通建设和发展具有重要的指导意义。

　　一九九八年六月，交通部在福州召开加快公路建设工作会议，我到会讲了话。当时会议是为应对亚洲金融危机，采取积极的财政政策，扩大内需，将公路建设放在全国经济振兴的大背景下召开的，取得了积极的成果。福州会议以来，利用国债资金新增公路通车里程一万五千公里，其中高速公路四千公里，集中力量办成了一些多年想办而未办成的大事，大大加快了全国公路建设，推动了国民经济持续快速健康发展。这次会议是在西部大开发的大背景下召开的，是贯彻落实党中央西部大开发战略决策的一项重大措施[1]。所以，我们这次会议要研究的不仅是具体的公路建设项目问题，而且要站在西部大开发的高度，从总体上研

---

　　* 这是吴邦国同志在四川成都召开的西部开发交通建设工作会议上的讲话，原题为《加快交通基础设施建设，为西部大开发当好先行》。

433

究加快西部地区公路建设问题。通过我们的工作，要将西部大开发的战略部署实实在在地向前推进一步。

实施西部大开发战略，加快中西部地区发展，是以江泽民同志为核心的党中央贯彻邓小平同志关于我国现代化建设"两个大局"战略思想，面向新世纪作出的重大决策。实施西部大开发战略，关系到我国东部与中西部协调发展和最终实现共同富裕的社会主义的本质要求，是贯彻落实江总书记"三个代表"重要思想的具体体现和伟大实践；关系到扩大内需和国民经济持续快速健康发展，有利于调整我国经济结构，有利于从整体上提高我国的经济实力；还关系到全国社会稳定、民族团结和边防巩固，有利于增强中华民族大家庭的凝聚力和向心力，为国家的长治久安和社会主义制度的巩固奠定坚实的基础。

在西部大开发中，交通基础设施建设是基础性工作。加快交通等基础设施建设，尽快改变交通落后状况，是实施西部大开发的当务之急和长远大计。去年二月一日，江泽民总书记在内蒙古自治区考察工作时指出，发挥地区优势，加快改革开放和经济建设步伐，要优先搞好基础设施建设，加强交通建设，逐步形成较为发达的公路等综合运输体系。去年六月九日，江总书记在中央扶贫开发工作会议上提出，加快中西部地区的发展，从现在起要作为党和国家一项重大的战略任务，摆到更加突出的位置，中央将继续加大对中西部地区，特别是西部地区的扶持力度，优先安排水利、电力、交通、环境保护和资源开发项目。今年六月二十日，江总书记在西北五省区党建工作和西部开发座谈会上又明确指出："力争用五年到十年时间，使西部地区基础设施和生态环境建设有明显进展"。朱镕基总理在九届全国人大三次会议期间指出，西部大开发第一是基础设施建设，西部地区地域辽阔，交通不发达，首先要进行基础设施建设。他特别强调，西部地区交通建设，近期要以公路建设为重点，全面加强铁路、机场、天然气管道干线建设，扩大西部与东部、西南与西北的运输通道，实现通江达海，形成综合运输体系，并促进西部地区与周边国家的联系和交流。我们一定要充分认识实施西部大开发战略决策的重大现实意义和深远历史意义，充分认识加快西部交通基础设施建设的重要性，抓住机遇，坚定信心，增强责任感、使命感和紧迫感，扎扎实实地把西部交通基础设施搞上去，为实施西部大开发战略当好先行。

首先，西部地区交通等基础设施落后状况，严重制约了经济和社会发展。建国五十年来特别是改革开放二十多年来，公路建设取得了巨大成绩。我国公路里程以年均超过两万公里的速度增长，"八五"、"九五"增长速度进一步加快，特别是一九九八、一九九九两年，贯彻实施积极的财政政策和扩大内需的重大决策，建设速度又进一步加快。到一九九九年底，全国公路通车总里程已达到一百三十五万公里，比建国初期增加了近十六倍，比一九七八年增加四十六万公里。十多年前，我国高速公路还是空白，经过短短十几年，截至一九九九年底，高速公路里程已达到一万一千六百零五公里，跃居世界第三位。我国的交通基础设施无论是在数量上还是在质量上都有了长足进步，公路密度、高等级公路里程和高级、次高级路面里程、通达深度等都有了明显提高。

但是必须看到，由于自然条件比较差，经济条件落后，加上基础薄弱、起步比较晚等原因，西部地区交通基础设施落后和不足的状况仍然十分突出，而且与东部的差距还在拉大。当前存在的主要问题是"三低"：一是路网密度低。西部地区路网密度每百平方公里为七点八公里，只有全国的一半，是东部地区的五分之一。二是公路等级低。西部地区二级以上的公路比重为百分之六点九，只有全国的一半，比东部地区低十一个百分点；等外公路比重为百分之二十一点八，比全国高出七点四个百分点，比东部地区高出十三点五个百分点；高级、次高级路面比重为百分之三十，比全国低十一个百分点，比东部地区低二十二个百分点。三是通达深度低。在西部地区，不通公路的乡镇有六百八十多个，占全国不通公路乡镇总数的百分之八十五。落后的交通基础设施严重制约了西部经济社会发展。由于交通不畅，丰富的矿产资源得不到开发，得天独厚的旅游资源"藏在深山人未识"；由于交通不畅，区位优势难以形成，引进技术人才、吸引外资、对外开放受到影响；由于交通不畅，群众难以参与市场流通、商品交换，当地经济难以融入整个经济循环之中。特别是交通落后造成的封闭、半封闭环境，导致群众观念落后、陈旧，不仅影响经济发展，而且还容易引发一些社会问题。

其次，加快公路等交通基础设施建设，是西部地区市场经济发展的内在要求。"交通兴，百业旺"，"要想富，先修路"，已经成为人们的共识。要加快西部地区的资源开发，把潜在的资源优势转化为经济优势；要加快市场经济的发展，把产品优势转化为商品优势；要扩大外引内联，把政策优势转化为投资环境的优势；要打破封闭隔绝状态，促进群众观念更新，加强区域联系和民族团结等等，都要求我们切实加快公路等交通基础设施建设。

目前，西部地区除区内交通落后外，更缺乏与外界联系的大通道，制约着西部地区与国内外的各种交流，阻碍了全国统一大市场的形成。特别是随着我国对外开放进一步扩大，西部地区将成为对外开放的重点地区，而没有好的交通条件，扩大对外开放就无从谈起。因此，必须大力加强西部地区的交通基础设施建设，尽快打通与外界的通道，大力促进东、中、西部商流、物流、信息流、人才流、资金流的相互沟通，使西部地区从更深的层次、在更广的范围、以更直接的形式参与国内外市场的竞争，为西部地区的经济社会发展注入新的活力。

第三，由于西部地区特殊的地理环境和公路交通方便灵活等特点，加快公路建设尤其重要。西部地区通航河流少，铁路密度低，也不可能修建许多机场。在不少地区，公路交通是唯一的运输方式，承担着全社会客货运输的主要任务。许多地区公路运输占全部客货运输量在百分之八十五以上，有的达到百分之九十以上，大大高于全国平均水平。但正如上面讲到的，西部地区的公路等级、路网密度和通行条件又远远低于全国平均水平，与东部地区相比差距更大。因此，加快西部地区的公路建设，是西部交通基础设施建设的重中之重，必须给予高度重视，扎扎实实地抓出成效。

下面，我就进一步加快西部公路交通基础设施建设问题，再强调几点。

一、要树立长期艰苦奋斗的思想。

今年六月二十日，江总书记在西北五省区党建工作和西部开发座谈会上强调：一要有长期奋斗的思想准备。西部与东部地区的发展差距是长期的历史的和一些客观的原因形成的，要从根本上改变面貌，需要几代人持之以恒和坚韧不拔的艰苦努力，决不可能一蹴而就。二要突出重点。坚持从实际出发，有所为、有所不为。把基础条件相对较好的地方作为重点，优先发展；把基础设施建设、生态环境保护、发展特色经济、加强科技教育等作为重点，加大投入，加快发展。三要立足于自力更生。西部地区的发展离不开国家和社会各方面的支持，但西部地区要建立在依靠自身力量的基础上，充分发挥自身优势，要靠西部地区各族干部群众团结奋斗，艰苦创业，励精图治。江总书记关于西部大开发的一系列重要指示，就是我们这次会议的指导思想和西部地区公路建设的重要指导方针。

这几年西部地区公路建设的实践告诉我们：加快西部地区公路等基础设施建设，中央加大投入，东部地区和有关部门加大支持力度是必要的，但要把西部地区公路等基础设施尽快搞上去，最重要的是要靠西部地区各族干部群众发扬自力更生、艰苦奋斗的精神，坚持不懈地苦干实干。今年"两会"以后，我连续跑了八个省区，其中六个省区是西部地区。这些地方，前几年我都去过，这次给我一个很突出的印象，就是这几年西部地区交通基础设施面貌发生了很大变化。比如，陕西省高速公路建设取得了很大进展，实现了"八百里秦川一日还"。云南省先后建成了十个支线机场，数量是全国最多的，大大促进了旅游业的发展。四川省今年高速公路里程将突破一千公里。西部地区这些变化，与中央一贯关心、重视西部地区经济社会发展，从财政上以及其他方面给予大力支持是分不开的，但归根到底是西部地区各族干部群众战天斗地，艰苦奋斗的结果。因此，自力更生、奋发图强在西部地区公路建设上是大有文章可做的。西部地区一方面要积极创造条件，改善投资环境，广开渠道，吸引更多的外部资金用于公路等交通基础设施建设；另一方面要合理规划，精打细算，勤俭节约，把有限的建设资金用在刀刃上，使其发挥最大的经济和社会效益。

二、要确定切实可行的奋斗目标。

根据江总书记提出的力争用五年到十年时间，使西部地区基础设施建设有明显进步的总要求，交通部在调查研究的基础上提出了加快西部公路建设三个阶段的奋斗目标：一是用五到十年时间，使西部地区交通基础设施有明显改善；二是再用十年左右的时间，即到二〇二〇年建成西部地区公路骨架网络；三是再用三十年左右的时间，即到下世纪中叶建成现代化公路运输网络。实现上述奋斗目标，做好前十年工作是关键。前十年的主要任务：

一是加快西部地区国道主干线建设。"五纵七横"国道主干线中有八条连通西部地区，主要是丹东到拉萨、青岛到银川、上海到成都、上海到瑞丽、衡阳到昆明、二连浩特到河口、连云港到霍尔果斯、重庆到湛江等，总长一万二千六百公里，除已建成和在建的以外，今后十年还有三千九百多公里需要开工建设。

二是加快西部地区区域路网改造。包括省际间的公路通道建设，重点国道改造、地方路网技术等级结构改造、公路枢纽站点建设，以及国防、边防公路建设。路网改造的重点是，加强省际间公路通道建设，主要安排兰州到云南磨憨、包头到北海、阿勒泰到红其拉甫、银川到武汉、西安到合肥、长沙到重庆、西宁到库尔勒、成都到西藏樟木等八条公路的建设。这八条公路在西部地区的总规模为一万五千公里，已建成二千七百公里，在建一千九百公里，还有一万公里需要开工建设。

三是加快西部地区实施乡村公路通达工程。有条件通公路的乡、村，特别是老、少、边、穷地区的乡、村，要逐步实现乡乡村村通公路，使公路通达深度明显提高。据初步匡算，实现这个目标，建设里程约十五万公里。

大家在座谈中认为，交通部提出的上述规划目标是必要的，也是切实可行的，虽然困难不少，任务相当艰巨，但经过努力是能够实现的。完成这些目标，必将为西部地区经济发展和扩大对外开放创造有利的条件。

三、要科学规划，统筹兼顾。

公路规划是公路建设的前提和依据，十分重要。公路建设投资巨大，使用周期长，规划的制定必须尊重客观规律，立足当前、面向未来、统筹兼顾、合理布局，并纳入国民经济和社会发展"十五"规划和长远规划。交通部根据西部地区公路建设的奋斗目标，制定了比较详细的规划方案。这个规划方案已向朱总理作了汇报，朱总理总体上给予了肯定。西部地区各省（区、市）要在全国规划方案的指导下，制定相应的公路建设规划。在制定公路建设规划中，要注意以下几点：一是要树立系统的观点、长远的观点，根据本地区社会经济的发展需要统筹考虑，正确处理需要与可能的关系，着眼于提高路网的整体水平和整体功能；二是要与城市发展、农田水利、国土利用等规划相结合，与其他运输方式的发展规划相协调；三是各省（区、市）规划之间，要相互衔接、协调配合，既要考虑干线公路，又要考虑县乡公路。

要充分认识做好西部地区公路建设规划工作的艰巨性、复杂性和重要性。改变那种重建设、轻规划的观念。西部地区的地形、地貌和地质条件比较复杂，社会经济发展水平很不平衡，这方面的基础工作也比较薄弱，这些都给规划工作带来了很大难度。因此，要高度重视规划前期工作，加强调查研究和科学分析，对规划方案进行经济技术比较，以期获得最优的规划方案。规划工作做好了，可以节省投资，提高效益，达到事半功倍的效果。由于规划不当，造成的损失是巨大的，有的是难以弥补的，会带来很坏的社会和政治影响。

四、要因地制宜，注重实效。

西部地区要根据各自不同的特点，加强分类指导，合理确定各层次路网的发展目标和等级标准，并把握好建设的节奏和步伐，以取得实效。

一是合理确定建设标准。东部发达地区，国道主干线基本上都将与高速公路联通，有的省市提出要市市通高速公路，县县通油路，这对经济发达、人口密集、车辆通行量很大的东部地区来说是适宜的。而西部地区国土面积占全国面积的一半以上，但人口不到全国的三分之一，许多地区目前车流量也不大。除少数干线公路外，投资的经济效益在一定时期内不会很好，如果建设标准过高，投资过大，将来的还贷压力也会很大。这一点必须充分估计到。因此，西部地区的公路建设既要适当超前，考虑未来经济发展的需求，又要从实际出发，因地制宜，量力而行，不能把标准定得太高，更不应与东部地区盲目攀比。

二是突出重点，急需先建，有序展开，逐步完善。为适应西部地区经济发展需要，首先要加快建设通往西部地区的国道主干线，近期要集中力量，尽快打通甘肃到云南等八条省际间公路通道，这是西部公路建设的重点。其次，各地要确定一批对当地经济发展有重要影响的资源开发路、旅游路、商品集散地公路、出入口公路及扶贫开发路等，作为自己的重点，加紧建设。要本着先通后畅、急需先建、逐步提高的指导思想，量力而行，尽力而为。如先期可把公路建设的侧重点放在路面上，路面不一定很宽，但要有一定的强度和平整度，保证车辆行驶安全、畅通。随着西部地区大开发的深入进行和西部地区经济总量、车辆数量的增加，西部地区公路网的技术等级也要逐步提高，将来也要建更多的高等级公路。

三是要坚持建、管、养并重。西部地区公路等级比较低，等外公路数量很大，加上自然环境比较恶劣，加强公路的养护、管理和技术改造对于保持畅通，增强抗灾能力，提高使用效益，显得尤为重要。特别要强调的是，加快老路的改造，通过对老路进行拓宽、截弯取直、完善防护工程、提高路面等级等等，既可以满足当前需要，又可节省大量投资，要予以高度重视。

四是在加快公路建设的同时，有条件的地方，要重视发展航运。我国有很多重要的江河，如长江、珠江、汉江等都流经西部地区，一些地区崇山峻岭、沟壑纵横，修建铁路、公路难度很大，却有发展航运的有利条件。结合兴建水利，整治航道，发展航运，不仅投资省、见效快，有些还可以借江出海，是改变这些地区交通闭塞状况，加快经济发展和扩大对外开放的重要举措。这应该是西部交通建设中不可忽视的一个方面。

另外，在西部地区的公路建设中，既要发挥群众的积极性，又要保护好群众的积极性。严禁搞强迫命令、乱集资、乱摊派，加重群众负担，真正把好事办好。

五、要坚持质量第一的方针。

交通基础设施建设投资巨大，责任重大，建设质量如何，必然会引起全社会的广泛关注，也是我们比较担心的一个问题。加快建设，当然要讲速度、讲效率，但最关键的是要确保工程质量。质量就是生命，质量关系到人民生命财产安全，关系到西部大开发的成败。在建设过程中，要处理好速度与质量的关系，如果质量与速度发生矛盾，毫无疑问，首先要保证质量，决不能为了图快和省钱而在工程质量上凑凑合合、降低标准，更不能出现"豆腐渣"工程。特别是西部地区地质地形复杂，各种自然灾害频繁，加上工程技术人员比较缺乏，施工管理力量也相对薄弱，因此，加强工程质量管理，提高建设工程质量，显得尤为重要。

一要全面开放建设市场，让优秀的设计、施工队伍参加投标，参与建设。这样有利于引进东部地区和国外的先进技术和管理经验，建设优质工程，也有利于把西部地区的队伍带起来，提高自身水平。如果搞地区保护、部门保护，只能保护落后，不利于西部地区的发展。

二要全面落实质量责任制，建立公路工程质量行政领导人责任制，项目法人责任制，参建单位工程领导人质量责任制。项目主管部门、主管地区的领导责任人，项目法人代表，勘察设计、施工、监理等单位的负责人，要按各自的职责对经手的工程建设质量负终身责任，如果出现质量问题，不管调到哪里工作，不管担任什么职务，都要追究责任，严肃处理。

三要整顿规范建设市场，完善和落实招投标制，执行好合同、监理制度，真正做到公正、公平、公开，严禁"暗箱操作"。凡违规操作的，一经发现要严肃查处，决不能姑息迁就。公路工程建设必须由具备相应资质条件的监理单位进行监理。监理单位必须配备足够的、合格的监理人员。未经监理人员签字认可，建筑材料、构配件和设备不得在工程上使用，不得进入下一道工序。重点路段、桥梁、隧道要实行旁站式监理，决不留任何隐患。

四要严格建设资金的监管，坚决打击工程建设中的腐败现象。必须建立严格的建设资金管理制度，从多方面加强对资金使用情况的监督检查，防止挤占挪用。对使用财政预算内专项资金的建设项目，要设立专项账户，专款专用。特别要防止借工程建设之机，搞楼堂馆所，搞非生产性建设。工程建设领域的经济犯罪，是当前反腐败斗争中的重点问题之一。加大工程建设领域反腐败斗争的力度，既是确保工程质量的迫切需要，又是贯彻落实中央关于反腐败工作部署的措施，必须狠抓不放。在西部地区交通建设中不能再发生贪污挪用建设资金的事。一经发现，必须严肃查处。

五要结合西部地区山多、隧道多、桥梁多、地质灾害多的情况，针对建设中的关键技术和技术难点，组织力量进行攻关，积极采用新技术、新材料、新工艺，确保建设质量。

六、要注意生态环境的保护和治理。

现代社会文明程度的提高，使人们越来越清楚地认识到，必须寻求一条兼顾当代和子孙后代的发展道路，就是要在工业化和城市化进程中，实现社会、经济的发展与人口、资源、环境的协调，走一条社会全面进步，经济稳步增长的可持续发展之路。西部大开发要处理好经济建设和环境保护的关系。由于千百年来多少次战乱、多少次自然灾害和各种人为原因，西部地区自然环境不断恶化，特别是水资源短缺，水土流失严重，荒漠化年复一年地加剧并不断向东推进，生态环境越来越恶劣。这不仅对西部地区，而且对其他地区的经济社会发展也带来不利影响。改善生态环境，提高环境质量，是西部地区开发建设必须研究解决的一个重大课题。西部发展不能以牺牲环境为代价。公路建设项目在勘测、设计、施工中要充分考虑生态环境保护和水土保持，保护耕地，节约用地。取石挖土要与造地、绿化相结合，避免造成新的水土流失。公路建设要同时安排其两旁的防护和绿化工程，形成公路沿线的绿色长廊，努力把公路建设与周边环境改善结合起来，使之协调和谐地发展。

七、要制定鼓励政策，加快西部公路建设。

加快西部地区交通建设需要大量资金投入。据交通部初步测算，仅建成上述一万五千公里八条省际间公路通道，就需要投资约一千五百亿元。钱从哪里来？是大家普遍关心的问题。西部大开发，包括加快交通基础设施建设，不能简单地沿用旧体制和传统的发展模式，要适应建立社会主义市场经济体制的要求，积极采用新思路、新办法、新机制，探索新的发展模式。国务院西部开发办正在组织有关部门研究制定相关政策，主要考虑以下几个方面。

一是在长期国债资金、中央财政性建设资金、国家政策性银行贷款以及国际金融组织和外国政府优惠贷款等使用方面，尽可能加大对西部地区交通等基础设施建设投资支持力度。

二是交通部车辆购置附加费专项资金要加大对西部地区公路建设的支持和倾斜力度，力争在原有的基础上有较大幅度的增加。

三是在用地政策、项目审批、"以工代赈"和"以粮代赈"等方面，采取鼓励和支持西部地区公路建设的政策。

四是把已建成的效益好的公路项目，按照有关程序和规范管理的要求，组织上市，公开向国内外发行股票；转让公路经营权，盘活存量资产，以"老路"换"新路"。

五是在市场准入方面实行开放政策，积极吸引外资。要充分利用加入世贸组织的过渡期，在西部地区将一些长期保护、垄断的行业优先开放，鼓励、吸引内外资进入西部，参与交通、能源、通讯等基础设施建设。

公路建设是社会公益性事业，涉及到方方面面。因此，加快西部地区的公路建设，不仅需要中央加大投入，还应得到各级地方政府、广大人民群众和有关部门的理解、支持和配合。东部地区要积极支持西部地区的公路建设。实施西部大开发不仅是西部地区的大事，也是东部地区和全国人民的大事。全国公路运输大通道的贯通和路网的形成，有赖于东西部的协调发展。东部地区要从大局出发，树立全国一盘棋的思想，动员和引导东部地区的交通部门和企事业单位帮助支持西部地区发展交通。各有关部门也要积极支持西部地区，近期要重点加大对西部地区交通基础设施建设的支持力度。

加快西部地区交通建设，是全国交通系统全体干部职工肩负的光荣而艰巨的历史使命。我们一定要保持良好的精神状态，开好头，起好步。我相信，在以江泽民同志为核心的党中央领导下，在各级党委和政府的关心支持下，交通系统的广大干部职工一定能够发扬艰苦奋斗、勇于奉献的光荣传统，为西部大开发当好先行，作出新的贡献！

注　释

[1] 这次会议后，交通部又于二〇〇二年七月在贵州贵阳召开西部地区通县公路建设现场交流会。会前，吴邦国致信交通部部长黄镇东，指出："西部地区交通建设是西部开发第一要务。西部地区通县公路工程，是党中央、国务院实施西部开发战略的重要举措，体现了党和政府对西部贫困地区、边远地区和少数民族地区的关怀，表明了党和国家兴边富民、实现共同富裕的决心，是一项德政工程，民心工程。"他要求交通系统的广大干部职工："牢固树立'一切为了人民群众、一切依靠人民群众'的根本观点，切实抓好工程建设管理，妥善处理好交通建设与环境保护的关系，力争按时优质地完成通县公路建设任务，向党和人民交一份满意的答卷，为推进西部地区社会经济的发展，提高西部地区人民群众的生活水平作出新的更大的贡献。"

加强职业道德建设 [*]

（二〇〇〇年九月二十六日）

　　加强职业道德建设，是新形势下社会主义物质文明和精神文明建设的重要内容。建设有中国特色社会主义的伟大事业，要求我们必须建立与之相适应的社会主义法律体系，同时在全社会形成与之相适应的社会主义道德体系。职业道德是思想道德体系的重要组成部分。党中央一贯重视职业道德建设。在党的十二届六中全会审议通过的《关于社会主义精神文明建设指导方针的决议》中就指出，"在我们社会的各行各业，都要大力加强职业道德建设"。党的十四大报告重申了这一要求。党的十四届六中全会审议通过的《关于加强社会主义精神文明建设若干重要问题的决议》进一步明确提出，加强社会主义道德建设"当前要以加强职业道德建设、纠正行业不正之风为重点"。江泽民同志在最近召开的中央思想政治工作会议上又进一步提出，"努力建设与发展社会主义市场经济相适应的社会主义道德体系，是一项十分重要的工作，必须放在突出位置来抓。"社会主义道德体系建设要

＊ 这是吴邦国同志在第六届全国职工职业道德建设"双十佳"表彰会上讲话的主要部分。

"以社会公德、职业道德和家庭美德的建设为落脚点"。职业道德建设对于促进经济发展，对于纠正不正之风，都有着重要的意义。许多先进单位的经验充分说明，一个行业、一个企业、一个单位的职业道德水平如何，不仅影响到行业、企业、单位的自身形象，而且也直接影响到他们的经济效益。因此，加强职业道德建设不仅是社会主义精神文明建设的需要，也是社会主义物质文明建设的需要。

加强职业道德建设，是提高职工整体素质，建设"四有"职工队伍的内在要求。建设有中国特色社会主义的伟大事业，需要有高素质的职工队伍。邓小平同志谆谆教导我们："在建设具有中国特色的社会主义社会时，一定要坚持发展物质文明和精神文明，坚持五讲四美三热爱，教育全国人民做到有理想、有道德、有文化、有纪律。"[1]江泽民同志也深刻指出："建设有中国特色社会主义，必须着力提高全民族的思想道德素质和科学文化素质，为经济发展和社会全面进步提供强大的精神动力和智力支持，培育适应社会主义现代化要求的一代又一代有理想、有道德、有文化、有纪律的公民。"[2]放眼当今世界，国际竞争日趋激烈，我们面临着严重挑战。一个国家和民族的发展，不仅取决于经济的发展水平，而且取决于人民的基本素质。民族生存的竞争，是以经济和科技实力为基础的综合国力的竞争，从某种意义上说，也是企业实力的较量，是产业大军素质之战。我国工人阶级是先进生产力的代表，是党的阶级基础，是推动社会前进的最基本动力。在改革开放和社会主义现代化建设的伟大进程中，工人阶级开拓进取，团结奋斗，为推进社会主义物质文明和精神文明建设，作出了新的重大贡献。伟大的时代，宏伟的事业，对工人阶级提出了新的更高的要求。广大职工要以高度的政治责任感和主人翁精神，按照"四有"的标准，遵循江泽民同志"三个代表"的重要思想，大力弘扬爱国主义、集体主义、社会主义思想，自觉遵守职业道德，不断提高自身素质，在建设有中国特色社会主义的伟大事业中发挥好主力军作用，更好地承担起历史赋予的重任。

加强职业道德建设，是纠正社会不正之风的重要措施之一。社会上的不正之风，许多都是由行业的不正之风引起的。现在，越来越多的人认识到，如果行业不正之风长期盛行，市场上不守信誉，假冒伪劣等现象得不到遏制，就将会造成经济无序、腐败严重、社会不稳的后果。提高职工的职业道德水平，纠正行业的不正之风，是全国人民的共同心愿。今天受到表彰的先进单位和先进个人，他们在纠正行业不正之风方面带了个好头，起到了表率作用，赢得了广大人民群众的称赞。如果广大企业、单位和职工都能像他们那样，认认真真、脚踏实地地把职业道德建设，作为一件奉献社会、造福民众的大事和好事来抓，作为一项反对腐败的重要措施来抓，必将对整个社会风气的根本好转产生巨大的推动作用。

加强职业道德建设，必须以理想信念教育为核心。要坚持用邓小平理论武装职工头脑，帮助职工树立正确的世界观、人生观、价值观，把个人理想融入到全国人民的共同理想当中，把个人的奋斗融入到为社会主义现代化建设事业的奋斗当中；坚定对建设有中国特色社会主义的信念，对改革开放和现代化建设的信心，对党和政府的信任。将爱国家、爱企业、爱本职工作紧密结合起来，学一行，干一行，爱一行，为振兴企业、振兴中华多作贡献。

加强职业道德建设，必须紧紧围绕深化改革、促进经济发展、保持社会稳定这个大局来展开。要把职业道德建设贯穿于整个物质文明和精神文明建设的全过程，贯穿于广大职工的整个生产实践活动之中。要帮助职工树立艰苦创业、敬业爱厂、开拓创新、遵法守信的精神，反对损公肥私、损人利己、见利忘义的思想和行为。要鼓励职工立足本职学文化、学科技、学管理，不断提高科学文化技术水平，提高岗位技能和业务能力。

加强职业道德建设，必须注重抓好当前职工最关心、反映最强烈的问题。首先，要抓好领导干部的职业道德建设，促进廉政勤政，坚决抵制以权谋私、权钱交易、挥霍浪费、腐化堕落和官僚主义等腐败行为。其次，要抓好垄断行业以及其他同人民群众生活关系密切行业的职业道德，树立行业新风，坚决纠正以业谋私、损害群众利益的不正之风。第三，要抓好执法部门的职业道德建设，严格依法办事，反对和纠正有法不依、执法不严甚至执法违法等行为。第四，要把加强职业道德建设与解决职工实际问题结合起来，与维护职工切身利益结合起来，在为职工办实事好事中加强职业道德教育，以取得职工群众的信任，这样才能起到事半功倍的效果。

加强职业道德建设，必须深入研究新形势下职业道德建设的新特点、新方法，增强针对性、实效性。改革开放以来，职工群众的精神文化生活有了许多新的发展。加强职业道德建设，过去行之有效的好传统、好办法要坚持，更重要的是要适应新情况，在内容、形式、方法、手段、机制等方面努力改进创新，特别要在增强时代感，加强针对性、实效性和区别层次、有的放矢上下功夫，使职业道德建设更加贴近实际、贴近基层、贴近群众，为广大职工群众所欢迎和接受。

职业道德建设是一项系统工程，涉及到各行各业、方方面面，党的部门要做，政府部门、群众组织、社会团体也要做。各地、各部门的领导同志要充分认识加强职业道德建设的重要意义，在党委的统一领导下，充分调动社会各方面的积极性，形成职责明确、齐抓共管的职业道德建设工作机制。

注　释

[1] 见邓小平《一靠理想二靠纪律才能团结起来》(《邓小平文选》第3卷，人民出版社1993年版，第110页)。

[2] 见江泽民《高举邓小平理论伟大旗帜，把建设有中国特色社会主义事业全面推向二十一世纪》(《江泽民文选》第2卷，人民出版社2006年版，第33页)。

把深圳建设成为高新技术产业基地 *

（二〇〇〇年十月十二日——十四日）

刚刚闭幕的党的十五届五中全会，通过了《关于制定国民经济和社会发展第十个五年计划的建议》，提出了我国在新世纪第一个五年经济和社会发展的目标、战略布局、重点任务，是指导我们开创"十五"伟业的行动纲领。我们要认真学习、深入贯彻五中全会精神，结合实际，大胆实践，狠抓落实，奋发进取，再创新世纪我国改革开放和现代化建设事业的辉煌。

面对高新技术突飞猛进，经济全球化趋势不断发展，国际竞争更加激烈的新形势，我们要抓住新的历史机遇，大力发展以信息技术为代表的高新技术产业，把工业化和信息化有机结合起来，以信息化带动工业化，发挥后发优势，实现生产力跨越式发展。要不失时机地加快经济结构战略性调整，搞好工业改组改造和结构优化升级，大力发展高新技术，进一步增强技术创新能力。同时，用高新技术和先进适用技术改造传统产业，努力提高工业的整体素质和国际竞争力。当前要着重做好以下七方面工作：一要坚持以市场为导向，确定发展方向，遵循市场经济规

---

* 这是吴邦国同志在广东深圳市考察工作期间讲话的要点。

2005 年 12 月 8 日至 11 日，吴邦国在广东考察工作。图为 12 月 9 日吴邦国在深圳考察华为技术有限公司。前排右三为中共中央政治局委员、广东省委书记张德江，左三为最高人民检察院检察长贾春旺。

律，防止重复建设，实行优胜劣汰，实现资源优化配置；二要坚持以企业为主体，大力扶持科技型企业，尽快形成一批技术领先，具有国际竞争能力的高新技术企业和企业集团；三要坚持以技术进步为支撑，鼓励和引导企业积极采用高新技术和先进科技，加快对传统产业的技术改造以及产品的更新换代和产业升级；四要坚持走"产学研"相结合的道路，积极开展国内外技术交流与合作，调动各方面的技术资源和力量，产生一批拥有自主知识产权的科技成果；五要坚持深化改革和体制创新，强化企业管理，加快企业组织结构调整和建立现代企业制度步伐，逐步形成以大企业为主导，中小企业协调发展的格局；六要积极吸引外资，特别是跨国公司参与国有企业改组改造，同时实施"走出去"战略，从多方面鼓励和支持有条件的企业到境外投资办厂，参与国际竞争；七要积极营造吸引人才和人才竞争的良好环境，加快建立有利于人才脱颖而出、人尽其才的机制和鼓励创业的社会氛围。

今年以来，全国工业经济形势很好，一至八月份国有及国有控股企业盈亏相抵实现利润一千三百六十九亿元，创下历史最高水平。企业要紧紧抓住效益好转的有利时机，提足科研经费、新产品开发费和折旧资金，切实加大技术创新和技术改造的资金投入，实实在在地为增强企业发展后劲多做工作。希望深圳市继续发挥人才、技术、资金及区位优势，加大发展高新技术产业的力度，把深圳建设成为经济繁荣、社会稳定、环境优美的高新技术产业基地。

要以江泽民总书记"三个代表"重要思想为指导，全面加强国有企业党的建设。要采取切实有效措施，广开渠道，扩大就业。要加快健全社会保障制度，建立可靠、稳定的社会保障资金的筹措机制和有效营运、严格管理的机制，尽快形成独立于企事业单位之外、资金多元化、保障制度规范化、管理服务社会化的社会保障体系，真正做到"两个确保"。

精心组织好完善社会保障
体系的试点工作[*]

（二〇〇〇年十二月二十六日）

近两年，以"两个确保"为中心的各项社会保障工作取得了很大成绩，为进一步深化社会保障制度改革打下了很好的基础。党中央、国务院审时度势，决定在继续巩固"两个确保"的基础上，选择辽宁进行完善城镇社会保障体系的试点。《关于完善城镇社会保障体系的试点方案》是根据党的十五大和十五届四中、五中全会精神，在专题调研、充分听取各方面意见的基础上，经过反复研究、修改制定的。试点方案把养老、医疗、失业保险和最低生活保障制度等统筹考虑，构建了一个比较完整的社会保障体系框架，体现了我国社会保障制度改革的总体方向。各地区、各部门一定要认真学习，深刻领会。

关于试点方案，我强调三个问题。

一、准确把握试点内容。

试点方案是对现行社会保障制度的进一步完善，与现行制度相比，有两点主要变化：一是调整基本养老保险个人账户规模，并把个人账户做实；二是下岗职工基本生活保障向失业保险并

---

* 这是吴邦国同志在全国社会保障工作会议上讲话的一部分。

轨。要做到平稳过渡，必须注意解决好四个问题：一要做好宣传解释工作，把有关的道理跟职工讲清楚，得到他们的理解；二要筹措好养老保险统筹基金，决不能出现账户做实了，而养老金不能按时足额发放的问题；三要妥善处理职工与企业解除劳动关系时经济补偿金和债权债务关系问题；四要对下岗职工负责到底，按规定应该出再就业服务中心但仍未就业的，要用失业保险或城市居民最低生活保障制度来托底。

二、严格选定试点地区。

国务院经过慎重研究，决定选择辽宁一个省在全省范围内进行试点，其他有条件的省、自治区、直辖市可选一个市进行试点，由省级政府自行确定。在征求意见时，曾提出各省、自治区、直辖市可选择一到两个市进行试点；十二月二十日，国务院总理办公会议明确，为稳妥起见，面还是小一点好，要试点的省、自治区、直辖市只选择一个市进行试点就够了。选择的试点市，必须有能力做实养老保险个人账户，并保证养老金当期发放，不能寄希望于中央财政来弥补资金缺口。能做到这一点的就试，做不到的就先不要试。后年怎么办？在听取国内外专家意见时，有的专家提出，试点期一年太短，难以做出正确评估。在总理办公会上，朱镕基总理已明确，不是说一年以后就全面铺开，而是在试点的基础上，再确定下一步何时铺开。

三、加强领导，精心组织，确保试点工作顺利进行。

国务院选择辽宁进行全省试点，主要考虑辽宁是老工业基地，国有企业数量多、比重大，社会保障问题比较突出，负担比较重，具有典型性和代表性。因此，辽宁的试点任务光荣而艰巨，责任重大。希望辽宁省委、省政府，包括其他省、自治区、直辖市选择的试点市党委、政府，要切实加强对试点工作的组织领导，根据试点方案，结合本地实际制定好实施方案，有计划、有步骤地认真组织实施。要在做到"两个确保"的前提下，积极探索，勇于实践，积累经验，总结完善。劳动保障部、财政部、民政部等有关部门要跟踪调查，加强指导，及时研究解决试点过程出现的新情况、新问题，使试点工作健康有序地进行。

吴邦国论经济社会发展

（下）

人民出版社

目　录

（下）

上海洋山深水港应尽快立项建设 [*]

（二〇〇一年一月三十一日）

江总书记、镕基总理：

为落实江总书记去年十一月三日关于上海洋山深水港建设的重要批示精神，春节前我会同曾培炎、盛华仁、黄镇东[1]、尤权（国务院副秘书长）、张国宝（国家计委副主任）、翁孟勇（交通部副部长）同志，在黄菊、徐匡迪[2]、卢文舸（浙江省副省长）同志陪同下，实地考察了大小洋山，听取了上海的汇报，研究了加快上海洋山深水港建设问题。现将有关情况汇报如下。

一、洋山深水港建设已做了大量前期工作。

洋山深水港前期论证工作大致可分三个阶段。

（一）一九九六年一月，国务院在上海召开专题会议，决定建设上海国际航运中心。根据会议决定，会后，江苏、浙江、上海在交通部的指导下，分别就深水港的港址进行论证，并提出了论证报告。

（二）一九九八年，国家计委、交通部联合向国务院上报了《长江三角洲港区建设的请示》，经国务院同意，开展了深水港

＊ 这是吴邦国同志写给江泽民、朱镕基同志的信。

港址的比选和论证工作。

第一，一九九九年三月至五月，受国家计委委托，中国国际工程咨询公司两次召开论证会，形成了深水港论证报告；

第二，一九九九年十月，国家计委两次召开宏观经济学者和技术专家参加的论证会，就洋山深水港建设的必要性和技术可行性进行充分论证；

第三，一九九九年九月，国家计委聘请荷兰海事集团进行论证；

第四，二〇〇〇年一月，国家计委聘请美国路易斯—伯杰国际咨询公司进行论证；

第五，我于去年在香港参加亚洲电信展期间，分别听取了李嘉诚、董建华[3]先生对建设洋山深水港的意见。

2006 年 4 月 19 日，吴邦国视察洋山深水港区。

（三）二〇〇〇年十二月，为落实江总书记批示，我分别同曾培炎、黄镇东、徐匡迪、张德江[4]同志交换了意见。曾培炎同志召开江苏、浙江、上海、交通部、中国国际工程咨询公司负责同志参加的专题会议，研究、协调洋山深水港建设有关问题。

五年多时间，共有一百二十八家研究机构、高校，计四千三百名科研人员（知名专家七百九十人，两院院士二十人）参与论证工作，完成专题研究项目二百多个，形成一百多万字的论证报告，为洋山深水港建设做了大量前期工作。

二、经大量前期工作，取得了三点共识。

（一）建设上海洋山深水港是必要的、紧迫的。

第一，日本、韩国及台湾都在积极推进国际航运中心的建设，争夺东北亚航运枢纽地位，争夺集装箱箱源。为应对远东地区政治、经济形势变化，必须加快上海洋山深水港建设。江总书记的批示正是从政治和全局高度，深刻阐述了这一问题。

第二，上海港现集装箱设计吞吐能力为二百九十万箱，二〇〇〇年实际吞吐量达五百六十一万箱，年增百分之三十三，已严重超负荷运营，今年曾出现"抛箱"现象，即使考虑加快外高桥三、四期建设，二〇〇五年能力仍缺口三百万箱。更为严峻的是，与高雄、釜山、神户比较，现上海港由于受自然条件限制，缺乏水深负十五米以上深水港，而现在新增集装箱运输能力的百分之三十以上均系第五、六代集装箱船。这将严重制约上海经济发展，严重影响上海"一个龙头、三个中心"作用的发挥。这不仅是上海的问题，也是一个关系全局的问题。

第三，其他措施难以取代建设洋山深水港。一是长江口经治理，目前水位负八点五米，待二、三期治理工程完工后，水深也只能达到负十二点五米，不能满足第五、六代集装箱船需要；二是北仑港远离上海，无论从海上或陆地转运，都将增加运输成本，同时，北仑港与上海港经济腹地不同，难以取代洋山深水港作用，上海港集装箱运输量占长江三角洲百分之八十的现状也充分证实这一点。

综上所述，建设上海洋山深水港是必要的、紧迫的，江苏、浙江、上海、交通部、中国国际工程咨询公司、国内外专家的认识是一致的。

（二）在洋山建深水港技术上是可行的。

洋山距上海仅二十七点五公里，海域开阔，水深负十五米以上，六十六个小岛形成天然避风屏障，查阅海图，百年不淤，航道条件好，建设条件好。

洋山港采用一次规划、分期建设方案，一期工程在小洋山建五个深水泊位、芦潮港至小洋山三十二点二公里大桥及相应配套工程，总投资约一百二十至一百五十亿元，在技术上是可行的，按多元投资、我绝对控股的原则，资金筹措上也不是困难的，已有多家中外投资者表示兴趣。

（三）处理好两个关系。

一是洋山深水港建设和长江口治理的关系，二是洋山深水港建设与北仑港的关系。洋山深水港与长江口治理在功能上不同，洋山港停靠第五、六代集装箱船，长江口治理后主要停靠第三、四代集装箱船。洋山深水港与北仑港经济腹地不同，北仑港除集装箱运输外，还是国内重要的深水矿石和油码头。考虑到上海的经济中心地位，有较完善的金融、保险、海事服务及交通运输体系等市场环境，上海集装箱枢纽的地位，也是宁波港无法取代的。

洋山港与长江沿岸港口和宁波港是合理分工、相互补充、相互促进的关系，仍是一九九六年国务院专题会议确定的"中心两翼"、"组合港"的关系，三者共同组成上海国际航运中心。

据此，洋山深水港的建设不影响长江口治理和北仑港的改造。为处理好上海和浙江的利益关系，明确四条：一是大小洋山的隶属关系不变，二是当地的税收留浙江，三是由上海安置有关劳动力，四是浙江可参与洋山港的投资。

三、下一步工作的建议。

（一）从五年多三个阶段大量前期论证和形成的上述三点共识来看，现洋山深水港建设已具备立项条件，建议尽快按程序报批立项，以加快后续工作的开展。

（二）建议着手可行性研究准备工作。抓紧就洋山港建设对杭州湾海域生态环境的影响、港口平面布置方案的优化、浑水悬沙淤积物理模型的补充验证及项目筹资方案等技术、经济问题作进一步论证，为开展洋山深水港项目可行性研究做好充分准备。国家海洋局、国家环保局、农业部应尽早介入论证工作。

（三）建议成立洋山港建设协调领导小组。领导小组由国家计委、交通部、上海市、浙江省组成，以指导、协调洋山深水港建设中的问题。上海要着手准备组建项目公司，按市场经济原则，开展洋山深水港建设的有关准备工作。

总的原则，在科学论证基础上，按程序加快洋山深水港建设。

以上意见当否，请予批示。

吴 邦 国

二〇〇一年一月三十一日

注　释

[1] 曾培炎，时任国家发展计划委员会主任、党组书记。盛华仁，时任国家经济贸易委员会主任、党组书记。黄镇东，时任交通部部长、党组书记。

[2] 黄菊，时任中共中央政治局委员，中共上海市委书记。徐匡迪，时任中共上海市委副书记，上海市市长。

[3] 李嘉诚，香港长江实业（集团）有限公司董事局主席。董建华，时任香港特别行政区行政长官。

[4] 张德江，时任中共浙江省委书记。

发展一批具有国际竞争力的
大公司和企业集团 *

（二〇〇一年五月十六日）

关于发展大公司和企业集团问题，党中央、国务院非常重视，江泽民总书记、朱镕基总理作过多次指示。这次座谈会就是贯彻落实中央的精神，总结交流大公司和企业集团的发展经验，研究如何进一步增强国际竞争力的问题。下面我讲四个问题。

一、召开这次会议的背景。

去年年底和今年年初，在与国家经贸委的同志研究进一步深化国有企业改革、加快国有企业发展问题时，大家就提出这样一些问题：一是我国加入世界贸易组织后，面对更加激烈的国际竞争，如何增强中国工业的国际竞争力；二是国有企业改革脱困三年目标基本实现后，如何巩固改革脱困成果，进一步深化改革和加快发展；三是中央提出"十五"期间要把发展作为主题，结构调整作为主线。整个工业战线面临很重的调整任务，如何实现在发展中推进结构调整，在结构调整中保持快速发展。对此，各方面提了许多很好的建议，开了好多"菜单"，虽然意见不尽相同，但有一点是共同的，就是要尽快形成和发展一批拥有自主知识产

---

* 这是吴邦国同志在上海宝钢集团联合重组经验座谈会上的讲话。

权、主业突出、核心能力强、具有国际竞争力的大公司和企业集团。

这几年，大家深深地体会到，要参与国际竞争，我国还缺少这样一批具有国际竞争力的大公司和企业集团。当今国际经济的竞争，讲透了就是跨国公司之间的竞争，没有这样的公司，就无法和跨国公司竞争，也无法应对我国加入世贸组织的挑战。讲到国有企业改革和国有经济发展，如果我国真正形成三十到五十家像宝钢这样的国有大公司和企业集团，就能更加巩固我国公有制经济的主体地位；就能大大增强国有经济的控制力，更好地发挥国有经济在国民经济中的主导作用；也就充分说明公有制与市场经济是完全可以有效结合的，在市场经济条件下国有经济是有广阔发展空间的。企业重组最重要的是要有核心企业、龙头企业，没有核心企业和龙头企业，重组调整是很困难的，就是拼凑起来也搞不好。所以，无论从适应加入世界贸易组织以后的新形势，深化国有企业改革的需要，还是从调整我国工业结构的需要来考虑，发展一批具有国际竞争力的大公司和企业集团都是十分重要的。

应该说，现在我们来讨论发展具有国际竞争力的大公司和企业集团的问题，与前几年相比条件已经基本成熟。一是经过这些年的努力，国有企业改革和发展取得了比较大的进展。三年改革脱困目标如期基本实现，企业经济效益大幅度提高，我们已经探索出了一条符合中国国情的国有企业改革发展的路子，各方面对搞好国有经济的信心进一步增强，为深化改革和加快发展打下了比较好的基础。二是近十年来在发展企业集团方面，我们进行了积极的探索，积累了很多有益的经验，当然也有不少的教训。总结这些经验和教训，使我们对大公司和企业集团发展的客观规律有了进一步的认识。这是一笔宝贵的财富。三是我国已初步形成了一些具有一定规模和实力、发展前景好的大公司和企业集团。如钢铁行业的宝钢、鞍钢、武钢；石油化工行业的中石油、中石化、中海油；通信服务业的中国电信、中国移动、中国联通；还有联想、海尔等知名大公司。尤其是一些企业通过境外上市，提高了企业的竞争力。虽然这些企业与世界一流企业相比，仍有不少差距，总体上还不强，仅处在发展的雏形阶段，但为参与国际竞争打下了良好的基础。因此，我们要充分认识这项工作的紧迫性和重要性，积极发展一批具有国际竞争力的大公司和企业集团。这是贯彻落实党的十五届四中、五中全会精神，深化国有企业改革，加快国有企业发展的一项重大举措，是事关经济发展全局的大问题。

二、支持大公司和企业集团发展需要注意的三个问题。

我国社会主义市场经济体制已初步建立，市场机制在资源配置中日益明显地发挥基础性作用，经济发展的体制环境发生了重大变化，大公司和企业集团自主发展的市场条件已基本形成。在这种形势下，发展大公司和企业集团的工作必须遵循市场经济规律，更多地采用市场的办法，创造条件让企业在市场竞争中不断发展壮大。

（一）组建企业集团不搞拉郎配，不搞行政撮合。

用行政干预的办法组建企业集团的事我们过去做过不少，比如，南北石油集团组建、十大军工改组、中国电信的重组、铝业集团的重组、上海宝钢集团的组建主要是政府在操作，带有行政色彩。过去这样做有当时的条件和需要。一是政府机构改革的需要。过去政企不分，政府直接管理企业，政企分开是政府机构改革的重要内容。在政府机构改革过程中，原来由政府直接管理的企业要与原主管部门脱钩，而脱钩的企业也只有进行重组后才能面对市场。不少企业集团的组建都是在政府机构改革这一背景下完成的。二是打破行业垄断，引进竞争机制的需要。把一个垄断行业改造形成企业相互竞争的格局，是需要政府直接介入的。比如，中石油、中石化两个总公司原来是行政性公司，实际上是两个部门，上下游是分开的，重组为上下游一体化的南、北两大集团。大家反映比较多的电信服务业，经过研究重组为中国电信、中国移动、中国联通、中国卫通四大公司。这些企业集团的重组总体上是成功的，但我们也要清醒地看到，过去我们靠行政方法重组的一些企业集团，现在运行十分困难，企业内在凝聚力不强，管理比较混乱，影响企业的发展。当然，这些都是在当时历史背景下出现的。但目前情况已经发生了很大变化，政企分开跨出了大步子，市场竞争的格局已初步形成，市场体系尤其是资本市场有很大发展，已经基本具备了通过市场形成具有较强国际竞争力的企业集团的条件。同时，我们也拥有了一些按市场规律重组形成企业集团的成功经验。记得一九九五年的时候，年产五万吨以上的啤酒厂就算大企业了。这些年，青岛、燕京、珠江三家啤酒企业通过市场这条路逐步发展壮大起来，形成了年产上百万吨的生产能力。所以，发展企业集团要遵循客观经济规律，以企业为主体，以资本为纽带，通过市场来形成，不能靠行政手段勉强撮合，不能盲目求大求全。要在突出主业、增强竞争优势上下功夫。对这个问题，朱镕基总理在国家经贸委近期工作要点上有明确批示，强调企业集团的形成不能搞行政撮合、不能搞拉郎配。

（二）要积极鼓励和支持大公司和企业集团到境外上市。

境外上市是形成和发展具有较强国际竞争力的大公司和企业集团，提高国有企业整体素质，加快建立现代企业制度，增强中国工业国际竞争力的重要途径。这两年我们成功地支持和组织了中国移动、中石油、中石化、中国联通、中海油等企业到境外资本市场上市。他们有一条很深的共同体会是：通过重组到境外资本市场上市，不仅筹集了发展所需要的资金，优化了企业资本结构，找到了与世界一流企业在技术、管理等方面的差距，更重要的是为加快建立现代企业制度，实现企业的制度创新、技术创新和管理创新增添了外在的压力和内在的动力。到境外上市是一件很不容易的事，涉及到建立现代企业制度中的一系列难点问题，要符合国际资本市场的规则和要求，境外投资者能够接受，愿意买你的股票，要使股票在市场上有良好的表现，需要做大量的工作。境外资本市场对上市公司的法人治理结构要求也很高，董事会要有独立董事，代表股民说话。国外上市公司的董事会中，一般有两个委员会是必须设的，一个是审计委员会，另一个是薪酬委员会，这两个委员会一般由独立董事和外部董事组成，独立董事领导。公司高级管理人员的薪酬标准等主要由薪酬委员会确定，每年根据公司效益和个人业绩及同行业的水平对高级管理层的薪酬方案进行审核，然后提交董事会或股东大会批准。公司员工薪酬方案，由人力资源部提出，经薪酬委员会批准执行。我们的公司在这些方面就差得很多。所以，对于发展前景良好、初步具备国际竞争力的大公司和企业集团仅在国内上市、与国内企业比是远远不够的，不拿到国际市场的大舞台上去比一比，是找不到差距的。同时，要冲破传统观念和体制对生产力发展的束缚，建立有效的激励和约束机制，境外上市是一条切实有效的途径。因此，我们要充分利用资本市场，继续创造条件，鼓励和支持符合条件的大公司和企业集团到境外上市，按照境外资本市场对上市公司的要求，规范行为，健全制度，完善法人治理结构，深化"三项制度"改革，形成既有外在压力又有内在动力、充满生机和活力的企业经营机制。

（三）要为大公司和企业集团的发展创造良好的外部环境。

大公司和企业集团是在市场竞争中形成并不断发展壮大的。温室里是培育不出参天大树的。过去为了鼓励和支持企业集团的发展，制定了很多优惠政策，给他们吃了不少"偏饭"。随着社会主义市场经济体制的建立和逐步完善，如果再单靠政府给予特殊的优惠政策、吃"偏饭"的办法来发展企业集团，不利于企业集团的健康成长，会使企业集团产生依赖思想，同时会损害公平竞争的市场环境。所以，今后从政策上支持大公司和企业集团的发展，关键是两条：一是在加强监管的基础上，赋予大公司和企业集团以更大的自主权。现在大公司和企业集团反映，我们的一些政府部门虽然与企业脱钩了，但在涉及企业的许多问题上，审批项目繁多、手续繁杂，大家意见比较大。因此，政府部门一定要按照政企分开的要求，减少行政性审批，从有利于大公司和企业集团发展大局出发，把企业应该具有的自主权放给企业。同时，要加大对大公司和企业集团的监督管理力度，保证国有资产的安全和增值。二是一些改革可以先在这些大公司和企业集团进行试点。这些大公司和企业集团总体上管理比较规范、制度比较健全，一般不会乱来，试起来让人比较放心。试点成功了，不仅可以解决这些大公司和企业集团的问题，而且便于推广解决面上的问题。比如，五年前的鞍钢与现在鞍钢已经不好比了，人员大幅度减下来，装备水平跃上一个新台阶，经济效益打了翻身仗。其中很重要的一条，就是投融资方面给了鞍钢很大的自主权。国家只一次性审批鞍钢的"九五"基建和技改规划，支持鞍钢在国内资本市场上市，具体的项目由鞍钢根据规划，结合市场情况自主决策。这也是近年来的有益探索。所以支持大公司和企业集团发展的重大政策之一，就是要优先在这些大公司和企业集团进行社会主义市场经济体制改革的试点。可以选择一些大公司和企业集团进行投融资体制、银行授信额度管理、建立有效的激励和约束机制、企业实施"走出去"战略和授权经营等方面的改革试点，探索总结经验。

2004 年 8 月 30 日，吴邦国在鞍山钢铁集团公司视察，了解企业改革改造和生产经营情况。

三、大公司和企业集团发展壮大中需要突出解决好的四个问题。

实现国有企业改革脱困三年目标只是一个阶段性成果，改革和发展中许多深层次的矛盾和问题还没有根本解决，脱困的基础尚不牢固，煤炭、军工行业还比较困难，即使整体盈利的行业也有不少困难企业。国有企业改革和发展的任务仍十分艰巨而繁重。因此，大家思想上决不能有丝毫松懈，要把认识统一到党的十五届四中、五中全会精神上来，把当前工作与国有企业改革和发展十年目标结合起来，着眼于实现十年目标，把国有企业改革和发展扎实地向前推进。朱镕基总理在关于"十五"计划纲要的报告中专门讲了这个问题，他明确指出，深化国有企业改革重点是加快建立和完善现代企业制度。报告中强调了七个方面的内容：一是通过规范上市、合资、参股等形式，实行股份制，转换经营机制，突出强调规范上市。二是健全企业法人治理结构，突出强调要加强监管。三是深化企业"三项制度"改革，建立健全激励和约束机制，让大家有积极性，各得其所，把聪明才智充分发挥出来。四是结合产业结构调整，推进国有经济布局的调整。五是放开搞活中小企业。六是进一步实行政企分开。七是推进电力、铁路、民航、通信等行业管理体制改革，引入竞争机制。我们要按照党的十五届四中、五中全会精神和朱镕基总理强调的这些要求，在三年改革脱困的基础上，进一步深化国有企业改革，加快国有企业发展。这里，我还要对大公司和企业集团发展中需要解决的问题，再强调四点。

（一）要瞄准世界一流企业找差距、定目标。

大公司和企业集团的竞争对手主要是国际知名的跨国公司。

大公司和企业集团要在激烈的市场竞争中成为强者，以更加积极的姿态迎接加入世界贸易组织和经济全球化的挑战，参与国际竞争，必须瞄准世界一流企业，找差距、定目标。江泽民总书记对宝钢的题词就是"办世界一流企业，创世界一流水平"，这不仅是对宝钢的要求，也是所有大公司和企业集团的奋斗目标。我们的大公司和企业集团不能仅把自己摆在国内足球"甲A"的水平上，而是要摆在"世界杯"的水平上去衡量。没有一批具有较强国际竞争力的大公司和企业集团，国有企业改革和发展是讲不响的。参加这次座谈会的上汽、一汽、二汽、宝钢、鞍钢、武钢、海尔、上广电、中石油、中石化等大公司，在国内算是一流的，但与国外大公司一比较，差距就大了。比如，石油集团在上市前与埃克森公司相比，资产是埃克森的百分之六十六，销售收入是百分之三十二，而净利润和人均净利润仅分别为百分之一点七和百分之零点二一。这么一比就坐不住了，所以要下决心深化改革，加强管理，以增强国际竞争能力。宝钢集团与韩国浦项制铁相比，各项指标都有较大的差距。一九九九年人均产钢浦项为一千三百九十七吨，宝钢为七百八十六吨；吨钢售价浦项为三百五十二美元，宝钢为三百零五美元；年销售收入浦项为一百零六亿美元，宝钢为八十二亿六千万美元；实现利润浦项为十三亿美元，宝钢只有五千二百万美元。当然，这两年宝钢经营业绩已有较大提高，但仍有差距。石油集团、宝钢集团是国内企业的佼佼者、"龙头老大"，只有比较才能分出好坏，才能找到差距，才能明确改革发展的方向，也才能增强紧迫感、责任感和使命感。关键是要敢于同世界一流企业比较，敢于向世界一流企业挑战。希望我们的大公司和企业集团有这个雄心壮志。这不仅是企业自身发展的要求，也是中国工业发展的需要。也就是说，这不仅是一个局部的问题，更是一个全局性的战略问题。假如我们经过五年或者更长一段时间的努力，能够形成三十到五十家世界一流的企业，就是对中华民族的很大贡献。

（二）加大分离分流力度，突出主业，增强企业核心竞争力。

加大分离分流力度，既是建立现代企业制度的前提和条件，也是建立现代企业制度的具体内容。我们已经改制的企业，只是初步建立起了现代企业制度的框架，离规范的现代企业制度还有很大差距。千万别以为上市成功就万事大吉了。当今世界企业的改革和发展快得很。上星期三我会见了瑞士ABB集团公司新上任的总裁森特曼先生，他对我说，为适应市场不断变化的需要，使企业立于不败之地，他将对ABB公司进行大刀阔斧的改革。ABB这样世界一流的大公司仍要改革，更何况我们的企业。对于目前发展状况相对比较好的大公司和企业集团，我看有三个方面问题是当前和今后一个时期要下大决心进行改革、花大力量加以解决的。一要加大减员分流工作的力度，提高劳动生产率和企业盈利能力。现在不少企业销售收入不低，但利润很少。主要是人多，劳动生产率低。利润都给吃掉了，工资不高，但还有一大块福利，明的不多、暗的不少，工资再低也经不住这么多人吃。这个问题必须下决心解决。去年我们支持中石油减了二十六万人，开始有的同志还不太理解，中石油上市前有一百五十万人，大庆油田就有二十八万人，而埃克森公司全球只有十二万人。你不减人，怎么同人家去竞争，当然减人的前提是保持社会的稳定。二要解决"大而全"、"小而全"问题，增强研发和市场营销能力，推进专业化协作，调整和改善企业组织结构。江泽民总书记提出"哑铃型"企业组织结构，而我们的工业企业生产系统都非常庞大，研发和市场营销力量却很薄弱，属典型的"橄榄形"，与"哑铃型"企业组织结构有很大差距，企业的市场应变能力和开拓能力明显不足，企业"大而全"、"小而全"的问题一直没有得到很好的解决。如汽车企业大都是从翻砂铸造开始，就连小的钢铁企业也是从炼焦开始，还有全套的生产辅助系统和生活服务系统。这个问题不解决，企业的研发能力不提高，市场营销工作不加强，主业不突出，是无法适应市场和开拓市场的。三要解决企业办社会问题。这个问题对一些大公司和企业集团是一项沉重的负担，牵扯了企业领导很大的精力，占用了企业大量的人力、物力和财力，严重影响企业集中力量发展核心业务。宝钢集团前些年在上海市的帮助下，在分流富余人员、分离辅业、分离办社会方面下了很大功夫，大大减轻了企业负担，增强了企业竞争力，才有了今天的发展局面。企业富余人员多，"大而全"、"小而全"，办社会负担重等问题是深化企业改革，加快企业发展中遇到的难以回避、绕不过去的问题，但解决起来确实有相当大的难度。从目前情况看，要在短期内解决所有国有企业的这些难题是不现实的。但对效益相对比较好的大公司和企业集团来说，利用效益好的时机是有条件和可能率先逐步解决这些难题的。解决好这些问题，企业的核心竞争力就可以大大提高。

（三）加快建立企业技术创新机制，增强企业技术创新能力。

增强企业技术创新能力是提高企业核心竞争力的关键。在日趋激烈的市场竞争中，要建设世界一流的企业，必须要有自己的创新能力，而且要有通过创新增加财富的本领。最近我去联想集团和原电子部的七个研究所调研，给我一个很深的印象和强烈的反差：一面看到联想集团非常重视技术开发与市场转化工作，有将钱变为技术，再将技术变成钱、钱再变为更新的技术的本领，形成了钱—技术—钱的良性循环。另一面看到我们的研究所，技术力量非常强，科研人员事业心很强、有相当的水平，只要给投资，他能比较好地开发出技术来，他们有本事将钱变成技术，但缺乏将技术再变成钱的本领。全国重要的国有企业我几乎都参观过，总的印象是，相当多的国有企业还不知道技术创新的重要性，还不知道钱变技术、技术再变钱后会给企业带来巨大效益，提高企业技术创新能力还只是停留在口号上，科技开发投入不足，没有花力气解决技术创新的机制问题。去年出席深圳高交会看到一批民营企业求贤若渴，在交易会上找项目、求人才，成了交易会的主角，似乎给人一个现在产学研的平台在民营企业的印象。就这一点而言，民营企业家的认识特别是实际行动走到了许多国有企业的前面。这也反映了国有企业的技术创新机制远远不能适应市场竞争的需要。为此，国有企业一是要舍得在技术创新上增加投入；二是要在建立技术创新机制方面迈出大的实质性步伐，进行大胆探索和实践，促进整个企业机制的创新。只要下决心，解决这个问题是不困难的。如期权、薪酬等分配制度的改革，要在几万人和几十万人的企业整体进行可能有难度，但在几百人、上千人的科技创新中心进行改革就比较容易。这种改革我相信职工是会理解和支持的。因为这有利于企业的发展，会给职工本身带来利益。实在不行还可以"物理隔离"，将技术创新与面上的生产管理分开。总之，要通过改革和探索，尽快形成有利于技术创新和科技成果转化的有效运行机制，下大力气做好将钱转化为技术，又把技术转化为钱这篇大文章，促进钱—技术—钱的良性循环，使企业技术创新能力持续提高，竞争力不断增强。

（四）重视企业人才培养和企业管理信息化建设。

市场竞争的关键是人才的竞争，企业要高度重视科技和经营管理人才特别是青年人才的培养和使用，努力营造用好人才、吸引人才的良好环境，形成优秀人才脱颖而出、人尽其才的机制。目前，在我们的国有大公司和企业集团负责独当一面的年轻人太少。国有企业还缺乏优秀人才脱颖而出的文化氛围。企业的竞争说到底是人才的竞争。现在在职的企业领导人工作的好坏，其中很重要的一条，就是能否培养出一批年轻的优秀高级管理人才。送出去培训是培养人才很重要的途径。除了在国内培训外，还可选择一些献身社会主义事业，事业心强、熟悉企业、外语好、有培养前途的年轻人送到国外培训，如果能在一些跨国公司挂职学习就更好了。这些人三到五年后回到企业就会派上大用场。这是大公司和企业集团增强国际竞争力的迫切需要，对企业长远的发展将产生深刻的影响。做这件事对于效益好的大公司和企业集团应该讲是不困难的，只要下决心是完全可以做到的。

关于加强企业管理问题。今年初曾研究是否召开一次加强企业管理的会。这几年我分别在邯钢、青岛、上海三次全国性的专题会议上都讲过。这里要强调的是，企业要高度重视企业自身信息化建设。在当今信息时代，企业的信息化已经成为现代企业管理的基础。如海尔集团刚才介绍的以定单流为核心的现代物流管理和业务流程再造，如果没有信息化管理是做不到的。联想集团的信息化管理已有了相当基础。除传统流水生产线外，发展快的是定单生产。现在许多订单每张只有三至五台，这就要求企业在订单、采购、配料、生产各个环节的管理实现信息化。为此，大公司和企业集团要切实加强企业信息化建设，运用先进技术特别是计算机和网络等信息化手段，尽快建立和完善企业的电子交易、货物配送、客户服务等信息系统，实现现金、物资、生产、设计工艺和流程的信息化管理，使企业管理水平跃上一个新台阶。

四、正确把握国有企业改革方向，促进国有企业健康发展。

近几年来，各地区、各部门和企业按照党的十五大和十五届四中全会精神，结合实际，积极探索，在深化国有企业改革，促进国有企业发展方面做了大量工作，取得了明显成效，国有企业改革和发展总的形势是好的。国有企业改革与脱困三年目标已如期基本实现，企业经济效益大幅度提高，结构进一步优化，公司制改革全面展开，我们已经探索出了一条符合我国国情的国有企业改革和发展的路子。实践充分证明，中央关于国有企业改革和发展的一系列方针政策是完全正确的，国有企业是可以搞好的，公有制与市场经济是可以有效结合的，国有经济在社会主义市场经济条件下有广阔的发展空间。

同时，我们也要清醒地看到，有的地方也出现了一些值得重视的倾向性问题。比如，将国有企业改革简单地演绎为"国退民进"，笼统地说"国有企业要从一切竞争性领域退出"；有的把国有资产"置换"为集体资产，将国有资产无偿或变相无偿量化给个人；有的搞半卖半送"一卖了之"、"一送了之"等等，这些是完全违背中央精神的，必须坚决加以纠正，制止这种错误倾向蔓延。各级领导干部要认真学习、全面准确地理解中央关于国有企业改革和发展的一系列方针政策，把思想认识真正统一到党的十五大和十五届四中、五中全会精神上来，增强搞好国有企业的信心，在一些重大的、原则性的问题上保持清醒头脑，决不能有任何含糊，使国有企业改革和发展沿着正确的方向积极稳妥地向前推进。

着眼于从整体上搞好国有经济，对国有经济布局进行战略性调整，对国有企业实施战略性改组，是党的十五大和十五届四中全会作出的重大决策，是国有企业改革和发展在理论上的突破、实践上的创新和工作指导上的一大转变。国有经济在国民经济中起主导作用，是由我国的社会主义性质决定的，在社会主义市场经济条件下，这种主导作用主要体现在国有经济控制力上。从战略上调整国有经济布局，要同产业结构的优化升级和所有制结构的调整完善结合起来，坚持有进有退，有所为有所不为。这是针对国有经济分布过宽、整体素质不高、资源配置不合理的问题而提出来的，是为了更好地发挥国有经济在国民经济中的主导作用，也是坚持和完善社会主义公有制为主体、多种所有制经济共同发展的基本经济制度的客观要求。进与退、为与不为，是一个有机的整体。"进"和"有所为"是发展，"退"和"有所不为"也是为了更好地发展，目的都是为了增强国有经济的控制力，提高国有经济的质量，更好地发挥国有经济在国民经济中的主导作用。对此，我们要全面理解，并在实际工作中切实把握好三点。

一是要促进优势国有企业特别是国有大公司和企业集团尽快发展壮大，更好地发挥国有经济在国民经济中的主导作用。国有经济要在关系国民经济命脉的重要行业和关键领域占支配地位，支撑、引导和带动整个社会经济的发展，在实现国家宏观调控目标中发挥重要作用。要通过兼并、联合、重组等形式，形成一批拥有自主知识产权、主业突出、核心能力强、具有国际竞争力的国有大公司和企业集团，发挥它们在资本营运、资源配置、技术创新、市场开拓等方面的优势，增强国有经济的竞争力和控制力。

二是要通过战略性调整，优化国有经济分布，提高国有经济整体质量。国有经济在重要行业和关键领域占支配地位，需要保持必要的数量和比重，否则就谈不上控制力、影响力和带动力。但如果国有经济没有分布的优化和整体质量的提高，仅仅靠数量和比重是很难发挥其主导作用的，这是量和质的统一。随着国民经济的发展和经济结构的调整，国有经济在不同产业和地区的分布还会有所变化，在整个国民经济中的比重可能会有所减少，但整体素质会进一步提高，分布更加合理，国有经济的控制力和竞争力会得到进一步增强。要建立和完善劣势企业的退出通道，把退出通道的建立与实现"两个确保"和完善社会保障体系结合起来，使产品没有市场、长期亏损、扭亏无望的企业和资源枯竭的矿山有序退出市场，形成优胜劣汰机制，这也是从战略上调整国有经济布局的一个重要方面。通过主动退出和积极调整，集中力量，加强重点，实现国有经济分布的优化和质的提高。

三是要通过发展股份制，增强国有经济的控制力、影响力和带动力。这是推进国有经济战略性调整的重要途径。国有经济的作用既要通过国有独资企业来实现，更要大力发展股份制，探索通过国有控股和参股企业来实现。对国有企业进行规范的股份制改革，可以使国有资本吸引、调动和组织更多的社会资本，放大国有资本的功能。股份制改革是一项政策性很强的工作，涉及所有者权益、职工安置、债务处理等复杂问题，要依照法律和国家有关政策规范操作，确保出资人的权益不受侵害，职工和债权人合法权益得到有效保护。今后，要进一步鼓励国有大中型企业尤其是优势企业通过规范上市、中外合资、相互持股等多种形式，改制为股份制企业，发展混合所有制经济，重要的企业由国家控股，促使国有经济不断发展壮大，更好地发挥国有经济在国民经济中的主导作用。

把青藏铁路建设成
世界一流的高原铁路 *

（二〇〇一年六月二十九日、
二〇〇二年六月二十八日）

一

　　修建青藏铁路是党中央、国务院作出的重大决策，是西部大开发的一项标志性工程，对于加快西藏经济社会发展，促进西藏自治区同全国其他地区的经济文化交流，增强民族团结，都具有重要意义。有关地区和部门要严格按照党中央、国务院的要求，充分认识到在世界屋脊上修建高原铁路的艰巨性和复杂性，加强领导，周密部署，科学设计，把青藏铁路建设成民族团结路、经济振兴路、环境保护路。铁路建设者要发扬"特别能吃苦、特别能战斗、特别能奉献"的精神，加强科技攻关，爱护青藏高原的一草一木，严格管理，精心施工，保证质量，按期完成建设任务。

（二〇〇一年六月二十九日出席青藏铁路拉萨开工典礼并考察西藏自治区工作期间在铁路施工现场讲话的要点）

---

　　* 这是吴邦国同志的两篇文稿。

2001 年 6 月 29 日，青藏铁路开工典礼在青海省格尔木市和西藏自治区首府拉萨市同时举行。吴邦国在拉萨会场出席开工典礼并剪彩。

二

欣悉青藏铁路格尔木至望昆段正式铺轨，这是青藏铁路开工一年来取得的重要阶段性成果，谨向各参建单位和全体建设者表示祝贺！

建设青藏铁路是党中央、国务院作出的重大战略决策，是实施西部大开发的一项标志性工程，具有重大的现实意义和深远的历史意义。青藏铁路各参建单位和全体建设者任重道远。特别是随着工程向昆仑山、唐古拉山挺进，你们将面临更加严峻的考验。这里我强调三点：一要精心设计，精心施工，解决好冻土工程问题，确保工程质量；二要增强环保意识，高度重视并切实搞好生态环境保护工作；三要克服严寒缺氧，搞好卫生防疫，保障建设者身体健康。希望你们齐心协力，扎实工作，奋勇拼搏，全力以赴打好攻坚战，创造铁路建设史上的伟大壮举，把青藏铁路建设成世界一流高原铁路。

（二〇〇二年六月二十八日致青藏铁路铺轨仪式的贺信）

加强三峡库区地质灾害防治和
生态环保工作[*]

（二〇〇一年七月十六日）

三峡库区是地质灾害的多发地区，对崩滑体等地质灾害的监测和治理，关系到库区人民群众的生命财产安全和库区的社会稳定，必须予以高度重视。三峡工程建设委员会第十次会议强调，要认真做好三峡库区崩滑体等地质灾害防治工作，并确定了所需资金的筹措渠道，切实予以保证。

根据长江水利委员会的规划报告，受三峡工程坝前一百七十五米蓄水影响的崩滑体共计一千三百零二处。根据滑坡体稳定程度，以及对生命财产是否构成威胁等因素，规划提出需搬迁处理四百六十六处，监测观察二百九十七处，治理三十四处。去年以来，有关部门和单位加大了工作力度，成立了三峡库区地质灾害防治工程专家组，制订三峡库区崩滑体治理的技术要求。对规划内的一百三十五米水位蓄水前必须开始治理的二十一处崩滑体治理工程项目，已安排了前期工作经费，目前正在进行初步设计和编制工程概算。对崩滑体等地质灾害的防治，当前要重点做好三

---

* 这是吴邦国同志在湖北宜昌召开的国务院三峡工程移民暨对口支援工作会议上讲话的一部分。

项工作。

一是要落实地质灾害防治工作的职责，强化责任制。国土资源部要会同湖北、重庆两省市尽快建立起库区统一的地质灾害预警系统，做好地质灾害的预报工作；对于水库淹没区和移民安置区内崩滑体的治理工作，由国土资源部牵头，会同湖北省、重庆市政府和国务院有关部门抓紧进行。对于淹没区和迁建区以外崩滑体的防治工作，湖北省、重庆市政府和国土资源部也要切实负起责任。

2001 年 7 月 16 日至 18 日，国务院三峡工程移民暨对口支援工作会议在三峡坝区召开。图为吴邦国在三峡左岸电站厂房施工现场视察。

二是要强化移民工程建设中的减灾防灾工作。必须按照有关规定事先做好工程的地质勘察，严格按照国家有关规范进行设计和施工，切忌由于人为因素而造成地质灾害的发生。

三是由于库区崩滑体的不稳定因素很多，因此要密切注意出现的新情况和新问题，特别是每年的汛期，三峡地区暴雨较多，会诱发滑坡等地质灾害，湖北、重庆两省市政府和有关部门要高度重视这项工作，采取得力措施，确保移民群众的生命财产安全和社会稳定。

三峡工程的生态建设和环境保护工作，为国内外广泛关注。三峡库区搬迁前几乎没有环保设施，按补偿原则，难以在移民资金中列入，仅在包干经费中，估列了三亿元。长江上游和三峡库区水土流失严重，污染问题也很突出，必须加快治理步伐，加大投资力度。国家将安排专项资金进一步加大这方面的投入，这对三峡库区的生态环保工作和库区经济的可持续发展是有力的促进。为进一步做好这项工作，一是要加强组织领导，强化库区环境保护行政领导责任制。国家环保总局要会同长江上中游各省市政府和国务院有关部门抓紧做好环境保护规划，并组织实施。三峡库区各级政府要根据国家有关三峡库区环境保护的规划和政策，科学合理地制订本地区的环保项目实施方案，并认真组织落实。二是国家有关部门和湖北省、重庆市政府不但要大力实施库区天然林保护工程，加强水土流失的综合治理，而且要切实加快三峡库区水污染治理和生活垃圾处理设施的建设进度，保证投资及时到位。三是要建立监督检查制度。三峡库区要实施主要污染物排放总量控制，国家环保总局以及地方环保部门要加强监督检查并督促整改。

另外，要根据文物保护法等法律法规，进一步加强三峡库区文物保护工作。要按照"重点发掘、重点保护"的方针，组织实施好文物保护规划，保证有价值的文物在蓄水前得到妥善处理。

外资工作要着眼于提高
国民经济整体素质*

（二〇〇一年九月八日）

中国改革开放二十多年来，始终坚持对外开放政策，大力发展对外贸易，积极吸引外商投资，中国对外贸易总额已居世界第七位，吸引外资连续八年居发展中国家首位。改革开放不仅促进了中国国民经济的持续快速健康发展，而且推动了中国经济体制的改革；不仅为中国未来的发展奠定了坚实基础，也为亚洲和世界经济的繁荣作出了贡献。

为了加入世贸组织，我们经过了十几年坚持不懈的努力。这充分体现了中国坚持改革开放的决心和积极参与国际经济合作的诚意。中国加入世贸组织，是经济实现现代化的需要，是建立和完善社会主义市场经济体制的需要，是在更大范围和更深程度上参与国际竞争与合作的需要。现在，有关的各项谈判已经基本结束，中国加入世贸组织即将变为现实。在这个时候，"国际投资论坛"以"中国·WTO·机遇与挑战"为主题，就中国加入世贸组织带来的机遇与挑战进行研讨，是非常及时，也是很有

---

　　* 这是吴邦国同志在福建厦门举行的第五届中国投资贸易洽谈会"国际投资论坛"上主旨演讲的一部分。

意义的。

加入世贸组织后，中国将认真履行对外承诺，根据社会主义市场经济体制的要求和国际通行规则，进一步完善涉外经济法律法规体系，创造完备的法制环境；进一步转变政府职能，提高工作效率，增强服务意识，创造良好的行政环境；继续大力整顿和规范市场经济秩序，打击假冒伪劣，保护知识产权，创造统一开放、公平竞争、规范有序的市场环境。还要放宽货物贸易的市场准入，逐步推进服务贸易领域以及能源、交通、通信等基础设施建设的对外开放。随着加入世界贸易组织，中国面临新的发展机遇，也面临国际激烈竞争的严峻挑战。我们将以更加积极的姿态，抓住机遇，迎接挑战，进一步推动全方位、多层次、宽领域的对外开放，促进我国现代化建设。

近几年，我国利用外资一直保持良好势头，每年吸收外商直接投资额大体保持在四百多亿美元的水平。大量外商投资的进入，对增加国内投资需求、推动经济体制改革、进一步扩大对外开放、促进国民经济持续快速健康发展，都起到了重要作用。我们还应看到，当前中国经济已经发生了深刻变化，利用外资工作也面临许多新的情况。一是国内市场由卖方变成了买方市场，大多数生产资料和消费资料都供过于求，一般加工工业生产能力已经过剩；二是经济发展的体制环境有了很大不同，社会主义市场经济体制已经初步建立，市场在资源配置中的基础作用明显增强；三是对外开放出现了新的格局，国内经济与世界经济的关联程度越来越大。面对这种新形势，外资工作要着眼于提高国民经济整体素质，增强国际竞争力和抗风险能力。我们要适时调整工作方式和工作重点，将利用外资同调整经济结构、促进产业优化升级、提高企业效益相结合；同完善社会主义市场经济体制、增强企业的国际竞争力相结合；同扩大企业出口、发展外向型经济相结合；既要吸引境外资金，更要注重引进先进技术、引进现代化管理、引进专门人才，提高利用外资的质量和水平。

具体地说，要着重抓好以下几项工作：一是正确引导外资投向，吸引外资要从一般加工工业为主，转为侧重于高新技术产业和具有先进适用技术的行业以及服务业；二是鼓励跨国公司参与国有企业的改组改造，促进国有企业战略重组和结构优化；三是继续鼓励外商投资企业扩大出口，发展国内配套产业，扩大外商投资企业的进出口权，带动开放型经济发展；四是落实鼓励外商投资中西部地区的政策，加快中西部地区发展；五是改善外商投资外部环境，包括政策法律等软环境和基础设施等硬环境。同时，我们还要实施"走出去"开放战略，鼓励有条件有实力的企业到境外投资办厂，实现"引进来"与"走出去"相结合，更全面地参与国际经济合作。

二十一世纪煤炭工业发展绝不能建立在"小土群"基础上 *

（二〇〇一年九月二十日）

　　煤炭是我国的主要能源，煤炭工业作为重要的基础产业，对促进国民经济发展发挥了重要作用。党中央、国务院对煤炭工业一直十分重视。改革开放以来，煤炭工业发展很快，产量迅速增长，缓解了能源长期紧张的局面，为保证工农业生产和人民生活需要作出了很大贡献。但是，由于小煤矿盲目发展、低水平重复建设、非法生产、乱采滥挖，破坏和浪费了资源，扰乱了市场经济秩序，造成煤炭总量过剩、价格下跌，全行业经营亏损，伤亡事故频繁发生。关闭整顿小煤矿和煤矿安全生产，是煤炭行业和产煤省区当前面临的一项重要而紧迫的任务，我们要以"三个代表"重要思想为指导，进一步统一思想，提高认识，把这项工作落到实处。

　　第一，关闭整顿小煤矿是煤炭行业结构调整的需要，体现了先进生产力发展的客观要求。

　　江泽民总书记指出："人类社会的发展，就是先进生产力不

---

　　*　这是吴邦国同志在河南郑州召开的全国关闭整顿小煤矿和煤矿安全生产工作现场会上讲话的一部分。

断取代落后生产力的历史进程。社会主义现代化必须建立在发达生产力的基础之上。我们为实现现代化而奋斗，最根本的就是要通过改革和发展，使我国形成发达的生产力。"[1] 我国是产煤大国，煤炭产量居世界首位。经过几十年的发展，煤炭工业生产力水平有了很大提高。但总体上与国际先进水平相比还有很大差距。煤炭行业人均年产煤美国是六千多吨，而我国只有两百多吨。之所以差距如此之大，原因之一，是我国煤炭工业生产集中度不高。一方面，我国煤炭行业的优势企业还没有形成，虽然兖矿集团、神华集团等一批国有大矿的生产、技术水平已达到或接近国际水平，但这样的企业为数不多，还不足以支撑我国的煤炭工业，还没有成为市场和投资的主体。另一方面，多年来，小煤矿盲目发展，过多过滥。小煤矿虽然在历史上对缓解煤炭供应紧张局面起过一定作用，但小煤矿单井规模平均只有七八千吨，有的仅二三千吨，基本上采用的是原始落后的开采方式，设备极其简陋，劳动生产率极低，安全事故不断，不符合先进生产力发展的要求。这几年虽经多次关闭和整顿，但全国小煤矿数量仍高达两万五千多处，占全国矿井总数的百分之九十五。这不仅造成环境资源的破坏、安全生产形势的恶化，还扰乱了煤炭市场环境。由于小煤矿的重复建设、盲目发展，破坏了我国煤炭的供求平衡，使煤炭价格一降再降，加上小煤矿安全生产设施简陋，又大量使用廉价农民工，在这种不正常成本下，低价倾销，使大中型煤矿普遍亏损，难以为继。这种状况严重阻碍了煤炭行业的结构调整和生产力水平的提高。必须清醒地认识到，二十一世纪我国煤炭工业的发展，绝不能建立在"小土群"[2] 的基础上。依靠小煤矿这种落后的生产力是支撑不起社会主义现代化大厦的。我们必须抓住当前煤炭供求关系有所改善的有利时机，按照先进生产力发展的要求，加大结构调整、淘汰落后生产能力工作的力度，把非法的、布局不合理的和不具备安全生产条件的煤矿坚决关掉，为大中型煤矿的发展创造良好的外部环境。当然，关闭整顿小煤矿，不是要取消所有的小煤矿，我们取消的是非法的、布局不合理的、不具备安全生产条件的小煤矿。布局合理、具备安全生产条件的合法小煤矿，作为我国煤炭工业的一支补充力量，是有生存发展空间的，关键在于必须建设规范化的小煤矿。通过这次整顿保留的小煤矿，要创造条件加以改造、改组和提高，逐步使其向先进生产方式转变。

第二，关闭整顿小煤矿是保护和合理利用煤炭资源，实现可持续发展战略的必然要求。

煤炭是不可再生的矿产资源，我国虽然是产煤大国，但人均煤炭资源占有量相对不足，对煤炭资源合理开发、综合利用是我们的一贯方针。小煤矿矿主既无技术、又无资本、也不会管理，对国家矿产资源造成极大的破坏和浪费。小煤矿吃肥丢瘦，资源回收率极低，一般只有百分之十至百分之十五，采一吨煤就会丢掉八九吨煤，每年直接毁坏和浪费的煤炭资源高达十几亿吨。请同志们想一想，我们怎么能干这种"吃祖宗饭、造后代孽"的事情呢？不少小煤矿滥采乱挖，超层越界开采，不仅使国有煤矿的资源受到严重破坏，服务年限大大缩短，而且严重威胁和破坏国有煤矿的安全，甚至导致国有大中型煤矿发生瓦斯爆炸、透水冒顶等重大特大事故，给国家造成了无法挽回的损失。一些地方领导把小煤矿作为农民脱贫和发展地方经济的唯一出路，于是土法上马，遍地开花。这样做的结果，不仅地方经济没有得到健康发展，财政收入增加有限，农民也没有得到多少实惠，只是富了少数矿主和一些腐败分子，而且还破坏地方经济发展的环境，为今后的发展留下隐患。应该看到，坚决关掉那些非法的、布局不合理的、不符合安全生产条件的小煤矿，是保护煤炭资源，实现可持续发展的必然要求。这样做，不仅为国有大中型煤矿创造了良好的发展环境和条件，也为符合安全条件、生产基础比较好的合法小煤矿的改造、提高和发展创造了机遇。各地领导一定要端正经济发展的思路，树立矿产资源国家所有的观念，妥善处理好依法办矿与脱贫致富的关系，发展地方经济与保护资源环境的关系，局部与整体以及当前与长远的关系，着力调整和优化经济结

2001年9月20日，国务院在河南郑州召开全国关闭整顿小煤矿和煤矿安全生产工作现场会，吴邦国出席会议并讲话。图为会议期间，吴邦国和与会代表实地考察新密市小煤矿关闭整顿和煤矿安全生产情况。

构，坚定不移地走可持续发展的道路。

　　第三，关闭整顿小煤矿是加强煤矿安全生产的重要措施，体现了最广大人民的根本利益。

　　安全生产工作是人命关天的大事，关系到人民群众的生命财产安全，关系到经济发展和社会稳定。党中央、国务院历来高度重视安全生产工作，江泽民总书记多次作出重要指示，反复强调一定要树立安全第一的思想，即使在社会主义市场经济条件下，也不允许只要有钱赚就可以危及人民的生命安全。近两年来，国务院就安全生产工作连续下发了十多个文件，召开了一系列专题会议进行部署，实行了特大安全事故行政责任追究制度，以遏制重大特大事故的发生。煤矿采掘业危险性大、是伤亡事故的多发区，在全国工矿企业的事故死亡人数中，煤矿占了一半以上，其中小煤矿事故死亡人数占了近百分之七十。小煤矿绝大部分不具备基本的安全生产条件，一些小煤矿矿主贪图暴利、见利忘义，根本不顾工人的死活，出了事故见死不救、逃之夭夭，甚至隐瞒不报、毁尸灭迹，人民群众深恶痛绝。可以说这些小煤矿的煤是拿老百姓的命换来的，带着血腥味。如果对此熟视无睹、置若罔闻、姑息迁就，甚至以各种借口放任非法和不具备安全生产条件的小煤矿继续存在下去，就是对人民群众生命财产安全的漠视，就是对党和人民的犯罪。地方经济的发展、财政收入的增长和农民的脱贫致富，绝不能建立在草菅人命的基础上。人的生命是最宝贵的，人民群众的生命安全如果得不到保障，利益就无从谈起。各级领导干部一定要从代表最广大人民根本利益的高度，来认识关闭整顿小煤矿和煤矿安全生产工作的重要意义。

第四，关闭整顿小煤矿是整顿规范市场经济秩序的一项重要措施。

整顿和规范市场经济秩序是今年和"十五"时期各级政府的一项重要任务。规范市场主体行为，实现公平竞争，是建立完善市场经济秩序的基本要求。小煤矿的盲目发展，不仅破坏资源、污染环境，而且还严重扰乱了市场经济秩序。他们无偿挖掘国家资源，廉价使用劳动力，不投入基本的安全设施，不承担社会保障责任，有的还盗用国有煤矿的通风、排水和电力等设施，而且大量偷税漏税。一些小煤矿为了寻求保护，与合法正规开采的煤炭企业争运力、争市场，采取各种非法手段，打通各种关节，贿赂腐蚀干部，败坏社会风气，严重干扰了正常的煤炭市场秩序。各产煤省区要把关闭整顿小煤矿作为整顿和规范市场经济秩序的一项重要措施，抓紧抓实抓好，抓出成效，从根本上扭转煤炭生产经营秩序混乱的局面。

总之，我们必须从贯彻江泽民总书记"三个代表"重要思想的高度来认识关闭整顿小煤矿和煤矿安全生产工作的重要意义，从实践"三个代表"重要思想的高度全力做好这项工作。要把关闭整顿小煤矿作为搞好煤矿安全生产工作的突破口，作为促进煤炭工业结构调整和健康发展的一项重要措施，全力以赴打好这场攻坚战。请大家回去以后，向各级领导干部特别是县乡领导干部讲清这些道理。他们处于关闭整顿小煤矿工作的第一线，他们的认识提高了，积极主动地去抓，这项工作才能取得实效。

注　释

[1] 见江泽民《在庆祝中国共产党成立八十周年大会上的讲话》(《江泽民文选》第3卷，人民出版社2006年版，第274页)。

[2] 指在一九五八年"大跃进"运动中，曾就"大办钢铁"提出的"小型企业、土办法、群众路线"方针，简称"小土群"。后来以"小土群"代指靠大量建立技术水平较低的小规模企业发展工业的做法。

以信息化建设带动企业
各项工作创新和升级 *

（二〇〇一年十一月二十六日）

这次会议的目的是为了贯彻落实党的十五大和十五届四中、五中全会精神，交流经验，提高认识，加快推进企业信息化建设，促进企业管理等各项工作提高到一个新的水平。

加强企业管理，关键是要按照建立现代企业制度的要求，实现管理创新和科学管理。而这些管理的创新，关键的一条是企业信息化建设。党的十五届五中全会明确提出："大力推进国民经济和社会信息化，是覆盖现代化建设全局的战略举措。以信息化带动工业化，发挥后发优势，实现社会生产力的跨越式发展。"[1]为了贯彻落实五中全会精神，今年我跑了十二个省区市，参观了六七十家企业，有意识地专门考察了企业信息化建设的情况，给我留下了两个突出印象：一个是，我国的企业信息化工作总体上仍然处在起步阶段；另一个印象是，出现了联想集团、海尔集团、斯达公司等在信息化建设方面走在前面的企业。在实践中，他们解决了我国企业管理中普遍存在的一些突出矛盾和问题，推

---

　　* 这是吴邦国同志在推进企业管理信息化工作现场会上的讲话，原题为《大力推进企业信息化建设，带动各项工作创新和升级》。

动了企业管理创新，带动了企业各项工作水平的提高。这样的企业虽然为数不多，但为企业信息化积累了丰富经验。这些经验已不再是纸上谈兵，而是活生生的现实。从这些企业的实践中可以得出这样的结论，大力推进企业信息化建设，既是迫切需要，也有现实的可能。

企业信息化，或者说企业信息化建设，是现代信息技术发展的产物，是一个新生事物。什么是企业信息化？联想集团、海尔集团、斯达公司等企业都有一些归纳，不少专家学者也在总结。有一点是可以肯定的，就是斯达公司讲的"利用信息技术对信息源进行广度和深度的开发利用，从而对企业实现有效的管理和监控"。核心是信息化，计算机和网络只是手段。这将带来企业管理的创新和科学的管理。

昨天下午，大家实地参观了联想集团在信息化方面的做法，听取了他们的经验介绍，今天海尔集团和斯达公司还要通过多媒体演示介绍经验。下面，我结合自己的感受谈几点体会，不一定成熟，同大家一起讨论。

一、企业信息化是带动企业各项工作
创新和升级的重要突破口

管理科学是建立现代企业制度的重要内容。重视和加强企业管理工作，从严治企，实现管理创新，是国有企业适应市场、增强竞争力的迫切要求。党中央、国务院历来高度重视企业管理工作。党的十五届四中全会作出的《关于国有企业改革和发展若干重大问题的决定》，专门用了一个独立章节，讲切实加强和改善

企业管理问题。这几年，我们先后在邯郸、无锡、青岛、上海等地多次召开专门的会议，深入研究深化国有企业改革、加强企业管理工作。各地区、各部门和企业适应形势发展要求，围绕建立现代企业制度，在加强企业管理方面进行积极探索，做了大量工作。从总体上讲，经过各方面的共同努力，企业管理水平都有不同程度的提高。

在看到成绩的同时，也必须清醒地认识到，管理仍然是当前企业工作中的一个薄弱环节。大量事实表明，经营观念陈旧、管理基础薄弱、管理手段和方式落后等问题还普遍存在，决策随意、制度不严、纪律松弛、管理水平低下的状况没有明显改变，财务账目不实、采购销售等环节"暗箱操作"、生产经营过程"跑冒滴漏"的问题仍相当突出。这些问题已严重制约企业经济效益的改善和市场竞争能力的提高。由于管理的漏洞，也有不少意志薄弱者沦为腐败分子。随着经济全球化趋势加快，我们将直接面对国际跨国公司的竞争，管理落后的问题将越来越突出。大力推进企业信息化建设，就是因为企业信息化是增强市场竞争力的客观需要，是实现管理创新的重要途径，也是解决当前企业管理中突出问题的有效措施。

（一）信息化是解决企业管理中突出问题的有效措施。不久前，朱镕基[2]同志在视察国家会计学院时讲得最多的就是不做假账。故意做假账，虽然不能说具有普遍性，但财务账目不实确实是当前企业普遍存在的一个问题。联想集团的领导在介绍为什么要搞企业信息化时，首先讲到的就是要解决企业账目不实的问题。账目不实存在两种情况：一是故意做假，这属犯罪行为。但企业管理中的漏洞，为这些腐败分子造假提供了可能。二是管理者虽无造假的故意，但靠层层上报、然后汇总结算的传统管理方式，不能保证账目的真实性和准确性。随着企业的做大，这一矛盾越来越突出。联想集团、海尔集团、斯达公司都从不同角度说明，企业信息化是解决企业做假账问题的有效手段。当然这不仅是个造假的问题，更深刻的是涉及企业财务管理的问题。如何使企业财务管理真正成为企业管理的核心，使企业运作过程中所有环节的人财物的变化，都可以通过财务绩效，如实、准确、适时地体现出来。

企业的信息化系统是一个经营运作透明化的系统。一是，企业无论在任何地方，哪怕是在国外发生的每一笔业务和开支，不进入系统就无法实现，而一进入系统就被总部财务部门跟踪。二是，分支机构根据程序形成的报表，在总部同步生成。这样除了在原始凭证上做手脚外，在做账的环节做假基本不太可能。三是，数据一旦被录入，就不得更改，更改就会留下记录。四是，通过电子商务系统采购、销售，采购人员、销售人员甚至不直接接触采购销售票据和资金，而由财务监控和执行。这就减少了做假和腐败的可能性。不仅企业信息化如此，就是海关、税务、银行的信息化系统，通过交叉稽核的方式，也大大提高了账目的可靠性。

再有一个就是"暗箱操作"的问题。企业生产经营活动不透明、难监控，造成大量的资产流失，尤其是在采购和销售环节，这个问题具有相当普遍性，也是企业领导十分头痛的问题。由于信息不对称，客户和信息都在销售员、采购员手中，领导想管也管不了。不少人栽跟头就栽在采购和销售环节上。企业信息化可以比较好地解决这个问题。

据斯达公司介绍,过去销售、采购环节"暗箱操作"相当严重。产品销售价格高低、回款多少,都得不到有效控制。经常发生原材料价高质次、数量短缺的问题,甚至有的销售人员凭借对客户信息的垄断,迫使企业降价甩卖,个人从中牟利。为解决这个问题,他们从建立制度等多方面采取措施,但收效不大。一九九七年他们下决心建立采购管理系统和销售管理系统,比较彻底地解决了"暗箱操作"的问题。斯达公司的采购管理系统,不仅信息在公司局域网上公开,一目了然,而且还设计一整套相互制约的管理体系。他们将采购与验收分离,增加独立的核价环节,合同要经审核后才能正式生效。从组织管理上说,将原供应处职能分解,形成供应处管采购、仓储处管验收、企管部物价稽核科管核价的管理程序。这一切都是依托计算机软件,在不同部门进行的。价格、数量、质量都不是采购员一个人做得了主的。就单这一项,一九九七年当年斯达公司的采购价格就下降了百分之七点五。同样通过电子商务平台,增加了销售市场的透明度。一九九六年以前,公司各销售点回款率年均只有百分之八十五左右,上了系统以后,去年和今年产品销售率、货款的回款率都达到百分之一百,公司资金也实现了不落地的循环。

还有一个"跑冒滴漏"问题。大家都有这样的体会,我们的企业,尤其是一些大中型国有企业,"跑冒滴漏"的问题不少,防不胜防。为了降低成本、提高效益,这些年我们强调财务管理,强调成本核算,强调预算管理,虽然有很大进步,但总是不太理想。成本核算要求准、快,但是传统管理模式,产供销的各个环节与财务是相隔离的,他们的作业信息都先在自己内部流转,最后"批处理"反映到财务账上。财务充其量也只是个记账、核算的作用，是个事后诸葛亮。联想集团介绍，他们遍布全球有四十四个独立核算单位，每月有二十多亿元的营业额，两万多个订单，四千多笔采购，四千多笔费用，过去财务部七十多人就是加班加点，也要三十天的时间才能得出一份并不十分准确的财务报表。这样就很难谈得上对成本费用的有效监控和管理，预算也不能很好起到对业务的指导和制约作用。现在联想集团四十四个核算单位的月报表只要半天时间就可以出来，整个集团的报表也只要五天就可完成，这不靠企业信息化，是很难想象的。从联想集团、海尔集团、斯达公司介绍的情况看，通过企业信息化都比较好地解决了这个问题。联想集团对公司所有环节、所有部门都实施有效的制约和监控，做到事前预算、事中控制、事后准确核算。每一项科目的开支都可以和预算进行比较，对差异进行管理，通过计算机系统，及时提出预警和禁止的信息。

（二）信息化是促进企业"三改一加强"和管理创新的重要途径。海尔集团在会上将介绍他们的经验，标题是"以市场链为纽带的业务流程再造，是实现企业全面信息化的基础"。联想集团的同志在讲解什么是企业信息化时，概括为数据的电子化、流程的电子化、决策的电子化三个层面，其中第二个层面是流程的电子化，即把企业已经规范的一些流程以软件形式固定下来。但是，流程的电子化不是原流程的完全复制，而是根据信息化的特点有一个梳理和设计的过程。这些企业都提出了"流程再造"的概念。

海尔集团随着企业的做大做强，业务的不断发展，他们的组织结构经历了三个阶段：第一阶段是"金字塔式"的"直线职能式"组织管理，在企业规模小的时候，管理是有效的。第二阶段是进入产品多元化战略阶段以后，实行"矩阵式"管理、事业部的管理。横坐标是职能部门，如财务、计划、供应等，纵坐标是项目，如洗衣机、空调等项目。以项目为中心，很多项目可同时展开。第三阶段是"市场链"管理模式。这种模式已列入欧盟高等学院的管理案例。把各事业部的财务、采购、销售分离出来，整合成商流推进部、物流推进部、资金流推进部，实行全集团统一营销、采购、结算。海尔集团称之为"市场链的主流程"。同时，还组建市场链的支持流程，确保新品开发和订单的执行。海尔集团现有一万零八百个产品品种，平均每天开发一点三个新品种，每月平均接到九十多万个海内外订单，个性化要求的订单上万个，需采购品种二十六万种，每天出口产品就达三百多标准集装箱。面对如此巨大的业务量，企业如果不进行流程再造、不进行信息化管理，是管不好也管不了的。领导人就是本事再大，也没有能力处理好如此巨大而庞杂的信息。适应市场变化唯一的出路，就是主动推进管理创新和科学管理。

当然，每个企业的情况不一样，海尔集团的模式在斯达公司不一定适用，联想集团的模式在传统产业也不一定适用。但是有一点是明确的，为了提高企业的竞争力，就要推进企业的管理创新，实现科学管理。这些年国有企业改革一再强调"三改一加强"，不少企业都在这方面进行有益的探索。尤其是在国际资本市场上市的企业，如果不进行管理体制的创新，人家就不买你的股票，因为落后的管理模式不仅不能实现利润的最大化，而且会阻碍生产力的发展，还有不少管理上的黑洞使股民谈虎色变。流程再造、管理创新是企业信息化的基础，而企业信息化将大大促进企业"三改一加强"。企业信息化是促进企业管理创新的重要途径。

（三）信息化是适应我国加入世界贸易组织，增强企业国际竞争力的客观需要。当今国际经济的竞争，就是跨国公司之间的竞争。我国已经加入世界贸易组织，企业将实实在在面对国外大型跨国公司的竞争，能不能在竞争中取得优势，关键是要有一批具有国际竞争力的大公司和企业集团。平心而论，现在我们国家具有一定规模和实力的企业不少，但真正具有国际竞争力的大企业不多。今年五月在国家经贸委召开的上海宝钢集团联合重组经验座谈会上，我讲了在中国要培育三十至五十家具有国际竞争力的大公司大集团的问题。为提高企业国际竞争力，就管理而言，必须强调要高度重视企业信息化建设。因为企业信息化，是提高管理水平的重要措施，是实现管理创新的重要内容，是增强大公司大集团国际竞争能力的客观需要。

我们的大公司大集团同世界一流企业相比，企业信息化的差距可能比其他方面差距要大得多。宋健[3]同志讲要落后十到二十年，二十年前国际跨国公司就启动了企业信息化工程。现在，世界一流的企业都具备很高的信息化水平。我在瑞士参观雀巢集团总部时了解到，他们利用信息化系统，对分布在全球四百多家企业的财务、资金、质量实行集中统一管理。总部随时监控资金在世界各地运作的状况，在几分钟内就能调动分散在全球的几十亿、上百亿资金。前不久，我会见柯达公司总裁，他说在美国"九一一"事件以后，他主要精力就是利用集团信息化系统，调动分布在全球的资金，以获得最大的效益。波音公司一九九四年就开始建立企业信息化系统，在这个系统支持下，研制生产波音飞机和新一代波音飞机，实现无纸化设计技术，使开发周期由九至十年缩短到四年半。今年六月，我访问德国宝马公司，焊装厂五千多个焊点没有一个人，全部都是机器人操作，总装厂是柔性生产，一条生产线可以装配所有的车型。这些管理如果没有强大的信息技术支撑，是根本做不到的。

信息化已经成为一种趋势，是参与国际竞争与合作的重要条件，也是应对加入世界贸易组织挑战的迫切需要。现在国外大的汽车生产商，零部件都实行全球网上采购，我国汽车零部件生产企业如果不能进入全球采购系统，有人估计三分之一左右将被淘汰。前些天我到哈尔滨飞机制造公司，他们介绍，在与法国合作设计的直升飞机中，对方要求中方要能读懂他们的程序软件，具备远程网上合作设计的能力，否则，就没有合作的基础。由此可见，我们的企业要参与国际合作与竞争，即使能够生产出与跨国公司同样质量的产品，在信息化方面的差距也将使我们在竞争中处于被动。

中国的大公司大集团要有雄心壮志，要瞄准世界一流企业找差距、定目标，不要以自己是国内"甲A"的冠亚军而满足，真正的本事是要摆在"世界杯"赛场上去衡量，要有危机感、紧迫感和责任感。这次到会的一百多家企业，都是各个行业的骨干企业，应当在企业信息化建设方面先行一步，跟上时代发展的步伐，增强市场竞争的能力。

总的来说，企业信息化建设是一场革命，在提高企业管理水平，促进管理现代化，转换经营机制，建立现代企业制度，有效降低成本，加快技术进步，增强市场竞争力，提高经济效益等方面都有着现实和深远的意义，是带动企业各项工作创新和升级的重要突破口。

二、推进企业信息化建设需要重点把握的几个问题

企业信息化，是一项系统工程，涉及到企业的方方面面，能否与企业各项工作相融合，关系到企业信息化工作的成败。推进企业信息化，要统筹规划，突出重点，整体推进。要紧紧围绕企业改革和发展两大主题，以全面提高企业管理水平和整体竞争能力为根本目的，从解决企业管理中突出的问题和薄弱环节入手，从企业的实际出发，搞好"三个结合"。

（一）企业信息化建设要与"三改一加强"相结合。三个企业的经验都证明企业信息化，不是简单地用计算机代替手工劳动，也不是将传统的管理方式照搬到计算机网络中，而是借助现代信息技术，引进现代管理理念，对计划经济时期形成的、不适应市场经济客观要求的落后经营方式、僵化组织结构、低效管理流程等，进行全面而深刻的变革。如果传统的管理体制不改革、老的组织结构不整合、落后的机制不转变、陈旧的设备不改造，仅仅采用了计算机，上了互联网，信息化的优势也难以发挥，企业的管理水平也难以提高，甚至还会增加管理成本。许多企业有过这样的教训。推进企业信息化，很重要的一条就是要与企业的改革、改组、改造和加强管理结合起来。

建立现代企业制度，是发展社会化大生产和市场经济的必然要求，是国有企业的改革方向，也是推进企业信息化的重要基础。要按照建立现代企业制度的要求，进一步深化改革，逐步实现规范的股权多元化，建立规范的法人治理结构。要深化企业内部劳动、人事和分配制度改革，真正解决人浮于事、"大锅饭"、"铁饭碗"的问题。要面向市场，着力转换经营机制，逐步形成

内有动力外有压力、充满生机和活力的企业经营机制。

要按照企业信息化的要求，调整企业组织结构，调整企业内部分工体系，减少中间管理层次，改变各职能部门之间相互分割、职责不清的状况。要对业务流程进行再造，实施"扁平化"的管理方式，充分发挥信息化的综合效能，提高企业的管理效率。

企业技术开发能力的强弱是衡量市场竞争力的一个重要标志。与世界一流企业相比，我们的企业在技术进步、技术创新方面的差距还很大，突出表现在缺少自主知识产权，往往关键技术依赖国外引进，产品设计周期长，更新换代慢。加快企业信息化建设要与技术创新结合起来。推进企业技术创新，掌握和跟进本行业核心技术，是企业发展壮大的推动力。要瞄准本行业科技发展前沿，抓住那些对企业发展具有战略性、关键性作用的重大课题，加大创新投入，完善创新机制，实现跨越式发展。有条件的企业新产品开发要建立在计算机辅助设计与制造的基础上，加大产品结构调整力度。工艺落后、装备落后、自动化水平低，仍是不少企业产品档次不高、质量难以控制、生产效率低的重要原因。要把企业信息化与技术改造结合起来，有条件的企业要逐步建立起计算机集成制造系统，提高企业技术装备和工艺流程的信息化水平，增加产品的技术含量和附加值。

（二）企业信息化建设要与强化企业的基础管理相结合。管理是企业永恒的主题。建章立制，照章办事，从严治企，是强化基础管理的主要内容。成本管理、资金管理和质量管理一直是企业管理的薄弱环节。这当中都涉及到数据的及时准确和真实有效。"三分技术、七分管理、十二分数据"，讲的就是这个道理。

企业信息化实质是企业对信息资源在深度和广度上的开发利用。数据管理是企业基础管理的重要内容，是企业信息化建设的前提条件和基础。数据管理不仅工作量非常大，而且工作质量的好坏直接决定企业信息化建设的成败。先进的硬件设备和软件程序，只是提供企业信息化的手段和工具，及时、准确、全面的信息，才是科学决策的可靠依据。数据电子化是建立在数据准确、实时基础上的。库存信息、销售凭证、费用凭证、采购凭证的真实、实时，是企业实现信息化管理的基础。如果基础数据不准确、不及时，即使都以一定的数据库格式录入到计算机里，输入计算机系统的也是错误的信息、过时的信息，企业信息化就成了无源之水、无本之木，从而失去存在的价值。推进企业信息化建设，要从强化数据管理这一源头抓起，这样企业信息化才有坚实的基础。一要尽快完善企业的计量、检测体系，加强计量、检测工作。二要加强定额管理和标准化管理，通过对比先进指标，确保各项定额与标准的先进性和科学性。三要建立统一、完整、操作性强的代码编制系统。四要扩大一线信息的自动采集，建立规范化的数据采集、录入制度，确保数据采集的高效、真实、统一。只有从源头上消除虚假数据产生的条件，才能确保系统提供信息的科学性和准确性，做到及时、准确掌握企业的运行状态。

强化数据管理并不是代替企业的基础管理，而是对企业基础管理的要求更高了。任何时候企业的基础管理工作都只能加强，不能削弱。

（三）企业信息化建设要与引进先进的管理理念相结合。同世界一流企业相比，我们的大公司大集团在生产、经营、技术等方面都存在很大的差距，管理方面的差距更为突出。管理水平的落后在很大程度上又集中体现在管理思想和理念上。比如，推行现代物流管理方式，以订单流带动物流、资金流，实施流程再造，建立适应市场竞争要求的供应链，大幅度减少中间管理层，弱化行政色彩等，都是管理思想上的重大突破。一些企业的实践表明，企业信息化的难点不是技术，也不是资金，而是管理思想的转变和理念的更新。

企业信息化的过程，也是引进现代管理理念的过程。企业信息化中的许多先进成熟的软件系统，如 ERP（企业资源计划）、CRM（客户关系管理）、SCM（供应链管理）等，不仅是一种先进的管理程序和手段，实际上也体现了当代最先进的管理思想和管理理念，是许许多多优秀企业管理经验的结晶。企业信息化建设为学习和借鉴国际先进的管理思想提供了有效途径。

但是也要看到，企业信息化实现信息公开透明，使责任制考核更加科学、严格。这势必对在计划经济时期形成的思想观念产生碰撞，开始可能会有相当一部分企业干部职工不认同、不接受。在引进和运用先进管理软件的同时，就有个学习教育、解放思想、转变观念的问题。要注重消化和吸收其中的先进管理思想和理念，转变传统的管理理念，而不是让先进的管理软件迁就落后的管理方式。只有确立先进的管理思想，变被动为主动，先进的管理方式和手段才能得到更好地理解和运用，信息化优势才能在企业管理中发挥出来，才能从企业的效益上体现出来。当然，学习国外先进管理理念有一个从中国国情出发、从企业实际出发的问题，不能照搬照抄。要从实际出发，要在"结合"上做文章。

（四）企业信息化建设要坚持从企业的实际出发，统筹规划，突出重点，量力而行。企业信息化建设是一个逐步推进和不断完善的过程，不可能一蹴而就。对于企业信息化，既要有高瞻远瞩的战略眼光，又要有脚踏实地的务实精神。要把企业的当前需要与长远发展结合起来，突出重点，量力而行，务求实效。

一要从解决企业突出问题入手，推进企业信息化。企业信息化，涉及的内容很多，就多数企业的情况来看，在起步阶段不一定要马上建立一个无所不包的完整系统。企业的情况千差万别，一定要根据企业自身的特点，找准工作切入点，从对影响企业生存发展的突出问题入手，抓住关键环节，紧紧围绕提高企业核心竞争力做文章，实施重点突破，这样就可以走出一条投入少、见效快的路子。这次会上几个企业的经验，也说明这一点。他们抓住自身发展中的关键环节，企业信息化很快取得成效，尝到了甜头，积累了经验，再往前推进大家就容易接受了。

二要坚持先进适用、量力而行的原则。推进企业信息化建设一定要量力而行。要注意处理好先进与实用、当前与长远、局部与全局的关系。在硬件和软件选用、网络建设等方面，既要充分考虑企业的现实需要，也要为今后的升级奠定技术基础。要根据"先进适用"的原则选择管理软件，把适当引进与自主开发紧密结合起来，重视搞好软件二次开发和创新，确保软件的先进性和适用性。

三要发挥企业现有的信息化人才、技术和装备的作用。经过这些年来的信息化建设，相当一部分企业，特别是大公司大集团，已经具备一定的基础和条件，培养和锻炼了一些信息化方面的人才，硬件设备已经达到一定水平，积累了正反两方面的经验。对这些资源要十分珍惜，有效加以利用。同时，在企业信息化建设中，要重视发挥有实践经验的系统集成商、管理咨询公司、顾问公司的作用，以解决企业在信息化方面人才、经验不足的问题。要防止抛开现有基础，盲目投资，重复建设。要注重提高企业信息化的投入产出效益。

三、推进企业信息化建设需要做好的几项工作

企业信息化是实施国民经济信息化战略的重要内容，是国民经济信息化的重要基础，不仅可以大大提高企业经济效益、增强企业的市场竞争力，而且必将对国民经济信息化整体水平的提高和信息产业的发展产生重大而深远的影响。

（一）企业信息化，领导是关键。推进企业信息化，关键在于企业一把手。无论是软件程序、硬件工具，无论是顾问公司、系统集成商，都不能取代企业一把手的作用。联想集团称企业信息化是"一把手工程"，而且用"坚定信心、把握方向、资源保障、关键决策"四句话，概括企业一把手在企业信息化中的作用。我们之所以强调推进企业信息化领导是关键，是因为企业信息化不单纯是个技术问题，它涉及到企业的方方面面。信息化的过程，是实现从"人治"向"法治"转变的过程。企业组织框架的重组、流程的再造，就意味着权力和利益的再分配。强化管理和控制，势必和一些习惯势力产生碰撞。所有这些，如果没有企业一把手坚定的信心，并身体力行，是很难推动的。所以，企业信息化，领导是关键，是"一把手工程"。企业一把手的高度重视、直接决策、宣传推动和组织实施，对企业信息化建设至关重要。没有这一条，是搞不成信息化的。企业一把手要做明白人，要了解学习信息化知识，这样才会心中有数，才能把握大局。

（二）加快培养造就一批企业信息化建设的复合型人才。推进企业信息化，人才是根本。人才短缺是大多数企业普遍存在的问题。抓紧培养一大批热心于企业信息化建设，既善于经营管理、又懂现代信息技术，还具有先进管理理念的复合型人才，是推进企业信息化建设的当务之急。办法无非有两条：一是自己培养，二是外部引进。不论是培养还是引进，都要求企业首先建立与企业信息化相适应的用人机制，形成尊重知识、尊重人才的良好氛围，解决部分国有企业人才留不住、进不来的问题。在收入分配上，对于企业不可多得的关键人才，要舍得花本钱。要大胆起用那些既精通业务管理又掌握计算机信息技术的复合型人才，给他们压担子，充分发挥他们的作用。同时要加强全员培训。

关于人才培养问题，可以考虑由国家经贸委牵头，有关部门配合，搞一个企业信息化人才培训工程。根据自愿的原则，从部分经营状况较好的企业中，选拔一批具有实践经验的技术骨干和管理骨干，送到有关院校进行企业信息化知识的专门培训。争取用一年左右的时间，培养一批企业信息化建设急需的复合型人才。

现在，国外通常是委托专业咨询公司和系统集成商来完成企业信息化工作。即使如此，企业自己人的参与，双方配合，往往也是成败的关键。在搞好企业人才培训的同时，也要支持、培育中国自己的、能解决问题的专业咨询公司和系统集成商。我也希望能够在联想集团、海尔集团、斯达公司等有企业信息化经验的企业中，产生专业咨询公司和系统集成商，向其他企业输出信息化管理、技术和人才，推动企业信息化建设。

（三）多渠道筹集资金，加大对企业信息化的投入。改变我国企业信息化落后的状况，缩小与国际先进水平的差距，必须加大投入。关于企业信息化建设资金问题，要多渠道筹措：一是企业可以结合技术改造项目进行，将信息化建设的资金列入技改项目总投资。今后新建项目，要考虑安排信息化配套资金，使项目在投产之日就能实行企业信息化。二是企业提的折旧费、新产品和技术开发费中，拿出一部分资金用于信息化建设的投入。三是各级政府可筹集必要的资金，进行导向性支持。

（四）政府有关部门要加强引导，努力做好服务与协调工作。加快企业信息化基础设施建设。要抓紧各项"金"字工程建设，搞好联网工程，提高带宽和接入速度，降低企业信息化建设的成本。要鼓励和支持软件企业的发展，使之更好地为企业信息化建设服务。要重视和搞好计算机和网络知识的普及教育。

加快制定统一的技术标准，尽快完善有关法律法规。要建立统一、权威、规范的技术标准体系。加快制定包括电子商务安全交易、网上知识产权保护、公共信息资源管理、网络管理和数据保护等方面的法律法规，促进企业信息化的健康发展。

加快企业信用体系建设。企业信息化更需要有一个良好的信用环境。要加快建立和完善有关企业信用方面的法律法规。对讲信用的企业，要从各方面给予支持；对不讲信用的企业，要通过建立记录体系、公布"黑名单"等方式，加大惩罚力度，维护企业合法权益，促进企业公平竞争，诚信经营。

信息化是当今世界经济和社会发展的大趋势。大力推进国民经济和社会信息化是覆盖现代化建设全局的战略举措，是实现我国经济结构战略性调整的关键。江泽民同志对信息化建设十分重视，多次强调：实现四个现代化，哪一化也离不开信息化。明确要求"以信息化带动工业化，积极推动信息技术在各行业的广泛运用，加快关系经济全局重要领域的信息化进程"[4]。我们要以江泽民同志的讲话和重要指示作为推进企业信息化建设的指导思想，站在时代发展的前沿，与时俱进，开拓创新，扎实工作，不失时机地抓住和利用信息化所带来的技术成果和发展机遇，大力推进企业信息化建设，努力提高企业的整体素质，切实增强企业的国际竞争力。

注　释

[1] 见《中共中央关于制定国民经济和社会发展第十个五年计划的建议》(《十五大以来重要文献选编》中册，中央文献出版社 2011 年版，第 489 页)。

[2] 朱镕基，时任中共中央政治局常委，国务院总理。

[3] 宋健，时任全国政协副主席，中国工程院院长。

[4] 见江泽民《当前经济工作需要把握的几个问题》(江泽民《论社会主义市场经济》，中央文献出版社 2006 年版，第 566 页)。

把信用体系建设作为整顿和规范市场经济秩序的治本之策[*]

（二〇〇二年一月十四日）

市场经济，是法制经济，是信用经济，市场经济不建立在信用的基础上，就搞不下去。过去计划经济时期，人、财、物都是国家统一分配，把几个主管管住就行了。但市场经济是市场分配，是市场在起作用，靠老办法是不行的。据了解，不讲信用的影响主要集中在三个领域：一是金融系统。我很体谅银行，它不敢放贷，为什么？因为它心里没底呀，怕贷给别人的钱收不回来，坏账会不断增加。二是流通领域。也就是现在工商部门重点在打击的领域，包括打击虚假甚至是欺诈的广告等等。三是生产领域。现在赖账现象大量存在，收了货不给钱，能赖就赖，你找我讨债，还得请我吃饭，饭吃后仍不还钱，这是一个非常糟糕的现象。最近国家经贸委对建立信用体系问题作了些调查，调查报告我看了，觉得挺好，所以在不久前召开的全国经贸工作会议上把这个材料印发了，但这项工作还处在起步阶段。这次全国经贸工作会议介绍了两个材料。一个是上海的，介绍了正在探索建立个人信用的情况，现在这项工作已涵盖了二百万人。他们建立了

---

　　* 这是吴邦国同志在广东省考察工作时讲话的一部分。

一个机构，提供有偿服务。它不是担保机构，而是专门侦监个人信用的机构。比如查你的煤气费交不交，电话费交不交等等。别人可以到这个机构去查询，当然查询是有偿的。这样搞了以后，有利于促进整个社会信用体系建立。另一个材料是北京的，它主要介绍了中关村在探索建立企业信用系统方面的做法。它是通过大量侦监企业的信用信息，比如交不交税，交不交利息，交不交社会保障金，有没有经济债务等等，形成企业信用档案，最后形成两份名单。一份是黑名单，企业一旦列入该名单，以后就寸步难行，就会增大企业的经营成本，你在银行就不容易借到款，你就很难获得投标的资格，你的产品也将很难卖得出去等等。另一份是红名单，这是好企业的名单，是向社会推荐的名单，名单中的企业在经营过程中会得到许多便利。

将企业党风廉政建设和
反腐败斗争不断引向深入 *

（二〇〇二年一月二十九日）

　　这些年中央企业的党风廉政建设和反腐败斗争是卓有成效的，但也不能估计过高。要深刻认识党风廉政建设和反腐败斗争的长期性、艰巨性和复杂性，既要树立持久作战的思想，又要立足抓好当前工作。要认真学习贯彻江总书记在中纪委七次会议上的重要讲话和中纪委七次会议精神，按照中央的统一部署，结合中央企业的实际，努力将中央企业的党风廉政建设和反腐败斗争不断引向深入。对于做好这项工作，我强调以下几点。

　　一是企业领导人员要带头遵纪守法，廉洁自律。搞好国有企业党风廉政建设，关键在于领导班子和领导人员要带头遵纪守法，廉洁自律，认真执行党风廉政建设的有关规定。搞腐败是最不得人心的，不论什么人，不管过去作过多大贡献，只要搞腐败，都功不抵过，都会身败名裂。企业领导人员要认真执行中央纪委四次会议关于国有企业领导人员廉洁自律的五项规定，并把执行五项规定以及其他廉洁自律规定的情况，定期向

---

　　* 这是吴邦国同志在中央企业工委工作会议暨中央企业纪检监察工作会议上讲话的一部分。

职工代表大会报告，接受群众监督。在这里，我还要重申一下企业党风廉政建设"五不准"规定：一不准个人擅自决定企业的大额度资金运用、生产经营和企业改革的重大决策、重要的人事任免等有关事项。二不准将国有资产转移到个人名下或其他企业谋取非法利益；未经有关部门批准，不准以个人名义在国（境）外注册公司或投资参股。三不准利用职权为配偶、子女或其他亲属经商办企业提供便利和优惠条件；不准配偶、子女个人从事可能侵害该企业利益的生产经营活动。四不准弄虚作假，谎报成绩；不准授意、指使、强令财会人员做假账或设立法定账册以外的任何账册。五不准擅自兼任下属企业或其他企业的领导职务，经批准兼职的不准领取兼职工资或其他报酬。此外，不准用公款以个人名义或伙同他人买卖股票。中央企业工委、纪工委和中央企业各级党组织，要把发布党风廉政建设的"安民告示"作为一项经常性的工作，常提醒、常告诫，做到警钟长鸣。中央企业工委、纪工委要根据中央有关党风廉政建设规定，结合企业实际执行具体规定和监督制约办法，并对执行情况进行定期检查。

二是继续加大查办案件力度。治国必先治党，治党务必从严。对任何腐败行为和无视法纪、违法乱纪的腐败分子，都必须一查到底，决不姑息，决不手软，要用重典。各级领导对查处违法违纪案件，不准说情，更不能袒护包庇。要严格执行纪律，切实纠正瞒案不报、压案不查、执纪偏宽偏软以及处分决定不落实的问题。要深入开展警示教育，对案情重、影响大的典型案例，要把问题和教训讲透，真正起到严惩一人、挽救一批、教育一片的作用。

三是不断完善制度建设。党风廉政建设要标本兼治，重在治本。要采取各种有效措施，努力从制度上、机制上铲除滋生腐败的土壤和条件，这是从源头上预防和解决腐败问题的根本举措。加强企业党风廉政建设，必须与企业的经营管理密切结合，把党风廉政建设的要求贯穿于企业的各项管理制度之中。要研究和剖析重大典型案件的发案原因，从中发现体制、机制、制度及管理上存在的漏洞和薄弱环节，有针对性地加强管理，制定从源头上预防和解决腐败问题的有效措施。

在这里，我要特别强调一下严明党的政治纪律，坚决维护以江泽民同志为核心的党中央的权威，保证中央政令畅通的问题。纪律严明是贯彻党的路线、维护党的团结统一、完成党的任务的重要保证。在党的各项纪律中，政治纪律是最重要的纪律。党的各级组织和每个党员都必须自觉同党中央保持高度一致。一是要坚决反对阳奉阴违，搞当面一套、背后一套的两面派作为。二是不允许编造、传播政治谣言及丑化党和国家形象的言论。三是不允许公开发表反对党的基本理论、基本路线、基本纲领的言论。四是禁止参加各种非法组织和非法活动。党员对党的决议和政策如有不同意见，在坚决执行的前提下，可以声明保留，并且可以向党的上级组织直至中央提出，但不得公开发表同中央决定相反的意见。今年将召开党的十六大，国内外敌对势力会加紧分化、西化和颠覆国家的各种活动，我们要高度警惕，保持清醒的头脑。每个共产党员特别是党员领导干部都必须遵守和维护党的纪律，同各种违反党的纪律特别是违反政治纪律的行为作坚决斗争。中央企业各级党组织要担负起维护和执行党的纪律的政治责任，把严明党的政治纪律放在重要位置，定期向上级党组织报告执行纪律情况。各级纪检监察部门要对党员干部遵守和执行纪律的情况加强监督检查，严肃查处严重违反党的政治纪律和其他纪律的行为。

监事会工作要提高监督检查质量[*]

（二〇〇二年一月二十九日）

向国有重点企业派出监事会，是党中央、国务院为从体制上机制上加强对国有企业监督采取的重大举措。一年多来，中央企业工委[1]和监事会不负重托，监事会制度建设和队伍建设不断加强，监督作用日益明显，路子更加清晰。实践表明，监事会制度是一项符合我国国情的、行之有效的国有企业监督制度。

一、监事会工作是富有成效的。

上个月，中央企业工委向总理办公会专题汇报了监事会工作，镕基[2]同志和国务院其他领导对监事会工作表示满意，对所取得的成绩给予了充分肯定。

一是在顺利实现稽察特派员制度向监事会制度过渡的基础上，监事会工作逐步规范化、制度化。试行稽察特派员制度期间，稽察特派员和助理勤于探索，勇于实践，做了大量开拓性的工作，积累了宝贵经验。根据党的十五届四中全会精神，以国务院颁布实施《国有企业监事会暂行条例》为标志，实现了稽察特

---

[*]　这是吴邦国同志在中央企业工委工作会议暨中央企业纪检监察工作会议上讲话的一部分。

派员制度向监事会制度的平稳过渡。修改后的公司法进一步确立了外派监事会的法律地位。实现过渡后，监事会在总结稽察特派员工作成功经验的基础上，结合新形势新要求，探索了一些新的有效做法，相继制订了二十多项工作制度，基本涵盖了业务工作和队伍建设的各个方面，在工作重点、工作程序和工作方法上都有别于其他监督部门，具有自身特色。到去年底，国务院派出监事会的企业共一百七十四家，基本覆盖了中央企业。可以说，中央企业的外派监事会制度已基本建立，监事会工作逐步走向规范化、制度化。

二是认真履行职责，有效发挥了监督作用。通过监事会的监督检查工作，初步摸清了中央企业的家底，比较客观真实地反映了中央企业经营管理和资产保值增值等方面的情况。监事会的监督检查，揭示了国有资产流失等重大事项和违法违纪问题，对遏制国有资产流失和腐败现象的蔓延，约束危及国有资产安全行为的发生起到了重要作用。监事会的监督检查还促进企业整章建制，堵塞漏洞，加强和改善了经营管理。从这两年监督检查情况看，重大违规问题和违法违纪案件减少，已发现的重大投资失误、经济诉讼等问题多是在一九九八年以前发生的。监事会工作还注意把监督事与评价人结合起来，比较客观地评价了企业负责人的经营业绩。去年，监事会对一百五十五家企业的三百六十七名主要负责人进行了评价，提出了奖惩任免建议，这些评价和建议为考核企业领导班子提供了重要参考。

三是经过实践锻炼，形成了一支具有较高素质的监事会队伍。队伍素质决定监事会工作的成效。监事会现有主席五十七位、专职监事二百三十一名。中央企业工委和监事会在队伍建设上下了很大功夫，针对监事会工作政策性、专业性、原则性强的特点，组织了必修的岗前政治和业务培训，加强了日常教育和管理。监事会主席和专职监事也十分注重在实践中锻炼提高，严守"六要、六不"行为规范，树立了清正廉洁的形象。总体上讲，我们这支队伍思想是过硬的、业务是熟悉的、作风是扎实的、纪律是严明的，是有战斗力的。

二、把监事会工作提高到一个新水平。

监事会工作已经有了一个很好的基础，但改革的深化和形势的发展对监事会工作提出了新的更高的要求。要以江总书记"三个代表"重要思想为指导，在现有工作的基础上，认真总结经验，切实地负起监督责任，更好地发挥监督作用。

一是突出重点，强化监督。监事会代表国家对国有资产保值增值实施监督，要紧紧抓住国有资产保值增值这个关键。监事会报送的监督检查报告，每一份我都仔细地读，内容很丰富。我最关注的内容主要有两个方面：一看企业的资产保值和盈亏情况，是真的赚钱了，还是虚盈实亏。因为这是企业上上下下辛苦一年的成果，关系到对国有资产所有者的回报，关系到对国家的贡献。二看查出了哪些问题，尤其查出了哪些重大的国有资产流失问题，原因是什么，如何制止，怎样处理。我希望监事会工作能进一步突出重点，抓住要害，强化监督，对发现的重大问题及线索要及时报告。还要提高监督检查的时效性，监督检查报告现在是年底报来，过于集中，时间也有些滞后。

二是加强对共性问题的研究，提高监督检查工作的质量。面对新形势下出现的新情况新问题，监事会工作要在现有工作基础上，对带有倾向性的一些共性问题进行认真研究。现在不少问题在监事会的各个监督检查报告中都有反映，但还缺乏系统的分析和研究。中央企业工委可会同有关方面，组织监事会进行深入研究，从监事会对单个企业的监督检查中找出共性问题，分析深层次的原因，提出建设性的建议。把这些问题搞清楚了，就能对症下药，有的放矢地采取一些措施，制定和完善相应的制度，解决实际工作中存在的问题，提高监督检查的质量。这是给大家出的一个新课题，没有现成的经验，请你们发挥聪明才智，积极探索。

三是妥善处理好监督与被监督的关系。总的看，监事会在这方面做的是好的，能按《国有企业监事会暂行条例》办事，受到了企业的欢迎。我再强调几点：第一，要继续加强监事会监督检查的力度，同时要保护企业经营者的积极性，尊重企业，平等待人；第二，要坚持揭露导致国有资产流失的行为和腐败分子，但要注意把握好政策法规尺度，划清违法与不违法、违纪与不违纪、违规与不违规的界限；第三，在监督检查中，注意不要增加企业负担，不能提出过分要求，维护监事会队伍的良好形象。谈到监事会队伍形象，企业和社会的反映总体上是好的。希望大家继续发扬艰苦奋斗的优良作风，严守"六要、六不"不松懈，绝不能在廉政方面出现任何差错。只有这样，才能在工作中做到刚正不阿、客观公正。

四是加强学习，不断提高政治和业务素质。科学技术日新月异，企业改革不断深化，监事会工作要与之相适应，就必须加强学习，不断提高素质。一要加强政治理论和方针政策的学习，以邓小平理论和"三个代表"重要思想武装头脑，统揽监事会工作，进一步增强责任感，提高政策水平。二要加强监督检查方面的专业知识学习。大家都经过了一段岗前强化培训，学习了一些财会方面的知识。但毕竟时间比较短，原来的基础也不一样，所学到的知识不一定够用，有的知识还在不断更新。因此，还要在实践中继续学习，熟练掌握财务会计和审计知识。要想监督别人，就要技高一筹，否则很难实施有效监督。三要加强现代科技和经济理论的学习，了解企业管理、金融、证券及世贸规则等方面的基本知识，了解企业的生产流程和所属行业的基本情况，还要特别了解企业信息化方面的知识。现在部分企业包括一些中央企业在信息化建设方面已经起步，这将给企业管理带来全面的深刻的变革和创新，对企业的财务管理运作也将产生重大影响，希望大家注意学习和跟踪。中央企业工委要继续加强培训工作，采取多种形式给监事会的同志创造学习机会，使大家尽快成为监督检查工作中的行家里手。

我还要强调一下，中央企业和中央、国务院有关部门要继续支持和配合监事会工作。现在，大多数企业对监事会工作是理解、支持和配合的，希望继续支持监事会的工作。向国有重点企业派出监事会是党中央、国务院的决策，应充分认识其意义。建立一整套有效的监督机制，确保国有资产的保值增值，是建立现代企业制度的重要内容，是监事会和企业共同的任务，加强监督也是对大家负责。企业要主动向监事会提供真实的财务数据，报告真实的经营状况。要利用监督检查的契机，查找不足，完善制度，加强内控，严格管理。

注　释

[1] 见本书（上）《关于成立中央大型企业工委》注 [1]。

[2] 镕基，即朱镕基，时任中共中央政治局常委，国务院总理。

积极稳妥做好军工企业
改革脱困工作[*]

（二〇〇二年四月一日）

这次会议的主要任务是贯彻落实《国务院关于印发军工企业改革脱困方案的通知》精神，研究部署军工企业改革脱困工作。会前，我看了会议的简报，刚才又听了几位地方、企业和金融单位负责同志的发言。就方案而言，归纳起来有两点：一是大家一致认为《军工企业改革脱困方案》确定的政策包括债转股、核呆、停息挂账、行龄津贴、异地安置等，充分体现了党中央、国务院对军工企业改革脱困工作的高度重视。各部门都表示将结合实际，认真落实，积极稳妥地组织实施。二是对方案中的一些具体政策措施，在理解和执行上还有一些分歧。对一些有待进一步明确的问题，已请国家经贸委会同国防科工委等部门研究，准备起草一个补充通知，进一步明确有关政策，防止扯皮，影响方案的贯彻实施。各个方面的工作要抓紧进行，不要等补充通知，以免贻误时机。

---

　　* 这是吴邦国同志与贯彻军工企业改革脱困方案工作会议部分代表座谈时讲话的一部分。

把思想认识进一步统一到
中央决策和国务院文件精神上来

这次会议首先要解决的就是认识问题，要把认识统一到中央决策和国务院文件精神上来。文件起草过程中，各部门、各地方都提了不少意见，应该说绝大部分都采纳了，现在中央、国务院已经定下来了，当前需要研究的是怎么样贯彻落实，而不是讨价还价，要从讲政治、讲大局的高度来认识这项工作。

2002 年 4 月 1 日，吴邦国主持召开贯彻军工企业改革脱困方案工作会议。

（一）党中央、国务院高度重视军工企业改革脱困工作。

江总书记和李鹏、镕基、锦涛[1]等中央领导同志，对这项工作都十分关心和重视，作过多次重要指示。上个月，江总书记在百忙中，还专门到酒泉发射基地，视察了"神舟三号"飞船的发射并发表重要讲话。江总书记多次主持召开会议，研究国防科技发展问题，他亲自领导这项工作，而且抓得很具体。镕基同志十分关心军工行业的脱困发展工作，总理办公会讨论军工企业改革脱困方案的会议纪要是镕基同志亲自改定的。政治局常委会讨论时，各位领导同志一致赞同，要求下决心解决好军工企业长期遗留下来的问题。

党中央、国务院领导同志为什么这么关心和重视军工企业改革脱困工作？我理解主要有两个方面的原因。

一是国防现代化建设的迫切需要。军工行业属于国家的战略性产业，是我们实现国防现代化的工业和技术基础，地位十分重要，长期以来为我国的国防建设和国民经济发展作出了重要贡献。解决军工企业的问题，立足点不仅仅是为了脱困，而在于军工行业的振兴和发展。当前和今后一个时期的国际国内形势，都对国防现代化、军工行业的发展振兴提出了迫切的需要。

世界并不太平，美国某些政治势力利用美国的超级大国地位，仍在极力推行霸权主义，并把中国视作其推行霸权主义的主要障碍，其西化、分化中国的图谋丝毫没有改变。对于这些，我们必须要有清醒的认识和高度的警惕。我们希望和平，希望有一个稳定的周边环境，但是没有强大的国防力量作为后盾，是实现不了和平的；我们反对实力政策，但只有增强自身的实力才能去反对实力政策。作为社会主义的中国，如果没有强大的国防力量，是很难在世界上站稳脚跟的，是不可能集中精力搞经济建设的。因此，必须加强国防现代化建设，这就是制定《国务院关于印发军工企业改革脱困方案的通知》的背景和基本出发点。

二是军工行业任务重，包袱也重。我们必须明确一点，就是国防现代化只能立足于自己，花钱是买不来国防现代化的。一是我们没有这么多钱去买，二是即使有钱，真正的好东西也买不到，只能依靠我们自己，依靠我们军工集团的广大干部职工。当然，我们不能什么都干，和美国搞军备竞赛，要有所为有所不为，努力使我们的军工行业和国防实力跃上一个大的台阶。为完成党中央交付的光荣艰巨的任务，现十大军工集团^[2]上上下下干劲十足。我平时和他们接触比较多，一些重要的基地、企业、科研院所我都去过。军工战线同志们艰苦奋斗、自强不息的精神，给我留下深刻的印象。我们十大军工集团都有这么一批人，一批技术骨干，从接受任务开始就没白天、没黑夜、没假日地工作。他们这是为什么呢？为的就是实现国防现代化。

军工行业承担着繁荣艰巨的任务，但又是全国最困难的行业，已经连续十年亏损，是目前唯一没有整体脱困的行业。而军工行业目前的困难，主要是特定历史原因造成的，表现在：一是摊子大，布局散，许多企业分布在偏远地区或山区。都是国家布的点，是国家行为，而不是地方、企业搞重复建设。现在相当一批企业没任务，又不具备"军转民"的市场环境，企业处于停产、半停产状况。二是人太多，现有军工企业在职职工一百五十万人，离退休职工七十五万四千人。当时从事大小三线建设的一批人，都是从各地区各单位和学校抽调的优秀分子，为了国家的需要，奉献了自己宝贵的青春年华，为国家作出了贡献，现在他们中的相当一批人生活还相当困难。我们要对这些同志采取负责的态度，给予足够的关心和帮助。以上谈的就是军工企业面临的局面，一方面承担国家的重大工程，肩负着历史使命，一方面又有相当一部分企业十分困难。解决这一问题根本出路在于调整、改革，通过调整、改革使军工企业尽快摆脱困境，轻装上阵，更好地完成国家交给的艰巨任务。所以中央决定，对现有军工企业，分三种情况进行调整：一部分军品生产任务重、发展前景好的企业，通过改革改组改造，促进其良性发展，成为国防军工真正的骨干。一部分已不从事军品生产或很少有军工任务的企业，实行放开搞活。一部分长期亏损、资不抵债的企业和资源枯竭的矿山，实施关闭破产。当然，前提是做好职工分流安置工作，要保持企业和社会的稳定。

前面讲了，加快军工企业的改革脱困，目的是要解决两方面的问题：一要使军工行业真正得到振兴和发展，建立起既满足国防建设需要又适应社会主义市场经济要求的国防科技工业体制，以适应现代战争的要求，能够提供保卫我们的现代化建设，保卫我们社会主义政权必要的装备；二要解决军工企业历史遗留问题。所以说军工企业改革脱困工作，是一项十分艰巨和复杂的工作。这就是党中央、国务院为什么下这么大的决心解决军工行业问题的原因所在。

（二）把思想认识统一到中央决策上来，以实际行动，支持军工企业改革脱困。

现在的任务，就是结合本部门、本地区、本单位的实际，把中央的决策落到实处，而不是强调本部门、本地区的情况，影响中央决策的落实。部门、地方有困难，我们充分理解，但不能因为困难，就影响中央决策的落实，消极设防。这里我要特别强调的是，部门工作不能太业务化，而要讲政治讲大局，要想方设法克服困难，主动提建议，完善政策，使之真正落实。我们说要"讲政治"，这就是政治，我们说要"讲大局"，这就是大局。这是中华民族的整体利益所在，在这个问题上不能有丝毫含糊。希望各地区、各部门及各单位站在全局的高度，从维护国家整体利益出发，真正把思想认识和实际行动统一到党中央、国务院的这一重大决策上来，统一到国务院通知精神上来。只有认识统一了，才能干好这件事。搞好军工企业改革脱困工作，不是某个地区、某个部门、某个单位的事，而是各方面的共同责任。在与本部门业务发生矛盾时，要以积极的态度，从切实帮助军工企业解决历史遗留问题，支持建立强大精干的军工体系出发，使国务院通知完善好、执行好、落实好。要看本部门、本地区、本单位为军工企业改革脱困已经做了什么、还应该做些什么。这里我强调的是，如果政策措施执行不坚决，落实不下去，影响了军工企业改革脱困顺利进行，是要追究有关部门和单位领导的责任的。总之，各方面要积极配合，十个军工集团公司和国防科工委要认真制定好重组方案，积极稳妥地做好工作。

落实责任，扎实工作，确保
军工企业改革脱困工作稳步推进

国务院出台了一系列支持军工企业改革脱困的政策，是军工行业振兴和发展的难得机遇，但这项工作又十分复杂，需要做深入细致的工作。军工企业的困难，反映了我国国有企业的一些深层次的矛盾和问题。不解决这些深层次的矛盾和问题，企业就不能脱困，更谈不上发展，而在解决这些矛盾和问题时，如果工作做不好，做不到位，就会影响企业和社会的稳定，影响改革和发展。这几年，在国企改革脱困中，共有两千五百多万职工先后下

岗，但总体上保持了企业和社会的稳定。其中很重要的一条经验是，自始至终十分重视稳定工作，提出了"两个确保"、"三个不变"和"三条保障线"，建立了"低保"制度，保证了下岗职工的基本生活费和企业离退休人员养老金按时足额发放。这里要指出的是，军工企业、军工集团缺乏关闭、破产、重组的经验，所以我在全国有关的会议上、在听取有关工作汇报中、在地方企业考察时，只要涉及军工企业改革脱困工作，我都反复强调，要谨慎、谨慎、再谨慎，军工集团要虚心向地方、部门学习请教，争取支持。在工作没有做好、做到家之前，不要简单行事。在这里我再强调两点。

一要明确责任，建立中央、省（区、市）和企业三级责任制，把各项责任落到实处。军工企业改革脱困工作，任务是相当重的，做好是很不容易的。因此，大家必须充分考虑到工作中可能出现的问题，对困难要有足够的估计，要研究制订出详细的政策措施和工作步骤，而最为重要的是落实责任制，把责任落实到每个地方、每个部门、每级组织和有关领导身上。

军工企业关闭破产跟煤炭、有色企业关闭破产不一样。煤炭、有色企业是下放地方以后再实施关闭破产，主要责任明确是地方的。军工企业现仍属于中央企业，这样就可能出现地方对企业的事情不了解、不好管，而企业的关闭破产离开地方就无法实施。国务院通知明确，做好军工企业关闭破产工作，是中央企业和地方的共同责任。因此，中央企业和地方的相互配合、相互理解和支持就显得更为重要。配合得好，矛盾就减少，工作会顺利；配合得不好，矛盾可能会更加突出。而配合的前提首先也是明确责任，落实责任。希望各方团结一致，共同努力，把好事办好，使这项工作积极稳妥地向前推进。

关于落实军工企业改革脱困工作责任的问题，根据军工企业的特点，要建立国家、省（区、市）和企业三级责任制。一是由刘积斌[3]同志牵头，国家经贸委、国防科工委、财政部、劳动保障部、人民银行等部门领导参加，成立全国领导小组，统一领导、协调指导和监督检查这项工作，及时研究解决改革脱困工作中遇到的问题。重大问题请示国务院。二是有关省（区、市）要成立由省（区、市）政府分管领导牵头，十大军工集团及地方国防科工办领导参加的省（区、市）领导小组。十大军工集团和地方政府要从预案开始就共同研究，直到最后解决问题为止。省（区、市）党政"一把手"要支持这项工作。三是拟关闭破产企业的领导班子要坚守岗位，兢兢业业工作，最后离岗。要发挥企业各级组织的作用。绝不能出现企业还没破产，企业党组织就停止工作的现象。企业领导班子不强的，要及时调整。以解决关闭破产企业领导班子最后离岗的后顾之忧，他们的工资可以考虑由集团公司来发。工作做好了，由上级负责安排他们的工作。

需要强调的是，从总体上来说，中央已经明确稳定的责任在地方，保一方平安是地方的责任。地方对军工企业办社会职能的移交、人员的分流安置，要负责到底。在移交过程中发生的费用，总的原则是不增加地方财政负担，企业亏损补贴及军品生产线维持保护费要及时划转地方。

二要坚持进度服从稳定，进度服从质量，扎实工作，稳步推进。要成熟一户，实施一户。尤其是企业的关闭破产工作，一定要以稳定为前提，以工作到位为基础，千万不能赶进度。企业破产计划可以集中审批，但要分步逐个实施。要像审批投资项目有立项、开工一样，不仅要对破产预案进行联合审查，正式实施破产也要逐个审批，看条件是否成熟，避免破产一户闹一户。

现在方案是经过一年多的反复调查研究，做了大量工作后形成的。对暂时保留的企业，根据总理办公会讨论的意见，还要进行梳理，对符合破产条件的实施破产，为进一步精干军工的主体，有的可实施分立破产。这都需要时间，需要有一个过程，不可能一蹴而就。总的原则是积极稳妥地推进，但不赶进度，以稳定作为推进改革的前提。

注　释

[1] 李鹏，时任中共中央政治局常委，全国人大常委会委员长。镕基，即朱镕基，时任中共中央政治局常委，国务院总理。锦涛，即胡锦涛，时任中共中央政治局常委、中央书记处书记，国家副主席，中央军委副主席。

[2] 十大军工集团，指当时的中国核工业集团公司、中国核工业建设集团公司、中国航天科技集团公司、中国航天机电集团公司、中国航空工业第一集团公司、中国航空工业第二集团公司、中国船舶工业集团公司、中国船舶重工集团公司、中国兵器工业集团公司、中国兵器装备集团公司。

[3] 刘积斌，时任国防科学技术工业委员会主任、党组书记。

不失时机地抓住信息化
带来的发展机遇*

（二〇〇二年七月二十六日）

这次会议是国家信息化领导小组成立后的第一次全国信息化工作会议。下面，我就贯彻国家信息化领导小组会议精神，大力推进国民经济和社会信息化工作，讲几点意见。

一、深刻理解推进信息化的重大意义。

党中央、国务院一贯高度重视信息化工作。邓小平同志早就指出，"开发信息资源，服务四化建设"。江总书记多次强调，"实现四个现代化，哪一化也离不开信息化"。中央两代领导核心都站在战略的高度，阐明了推进信息化对于实现现代化的重大战略意义。党的十五届五中全会关于"十五"计划的建议中，专门用了一个部分的篇幅阐述"加快国民经济和社会信息化"，明确要把推进国民经济和社会信息化放在优先位置。信息化工作涉及政治、经济、文化及军事等各个领域，为适应信息化迅速发展新形势的需要，进一步加强对信息化工作的领导，去年八月，中央决定成立更高层次的领导机构，重新组建了国家信息化领导小组，负责审议国家信息化发展战略、宏观规划、有关法规草案和重大

---

* 这是吴邦国同志在全国信息化工作电视电话会议上的讲话。

决策，综合协调信息化和信息安全工作。新的领导小组中有三名中央政治局常委，镕基总理任组长，锦涛、岚清[1]同志任副组长，其他组成人员都是党中央、国务院及军队有关部门的主要负责同志。领导小组下设了专职办公室，作为国家信息化领导小组的办事机构，具体承担领导小组的日常工作。这么高规格的领导小组是少有的，这充分说明了党中央、国务院对信息化工作的重视。

关于信息化工作的重要性，这里着重强调四点。

第一，推进信息化是覆盖现代化建设全局的战略举措。信息化是当今世界经济和社会发展的大趋势，也是加快我国现代化建设的关键环节。我国已经进入了全面建设小康社会，加快推进社会主义现代化的新的发展阶段。在新世纪新阶段，信息化对经济和社会发展的巨大促进作用更加明显，已成为国家未来发展的战略制高点。推进国民经济和社会信息化，涉及现代化建设的各个主要方面，无论从经济发展的战略需要来看，还是从解决当前经济运行中存在的问题来看，国民经济和社会信息化都是必须解决的重大课题。无论是实施科教兴国、可持续发展和西部大开发战略，还是加快经济结构调整，扩大对外开放，促进国有企业改革发展、增强国际竞争力和改善人民生活，都离不开信息化。所以说，推进国民经济和社会信息化，事关现代化建设的全局和第三步战略目标的实现，体现了"三个代表"的要求，是党中央高瞻远瞩，总揽全局，面向新世纪作出的重要战略决策。

第二，推进信息化是抓住机遇、实现社会生产力跨越式发展的重要措施。能否抓住机遇，是关系国家兴衰成败的大问题。党的十一届三中全会以来，我们抓住了世界经济结构调整和科技进步加快的机遇，我国的社会生产力、综合国力和人民生活水平，都发生了历史性的变化；工业、农业、国防和科学技术领域的许多方面实现了大的发展。江总书记五月三十一日在中央党校省部级干部进修班毕业典礼上的讲话中提出，"二十一世纪头一二十年，对我国来说，是必须紧紧抓住并且可以大有作为的重要战略机遇期"。这个时期也是我国信息化发展的一次重要战略机遇期。分析国内外形势，我们不失时机地大力推进国民经济和社会信息化，带动经济和社会的发展，就是抓住一次重要战略机遇，把信息化和工业化结合起来，以信息化带动工业化，必将发挥后发优势，实现社会生产力跨越式发展，使我国的综合国力和人民生活水平再上一个新台阶。我们一定要加深对江总书记在中央党校的重要讲话和党的十五届五中全会精神的理解和认识，自觉地贯彻落实，努力提高国民经济和社会信息化水平。

信息化对发展社会生产力的巨大推动作用，在发挥后发优势方面体现得更加明显。只要抓住信息化带来的机遇，大力推进国民经济和社会信息化，大力发展信息技术产业，应用信息技术改造传统产业，无论是发达地区还是欠发达地区都有可能实现跨越式发展。许多地方的实践证明，经济发达地区能够搞好信息化，欠发达地区也能够搞好，信息化并不神秘，更不是可望而不可即的事情，也不一定花太多的钱。只要广大干部群众开动脑筋，因地制宜，扎实工作，再加上国家的扶持，就有可能通过推进信息化摆脱传统的发展模式，缩小与发达国家和地区的差距。这方面国内外都有很好的例子。

第三，推进信息化是提高政府监管能力、工作效率和公共服务水平的迫切要求。电子政务建设是国民经济和社会信息化的重要内容。我国电子政务建设虽然起步不算晚，但整体水平还很低。国家信息化领导小组第一次会议决定，电子政务要先行，带动整个信息化发展。前不久召开的国家信息化领导小组第二次会议，通过了《关于我国电子政务建设的指导意见》，指明了电子政务建设的指导思想、遵循的原则，明确了建设内网外网、建设十二个业务系统和四个基础数据库的规划框架，并进一步强调要因地制宜地积极推进电子政务建设。这里需要说明两点：一是，在发展社会主义市场经济和对外开放新形势下，政府对经济社会运行的监管面临着许多新情况、新问题。尤其是在中央和省级政府机构改革已经基本完成后，政府机构大量精简，人员大幅度减少，如果我们的管理手段还停留在原有的水平上，就无法满足工作的要求。比如，要解决政府日常经济管理中的一些问题，像海关、税务监管中遇到的数据处理、数据传递、交叉稽核等问题，都需要采用先进的信息技术手段。用人工手段不仅成本太高，而且不及时，也很难做到准确。这几年，打击走私骗税取得显著成效，税收大幅度增长，与实施"金税"和"金关"工程是分不开的。二是，加入世界贸易组织后，要求我们的政策更加透明，履行职能更加公开、公平、公正，同时随着经济发展和社会进步，人民群众对政府的服务水平也提出了更高的要求。加强电子政务建设，有利于促进政府职能转变，有利于增强管理手段的科学性和有效性，有利于提高办事效率，更好地适应世贸规则，更好地解决人民群众最关心的问题，有利于加强勤政廉政建设。

第四，推进信息化是提高我国经济国际竞争力的必然选择。调整和优化经济结构是促进经济发展，提高经济增长质量和效益，增强我国经济国际竞争力的根本性措施。中央对"十五"期间的经济结构调整提出了明确要求，进行了全面部署。要完成经济结构调整的各项任务，优化产业结构，全面提高农业、工业、服务业的水平和效益，合理调整生产力布局，促进地区经济协调发展，都需要大力推进信息化。实践证明，推进信息化是经济结构调整乃至整个经济工作的一个抓手。信息化工作做好了，才能加快产业结构优化升级，提高国民经济的整体素质。这里需要强调大公司大集团的信息化工作。我国已经加入世界贸易组织，企业面临国外跨国公司的竞争，我们要在日趋激烈的国际竞争中赢得主动，就必须有一批具有国际竞争力的大公司和企业集团。改革开放以来，国有企业改革和发展取得了突破性进展，企业素质不断提高，涌现出一批具有较强国际竞争力的企业和企业集团，并在参与国际竞争中不断发展壮大。这些企业之所以有较强的国际竞争力，信息化发挥了重要作用。去年底，我们在联想集团组织召开由九十九户中央及地方国有大中型企业和企业集团及有关部门参加的企业信息化工作现场会，贯彻落实党的十五大和十五届四中、五中全会精神，请联想、海尔及黑龙江斯达造纸有限公司等在信息化建设方面搞得比较好的企业，交流了经验。联想等企业，让我们看到有一批企业在信息化方面走在了前面，这些企业解决了经营管理中普遍存在的一些突出矛盾和问题，带动了各项工作水平的提高。但是，我们也要看到，我国真正具有较强国际竞争力的大企业并不多。同世界一流企业相比，我们的企业在信息化方面的差距比其他方面更大。我多次在不同的场合强调要加快企业信息化建设，就是因为这个问题太重要了。企业信息化是解决企业管理中突出问题的有效措施，是促进企业"三改一加强"和管理创新、体制创新的重要途径，是带动企业各项工作上

2002 年 7 月 26 日，吴邦国在北京出席全国信息化工作电视电话会议并讲话。

水平的重要突破口，也是电子商务的基础。希望各地区、各有关部门和企业，进一步贯彻落实联想现场会精神，从解决企业管理中突出问题和薄弱环节入手，结合实际，突出重点，加快企业信息化建设。

二、切实加强对信息化工作的组织领导。

推进国民经济和社会信息化，关键在应用，重点在落实，成败在领导。各级党委和政府特别是主要领导同志，一定要站在战略的高度，从国民经济和社会发展的全局出发，认真贯彻中央关于信息化建设的方针政策，切实把这项工作抓实抓好。

一要高度重视，加强领导。要以江泽民总书记"三个代表"重要思想和在中央党校的重要讲话精神为指导，深刻认识推进信息化的重大意义，把思想统一到中央的有关方针政策和国家信息化领导小组两次会议精神上来，增强责任感和紧迫感，认真贯彻落实中央关于加快推进信息化的战略部署。推进信息化是一项系统工程，涉及方方面面。大量实践证明，推进信息化工作，首要的问题不是技术问题，而是领导和协调，从一定意义上讲信息化是"一把手工程"。各地区、各部门要把信息化工作摆到突出位置，主要负责同志要切实承担起领导责任，及时了解和掌握工作情况，指导协调解决问题，抓好工作落实。首先，要建立健全强有力的领导机构，赋予其相应的职能和权力，加大对信息化工作领导和组织协调的力度，避免政出多门和多头管理。其次，要加强对信息化工作的督促检查，对工作不落实和实施方案不合实际的单位和工程，要认真整改、调整。

二要以需求为导向，务求实效。满足社会需求是推进信息化的出发点和落脚点，也是加快信息化发展的重要动力。各地区、各部门的信息化工作，都必须以需求为导向，把应用放在第一位。要根据经济和社会发展的需要，提高计算机和网络应用的普及程度，加强信息资源的开发和利用，推动信息产业与传统产业的结合，充分发挥社会需求对信息化的导向和拉动作用。能否取得实效，是衡量信息化是否成功的关键，也是检验信息化工作的最终标准。各个领域的信息化不仅要有明确的目的，而且要取得实实在在的效果。国家信息化领导小组第二次会议决定，国家和地方都要拿出必要的资金，推进电子政务建设。各部门、各地区要科学规划，精心组织，周密部署，认真实施，切实把这项工作做好，使电子政务建设更符合社会需求、更有实效，使政府监管能力、办事效率和为民服务水平都有新的提高。需要指出的是，要切实防止为信息化而信息化的问题，绝不能搞"花架子"，不能"刮风"，要坚决杜绝借机搞"形象工程"和"政绩工程"。

　　三要统筹规划，突出重点，防止重复建设。我国信息化水平与发达国家存在着较大的差距，需要发展的领域很多，但不可能齐头并进，更不能遍地开花。因此，要对信息化的各个方面统筹安排，分类指导，分层推进，分步实施。对"硬件"建设和"软件"开发，信息网络基础设施和信息资源开发，以及各个业务系统建设都要有总体规划，防止重复建设，使信息化建设健康有序地发展。要分轻重缓急，对那些社会需求大、经济和社会效益明显的领域以及制约信息化发展的关键环节，要加大工作力度，带动和促进全局的发展。过去，在电子政务建设中，信息资源开发和部分业务系统建设之所以进展比较迟缓，其重要原因是部门分割、各自为政，必须尽快改变这种状况。要把体制创新摆在突出位置。改革是推进信息化的强大动力。通过深化市场取向改革，打破行业垄断和地区封锁，形成新的信息化建设、运行和维护机制。既要发挥政府的引导和促进作用，更要重视发挥市场机制的基础性作用，改变只靠国家财政出钱的传统做法，吸引社会资金推进信息化建设。

　　四要重视信息化基础建设，加快培养和造就一批信息化建设的复合型人才。法律法规和技术标准化体系是信息化的基础，也是加快推进信息化的重要保障。当前要突出抓好三方面的工作：第一，要根据信息化发展的需要，加快立法进程，重点是制定和完善电信、广播电视、互联网、软件、信息安全、电子商务交易、公共信息资源管理和电子签名等方面的法律法规，使信息化建设有法可依，有章可循。第二，要加快建立国家信息化技术标准体系，鼓励发展具有自主知识产权的信息技术标准和系统，增强国家信息化可持续发展能力。第三，要重视领导干部的信息化知识培训工作。信息化建设是一项崭新的事业，造就一大批既有较高领导能力又懂现代信息技术的干部队伍，是推进信息化的当务之急。各地区、各部门要切实搞好各级干部的信息化知识培训工作，并为企业和社会各界信息化培训创造条件。国务院信息办要会同有关部门，抓好省部级领导干部的信息化知识培训工作。各级党委和政府都要把培养人才作为信息化工作的重中之重，把国内培养人才和智力引进工作结合起来，努力营造用好人才、吸引人才和培养人才的良好环境。

五要高度重视信息网络安全，严厉打击各类信息网络违法犯罪活动。信息与网络安全不仅关系到信息化的健康发展，而且关系到国家的政治和经济安全、国防安全和社会稳定。如果不能有效保障网络的安全，许多有价值的信息就无法上网，电子政务、电子商务和整个信息化就发展不起来。"九一一"事件后，国际恐怖分子利用网络搞恐怖活动越来越严重。前不久，"法轮功"邪教组织攻击我们的卫星通信系统，利用我们的电视网传播有害信息。种种事件充分说明保证信息与网络安全的重要性。为保障信息与网络安全，我们要把采取技术手段与加强日常管理和健全体制紧密结合起来，加快网络信息安全技术和产品的研发，加快完善国家信息与网络安全保障体系。要加大对有害信息的打击和查处力度，有效打击反动势力对信息网络的攻击，切实保障信息内容与网络安全。

做好信息化工作任务重、责任大、要求高，必须按照中央的要求，扎实有效地推进。在国家信息化领导小组第二次会议上，朱镕基总理在谈到国务院信息办的工作时强调指出：一是要有前瞻性地推动信息化，发挥方针政策对信息化的指导作用。二是防止重复建设，不要"刮风"，否则搞乱了不好收拾。三是要研究有中国特色的信息化道路。有些外国要办的事情，我们不一定要办；有的外国可以不办的事，我们一定要办。镕基总理这些指示，不仅是对国务院信息办的要求，也是对各地区、各部门的要求，一定要认真遵循。要以推进信息化为契机，切实转变工作作风，增强全局观念，把抓紧解决当前的突出问题和促进信息化长远发展结合起来，使我国信息化建设持续健康向前发展。

信息化是当今世界经济和社会发展的大趋势，也是我国产业优化升级和实现工业化、现代化的关键环节。我们要不失时机地抓住信息化带来的发展机遇，充分利用信息技术成果，大力推进国民经济和社会信息化，用务实的精神，做扎实的工作，努力开创信息化工作的新局面。

注　释

[1] 锦涛，即胡锦涛，时任中共中央政治局常委、中央书记处书记，国家副主席，中央军委副主席。岚清，即李岚清，时任中共中央政治局常委，国务院副总理。

加强职业教育培训，
提高职工队伍素质和企业竞争力[*]

（二〇〇二年七月二十九日）

关于围绕提高职工队伍素质和企业竞争力，进一步加强职业教育和培训工作，我讲几点意见。

一、充分认识做好职业教育和培训工作的重要性紧迫性。

职业教育和培训是提高劳动者技能的重要手段，对于改善我国职工队伍素质的状况，增强企业竞争力，具有十分重要的作用。党中央、国务院高度重视这项工作，各地区、各有关部门和广大企业紧紧围绕我国现代化建设事业的需要，开展多种形式的职业培训，取得了显著成绩。我国每年在各类培训机构接受培训的人数超过一亿人次。一九九四年以来，全国有三千五百万劳动者取得了不同等级的职业资格证书，为现代化建设培养了一大批高素质劳动者和技能骨干。一九九八年以来，各地共培训下岗职工一千八百多万人，有力地促进了下岗职工再就业。

但是也必须看到，我国职业教育和培训还不适应新形势的要求。我国职工队伍的整体素质还比较低，高级技工严重缺乏。全国仅数控机床的操作工就缺乏六十万人。杭州汽轮机厂需要

---

* 这是吴邦国同志在全国职业教育工作会议上的讲话。

二百六十名数控技工，参加十多场招聘会，月薪提到六千元，还招不到合适人选。我国高级技工占技工总数的比例只有百分之三点五，与发达国家百分之四十的比例相差甚远。一线工人技术水平低，是导致我国企业产品质量不高，安全事故频发的重要原因。据质检总局反映，目前我国产品的市场抽查合格率平均只有百分之七十，不良产品造成的损失每年近两千亿元。在近几年企业发生的各种事故中，有一半以上是由于责任意识不强、岗位技能不高造成的。面对经济全球化加速发展、市场竞争日趋激烈的新形势，加强职业教育和培训，大力提高职工队伍素质，增强企业竞争力，是摆在我们面前的一项极为重要的战略任务。

（一）加强职业教育和培训是加快产业结构调整的迫切需要。

产业结构调整必然涉及到就业结构的调整，结构优化和产业升级最终都要依靠职工队伍素质的提高。发展高技术产业和新兴产业，需要大量高素质的技术工人。用高新技术和先进适用技术改造传统产业，需要职工提高技术水平和掌握新的技能。用信息化带动工业化，提高整个国民经济的现代化水平，更需要加快培养掌握计算机技术和机电一体化复合技能的现代技工。当前，随着科学技术的突飞猛进，全球范围的产业结构调整正在加速进行，国际产业分工正在"重新洗牌"，发达国家的一些制造业加快向外部转移。许多发达国家和跨国公司看好中国市场，也看到我们劳动力成本低廉并具有一定素质的优势，将部分制造业进一步向我国转移，这是我们的极好机遇。但我们也要看到，目前转移过来的大都是来料加工和装配等工序，加工深度不高，真正技术含量高的并不多。我们承接的基本上是国际分工中的劳动密集部分，虽然这对我们扩大就业也是重要的，但增值有限，效益较低。我国制造业虽已名列世界第四，但总体规模仅相当于美国的五分之一、日本的四分之一。我们要适应国内外产业结构调整的要求，实现我国产业结构的优化和升级，在全球产业结构调整中占据有利地位，形成和发展我们的比较优势，必须大力加强职业教育和培训，迅速提高劳动者的综合素质，学习新知识，掌握新技能，实现劳动力资源的优化配置。

（二）加强职业教育和培训是提高企业竞争力的迫切需要。

加入世贸组织，意味着我国在更大范围和更深程度上参与国际竞争与合作，在给我国企业带来新机遇的同时，也带来了更加严峻的挑战。与国外企业特别是国际著名跨国公司相比，我国企业的差距很大。就职工队伍而言，一是人多，二是素质不高。我国的人均劳动生产率仅为日本的二十六分之一，美国的二十五分之一，德国的二十分之一；单位产品劳动力成本还高于韩国、匈牙利、墨西哥等国家。我们一些企业的设备并不落后，有的生产线甚至比国际著名公司还要先进，但是生产出来的产品就是不能与人家竞争。用同样的配件，我们组装的手表达不到瑞士产品的质量。我们组装的汽车与原装车也还是有差距。现在有的企业已经不是"巧妇难为无米之炊"，而是"有米"难寻"巧妇"。再好的技术发明也要靠生产线制造成产品，再先进的机器设备也要靠人来操作。我们需要高科技人才，更缺不了能工巧匠。我国产业工人队伍素质偏低，特别是技术工人短缺，已经成为企业发展的一个瓶颈。据调查，武汉、太原、沈阳、重庆等产业工人集中的城市，企业都不同程度地存在技工"断层"现象。广州对八十家企业的专项调查表明，真正受过正规职业教育和培训的技术工人只有百分之二十七点七。上海的技师队伍中，三十五岁以下的只占百分之十。这种状况如不改变，我国的企业怎么能与国际一流企业竞争。我们必须大力加强职业教育和培训，造就一支高素质的职工队伍，加快培养一大批技术娴熟、手艺高超的一线操作人员，才能生产出一流的产品，提供高质量的服务，才能在日益激烈的国际竞争中争得主动。

（三）加强职业教育和培训是促进就业和再就业的迫切需要。

目前我国就业形势严峻，特别是下岗失业人员再就业压力很大，已经成为影响企业和社会稳定的重要因素。现在就业难，既有总量的问题，也有结构问题。一方面是有人没事干，另一方面又是有事没人干。下岗失业人员再就业难，既有观念问题，也有素质问题。不是没有岗位，往往是因为一些下岗失业人员个人素质低，不能满足用人单位的要求，难以实现再就业。据劳动保障部对济南、兰州、湘潭等十个城市一万名下岗职工的抽样调查，初中以下文化程度的占百分之四十点三，初级工及没有技术等级的人员占百分之四十九点五，而且普遍技能单一，这是他们难以走上新的工作岗位的重要原因。近年来，我国经过培训的下岗职工再就业率超过了百分之六十。国内外的经验充分证明，职业教育和培训是促进就业和再就业的有效手段。

二、进一步明确新形势下职业教育和培训的任务。

当前和今后一个时期，是提高我国职工队伍素质和企业竞争力的关键时期。面对新的形势和我国职工队伍现状，我们要采取有力措施，大力加强职业教育和培训，努力使我国职工队伍的整体素质有明显的提高。

（一）下大力气抓好新增劳动力的培训。

在我国各类企业中，大批新增劳动力未经任何职业教育和培训就上岗操作，这是当前的一个突出问题和较为普遍的现象。我国每年有数百万初中毕业生和普通高中毕业生没有升学机会，他们中的相当一部分人未经培训就走上了工作岗位。据不完全统计，这些人员数量已经占到新增劳动力总数的百分之三十。大量农村劳动力转移，从事二三产业，也大都未经过任何职业教育和培训。这使得相当多的劳动者就业后无法适应岗位的需要，也是产品、服务质量上不去和生产安全事故频繁发生的重要原因。江泽民总书记在第三次全国教育工作会议上的讲话中指出："对于不能进入高等教育行列进行学习的城乡学生和其他群众，应该通过大办各级各类职业技术学校，广泛吸收他们学习和掌握一门或几门生产技术和管理、服务方面的技能"。我们要落实这一指示，把新增劳动力的培养，作为职业教育和培训的一个重点，加大工作力度，大力开展就业前培训，积极推进劳动预备制度，坚持先培训后就业，保证新增劳动力的基本素质。英国、德国、法国、日本等市场经济发达国家，都规定劳动者就业前必须接受一定期限的职业培训。这一做法，对劳动者而言，可以进一步提高他们的职业技能，适应工作岗位的要求，降低失业风险。对社会而言，也可以调节劳动力供求关系，减缓就业压力。

（二）切实加强特殊行业和工种的培训。

那些技术复杂、要求高，操作规程严格，直接关系到产品的质量和消费者健康以及安全生产的行业和工种，必须对从业人员进行严格培训，掌握必要的知识和技能。实行就业准入控制，推行职业资格证书制度，是我国采取的一项旨在全面提高劳动者素质的重要措施。在这些行业和工种中，需要设立一定的"门槛"，严格规定没有相应的职业资格证书不能上岗。这对于保证产品质量，保障人民生命财产安全至关重要。如河南洛阳商厦"十二·二五"特大火灾，就是因为电焊工无证上岗，违规作业引起的。上海炼油厂吊机倾覆造成五死十伤事故，也是由于操作人员缺乏必要的技术技能。我们要加强政策引导，逐步实施关键工种和岗位的就业资格准入制度，提高劳动者接受职业教育和培训的积极性。上海宝钢集团、中原油田、乐凯集团等企业，探索和推行职业资格证书制度，将职业技能鉴定与企业生产实际有机地结合起来，既调动了职工学习技术业务的积极性和自觉性，提高了职工队伍的整体素质，又改善了企业管理。吉林省四平市第一建筑集团公司实行全员持证上岗后，工程质量明显提高，优良率由一九九九年的百分之二十五提高到现在的百分之八十九，事故发生率由千分之三下降到千分之零点一五。我们要认真总结推广这些企业的经验，加强职业资格培训和岗位适应性培训，保证从业人员的基本素质，提高企业的劳动管理水平和效率。

（三）高度重视技术工人特别是高级技工的培训。

我国劳动力技能结构重心偏低，技术工人说起来数量不少，但初级工占了百分之六十。随着科技进步和产业结构优化升级，低技能的就业岗位比重正在减少，高技能、复合技术性的就业岗位比重不断增加。据测算，今后几年，我国企业对技术工人的需求将增长百分之二十五，其中技师、高级技师的需求量将翻一番。在企业生产实践中，技术工人的作用不可低估。我国的火箭技术是世界一流的，但九十年代几次发射失败，主要原因不是设计问题，而是制造问题，发动机的焊接点承受不了上天后的高压。一位三十六岁的技师运用自己的技能，解决了这个难题，才保证卫星成功上天。我国正负电子对撞机的研制成功是世界级尖端技术的突破，其谱仪线圈为世界最大线圈之一，在许多科研单位无法制作的情况下，也是由工人技师大胆创新，在短时间内将其制作成功的。目前，我国许多企业技术工人特别是高级技工断层断档，青黄不接，后继乏人，前景堪忧。技工特别是高级技工的培养，需要很长时间，需要长期的经验积累和刻苦钻研。我们要采取有效措施，提高他们的地位，改善他们的待遇，通过学校培养、岗位培训、师傅带徒等多种形式，尽可能快、尽可能多地培养大批技术精湛、技术高超的技师、高级技师和复合型技术工人。

2002 年 12 月 12 日，吴邦国在北京接见出席全国劳动保障系统先进集体先进个人和第六届中华技能大奖、全国技术能手表彰大会代表。

（四）进一步加强下岗失业人员的再就业培训。

这几年，我们通过"鼓励兼并、规范破产、下岗分流、减员增效和实施再就业工程"，到二〇〇一年底，全国国有企业下岗职工累计达到两千五百五十万人，在实行"两个确保"、建立"三条保障线"的基础上，成功地实现了一千六百八十万下岗职工再就业，这是了不起的成绩。但是，我国现在包括关闭破产企业而失业的职工在内还有一千一百五十多万国有企业下岗失业人员，随着企业改革和结构调整的深入进行，今后不可避免会有不少职工下岗。解决好下岗失业人员的基本生活保障和再就业问题，不仅是一个经济问题，也是一个重大的政治问题。大量有劳动能力和就业愿望的下岗失业人员就不了业，依靠领取低水平的基本生活费和失业救济金，熬几年可以，长期苦熬是熬不下去的，他们无事可做，也会引发企业和社会的不稳定。解决这个问题，根本出路是实现再就业，关键是提高他们的再就业能力。许多国家的经验证明，解决失业问题特别是结构性失业问题，最有效的手段就是大力加强职业培训。如美国的劳工部前几年专门制定了失业工人培训计划，使百分之七十的培训对象找到了新的工作。我国的实践也充分证明，组织下岗失业人员参加再就业培训，可以提高他们的职业技能和市场就业的意识，对促进他们再就业有很大帮助。新疆银兔职业培训学校，积极承担下岗失业人员再就业培训任务，瞄准劳动力市场需求开设专业，努力提高培训质量，这几年使参加培训的上万名人员基本上实现了就业和再就业。我们要认真借鉴国外"订单式培训"、"个性化培训"和各地的许多成功做法，紧密结合劳动力市场和用工单位的需求，组织开展多层次、多形式的再就业培训，使下岗失业人员掌握新的技能，千方百计促进他们实现再就业。

（五）积极开展创业培训。

随着社会主义市场经济的发展，我国的就业结构和就业方式发生了重大变化，自主就业、自谋职业、灵活就业等已经成为劳动力就业的重要方式。传统的就业渠道和领域吸纳劳动就业的容量有限，有的还向社会释放富余人员，同时又有许多新的领域和行业需要开拓，需要大力发展。鼓励劳动者特别是下岗失业人员自主创业，开辟新的天地，在实现自主就业的同时，创造新的就业岗位，带动其他人员就业，是我们解决就业和再就业问题的一个重要渠道。当前，有不少人准备从事个体经营或创办小企业，但苦于缺乏自主创业的知识和经验。现在自主创业取得成功的还只是少数，有的就是办了，也是困难重重，亟需通过创业培训，教给他们做"小老板"应掌握的基本知识和本领，提供市场信息，分析市场需求，制定创业计划，扶持他们开业并进行后续指导，提高创业成功率。近年来，劳动保障部在全国三十多个城市组织了创业培训试点，取得了较好效果。经过培训实现创业的下岗职工不但为自己找到了一条就业出路，也带动了一批下岗失业人员实现了再就业，收到了就业倍增效益。陕西省先后在宝鸡等六城市进行创业培训试点，截至二〇〇一年底，有一点二万人参加了创业培训，其中有六千多人成功地实现自主创业，新增就业岗位二点四万多个。这些充分说明，自主创业，社会很有需要，发展空间很大，搞好这方面的培训大有可为。

三、切实加强对职业教育和培训工作的组织领导。

紧紧围绕提高职工队伍素质和企业竞争力，加强职业教育和培训，要求迫切，任务繁重。我们要按照即将下发的《国务院关于大力推进职业教育改革与发展的决定》和镕基[1]同志、岚清[2]

同志讲话精神，扎扎实实地抓好职业教育和培训工作。

（一）坚持市场导向，突出培训的针对性和实用性。

职业教育和培训是开发人力资源，提高一线劳动者素质最有效的途径。各级各类职业技术学校和职业培训机构，要坚持正确的方向，面向市场，面向企业，面向劳动者，为调整产业结构、扩大劳动就业、提高企业竞争力和满足劳动者终身学习的需要服务。

一是要根据劳动力市场需求调整和把握培训方向。要经常进行劳动力市场供求情况调查，主动与经济管理部门加强沟通，密切关注国家宏观经济政策导向，对来自各方面的劳动力市场信息，进行深入分析，预测劳动力市场需求变化趋势，及时调整培训内容和重点，增强培训的针对性和实用性。上周我随同镕基同志到辽宁出差，看到《沈阳日报》上刊登了一篇反映当地劳动力供求关系的报道，其中供不应求的职业有：中级以上车工需要六百五十七人，求职的只有一百八十二人；数控机床操作工需要一百二十四人，求职的三十六人；中级以上铣工需要三百五十一人，求职的一百二十一人、铆工需要九十四人，求职的三十五人。供大于求的职业有：机动车驾驶员求职的三千四百八十二人，只需要三百八十九人；初级财会人员求职的三千三百零八人，需要三百九十七人；理货员求职的二千二百五十六人，需要三百七十九人。这一情况充分说明，当前劳动力市场上供求结构严重不平衡，必须增强职业教育和培训的针对性和实用性。劳动保障部在全国一百个劳动力市场建设试点中，普遍开展了劳动力市场供求信息分析工作，按季进行发布，这是职业培训调整和确定专业方向的重要依据。要认真总结经验，进一步把这项工作做好。

二是要根据企业生产经营的实际需要设置课程。职业培训特别是企业办的职业培训要紧紧跟踪和反映企业技术进步的要求，密切结合企业生产、经营、管理和服务第一线的实际情况，及时调整教学重点，不断更新教学内容，突出职工动手操作技能的培养。温州市许多职业学校开设鞋类设计与制造、眼镜配制、服装加工等专业，学生没毕业就被企业"订购"一空。这说明，职业培训与企业实际需要结合得越紧密，就越受企业欢迎。要不断改善培训手段和教学方法，把最先进的技术和方法、最好的设备运用到职业培训过程中去，加快培养能够运用高新技术和先进设备的技术工人。

三是要注重培训质量，开展"一站式"服务。职业培训机构要积极为参加培训的学员提供职业指导和就业岗位信息，与用人单位建立合作伙伴关系，实行"订单式"定向培训。职业培训机构要向多功能、综合性方向发展，为受训者提供集职业培训、技能鉴定、职业介绍、就业服务为一体的"一站式"服务。职业培训不可能一次培训定终身，不能一劳永逸，要逐步创造条件，使劳动者在职业生涯接受终身教育和培训，不断提高他们适应职业变化的能力。

（二）发挥各方面积极性，实现培训资源的优化配置和有效利用。

职业培训具有广泛的社会性，必须用改革的思路，发挥各方面的积极性，广泛动员社会力量参与职业培训。各类培训机构要改变重复建设、规模小、效率低的状况，按照优化结构、合理配置、突出特色、服务就业的原则，打破条块分割，优化配置和有效利用培训资源。要充分利用现代科学技术手段，有条件的可以开展远程职业培训，提高培训质量和规模效益。

企业是生产经营的主体，也是职业教育和培训的主要服务对象和直接受益者。目前，企业拥有的职业学校和职业培训机构，是重要的培训资源，要把它们用好，充分发挥应有的作用，加强对职工特别是一线职工的教育和培训。各类企业特别是大中型企业要依法承担职业培训的责任和义务。鼓励企业与职业学校实行多种形式的联合办学，加强校企合作，充分利用社会各类教育培训资源，向培训机构"定购"培训成果。企业办的职业学校和培训机构，要积极面向社会开展教育和培训。

（三）加强对职业培训的组织领导和协调配合，增加必要的投入。

职业教育和培训工作，涉及面广，实用性强，是一项复杂的社会系统工程，需要各地区、各部门、广大企业和社会各个方面共同努力。我们要从现代化建设全局的高度，充分认识搞好职业教育和培训的重要性，认真贯彻落实劳动法和职业教育法，切实加强职业教育和培训工作。各地要制定职业培训发展规划，并将其纳入本地区经济社会发展规划。各级领导要积极支持职业培训工作，定期听取汇报，及时帮助解决职业教育和培训工作中遇到的困难和问题。各级政府和财政部门要按照中央的统一要求，切实落实再就业培训经费。企业要落实职工培训经费，培训机构要积极筹集培训经费，加大对培训场地和设备等基础建设的投入。要加强政府职能部门之间的协调配合，明确和落实各自的职责。各级劳动保障部门要主动为各类培训机构提供劳动力市场需求信息，指导企业建立培训、考核与使用、待遇相结合的激励机制，继续办好技工学校等教育培训机构，大力开展劳动预备制培训、再就业培训和职业资格培训。劳动保障部即将实施《加强职业培训提高就业能力计划》，这是贯彻全国职业教育工作会议的实际行动，一定要抓好落实，取得实效。各级经贸部门要指导企业把职工教育和培训与企业改革发展密切结合起来，促进职工队伍素质和企业竞争力的提高。各有关部门、群众团体和新闻媒体，都要密切配合，积极支持职业教育和培训工作。

本世纪头一二十年是我国必须紧紧抓住并且可以大有作为的战略机遇期。大力发展职业教育和培训，培养数以亿计的高素质劳动者，功在当前，惠及长远，是具有战略意义的基础性工程。我们一定要做实功，干实事，求实效，努力做好职业教育和培训工作。

注 释

[1] 镕基，即朱镕基，时任中共中央政治局常委，国务院总理。
[2] 岚清，即李岚清，时任中共中央政治局常委，国务院副总理。

千方百计扩大再就业门路 *

（二〇〇二年九月十二日）

一

人口多是我国的基本国情，劳动力供大于求的矛盾将长期存在。解决就业问题是长期而艰巨的任务。实施积极的就业政策，扩大就业，是我们党和政府工作的重要目标。解决就业问题的根本出路在于发展经济。近年来，我们实行积极的财政政策和稳健的货币政策，扩大内需，保持国民经济的持续快速健康发展，这在相当程度上缓解了就业压力。但我们应清醒地看到，当前和今后相当长的一段时间我国就业形势是十分严峻的。"十五"期间，我国城镇每年新增劳动力近一千万人；农村有一亿五千万富余劳动力需要寻找新的就业岗位；国有企业下岗失业人员已达一千一百五十万人，今后不可避免地还会增加。我们正面临城镇新增劳动力就业、农民进城打工和下岗失业人员再就业"三碰头"的局面，这是一方面的情况。另一方面，随着我国经济增长方式的转变，产业结构的优化升级，经

---

* 这是吴邦国同志在全国再就业工作会议上讲话的一部分。

济增长对就业的拉动正在下降。据国家统计局统计测算，在二十世纪八十年代，国内生产总值每增长一个百分点可增加二百四十万个就业岗位，到九十年代，国内生产总值每增长一个百分点只能增加七十万个就业岗位。从以上分析，我们可以清楚看出，我国当前和今后一个时期，劳动力供需矛盾十分尖锐，结构性失业问题相当突出，就业将是我们面临的重大经济和社会问题。

城镇新增劳动力的就业问题，农村劳动力的转移，城镇下岗失业人员的再就业都需要妥善解决。但从近几年的实践中我们已深切感受到，当前最为突出、最为紧迫的是国有企业下岗失业人员的再就业问题。因为城镇新增劳动力年龄还小，还可以再学习，有的还可以依靠父母。农村富余劳动力说到底还有一块承包地，而国有企业下岗失业人员是当前下岗失业人员中最为困难，也最为特殊的一个群体。中央确定，当前和今后一个时期，要在进一步巩固"两个确保"和逐步完善社会保障体系的基础上，重点做好有劳动能力和就业愿望的下岗失业人员再就业工作。这里讲的下岗失业人员是指以下四方面人员：一是国有企业下岗职工七百万人，二是国有企业失业人员二百五十万人，三是国有企业关闭破产需要安置的人员二百万人，四是享受最低生活保障并且失业一年以上的其他城镇失业人员一百五十万人。除国有企业的下岗失业人员外，考虑到集体企业下岗失业人员享受低保、失业一年以上的，生活也相当困难，也应该是我们重点关心帮助的对象，增加了第四方面的一百五十万人。这一千三百万人就是当前整个就业工作的重点。我们之所以要明确这一重点，主要是基于以下几点考虑。

第一，这部分人很困难，迫切需要帮助。

下岗失业人员的困难突出表现在两个方面。一是生活难。他们上有老，下有小，家庭负担重，仅靠领取基本生活保障费、失业保险金或低保补差维持生活，一两年、两三年还可以维持，时间长了，日子是很艰难的，若碰上看病就医、子女上学就更难了。这部分人已经成为城镇最为困难的群体。据劳动保障部最近对济南等十个城市国有企业下岗职工的抽样调查，这些人百分之九十以上集中在亏损或停产企业，百分之五十点七的人下岗时间达三年以上，百分之七十五点二的家庭月人均收入在三百元以下。二是再就业难。这几年下岗失业人员再就业率呈逐年大幅下降之势。一九九八年为百分之五十，二○○一年为百分之三十，今年上半年仅为百分之九点一。下岗失业人员普遍年龄大、文化程度低、技能单一，就业的竞争能力弱。据抽样调查，下岗失业人员平均年龄为四十岁，初中以下文化程度的占百分之四十点三，初级工及没有技术等级的占百分之四十九点五。从各地大量的实践分析，对这部分人若不采取积极的扶持政策，是很难再就业的。而他们的长期失业又会进一步加剧生活困难，何况他们中的大多数还没有与原企业解除劳动关系。下岗职工过去曾为国有企业发展作出过贡献，下岗本身也是贡献。政府和社会理应对这部分最为困难的群体给予更多关心和帮助。

第二，重点解决国有企业下岗失业人员再就业问题，关系改革发展稳定大局。

这几年，国有企业改革脱困取得很大成绩，二○○○年较一九九七年国有企业利润三年翻了两番，达历史最高水平，二○○一年在世界五百强利润下降百分之五十四的情况下，仍维持在二〇〇〇年的高水平，这是很不容易的。但是国有企业改革的路还很长，当前和今后一个时期，国有企业改革仍是整个经济体制改革的中心环节，仍处于攻坚阶段。除现有的一千一百五十多万国有企业下岗失业人员以外，随着国有企业改革的深入和企业技术进步，不可避免地还会精简企业富余人员。如何妥善安置企业下岗分流人员，使他们尽快实现再就业，这是巩固国有企业改革脱困成果，进一步深化国有企业改革必须解决的问题，也是在国有企业改革中碰到的最突出的矛盾和难点。同时也要看到，我们正处于经济结构调整的关键时期。经济结构调整必然会涉及到就业结构的调整。辽宁经济这几年之所以走出困境，与一百万职工从第二产业转移到第三产业是分不开的。当前我国就业工作中出现的问题，也从一个层面反映了经济结构调整工作的艰巨性。没有就业结构的调整，经济结构很难调整。因此，当前碰到的问题，是企业改革中的问题，是经济结构调整的问题，是前进和发展中的问题。这些问题解决了，我们又会跨上一个新台阶。这就是为什么将这一千三百万人尤其是国有企业下岗失业人员作为当前就业工作重点的原因之一。尽快使他们中有劳动能力和就业愿望的人实现再就业，不仅可缓解当前就业压力，而且关系到巩固国有企业三年改革脱困成果、进一步深化国有企业改革和经济结构调整的全局。

稳定是改革、发展的前提，没有稳定也就谈不上改革，谈不上发展。而当前，下岗失业人员的问题已经成为企业和社会稳定中的突出问题。这些年，国有企业下岗失业人员因工作和生活问题的群体上访事件呈逐年上升趋势，而且规模越来越大，行为越来越偏激。对这个问题中央高度重视。今年四月，中央专门就维护企业和社会稳定问题发了文件，开了会。几年来，我们花了很大精力建立了"三条保障线"，基本实现了"两个确保"和"应保尽保"，这对实现企业和社会的稳定起了关键性的作用。但是我们也应该看到，如果有劳动能力和就业愿望的下岗失业人员不能实现再就业，长期无事可做，缺乏社会归属感和安全感，产生心态不平衡，这本身就是社会不稳定的因素。正因为如此，在做好"两个确保"工作的前提下，积极帮助下岗失业人员实现再就业，使其安居乐业，是当前和今后一段时间实现企业和社会稳定必须解决的紧迫问题。

第三，这也是完善社会保障体系的内在要求。

就完善社会保障体系而言，社会保障是建立在有劳动能力的人逐步实现就业基础上的。社保基金主要来源于用人单位和职工的缴费。如果没有劳动能力的人吃社保，有劳动能力的人也吃社保，"食之者众、生之者寡"，社保基金将入不敷出，长此以往，也是支撑不住的。现在，国有企业下岗职工基本生活费平均每人每年支出四千四百八十元，失业保险金平均每人每年支出三千五百元。如果他们实现再就业，不仅可以减少这方面的支出，而且作为参保人员，还会按照规定缴纳社会保险费，增加社保基金收入。所以说，大力促进有劳动能力和就业愿望的下岗失业人员再就业，既可以使他们的生活得到根本保障，也有利于增加社保基金收入，减少社保基金支出，使社会保障体系逐步完善。

这里要指出的是，将下岗失业人员作为当前解决就业问题的重点，不是不重视城镇新增劳动力的就业和农民进城打工的问题，而是从改革发展稳定大局出发，解决当前最为突出的矛盾和问题。要清醒地看到，不解决好下岗失业人员再就业问题，改革调整深入不下去，企业和社会难以稳定，社保基金也难以支撑。正因为如此，江总书记曾明确指出，搞好国有企业下岗职工的基本生活保障和再就业工作，不仅是重大的经济问题，而且是重大的政治问题；不仅是现实的紧迫问题，也是长远的战略问题。我们必须将认识统一到江总书记讲话和中央的精神上来，以"三个代表"重要思想为指导，提高对做好国有企业下岗失业人员再就业工作重要性、紧迫性的认识，高度重视，加强领导，以更加积极的态度，更加务实的作风，做更加扎实的工作，使有劳动能力和就业愿望的下岗失业人员尽快实现再就业。

二

我国的就业问题是经济发展和结构调整中的问题，是前进中的问题，发展中的问题，这与一些国家经济衰退中出现的严重失业问题有本质的不同。在看到我国就业形势严峻的同时，我们要充分认识到做好工作的有利条件。我国经济正处于高速成长阶段，本世纪头一二十年，又迎来了大有作为的战略机遇期。经济持续快速健康发展为我们解决就业问题提供了巨大就业空间。我们更要看到，就是在当前，就业的潜力还很大。关键是看我们的工作做得如何，关键在于坚定信心，挖掘潜力，千方百计扩大再就业门路。

解决就业问题，首要的是开发就业岗位。当前，就业潜力在哪里？从大量调查研究和各地的实践经验来看，开辟再就业门路，主要在以下几个方面。

第一，发展第三产业尤其是传统服务业，增加再就业岗位。

据统计，一九九一年到二〇〇一年，我国第一产业从业人员减少了两千五百八十五万人，第二产业净增两千二百六十九万人，第三产业净增七千八百五十万人。解决我国就业和再就业问题，主要潜力在第三产业尤其是传统服务业。二〇〇一年，我国第三产业从业人员占全部从业人员的比重为百分之二十七点七，而发达国家，如美国为百分之七十四点五，法国为百分之七十四，英国为百分之七十二点八，日本为百分之六十三点一，德国为百分之六十二点六。即使是发展中国家，如印度、马来西亚等国家也已达到百分之五十左右。我国当前面临的就业问题，突出地反映了就业结构中的问题。只要我们大力发展第三产业，抓住就业结构调整这个环节，是完全可以缓解当前就业矛盾的。我国第三产业的就业潜力大得很。据国家统计局统计测算，二十世纪九十年代，我国第二产业增加值每增长一个百分点平均增加就业岗位十七万个，而第三产业增加值每增长一个百分点平均增加就业岗位达八十五万个。从一九九八年到二〇〇一年，黑龙江省一百八十多万实现再就业的下岗失业人员中，有一半是在第三产业实现就业的；辽宁省实现再就业的下岗失业人员近一百五十万，其中在第三产业就业的达到百分之七十以上。此外，根据国际经验，人均国内生产总值达到一千美元是第三产业加速发展的转折点。我国去年人均国内生产总值已超过九百美元，大中城市和部分发达地区早已超过一千美元。第三产业的高速发展将创造大量就业岗位。第三产业尤其是商贸、餐饮等传统服务业和旅游等新兴服务业，将是解决下岗失业人员就业问题的主要渠道。

　　这里需要强调的是，要高度重视发展社区服务业。我们之所以要高度重视社区服务业，一是社区有大量的就业岗位。我在四川省调查时，南充市的材料表明，社区内每二点五户就可以提供一个就业岗位。成都市芳草街道人口有七万，去年在社区就安排四千人就业。目前，社区便民利民服务，如托幼托老、家庭病房、代购物品、修理维护，以及小餐饮、小商店、报亭、电话亭等，虽有一定的发展，但与家务劳动社会化的要求还有很大差距。此外，随着企事业单位后勤服务社会化，物业管理、保洁保绿、商品快递等工作大量增加，将为社区就业提供大量岗位。在加强社区建设中，社区管理、治安等公益性工作都要人去做。这些都是社区就业的潜力。目前，不少地方将开发社区服务业作为工作的重点，都取得很好效果，既解决了下岗失业人员的就业问题，也方便了群众，活跃了社区的物质文化生活，使社区充满生机和活力。二是社区的就业岗位适合下岗失业人员。家政服务、钟点工、保洁保绿、治安管理等社区就业岗位，对技能的要求比较单一，下岗失业人员经过短期培训就可以上岗。下岗失业人员生活在社区，相互熟悉，适应社区各种灵活就业方式，自己方便，别人放心。据全国十城市抽样调查，在实现再就业的下岗失业人员中，有百分之五十集中在社区服务业，其中从事家政服务和为驻社区单位服务的占百分之二十八，开小商店占百分之十四，开小餐饮占百分之九。去年十一月，我到沈阳市调研，铁西区兴工九委在社区就安置了六百零四名下岗失业人员。

　　第二，发展非公有制经济和劳动密集型企业，拓宽再就业门路。

　　这些年，随着经济结构和所有制结构调整的深化，我国的就业结构已经发生很大变化，原来大量安排新增劳动力的国有企业，不仅不能吸纳更多的人就业，而且富余职工还要下岗分流。同样，集体企业也在减人。国有企业和集体企业的这一趋势还在继续。相反，随着私营个体等非公有制经济的发展，私营个体等非公有制经济目前已经成为增加就业的渠道。据国家统计局统计，与一九九一年相比，在城镇从业人员中，国有集体单位净减五千三百六十一万人，而城镇私营个体等其他单位从业人员净增一亿一千八百万人。私营个体等非公有制经济，多集中于第三产业、中小企业和劳动密集型企业，而这些企业恰恰是就业容量最大的。在发达国家，百分之九十的人是在中小企业就业的，我国也有百分之七十五的人在中小企业就业。这些年我国新增的就业岗位，中小企业占百分之八十以上。非公有制企业、中小企业、劳动密集型企业的发展，不仅活跃了经济，满足了社会需求，更为重要的是在解决就业问题上发挥了不可替代的作用。重庆市这些年为解决城市就业问题，每年重点扶植五十至六十家再就业重点企业，百分之六十是非公有制企业，几乎全是劳动密集型企业。我参观过他们扶植的一家私营超市，百分之七十的职工是下岗失业人员。鼓励私营个体等非公有制企业、劳动密集型企业的发展，鼓励他们吸收下岗失业人员就业，是我们拓宽就业渠道的重要方面。当然这里需要强调的是，发展中小企业和非公有制经济，必须符合国家产业政策和结构调整的方向，不能搞重复建设。特别要坚决防止那些破坏资源、污染环境、不符合安全生产条件、扰乱市场经济秩序的小厂小矿死灰复燃。

第三，支持有条件的国有大中型企业，通过主辅分离，辅业转制，分流安置富余人员。

今年大庆发生有偿解除劳动关系职工群体上访事件以后，我们都在思考一个问题，尤其是大型优势企业领导在思考这一问题，就是在深化国有企业改革中如何确保企业稳定。大家共同的看法，一是要坚定不移地深化国有企业改革，包括进一步分流企业富余人员。不改革，企业就没有出路。中石油原有职工一百五十万人，改制上市后，上市公司职工不足五十万人，一下子分流一百万人，不可谓力度不大，但就是这样，上市公司的劳动生产率也仅为美国、欧洲石油公司的三十分之一。二是有偿解除劳动关系要慎重，就是补偿金达十万元甚至更高，也换不来稳定。当然，对已经解除劳动关系的职工要继续做工作，不能退，但要积极探索其他分流富余人员的路子。在这方面，这些年来，像宝钢、武钢、一汽、铁道等一大批企业都进行了有益探索。总的一条，就是有条件的企业不能简单将富余人员推向社会，而是通过主辅分离，辅业转制，分流安置企业富余人员。前不久，我找武钢的同志来谈情况，很受启发。武钢按照"总体设计、分步实施、平稳过渡、逐步到位"的方针，在全集团实施主辅分离，分流安置富余人员。经过几年努力，钢铁主业从业人员由十一万多人减少到一万五千人，年人均产钢由四十二点五吨增加到四百七十吨。二〇〇一年实现利润十亿二千五百万元，达到近五年来的最好水平。武钢的改革分三步进行，第一步，实行承包经营，把占职工总数的百分之六十的辅业单位分离出来，组建四个大公司和十二个小公司，实行包上缴利润递增或亏损递减，包生产经营任务，包固定资产的保值增值，工资总额与经济效益挂钩，对亏损企业进行递减工资补贴。第二步，委托授权经营，明晰责权利关系，独立经营。到一九九八年底，绝大部分分离单位扭亏为盈。第三步，实行公司制改造，实现产权多元化，使它们成为独立的法人实体和市场竞争主体，自主经营、自负盈亏、自我发展。武钢的做法，在深化企业改革中，比较好地解决了企业富余人员的分流安置问题，没有把他们推向社会，职工容易接受，改革进行得比较平稳。

以上谈到的是扩大就业门路的三个方面。这里需要强调的是下岗失业人员择业观念问题。现在北京、上海等大城市都有几百万农民进城务工，说明不是没有就业机会，问题在于一些下岗失业人员择业观念没有转变，不愿干脏活、累活和"伺候人"的活。要做好再就业工作，首先要加强对下岗失业人员择业观念的教育，要摒弃把工作分为高低贵贱的陈旧观念，摒弃只有端"铁饭碗"才算就业的传统观念；树立自食其力、劳动光荣的观念，树立临时就业、阶段性就业、弹性就业等灵活就业都是就业的观念。观念一变天地宽。只要观念转过来，就业岗位有的是。这里还要强调的是，用人单位也有一个转变用工观念的问题。招工不能有性别、年龄等方面的歧视，下岗失业人员只要符合基本条件，就应录用。

总之，促进下岗失业人员再就业，有潜力，有门路。只要我们瞄准新的就业增长点，加大政策支持力度，切实改善就业服务，工作真正做到家，就能够创造出更多的就业岗位，解决有劳动能力和就业愿望的下岗失业人员的再就业问题。

整顿和规范市场经济秩序
要把治标与治本结合起来[*]

（二○○二年九月十六日）

整顿和规范市场经济秩序工作已经进行了一年多，我们对成绩的估计从来不敢讲满，因为这是一项长期的任务，只能讲取得阶段性成果。经过这几年的工作，市场秩序总体上是在向好的方向发展。群众反映强烈的热点问题正在逐步解决。这几年我们对群众关心的问题、涉及全局的问题，一项一项地进行专项整治，直到群众基本满意为止。这是我们工作中一条比较成功的经验。我再补充几点意见。

一、整顿和规范市场经济秩序工作要始终突出重点。

整顿和规范市场经济秩序工作，要更加突出重点，集中整治群众关心、关系全局的问题。朱镕基总理在全国增收节支会议上，专门讲了整顿和规范市场经济秩序问题。我理解，总理主要讲了三个问题：一是市场经济秩序的整顿与规范是个永恒的主题，是一项长期的工作，各地区、各部门都要坚持不懈地抓下去。二是食品和药品安全直接关系人民群众切身利益，要始终作

---

　　* 这是吴邦国同志在全国整顿和规范市场经济秩序领导小组第六次全体会议上的讲话。

为整顿工作的重点，特别加以关注。三是要加强税收监管，对各种不同所有制企业的应收税款，都要依法严格征收。下一阶段的整治工作，各部门要按照已定的部署进行。要始终如一地突出重点，突出解决群众最关心的问题。这样做，并不影响原来的专项整治，只是从全局来讲更突出一些重点。

二、积极探索整顿和规范市场经济秩序的新办法。

我们以往在整治工作中有一套办法，实践证明非常有效。比如，出动几十万人进行全国性的大检查、突击性的抽查或地毯式的排查，既有一定的声势，也确实查处了不少问题。但随着整治工作的深入，从标本兼治的要求出发，我们需要探索一些新的办法。

实际上，在这几年的工作中，我们已经进行了一些探索。比如，有的地方在加油站安装税控收款机，税收状况马上就有明显好转。辽宁省加油站税收一下增加百分之四百三十二，按照过去大检查的办法，无论怎样查也查不出这样的结果。过去往往是你检查的时候，他暂时避一避风头，查过去后他又卷土重来，故伎重演。采取安装税控收款机这种治本措施，效果就大不一样，这就是比较好的办法。

在集贸市场专项整治方面，对于大的批发户要建账，账目不能可有可无，更不能搞假账。应该实行强制性建账的制度，这样就把税收的大头给抓住了。我看这个办法好，如果芝麻西瓜一块儿抓，抓不过来。另外，发票管理也要加强，进行交易必须开具发票，当然也会有假发票，要研究如何防伪，开了发票就很难逃税了，发票是纳税的依据。还有加强现金管理，推广收银机使用等办法，都是一些带有创新性质、效果比较好、能够治本的管理经验。

关于信用制度建设，也是个很复杂的问题，要逐步建立。但是，对一些故意造假，扰乱市场经济秩序并造成重大影响的经营者，一定要上"黑名单"，让他寸步难行，经营不下去。这一点还是能做到的。对非法经营的企业，要坚决取缔，这方面的法规要进一步完善。

现在，各地区、各部门已经创造了不少办法，把治标与治本比较好地结合了起来。整顿和规范市场经济秩序的过程，实际上也就是社会主义市场经济体制完善的过程。在这个过程中，除了查处违法违规行为以外，很大程度上要进行制度建设，标本兼治，着力治本。

三、下决心查处一些大的案子。

查处大案要案，对于震慑违法犯罪分子气焰、鼓舞人民群众士气有重大的作用。要抓住一些影响大、性质恶劣、权钱交易的大案，组织专门力量一查到底，搞个水落石出，让违法犯罪分子受到严惩，打掉"保护伞"，铲除恶根，给人民群众一个交待。要选择一些典型案件公开曝光，起到警示作用。

发展具有海南特色的新型经济[*]

（二〇〇三年一月三日——七日）

　　海南省地理位置独特，自然资源丰富，气候条件优越，环境景观优美，发展的基础良好，潜力巨大。在全面建设小康社会、加快推进社会主义现代化的新时期，海南又迎来了新的发展机遇。要抓住机遇，充分发挥资源、区位、环境等优势，着力发展具有海南特色的新型经济，将资源区位优势转化为经济优势。要围绕全面建设小康社会的宏伟目标，从海南的实际和特点出发，坚持有所为、有所不为的方针，进一步理清思路，明确重点，及时调整和完善发展规划，统一全省上下的思想行动。要以昂扬向上、奋发有为的精神和脚踏实地、求真务实的作风，着眼长远、立足当前，坚持不懈地把各项工作扎扎实实地推向前进。

　　走新型工业化道路是海南工业发展的必然选择。海南省原有工业基础比较薄弱，这是劣势，也是优势。优势在于发展新型工业可以轻装上阵。海南工业发展一要以资源为依托，着力做好油气资源和热带作物深加工这篇大文章。二要以市场为导向，高起点、高标准、成规模、上档次、讲效益。三要以改革创新为动

---

　　*　这是吴邦国同志在海南省考察工作期间讲话的要点。

力，充分发挥经济特区政策环境优势，加强与国际国内大公司、大集团的合资合作。四要以保护环境为前提，实行清洁生产，防止环境污染，降低资源消耗，使海南工业按照走新型工业化道路的要求，在新的起点上实现可持续发展。

热带高效农业和旅游业既是海南省经济发展的两大支柱，也是发展具有海南特色新型经济的重要内容，关键要在"特"字上下功夫。要按照建设现代农业的要求，重点发展热带、特色农副产品，要调整农业结构，改良作物品种，逐步推行专业化、标准化生产，实行规模化、产业化经营。当前要重点解决好制约现代农业发展的突出问题，特别要加大西部地区农田水利基本建设。海南旅游业的发展要制定高水准的总体规划，加强统筹协调，切实防止重复建设。要进一步挖掘和发挥资源优势，注重开发具有热带海岛特点的旅游项目。要加强旅游风景区的保护、建设和管理，巩固和开拓旅游客源市场，提高管理水平，改善服务质量，促进海南旅游业更快更好地发展。

环境保护是我国的一项基本国策，要高度重视环境保护和生态环境建设。加强环境保护，保持良好的生态环境对海南的可持续发展至关重要，怎么加强也不为过。海南的经济发展必须立足在生态环境建设的基础上，决不能破坏环境、污染环境、牺牲环境。要加大对环境保护和生态环境建设的投入，加快推进退耕还林步伐，加强城市及旅游风景区的环境整治，使海南尽快成为环境一流的经济特区。

山西的突出问题是要抓好结构调整 *

（二〇〇三年一月十四日）

　　山西是有自己的优势的，我们在路上谈山西，第一个是你的煤有优势，有两个大集团，一个是北方的大同，另一个是焦煤集团，所以煤炭在山西还是举足轻重的。还有太钢，生产不锈钢。现在我国不锈钢百分之八十五都靠进口，缺就缺在不锈钢的冶炼，热轧。现在我们的冷轧搞了不少厂，包括张家港搞的冷轧，可是热轧板还都要进口。所以要从冶炼开始，到热轧，发展属于高附加值的东西。太钢是比较有基础的。另外有色金属、氧化铝也是你们的特色。要扩大氧化铝的建设，原来不想扩的电解铝也批给你们，是二十八万吨的电解铝。这些方面都是好势头，反映了山西经济的特色，以后要依靠这些东西对国家多作贡献。因此我说，煤炭全国比不了你们，有色金属比不了你们，不锈钢全国只有两个点，一个是在太原，一个是在上海，全国有冶炼热轧的就这两个点。山西形成了自己的特色，现实问题是基础比较弱，历史遗留问题比较多，近年来发展成这样、取得这些成绩应该讲很不容易。

---

　　* 这是吴邦国同志视察大同煤矿集团时讲话的一部分。

　　目前特别突出的问题还是要抓好经济结构调整。第一，我们一定要把结构调整作为整个经济建设的一条主线来抓。通过结构调整，使经济结构对财政收入、对整个经济起到应有的作用。要抓出几个像模像样的大集团来，形成整个结构调整的核心。否则，财政没得用了，结构调整没有核心调不动了，也就形不成自身的特色。我们现在形势比较好，为什么好呢，坦率地讲就是很好地建立了大型企业集团。入世以后我们为什么能够顶得住竞争的压力，企业不但没有被挤垮，而且还得到了发展，就像中石油、中石化、移动、通讯、电力公司，包括宝钢等，为什么这些企业有成绩呢？这就是进行了结构调整的结果。所以，要通过

　　2003 年 1 月 13 日至 14 日，吴邦国到大同煤矿慰问看望困难职工群众，了解一线工人生产生活情况。

结构调整在山西形成一些对全国有影响的、有竞争力的、有实力的企业集团。第二，要建立一个企业能够退出市场的通道。因为山西的遗留问题比较多，所以要通过结构调整把这个市场通道建立起来。你们这里破产了几个矿，做得很好。在美国破产是不稀奇的，在韩国、日本破产量比我们大得不知道多少啊！为什么呢？因为他们的通道是畅通的，优胜劣汰的市场机制是健全的，经济的内在规律是扭转不了的。过去我们国有企业为什么这么困难，也就是违反了规律，企业只能生不能死。企业不行，就给你免税、给你减利，再不行给你补贴，所以就遗留了一大批的问题，成为国有企业改革的包袱。因此，国有企业改革很重要的一条就是要建立优胜劣汰的市场机制，把退出市场的通道给搞畅通了。什么叫市场经济，市场在资源的配置上起基础性的作用，这就是市场的力量。山西因为国有企业的量比较大，整个经济和产业结构调整对资源向优势企业集中的意义特别重要。第三，要抓好社会保障和再就业。经济结构的调整必然要涉及到劳动力结构的调整，这是我们去年搞再就业调查时悟出的一个道理。在北京召开的全国再就业工作会议上我曾讲过，辽宁有一百万人从第二产业转到了第三产业，黑龙江有一百万人从第二产业转到了第三产业。我们中国的第三产业的量是很大的，而且潜力也是很大的。目前，我国第三产业就业率只有百分之二十七点二，而印度已快要达到百分之五十了，所以要通过抓好结构调整，改变第三产业不发达的状况。上次来大同我看了一下，这里发展旅游是很有潜力的，旅游搞好是不得了的呀，是可以养很多人的。要搞好旅游就要把环境搞好，到处黑糊糊不行，到处冒烟也不行。旅游搞好了就可以实现好多人的就业。

　　同煤集团要按照制定好的路子分三步走，第一步是扭亏脱困，第二步是调整重组，第三步是发展壮大。现在你们还是处在第二阶段，处在一个调整重组时期。脱困已经提前完成，已经扭亏为盈了。下一步你们有两个矿要破产，另外还有三个一千五百万吨矿要建设，中央将力所能及地给予支持。同煤集团计划二〇〇五年产量达到五千万吨，到二〇一〇年产量达到一亿吨。刚才我算了一下，现在是四千万吨，加上三个一千五百万吨是八千五百万吨，再加上其他的可以搞到一亿吨以上。首先要实现五千万吨这个目标，路子不能动摇，目标不能动摇。对你们的要求我想有三条：第一变成商品煤的供应基地，包括出口。因为你的煤好、不结焦，煤洗过后含硫量只有百分之零点六而且比较稳定，这对于出口是很好的。第二是要发展成煤炭深加工的基地。依托大的集团才能搞好煤的深加工工业。煤的深加工一是可以发电，还有煤与建材、煤与化工等产业，都很重要。你们要成为煤炭深加工的一个基地。第三就是要成为投资的主体，要特别注意这一条。以后也不能哪里有煤哪里开采，不能遍地都搞！这不行的、不经济，而且资源都破坏了。以后煤炭资源要由大的集团去开采。比如其他省区有煤，你们可以去开，现在神华就到处开井，这是个实力问题。你们要紧紧围绕以上这些目标不动摇。

三峡农村移民外迁工作的
成绩、经验和下一阶段工作*

（二〇〇三年一月十八日）

国务院召开这次三峡工程库区农村移民外迁工作会议的主要任务是，贯彻落实党的十六大精神，总结三峡移民外迁安置工作经验，表彰在移民外迁工作中做出突出成绩的单位和个人，部署新增移民外迁工作任务，确保三峡工程建设的顺利进行。几年来，移民工作取得很大成绩，为三峡工程建设创造了条件，这是大家共同努力的结果。在此，我代表党中央、国务院，向受到表彰的先进单位和个人表示热烈祝贺！向库区和迁入地支持移民工作的广大干部群众表示衷心感谢！向所有从事移民工作的同志们表示亲切慰问！下面，我讲几点意见。

一、充分肯定移民工作取得的成绩。

三峡工程是我国现代化建设的宏伟工程，是功在当代、惠及子孙的千秋伟业。三峡工程建设能否顺利进行，难点在移民，关键在移民。党中央、国务院十分重视三峡库区移民工作。江泽民同志反复强调，做好移民工作，是关系三峡工程进展和成功的关

---

* 这是吴邦国同志在重庆召开的三峡工程库区农村移民外迁工作会议上的讲话《认真实践"三个代表"重要思想，切实做好三峡移民外迁工作》的主要部分。

键。胡锦涛同志去年十月在重庆调研时，专门到丰都等地考察移民工作情况，看望移民群众。李鹏、朱镕基[1]等领导同志都十分关心移民工作，多次亲临库区考察，并对移民工作作出重要指示。国务院发布了《长江三峡工程建设移民条例》，每年召开一次三峡移民工作会议，研究和部署移民工作。一九九九年五月国务院作出鼓励和引导更多农村移民外迁的重大决策后，我们先

2003年1月18日，吴邦国在重庆出席国务院召开的三峡工程库区农村移民外迁工作会议并讲话。

后在北京、涪陵、重庆、嘉兴等地多次召开专门会议，对移民外
迁工作进行研究和具体安排。迁出、迁入地各级党委和政府高度
重视，周密部署，移民和迁入地群众顾全大局，积极配合，累计
完成外迁农村移民十四万人，其中出重庆市外迁到十一个省市
七万二千人，湖北省、重庆市内非库区县安置四万三千人，自主
分散外迁二万五千人。接受重庆市农村外迁移民安置任务的上
海、江苏、浙江、安徽、福建、江西、山东、湖北、湖南、广
东、四川等十一个省市，都提前超额完成了任务。目前，三峡二
期移民任务已全面完成。到二〇〇二年十一月底，累计搬迁安置
移民六十四万五千二百人，建设各类房屋二千八百四十五万平方
米，搬迁、关闭和破产工矿企业一千零四十三家。一百三十五米
水位线下的移民已全部搬迁安置完毕，工矿企业迁建及结构调整
工作也将按期完成，可以满足水库蓄水的需要。

移民工作的顺利开展，保障了三峡工程建设的进行。目前，
三峡工程各项主要控制目标如期实现，枢纽工程永久船闸开始有
水联动调试，左岸大坝全线达到一百八十五米设计高程，导流明
渠截流成功，右岸大坝即将施工。输变电工程也在加紧建设，已
开工建设交流线路二十五条，投产二十条；开工变电站十三个，
投产九个；开工直流线路两条，其中三峡至常州直流输变电工程
已开始单极运行。

移民工作的顺利开展，加快了库区的经济发展。库区十三个
全淹和半淹城市、县城已基本完成复建，城市功能正在逐步恢
复，一座座新的现代化城市矗立在千里峡江两岸。大量的公路、
码头、输变电、通讯等专项设施得到复建，库区基础设施条件明
显改善。二〇〇一年，三峡库区二十一个区县国内生产总值比

一九九三年增长二点五五倍，财政收入增长二点零五倍，农村人均纯收入增长一点九倍，城镇居民生活水平也有了明显提高。

移民工作的顺利开展，促进了库区地质灾害治理和环境保护。长期以来，库区崩滑体、危岩等地质灾害频仍，隐患较多，移民搬迁为开展地质灾害治理创造了条件。移民还减少了库区生态环境的人为破坏。一大批落后的工矿企业关闭破产，减少了污染源。结合移民和城市搬迁进行的库区重新规划，建设了大批城市污水和生活垃圾处理设施。对库区的一些崩塌滑坡体实施了搬迁避让，需要进行工程治理的一百七十三个崩塌滑坡体，已竣工十六个；七十段塌岸防护项目，已竣工四段；二百一十四处高切坡整治工程，已竣工一百五十四处。规划中的地质灾害治理项目和环保项目都已开工建设，施工进度和工程质量可以满足今年六月三峡枢纽下闸蓄水的要求。

在移民工作中，跨省市移民外迁是难度最大的。通过各方面的共同努力，重庆七万二千名农村移民分别在十一个省市的一百八十五个县、八百零九个乡（镇）得到妥善安置。各安置点大多交通便利，水、电、路等基础设施配套，移民承包地和自留地都达到或超过当地村民的平均水平，大多数移民住上了新房，人均面积达到了二十至二十五平方米，不少移民搬入新居后还安装了电话，购买了彩电。绝大部分移民已基本稳定下来，正逐步融入当地社会。移民外迁还拉近了迁入地干部群众与三峡的距离，增进了迁出迁入地之间的经济联系与合作。

移民外迁工作之所以能够顺利进行，主要得益于党中央、国务院对三峡移民工作的高度重视和正确决策；得益于迁入地各级党委、政府讲政治，顾大局，为国分忧，勇挑重担；得益于迁出、迁入地之间以及国家有关部门的密切配合；得益于移民群众和迁入地人民的充分理解和大力支持，也是与从事移民工作的广大干部职工的辛勤劳动和敬业奉献分不开的。整个移民外迁工作凝聚着大家的心血和汗水。有的同志为做好移民外迁动员工作，长时间蹲在村组，与外迁移民同吃同住同劳动，以情感人，耐心说服，并带头动员自己的亲友外迁；有的同志在运送外迁移民途中，主动让出好的舱位、铺位给年老、生病的移民，自己睡统舱，坐硬座；有的同志为建好移民住房，天天吃住在工地，严把建房质量关；有的同志家庭并不宽裕，却主动为移民捐款捐物。重庆市忠县的张兰权同志长期带病在第一线做外迁移民的动员工作，直至病逝在工作岗位上；巫山县政府办公室的冯春阳同志冒雨到大昌镇动员移民外迁，返回县城途中遇洪水暴发，不幸以身殉职。他们的事迹感人肺腑，可歌可泣，他们用鲜血和生命在三峡移民的史册上谱写了动人的篇章。广大移民群众舍小家、顾大家、爱国家，以实际行动支援三峡工程建设；广大移民干部情系移民，任劳任怨，为三峡移民工作作出了突出贡献。党和人民感谢你们，历史将永远记住你们！

二、认真总结移民外迁工作的经验。

三峡工程是当今世界最大的水利枢纽工程，三峡百万大移民也是世界工程移民史上绝无仅有的伟大壮举。三峡移民不仅数量大、涉及面广，而且时间紧、安置难度大，是一项十分复杂的社会系统工程，尤其是移民外迁安置更为复杂艰巨。我们在顺利实现一期移民的基础上，经过几年的努力，又全面完成了二期移民任务。在这么短的时间内，使几十万移民得到妥善安置，库区经济持续发展，社会保持稳定，是一件十分了不起的事情，这充分体现了社会主义集中力量办大事的优越性，显示了中华民族团结互助的精神和巨大的凝聚力。迄今为止的三峡移民工作，积累了丰富的经验，不仅为后期移民工作的深入开展奠定了良好的基础，也为南水北调等其他重大工程的移民工作，提供了有益的启示。

（一）坚持"两个调整"的方针，加大移民外迁和搬迁工矿企业结构调整的力度。

一九九九年五月，国务院三峡移民工作会议对库区移民政策进行了两个重大调整：一是鼓励和引导更多农村移民外迁安置，二是加大库区搬迁工矿企业结构调整的力度。这"两个调整"，是党中央、国务院根据我国社会经济发展需要，充分考虑库区安置容量和生态环境保护，以及沿江沿海地区劳动力消纳容量的实际情况，及时对库区移民工作作出的重大调整，充分体现了党中央、国务院对三峡库区移民群众的关心和爱护，体现了实事求是的思想路线和与时俱进、不断创新的精神。实践证明，鼓励农村移民外迁安置，符合三峡库区实际和库区人民的长远利益，不仅为移民提供了一个比原有生产、生活环境优越的生存空间，为移民发展生产、逐步致富创造了更好的条件，而且有效地缓解了库区安置压力，有利于库区生态环境的保护，促进了库区经济、社会和环境的协调发展。

（二）坚持"以农为主、以土为本"的安置原则，采取"相对集中到县乡，分散安置到村组"的安置方式。

土地是农民的基本生产资料，也是农民最根本的社会保障。农村移民"以农为主、以土为本"，是符合当前我国国情的，也是确保移民稳得住的基本前提。在移民外迁安置中，各迁入省市始终坚持这一原则，精心选择安置点，在土地资源较多的地方安置移民。即使像浙江、福建等土地资源较少的地区，也保证了移民的承包地不低于当地村民的平均水平，为移民落地生根打下了基础。

2002 年 3 月，万州燕山乡老场移民搬迁。

移民外迁采取"相对集中到县乡，分散安置到村组"的安置方式，有利于接收地调整土地和山林，有利于减少基础设施的投入，有利于帮扶措施的落实，更重要的是有利于移民尽快融入当地社会，保持社会稳定。我国几十年来水库移民的经验教训表明，相对集中到县乡，分散安置到村组，是移民外迁工作成败的一个关键。在三峡移民外迁安置中，绝大多数省市都坚持了这种安置方式，保证了移民安置工作的顺利进行。江苏省根据城镇化加快、当地农民进城较多的实际，把购买农村闲置住房与转让承包土地结合起来，在村组"插花"安置三峡移民，取得了良好的效果。也有一些地方没有很好坚持这个原则，出现了这样那样的问题。这些经验教训值得记取。

（三）坚持依法移民，照章办事，把移民工作逐步纳入制度化、法制化的轨道。

移民外迁安置是一项政策性、法规性很强的工作。依法移民，照章办事，可以有效维护移民的合法权益，协调各方面的利益关系，防止和化解可能发生的一些矛盾和纠纷。在试点的基础上，这几年国务院有关部门先后制定了移民资格审查、对接、安置点选择、移民建房、搬迁运输和资金发放等一系列规范性文件，并在移民外迁工作实践中，不断加以补充和完善。迁出、迁入地各级政府也及时制定了相关配套文件，并按照程序和规定，严格审查移民资格，发放移民资金"明白卡"，推行移民事务公开，接受移民群众和社会各界的监督，做到了公开、民主、透明。移民资金管理已形成了以会计制度为核心的财务核算管理体系，实行了"村账乡管，乡（镇）账县管"的办法，加强了移民资金的管理和监督。去年下半年，国家审计署对十一个省市的移民外迁资金进行了专项审计，没有发现大的违纪违规问题。截至二〇〇二年十一月底，湖北省二〇〇〇年度移民资金审计整改率达到了百分之九十五，重庆市达到了百分之九十三。

（四）坚持做好帮扶和思想政治工作，使外迁移民"搬得出、稳得住、逐步能致富"。

思想政治工作是党的优良传统，是我们的一大政治优势。结合解决移民的实际问题，深入细致地开展思想政治工作，有利于消除移民的各种顾虑，改善移民的心态，化消极因素为积极因素，营造移民外迁安置的良好社会氛围。去年春天，三峡工程建设委员会召开了三峡库区外迁移民思想政治工作会议，印发了《关于加强三峡工程库区外迁农村移民思想政治工作的指导意见》，分析了外迁移民思想状况，提出了做好外迁移民思想政治工作的原则和方法，有力地推动了移民外迁工作的深入开展。重庆巫山等移民迁出地，通过"院坝会"、"田坎会"等多种形式，晓之以理，动之以情，开展移民外迁的宣传动员工作，增强外迁移民的信心。江西奉新等迁入地针对移民故土难离、对适应新环境缺乏信心等思想状况，利用电视、广播、报纸、板报、宣传册等多种形式，宣传移民政策，宣传迁入地的优势，把政策和希望交给移民群众，温暖了移民的心，稳定了移民的心。实践证明，把思想政治工作做深、做细、做实，把政策讲清、道理摆明，就可以得到移民的理解、配合和支持，外迁工作就能够顺利进行。

移民举家外迁到新的环境，能否做到稳得住、逐步能致富，一个重要的方面，是在认真落实国家移民政策的同时，开展多种形式的帮扶活动。安徽、湖北等迁入地都出台了专门的扶持政策，通过税收优惠，扶持移民发展二、三产业等措施，使移民的生产和生活尽快达到当地农民的平均水平。湖南衡阳对迁入的移民开展"六帮扶"责任制，即政府投资帮扶，市县机关捐赠帮扶，党员干部带头帮扶，专业大户传带帮扶，技术部门包干帮扶，驻地农户结对帮扶。他们对移民户采取给"一块地"解决吃饭问题，帮"一个项目"解决花钱问题，安排"一个劳力"解决就业问题，使移民走上逐步致富的道路。浙江桐乡给移民印发了生产生活指南，组织一百五十多名党员干部和志愿者与移民结成帮扶对子，开展技术和语言培训，为移民进企业务工提供有利条件，也收到很好的效果。

（五）坚持加强领导，各方密切配合，确保移民外迁工作有条不紊地进行。

移民工作是政府行为。各级党委、政府的组织领导，各部门、各方面的密切配合，对做好移民工作至关重要。像三峡工程这样大规模地移民外迁，更是如此。国务院部署移民外迁工作后，迁出地和迁入地各级党委、政府都把做好移民外迁工作作为一项严肃的政治任务，以对历史、对社会、对移民高度负责的精神，精心组织，层层落实责任，为移民外迁工作提供了强有力的领导和组织保障。重庆市强调，要举全市之力，做好移民动员工作，确保移民"搬得出"。在移民外迁高峰时，各迁出县都组织了上千名机关干部深入基层，做移民动员和搬迁运送工作。十一个省市的主要领导亲自主持制定移民安置方案，分管领导在落实安置点、移民对接、移民建房、搬迁运输等重要环节亲临现场指挥，协调解决出现的矛盾和具体问题。各迁入地都成立了专门班子，选调得力干部负责移民工作。迁出地和迁入地相互体谅，密切配合。国务院有关部门也通力合作，公安、铁路、交通等部门认真编制搬迁运送方案，合理确定运送路线，使移民安全有序地到达迁入地。实践证明，只要各级领导高度重视，各方积极配合，全国一盘棋，我们就能克服各种困难，把三峡移民外迁这一历史性的任务完成好。

三、继续努力做好移民外迁工作。

三峡工程建设方针是"分期蓄水，连续移民"。经过十年努力，三峡工程建设和移民工作都取得了阶段性成果。十年辛苦不寻常，成绩确实来之不易。但三峡移民工作还远未结束，下一阶段三峡移民的任务仍相当艰巨，二期移民的一些矛盾和问题，也会逐步暴露出来。继续做好移民工作，还需要付出艰苦的努力。二〇〇二年十月，朱镕基同志主持召开国务院三峡工程建设委员会第十一次全体会议，决定三峡库区后期移民继续坚持外迁移民的政策，根据实际情况，能外迁的尽量外迁。当然，考虑到接收地的实际困难，同时也考虑移民工作的连续性，有两个口子不能开。一是外迁移民仅限于农村移民，不能开城市移民外迁的口子；二是不开二次移民的口子，确实有困难的，通过其他渠道解决。一旦开了二次移民外迁的口子，难以收场。据此原则，经过反复研究，国务院决定增加二万五千人移民外迁安置任务，沿江沿海及有条件安置外迁移民的地区，要尽可能多接收一些外迁移民。这次增加外迁移民任务，主要基于以下几点考虑。

第一，库区本身后靠安置的难度越来越大。按照规划，三峡工程库区共需移民一百一十多万人，还有将近五十万人需要搬迁安置。过去十年平均每年搬迁安置六万多人，而今后七年平均每年要搬迁安置七万多人。库区条件好的地方大都已安置了移民，有条件安置移民的地方越来越少。前些年库区移民投资和基建项目比较多，库区农民的就业机会和经济收入相对较多。水库蓄水后，投资和项目减少，就业机会也会随之减少。蓄水前移民原有的土地都有收成，良田熟土被淹后，新分配的土地生产能力一时还上不来，农业收入难免受到影响。目前重庆后靠农业安置移民九万一千三百人，人均耕地不足零点七五亩。尤其是万州、涪陵、丰都三个区县，后靠移民人均耕地只有半亩左右，而且土质、水利条件和基础设施都不太好。今后库区后靠农业移民将面

2003 年 1 月 20 日，吴邦国在三峡库区云阳视察移民工作。

临山越来越高、地越来越少、土越来越薄的问题，后靠安置的余地越来越小，难度越来越大。对此，我们必须高度重视，早作打算。

第二，库区生态环境承载能力越来越小。治理长江上游包括三峡库区的水土流失和环境污染，迫在眉睫。这不仅关系库区经济社会持续发展，也关系整个长江流域的可持续发展。三峡库区移民安置必须服从三峡工程建设和库区可持续发展的大局。我们不能一方面下大力气治理，另一方面却硬把大量农村移民往山上搬，造成新的水土流失和生态破坏。

第三，移民外迁安置的效果相对较好。建国以来，我们兴建了八万多座水库，直接移民一千二百多万人，其中相当一部分移民的生活困难问题几十年都未解决。这里虽有补偿标准低的原因，但主要是就地后靠，受资源条件所限，移民的生计问题难以从根本上解决。我最近看到一篇报道，二滩水库移民近一半返贫，四川省已决定将五千移民在省内非库区县外迁安置。二滩水库出现的"二次移民"现象，三峡移民中应尽可能避免。这几年三峡库区外迁安置的十四万农村移民，总的看生计问题比后靠移民解决得好，在安置地的帮助和扶持下，发展致富的步伐比后靠移民要快。综合考虑各方面因素，适当增加一些外迁农村移民，是必要的。

这次新增移民外迁安置的去向，总体上仍维持原来的格局，对省内移民任务重的个别省份，可予适当照顾。外迁安置的有关政策保持不变。这项工作三峡办还要做具体布置。

三峡移民外迁工作事关全局。增加移民外迁任务，一些迁入省市肯定有不少困难，但这次新增任务总量不大，各省市也有这个承受能力，经过努力是能够完成新增外迁移民安置任务的。

注　释

[1] 李鹏，时任全国人大常委会委员长。朱镕基，时任国务院总理。

一手抓防治非典，一手抓经济发展*

（二〇〇三年五月十一日）

这次来内蒙古考察工作，是根据中央政治局常委会会议精神安排的。五月八日，中央政治局常委召开会议，讨论了当前形势和任务，胡锦涛同志提议政治局常委要在近期到基层去做一些调查研究。这次调查研究，主要有两个内容：一是抗击非典工作。现在这方面的工作任务重一些，国务院的方针政策是很明确的，关键是要督促检查，抓好落实。二是抓好经济工作。中央政治局常委会专门研究了今年的经济工作，确定了今年的经济增长速度仍是百分之七。一季度形势很好，达到百分之九点九，二季度估计会有所下降。现在看来，第三产业已受到影响，外贸也受到影响。应该看到，全国各级财政抗击非典的支出很大，同时，抗击非典也给其他方面带来许多问题，这些问题都要靠加快发展经济来解决。所以，要一手抓防治非典，一手抓经济建设，保证完成今年经济工作的预期目标。

---

* 这是吴邦国同志在内蒙古自治区考察非典型肺炎防治工作时讲话的要点。吴邦国同志当时任中共中央政治局常委、全国人大常委会委员长。

一、关于抗击非典问题。

抗击非典，是当前社会生活中的一件大事。我在政治局常委会上讲过三点意见。第一，要把思想统一到中央的精神上来；第二，要上下团结，同心同德，对各级党委、政府的工作要给予充分肯定、理解和支持；第三，通过传染病防治法的宣传和落实，确立起依法防治观念。我想抗击非典本身就是一个很好的学校，也是现实的法制课堂，我们可以在抗击非典的实践中不断完善法律法规，增强人民群众的法制观念。如果再遇到传染病流行，大家就懂得依法防治了。现在，抗击非典工作应该说取得了很大成绩，但形势依然严峻，决不能麻痹。

总的看，全国当前的非典防治工作向好的方向发展，但形势还很严峻。自治区防治非典工作是很有成效的。从病例数字上看，现在形势比前一段好，这两天比较平稳。假如没有前一阶段的有力工作，现在情况可能会很严重。五月八日中央分析了全国防治非典的形势，认为目前的形势不容乐观。一是广东前一段比较平稳，但这几天新发现的疑似病人增加，而且每天增加五十几个，说明疫情是有反复性的，我们对这个病的传播规律还没有完全搞清楚。二是华北五个省区市发病人数还处在一个高位的平台上，北京这几天好一些，但确诊病人每天还有几十个。天津、山西情况也不是很好。如果华北的疫情控制不住，全国就很难控制住。三是其他省区市也不同程度有病例出现，现在全国只有六个省区没有病例，其他省区虽然病例少，但少了容易产生麻痹思想，麻痹就会出事。从北京、内蒙古前一段的情况看，非典扩散开来很快。中央最为担心的是华北，其中包括内蒙古。内蒙古当前有几个特点，首先，确诊病例还有一定的量，到今天是二百八十八人，加上疑似病例共四百七十多人。另外，四十多万民工和学生在"五一"前后回来，哪怕是万分之零点五的人患病都不得了。现在还要观察，你们说今后十天是关键时期，这个判断是有客观依据的。内蒙古不像北京，这么大的面积，发病地区分布较广，除了呼市、巴盟，还有五个盟市有诊断病例。你们的医疗条件包括软件、硬件与北京相比是差多了，全区搞内科的医生才四千多名，搞呼吸内科的才五百多名，而且分散在一百七十家医院。所以，尽管你们的防治工作取得了很大成绩，还是要立足于严峻的形势，把已定的各项工作措施坚定不移地落实好。同时，要尽可能地缩短抗击非典战役的时间，不要拖的太长了，拖长了会影响人气和信心。防治非典要把握规律，依靠科学。现在全国各地包括内蒙古在"防"和"治"方面已总结出一些切实可行的办法。但是对"治"还没有特别有针对性的办法，从非典病理角度看，是可以找到规律和办法的，依靠科技的突破，一定会最终解决问题。但在没有实现突破以前，最为行之有效的是全面落实防控措施。最近，中央政治局请专家讲课，专家讲传染病爆发主要有三点：一是传染源，二是传染渠道，再就是易感人群，三者形成一个链条，如果把链条切断，疫情也就被控制住了。为什么历史上西班牙爆发流感，一死就是上千万人，为什么鼠疫一来就是灭顶之灾，就是因为没有切断链条。流行病学研究的就是如何切断这个链条。所以，我们提出"四早"，即早发现、早报告、早隔离、早治疗。这些工作要继续下去，不要松懈。你们建立了一套很好的制度，也被大家所理解，一定要坚持。你们抓住小工地多、返乡民工多的特点是对的，要特别加强对工地和打工人员的管理。还要特别地关注学校，尤其要组织好六月初的高考，确保万无一失。医院还要作为重点。人类对非典这种疾病的认识还很肤浅，对它的传染规律现在不是很清楚。所以医院还是要在防上多下些功夫。对薄弱环节要采取有效措施，你们的非典救治中心建好后，要解决好垃圾、污水的处理问题，转移患者也是新课题，不要造成沿途的疫情传播，另外医院的各种消毒都要讲科学。总之，一定要想得细一点，抓好各种措施的落实。

关于加强法制。这是一个宏观问题，需要我们总结。要通过这次抗击非典的工作实践，不断增强人民群众的法制观念，将传染病防治工作逐步纳入法制管理的轨道。要逐步建立起公共卫生突发事件应急机制，整合和健全有效的工作系统和监控网络，使之长期起作用。充分发挥各级基层组织的作用，是把防控措施落到实处和有效处置突发事件的重要保障，网络系统建设实际上与基层组织建设和干部队伍建设是一个过程、一个问题，在抗击非典的斗争中，一定要加强基层组织和干部队伍建设，充分发挥社区、农村、厂矿、学校等基层组织的作用，团结、动员和组织广大人民群众为国家和社会分忧，建立和完善群防群控机制。

二、关于经济工作。

首先，要坚持两手抓。发展是硬道理。夺取防治非典战役的全面胜利，归根到底要靠发展。非典疫情对我国经济发展造成了一定程度的消极影响，做好今年经济工作的任务更加繁重。各地区、各部门要按照中央的统一部署，正确把握和处理好疫病防治和经济发展的关系，在深入扎实做好非典防治工作的同时，牢牢抓住发展这个执政兴国的第一要务不松劲。要从各地疫情状况和经济发展实际出发，加强分类指导，在领导力量上要搞两套班子，一套班子全力以赴抗击非典，一套班子集中精力去抓经济。

根据不同情况可以分出一定的领导力量抓经济建设，经济上遇到的问题要有人研究，及时采取措施加以解决。自治区、盟市的领导，包括职能部门都要认真面对新情况，坚持一手抓防非典，一手抓经济工作。对一些受非典影响的行业，要采取扶持政策，对涉及到的税收、收费、银行贷款等问题，要有妥善的应对措施，只有这样才能做好防治非典这件大事，才能坚持经济建设这个中心不动摇。

其次，要加大经济工作力度。推动内蒙古经济快速发展主要取决于两个因素，一是有新的经济增长点，二是有固定资产投资项目。上次在政治局常委会分析经济形势时我就讲，在这种情况下，国债资金的使用和企业技术改造的力度要加大。你们的交通建设、退耕还林还草、水利建设、企业技术改造、结构调整等，要坚定不移地干下去，而且要加大力度。能够进行的改革，要照改不误。如企业的主辅分离、管理的"一站式"服务、企业的并购重组、社会保障体系的建设，该搞的还是要搞。不要因为有非典疫情，就把这些工作都停下来，能够正常工作的地方还是要正常工作。内蒙古现在形成了一些优势产业，关键是要做大做强。做大做强不仅仅是创造竞争力，提高经济效益也需要做强做大。当前一要保持一个速度，还应有一定的增长；二要在经济增长的质量和效益上做文章；三要在改革和结构调整上多做一些文章。

第三，要关心人民群众的生活。当前关心群众的生活问题要更加突出出来。这里我强调几点：一是在抗击非典工作中，要确保患非典的农牧民和城镇困难群众得到免费救治，让生活困难的群众感到社会的温暖。中央在这方面的政策是十分明确的，要认真贯彻落实。二是做好社会保障工作，"两个确保"、"一个低保"

等工作一定要加强，这套系统已经建立起来了，要进一步加以完善，做到应保尽保。三是要突出关注就业问题。去年中央召开了全国再就业工作会议，出台了一系列政策，效果十分明显，当前要进一步抓好这些政策的落实。比如招收一个下岗工人，社保费用由中央财政拿，还有自谋职业的税费减免、贷款担保基金、中央财政贴息等问题，都要进一步抓好落实。四是抓住时机进行各种培训。当然，现在不要集中培训，但是培训的体系要建立完善起来，把培训内容、规划设计好。五是一定要把六月初的全国高考工作做好，既要保证高考的顺利进行，又不要让高考成为疾病传播渠道。六是一定要稳住一些受非典影响的行业，一定要把物价稳定下来，物价稳定，人心就稳定。

关心支持老区的发展 *

（二〇〇三年五月二十日）

　　这次到老区来，我们每到一个地方都瞻仰了毛主席的旧居、烈士纪念碑，看了一些展览，让我更加深刻地感受到，确确实实，我们政权来之不易啊！如果毛主席不根据当时的情况，从中国革命实际出发，把马列主义普遍原理与中国的具体实践相结合，就不会有以后中国革命的胜利。江西为中国革命是作出重大贡献、巨大牺牲的，没有江西的贡献、江西的巨大牺牲，就没有新中国。当时的兴国一共二十三万人，参加红军就有八万五千人，其中有名有姓牺牲的是二万六千人，无名无姓的烈士有五万人。这作出了多大的牺牲啊！我们在赣州听取汇报的时候，了解到赣南参加红军的有三十三万人，参加赤卫队的是五十多万人，赣南牺牲的有名有姓的烈士是十万八千人。从于都长征开始的时候，中央的主力红军八万五千人，这里面赣南的就有五万到六万人。赣南对中国的革命作出了重大的贡献、重大的牺牲。我在赣州开座谈会时说过，中国人民不应该忘记老区人民，应该支持老区的发展。这也是一笔巨大的精神财富。

---

　　* 这是吴邦国同志在江西省考察工作时讲话的一部分。

关心群众生活，我想讲的第一件事，就是关心老区，全国都要支持老区。江西现在最低生活保障标准一百零四元，太低了，我们无论怎么样要想办法关心一下。要特别关心老红军和老红军的遗属，他们是为中国革命作过贡献的人。在瑞金那天晚上当地同志给我们演了四十分钟的小节目，还唱了《红井水》那首歌。我们到红井看了，饮水不忘挖井人啊，这个小学课本都有啊！不能忘本啊！对老区的发展中央是很重视的，像江泽民同志、胡锦涛同志都很重视，我们都要多多关心。

第二件事，就是"两个确保"和"一个低保"不能有丝毫的差错。在当前情况下，尤其是江西的底子比较薄，国有企业的包袱也比较多，"两个确保"和"一个低保"里的应保尽保一定不能有丝毫的差错。这都是基本的和最低的生活保障，你稍微波动一下的话，人家就过不下去啦，老百姓就可能闹事，社会就不稳定啊！我们讲"三个代表"，这些都是很现实的。

第三件事，就是再就业问题。在当前存在非典的形势下，有的地方再就业就比较难了。饭店等一些行业影响很大，有的都关门了。但是，有些工作是可以做的。比如一些大型国有企业实行主辅分离，辅业改制，走向社会，不再自己做，这都有很明确的政策。另外，有些地方招工不行啦，但有些地方是需要人的时候，如社区正是需要人的时候。你们江西还有这么多的开发区，安置就业还有潜力。开发区讲投资回报，讲投资效益，这也是很重要的一个方面。工作要落实，政策要落实。比如社保补贴，有些特殊岗位的工资补贴，小额贷款，担保基金，贷款的贴息，一站式服务，免费培训等等都要落实，要把这个事好好抓一抓。不要因为有非典以后，把能做的也搞成不能做的啦。江泽民同志

2003 年 5 月 15 日至 20 日，吴邦国深入江西省南昌、赣州、吉安等 8 个市县的工矿企业、城镇乡村和建设工地，考察非典防治工作和经济建设情况。图为 5 月 15 日吴邦国在南昌考察企业。

讲，就业是民生之本。解决困难群众的生活，依靠那点救济不是长久之计，苦熬是熬不长的，最后还是要靠就业来解决问题。

第四件事，就是对受非典影响的特殊行业，要采取扶持的政策。中央也发了文，不要使企业破产了，破产后还要安置，你扶一扶，付出的代价还小。在这种情况下，没有营业收入，哪来什么费啊、税啊！扶一下，也是培植税源，保护税源。

下基层要坚持轻车简从 [*]

（二○○三年六月二十三日）

伍贻业 [1] 教授反映的问题我亦有同感。虽每次下基层，都强调轻车简从，减少当地主要干部的迎送和陪同，但似已成成例，难以改变。建议中办 [2] 研究一办法，上下共同遵守，以体现中央一贯体察民情，务实、高效的作风，以上意见供酌。

注　释

[1] 伍贻业，南京大学教授、第十届全国政协委员。
[2] 中办，即中共中央办公厅。

＊　这是吴邦国同志在全国政协办公厅报送的材料上的批示。

老工业基地振兴的根本出路
在于深化改革、继续调整[*]

（二〇〇四年九月一日）

辽宁老工业基地的改造调整已进行多年，现在已经有了一定基础，摸索了一些路子。党的十六大提出支持东北地区等老工业基地加快调整和改造，中央作出了振兴东北地区等老工业基地的战略决策，这为辽宁老工业基地振兴创造了难得的新的重大机遇。实现辽宁老工业基地振兴目标，根本出路在于深化改革，在于继续调整。关键是要抓住机遇，树立和落实科学发展观，注重经济增长的结构、质量和效益，注重城乡、地区之间的协调发展，注重生态建设、环境保护和可持续发展，注重经济、社会和人的全面发展。这里，我讲三点意见。

一、深化国有企业改革。

辽宁这些年国有企业改革取得了很大成绩，说明这几年工作没有白干。现在工作也比较扎实，但改革有待深化。比如鞍钢，主业精简到三万二千人，但辅业有八万人，还有大集体十六万人。这些问题的最终解决，只能靠深化改革。再比如炼油行业，国外先进水平一千万吨的炼油厂也就用三百多人，我们同规模的

企业一般是一两万人，大连石化精简后还有三千多人，差距是很明显的。这类问题在辽宁可能更为突出。几年前，我在上海宝钢集团联合重组经验座谈会上就提出，在我国要形成三十至五十个具有国际竞争力的企业集团。当时参加会议的都是全国各行业数一数二的大企业的负责人。我对他们讲，你们要瞄准世界一流企业，绝不能满足于国内"甲Ａ"联赛争冠，有本事到世界杯上去比一比。记得中石油到海外上市，国外承销商在定价时按三流企业标准定价。开始我们很不服气。后来看看人家的定价标准，不服气不行。因为我们企业的核心指标，像劳动生产率、盈利水平、科技创新能力等，都比世界一流的企业差很多。所以一定要深化改革，通过改革、改组、改造和加强管理，形成具有国际竞争力的大企业大集团。当然，改革也不能太急了，要妥善处理好改革发展稳定的关系。

另外，还有一个重组的任务。从这次来看的情况，大连重工、起重集团的重组就比较成功。大连新船重工、大船重工也在搞重组。沈阳鼓风机厂、水泵厂和压缩机厂也开始重组。我跟鞍钢的同志讲，能不能以鞍钢为龙头把辽宁的钢铁企业重组一下。这可能是目前辽宁企业重组的重头戏。这件事做好了，意义非同一般，不仅会大大增强辽宁钢铁行业的竞争力和抵抗风险的能力，也有利于全国钢铁业的健康发展。辽宁省的国有资产存量很大，不能在省内搞重复建设，不要在省内搞"窝里斗"。我觉得在一个省里还是要以协调、协作为主。当然，重组是件很困难的事情，统一思想很不容易，还有权利重新配置、利益重新分配，以及地方税收调整、企业文化融合等。但这道坎我们必须迈过去。迈过去了，将是一片崭新的天地。

二、毫不动摇地发展非公有制经济。

这是党的十六大提出的方针。很多地方的实践表明，商贸、餐饮、服务业非国有经济比原来的国有经济干得好，国有企业把"铁饭碗"一捧就弄不好。中小工业企业也应大力发展非公有制经济。当然，现在发展非公有制经济与八十年代初已有很大不同，发展起点应该高一点。还是两条路，一是扶植发展一批本地优势企业，二是积极引进其他地区知名企业。这次在辽阳看到，忠旺集团为什么发展那么快？一是依托鞍钢，一年吃二百万吨钢材，开始搞钢管，现在搞彩涂板。二是依托辽阳化工，搞一些塑料制品。三是依托抚顺的铝厂，搞铝型材的加工。四是离沈阳近，靠近市场，这样就比较扎实。另外，发展民营经济，可以像南方一样搞一点知名品牌。我专门去看过浙江的民营企业，设备和管理水平都是世界一流的。嘉善不产一立方米木材，但全国百分之七十的胶合板都在那里生产。绍兴的袜子生产，专业化程度很高，设备先进，产品行销全世界。像这样的民营企业的发展不仅活跃了地方经济、扩大了就业，还成为地方经济的生力军。毫不动摇地发展非公有制经济，对于辽宁老工业基地振兴具有特殊意义。不搞好非公有制经济，国有企业改革难以深化，国有经济布局调整战略也难以推进，就业结构调整和所有制结构调整也难以落到实处。所以我一再强调要像抓国有企业改革发展一样，毫不动摇地发展非公有制经济。

三、完善社会保障，加强和促进就业再就业工作。

社保问题、再就业问题在辽宁是一件很重要的事情，因为辽宁产业工人多，这几年辽宁全省社保试点取得了很大成绩，基本达到了预期目标。现在的问题主要有三个：一是并轨后还有几万人；二是债务问题，大概一个人一万元，还了百分之八十；三是并轨以后失业保障资金不够。解决这些问题，国家肯定会给点支持，但最终解决问题还是靠辽宁自己。另外，辽宁的再就业搞得不错，现在小额贷款增加，当时搞的时候就是怕下岗职工贷款手续繁琐，贷不到，明确由地方出担保基金，中央财政贴息。现在看来，中央关于促进下岗职工再就业的政策措施是得人心的，落实情况总体上也是好的。希望持之以恒，把促进再就业的工作扎扎实实地向前推进，使有就业愿望和就业能力的下岗职工尽快实现再就业。只有再就业了才是最根本的保障。还有失地农民的问题现在也很突出。征地给的钱吃不了几年，但耕地已经没有了，这些人也要纳入低保，同时要促进这些人多种形式就业，否则难以稳定。

中央实施东北地区等老工业基地振兴战略，是辽宁振兴发展新的难得机遇。一定要抓住机遇，加快发展。记得一九九二年小平同志视察南方来到上海，当时我在上海工作，小平同志跟我谈得最多的就是抓住机遇。他说，人的一生可能会犯一些错误，但千万不能丢掉机遇。对上海来讲发展机遇是不多的，一定要抓住。讲得很严肃。我想，这次实施振兴东北地区等老工业基地战略，对辽宁来讲也是不可多得的机遇。希望辽宁省上上下下进一步统一思想，抓住机遇，通过艰苦奋斗，实现辽宁老工业基地的振兴。这是中央的要求，是辽宁老百姓的共同心愿。

在宁夏中宁县保持共产党员先进性
教育活动党员干部会议上的讲话 *

（二〇〇五年三月二十日）

同志们：

根据中央的统一安排，我这次来宁夏中宁参加联系点先进性教育活动，这是中央政治局常委参加先进性教育活动的重要内容。来的时间不长，听了中宁县委的汇报，考察了一些先进性教育的基层单位，参观了一些企业，刚才又听了几位同志的发言。宁夏中宁先进性教育活动进展顺利，思想上重视，组织上落实，认识上到位，党员积极参与，结合实际在活动内容与形式上有创新。虽然先进性教育活动开展时间并不长，但已经取得了初步成效。我是第三次来宁夏，上一次是为有色企业下放的问题来进行调研。时隔五年，看到宁夏由西部大开发带来了很大变化，看到全区上下干部群众良好的精神面貌，很高兴，也很受教育。

下面，我就开展先进性教育活动讲五个问题。

一、进一步认识开展先进性教育活动的重大意义。

为加强新形势下党的建设，根据党的十六大和十六届四中全

---

* 根据中共中央政治局常委参加保持共产党员先进性教育活动的安排，吴邦国同志三月十九日至二十日到先进性教育活动联系点宁夏中宁县了解情况，调查研究，指导先进教育活动。

会精神，中央决定，从今年一月起，用一年半左右的时间，在全党开展以实践"三个代表"重要思想为主要内容的保持共产党员先进性教育活动。这是党中央为加强党的先进性建设、提高党的执政能力而采取的一项重大举措。

第一，加强党的先进性建设是马克思主义政党自身建设的根本任务。先进性是马克思主义政党的根本特征，也是马克思主义政党的生命所系、力量所在。长期以来，我们党之所以能够团结带领全国各族人民不断取得革命、建设、改革的伟大成就，归根到底就是始终保持了马克思主义政党的先进性。实践证明，党的先进性既不是与生俱来的，也不是一劳永逸的，必须通过坚持不懈的先进性建设才能得到保持和发展。加强党的先进性建设，需要同党在不同历史时期面对的形势、承担的历史任务紧紧联系起来。新世纪新阶段，在全面建设小康社会、加快推进社会主义现代化的进程中，党的先进性既面临着新的要求，也面临着新的考验。我们党要永远保持生机和活力，始终经得住任何风浪的考验，始终成为中国特色社会主义事业的坚强领导核心，就必须坚持不懈地加强党的先进性建设。必须坚持把党的先进性放到当代世界和中国的发展大势中去考察，放到为实现国家富强、民族振兴、社会和谐、人民幸福的工作实践中去检验，扎扎实实做好改革发展稳定的各项工作，在实现党的三大历史任务的进程中进一步体现我们党的先进性。

第二，党的先进性最终要靠党员的先进性来体现。邓小平同志曾经深刻指出，几千万党员都合格，那将是一支多么伟大的力量。党的先进性要靠党员的先进性来体现。党的理论、路线、纲领和方针政策，需要通过科学化、民主化的决策机制集中全党智慧来制定，也需要通过全体党员的扎实工作来贯彻落实；党对于各项事业的领导，需要通过民主集中制依靠党的各级组织来实施，也需要通过每一名党员发挥先锋模范作用来实现；党同人民群众的血肉联系，需要通过坚持和落实党的全心全意为人民服务的宗旨来保持，也需要通过广大党员和群众同甘共苦的实践来加强；党在人民群众心目中的形象，需要通过全党为国家、为人民、为民族不懈奋斗来树立，也需要通过每一名党员的良好作风来体现。因此，保持党的先进性，就必须保持全体党员的先进性。每一名党员都永葆共产党人的先进本色，都发挥先锋模范作用，都深受群众信赖，我们党就一定能够团结带领全国各族人民不断前进，不断开创事业发展的新局面。

第三，开展保持共产党员先进性教育活动是我们党加强先进性建设的重大举措。从总体上说，我们的党员队伍是好的，是有战斗力的，广大党员在各条战线上发挥了先锋模范作用。但是，我们也要清醒地看到，党员队伍中也还存在一些同保持先进性的要求不相适应、不相符合的问题。主要表现在：有些党员理想信念不坚定，宗旨观念淡薄，纪律松弛，精神不振，作风不正，能力不强。这些问题影响党的形象，影响党的事业，影响党的先进性，必须下决心解决。坚持经常性教育与适当的集中教育相结合，是我们党加强先进性建设、解决自身问题的一条重要经验。早在延安时期，我们党就开展了延安整风这场马克思主义思想教育活动。前些年，我们在县处级以上党员领导干部中开展了"三讲"集中教育、在农村党员干部中开展了"三个代表"重要思想学习教育活动，对加强党的先进性建设起到了重要作用。我们要认真发扬这些集中教育活动的成功经验，确保这次先进性教育活动取得成功。

当前，第一批先进性教育活动正在开展。参加第一批教育活动的是全国县及县以上党政机关和部分企事业单位，共有基层党组织约八十万一千个、党员约一千三百八十五万五千名。从前两个月的情况看，由于党中央高度重视，各级党委（党组）组织领导有力，各级领导干部尤其是主要领导同志发挥带头作用，党员、群众主动参与，各级先进性教育活动领导小组及其办公室加强指导，各级督导组认真督促检查，第一批先进性教育活动开局良好、进展顺利。我们要进一步认识开展先进性教育活动的重要性和必要性，坚决贯彻落实中央有关精神和工作部署，狠抓各项工作的落实，切实保证先进性教育活动取得实实在在的成效。

二、准确把握和切实贯彻中央关于先进性教育活动的总体要求。

准确把握中央关于开展先进性教育活动的总体要求，特别是要把握好指导思想、目标要求和指导原则，是搞好这次教育活动的前提。关键是要坚持以邓小平理论和"三个代表"重要思想为指导，贯彻党的十六大和十六届三中、四中全会精神，树立和落实科学发展观，按照立党为公、执政为民的要求，坚持党要管党、从严治党的方针，紧密联系改革发展稳定工作实际和党员队伍建设现状，以学习实践"三个代表"重要思想为主要内容，引导广大党员学习贯彻党章，坚定理想信念，坚持党的宗旨，增强党的观念，发扬优良传统，认真解决党员和党组织在思想、组织、作风以及工作方面存在的突出问题，促进影响本地区本部门本单位改革发展稳定、涉及群众切身利益的实际问题的解决，不断增强党员队伍和党组织的创造力、凝聚力、战斗力，为实现全面建设小康社会的宏伟目标提供坚强的政治保证和组织保证。中央确定的关于先进性教育活动的指导思想、目标要求和指导原则，体现了"三个代表"重要思想对党的建设的要求，体现了党要管党、从严治党方针的要求，着眼点是保持党的先进性、提高党的执政能力、巩固党的执政基础、完成党的执政使命。只要我们准确把握、切实贯彻中央确定的指导思想、目标要求和指导原则，先进性教育活动就一定能够收到成效。在实际工作中，要重点把握好以下五个问题。

第一，要突出实践"三个代表"重要思想这个主题。"三个代表"重要思想是马克思主义中国化的最新成果，是加强和改进党的建设、保持党的先进性的强大理论武器。先进性教育活动强调以实践"三个代表"重要思想为主要内容，就是要进一步用"三个代表"重要思想武装全党，使广大党员真正理解"三个代表"重要思想的精髓，真正掌握"三个代表"重要思想的实质，真正增强贯彻落实"三个代表"重要思想的自觉性和坚定性，把学习理论与改造世界观、推动实际工作结合起来，努力在改造世界观上取得新进步，在实际工作中取得新成绩，切实把"三个代表"重要思想落到实处。

第二，要坚持理论联系实际，切实解决突出问题。能不能在解决一些突出问题和实际问题上取得新进展，把改革发展稳定的各项工作推向前进，是衡量先进性教育活动有没有取得实效的一个重要标准。要弘扬理论联系实际的马克思主义学风，通过先进性教育活动，扎扎实实解决一些突出问题。首先要认真解决好理想、信念、宗旨、作风等方面的问题。要针对查找出来的问题，从思想认识上分析原因，从世界观的高度提出努力方向，进一步坚定共产主义理想和中国特色社会主义信念，做到为民、务实、清廉。其次，要抓紧解决群众反映强烈、通过努力能够解决的实际问题。广大党员特别是党员领导干部要牢固树立和认真落实科学发展观和正确政绩观，大力弘扬求真务实精神、大兴求真务实之风，抓紧解决影响本地区本部门本单位改革发展稳定、涉及群众切身利益的实际问题。在解决问题的过程中，要实事求是、合情合理，不要提那些不切实际的口号，不要追求场面上的轰轰烈烈，要出实招、干实事、求实效。通过抓住和解决突出问题和实际问题，使党员真正受到教育，使群众得到实实在在的利益，感受到先进性教育活动的效果。

第三，要坚持正面教育、自我教育，激励党员发挥先锋模范作用。这次先进性教育活动强调坚持正面教育，就是要通过党员自我教育、自我完善、自我提高，解决自身存在的不符合"三个代表"重要思想的突出问题，解决自身存在的同新形势新任务不适应的突出问题，更好地发挥先锋模范作用。要通过关心爱护党员、宣传先进典型等多种形式，使党员进一步明确新时期保持先进性的具体要求，激发积极向上的内在动力。要正确运用批评与自我批评这个有力武器，促使党员自我认识问题、自我解决问题，增强党员自重、自省、自警、自励的意识和自我提高的能力，为党员保持先进性、发挥先锋模范作用打下良好基础。

第四，要坚持发扬党内民主，走群众路线。党内民主是党的生命。这次先进性教育活动，一定要充分发扬党内民主，尊重党员的民主权利。要认真贯彻《中国共产党党员权利保障条例》，对党员政治上多关心、思想上多沟通、生活上多帮助，广泛听取党员的意见和建议，充分调动党员参加先进性教育活动的积极性和主动性，努力激发党员的自豪感、光荣感、责任感。党组织要切实帮助党员解决工作、学习、生活中遇到的实际困难。同时，要坚持走群众路线，广泛征求和听取群众意见，主动接受群众监督，主动请群众评价先进性教育活动的效果。先进性教育活动结束前，要进行群众满意度测评。多数群众不满意的，必须及时进行"补课"。

第五，要重视发挥党员领导干部的表率作用。领导干部在这次先进性教育活动中要做好表率。各级党员领导干部都要从严要求自己，带头学习、带头查摆问题、带头开展批评与自我批评、带头搞好整改，用自己的模范行动影响和带动广大党员积极投身到先进性教育活动中来。

三、扎实做好分析评议阶段的工作。

分析评议阶段是确保先进性教育活动取得实效的关键阶段，在三个阶段中具有承上启下的作用。这个阶段既是对学习动员阶段工作成效的检验，又是搞好整改提高阶段工作的基础。分析评议搞得好不好，决定着整改提高搞得实不实。这一阶段的工作要重点抓好七个环节，这就是：广泛征求意见，开展谈心活动，撰写党性分析材料，开展专题组织生活会和民主生活会，提出评议意见，反馈评议意见，通报评议情况。为此，要做好以下四方面的工作。

第一，要继续抓好学习提高。把学习贯彻始终，是开展先进性教育活动的基本要求。进入分析评议阶段，学习仍要抓紧，不能放松。对学习动员阶段取得的成果，要切实加以巩固，同时要对照党章和胡锦涛总书记提出的共产党员保持先进性的六条基本要求，对照在前一阶段学习讨论基础上提出的保持共产党员先进性的具体要求，组织党员进行检查和分析评议。要紧密结合党员的思想和实际分析评议阶段的工作要求，组织党员有针对性地精选学习内容，进一步提高认识、端正态度，摆正位置、自觉投入，增强从世界观、人生观、价值观等方面进行自我剖析的自觉性，增强学习实践"三个代表"重要思想的自觉性和坚定性。

第二，要切实找准存在的突出问题。找准问题是解决问题的前提和基础。如果对存在的问题看不到、找不准，解决问题、改进工作就无从谈起。要把查找问题作为分析评议阶段的重要一环，坚持发扬民主，走群众路线，找准党员和党组织存在的突出问题，群众反映强烈的党风、政风、行风方面的突出问题，影响本地区本部门本单位改革发展稳定的突出问题，涉及群众切身利益的突出问题，以及本地区本部门本单位存在的其他突出问题。党员领导干部要带头查找存在的突出问题，特别是理想、信念、宗旨、作风等方面存在的问题。在查找问题时，要诚心诚意听取群众意见，勇于正视和深刻剖析存在的问题，实事求是地认识自己、估价自己。每一名党员都要从思想认识上深刻分析自己身上查找出的问题的原因，党组织和领导班子要从党员存在的突出问题中查找自身存在的问题。

第三，要认真开展批评与自我批评。批评与自我批评，是我们党开展党内生活、解决自身存在问题的一大法宝。只有拿起这个武器，才能荡涤灰尘，有效抵御各种不良风气对党员干部思想和党的肌体的侵蚀。开展批评与自我批评，既要坚持原则又要讲究方式方法，既要严肃认真又不纠缠细枝末节。要本着对党、对人民、对组织、对同志高度负责的态度，从团结的愿望出发，做到自我批评要诚恳、相互批评要中肯。不仅要在生活会上开展批评与自我批评，更要在谈心活动中开展批评与自我批评。有些问题，在会前、会下、会后进行谈心交心，沟通思想，解开疙瘩，互相理解，互相帮助，效果会更好。要坚持实事求是，坚持惩前毖后、治病救人，允许同志对自己的缺点、错误有一个认识的过程。开展批评与自我批评，关键是党员领导干部带头。主要领导干部要把开展批评、帮助班子成员改正缺点错误作为自己的政治责任，同时要勇于进行自我批评，对领导班子的问题要主动承担责任，带头改正缺点错误，带动班子和广大党员、干部把积极健康的思想斗争开展起来，最终达到增进团结、取得共识、促进工作、共同提高的目的。

第四，要牢牢把握关键是取得实效的要求。开展先进性教育活动，关键是取得实效。各级党组织一定要把这个要求落实到先进性教育活动的全过程，当前特别要落实到分析评议阶段的各项工作中去。要坚持边议边改，引导党员把保持先进性的要求同履行岗位职责结合起来，做好本职工作，发挥先锋模范作用。对查找出来的突出问题，具备整改条件的要马上改。领导机关的党员要切实转变工作作风，提高工作效率，更好地服务基层、服务群众。对那些不履行党员义务、不具备党员条件的党员，党组织要区别情况，多做教育工作，促使他们尽快成为合格的党员。通过切实解决问题，让群众感受到党组织和党员在先进性教育活动中发生的新变化，把党员、群众参加和支持先进性教育活动的积极性充分调动起来。

四、切实加强组织领导，确保先进性教育活动扎实推进。

开展先进性教育活动，是全党政治生活中的一件大事。各地区各部门各单位要高度重视，精心组织，统筹安排，切实加强组织领导。

第一，各级党委（党组）要切实负起领导责任。各级党组织要把先进性教育活动作为当前党建工作的重中之重来抓，做到经常听取汇报，全面掌握情况，认真分析形势，精心谋划工作。各地区各部门各单位都要建立落实领导责任制、领导干部联系点制度、督查制度和群众监督评价制度。各级党委、各部门党组主要负责同志作为本地区本部门先进性教育活动的第一责任人，要亲自抓先进性教育活动，带头参加先进性教育活动，在班子中充分发挥表率作用。分管书记要全力以赴地抓，领导班子其他成员也要结合分管工作主动抓。要坚持一级抓好一级，一级对一级负责，重点抓好本级，指导好下级，带动全面。

第二，充分发挥好基层党组织在教育活动中的作用。基层党组织是先进性教育活动的具体组织实施者，对确保教育活动的各项任务落到实处负有重要责任。各级党委、各部门党组要注意突出基层党组织的地位，重视发挥基层党组织的作用，给他们交任务、压担子，让他们"唱主角"。要明确基层党组织在教育活动的每个阶段、每个环节的工作职责和目标要求，并加强督查、考评，促使基层党组织切实履行职责。发挥基层党组织的作用，书记是关键。要明确基层党组织书记是教育活动的直接责任人，通过配齐配强、组织集中培训等形式，着力提高思想理论水平和组织开展教育活动的能力。各级党员领导干部在参加班子先进性教育活动的同时，还要自觉参加所在党支部的活动，以实际行动支持党支部开展工作。要尊重基层的首创精神，鼓励基层勇于探索、开拓创新，上级在部署安排工作时要注意给基层留有足够的发挥创造性的空间。

第三，各级督导组要切实履行好督导工作职责。为搞好第一批先进性教育活动，中央及各地区各部门共组建了一千二百零九个督导组，派驻所属单位开展督导工作。各级督导组要进一步明确自己的职责，紧紧依靠派驻单位党委（党组）开展工作，积极出谋划策，为先进性教育活动领导小组当好参谋。督导组组长要经常和党委（党组）书记沟通，重大问题上统一认识，在工作上形成合力。同时，各级督导组要进一步加强自身建设，不断改进工作的方式方法，不断提高督促指导工作的能力和水平。

第四，各级先进性教育活动领导小组及其办公室要加强领导和具体指导。各级先进性教育活动领导小组及其办公室，肩负着对本地区本部门先进性教育活动的领导和指导责任，要切实加强领导和具体指导。要及时组织力量，对政策性问题进行深入研究，确保教育活动不出偏差、不走过场、取得实效。要加大宣传力度，注意总结推广各地区各部门各单位开展先进性教育活动的好经验、好做法和先进典型以及工作成效，巩固和扩大先进性教育的成效。

五、联系实际，认真开展先进性教育活动，务求取得实效。

前面，我已经从四个方面讲了中央关于先进性教育活动总的精神和要求。这里，我想联系实际，再强调三点。

第一，进一步坚定理想信念。胡锦涛总书记在先进性教育专题报告会上专门讲了这个问题。他强调了两点：一是理想信念始终是共产党人保持先进性的精神动力，要坚定共产主义理想和社会主义信念。二是要认识到实现共产主义是一个非常漫长的历史过程。我国还长期处于社会主义初级阶段。现阶段我们就是要坚定走中国特色社会主义道路的信念，为实现初级阶段的基本路线、基本纲领而奋斗，扎扎实实地做好当前的每一项工作。所以理想信念是一个思想认识问题，更是一个实践问题。

改革开放初期，中国向何处去，很多外国人为我们出主意，其中包括一些对我国友好的人士，这些人开出的"处方"归纳起来，无非是三条：多党制、三权分立、私有化。邓小平同志当时明确指出，中国要走自己的路，这个路就是建设中国特色社会主义道路。具体说，就是不搞多党制，而是坚持中国共产党领导的多党合作和政治协商制度；不搞三权分立、不搞两院制，而是坚持和完善人民代表大会制度；不搞私有化，而是坚持公有制为主体、多种所有制经济共同发展的基本经济制度，坚定不移地发展社会主义市场经济。二十六年过去了，结果怎样？

一是经济上持续快速发展，年均增长百分之九点四。去年国内生产总值达到近一万七千亿美元，对外贸易总额达到一万一千五百亿美元。这些年一共引进外资七千四百亿美元，但保持了我国经济的独立性，关系国计民生的产业始终掌握在国家手中，一批国有企业成为有竞争力的跨国公司。人民生活消费从购买缝纫机、手表、自行车"三大件"，发展到购房、买车、旅游、教育，这是谁都没想到的巨大变化。邓小平同志强调生产力标准。我们选择的政治经济发展道路，解放了生产力，为人民带来了实惠。

二是维护了国家统一、社会稳定。去年我访问非洲，看到多党制给非洲国家带来的结果是社会动荡。我这次回北京后要会见刚果（金）总统。这两天看了一些材料，刚果（金）一下子建立了二百七十多个政党，至今还有武装冲突。去年一些国家发生"颜色革命"，政府垮台。俄罗斯人总结教训，认为原因有三条：一是西方非政府组织基金会的渗透；二是西方在资金上、政治上、组织上支持反对派；三是街头政治，使政权瘫痪、乱中夺权。这些无疑都是正确的，但其根子是这些国家照搬了西方多党制、议会制及军队国家化。最终倒霉的是老百姓。而我们正是坚持自己的政治经济发展道路，在社会转轨过程中维护了国家统一、社会稳定。

三是国际地位大大提高。正如江泽民同志常讲的财大才能气粗。现在西方国家不得不重视我国的大国地位。对我们选择的中国特色社会主义发展道路，西方是不喜欢的。但是，没有任何国家敢对我国轻举妄动。

我们的一些同志，虽在大原则上是清醒的，但一碰到一些具体问题又往往以西方的价值观来衡量中国的体制。所以胡锦涛总书记讲："中国特色社会主义，符合中国国情，符合全国各族人民的利益，因而是中国发展、走向富强的正确道路。"它体现了社会主义的优越性，又体现了广泛的民主性。理想信念教育就是要增强全体党员走中国特色社会主义道路的坚定性和自觉性，警惕西方对我分化、西化。

第二，着力解决群众反映强烈的问题。胡锦涛总书记在新时期保持共产党员先进性专题报告会上的讲话中明确指出："能否解决存在的突出问题，是衡量这次教育活动质量高低、成效大小的一个重要标志。""先进性教育活动的全过程，都要立足于解决存在的突出问题。""特别是要解决好群众反映强烈、通过努力能够解决的突出问题，让群众看到实效。"我们党的根基在人民，血脉在人民，力量在人民。实现人民群众的利益是我们做好一切工作的出发点和归宿。这次开展先进性教育活动，不仅要使党员受教育，也要让群众见实效。试点工作和前一段的实践表明，能否解决群众反映强烈的问题，取得让群众看得见、摸得着的成效，是能否实现教育活动目标要求的关键。昨天，我们听了中宁县委的汇报。在第一阶段，中宁县按照中央的要求和自治区党委的统一部署，坚持边学边改，以先进性教育活动推进各项工作，以工作实效检验先进性教育活动的成效。中宁县的一条经验很好，就是把先进性教育活动与建立为群众谋利益的长效机制结合起来。先进性教育活动是一次集中的学习教育活动，活动本身总是要结束的，但加强党的先进性建设、保持共产党员先进性是长期任务和永恒课题。共产党员先进性不仅要反映在集中活动期间，更重要是要在为群众谋利益的制度化、机制化上做文章。中宁县提出要做到"四个结合"，即把先进性教育活动与转变干部作风相结合、与促进农民增收相结合、与扶贫帮困相结合、与探索建立为群众谋利益的长效机制相结合，受到老百姓的欢迎。最近，县委又及时下发了关于切实解决群众关注的热点难点问题的意见，梳理出了十个方面的问题，如农村群众就医难、农村宅基地管理、村干部养老保险、解决群众子女上高中难、解决部分城区集中供热等，分别明确了整改措施，确定了责任人。梳理出这些问题很好，我看每一件事情都关系到群众的切身利益，体现了中宁县委、县政府通过先进性教育活动，增强了为人民群众谋利益的决心。下一步的关键是要把这些问题解决好，让群众切实感受到先进性教育活动带来的变化和成效。当然，为群众办好事、办实事要量力而行，要考虑方方面面的承受能力，要从我国还处于并将长期处于社会主义初级阶段这一基本国情出发，要从宁夏处于西部地区这一实际出发，能够办的事诚心实意地办好，办不到的事向群众讲清楚，以后有条件再办。总之，希望各级党组织和党员领导干部从立党为公、执政为民的高度出发，深怀爱民之心、恪守为民之责、善谋富民之策，牢记群众利益无小事的道理，时刻把群众的安危冷暖挂在心上，为群众诚心诚意办实事，尽心竭力解难事，坚持不懈做好事。用自己的实际行动感召群众，鼓舞群众，凝聚群众。

第三，切实促进经济社会发展的各项工作，努力构建社会主义和谐社会。开展先进性教育活动，加强党的先进性建设，最终要落实到提高党的执政能力上。要看党能否增强带领全国各族人民实现国家富强、民族振兴、社会和谐、人民幸福的本领。要落实到实现好、维护好、发展好最广大人民的根本利益上。对于宁夏、对于中宁来讲尤为重要的是，必须切实抓好发展这个党执政兴国的第一要务。要坚持经济建设这个中心不动摇。解决我国经济社会发展面临的矛盾和问题，包括构建社会主义和谐社会面临的矛盾和问题，关键还是要靠发展。必须始终坚持发展是硬道理的战略思想，坚持以科学发展观统领经济社会发展全局，在经济发展的基础上不断满足人民群众日益增长的物质文化需要，促进人的全面发展。

宁夏是西部地区，基础不好跟东部比，但宁夏也有自己的优势。一是人少地多。人均耕地和待开垦的荒地零点二三公顷，居全国第二。二是煤炭资源量大质优，人均发电量居全国第二。三是商品粮生产基地，"天下黄河富宁夏"。四是有一定的工业基础。东方钽业、青铜峡铝厂、银川尿素、小巨人数控机床等在全国都有一定知名度。根据我了解的情况，建议你们根据自身的优势和特色，重点做好四篇文章。一是要加强农业。农业还是宁夏经济的基础。现在最重要的是提高农业综合生产能力，包括农田水利和农村基础设施建设。除了搞好粮食生产，看来还需要根据宁夏自然环境的特点大力发展特色农业。在听中宁县汇报时，给我留下深刻印象的是枸杞，现种植面积十万亩，年产一万八千八百吨，七亿元产值，解决二十万人的就业问题。再一点就是已经形成从种植到销售到深加工的一条产业链，现在全国一百三十个城市已建销售网，已形成"宁夏红"枸杞酒等一批深加工新产品，农民收入百分之三十五左右来自枸杞的生产，走出了一条自己的路子。二是要加快基础设施建设和小城镇建设。这几年，宁夏的基础设施已经有了很大的改善。以国道省道为骨架的公路网已经形成，有五百多公里的高速公路，在建的还有二百多公里。下一步除了完善公路网骨架外，还要加强县乡公路的改造和乡村道路的建设。随着经济发展，小城镇建设步伐加快。中宁县城已从五平方公里扩大到八平方公里，城镇人口由七万五千人增加到十一万二千人，城市化率由百分之三十一提高到百分之三十八，在小城镇建设过程中，土地批租年收入达八千万元，解决了旧城改造以及老百姓急需的基础设施建设的资金问题。三是要更加重视社会发展问题。要坚持以人为本，采取有效措施，切实解决人民群众的生活困难。如，南部山区农民的饮水问题、农民看病难的问题、群众子女上学难问题。当然，我前面说了，要量力而行。但在经济发展的同时如何更加重视社会发展问题，是西部省份今后必须解决的重大课题。四是要大力发展特色经济，努力将资源优势转化为经济优势。煤、电是宁夏工业的优势和支柱，要继续搞好，形成规模。钽铌、铝、数控机床、轮胎、尿素等现有生产企业，要保持发展势头。发展县域经济是一篇大文章。中宁县的发展给人的启示：一要结合当地特点，扬长避短。二要以民营企业为主，毫不动摇地发展非公有制经济。三要有自己的品牌。宁夏所处的纬度和气候土壤条件，很适合种植葡萄，枸杞子又是宁夏一宝，要搞好无公害标准化生产，在深加工上多做文章。

我相信，只要宁夏上上下下团结一心，开拓进取，就能走出一条符合宁夏实际的发展路子，再扎扎实实干上五年、十年，宁夏的经济就能跨上一个新台阶，各项社会事业就能取得更大的进步，一个崭新的宁夏必将展现在我们面前。

同志们，我国改革发展正处在关键时期，先进性教育活动进入关键阶段，各方面工作都很繁重。让我们在以胡锦涛同志为总书记的党中央领导下，高举邓小平理论和"三个代表"重要思想伟大旗帜，进一步把先进性教育活动引向深入，夺取改革开放和现代化建设的新成就。

实现科学发展需要着力
解决的几个突出问题[*]

（二〇〇五年七月二日）

　　党的十六大以来，由胡锦涛同志提出来、我们反复强调的，一是树立和落实科学发展观，二是构建和谐社会。这是我们当前和今后一个时期工作的指导思想。科学发展观，虽然讲起来很复杂，但实际上就是要更加注重经济发展的质量、结构和效益，切实改变粗放型经济增长方式；更加注重解决协调发展的问题，包括地区发展不平衡问题、城乡二元结构问题、收入分配差距问题；更加注重人与自然和谐问题。现在资源、环境对经济发展的制约越来越强。如运输问题，我在国务院工作时，日装车最多五万辆，现在十万辆还都反映紧。所以中央反复强调树立和落实科学发展观，构建和谐社会。相信山东有能力也有基础把这些工作做好。

　　第一，要把科技创新放在突出的位置。

　　今年全国人大会议上有一位代表发言，把企业分为四类：四流企业卖苦力，三流企业卖产品，二流企业卖技术，一流企业卖标准。用这个标准衡量一下，现在很多企业是卖苦力的。虽

---

　　*　这是吴邦国同志在山东省考察工作时讲话的一部分。

然产品很先进，但还是卖苦力。如 DVD 在我国产量很大，扣除成本，有十九美元利润，给外国专利费十八美元，我们自己只剩下一美元。看着产品很先进，实际上我们还是卖苦力。为什么？关键是我们没有核心技术。这次我们搞科技发展规划，提出能否用十五年时间，使我国进入科技创新型国家的行列。这是针对全国讲的，山东有条件、有基础，要争取更早进入科技创新型行列。科技创新型有具体的内涵，现在全国科技对经济增长的贡献率是百分之三十九，要进入科技创新型行列，科技贡献率要达到百分之七十以上。我们讲美国是超级大国，他强在哪里？强在科技上。我们搞 CDMA，大钱都让他们赚了。我们集成电路百分之八十五依赖进口，包括手机，为什么？因为我们没有这个本事。要提高科技贡献率，要增加科研投入。不同行业科研投入不同，玻璃产品肯定会少一点，药品研发生产肯定要多一些。目前我们科研投入占国内生产总值只有百分之一点三，进入科技创新型行列，就要达到百分之二点五。也就是讲，今后相当长的一段时间，我们应当考核企业的科研投入。过去的财务制度、会计准则要进行相应调整。我们对外的技术依赖程度，现在是百分之五十，今后应该逐步降到百分之三十以下。另外，还要考核专利数量。现在，我们国家一年的专利数量不如日本一家公司的数量。我讲过要给发明人以重奖。我们不能满足于老产品，需要有技术突破，在今后工作中要特别重视科技创新的问题。江泽民同志讲过，一个民族没有创新能力，是没有前途的民族。中华民族是有创新能力的，有这么好的条件，肯定能搞好科技创新。搞好科技创新，最核心的是人才，一是你的人才要能发挥作用，二是人家的人才能为你所用，包括国内的、也包括国外的。这当中关键是机制问题。我过去抓企业时就讲，在分配上不要怕，有发明创造的就给他高工资。因为企业发展要靠这些人，要有发明创造。希望山东在工作指导上，包括考核、改革方面，要把这个问题放在更加突出的位置。

第二，要把节能降耗放在突出的位置。

在政治局常委会民主生活会上我讲过，像我们目前这种粗放型的经济增长，是难以为继的。比如我们上一届政府任期结束时，当时煤炭用量十亿吨，库存一亿吨。去年我们煤炭用量二十亿吨还不够。才两年时间，煤耗就增加了十亿吨。过去计委有个规划，到二〇二〇年煤炭消耗要控制在三十二亿吨，如果按这个指标倒推，国内生产总值增长百分之一，能源消耗只能控制在百分之零点四二才行。去年，我们国内生产总值增长百分之一，能耗增长达到百分之一点六。现在运煤就这么紧张，三十亿吨煤怎么运？照这个发展趋势，三十亿吨是绝对不够的，可能要五十亿吨、六十亿吨。这样多的煤我们能生产出来吗？即使生产出来能够运出来吗？就是运得出来，二氧化硫排放也是承受不了的问题。其他资源，包括水资源的消耗也是很严重的。再比如现在我们每年从澳大利亚进口七千八百万吨铁矿石，由于需求量大，今年价格一下子涨了百分之七十一点五。这样长期下去怎么能行？今天看了济钢特别受启发。原来认为循环经济主要讲社会效益，现在看不仅有社会效益，而且有经济效益。济钢利用节余煤气实现燃气—蒸汽联合循环发电，把焦炉煤气、高炉煤气，包括转炉的煤气都利用起来了，百分之九十八的工业用水都可以回收循环利用。五年前每吨钢耗水是二十一点四立方，现在每吨是四点九立方。钢产量增加了三倍而水耗却降低了，既有经济效益,又有利于可持续发展。我们应当大力推广这个做法,抓好节能降耗,发展循环经济。在讨论"十一五"规划时,我说原来确定的目标是持续不下去的,所以提出能不能用关联系数,国内生产总值增加多少,能耗增加多少。一九九四年我到北京工作,搞发电规划,按零点七计算的,就是国内市场增长百分之一,国内发电量就要增长百分之零点七。后来逐步降低,最低的时候降到了百分之零点五。而去年是百分之一点六,这样长期下去是维持不下去的。在今后的工作中,要坚决关掉那些严重污染环境的企业。否则,付出的环境代价、安全代价、物耗代价、资源浪费代价太高。另外,还有消费层次的问题。不是灯越多越好,空调越凉越好。现在全国有六十个城市不允许排气量一升以下的汽车上路。不是讲尾气排放,而是按发动机排气量限制,这个思路是不符合低能耗消费的。我建议要下决心把节能降耗提上日程,扎扎实实地做工作。

第三,要把解决深层次矛盾和问题放在突出位置。

山东准备采取有力措施帮扶六个经济实力比较薄弱市的发展,这样的思路很好。一些专家讲到构建和谐社会,总是提到几个数字。第一个是反映收入分配不平均程度的基尼系数。现在到零点四五,警戒线是零点四。第二个是城乡发展不平衡,如城乡收入差距,一般认为是三点二四倍,加上城市的福利,扣除农村虚增的数字,有人认为已经达到六倍。第三个是地区发展的不平衡。要努力缩小这些差距,扩大中等收入者数量。但这不是限制东部地区的发展。如果因此限制东部发展,那就失败了。解决西部问题,最终还要靠东部发展,要靠政府调控,靠对口支援。这是中国的特色。舆论要有正确引导,不要把大家的胃口吊得太高。同时，我们要特别关注困难群体。山东对困难群体包括失地的、下岗的、失业的，还有考上大学念不起书的，都给予帮助，这个做法很好。现在的困难群体，都是我们过去讲的阶级兄弟，有好多都是产业工人，我们一定要更多地去关爱他们。要关心困难群众生活，帮助解决群众的实际困难。

建设一流大学的关键在于创新[*]

（二○○五年九月二十四日）

本世纪头二十年，是我国发展的重要战略机遇期。面对日益激烈的国际经济技术竞争，面对日新月异的世界科技进步，我们必须紧紧抓住和切实用好这个重要战略机遇期，牢固树立和认真落实科学发展观，把科技进步和创新作为经济社会发展的首要推动力，把提高自主创新能力作为调整经济结构、转变经济增长方式、提高国家竞争力的中心环节，把建设创新型国家作为面向未来的重大战略，依靠科技进步和提高劳动者素质来实现全面协调可持续发展，矢志不移地完成全面建设小康社会的历史任务，为实现中华民族的伟大复兴打下更加坚实的基础。

今年是党中央提出实施科教兴国战略十周年。教育是发展科学技术和培养人才的基础，在现代化建设中具有先导性、全局性作用。为了实现全面建设小康社会的宏伟目标和中华民族伟大复兴的壮丽蓝图，我们必须更加坚定地实施科教兴国战略、人才强国战略，切实把发展教育科技事业和培养德才兼备的高素质人才摆在更加突出的战略位置。高等院校承担着培养人才、创新科

---

　　* 这是吴邦国同志在庆祝复旦大学建校一百周年大会上讲话的一部分。

技、传承文明、服务社会等重要使命，在实施科教兴国战略、人才强国战略中具有十分重要的地位和作用。我国所有高等院校都要坚定不移地全面贯彻党的教育方针，坚持教育为社会主义现代化建设服务，为人民服务，与生产劳动和社会实践相结合，推动教育创新，深化教育改革，优化教育结构，提高教育质量，全面推进素质教育，主动适应国家建设和社会发展的需要，努力成为推动我国经济社会发展的重要力量。

建设若干所世界一流大学，是中央从我国现代化建设全局出发作出的一项重大决策。一九九五年，江泽民同志为复旦大学九十周年校庆题词："面向新世纪，把复旦大学建设成为具有世界一流水平的社会主义综合性大学"，明确提出了建设世界一流大学的历史任务。此后，江泽民同志在北京大学、清华大学的校庆讲话中又进一步明确阐述了建设世界一流大学的目标和方向。党的十六大以后，以胡锦涛同志为总书记的党中央对高等教育事业高度重视、十分关心，提出了一系列方针政策和工作部署，继续推进我国高等教育事业发展和一流大学建设。当前，经济全球化趋势深入发展，知识经济方兴未艾，人才竞争日趋激烈，一流大学越来越成为一个国家综合国力的重要体现。因此，建设中国自己的一流大学，是落实科教兴国战略、人才强国战略的重大举措，是关系国家发展、民族复兴的重大任务，是功在当代、利在千秋的大事，必须坚持不懈地抓紧抓好。

建设一流大学，必须从多方面进行努力，但关键在创新。要瞄准世界先进水平，围绕创新这个关键，加强规划，加强工作，努力实现一批高水平大学的跨越式发展。

——一流大学应该成为基础研究和高技术前沿领域原始性创

新的重要源头。要面向国民经济建设主战场，紧密结合我国经济社会发展的实际需要，选择事关经济社会发展、国家安全、人民生命健康、生态环境全局的若干战略领域，集中力量，整合队伍，统筹资源，努力实现重点突破、重点发展，勇攀世界科学高峰。同时，要大力加强应用技术的开发和推广，加快科技成果向现实生产力转化，为我国现代化建设提供强大科技支持。

——一流大学应该成为理论创新和文化创新的重要力量。要坚持以马克思列宁主义、毛泽东思想、邓小平理论和"三个代表"重要思想为指导，坚持正确的世界观和方法论，继承和发扬中华民族的优秀文化传统，积极吸收和借鉴各国文化的有益成果，适应人民群众日益增长的精神文化需要，解放思想，与时俱进，推陈出新，努力创造和传播新知识、新理论、新思想，为我国社会主义经济建设、政治建设、文化建设与和谐社会建设全面发展不断提供创造性的理论成果和强大的智力支持。

——一流大学应该成为汇聚优秀创新人才的重要平台和培养创新人才的重要基地。要坚持以培养中国特色社会主义事业的合格建设者和可靠接班人为己任，适应我国经济社会发展对高素质人才的大规模需要，精心培育，加强德育，提高素质，充分发挥大学高水平科学研究和高质量人才培养相结合的特有优势，为国家和社会源源不断地培养德才兼备的大批人才特别是创新人才。

"长江后浪推前浪，世上新人换旧人。"青年是祖国和民族的未来。创新的希望在青年，祖国的未来在青年。党和人民对广大青年学生寄予殷切期望。全面建设小康社会和社会主义现代化需要你们去努力，中华民族的伟大复兴需要你们去奋斗。青春只有在为祖国和人民的真诚奉献中才能更加绚丽多彩，人生只有融入国家和民族的伟大事业才能闪闪发光。广大青年学生应该与时代同步伐、与祖国共命运、与人民齐奋斗，树立"天下兴亡，匹夫有责"的抱负和"先天下之忧而忧，后天下之乐而乐"的志向，勤奋学习，探索创新，知行合一，德才并进，努力掌握报效祖国、服务人民的丰富知识和扎实本领，养成高尚的思想品质和良好的道德修养，强化创新精神和实践能力，实现德智体美全面发展。

解决农业问题最终
要依靠科技和人才[*]

（二〇〇五年十月十三日）

农业是国民经济的基础，农业、农村和农民问题是关系经济社会发展全局的重大问题，解决好"三农"问题始终是全党全国工作的重中之重，这是由我国的基本国情决定的。在我们这样一个人口大国和农业大国，解决农业问题最终要依靠科技和人才。要牢固树立和全面落实科学发展观，按照建设"生产发展、生活宽裕、乡风文明、村容整洁、管理民主"的社会主义新农村的要求，坚持科教兴国和人才强国战略，增加农业科教投入，加快农业科技进步，应用生物、遗传、信息等高新技术，积极研究和推广动植物品种选育、农业资源高效利用、现代集约化种养殖、农业生物灾害防治、农产品储运深加工等先进适用农业技术，提高科技进步对农业增长的贡献率，推进我国农业由传统农业向现代农业转变、从粗放经营向集约经营转变。要因地制宜调整农业生产结构，大力实施优质粮食产业工程，加强农田水利建设，加快改造中低产田，提高农业机械化水平，加快农业标准化进程，发展农业产业化经营，健全农产品质量安全和动植物病虫害防控体

＊　这是吴邦国同志视察中国农业大学和中国农业科学院时讲话的要点。

系，发展高产、优质、高效、生态、安全农业，实现农业科技和农业生产力的跨越式发展。

2005 年 10 月 13 日，吴邦国在中国农业大学和中国农业科学院考察工作。图为吴邦国在中国农业大学电子阅览室与大学生交谈。

中央提出建设社会主义新农村的目标，为农业院校和农业科研机构带来了难得的发展机遇、提供了巨大的施展舞台，是完全可以大有作为的。广大师生和农业科技工作者，要立足农业和农村主战场，面向世界、面向未来、面向现代化，发愤图强，开拓进取，用自己的实际行动和先进适用的农业科技成果，为实现我国农业可持续发展作出新的更大的贡献。

促进资源节约型、环境
友好型社会建设 *

（二〇〇五年十二月二十九日）

资源环境约束和经济快速增长的矛盾已成为我国经济社会发展面临的一大难题。党的十六届五中全会提出，要把节约资源作为基本国策，加快建设资源节约型、环境友好型社会，确定了"十一五"期末单位国内生产总值能源消耗比现在降低百分之二十左右、基本遏制生态环境恶化趋势的重要目标。这是贯彻落实科学发展观的重大举措。

全国人大代表和常委会组成人员对这个问题十分关注。会议听取和审议了国务院关于当前能源形势与能源安全的报告，在充分肯定国务院工作的同时，指出必须清醒地认识我国能源形势的严峻性。大家认为，造成近年来能源消费弹性系数大幅攀升、能源供求关系紧张、资源环境约束日益加重的根本原因，在于不合理的经济结构和粗放型经济增长方式没有根本转变。大家强调，各地区、各部门一定要把思想统一到党的十六大和十六届五中全会精神上来，深刻领会和全面把握科学发展观的精神实质和深刻

---

* 这是吴邦国同志在十届全国人大常委会第十九次会议闭幕会上讲话的一部分。

内涵，坚持以科学发展观统领经济社会发展全局，切实把科学发展观落实到具体政策措施上、落实到实际工作中。

当前和今后一个时期，应当把转变经济增长方式作为战略重点，更加重视经济增长的结构、质量和效益，使经济增长建立在劳动力素质提高和科技进步的基础上，高效利用资源、降低能源消耗、减少环境污染，促进资源节约型、环境友好型社会的建设，推动经济社会发展尽快转入科学发展的轨道。一要加快推进经济结构战略性调整，坚持走新型工业化道路，促进产业结构优化升级。二要着力增强自主创新能力，注重体制创新和机制创新，提高科技进步对经济增长的贡献率。三要大力开展节能降耗工作。要综合运用财税、价格等政策手段，促进能源资源的节约和有效利用。要开展以节能降耗为核心的新一轮企业技术改造，大力推广和发展循环经济，鼓励循环生产，促进循环利用，倡导循环消费，下决心淘汰落后的、严重污染环境和破坏资源的生产能力。

正确认识和谐社会建设问题 *

（二○○六年四月二十一日）

构建社会主义和谐社会，是党中央提出来的重大战略思想。关于它的重要性、必要性、紧迫性等认识问题，中央已经反复强调。这里，我想着重讲几点。

一是我们讲的和谐社会，不是没有矛盾的社会，而是要化解当前社会的突出矛盾，听之任之就会变成对抗性矛盾。老的矛盾解决了，新的矛盾又会产生，这就是事物发展的辩证法，正是矛盾的运动使整个社会充满生机活力。

二是和谐社会建设要从社会主义初级阶段的基本国情出发，既要尽力而为、积极推进，又要实事求是、量力而行，不能把大家的胃口吊得太高。我经常讲，少一些"锦上添花"，多一些"雪中送炭"。当前要着重解决人民群众最关心、最直接、最现实的利益问题，把好事做实、把实事做好，让人民群众特别是困难群众得到实实在在的好处，共享改革开放的成果。

三是和谐社会建设要针对存在的突出矛盾和问题，深化社会领域的改革，从制度上、体制上、机制上探索解决矛盾和问题的

---

　　* 这是吴邦国同志在上海市考察工作时讲话的一部分。

有效办法。比如，当前收入分配差距问题客观存在，也不容易解决。我们又不能回到以前绝对平均主义的时代，那样的社会是没有活力的，老百姓也不答应。但能不能从制度上、体制上、机制上探索解决缩小收入分配差距的办法，有效调节过高收入，逐步扩大中等收入者比重，着力提高低收入者收入水平，而当前特别要关心困难群众的生活。如果能够找到，那就了不起，改革就会深化，我们的事业就向前迈进一步。

四是和谐社会建设要高度重视社区、居委会和城镇、村委会等城乡基层组织建设，发挥基层党组织的战斗堡垒作用和党员的先锋模范作用，在实践中造就一支致力于社会管理和社会服务的人才队伍。

五是和谐社会建设不仅是个投入和物质建设问题，还有理想信念教育、推进民主法治、提高思想道德素质等工作。没有共同的理想，没有起码的道德规范，没有诚信意识，不可能有社会和谐。我国是一个拥有十三亿人口的发展中大国，有五十六个民族，必须走中国特色社会主义道路，总要有振兴中华的共同理想。一个人在处理人与人的关系、个人与集体的关系、个人与国家的关系上，总要讲点社会责任、社会公德，讲诚信，总要有正确的荣辱观和正确的生活态度。这是构建和谐社会的重要思想基础。江泽民同志曾强调依法治国和以德治国相结合。胡锦涛总书记强调树立正确的荣辱观，提出了"八荣八耻"。这些都是强调要提高人的思想道德素质。

上海在和谐社会建设方面总的讲做得是好的。比如发展不平衡是全国面临的一个大问题，包括地区发展不平衡的问题和城乡发展不平衡的问题。我看上海这个方面的问题就不突出。这次到

2006 年 4 月 20 日，吴邦国在上海市金山区廊下中学考察。

了金山区，金山在我原来的印象中是比较穷的。现在的金山，我看也不错了。金山一年可支配的财力有近五十亿元，而且它的后劲很足。因为它依靠化工区可以搞精细化工，衍生产品很多，又可以搞物流。我在路上讲，崇明县现在相对还是差的。当然，加上市里通过转移支付，崇明一年也有十七亿的可支配财力。解决上海发展不平衡的问题，重点是解决崇明的问题。中央提出财力、基建投资、公共服务向农村倾斜，我建议上海就是要向崇明倾斜。还有，可以组织各区县帮助开发崇明岛，但规划一定要做好。规划要高起点，要结合崇明实际，体现时代精神。上海城乡差别也不是很突出。城市人均收入一万八千元，农村是八千元，但农民的支出少，不像在城市里什么都花钱。全国当前面临的另一个突出矛盾是社会事业发展滞后，社会领域改革滞后。上海这个方面做得也不错。上海建设和谐社会总体上是好的。但是，我想有两个问题，上海能不能做点文章。一是在房屋的动拆迁问题上做点文章，化解这个矛盾。为什么提出这个问题呢？我之前看到一份三月份的群众来信摘要，当时大吃一惊。在三月份的来信中，数量第一位的是河南，第二位是辽宁，第三位就是上海。这里面大量涉及到房屋拆迁。这既然成了上海一个很突出的不和谐的因素，应该认真研究。二是上海能不能结合司法体制改革，在维护司法公正方面走在全国前列。这里包括几个问题，一个是打官司难，要叫老百姓有地方打、打得起官司；现在还反映执行难，法院判了，不执行怎么行啊！再就是提高办案质量，做到司法公正，让人服气；还有再审程序不畅通，群众就会到党委、人大、政府来上访。建议上海认真落实中央司法体制改革的精神，走在全国前面。这里我要强调的是加强基层检察官、法官队伍建设。按道理，检察官、法官是要通过考试的。高法、高检的同志跟我讲，现在有近一半人考试通不过。上海政法队伍的整体素质应该走在全国的前列，因为上海整体文化水平高。另外一个是政法机构内部的监督机制。检察院对法院要切实负起法律监督的职责。法院和检察院内部要建立和完善监督机制，促进公正司法。三是希望上海在原有的基础上，继续深化社会领域的改革，为全国积累经验。这里面包括就业问题、社保问题、教育问题、突发事件的处理、社会管理、公共服务等。现在，应试教育和素质教育的关系没解决好啊！还有，能不能搞一点私立医院？我们国家百分之九十以上都是公立医院。公立医院是保证基本医疗的，有其他服务需求可以去私立医院。另外还有医药流通领域改革问题。现在基本上还是一级批发、二级批发、医药公司再到工厂进药这样一个程序。能不能在医药的流通环节做点文章？医生待遇通过正常渠道解决。这里面涉及医药流通领域的改革问题。总之，希望上海继续深化社会领域的改革，为全国做一点探索，积累一点经验。

构建社会主义和谐社会，要靠党的领导。党中央一再强调，一是保持党的先进性，二是提高党的执政能力。另外，还有干部团结的问题。干部之间就怕不团结，干部之间要相互尊重，以诚相待，讲大局，同心同德。这确实是促进社会和谐的一个关键问题。

构建社会主义和谐社会的
纲领性文件[*]

（二〇〇六年十月十三日）

党的十六届六中全会全面分析了当前的形势和任务，通过了
《关于构建社会主义和谐社会若干重大问题的决定》。胡锦涛同
志在会上就深刻认识构建社会主义和谐社会的重大意义、切实贯
彻好会议精神发表了重要讲话。全会通过的决定，以邓小平理论
和"三个代表"重要思想为指导，全面贯彻落实科学发展观，从
中国特色社会主义事业总体布局和全面建设小康社会全局出发，
提出了到二〇二〇年构建社会主义和谐社会的指导思想、目标任
务、工作原则和重大部署，是指导当前和今后一个时期我们构建
社会主义和谐社会的纲领性文件。

党中央决定党的十六届六中全会专门研究构建社会主义和谐社
会问题，目的是贯彻落实党的十六大和十六届三中、四中、五中全
会精神，更好地推进全面建设小康社会进程。具体讲，主要有以下
几方面的考虑。第一，构建社会主义和谐社会是中国特色社会主义
事业四位一体总体布局的重要组成部分，及时对构建社会主义和谐

* 这是吴邦国同志在全国政协十届常委会第十五次会议上就学习《中
共中央关于构建社会主义和谐社会若干重大问题的决定》所作的报告。吴邦国
同志是决定起草组组长。

社会进行研究并作出全面部署，有利于全面推进中国特色社会主义事业。第二，社会和谐是全面建设小康社会的重要目标，切实做好构建社会主义和谐社会的各项工作，有利于充分调动社会各方面的积极性，抓住和用好我国发展的重要战略机遇期，切实维护和促进改革发展稳定的大局，确保实现全面建设小康社会的目标。第三，社会和谐是中国最广大人民的根本利益所在，把构建社会主义和谐社会的各项任务落到实处，有利于进一步解决好人民群众最关心、最直接、最现实的利益问题，实现好、维护好、发展好最广大人民的根本利益。第四，社会和谐是应对外部挑战的重要条件，保持国内安定和谐的社会政治局面，有利于增强民族凝聚力和抗风险能力，更好地维护国家主权、安全、发展利益。

党的十六届六中全会决定的起草，是在中共中央政治局常委会直接领导下进行的。文件起草工作自始至终坚持发扬民主，集思广益，广泛听取各方面的意见和建议，并同调研工作紧密结合。今年二月，党中央就加强社会主义和谐社会建设征求意见，各地区各部门认真组织学习和讨论，就构建社会主义和谐社会面临的突出问题、主要任务、重要举措等提出了许多意见和建议。党中央还委托中央统战部听取了各民主党派和无党派人士的意见。文件起草组进行了专题调研。为了深入研究有关重要问题，还请中央和国家有关部门做了若干专题研究。在文件起草过程中，各方面的意见和建议得到了充分吸收和采纳。全会决定稿形成后，胡锦涛同志主持中共中央政治局常委会和中共中央政治局会议，对决定稿多次进行讨论。在提交党的十六届六中全会审议前，党中央又将决定稿下发党内外一定范围征求意见。各地区各部门再次对决定稿提出了意见和建议。胡锦涛同志专门主持召开座谈会，听取各民主党派中央、全国工商联的负责同志和无党派人士的意见。党中央对各方面的意见高度重视，对决定稿做了较大幅度的补充和修改。可以说，全会决定具有坚实的实践基础和群众基础，是全党全国各族人民集体智慧的结晶。

全会决定共分八个部分，第一部分阐述构建社会主义和谐社会的重要性和紧迫性，第二部分阐述构建社会主义和谐社会的指导思想、目标任务和原则，第三部分至第七部分阐述构建社会主义和谐社会的主要任务以及确保完成这些任务的重大举措和工作部署，第八部分阐述加强党对构建社会主义和谐社会的领导。

一、关于构建社会主义和谐社会的重要性和紧迫性

社会和谐是我们党不懈奋斗的目标，也是我国各族人民的共同社会理想。新中国成立后，我们建立了人民当家作主的社会主义制度，消除了导致社会对立、产生社会不和谐的制度根源，为实现社会和谐开辟了广阔的道路。长期以来，我们锲而不舍地推进社会主义建设，经济社会发展和人民生活改善取得显著成就，有力地促进了社会和谐。但是，由于对社会主义建设规律的认识需要一个过程，我们在对什么是社会主义、怎样建设社会主义的认识上也出现了失误，甚至发生了"文化大革命"那样严重的错误。党的十一届三中全会以后，我们党在邓小平同志指导下，果断抛弃"以阶级斗争为纲"的错误方针，把党和国家的工作重点转移到社会主义现代化建设上来，坚持以经济建设为中心，坚定不移地推进改革开放，积极推动经济发展和社会全面进步，有力地促进了社会和谐。党的十三届四中全会以后，以江泽民同志为

核心的党的第三代中央领导集体高举邓小平理论伟大旗帜，继续推进改革开放和社会主义现代化建设，强调要在坚持以经济建设为中心的同时，大力发展社会事业，积极推动社会全面进步，极大地促进了社会主义经济建设、政治建设、文化建设、社会建设全面发展。江泽民同志强调，实现经济社会协调发展是我国社会主义现代化建设的一个重要指导方针，必须推进各项社会事业健康发展，使社会更加和谐；要充分调动各个方面的积极性，努力形成全体人民各尽其能、各得其所而又和谐相处的局面；要正确处理改革发展稳定的关系，把不断改善人民生活作为处理改革发展稳定关系的重要结合点；要正确处理新形势下的人民内部矛盾，正确反映和兼顾不同方面群众的利益，使全体人民朝着共同富裕的方向稳步前进。这些重要论断对我们促进社会和谐具有十分重要的指导意义。前不久出版的《江泽民文选》，集中反映了江泽民同志关于发展社会事业和促进社会和谐的深刻思想观点，为我们推进和谐社会建设提供了强大理论武器。

党的十六大报告明确把社会更加和谐列为全面建设小康社会的一个重要目标。党的十六大以来，我们党对社会和谐的认识不断深化。党的十六届四中全会进一步提出了构建社会主义和谐社会的任务，把不断提高构建社会主义和谐社会的能力确定为加强党的执政能力建设的重要内容。二〇〇五年二月，在党中央举办的省部级主要领导干部提高构建社会主义和谐社会能力专题研讨班上，胡锦涛同志发表重要讲话，提出了构建民主法治、公平正义、诚信友爱、充满活力、安定有序、人与自然和谐相处的社会主义和谐社会的总目标。二〇〇五年十月，党的十六届五中全会把构建社会主义和谐社会明确为全面贯彻落实科学发展观必须抓

2006 年 9 月 14 日至 18 日，吴邦国深入黑龙江省的牡丹江、哈尔滨等地考察工作。图为吴邦国在哈尔滨市南岗区文化家园社区同居民亲切交谈。

好的一项重要任务，并提出了一系列工作要求和重大措施。

党的十六届六中全会决定，站在时代和全局的战略高度，深刻总结我们促进社会和谐的实践经验，进一步明确了构建社会主义和谐社会在中国特色社会主义事业总体布局中的地位，在认识深化和理论创新的基础上，从三个方面阐述了构建社会主义和谐社会的重要性和紧迫性。

第一，明确提出社会和谐是中国特色社会主义的本质属性，把和谐写入我国社会主义现代化建设的总体目标。全会决定强调，社会和谐是中国特色社会主义的本质属性，是国家富强、民族振兴、人民幸福的重要保证。构建社会主义和谐社会，是我们党以马克思列宁主义、毛泽东思想、邓小平理论和"三个代表"

重要思想为指导，全面贯彻落实科学发展观，从中国特色社会主义事业总体布局和全面建设小康社会全局出发提出的重大战略任务，反映了建设富强民主文明和谐的社会主义现代化国家的内在要求，体现了全党全国各族人民的共同愿望。这段论述，标志着我们对社会主义本质的认识进一步深化了。

第二，科学分析国际国内形势，深刻论述构建社会主义和谐社会是我们党带领人民把中国特色社会主义伟大事业推向前进的必然选择。全会决定强调，新世纪新阶段，我们面临的发展机遇前所未有，面对的挑战也前所未有。从国际来看，和平、发展、合作成为时代潮流，世界多极化和经济全球化的趋势深入发展，科技进步日新月异。同时，国际环境复杂多变，综合国力竞争日趋激烈，影响和平与发展的不稳定不确定因素增多，我们仍将长期面对发达国家在经济科技等方面占优势的压力。从国内来看，我国社会主义市场经济体制日趋完善，社会主义物质文明、政治文明、精神文明建设和党的建设不断加强，综合国力大幅度提高，人民生活显著改善，社会政治长期保持稳定。同时，我国正处于并将长期处于社会主义初级阶段，人民日益增长的物质文化需要同落后的社会生产之间的矛盾仍然是我国社会的主要矛盾，统筹兼顾各方面利益任务艰巨而繁重。特别要看到，我国已进入改革发展的关键时期，经济体制深刻变革，社会结构深刻变动，利益格局深刻调整，思想观念深刻变化。这种空前的社会变革，给我国发展进步带来巨大活力，也必然带来这样那样的矛盾和问题。我们党要带领人民抓住机遇、应对挑战，把中国特色社会主义伟大事业推向前进，必须坚持以经济建设为中心，把构建社会主义和谐社会摆在更加突出的地位。

第三，准确把握我国发展的阶段性特征，客观分析当前影响社会和谐的突出矛盾和问题。全会决定强调，目前，我国社会总体上是和谐的，我们拥有了构建社会主义和谐社会的各种有利条件。但是，也存在不少影响社会和谐的矛盾和问题，主要是：城乡、区域、经济社会发展很不平衡，人口资源环境压力加大；就业、社会保障、收入分配、教育、医疗、住房、安全生产、社会治安等方面关系群众切身利益的问题比较突出；体制机制尚不完善，民主法制还不健全；一些社会成员诚信缺失、道德失范，一些领导干部的素质、能力和作风与新形势新任务的要求还不适应；一些领域的腐败现象仍然比较严重；敌对势力的渗透破坏活动危及国家安全和社会稳定。这些问题如果处理不好，就会严重影响社会和谐稳定和全面建设小康社会的大局。我们要始终保持清醒头脑，居安思危，深刻认识我国发展的阶段性特征，科学分析影响社会和谐的矛盾和问题及其产生的原因，更加积极主动地正视矛盾、化解矛盾，最大限度地增加和谐因素，最大限度地减少不和谐因素，不断促进社会和谐。要立足当前、着眼长远，量力而行、尽力而为，切实把构建社会主义和谐社会作为贯穿中国特色社会主义事业全过程的长期历史任务和全面建设小康社会的重大现实课题抓紧抓好。

二、关于构建社会主义和谐社会的指导思想、目标任务和原则

构建社会主义和谐社会，首先要明确社会主义和谐社会的性质和定位。我们要构建的社会主义和谐社会，既不同于我国历史

上一些思想家所憧憬的"大同世界"，也不同于空想社会主义者所描绘的"乌托邦"，而是马克思主义关于社会和谐的思想同当代中国实际相结合的产物。我们要构建的社会主义和谐社会，是在中国特色社会主义道路上，中国共产党领导全体人民共同建设、共同享有的和谐社会。这就明确了社会主义和谐社会建设的领导核心、发展道路、实践主体和根本目的。

构建社会主义和谐社会，必须有正确的指导思想。全会决定强调，必须坚持以马克思列宁主义、毛泽东思想、邓小平理论和"三个代表"重要思想为指导，坚持党的基本路线、基本纲领、基本经验，坚持以科学发展观统领经济社会发展全局，按照民主法治、公平正义、诚信友爱、充满活力、安定有序、人与自然和谐相处的总要求，以解决人民群众最关心、最直接、最现实的利益问题为重点，着力发展社会事业、促进社会公平正义、建设和谐文化、完善社会管理、增强社会创造活力，走共同富裕道路，推动社会建设与经济建设、政治建设、文化建设协调发展。

构建社会主义和谐社会既是新世纪新阶段全面建设小康社会的重大现实课题，也是贯穿中国特色社会主义事业全过程的长期历史任务，必须同全面建设小康社会的目标和基本实现现代化的战略目标衔接好，提出切合实际的阶段性目标和任务，有重点分步骤地持续推进。按照党的十六大确立的全面建设小康社会的宏伟目标，根据构建社会主义和谐社会的总要求，全会决定提出了到二〇二〇年构建社会主义和谐社会的目标和主要任务。这些目标任务主要包括六个方面。第一，根据民主法治的要求，提出社会主义民主法制更加完善，依法治国基本方略得到全面落实，人民的权益得到切实尊重和保障。第二，根据公平正义的要求，提出城乡、区域发展差距扩大的趋势逐步扭转，合理有序的收入分配格局基本形成，家庭财产普遍增加，人民过上更加富足的生活；社会就业比较充分，覆盖城乡居民的社会保障体系基本建立；基本公共服务体系更加完备，政府管理和服务水平有较大提高。第三，根据诚信友爱的要求，提出全民族的思想道德素质、科学文化素质和健康素质明显提高，良好道德风尚、和谐人际关系进一步形成。第四，根据充满活力的要求，提出全社会创造活力显著增强，创新型国家基本建成。第五，根据安定有序的要求，提出社会管理体系更加完善，社会秩序良好。第六，根据人与自然和谐相处的要求，提出资源利用效率显著提高，生态环境明显好转。最后强调，要实现全面建设惠及十几亿人口的更高水平的小康社会的目标，努力形成全体人民各尽其能、各得其所而又和谐相处的局面。

构建社会主义和谐社会，必须遵循正确的原则。全会决定提出了"六个必须坚持"的原则。第一条是必须坚持以人为本，讲的是工作的根本出发点和落脚点问题，构建社会主义和谐社会必须把以人为本贯穿始终，做到发展为了人民、发展依靠人民、发展成果由人民共享，促进人的全面发展。第二条是必须坚持科学发展，讲的是工作方针问题，构建社会主义和谐社会必须牢固树立和全面贯彻科学发展观，实现经济社会全面协调可持续发展。第三条是必须坚持改革开放，讲的是工作动力问题，构建社会主义和谐社会必须适应社会发展要求，推进经济体制、政治体制、文化体制、社会体制改革和创新，进一步扩大对外开放。第四条是必须坚持民主法治，讲的是工作保证问题，构建社会主义和谐社会必须加强社会主义民主政治建设，发展社会主义民主，实施依法治国基本方略，通过民主法治来促进社会公平正义。第五条是必须坚持正确处理改革发展稳定的关系，讲的是工作条件问题，构建社会主义和谐社会必须从总体上把握改革发展稳定的关系，维护社会安定团结，切实做到以改革促进和谐、以发展巩固和谐、以稳定保障和谐。第六条是必须坚持在党的领导下全社会共同建设，讲的是工作的领导核心和依靠力量问题，构建社会主义和谐社会必须加强和改善党的领导，同时要团结一切可以团结的力量，齐心协力促进社会和谐。这六条原则是紧密联系的，需要在推进社会主义和谐社会建设的进程中全面加以把握。

三、关于构建社会主义和谐社会的
主要任务和重大举措

构建社会主义和谐社会是一个艰巨复杂的系统工程，必须坚持一切从实际出发。我们在研究构建社会主义和谐社会问题的过程中，注重把握好三个问题。第一，突出重点与兼顾全面相结合。考虑到党的十六届三中、四中、五中全会已经对当前和今后一个时期我国经济社会发展和我们党的自身建设分别作出了部署，决定在总论部分强调应该从中国特色社会主义事业总体布局和全面建设小康社会全局出发来构建社会主义和谐社会，在具体工作部署上则重点讲与经济建设、政治建设、文化建设相并列的社会建设，着重围绕社会建设方面的突出问题进行部署，与社会建设紧密相关的经济建设、政治建设、文化建设等内容在决定中也适当涉及。第二，立足当前与着眼长远相结合。决定力求既对社会主义和谐社会的基本特征进行全面阐述，又紧密联系党的

十六大确定的全面建设小康社会的总体目标提出了到二○二○年构建社会主义和谐社会的目标和主要任务，同时把工作着力点放在当前需要着重加以解决的突出矛盾和问题上。第三，理论与实践相结合。既努力从理论上阐明构建社会主义和谐社会的一系列重大问题，又力求充分吸收各地区各部门在实践中创造的新鲜经验和反馈的意见建议，提出实实在在的政策措施，以增强决定的针对性和可操作性。

在征求意见和调研过程中，各方面共同认为，应该重点抓好以下五项工作：一是要促进经济社会协调发展，为构建社会主义和谐社会提供坚实基础；二是要完善促进社会公平正义的体制机制，为构建社会主义和谐社会提供制度保障；三是要加强思想文化建设，为构建社会主义和谐社会提供精神支撑；四是要加强社会管理、维护社会稳定，为构建社会主义和谐社会提供良好环境；五是要增强社会团结和活力，为构建社会主义和谐社会提供广泛力量。全会决定充分吸收各方面的意见和建议，着重从五个方面对构建社会主义和谐社会作出了工作部署，对经过努力能够解决的问题提出了具体政策措施，对需要在实践中进一步探索解决的问题则明确了基本思路和努力方向。

（一）坚持协调发展，加强社会事业建设。

社会要和谐，首先要发展。社会和谐在很大程度上取决于社会生产力的发展水平，同时还必须注意发展的协调性，因为如果发展长期不协调，不仅发展本身难以持续，而且会引起社会不和谐。改革开放以来，我国经济社会发展取得了举世瞩目的伟大成就，但发展中也存在一些不平衡因素，突出表现为城乡、区域、经济社会发展很不平衡，人口资源环境压力加大。针对协调发展方面存在的问题，全会决定提出了七个方面的政策举措。

一是扎实推进社会主义新农村建设，促进城乡协调发展。党的十一届三中全会以来，我国农业和农村发生了历史性的深刻变化，农产品由长期短缺变为总量基本平衡、丰年有余，农村第二、第三产业蓬勃发展，农村社会事业不断进步，农民生活水平显著提高。但是，与快速发展的城市相比，农村面貌变化仍然较慢。党的十六届五中全会提出建设社会主义新农村的重大历史任务之后，全国对新农村建设的重大意义有了新的认识，普遍认为这是加快解决"三农"问题、促进城乡协调发展的战略举措。全国三十一个省区市都根据中央要求和当地实际，对新农村建设作出了部署。为促进新农村建设不断取得扎扎实实的成效，全会决定强调，要贯彻工业反哺农业、城市支持农村和"多予少取放活"的方针，加快建立有利于改变城乡二元结构的体制机制，推进农村综合改革，促进农业不断增效、农村加快发展、农民持续增收。全会决定在坚持农村基本经营制度、强化支农惠农政策、增加国家对农业和农村投入、加快农业科技进步、调整优化农村经济结构、加快农村基础设施建设和社会事业发展等方面提出了一系列政策措施。全会决定强调，各级政府要把基础设施建设和社会事业发展的重点转向农村，国家财政新增教育卫生文化等事业经费和固定资产投资增量主要用于农村，逐步加大政府土地出让金用于农村的比重。全会决定还强调，要加快推进新型农村合作医疗，逐步建立农村最低生活保障制度，有条件的地方探索建立多种形式的农村养老保险制度，解决好被征地农民的就业和社会保障。

二是落实区域发展总体战略，促进区域协调发展。区域协调发展问题，既是经济问题，也是关系全局的政治问题。按照邓小平同志提出的"两个大局"的战略思想，中央把促进区域协调发展提到重要战略地位，在鼓励东部地区率先发展的同时，提出并实施了西部大开发战略。进入新世纪后，我们又先后实施了振兴东北地区等老工业基地、促进中部地区崛起等加快区域发展的战略，形成了区域发展总体战略，制定了一系列促进区域协调发展的政策措施。但是，目前区域发展不平衡的矛盾依然比较突出，地区间人民生活水平和享有公共服务水平的差距也呈扩大趋势。为加快改变这种状况，全会决定在加大对欠发达地区和困难地区扶持方面提出了以下政策措施。第一，中央财政转移支付资金重点用于中西部地区，尽快使中西部地区基础设施和教育、卫生、

2006年3月17日，吴邦国在天津一汽丰田汽车有限公司第二工厂总装车间考察时了解职工生活和工作情况。

文化等公共服务设施得到改善，逐步缩小地区间基本公共服务差距。第二，加大对革命老区、民族地区、边疆地区、贫困地区以及粮食主产区、矿产资源开发地区、生态保护任务较重地区的转移支付，加大对人口较少民族的支持。第三，支持经济发达地区加快产业结构优化升级和产业转移，扶持中西部地区优势产业项目，加快这些地区的资源优势向经济优势转变。第四，鼓励东部地区带动和帮助中西部地区发展，扩大发达地区对欠发达地区和民族地区的对口援助，形成以政府为主导、市场为纽带、企业为主体、项目为载体的互惠互利机制。第五，建立健全资源开发有偿使用制度和补偿机制，对资源衰退和枯竭的困难地区经济转型实行扶持措施。

三是实施积极的就业政策，发展和谐劳动关系。就业是我国必须长期面对的重大民生问题。经过艰苦努力，我国就业再就业工作取得了显著成绩。但是，必须看到，当前和今后一个时期，我国就业形势依然严峻，劳动年龄人口增长的高峰期、国有企业改革的攻坚期、农村富余劳动力转移的加速期交汇到一起。根据这个情况，全会决定把实施积极的就业政策作为促进协调发展的重要内容，强调要把扩大就业作为经济社会发展和调整经济结构的重要目标，实现经济发展和扩大就业良性互动，并围绕增加就业岗位、加强创业培训和再就业培训、逐步形成城乡统一的人才市场和劳动力市场、强化政府促进就业职能等方面提出了一些新的政策措施。全会决定提出，要统筹做好城镇新增劳动力就业、农村富余劳动力转移就业、下岗失业人员再就业工作，加强大学毕业生、退役军人就业指导和服务。全会决定还强调，要发展和谐劳动关系，完善劳动关系协调机制，全面实行劳动合同制度和集体协商制度，确保工资按时足额发放，严格执行国家劳动标准，加强劳动保护，健全劳动保障监察体制和劳动争议调处仲裁机制，维护劳动者特别是农民工合法权益。

四是坚持教育优先发展，促进教育公平。近年来，教育事业发展较快。但是，教育在发展中也出现了一些问题，如城乡教育差距扩大，农村九年义务教育还存在一些学生辍学现象，农民工子女异地上学难，一些城乡经济困难家庭难以支持子女完成高等教育甚至高中教育，等等。针对这些情况，全会决定强调，要全面贯彻党的教育方针，大力实施科教兴国战略和人才强国战略，全面实施素质教育，深化教育改革，提高教育质量，建设现代国民教育体系和终身教育体系，保障人民享有接受良好教育的机会。要坚持公共教育资源向农村、中西部地区、贫困地区、边疆地区、民族地区倾斜，逐步缩小城乡、区域教育发展差距，推动公共教育协调发展。要落实农村义务教育经费保障机制，在农村并逐步在城市免除义务教育学杂费，全面落实对家庭经济困难学生免费提供课本和补助寄宿生生活费政策，保障农民工子女接受义务教育。要加快发展城乡职业教育和培训网络，努力使劳动者人人有知识、个个有技能。要保持高等院校招生合理增长，注重增强学生的实践能力、创造能力和就业能力、创业能力。要引导民办教育健康发展，规范学校收费项目和标准，坚决制止教育乱收费，切实减轻中小学生课业负担。

五是加强医疗卫生服务，提高人民健康水平。分析起来，看病难、看病贵问题的原因主要包括医疗卫生资源配置不合理、医疗保障制度不健全、公立医院公益性质淡化、药品流通体制改革不到位等方面。因此，全会决定强调，要坚持公共医疗卫生的公益性质，深化医疗卫生体制改革，强化政府责任，严格监督管理，建设覆盖城乡居民的基本卫生保健制度，为群众提供安全、有效、方便、价廉的公共卫生和基本医疗服务。全会决定重点从健全医疗卫生服务体系、改善医疗卫生资源配置、整顿药品生产和流通秩序这三个环节对深化医疗卫生体制改革作出部署。全会决定强调，要重点加强农村三级卫生服务网络和以社区卫生服务为基础的新型城市卫生服务体系建设，落实经费保障措施。要实施区域卫生发展规划，整合城乡医疗卫生资源，建立城乡医院对口支援、大医院和社区卫生机构双向转诊、高中级卫生技术人员定期到基层服务制度，加强农村医疗卫生人才培养。全会决定还强调，要强化公立医院公共服务职能，加强医德医风建设，规范收支管理，建立国家基本药物制度，整顿药品生产和流通秩序，加强食品、药品、餐饮卫生监管，保障人民群众健康安全。

六是加快发展文化事业和文化产业，满足人民群众文化需求。我国文化建设成就显著，城乡文化基础设施逐步得到改善。但是，随着居民消费结构升级和社会教育水平不断提高，人们的文化消费需求有了很大增长，目前文化产品和文化服务的数量和质量还不能满足人民群众的需求，广大农民的文化生活还不丰富。全会决定从三个方面提出了推进文化事业和文化产业共同发展的要求和措施。第一，坚持把社会效益放在首位，坚持把发展公益性文化事业作为保障人民文化权益的主要途径，推进文化体制改革，形成富有活力的文化管理体制和文化产品生产经营机制，推动文化事业和文化产业共同发展。第二，加强公益性文化设施建设，鼓励社会力量捐助和兴办公益性文化事业，加快建立覆盖全社会的公共文化服务体系，优先安排关系群众切身利益的文化建设项目。第三，完善文化产业政策，进一步丰富文化产品和服务。目前，我国文化产业总体规模还比较小，文化产品的进出口存在很大逆差。全会决定强调，要培育国有和国有控股骨干文化企业，鼓励非公有资本依法进入文化产业，以重大文化产业项目带动发展，推动集约化经营，提供价格合理、形式多样的文化产品和服务，增强文化产品的国际竞争力。

七是加强环境治理保护，促进人与自然相和谐。当前，我国环境形势依然严峻，经济社会发展与资源环境不协调的矛盾相当突出，主要污染物排放总量大大超过环境容量，群众特别是环境恶化地区群众要求改善生态环境的呼声越来越高。造成我国环境问题的原因是多方面的，从根本上讲，是由经济增长方式粗放造成的。有的地方在处理环境问题时有法不依、执法不严相当普遍。此外，还有环境保护投入不足、技术装备落后等原因。因此，全会决定强调，要以解决危害群众健康和影响可持续发展的环境问题为重点，加快建设资源节约型、环境友好型社会。要从源头上控制环境污染，推广清洁生产，节约能源资源，依法淘汰落后工艺技术和生产能力，实施重大生态建设和环境整治工程，有效遏制生态环境恶化趋势。要统筹城乡环境建设，加强城市环境综合治理，改善农村生活环境和村容村貌。要加快环境科技创新，完善有利于环境保护的产业政策、财税政策、价格政策，强化污染物排放总量控制，建立生态环境评价体系和补偿机制，强化企业和全社会节约资源、保护环境的责任。要完善环境保护法律法规和管理体系，严格环境执法，加强环境监测，定期公布环境状况信息，严肃处罚违法行为。

（二）加强制度建设，保障社会公平正义。

社会公平正义是社会和谐的基本条件。从我国社会主义初级阶段的基本国情出发，当前既要着力解决影响社会公平正义的突出矛盾和问题，更要注重从制度建设入手，切实保障人民在政治、经济、文化、社会等方面的权利和利益，引导公民依法行使权利、履行义务。为此，全会决定提出要完善六个方面的制度。

一是民主权利保障制度。最广大人民享有广泛而充分的民主权利，是政治上实现社会公平正义的重要内容和标志。全会决定强调，要坚持党的领导、人民当家作主和依法治国的有机统一，依法实行民主选举、民主决策、民主管理、民主监督，积极稳妥地推进政治体制改革，健全民主制度，丰富民主形式，实现社会主义民主政治制度化、规范化、程序化，保障人民享有广泛的民主权利。全会决定还强调了完善民主权利的三个途径。第一，坚持和完善人民代表大会制度、中国共产党领导的多党合作和政治协商制度、民族区域自治制度，从各个层次扩大公民有序的政治参与，保障人民依法管理国家事务、管理经济和文化事业、管理社会事务。第二，推进决策科学化、民主化，深化政务公开，依法保障公民的知情权、参与权、表达权、监督权。第三，扩大基层民主，完善厂务公开、村务公开等办事公开制度，完善基层民主管理制度，发挥社会自治功能，保证人民依法直接行使民主权利。

二是法律制度。以制度建设来保障社会公平正义，最重要的是推进国家经济、政治、文化、社会生活法制化、规范化，以法治理念、法治体制、法治程序维护和促进社会公平正义。全会决定强调，要维护社会主义法制的统一和尊严，树立社会主义法制权威，坚持公民在法律面前一律平等，尊重和保障人权，依法保证公民权利和自由。要坚持科学立法、民主立法，完善发展民主政治、保障公民权利、推进社会事业、加强社会管理等方面的法律法规，加快建设法治政府，加强对权力运行的制约和监督，形成全体公民自觉学法守法用法的氛围。

三是司法体制机制。维护公平、伸张正义是社会主义司法的神圣职责。全会决定强调，要坚持司法为民、公正司法，推进司法体制和工作机制改革，目的是建设公正、高效、权威的社会主义司法制度。要通过完善诉讼等一系列制度、加强司法救助、对贫困群众减免诉讼费、健全巡回审判等多种措施，方便群众诉讼，切实解决打官司难的问题。全会决定还提出了加强司法民主建设、加强人权司法保护、加强和改进执行工作等方面的要求，强调要维护司法廉洁，严肃追究徇私枉法、失职渎职等行为的法律责任。

四是公共财政制度。完善公共财政制度，逐步实现基本公共服务均等化，是政府运用再分配手段保障社会公平正义、促进社会和谐的内在要求。"十一五"规划纲要已经确定，要逐步推进基本公共服务均等化。从我国国情看，公共财政要承担的基本任务是保障政权运转、支持经济建设、提供公共服务和公共产品。为此，全会决定强调，要健全公共财政体制，调整财政收支结构，把更多财政资金投向公共服务领域，加大财政在教育、卫生、文化、就业再就业服务、社会保障、生态环境、公共基础设施、社会治安等方面的投入，加大财政转移支付力度，着力解决县乡财政困难，增强基层政府提供公共服务能力，不断增强公共产品和公共服务供给能力。

五是收入分配制度。收入分配问题关系人民群众切身利益。目前，收入分配秩序问题较多，社会分配不公和收入差距过大现象突出，人民群众对此反映强烈。全会决定针对收入分配领域的突出问题，强调了改革收入分配制度的政策取向，这就是：坚持按劳分配为主体、多种分配方式并存的分配制度，加强收入分配宏观调节，在经济发展的基础上，更加注重社会公平，着力提高低收入者收入水平，逐步扩大中等收入者比重，有效调节过高收入，坚决取缔非法收入，促进共同富裕。全会决定强调，要健全国家统一的职务与级别相结合的公务员工资制度，实行符合事业单位特点的收入分配制度，加强企业工资分配调控和指导，规范国有企业经营管理者收入，实行综合与分类相结合的个人所得税制度。

六是社会保障制度。通过近些年的努力，我国初步形成了与社会主义市场经济体制相适应的社会保障制度框架。虽然我国社会保障发展较快，但仍然存在着覆盖范围小、制度不健全、保障水平低等问题。全会决定根据我国人口老龄化、城镇化、就业方式多样化的趋势，明确提出要逐步建立社会保险、社会救助、社会福利、慈善事业相衔接的覆盖城乡居民的社会保障体系，第一次提出了覆盖城乡居民的社会保障体系的发展目标。在社会保险方面，要完善企业职工基本养老保险制度，加快机关事业单位养老保险制度改革，有条件的地方探索建立多种形式的农村养老保险制度，完善城镇职工基本医疗保险，推进失业、工伤、生育保险制度建设，加快建立适应农民工特点的社会保障制度。在社会救助方面，要完善城市低保、农村五保户供养、特困户救助、灾民救助、城市生活无着的流浪乞讨人员救助等制度。在社会福利方面，要发展以扶老、助残、救孤、济困为重点的社会福利。在慈善事业方面，要完善社会捐赠免税减税政策，增强全社会慈善意识。

（三）建设和谐文化，巩固社会和谐的思想道德基础。

构建社会主义和谐社会，既需要有雄厚的物质基础、坚强的政治保障，又需要有良好的思想文化条件。全会决定提出了建设和谐文化的重大任务，强调必须坚持马克思主义在意识形态领域的指导地位，牢牢把握社会主义先进文化的前进方向，弘扬民族优秀文化传统，借鉴人类有益文明成果，倡导和谐理念，培育和谐精神，进一步形成全社会共同的理想信念和道德规范，打牢全党全国各族人民团结奋斗的思想道德基础。围绕建设和谐文化，全会决定从四个方面作出了部署。

一是建设社会主义核心价值体系。全会决定明确提出了建设社会主义核心价值体系的任务。社会主义核心价值体系是社会主义意识形态的主体，也是建设和谐文化的根本。当前，在改革开放不断深化的条件下，面对意识形态工作的艰巨任务，旗帜鲜明地提出建设社会主义核心价值体系的重大任务，对于坚持社会主义先进文化的前进方向、巩固和发展社会和谐的思想道德基础具有十分重要的意义。关于社会主义核心价值体系的基本内容，全会决定强调了四个方面，这就是：马克思主义指导思想，中国特色社会主义共同理想，以爱国主义为核心的民族精神和以改革创新为核心的时代精神，社会主义荣辱观。这些都是我国社会主义意识形态中最重要的部分，也是我国社会主义制度的思想根基，任何时候都不能动摇。全会决定强调，要坚持把社会主义核心价值体系融入国民教育和精神文明建设全过程、贯穿现代化建设各方面。要坚持用马克思主义中国化的最新成果武装全党、教育人民，加强理想信念教育，加强国情和形势政策教育，增强党的思想理论工作的创造力、说服力、感召力，坚持以社会主义核心价值体系引领社会思潮，最大限度地形成社会思想共识，不断增强对中国共产党领导、社会主义制度、改革开放事业、全面建设小康社会目标的信念和信心。

二是树立社会主义荣辱观。以"八荣八耻"为主要内容的社会主义荣辱观，体现了社会主义基本道德规范和社会风尚的要求，是中华民族传统美德和时代精神的结合。全会决定对树立社会主义荣辱观提出了具体要求，强调要倡导爱国、敬业、诚信、友善等道德规范，在全社会形成知荣辱、讲正气、促和谐的风尚，形成男女平等、尊老爱幼、扶贫济困、礼让宽容的人际关系。要弘扬我国传统文化中有利于社会和谐的内容，形成符合传统美德和时代精神的道德规范和行为规范，发扬艰苦奋斗精神，提倡勤俭节约，反对拜金主义、享乐主义、极端个人主义。全会决定还强调，要加强政务诚信、商务诚信、社会诚信建设，增强全社会诚实守信意识。

三是坚持正确导向。思想舆论导向正确是党和人民之福，思想舆论导向错误是党和人民之祸。随着信息传播技术迅速发展和信息传播渠道日益多样，我国社会舆论环境和舆论格局正在发生深刻变化，坚持正确导向，对保持社会和谐具有重大作用。全会决定强调，新闻出版、广播影视、文学艺术、社会科学，要坚持正确导向，唱响主旋律，为改革发展稳定营造良好思想舆论氛围。新闻媒体要增强社会责任感，宣传党的主张，弘扬社会正气，通达社情民意，引导社会热点，疏导公众情绪，搞好舆论监督。要健全突发事件新闻报道机制，加强对互联网等的应用和管理。

四是广泛开展和谐创建活动。构建社会主义和谐社会是全党全社会的共同任务，需要通过开展多种形式的和谐创建活动和有效的公民教育来增强公民、企业、各种组织的社会责任感。各地广泛开展的群众性和谐创建活动，是广大干部群众进行自我教育的有效形式，是把和谐社会建设各项任务落实到城乡基层的重要载体。全会决定强调，要把和谐社区、和谐家庭等和谐创建活动同群众性精神文明创建活动结合起来，突出思想教育内涵，广泛吸引群众参与，注重促进人的心理和谐，加强人文关怀和心理疏导，塑造自尊自信、理性平和、积极向上的社会心态，形成人人促进和谐的局面。

（四）完善社会管理，保持社会安定有序。

加强社会管理，维护社会稳定，是构建社会主义和谐社会的必然要求。随着改革开放深化和社会主义市场经济发展，我国社会管理的内容、方式、手段等都发生了很大变化，社会管理难度越来越大，人民群众对完善社会管理要求越来越高。这就需要深入研究社会管理规律，创新社会管理体制，整合社会管理资源，逐步建立起与社会主义经济体制、政治体制、文化体制相配套的社会体制，提高社会管理水平。全会决定从建设服务型政府、推进社区建设、健全社会组织等七个方面对完善社会管理作出了部署，概括起来是"四个健全"。

一是健全社会管理格局。近些年来，我国社会结构发生了深刻变化，越来越多的"单位人"转为"社会人"，同时各种社会组织也快速发展。社会组织主要分为四类，包括律师、公证、会计、资产评估等市场中介机构，科教文卫体等领域的民办非企业单位，行业协会、商会、联合会等社会团体，以及各类基金会。新形势新任务要求我们建立政府调控机制与社会协调机制互联、政府行政功能与社会自治功能互补、政府管理力量与社会调节力量互动的社会管理网络。因此，全会决定强调，要健全党委领导、政府负责、社会协同、公众参与的社会管理格局。对政府来讲，主要是树立服务型政府的理念，更加注重履行社会管理和公共服务职能，为群众和基层提供方便快捷优质服务，在服务中实施管理，在管理中体现服务，切实转变职能、强化服务、改进管理、明确责任、提高效能，创新公共服务体制，改进公共服务方式，逐步形成惠及全民的基本公共服务体系。对社区来讲，主要是健全新型社区管理和服务体制，完善基层服务和管理网络，把社区建设成为管理有序、服务完善、文明祥和的社会生活共同体。对社会组织来讲，主要是坚持培育发展和管理监督并重，完善培育扶持和依法管理社会组织的政策，引导各类社会组织加强自身建设，发挥各类社会组织提供服务、反映诉求、规范行为的作用。

二是健全社会管理机制。如何统筹协调各方面利益关系、妥善处理社会矛盾，不仅直接关系到广大人民群众的根本利益，而且直接关系到构建社会主义和谐社会的大局。全会决定提出，要适应我国社会结构和利益格局的发展变化，抓紧建立健全四个机制，即科学有效的利益协调机制、诉求表达机制、矛盾调处机制、权益保障机制。要坚持把改善人民生活作为正确处理改革发展稳定关系的结合点，正确把握最广大人民的根本利益、现阶段群众的共同利益和不同群体的特殊利益的关系，统筹兼顾各方面群众的关切。要推行领导干部接待群众制度，完善党政领导干部和党代表、人大代表、政协委员联系群众制度，健全信访工作责任制，搭建多种形式的沟通平台，把群众利益诉求纳入制度化、规范化、法制化的轨道。要健全社会舆情汇集和分析机制，完善矛盾纠纷排查调处工作制度，建立党和政府主导的维护群众权益机制，实现人民调解、行政调解、司法调解有机结合，综合运用各种手段，把矛盾化解在基层、解决在萌芽状态。要着力解决土地征收征用、城市建设拆迁、环境保护、企业重组改制和破产、涉法涉诉中群众反映强烈的问题，坚决纠正损害群众利益的行为。

三是健全应急管理体制机制。全会决定强调，要形成统一指挥、反应灵敏、协调有序、运转高效的应急管理机制，有效应对自然灾害、事故灾难、公共卫生事件、社会安全事件，提高危机管理和抗风险能力。针对安全事故频发的问题，全会决定强调，要完善安全生产体制机制、法律法规和政策措施，加大投入，落实责任，严格管理，强化监督，坚决遏制重特大安全事故。

四是健全社会治安防控体系。目前，我国社会治安大局总体是稳定的，但影响社会治安稳定的问题不少，各种诱发和滋生违法犯罪的因素增多，重大刑事案件时有发生。确保人民生命财产安全，是构建社会主义和谐社会的重要任务。全会决定强调，要坚持打防结合、预防为主、专群结合、依靠群众的方针，完善社会治安防控体系，广泛开展平安创建活动，把社会治安综合治理措施落实到基层。全会决定提出，要实施宽严相济的刑事司法政策，就是对刑事犯罪要区别对待，既要有力打击和震慑犯罪，维护法律的权威和尊严，又要充分重视依法从宽的一面，最大限度地化消极因素为积极因素。要加强对流浪儿童、服刑人员子女的关心教育，强化吸毒人员感化和管理，改进刑释解教人员帮教安置工作。全会决定还对加强国家安全工作和国防建设作出了部署。

（五）激发社会活力，增进社会团结和睦。

社会主义和谐社会既是充满活力的社会，也是团结和睦的社会。全会决定强调，必须最大限度地激发社会活力，促进政党关系、民族关系、宗教关系、阶层关系、海内外同胞关系的和谐，巩固全国各族人民的大团结，巩固海内外中华儿女的大团结。全会决定从三个方面提出了要求。

一是增强全社会创造活力，形成万众一心共创伟业的生动局面。构建社会主义和谐社会，必须把增强全社会创造活力作为一项重要任务。全会决定强调，要贯彻尊重劳动、尊重知识、尊重人才、尊重创造的方针，发挥人民群众的首创精神，使全社会的创造能量充分释放、创新成果不断涌现、创业活动蓬勃开展。全会决定关于这方面的内容可以概括为"三个坚持"、"三个创业"。"三个坚持"就是：第一，坚持人民群众是历史创造者的观点，党和政府的重大决策和工作部署都要从人民群众的创造性实践中汲取智慧、经受检验，都要依靠人民群众付诸实践、取得实效。第二，坚持发挥生产力作为最活跃最革命因素的决定性作用，坚定不移地通过深化改革破除各种障碍，不断解放和发展生产力。第三，坚持把创新精神贯穿到治国理政的各个环节，保护创新热情，鼓励创新实践，完善创新机制，宽容创新挫折，增强自主创新能力，建设创新型国家。"三个创业"就是倡导自主创业、艰苦创业、和谐创业。全会决定强调这"三个坚持"、"三个创业"，

2006 年 3 月 21 日，吴邦国在河北省廊坊市香河县安平镇扁城村看望村民。

目的是不断增强全社会创造活力，更好地推进中国特色社会主义事业。

二是巩固和壮大最广泛的爱国统一战线，充分调动各方面积极性。今年七月，胡锦涛同志在全国统战工作会议上的讲话中指出，政党关系、民族关系、宗教关系、阶层关系、海内外同胞关系，这是政治领域和社会领域中涉及党和国家工作全局的一些重大关系。全会决定以这五大关系为主线，提出了构建社会主义和谐社会对统一战线工作的要求。全会决定强调，要高举爱国主义和社会主义伟大旗帜，发挥统一战线在促进社会和谐中的独特优势，支持人民政协围绕团结和民主两大主题履行政治协商、民主监督、参政议政的职能，发挥协调关系、汇集力量、建言献策、服务大局的作用，加强各党派、各团体、各民族、各阶层、各界人士的团结和谐。具体来说，在政党关系方面，要贯彻长期共存、互相监督、肝胆相照、荣辱与共的方针，加强同民主党派和无党派人士合作共事，不断发展我国社会主义多党合作事业。在阶层关系方面，要坚持全心全意依靠工人阶级的方针，发挥包括知识分子在内的工人阶级、广大农民推动经济社会发展根本力量的作用，鼓励和支持包括新的社会阶层在内的全体社会主义事业的建设者为经济社会发展贡献力量。在民族关系方面，要认真贯彻落实党的民族政策，牢牢把握各民族共同团结奋斗、共同繁荣发展的主题，广泛开展民族团结进步活动，巩固和发展平等、团结、互助、和谐的社会主义民族关系，使各族人民和睦相处、和衷共济、和谐发展。在宗教关系方面，要全面贯彻党的宗教信仰自由政策，依法管理宗教事务，坚持独立自主自办的原则，积极引导宗教与社会主义社会相适应，加强信教群众同不信教群众、信仰不同宗教群众的团结，发挥宗教在促进社会和谐方面的积极作用。在海内外同胞关系方面，要巩固祖国大陆同胞同香港特别行政区同胞、澳门特别行政区同胞、台湾同胞和海外侨胞的大团结，维护香港、澳门长期繁荣稳定，推进祖国统一大业，共同为实现中华民族的伟大复兴而奋斗。

三是坚持走和平发展道路，营造良好外部环境。我国构建社会主义和谐社会需要营造良好外部环境。党的十六大以来，以胡锦涛同志为总书记的党中央提出了推动建设和谐世界的重大战略思想和重大战略任务。全会决定着眼于为和谐社会建设营造良好外部环境，强调要高举和平、发展、合作的旗帜，坚持独立自主的和平外交政策，坚定不移地走和平发展道路，实施互利共赢的开放战略，维护国家的主权、安全、发展利益，积极争取和平稳定的国际环境、睦邻友好的周边环境、平等互利的合作环境、互信协作的安全环境、客观友善的舆论环境，推动建设持久和平、共同繁荣的和谐世界。

四、关于加强党对构建社会主义和谐社会的领导

全会决定强调，必须充分发挥党的领导核心作用，坚持立党为公、执政为民，以党的执政能力建设和先进性建设推动社会主义和谐社会建设，为构建社会主义和谐社会提供坚强有力的政治保证。全会决定围绕加强党对构建社会主义和谐社会的领导提出了四个方面的要求和措施。

第一，提高各级领导班子和领导干部领导社会主义和谐社会建设的本领。全会决定从领导职责、领导机制、领导班子建设、学习培训等方面提出了一系列新要求新措施，要求各级党委建立科学高效的领导机制和工作机制，选好配强领导班子，深化干部人事制度改革，认真实施体现科学发展观要求的综合考核评价办法，不断提高各级领导班子和领导干部管理社会事务、协调利益关系、开展群众工作、激发社会创造活力、处理人民内部矛盾、维护社会稳定的本领。我们党是执政党，党内和谐对社会和谐具有重要影响。只有加强党内和谐，不断巩固和加强党的团结统一，增强党的凝聚力，才能更好地发挥党的领导核心作用，更好地团结带领人民推进和谐社会建设。全会决定强调，要坚持和完善民主集中制，扩大党内民主，推进党务公开，严格党内生活，严肃党的纪律，增进党的团结统一，以党内和谐促进社会和谐。

第二，加强基层基础工作。构建社会主义和谐社会，重心在基层，必须扎扎实实地做好抓基层、打基础的各项工作。全会决

定围绕加强基层基础工作提出了四个方面的要求。一是加强党的基层组织建设。构建社会主义和谐社会的各项任务，要靠党的基层组织团结带领群众去落实。党的三百五十多万个基层党组织、七千多万名党员能否在和谐社会建设中发挥表率作用，影响极大。全会决定强调，要发挥基层党组织凝聚人心、推动发展、促进和谐的作用，动员和组织广大党员做促进社会和谐的表率。二是深入做好党的群众工作。构建社会主义和谐社会的大量工作同群众工作密切相关，只有把联系群众、宣传群众、组织群众、服务群众、团结群众的工作做好了，构建社会主义和谐社会才能有坚实的基础。全会决定强调，要牢固树立群众观点，一切相信群众，一切依靠群众，认真研究和把握新形势下党的群众工作的特点和规律，千方百计把群众工作做深做细做实。三是大力加强基层政权建设。要增强基层政权的社会服务功能，提高基层政权的社会管理、依法办事能力。四是加强基层干部队伍建设。全会决定提出，要紧紧依靠广大基层干部做好基层基础工作，制定和落实定期轮训、考评激励、待遇保障等制度措施。要严格要求、真心爱护基层干部，积极帮助他们解决工作生活中的困难。

第三，建设宏大的社会工作人才队伍。构建社会主义和谐社会，离不开人才工作的支持和保障。构建社会主义和谐社会，迫切需要社会管理和服务工作转变方式、提高专业化水平，迫切需要众多的各类社会工作人才。全会决定强调，要建立健全以培养、评价、使用、激励为主要内容的政策措施和制度保障，确定职业规范和从业标准，加强专业培训，提高社会工作人员职业素质和专业水平。要制定人才培养规划，加快高等院校社会工作人才培养体系建设，抓紧培养大批社会工作急需的各类专门人才。

要充实公共服务和社会管理部门，配备社会工作专门人员，完善社会工作岗位设置，通过多种渠道广泛吸纳社会工作人才，提高专业化社会服务水平。

第四，深入开展党风廉政建设和反腐败斗争。党风正则干群和，干群和则社会稳。如果腐败现象滋生蔓延而又不能得到有效遏制，就难以维护社会和谐。当前，反腐倡廉总的形势是好的，同时腐败问题在一些地方和部门仍然呈多发态势，违法违纪、损害群众利益的问题仍然比较突出，党内不正之风仍然比较严重，反腐倡廉工作仍然存在薄弱环节。全会决定强调，要坚持党要管党、从严治党，贯彻标本兼治、综合治理、惩防并举、注重预防的反腐倡廉战略方针，推进教育、制度、监督并重的惩治和预防腐败体系建设。要以思想道德教育为基础，加强党章和法纪学习教育，加强党员干部党性锻炼和思想道德修养，教育党员领导干部做道德表率，推进廉政文化建设，筑牢拒腐防变的思想道德防线。要以正确行使权力为重点，用改革的办法推进反腐倡廉制度建设，拓展从源头上防治腐败的工作领域，形成群众支持和参与反腐倡廉的有效机制，健全防范腐败的体制机制。要以保证廉洁从政为目标，加强对领导机关和领导干部的监督，把党内监督与各方面监督结合起来，形成监督合力，提高监督实效。全会决定还强调，要严格要求领导干部廉洁自律、率先垂范，严厉惩治腐败，切实纠正损害群众利益的不正之风。

构建社会主义和谐社会，需要全社会共同努力。全会决定特别强调，构建社会主义和谐社会，必须坚持在中国共产党的领导下全社会共同建设。让我们紧密团结在以胡锦涛同志为总书记的党中央周围，高举邓小平理论和"三个代表"重要思想伟大旗帜，全面贯彻落实科学发展观，万众一心，扎实工作，锐意进取，为把我国建设成为富强民主文明和谐的社会主义现代化国家而奋斗！

用社区和谐促进社会和谐 *

（二○○六年十一月十八日）

要把社区建设摆在更加突出的位置，把社区建设与党的建设、政权建设有机地结合起来。这里讲的社区建设是一个大社区的概念，也包括农村。过去大家都是"单位人"，行政约束比较强。近些年来，我国社会结构发生了深刻变化，越来越多的"单位人"转为"社会人"。这样社区承担的管理和服务的任务就越来越重。我们在新乡看的启明社区，要管社会治安、计划生育、就业、社保、低保，还要负责社区文化建设，组织开展一系列便民服务，工作头绪多、具体而繁杂。

党的十六届六中全会通过的《关于构建社会主义和谐社会若干重大问题的决定》提出，要建立利益协调机制、诉求表达机制、矛盾调处机制和权益保障机制，这里面大量的工作都在基层、在社区。我们要努力把社区建设成为管理有序、服务完善、文明祥和的社会生活共同体。做好社区工作，核心是三条：一是关心居民生活，二是全心全意为大家服务，三是通过服务和管理增强社区的凝聚力，营造安定团结和谐的氛围，用社区和谐促进

---

* 这是吴邦国同志在河南省专题调研时讲话的一部分。

2006年11月14日至18日，吴邦国先后到河南郑州、洛阳、新乡、鹤壁等地就贯彻落实党的十六届六中全会精神进行专题调研。图为吴邦国在新乡七里营镇刘庄村看望村民。

社会和谐。

　　还有一点，就是要高度重视社会工作人才队伍的建设，这是构建社会主义和谐社会的迫切需要。六中全会决定第一次将社会工作者纳入人才队伍的范畴，要求我们在实践中造就一支结构合理、素质优良的社会工作人才队伍，不断提高专业化社会服务水平。

以社会主义核心价值体系
引领社会思潮 *

（二○○六年十一月十八日）

要以建设社会主义核心价值体系为根本，加强和谐文化建设。这是党的十六届六中全会通过的《关于构建社会主义和谐社会若干重大问题的决定》中的一个突出亮点。构建社会主义和谐社会，既需要有雄厚的物质基础、坚强的政治保障，又需要有良好的思想文化条件。

关于社会主义核心价值体系的基本内容，决定强调了四个方面，这就是：马克思主义指导思想，中国特色社会主义共同理想，以爱国主义为核心的民族精神和以改革创新为核心的时代精神，社会主义荣辱观。这些都是我国社会主义意识形态中最重要的部分，也是我国社会主义制度的思想根基，任何时候不能动摇。我们要坚持以社会主义核心价值体系引领社会思潮，最大限度地形成思想共识，不断增强对中国共产党领导、社会主义制度、改革开放事业、全面建设小康社会目标的信念和信心。我国这样一个十三亿人口的发展中大国，如果没有核心价值体系，没有共同的意志，那就什么事情也干不成，根本谈不上发展、也谈

---

* 这是吴邦国同志在河南省专题调研时讲话的一部分。

不上和谐。刚才河南的同志讲了要讲正气，这一点很重要。像河南这样一个近亿人口的大省如果没有正气，就干不成什么事。讲正气，关键是党员干部要讲正气。上梁不正下梁歪啊！构建社会主义和谐社会是全党全社会的共同任务，要通过开展一些有针对性的创建活动，增强大家的社会责任感，巩固社会和谐的思想道德基础。

共同推动信息通信业发展 *

（二〇〇六年十二月三日）

　　这次展会是有史以来参展商最多、规模最大的一次电信展览盛会，集中展示了全球信息通信业发展的新产品、新业务、新技术和新趋势，展会期间还将举办以"生活在数字世界"为主题的世界电信论坛，分析形势、交流经验，探讨加强合作的新途径和新方式。展会的举办对于增进相互了解，促进交流合作，共同推动信息通信业发展，充分发挥信息通信技术对人类社会文明进步的积极作用，都具有重要意义。

　　当今世界，信息通信技术日新月异，应用领域加速扩展，应用方式不断深化。这些变化，既给世界各国和电信运营商、设备供应商带来前所未有的机遇，也带来前所未有的挑战。为了把握机遇和应对挑战，世界各国纷纷利用信息通信技术最新成果，加快电信业结构调整和业务创新，以满足人民需求，推动经济社会发展，并使自己在全球信息化进程中占据主动地位。出席这次展会的，既有国家政府部门负责人和知名企业家，又有许多国家信

---

　　* 这是吴邦国同志在香港举行的二〇〇六年世界电信展开幕式上讲话的一部分。

息通信企业的负责人和专家学者，就充分说明了这一点。

中国政府高度重视信息化建设。在中国改革开放的进程中，中国信息通信业积极适应全球信息化的趋势，实现了跨越式发展。中国信息通信业已由过去的瓶颈产业成长为国民经济的支柱产业和先导产业。一是中国已经成为全球规模最大、增长最快的电信市场。中国已建成覆盖全国、通达世界、技术先进、业务全面的国家信息通信基础网络，无论是网络规模还是用户数均居全球第一，发展速度也位居世界前茅。从二〇〇〇年到今年十月底，固定电话用户由一亿四千五百万户增加到三亿七千一百万户，年均增长百分之二十一；移动电话用户由八千五百万户增加到四亿四千九百万户，年均增长百分之四十；互联网用户由三千三百七十万户增加到一亿三千一百万户，年均增长百分之三十二。目前中国的电话和互联网用户分别占全球的四分之一和十分之一。二是产业发展迅速。从二〇〇〇年到二〇〇五年底，电子信息产品制造业实现的销售收入由六千零七十亿元增加到三万八千亿元，居世界第三，年均增长百分之三十一。一些重要产品产量位居世界第一，预计到今年底微型计算机产量将超过一亿部、移动电话手机产量将达到四亿三千万部，程控交换机产量近八千万线，均占全球产量的三分之一以上。三是电信技术实现跨越式发展。经过二十多年的发展，中国电信业跨越了两个技术发展阶段，电话交换跨越纵横制实现了程控化，长途传输跨越同轴电缆实现了光缆数字化，均达到世界先进水平，数字技术和互联网技术与世界同步发展。四是研发能力不断提高。中国坚持走开放式创新道路，坚持对外合作与自主研发相结合，实现了中国通信设备制造业结构优化升级。目前，华为、中兴等企业已发展为国际知名企业。同时，中国在第三代移动通信、下一代互联网等重要领域的研发水平已步入世界前列。

中国是世界上人口最多的发展中国家，随着工业化、城镇化进程加快，经济持续快速发展，人民生活不断改善，经济结构调整和产业优化升级，都对信息通信业发展提出新的更高的要求。中国政府将继续大力发展信息产业，实施"以信息化带动工业化、以工业化促进信息化"的发展战略。我们将加大电信新业务发展和市场开拓力度，促进区域、城乡电信服务协调发展；加快推动电信业服务增值转变，培育以电信为基础的信息服务业；加强信息资源开发和共享，推进信息技术普及和应用。我们将加快建立和完善以企业为主体的技术创新体系，增强自主创新能力，打造一流的通信产品研发生产基地；积极发展集成电路、软件等核心产业，积极发展新一代移动通信、下一代互联网和数字电视。

中国信息通信业虽然已有相当规模，但仍是当今世界最具发展潜力的信息通信市场。我们将坚持对外开放的基本国策，继续本着平等互利的原则，加强同各国在信息通信领域的合作。我们真诚地欢迎世界各国、各地区的企业来华投资，共同开发中国市场；欢迎跨国公司在华设立研发中心，与中国企业协作开展技术和产品研发。中国政府将依法保护所有外国投资者的合法权益，依法保护各国知识产权和权利人的合法利益，坚决打击侵权和盗版行为。同时，我们鼓励有实力、信誉好的中国企业"走出去"，积极开展国际经济技术合作，为推动全球信息通信业发展作出贡献。

煤炭产业要努力提高抗风险能力[*]

（二〇〇六年十二月二十九日）

大同在发展生产时，除量的扩张外，要特别关注质的提升。循环经济大有可为（除煤矸石、炉渣、余热外还有水），深加工也有文章可作，在发展战略上要努力提高抗风险的能力，这也是竞争力的体现。

---

* 这是吴邦国同志在大同煤矿集团来信上批示的一部分。

提高全社会资源环境意识 *

（二〇〇七年四月二十七日）

节约资源和保护环境是我国的基本国策，是功在当代、利在千秋的大事。我就进一步搞好中华环保世纪行活动[1]提出三点希望。

一要广泛宣传和普及节约资源和保护环境的法律法规，提高全社会资源环境意识，让节能环保家喻户晓、深入人心，成为全社会的自觉行动。

二要紧紧围绕节能减排目标，抓住社会普遍关注、人民群众反映强烈的问题开展活动，进一步增强活动的针对性和实效性。

三要充分发挥舆论监督和群众监督的作用，注重采访报道的深度，宣传成功经验、弘扬先进典型，揭露违法案件、鞭挞不良行为，为节约资源和保护环境创造良好的社会舆论氛围。

建设资源节约型和环境友好型社会是一项紧迫而长期的任务。各地区、各部门要从贯彻落实科学发展观、构建社会主义和谐社会、实现可持续发展的高度，充分认识节约资源和保护环境

---

　　* 这是吴邦国同志会见参加二〇〇七年中华环保世纪行活动启动仪式的代表和记者时讲话的要点。

的重要性，切实转变发展思路、创新发展模式、提高发展质量，着力转变增长方式，加快调整经济结构，大力开展以节能降耗和保护环境为中心的技术改造，积极发展循环经济，努力推动自主创新，使经济社会发展切实转入科学发展的轨道。

注　释

[1] 中华环保世纪行活动，始于一九九三年，是由全国人大环境与资源保护委员会牵头，中共中央宣传部、国家环保总局等十四个部门共同组织，人民日报、新华社、中央电视台等二十八家新闻媒体参加的大型环保宣传活动。二〇一二年，吴邦国为中华环保世纪行活动二十周年题词："加强生态文明宣传，增强全民节约意识、环保意识、生态意识。"

高速铁路建设是铁路实现
跨越式发展的重大机遇 *

（二〇〇八年一月三日）

　　高速铁路建设是铁路实现跨越式发展的重大机遇，希望抓住机遇，以对国家、人民高度负责精神，坚持质量第一、安全第一，通过引进、消化、吸收、再创新，实现科技和运营的大跨越。

把北京奥运会办成有特色、高水平、世界一流的奥运会[*]

（二〇〇八年四月二日）

目前，奥运圣火已经抵达北京，全球奥运火炬接力已经开始，奥运会筹备工作进入了冲刺阶段。中央对举办好二〇〇八年北京奥运会十分重视，政治局常委会就听了好几次汇报，认真进行了讨论。我曾经讲过，办好奥运会关键看三条：一是开幕式要组织好。开幕式给人的印象最深。从某种意义上说，开幕式搞好了，奥运会就成功了一半。二是在家门口办奥运会，我们要多拿金牌，要创历史纪录。三是不能出事，要保证奥运会安全顺利进行。一出事就前功尽弃。通过这两天的考察，我们看到奥运会场馆设施建设基本完成，竞赛组织工作进展顺利，服务保障措施不断完善，各项筹办工作正在紧张有序推进。我们参观的几个奥运会场馆，比如鸟巢、水立方、老山自行车馆、五棵松篮球馆等，都很有特色，是世界一流的，有些甚至可以纳入建筑教科书。北京市组织大型活动的经验也十分丰富，而且现在奥运会已经深入人心，老百姓很支持。我相信，北京一定能够把各项筹备和组织服务工作做好，一定能够把奥运会办好。

---

[*] 这是吴邦国同志在北京市考察工作时讲话的一部分。

685

　　同时，我们也要看到，"树欲静而风不止"。和平、友谊、进步是奥林匹克运动的宗旨，运动会比赛讲的是公平竞争，应当与政治脱钩。但从历史上看，没有一届奥运会不与政治挂钩。应当讲，我们举办的第二十九届奥运会是面临形势最为复杂的一次。因为中国是目前世界上最大的社会主义国家，是这些年来发展最快和影响力越来越大的国家。一些敌对势力西化、分化中国的图谋一直没有停止，北京奥运会这个机会他们当然不会放过。最近"藏独"分子在西藏等一些地区挑起事端，还冲击我们的驻外使领馆，就说明了这一点。这次闹事有一个特点，就是开始来硬的，开始动武了。他们的目的就是想破坏奥运会，破坏中国的

　　2008年4月1日至2日，吴邦国在北京考察奥运场馆、道路交通、科技园区、都市农业、社区医疗、旧城保护等多项工作。图为4月1日吴邦国在西城区三里河二区考察社区卫生服务站。

形象。现在有的人是冲着破坏奥运会来的，也有的人可能是冲着参加奥运会的外国客人来的。总之，我们要高度重视奥运会的安全保卫工作。当然，一点事不出不太可能，但要确保不出大事。中央对此高度重视，除了原来的奥组委，今年年初又成立了领导小组，习近平[1]同志担任组长，就是要把各方面力量更好地协调起来。希望大家要有充分的思想准备，保持高度警惕，认真做好安全保卫工作，保证在我们的国土上不出事，保证来宾和运动员的安全，保证奥运会顺利进行。

还要做好内部工作，把自己的事情搞好。今年的物价涨幅比较高，股市动荡也很厉害，还有一些深层次的矛盾和问题逐步暴露出来。北京的情况比较特殊，就是我们常说的，大家看病到北京来，上访也到北京来。所以，我们在对境外破坏活动保持高度警惕的同时，要集中精力把自己的事情搞好，促进经济社会又好又快发展。北京是祖国的首都，是全国政治、文化和国际交往中心，做好稳定工作，事关全局、意义重大。要坚持以人为本，加快推进以改善民生为重点的社会建设，促进社会公平正义，着力解决困难群众就业、上学、看病、住房等实际困难。要建立健全社会公共安全、生产安全、食品药品安全和公共卫生安全防控体系，加强基层基础工作，及时化解矛盾纠纷，保证信息准确畅通，完善突发事件应急管理机制，确保社会和谐稳定。

我相信，经过大家共同的努力，我们一定能够把北京奥运会办成一届有特色、高水平、世界一流的奥运会。通过举办奥运会，我们的人民的素质会有很大的提高，民族会更加团结，国家会更加富强，北京的基础设施建设和城市管理也会有更大的进步。

注　释

[1] 习近平，时任中共中央政治局常委、中央书记处书记，国家副主席。

靠低工资提高竞争力的时期已经过去[*]

（二〇〇八年四月二日）

党的十七大报告提出要深化收入分配制度改革。从一九九八年到二〇〇五年的七年间，我国企业利润年均增长百分之三十，财政收入年均增长百分之十八，劳动所得年均增长百分之九点九。也就是说，虽然劳动所得也在稳步提高，但在国民收入初次分配这个"大蛋糕"中的比重越来越小。这样的分配格局，就难以达到增加消费拉动的目的。所以，锦涛同志提出要逐步提高居民收入在国民收入分配中的比重，提高劳动报酬在初次分配中的比重。其实这里面还涉及到劳动价值和资本价值哪一个值钱的问题。我们是社会主义国家，坚持以人为本。坦率地讲，长期靠低工资提高竞争力的时期已经过去了，今后更多的是要在经济结构调整和产业优化升级上下功夫。

缩小收入分配差距问题也十分重要，这些年收入分配的增长大致可以分三个档次，高收入群体每年增长百分之十五，中等收入群体每年增长百分之十，低收入群体每年增长百分之五。而且，由于高收入群体的收入本身基数就大，所以这几年收入分配

---

　　* 这是吴邦国同志在北京市考察工作时讲话的一部分。

689

差距拉得越来越大。当然，这些年我们也采取了很多措施，比如实行最低生活保障等等。但要真正缩小收入分配差距，还有很多工作要做。还有公共服务均等化、维护社会公平正义等问题。这些都需要我们结合实际、创造性地开展工作，逐步加以解决。

走出一条符合内蒙古实际的
科学发展路子[*]

（二○○八年七月十日）

今年和今后一段的工作，党的十七大、中央经济工作会议、"两会"都进行了全面部署。上个月召开的省区市负责同志会上，对抗震救灾、办好奥运、推动经济社会协调发展等工作又作了部署，中央的精神和要求都很明确。具体到内蒙古今后的工作，总的原则是深入贯彻党的十七大精神，全面落实科学发展观，始终坚持发展是硬道理的战略思想，紧紧抓住西部大开发和经济结构调整的历史机遇，因地制宜创造性地开展工作，走出一条符合内蒙古实际的科学发展路子。这里我想强调三点，供大家参考。

第一，把中央精神和内蒙古实际结合起来，创造性地开展工作。

中央精神只能是一个，中央文件不能为某一个省区制定，要适用于全国各省区市。但是全国三十一个省区市的情况是千差万别的。你有没有本事，就是要看你能不能把中央的精神和自身的实际结合好，创造性地开展工作。这里关键是要坚持一切从实际出发，在结合上做文章。内蒙古资源丰富，地域辽阔，人口不

---

* 这是吴邦国同志在内蒙古自治区考察工作时讲话的一部分。

多，潜力巨大，前些年的发展已经有了一个很好的基础。应当说，今天的内蒙古正站在一个新的发展起点上。目前内蒙古在全国排得上第一位的项目有三十七个。当然一些规划中项目还要根据国家的需要和内蒙古的实际充分论证、慎重决策，这说明内蒙古的发展后劲是很足的。我要强调的是，要始终坚持发展是硬道理的战略思想，把发展作为第一要务，用发展和改革的办法解决前进的问题。内蒙古讲来讲去还是西部地区，与东部有差距。发展对全国来讲都是硬道理，对内蒙古这样的中西部地区来讲更是硬道理。但这个发展一定要有新思路，必须是促进经济发展方式"三个转变"[1]的科学发展。只有这样才能实现可持续发展。小平同志曾经说这里地方这么大，资源很丰富，有可能走进全国的前列。江泽民和胡锦涛同志也都对内蒙古发展寄予厚望，要求内蒙古将资源优势转化为经济优势，为国家作出更大的贡献。内蒙古一有基础，二有优势，三有机遇，有条件实现又好又快发展。希望你们抓住机遇，保持良好发展势头，充分发挥自身优势，实现你们的目标，能够在西部地区发展中起到率先作用，尽快缩小内蒙古与东部地区的差距，不断提高在国民经济发展全局中的地位。要紧密结合内蒙古实际，认真贯彻中央精神，创造性地开展工作，做好结合这篇大文章。

第二，走出一条以企业为主体、以市场为导向、产学研相结合的科技创新之路。

自主创新是调整经济结构、推进节能减排、转变经济发展方式的内在支撑和不竭动力。当前，内蒙古正处在结构调整、产业优化升级的关键时期。机不可失，时不再来。一定要抓住这一有利时机，从发展新型特色产业出发，尽快走出一条科技创新的路子。要走出一条符合内蒙古实际的科技创新路子，很重要的一点是要做好煤、天然气的开发和利用这篇大文章，也就是讲，煤化工、天然气化工、盐化工以后将成为内蒙古重要的新经济增长点。江泽民同志对我国的能源问题十分关心，他在《上海交通大学学报》上专门发表了文章，提出要发展大规模煤的气化洁净技术，改进煤的直接液化和间接液化技术，加快研发煤炭多联产技术，其燃料综合利用率将提高十到二十个百分点。说明在这方面大有文章、大有作为。神华集团搞的煤制油项目，就是在做这篇大文章。煤制甲醇是容易的，天然气制甲醇也是容易的，工艺上也是成熟的，但由甲醇再往下走就不容易了，从理论上讲得通，都是碳氢化合物，石油天然气是氢多碳少，煤是碳多氢少，但一到规模生产就很难了。神华集团的煤制油项目，就是要打通煤直接液化工艺技术路线，一条线就可以得到一百多万吨油，这在世界上也是规模最大的。虽然今后在稳定生产上还有大量工作要做，但这条线打通了就是重大突破。我反复问催化剂突破了没有，关键设备突破了没有，工艺流程是谁设计的，装备是谁设计的，有没有自主知识产权，要求他们通过实施该项目，努力掌握煤制油的核心技术。煤化工、天然气化工都有这个问题。实现经济跨越发展，要靠科技的突破。要认真总结神华集团煤制油等项目的经验，在科技体制机制创新上实现突破，走出一条以企业为主体、以市场为导向、产学研相结合的自主创新路子。这对内蒙古实现科学发展至关重要。内蒙古在这方面有不少有利条件。一是煤、气资源丰富，需要综合利用、深度开发。二是大企业多，有资金、有能力。三是这些产业和产品都是国家建设需要、市场急需的。这里的关键是科技人才，要形成有利于创新的体制机制，创造鼓励创新、宽容失败的创新氛围，吸引创新人才，使他们有用武之地。

2008 年 7 月 10 日，吴邦国视察内蒙古亿利资源集团公司重化工循环经济产业园区。

第三，加快解决发展不平衡问题，努力缩小东中西部和城乡差距。

发展不平衡，是我国一大基本国情，内蒙古也不例外。内蒙古区域跨度太大了，从满洲里到鄂尔多斯要飞两个半小时。内蒙古一百一十八点三万平方公里，鄂尔多斯八点七万多平方公里，上海才六千多平方公里，连鄂尔多斯的零头也赶不上。内蒙古发展不平衡的问题也很突出，跟全国一样，也有东中西部差距的问题，还有城乡二元结构的问题。所以，在落实科学发展观过程中，内蒙古能不能在缩小东中西部差距和打破城乡二元结构上，步子快一些，走在全国前列。这对内蒙古来讲，既是发展的内在需要，也有这个条件。一是已经有了一个良好的发展势头，内蒙古东部的增长已高于全区的增长。这次到东部看一看，还是很有条件的。东部的旅游就是一篇大文章。全国人大香港代表团到那里去视察，去了都不愿意走，待了八天，一直跑到大兴安岭里头。那里有特殊的民俗，有俄罗斯文化的影响，还有边贸，而且靠近东北，东北这几年的发展势头也比较好。二是内蒙古人口较少，才两千四百多万人，这个问题比其他地方要好解决。这是一个很大优势。三是内蒙古去年的城镇化率已经达到百分之五十点二。我刚到贵州去了一次，贵州的城镇化率只有百分之二十七。内蒙古解决这个问题比贵州等省区要容易。当然，差距的消除是一个很长的过程，但是应当把它作为宏观调控和各项工作的指导思想，有意识地加强这方面的工作。希望内蒙古在缩小东中西部差距、解决城乡二元结构方面，能走在全国前列。

注　释

[1]"三个转变"，指中国共产党第十七次全国代表大会提出的实现"三个转变"的要求，即促进经济增长由主要依靠投资、出口拉动向依靠消费、投资、出口协调拉动转变，由主要依靠第二产业带动向依靠第一、第二、第三产业协同带动转变，由主要依靠增加物质资源消耗向主要依靠科技进步、劳动者素质提高、管理创新转变。

深入开展学习实践科学发展观活动 *

（二〇〇八年十月二十一日）

　　根据中央的统一安排，我这次来广西田东调研，参加联系点深入学习实践科学发展观活动，这是中央政治局常委同志参加学习实践科学发展观活动的重要内容。来的时间不长，听了田东县委的汇报，到了乡镇农村、厂矿企业、医院学校，刚才又听了几位同志的发言，总的印象是，广西、田东学习实践科学发展观活动开局良好，思想上重视，组织上落实，认识上到位，学习上深入，党员积极参与，并结合实际在活动内容与形式上有所创新。虽然学习实践活动刚刚开始，但已经取得了初步成效。我就中央开展学习实践活动总的精神和要求，讲三点意见。

　　一、进一步深化对开展学习实践活动重大意义的认识，切实增强责任感和使命感。

　　根据党的十七大的部署，中央决定，从今年九月开始，用一年半左右时间在全党分批开展学习实践活动。九月十九日，胡锦

　　＊　根据中共中央政治局常委参加深入学习实践科学发展观活动的安排，吴邦国同志十月十九日至二十一日到广西田东县了解情况，调查研究，指导深入学习实践科学发展观活动。这是吴邦国同志在田东县深入学习实践科学发展观活动党员干部会议上讲话的一部分。

涛总书记在动员大会上发表了重要讲话。胡总书记的重要讲话，精辟阐述了活动的重大意义，对活动作了全面部署，明确提出了目标任务和基本要求，既是一次思想动员，又是一次理论阐述，还是一次党性教育，是开展深入学习实践科学发展观活动的重要指导文件。我们要认真学习、深入领会，用以指导和推动学习实践活动。

在全党开展深入学习实践科学发展观活动，是用中国特色社会主义理论体系武装全党的重大举措，是推动经济社会又好又快发展、促进社会和谐稳定的迫切需要，是提高党的执政能力、保持和发展党的先进性的必然要求，是进一步保持党同人民群众血肉联系的重要步骤。我们一定要从战略和全局的高度，紧密联系实际，深刻认识开展学习实践活动的重大意义。

第一，要站在用中国特色社会主义理论体系武装全党、全面贯彻落实科学发展观的战略高度，紧密联系党员干部思想实际，深化对开展学习实践活动重大意义的认识。科学发展观作为中国特色社会主义理论体系的重要组成部分，是我国经济社会发展的重要指导方针，是发展中国特色社会主义必须坚持和贯彻的重大战略思想。实现党的十七大提出的各项目标任务，关键是要用中国特色社会主义理论体系把全党的思想武装好、统一好，把科学发展观贯彻好、落实好。基层党员干部担负着把党的路线方针政策落到实处、转化为人民群众自觉行动的重要职责。从你们的汇报情况来看，党的十六大以来，田东县委按照中央的要求，组织广大党员干部深入学习实践科学发展观，推动了全县经济社会的发展，科学发展观越来越得到广大党员干部的高度认同，越来越得到人民群众的衷心拥护。通过这次集中的学习实践活动，要使广大党员干部对科学发展观的科学内涵、精神实质和根本要求的认识达到新的高度，要使中国特色社会主义理论体系更加深入人心，推动科学发展观更好地贯彻落实，为实现全县经济社会发展目标奠定更加坚实的思想基础。

第二，要站在适应国际国内形势深刻变化、促进经济社会又好又快发展的战略高度，紧密联系田东县的实际，深化对开展学习实践活动重大意义的认识。当今时代，国际国内形势的相互联系空前紧密，国际国内发展的相互联系也空前紧密。当前，世界金融市场出现动荡、能源资源价格上涨、粮食安全问题突出，国内人口资源环境约束加大、节能减排形势严峻、物价上涨压力增大等，都会程度不同地对县域经济社会发展产生影响。县、市这一级，在我们党的组织结构、国家政权体系中，处于承上启下的关键环节，是国家经济发展、社会和谐稳定的重要基础。开展学习实践活动，坚持以科学发展观为指导，正确认识国际国内发展大势，准确把握国际国内两个大局，特别要针对当前国际金融危机及国内经济运行中存在的一些突出问题和矛盾，采取有效措施，积极应对解决。要把本地区的发展与世情、国情、区情的变化紧密联系起来，树立全局观念，加强战略思维，找准发展定位，发挥自身优势，抢抓发展机遇，破解发展难题，进一步推动全县经济社会又好又快发展。

第三，要站在以改革创新精神推进党的建设新的伟大工程、巩固党的执政基础的战略高度，紧密联系人民群众的新期待，深化对开展学习实践活动重大意义的认识。以人为本是科学发展观的核心。我们党是全心全意为人民服务的马克思主义执政党，党的一切工作都是为了实现好、维护好、发展好最广大人民的根本利益。党的十六大以来，党的执政能力建设和先进性建设得到加强，各级党组织的创造力、凝聚力和战斗力不断提高。今年以来，我们面临的重大任务非同寻常，面对的重大事件也非同寻常。在完成重大任务、应对汶川特大地震灾害等重大事件的斗争中，党的执政能力得到进一步加强，社会主义制度得到进一步巩固，各族人民的民族自信心和自豪感得到进一步增强，我国的国际地位和国际影响力得到进一步提高。我们党经受住了考验，各级党委、政府和领导干部经受住了考验，人民军队经受住了考验，广大人民群众经受住了考验。同时，我们也要清醒地看到，面对新的形势和任务，与科学发展观的要求相比，党的工作和党的建设还存在一些不完全适应、不完全符合的问题。开展学习实践活动，全面推进党的思想建设、组织建设、

2008 年 10 月 20 日，吴邦国在广西田东县考察时和群众亲切交谈。

作风建设、制度建设和反腐倡廉建设，引导广大党员特别是各级领导干部始终坚持立党为公、执政为民，始终坚持以人为本，始终把人民群众的安危冷暖放在心上，不断提高推动科学发展、促进社会和谐的能力，必将进一步加强党的执政能力建设和先进性建设，进一步保持党同人民群众的血肉联系，使我们党的执政基础更加稳固。

总之，各级党组织和广大党员干部一定要深刻认识开展学习实践活动的重大意义，把开展学习实践活动作为我们应对挑战、解决矛盾、统一思想的重大契机，积极投入到学习实践活动中来。通过开展学习实践活动，进一步把党的政治优势和组织优势转化成为推动经济社会又好又快发展的强大力量，为实现全面建设小康社会的奋斗目标进一步奠定重要的思想基础、政治基础和组织基础。

二、正确把握中央关于开展学习实践活动的总体要求，紧密结合实际，努力使学习实践活动取得实效。

中央关于开展学习实践活动的总体要求，集中体现在《中共中央关于在全党开展深入学习实践科学发展观活动的意见》和胡锦涛总书记的重要讲话精神之中。在全党开展深入学习实践科学发展观活动，要全面贯彻党的十七大精神，高举中国特色社会主义伟大旗帜，以邓小平理论和"三个代表"重要思想为指导，突出深入学习实践科学发展观这个主题，把握"坚持解放思想、突出实践特色、贯彻群众路线、正面教育为主"的原则，以县级以上领导班子和党员领导干部为重点，着力转变不适应不符合科学发展观要求的思想观念，着力解决影响和制约科学发展的突出问题以及党员干部党性党风党纪方面群众反映强烈的问题，着力构建有利于科学发展的体制机制，真正做到让党员干部受教育、科学发展上水平、人民群众得实惠，确保学习实践活动见实效。

前不久召开的党的十七届三中全会，全面分析了当前形势和任务，回顾总结了我国农村改革发展的光辉历程和宝贵经验，作出了《中共中央关于推进农村改革发展若干重大问题的决定》。决定深刻阐述了新形势下推进农村改革发展的重大意义，明确提出了推进农村改革发展的指导思想、目标任务和重大原则，提出了推进农村改革发展的总体思路、加强农村制度建设的重大任务、发展现代农业的重大举措、发展农村公共事业的重大安排，对推进农村改革发展进行了全面部署，对提高各级党组织领导农村工作的水平提出了具体要求。决定是当前和今后一个时期全党全国推进农村改革发展的纲领性文件。认真学习贯彻党的十七大和十七届三中全会精神，对于进一步统一全党全社会认识，深入贯彻落实科学发展观，加快推进社会主义新农村建设，大力推动城乡统筹发展，夺取全面建设小康社会新胜利，开创中国特色社会主义事业新局面，具有重大而深远的意义。

田东县作为一个以农业为主的西部欠发达县，当前，特别要把开展深入学习实践科学发展观活动与贯彻落实党的十七届三中全会精神紧密结合起来。在学习调研阶段，要把十七届三中全会精神作为学习培训、解放思想的重要内容；在分析检查阶段，要把十七届三中全会精神作为查找突出问题、创新体制机制的重要依据；在整改落实阶段，要把十七届三中全会精神作为制定整改落实方案、完善整改措施的重要遵循，扎实推进十七届三中全会精神的贯彻落实。

整个学习实践活动，要始终注重实效，着力在以下四个方面下功夫。

第一，要在深化理论武装上下功夫。在抓好县级领导班子自身学习的同时，要组织广大党员干部认真学习党的十七大报告、十七届三中全会决定、《毛泽东邓小平江泽民论科学发展》和《科学发展观重要论述摘编》，县级领导干部还要认真学习《深入学习实践科学发展观活动领导干部学习文件选编》，使广大党员干部特别是县一级的党员领导干部，进一步加深对科学发展观的理解，努力掌握科学发展观所体现的马克思主义基本立场、观点和方法，切实增强贯彻落实科学发展观、走科学发展道路的自觉性和坚定性。

第二，要在解决突出问题上下功夫。解决突出问题是学习实践活动要达到的重要目标。中央要求，无论是领导机关，还是基层单位，都要注意解决影响和制约科学发展的突出问题，解决群众反映强烈的突出问题，解决党员干部党性党风党纪方面违背科学发展观要求的突出问题。县委要始终高度重视解决突出问题，注意听取群众意见，选准突破口和切入点，坚持边学边改、边查边改，特别要注意办好几件老百姓迫切要求办的实事，真正使群众感受到学习实践活动带来的新变化、新气象。

第三，要在营造有利于科学发展的政策制度环境上下功夫。贯彻落实科学发展观，推动科学发展，要有体制机制作保障。中央要求，在这次学习实践活动中，领导机关要着重建立健全推动科学发展的各项政策规定和体制机制；基层单位要着重建立健全体现科学发展要求的规章制度。就县来看，要注意把解决当前面临的突出问题与建立长效机制结合起来，努力为科学发展观的贯彻落实营造良好的政策制度环境。

第四，要在加强和改进作风上下功夫。良好的作风，是深入贯彻落实科学发展观的重要保证。在学习实践活动中，县委一定要推动广大党员干部特别是领导干部努力在改进作风上取得新的成效。要把开展学习实践活动与促进党员干部讲党性、重品行、作表率紧密结合起来，教育引导广大党员干部特别是领导干部牢固树立马克思主义世界观、人生观、价值观，坚持正确的权力观、地位观、利益观和政绩观，自觉改造主观世界，不断加强党性修养，切实改进作风，实现好、维护好、发展好最广大人民群众的根本利益，使党群干群关系进一步密切。

这次学习实践活动，就全国而言，以县以上领导班子和党员领导干部为重点，全体党员参加。就县来讲，抓好县直部门和乡镇领导班子以及党员领导干部的学习实践活动也非常重要，把他们的学习实践活动抓实抓好了，才能够更好地带动广大党员干部全员全程参加学习实践活动，使县一级的学习实践活动取得实实在在的成效，真正达到中央提出的让党员干部受教育、科学发展上水平、人民群众得实惠的总要求。

这里，我还要强调的是，搞好这次学习实践活动，要坚持实事求是，一切从实际出发。解决存在的突出问题，要尽力而为、量力而行，切忌不重实际、搞形式主义；宣传学习实践活动成效，要实实在在，切忌随意拔高。

三、认真做好分析检查阶段的各项工作，推动学习实践活动深入开展。

目前，田东县学习实践活动正处在学习调研阶段的后期，下一步将转入分析检查阶段。分析检查阶段在学习实践活动中具有承前启后的重要作用，对确保学习实践活动取得实效至关重要。

这一阶段要重点抓好三个环节。

第一，要精心组织领导班子专题民主生活会。召开专题民主生活会，找准存在的突出问题，深入剖析存在问题的原因，是搞好分析检查的基础。会前，要做好充分准备。在相互谈心、虚心听取群众意见的基础上，领导班子成员要认真撰写发言材料，进行自我检查。会上，要认真开展批评与自我批评，深入查找个人和领导班子在贯彻落实科学发展观方面存在的突出问题，查找党性党风党纪方面群众反映强烈的突出问题，深刻分析原因，明确努力方向。这次教育活动一项重要原则，是坚持正面教育。开展批评与自我批评既要坚持原则，又要讲究方式方法；既要严肃认真，又不纠缠历史旧账，努力形成民主团结、敢讲真话、务实创新的良好氛围。

第二，要形成高质量的领导班子分析检查报告。这是前一阶段活动成果的集中体现，也是整改落实的主要依据，是分析检查阶段的中心环节。分析检查报告要客观分析党的十六大以来本地区本单位贯彻落实科学发展观的情况，找准存在的突出问题，深刻分析主客观原因特别是主观原因，明确今后的发展思路，提出加强领导班子自身建设的具体措施。

第三，要认真组织好群众评议。对领导班子分析检查报告进行评议，是倾听民声、了解民意、集中民智的过程，也是党内集中教育活动的一个创新。要组织各方面的代表，采取灵活多样的方式方法，重点评议分析检查报告对科学发展观的认识深不深、查找的问题准不准、原因分析透不透、发展思路清不清、工作措施可行不可行。群众评议中提出的正确意见要体现到修改后的分析检查报告中。

在整个分析检查过程中，要坚持边学边改、边查边改，对查找出来的突出问题，不等不靠，及早着手解决。同时，要及早启动创新体制机制的工作，努力掌握工作的主动权。

广西田东要结合经济社会发展实际
贯彻落实科学发展观 *

（二〇〇八年十月二十一日）

如何在田东县贯彻落实好科学发展观，我想结合实际，谈谈田东的经济社会发展问题。这一部分事先没有准备稿子，来之前看了一些材料，根据这两天参观考察的情况，我自己写了个提纲，和同志们一起讨论。我的看法，供大家参考。

科学发展观是我国经济社会发展总的指导思想，这是全国的指导思想，自然也是田东经济社会发展的指导思想。但中国很大，各地区的情况不同，贯彻落实好科学发展观是要结合田东的实际，创造性地开展工作。这里，我想强调四点。

一、田东的根本出路在于发展。

发展是党执政兴国的第一要务。落实科学发展观，首先要抓发展。没有发展，就谈不上科学发展。对田东来说，不仅要加快发展，而且要实现跨越式发展。这是从田东的实际出发提出的战略任务。

我看了你们给我的材料，这次又实地看了不少东西，有两

---

* 这是吴邦国同志在广西田东县深入学习实践科学发展观活动党员干部会议上讲话的一部分。

2008 年 10 月 21 日，吴邦国在广西田东县出席深入学习实践科学发展观活动党员干部会议并讲话。

点印象深刻。一是，二〇〇七年人均国内生产总值九千一百元，仅是全国平均水平的百分之四十四点七，不足二分之一；人均可支配财力九百元。全国人大常委会在审议今年决算时提出，要建立县级最低财政保障体制，起码要保工资发放、运营和基本民生。而田东人均九百元的可支配财力，要做到这一点是很难的。二是，全县四十万六千人，贫困人口有七万三千八百人，贫困面是百分之二十二，其中有二万三千八百绝对贫困人口。全县一百六十一个行政村中，有九十五个是贫困村，占百分之五十九。全县农民人均纯收入是二千九百三十一元，全国是四千一百四十元，只有全国的百分之七十，贫困村人均纯收入仅一千二百一十元，差距就更大了。这些年田东的同志工作十分努力，田东经济社会发展取得了很大成绩，是田东发展最好的时期，许多指标都是二位数增长。例如，二〇〇七年财政收入增长了百分之二十四点三，城镇居民可支配收入增长百分之二十五点九七，农民人均纯收入增长百分之十七点六，这是很了不起的成绩。但要看到，田东与全国的差距、与东部地区的差距是客观存在的，现在的问题是这种差距没有缩小反而在扩大，因为这些年全国都在发展。即使在田东，河谷地区和两翼山区的发展就很不平衡，差距也在扩大，河谷地区充满生机，但山区的日子相当困难，富的河谷地区只占全县百分之五，而贫困的山区占了百分之九十五。你们跟我讲，这叫"藏穷露富"。我去了陇穷村一户人家，五口人只有一亩二分地，房子四面漏风，饮水很困难，日子够苦的。所以说，穷是田东最大的实际。目前田东仍然是全国、全区重点扶贫县。改变贫穷落后面貌，使全县各族人民过上好日子，是全县四十万人民的期望，更是党员干部义不容辞的责任。小平同志说过，发展是硬道理。解决这些问题，只有靠发展。对田东而言，不但要发展，而且要争取发展得更快些，实现跨越式发展，这样才能逐步缩小和全国的差距。

改变田东的面貌，国家要支持，自治区要支持，但坦率地讲，支持总是有限的，国家支持也是开发性扶贫。救急不救穷。田东的发展最终要靠田东人自力更生、艰苦奋斗。这里，我要强调的是，穷不是你们造成的。同志们工作很努力，大家所做的工作、付出的辛劳，要比在东部地区工作的同志多得多。

造成田东贫穷落后的原因是多方面的，有历史原因，有地理环境的原因，但很重要的一条是长期以来投入不足。我们常讲投入产出，没投入，怎么有产出。东部地区发展得快，与初期的大量投入有关，现在东部地区已形成了自我发展积累的机制。没有初期的大量投入，也不可能有现在的机制。因此，田东要发展，要实现跨越式发展，必须抓投入。投入包括基础设施和生态建设的投入、老企业改造的投入和新上项目的投入。但田东自己基础差、没实力，也没有能力投入，怎么办？实施西部大开发战略、党的十七大和十七届三中全会、每年的中央经济工作会议，都要求加大对西部地区的投入。这是中央的一贯方针。基础设施、生态环境建设方面的投入，要争取国家的支持。老企业改造、新项目建设，要搞好招商引资，引进国内外资金。在这方面，田东要做好两项工作，一是加大招商引资的力度，二是改善投资的硬环境和软环境。硬环境方面是指加强基础设施建设，要让人流、物流进得来出得去；软环境方面，要注重提高办事效率，如果层层设卡，别人就不来了。总之，明确田东的出路在于发展，是这次学习实践科学发展观活动首先要统一的认识问题。

二、田东的发展要从实际出发。

科学发展观要求解放思想，实事求是，与时俱进。这里面最核心的是一切从实际出发，使发展思路符合田东实际，具有针对性和可操作性。要看到，田东的发展既有不利因素，也有许多有利因素，我们的工作是要扬长避短，在科学发展观与田东实际结合上狠下功夫。我想，田东的发展要做好以下五篇文章。

一是做好特色农业这篇文章。田东有得天独厚的自然条件，属于亚热带季风性气候，是著名的芒果之乡，全国糖料生产基地，全国无公害农副产品生产基地。田东是块宝地，全国冬菜基地有三大块，海南、西双版纳和百色，田东是百色的蔬菜生产大县，有十八万亩蔬菜，销往全国二百多个城市。坦率地讲，全国有这样条件的地区并不多，这是田东的财富。现在要做的工作，是如何在现有基础上提升特色农业的层次。我国农业的特点是家庭式分散经营、小农经济的生产方式，管理难度比国外的农场农业大得多。发展到现阶段，就必须解决小农经济与大市场的结合问题，才能实现农业现代化。党的十七届三中全会专门讲了这个问题，强调要做好服务工作，促进产业升级。做好对农户的服务工作，主要有三方面：一是技术服务。包括品种、种植技术。如一般的甘蔗品种含糖量是百分之十二，但好的品种可达百分之十七，还有产品标准、检测、认证服务。经过认证的产品，就能树立品牌，有品牌就能卖出好价钱。二是销售流通服务。把农户与全国大市场衔接起来，要靠销售网络。包括运输、包装、仓储、保鲜，等等。这些服务于现代农业的中间环节就是第三产业，是有利可图的。三是金融保险服务。关于发展农村金融保险体系，党的十七届三中全会提了一些新举措，田东可否争取试点，在贷款担保、政策性保险上探索一些新路子。

昨天参观的香蕉园，是南宁的公司办的，他们向当地农民租地，每亩租金六百元，再雇农民种植，每月工资一千至一千五百元不等，农民还从中学到了技术。种苗、栽培技术、销售全部由公司负责，风险由公司承担。现在每亩产量达三吨，而一般的香蕉园亩产只有一吨左右。据说田东的芒果产业也是利用龙头企业发展起来的。昨天参观的中平村，"农事村办"搞得好，既方便农民群众，又改善了服务，密切了干群关系。中平村把无公害香葱生产办成了产业，搞一村一品，有了自己的信誉，还形成了农民专业合作组织，对整个田东来讲，要推广这些经验。全县现有十八万亩蔬菜基地，都要搞成无公害的，要解决好上面讲的三个

2008年10月20日，在广西田东县百渡村大热门香蕉种植示范基地，吴邦国详细询问了解香蕉种植、销售及服务管理情况。

服务的问题，提高产品质量，提升产业水平。在这方面做文章，大有可为。要把特色农业做大做强，实现专业化、产业化生产，树立田东自己的品牌，做到一提起田东的东西，就可以卖个好价钱。田东农村人口占绝大多数，发展特色农业是农民增收的重要途径。

二是做好资源优势转变为经济优势这篇文章。田东资源丰富，你们的材料讲，油的储量有一千五百万吨，中石油的数据是三百一十一万吨。也就是说，你们这里有成油的地质条件。已探明煤炭储量四亿吨。铝土矿在百色地区蕴藏丰富，边上有平果铝。百色氧化铝产量达五百万吨，而且是三水氧化铝。这些都说明，田东有丰富的能矿资源。这里要指出的是，资源开发的特点是投资大，技术要求高。千万不能总想着我有资源我就自己开发。因为你自己没有钱，要搞只能搞小的，而"小土群"[1]是建不成现代化的，是不能将资源优势转化为经济优势的，还会破坏环境、造成生产事故。那样带来的麻烦要比实惠多得多。因此，矿产资源的开发一定要引进大企业来搞。这次我看到，浙江锦江集团已经在这里投资，搞盐化工和化学铝，他们看中的是田东的资源和百色的市场优势。锦江集团是中国制造企业五百强，民营企业五百强。他们在田东一期投资二十五亿元，年内可能投产，还有二期，一些项目可能二〇〇九年投产，加上化学铝，总预计要投资一百亿元，算下来产值和税收就不得了。锦江项目为田东将资源优势转化为经济优势提供了有益做法和途径。请全国有实力的企业来投资，你们主要是做好服务工作，搞好配套，发展一些配套企业，这是田东实现跨越式发展的重要渠道。

三是做好区位优势转化为经济优势这篇文章。田东靠近广东和东南亚，交通还算便捷，有铁路、航空、公路、内河运输，区位具有一定优势。如何做好区位优势转化为经济优势这篇文章，我看就是要主动接受东部地区产业转移。广东、浙江、福建、江苏等东部地区一些劳动密集型企业由于当地劳动力成本上升，盈利空间越来越小，出路有两个，一个是关门，一个是内迁到劳动力成本低的地区。这样的产业转移在台湾、日本、韩国都经历过。二〇〇三年我去江西的赣南地区考察，那里也是革命老区，这几年经济发展很快，主要就是搞了几个工业园区，接受广东、浙江、福建的产业转移。田东的劳动力成本低，又靠近广东等发达地区，可充分利用现有的工业园区，调整园区功能，接受产业转移。这也是田东实现跨越式发展的重要机遇。

四是做好劳动力优势转化为经济优势这篇文章。田东的劳动力资源丰富，农业人口三十三万二千人，占总人口的百分之八十二。大部分生活在自然条件恶劣、土地资源贫乏的两翼山区。增加农民收入，使农民摆脱贫困，外出务工是一条重要出路。现在广西有五百万人在外打工，田东也有十二万农民在外务工，年收入四亿元。要继续花大气力做好劳动力优势转化为经济优势这篇文章。这里的关键，是要加强务工人员的培训工作，办好职业技术学校，做好培训使他们掌握一定的技能，可从事更复杂的工作，劳动收入也会相应增加。扶贫办的同志介绍，全县每年初中毕业生五千人，有近三千人上不了高中需要就业，如果他们都能进入职业学校学习，素质就会大大提高。同时，还要做好职业培训与市场和用人单位的衔接组织工作。要依据劳动合同法，切实维护劳动者尤其是农民工的合法权益。大家可千万不要小看外出务工、职业培训这件事。三峡工程我管了八年，妥善安置了一百多万移民。当年三峡库区移民家庭中，如果有一个人在外务工，一家人就能过得下去，几年后还可以造起房子。不少地方外出打工的人还成了小能人，挣了钱回乡办企业，有的进城买了房子，促进了城镇化。

五是做好大力发展非公有制经济这篇文章。田东二〇〇七年规模以上非公工业企业产值九亿六千万元，占全部工业产值的百分之三十五。这个比例不高啊，低于全区水平，这说明田东发展非公经济的潜力巨大。发展非公有制经济符合中央"两个毫不动摇"的方针。民营经济的发展，一可解决就业、增加财政收入，二可搞活经济，尤其是县域经济。浙江这几年发展比较快，其中很重要的原因是民营经济、县域经济发展得好、搞得活。你们请了中国民营经济研究会副会长来上课，介绍温州民营经济的发展历程，很受启发。我想以后还可以组织人到温州等地实地考察，长长见识。现在浙江的民营经济与二十年前完全不同了，搞小商品、大市场、专业化生产、精细管理，而且出现了一批有实力的民营企业。实际上，要做好发展非公有制经济这篇文章，无非是两条：一是支持能人创业，扶持原有的民营企业，促其升级，实行现代化管理；二是引进国内知名民营企业来田东创业。田东要学习借鉴其他地区发展民营经济的好经验、好做法。像青海，由统战部、工商联牵头，每年招商，吸引知名民营企业到青海投资。田东是革命老区，一些有社会责任感的民营企业家也愿意为老区出力，更何况田东有资源、区位、劳动力等优势，今后可以多搞点招商引资。搞几年，田东的非公有制经济一定会有大的发展，县域经济也会活跃起来。

三、田东的发展要的是科学发展。

田东的发展要全面贯彻科学发展观，更加注重发展的质量和效益，更加注重以人为本，更加注重全面协调可持续发展。这是学习实践活动需要统一的又一思想认识问题。这里，我再强调三点。

一是正确处理速度与效益的关系。发展经济，上项目，要量力而行，要进行可行性研究，吃准了再干。在这方面，过去我们有深刻教训。急于求成，不自量力，盲目上马，背上了大包袱，吃了大亏，不但没有发展起来，反而成为发展的包袱。田东的基础差，背不起这个包袱。搞改造、上项目，一定要搞一个成一个，没有效益的速度是靠不住的。

这次让我感到高兴的是，大家在田东炼油厂问题上统一了思想。来之前，我看了田东的材料，又让中石油提供了材料，一路上与广西的同志研究了田东炼油厂的问题。中石油广西田东石油公司，原油加工能力五十万吨，是个小炼油厂，主要供当地用油。你们搞了个七点一平方公里的石化工业园，想把炼油能力扩大到一百万吨、一百五十万吨，甚至五百万吨。大家知道，大炼油厂要有深水港和大型码头为依托，钦州具备这个条件，正在建一千万吨的大炼油厂，明年就投产了，而且还要上第二个一千万吨炼厂。百色地处广西腹地，近年来原油产量只有三万吨左右，去年一年成品油的消费量也就是四十万吨左右。所以说，百色、田东并不具备搞大炼油厂的市场条件、资源条件、交通条件。但考虑到百色、田东的特殊情况，可以在现有炼厂的基础上，改造完成催化裂化装置，提高轻油收率，是个明智的选择。另一方面，据中石油的材料说，现在田东含油面积二点一平方公里，探明储量三百一十一万吨，可采储量一百二十七万吨，已开采了八十三万吨，占可采量的百分之六十六，也就是说不加强勘探，已没什么油可采了。这是中石油的数据，与田东的数据有差距。但有一点是肯定的，就是这些年田东地区勘探工作几乎停下来了。而要挖掘潜力，关键是要加大勘探力度。然而，勘探的投入很大、风险也很大，田东没有这个财力，广西也背不起，最佳方案是请中石油来干。现在广西田东石油公司的股比是中石油占百分之四十，广西国资委占百分之六十。这次中石油和广西达成协议，油田百分之六十的股份由中石油出资收购，钱留在田东用于工业结构调整和高能耗、高污染企业的节能降耗减排等技术改进。田东石油公司的生产经营交由中石油全权负责，发挥中石油资金技术优势，加大勘探力度，加快对炼厂进行技术改造，配套上催化裂化装置，这样一年的产值就可增加五十个亿，带来的税收达五个亿。对田东来讲这是一笔大收入。

二是正确处理发展与环境的关系。要大力发展循环经济。科学发展观的重要内容是人与自然和谐相处，要求不能将发展建立在破坏生态环境的基础上。牺牲环境发展经济，一是不可能持久，二是付出的代价太高，不但我们这一代人要吃苦，而且还祸及子孙。已经污染的项目怎么办？像小造纸、小水泥、小化工一类的高能耗、高污染企业，能改造的抓紧改造，实现节能降耗减排；不具备改造条件的，要关停并转。新上项目要搞循环经济。循环经济就是"资源—产品—再生资源"的反馈式流程，资源能源在循环中得到合理和持久的利用，把对环境的影响降到最低程度。锦江集团在田东的盐化工、化学铝项目搞的是循环经济，生产中的电石渣、尾气、废水、余热和氯气都进行充分利用，尽可能做到零排放。这次学习实践活动你们开展"议案例、破难题、推项目"主题教育，应当很好地总结锦江项目的经验，把锦江项目搞成循环经济的样板项目。

三是坚持以人为本，对用户和消费者负责，对自己的职工负责。我们回北京以后，十一届全国人大常委会要召开第五次会议，其中一个很重要的内容就是对食品安全法草案进行三审。根据立法法的规定，法律草案一般经过三审就可以提请表决。来广西之前，委员长会议研究决定，食品安全法草案这次会议不提请表决通过，计划经过十二月份的会议进行第四次审议修改后再提请表决通过。为什么这么慎重？因为食品安全关系群众切身利益和生命安全。不久前的三鹿奶粉事件成为国内外关注的热点，对乳业造成致命打击，教训深刻。田东出产的食品、蔬菜、水果种类不少，我们一定要对消费者和用户负责。实际上，对用户、对消费者、对职工负责，也是对自己负责。田东出产蔬菜、水果一定要真正做到无公害，农药的残留量要符合国家标准，不能乱加添加剂。要讲信誉，讲品牌，让人家一看到田东的东西就知道是安全的、放心的。此外，一定要加强安全生产工作，安全生产的措施要上、管理要严、责任要落实，做到警钟长鸣、常抓不懈。

四、切实关注民生和社会建设。

科学发展观的核心是以人为本，基本要求是全面协调可持续。关注民生和社会建设是贯彻落实科学发展观的题中应有之义。这次来田东，看了五保村，看了文化站、镇医院、"农事村办"服务站、陇穷村小学、职业技术学校，等等，主要就是想了解田东社会建设和解决民生问题的情况。田东的工作难点，不在能不能跨入西部百强县，而在于如何解决好发展不平衡的问题。要看到，城乡二元化结构是中国的一大国情，三大差别将长期存在，这是我们必须面对的现实。党的十七届三中全会提出的二○二○年目标也只是确定建立一种缩小差距的体制机制，最终解决问题可能需要几代人、十几代人。因为我们正处于并将长期处于社会主义初级阶段。这不是说我们就无所作为了。我想，正因为如此，我们才应该加大这方面的工作力度，尽量缩小这种差距，至少不能让差距再扩大。

田东县解决民生和社会建设问题，要从群众最关切、最实际、最困难的问题入手。目前比较突出的有这么几个问题，一是十三万五千人饮水困难，二是百分之六十五的行政村没有通油（水泥）路，三是义务教育和职业教育。饮水、道路、教育，都是关系民生的大事，还涉及到田东的长远发展，是群众迫切需

2008 年 11 月 9 日，广西田东县水利民生项目暨陇穷村人饮工程开工爆破瞬间。

要解决的问题，我们一定要下决心加紧解决。这次我请国家发改委的同志、水利部的同志一起来，主要是想共同研究解决这些问题的办法。他们对田东的情况原来就比我熟，这次看了以后感受很深，都表示要积极支持、尽力帮助解决。三中全会提出，农村饮水安全问题要在五年内解决，"十一五"期末要基本实现所有乡镇通油（水泥）路，进而普遍实现行政村通油（水泥）路。交通部的规划，到二〇一二年东部地区村村通油（水泥）路。根据党的十七届三中全会精神，田东是老区，能不能争取作为解决饮水、道路问题的试点，这个问题请国家发改委帮助协调解决。在教育方面，要落实好九年义务教育各项政策，落实好困难学生补助，解决六百万元的农村义务教育债务问题，还要扩大职业技术学校的规模，使更多走出山区的农民能够通过正规培训，掌握谋生手段。这次学习实践活动，能否在这几个方面有所作为，确实像上面讲到的那样，让"人民群众得实惠"。这一点很重要。当然，最根本的是要提高老百姓的收入，尤其是提高农民的收入。要以此作为一切工作的出发点、落脚点和工作好不好的检验标准。这里我还要强调的是，我们定目标、作规划一定要坚持实事求是。比方说关于增加农民收入问题，三中全会提出的目标是年增不到百分之六，这是实事求是的。现在农民收入由几个部分组成，一是农业收入，二是工资性收入，三是补贴性收入，四是财产性收入，其中农业收入受价格因素影响很大。我们的目标不可定得太高，要实事求是，留有余地。

以上是结合田东实际，对如何落实科学发展观谈的一些看法。田东县委提出，通过学习实践活动，要研究制定全县科学发展三年规划。我今天谈得这么多，都是有感而发，不一定对，是为了与大家进行充分的讨论，供你们在研究制定计划时参考。我想，只要坚持以科学发展观为指导，就能制定出一个符合田东实际、可操作性强的三年规划。我相信，只要上下齐心协力干上三年，再干上五年，田东的面貌一定会发生巨大的变化。总之，通过学习实践活动，一定要达到党员干部受教育、科学发展上水平、人民群众得实惠的要求。

注　释

[1] 见本书（下）《二十一世纪煤炭工业发展绝不能建立在"小土群"基础上》注 [1]。

青年志愿者行动是锻炼培养
优秀人才的重要途径*

（二〇〇八年十一月十三日）

    青年志愿者行动是一项崇高的事业，是党和国家事业的重要组成部分，也是锻炼培养优秀青年人才的重要途径。四川汶川特大地震发生后，我去灾区慰问受灾群众，看到很多青年志愿者自发来到灾区参加抗震救灾，发挥了重要作用，成为抗震救灾的一支重要力量。在北京奥运会、残奥会上，上百万志愿者的热情服务和灿烂微笑，给世界人民留下了难忘印象，展现了当代中国青年的时代风采。选派优秀的中国青年赴发展中国家开展志愿服务，是我们党和国家适应形势发展需要，进一步增进我国和发展中国家人民传统友谊，推动建设和谐世界的一项重要举措。大家积极响应祖国的召唤，毅然告别亲人和朋友，不远万里来到非洲做志愿者，积极参与非洲的经济社会发展，为增进中非友好作出了重要贡献。祖国人民不会忘记你们，非洲人民也不会忘记你们。借这个机会，我向大家提三点希望。

    一要努力工作。大家来到非洲，肩负着祖国人民的重托，代

---

    * 这是吴邦国同志访问塞舌尔期间在维多利亚看望援塞中国青年志愿者时讲话的主要部分。

表着中国的形象，希望大家努力工作、建功立业，不辜负祖国和
人民的期望，在奉献中实现自己的人生理想和价值。老实讲，这
也是难得的人生经历，我要是年轻四十岁，也愿意加入你们的
行列。

2008 年 11 月 13 日，吴邦国在维多利亚看望中国青年志愿者赴塞舌尔服务队队员，
并与队员亲切交谈。

二要好好学习。大家都是年轻人，来日方长，不管到什么地
方，都不能放松学习。首先，要继续提高自己的专业水平，这是
看家本领，不要生疏了。好在现在有互联网，联系起来很方便，
大家要及时学习新的知识，不断充实自己。还要注意向非洲人民
学习，多同本地人交流，同他们交朋友，把外语练好。

三要保重身体。大家远离祖国、远离亲人，家里人都很惦记
你们。你们要多保重，吃饭喝水要注意卫生，有时间往家里打个

电话，报个平安。同志之间要相互关心爱护，尤其是遇到困难的时候，要互相帮一把，体现大家庭的温暖。团中央和大使馆要更加关心志愿者的工作和生活，为他们排忧解难。

浙江要在结构调整、产业升级上
迈出重要步伐[*]

（二〇〇九年二月九日）

这次到浙江调研的目的之一，就是想了解结构调整的路子。刚才浙江的同志提出"标本兼治、保稳促调"的发展思路，确定浙江今年国内生产总值增长预期指标是百分之九，着力解决经济运行中的突出矛盾和问题，着眼于治本之策。也就是不仅看眼前，不单纯追求速度，而且要研究解决长远和深层次的问题。对这些发展思路，我都赞同。希望浙江把解决当前困难与长远发展结合起来，在保持经济平稳较快发展的同时，在结构调整和产业升级上迈出重要步伐。浙江有这个实力，也有这个条件，能够走在全国前列。这里，我想提三点希望。

一是大力发展第三产业。这些年，浙江第三产业的发展是不错的，在经济中的比重达到百分之四十一，而且还有很大发展潜力。浙江提出兴三产，采取了许多措施鼓励第三产业的发展。比如，将地方税中的营业税，全都还给市县，省里一分不留，谁发展，这笔钱就给谁。浙江还是旅游大省，自然、人文景观数量众多、类型丰富、特色明显。同时浙江在商贸、物流等方面也很有

---

　　* 这是吴邦国同志在浙江省考察工作时讲话的一部分。

发展潜力。

二是中小企业和小企业集群要转型升级。在发展和提升中小企业问题上，要继续坚持尊重群众的首创精神，从实践中摸索解决办法。我们参观的博尼服饰有限公司，拥有员工九百多人，一年销售额达到三千万元，产品国外国内各销售一半。面对国际金融危机的蔓延，他们并不害怕，很有信心。他们的信心从哪儿来？因为他们在意大利建有销售中心，在上海有开发设计和销售中心，在全国还有四个分公司，并且拥有属于自己的品牌，在义乌还有六家针织企业，准备整合为有实力的企业集团。这类中小企业或小企业集群，在浙江有很多。在参观雅戈尔集团时，浙江的同志介绍说，这类企业关键是向"两头"延伸，一头是品牌与设计，另一头是销售与物流。来浙江前，我看到一份材料说，浙江领带生产遇到很大困难，问题就在于"两头"的主导权都不在我们手上。就制造加工业而言，对已经没有比较优势的部分，要提倡分包、外包，转移到劳动力成本较低的地方生产。中小企业和小企业集群的提升，就是要加大品牌与设计、物流与销售两方面的工作，这才能掌握发展的主导权，增强企业抗御风险能力。

三是大型龙头企业要向利润高端调整。龙头企业具有很强的拉动作用，龙头企业或者是骨干企业的升级，会带动一批企业发展，甚至是整个行业的升级。前些时候，浙江召开了二十多家龙头企业参加的座谈会，提出政府将拿出五亿元，用于支持企业的结构调整和产业升级。昨天我们到阿里巴巴去，集团总裁马云提出一个观点，传统经济向知识经济发展是一个趋势。对此，我深有同感。我们引进第三代核电站，美国西屋公司中标。深入分析后我们发现,西屋公司只搞产品技术的开发,美国另一家公司搞成套工程设计,而制造是在日本和韩国,利润的大头都被美国拿去了,日本和韩国只能拿点加工费。再比如集成电路,投资一条生产线大约要十五亿美元,英特尔公司是集成电路大王,但他们的利润百分之八十来自研发和设计,芯片制造利润只占百分之十五,封装只占百分之五。联想公司总裁柳传志跟我讲,笔记本电脑制造部分已无利可图,绝大部分的利润来源于销售渠道。过去我们十分看重制造业,被称作是"世界工厂"。但实际上,世界知名的大企业,只是紧紧抓住核心技术,制造部分大都外包或分包出去了。因此,大型龙头企业同样面临结构调整问题,方向

2009 年 2 月 5 日,吴邦国在考察浙江宁波雅戈尔集团时和工人亲切交谈。

是要向产业链高端调整、向利润高端调整，大力发展研发、成套、市场营销、物流等生产服务性产业。

当前，全国的经济发展遇到一些困难，但总的看，是机遇与挑战并存。关键是要统一思想，坚定信心，及时把握机遇，沉着应对挑战。机遇就在结构调整上，而且现在是调整的最好时机。最近这些年我们老在讲结构调整，但日子好过的时候，想搞也搞不动啊！现在有市场压力，过不下去就要调整，市场是无情的，这个压力比行政命令的作用要大得多。希望浙江抓住机遇，化严峻挑战为发展机遇，变市场压力为调整动力，努力做好解决当前困难和长远发展相结合这篇大文章，在结构调整和产业升级上有所作为。

应对国际金融危机的影响，我们应该有信心。一是中国的回旋余地大。世界经济发展放缓，我国外贸肯定会跌，但跌不到哪里去。因为中国出口的商品大都是老百姓的生活必需品。正像雅戈尔集团老总讲的，谁不穿衬衫呀！经济形势不好，高档的买不起，低档的看不上，我们的产品刚好。此外，我们还拥有巨大的国内市场。在投资方面，我们也不是没事可做。铁路是整个国民经济发展的瓶颈，水利直接关系粮食安全。就城市而言，还有城市交通、环保等许多问题需要解决。二是有改革开放三十年的发展积累。改革开放初期，浙江地方财政收入只有二十七亿五千万元，现在一个星期的财政收入就超过了当时全年的财政收入。三是宏观调控的余地大。今年中央财政赤字计划提高到九千五百亿元。按照欧盟财政赤字标准，赤字占国内生产总值的比重百分之三是警戒线，我们还没到。去年中国财政赤字只占国内生产总值的百分之零点八，前年中央财政还有盈余。即使偶尔有一年超过了这个警戒线，也没有什么了不起，我们还可以发行国债。国债余额要经过全国人大批准，不会超过国内生产总值的百分之二十。欧盟的标准，国债余额占国内生产总值百分之六十才是警戒线。所以说，中国的回旋余地是很大的，我们完全应该有信心。

把投资用在应对危机最关键的地方[*]

（二〇〇九年四月三日）

　　为了保增长、调结构、重民生，党中央果断实施了积极的财政政策和适度宽松的货币政策等一系列重大决策部署。这当中有一点是要加大投资拉动。对投资拉动，我想强调两点。实际上，去年全国人大常委会审议国务院应对国际金融危机的专项工作报告时就已经明确提出了这两点要求。

　　一是要严格把握投资和政策导向。今年中央政府投资总额达到九千零八十亿元。温家宝总理在政府工作报告中讲得很明确，这九千多亿元的中央政府投资计划主要用于五个方面：一是保障性住房、教育、卫生、文化等民生工程；二是节能环保和生态建设；三是技术改造和科技创新；四是农田水利、铁路、高速公路等重点基础设施建设；五是地震灾害恢复重建。也就是说，中央政府投资导向是很明确的。而且特别强调，绝不能用于一般加工工业。这里我想指出的是，在当前许多行业产能过剩的情况下，实施积极的财政政策和适度宽松的货币政策，一定要严格把握好政策和投资导向，把投资用于应对危机最关键的地方、用在

---

* 这是吴邦国同志在湖北省考察工作时讲话的一部分。

经济社会发展最薄弱的环节。面对一九九八年的亚洲金融危机，我们调整得比较好。当时镕基同志任总理，斩钉截铁提出不搞一个工业项目。为什么呢？就是怕低水平重复建设。我觉得，在当前我国许多行业产能过剩的情况下，不仅不能搞低水平重复建设，即使是高水平重复建设也不能搞。说实在的，造成当前困难的原因，有外因也有内因，而且外因是要通过内因才起作用的。外因是国际金融危机的影响；内因是我国经济发展方式粗放型和许多行业产能严重过剩。在前天的中小企业座谈会上，听到了化工行业的情况，产能过剩得吓人啊！据说，尿素供大于求，百分之四十的厂家处于停产、半停产状态；磷复肥产能是两千多

2009 年 3 月 31 日，吴邦国在湖北武汉钢铁（集团）公司调研。

万吨，国内需求只有一千万吨，产能超过了一倍；PVC 产能是一千六百万吨，国内需求只有六百万吨，产能过剩近一千万吨；纯碱产能是两千多万吨，国内需求只有一千万吨，产能也超了一倍，纯碱下游五钠行业开工率不到百分之三十，玻璃行业开工率不足百分之四十。这些数据我没核实过，据说有人专门做过调研。现在，不仅化工化肥行业产能过剩，钢铁、造船、有色等行业也都存在这个问题。所以我讲，不仅低水平重复建设不许搞，高水平重复建设也不能搞。现在产能已经过剩的，绝不能再搞。搞了，虽然可能有一时的拉动作用，但会给整个经济的发展带来更大的麻烦，造成更大的被动，最终还得调整，而且那时候再调整就更困难了。我以前分管工业的时候，特别重视总量控制。因为只有保持供求平衡，生产才有效益。这是市场经济规律，不能违反这个规律，违反了是要受到惩罚的。从全局看，这方面的问题要高度重视。

二是政府投资要量力而行。也就是讲，不要给后人留下包袱。即使项目符合国家投资导向，是合理的，也要考虑一下自己的能力，要实事求是、量力而行，不可能把好事都做完。刚才专门提到，要严格执行预算法，地方政府预算是不能打赤字的，政府不能搞担保，包括变相的担保。对地方财政的困难，中央已经考虑到了，同意发行两千亿元地方政府债券，就是考虑到地方配套资金问题。在路上，我也讲到了这个问题，就是不要为了速度而片面追求速度，还是要注重有效益的速度、有质量的速度。今年中央提出百分之八左右的预期目标，湖北提出百分之十的预期目标，都是指导性的，跟计划经济时期不一样。斯大林的《苏联社会主义经济问题》讲，计划就是法令。但现在我们搞社会主义市场经济，预期目标是指导性的。当然，我看湖北百分之十的目标还是完得成的，因为今年一季度就达到了百分之十，而一季度估计是全年最困难的时期。最近，我看到一篇文章，外国人评论说中国把"保八"政治化。我们并不希望政治化，经济就是经济，发展经济还是要讲效益、讲实惠，讲点实实在在的东西。

解决我们当前的困难要坚持
标本兼治、远近结合[*]

（二〇〇九年四月三日）

　　在应对国际金融危机冲击、保持国民经济平稳较快发展的过程中，要做好结构调整和产业优化升级这篇大文章。总的一条原则，是要把解决当前困难与实现可持续发展有机结合起来。结构调整和产业优化升级是贯彻落实科学发展观、转变经济发展方式、实现可持续发展的内在要求。解决我们当前的困难，有短期的问题，也有长远的问题；有治标的问题，也有治本的问题。要坚持标本兼治、远近结合，从治标入手，但着力点在治本上；从眼前入手，但着力点在长远上。这样做，对提高湖北经济的整体竞争力、质量和水平是有好处的。这里，我想强调三点。

　　第一，中央提出保增长、调结构、重民生三大任务，都很重要。完成这三大任务难就难在调结构上，真功夫、真本事也在调结构上。从历史经验看，各地对扩大投资的积极性都很高。重民生也是各地非做不可的，不做老百姓就会怨政府。难就难在结构调整、产业优化升级上，这要靠真功夫、真本事，而这一点恰恰是解决当前困难与实现可持续发展的结合点。我希望湖北在结构

　这是吴邦国同志在湖北省考察工作时讲话的一部分。

调整和产业优化升级上狠下功夫、迈出重要步伐。

第二，现在经济发展确实面临许多困难，但我们讲危机，既有"危"也有"机"，也是调整结构、产业优化升级面临的一次难得的机遇。这些年我们老在讲结构调整，但日子好过的时候，谁愿意调整，想调也调不动啊！现在有市场压力，过不下去就得调整，市场是无情的，这个压力比行政命令的作用要大得多。在前天的座谈会上，我讲，每次金融危机都是企业的一次重新洗牌，有的乘势而上，有的被边缘化。我们看赛车，有直道有弯道，真正拉开距离的不是在直道上，而是在弯道上。是不是有竞争力、有水平，就看能不能在弯道上超车，既不能冲出跑道，还要比别人跑得快，这才是真正的本事。

在结构调整方面，大企业负有义不容辞的责任，因为大企业的调整可以带动整个湖北的结构调整，产业升级还是要靠大企业带领。这次国际金融危机带来的挑战是很大的，但对于大企业来说，确确实实是提高核心竞争力、拉开与其他企业距离的一次机会。市场好的时候，大家日子都好过，差的企业想关也关不掉，可现在不是要它关不关的问题，而是市场让它办不下去了，给大企业提供了低成本扩张的难得机遇。现在进行兼并重组、壮大自己，付出的成本要低得多。另外，这也是我们的企业"走出去"的好机会。大家想一想，油价每桶一百四十美元的时候，要搞点油田多难呀，铁矿砂一年涨价百分之七十四的形势下，要搞点铁矿多难呀。现在不同了，人家过不下去，我们过得下去，这是兼并国外品牌和专利、引进国外技术和人才的最佳时期。辽宁的同志说沈阳、大连机床厂这几年通过在国外兼并，企业研发水平上了一个大台阶。还有，湖北也存在区域发展不平衡的问题，武汉比较富裕，但有的地区比较困难，现在正是这些地区承接东部地区产业转移的最好时期。

第三，推动结构调整和产业优化升级，加快经济发展方式转变，是贯彻落实党的十七大精神的内在要求。党的十七大报告明确要求实现经济发展方式的"三个转变"：即经济增长由主要依靠投资、出口拉动向依靠消费、投资、出口协调拉动转变；由主要依靠第二产业带动向依靠第一、第二、第三产业协同带动转变；由主要依靠增加物质资源消耗向主要依靠科技进步、劳动者素质提高、管理创新转变。这"三个转变"就是要求结构调整。还提出，要逐步提高居民收入在国民收入分配中的比重，提高劳动报酬在初次分配中的比重，这也是调整。我们现在好多刺激消费的举措就是在调整这个比例关系。十七大报告还提出要统筹城乡发展，建立以工促农、以城带乡长效机制，形成城乡经济社会发展一体化新格局；初次分配和再分配要处理好效率和公平的关系，再分配更加注重公平；建立财力与事权相匹配的财政体制；完善反映市场供求关系、资源稀缺程度、环境损害成本的生产要素和资源价格形成机制，等等。这些都是贯彻落实科学发展观、实现经济社会全面协调可持续发展必须要解决的问题，也都是事关长远的全局性的问题。

海外中资企业要善于
在危机当中寻找机会*

（二〇〇九年五月十九日）

很高兴在意大利访问的第一场活动，就是与各位企业界的朋友见面，你们的母公司我都熟悉，有的去过好几次。今天把大家请来，主要想了解你们在国际金融危机背景下的经营状况，听听大家对加强中外企业合作的意见和建议。刚才听了几位同志的发言，很受启发。这次访问行程安排得很紧，简单谈几点感受，与大家交流。

一、中外企业合作大有作为。

这次金融危机对海外的中资企业来说，既是挑战，也是机遇。总体是机遇大于挑战。这当中很重要的一条，是要善于在危机当中寻找机会，因势利导、扬长避短，企业就会有更大的发展。

还有一条非常重要。大家知道，今年一季度我国国内生产总值增长百分之六点一，经济形势好于预期，而且呈现逐月好转势头。这次我访问俄、奥、意三个国家。今年一季度，俄罗

---

* 这是吴邦国同志访问意大利期间在米兰主持召开在意部分中资企业负责人座谈会上的讲话。

斯下降了百分之九点五。奥地利下降了百分之二点六，而且他们在东欧的投资和贷款特别多，受东欧拖累，感到压力很大。欧元区下降了百分之四点六五。所以说，一比一看，还是中国的形势比较好。在俄罗斯的时候，国家杜马主席格雷兹洛夫举行晚宴欢迎我，俄共主席久加诺夫说，他研究了全世界二百多个国家和地区的经济情况，保持增长的只有十多个，中国的增长率是最高的。

尽管国际金融危机也给我们带来了很多困难，但我们完全有信心、有能力实现全年经济社会发展目标。这样说是有充分依据的：一是中国的金融体系是健全的。早在亚洲金融危机爆发时，我们就着手进行金融体制改革。目前中国银行业的资本充足率、呆坏账率和资本流动性都处在历史上最好的时期。二是中国正处于工业化、城市化加速推进的过程中，投资需求多，经济回旋余地大。比如，铁路是国民经济的薄弱环节，今年前四个月投资就达到一千亿元人民币，同比增长百分之一百七十。我国每年有一千万农村人口转为城镇人口，带动的投资和消费也是很大的。三是中国有十三亿人口的巨大消费市场，形成了汽车、住房、旅游、教育、通信等消费热点。比如汽车市场，今年四月份销售超过一百万辆，连续四个月超过美国和日本，成为世界上最大的汽车消费市场。再加上这些年又是老百姓收入增加最多的时期，我国的消费需求潜力很大。更重要的是，我们开辟了符合国情的中国特色社会主义发展道路，形成了中国特色社会主义理论体系。面对国际金融危机的冲击，中央及时作出科学的分析判断，采取了一系列重大政策措施，实施了促进经济增长一揽子计划。所有这些，既是我们发展的信心所在，也是中外企业合作的机遇

2009 年 5 月 19 日，吴邦国在米兰与在意大利部分中资企业负责人座谈。

所在。中国经济的快速发展，既给中资企业"走出去"创造了条件，也为外资企业到中国投资提供了市场。中外企业合作是大有作为的。

二、为结构调整和产业升级服务。

中央提出今年的三大任务，保增长、调结构、重民生。当前中国经济发展方式总体上还是粗放型的，根本出路在于结构调整和产业升级。在着力保持经济平稳较快发展的同时，要把解决当前困难与实现可持续发展结合起来，加快结构调整和产业升级步伐。今年春节后我去了浙江，三月底四月初又去了湖北，一路上我都反复强调这个问题。

现在许多外国跨国公司主要抓住核心技术、工程成套和市场营销，这是利润的大头，而制造部分搞外包或分包，因为利润太低了。过去我们十分看重制造业，被称作是"世界工厂"。记得在浙江，我去了雅戈尔集团，他们一年生产七千万件衬衫、二百万套西装，规模惊人，设备也很先进，但国际金融危机对其冲击比较大。为什么这样？说到底还是缺少发展主动权。也就是说，在东部沿海地区，光靠低成本和规模化生产已远远不够，必须抓品牌、抓设计、抓营销。我还看了博尼服饰公司，同样面对国际金融危机，他们并不害怕，很有信心。他们的信心从哪儿来？因为他们在意大利和上海有开发设计和销售中心，并且拥有属于自己的品牌。他们还想把义乌的六家针织企业整合为企业集团。刚才中远意大利公司的同志也谈到，中远集团原来是一家航运企业，现在除了搞远洋运输，还投资了码头、仓储、内陆运输等业务，实际上已经发展成一家综合性物流企业。虽然国际金融危机以来，全球航运业无论是运量还是运价都大幅下滑，但今年头四个月的盈利还好于去年同期。这些都说明，面对市场压力，我们的企业有了调整的自觉性。

这里，引出一个问题，就是我们企业调整到底往哪调？我看我们的企业也要向产业链的高端和利润的高端调整。大型龙头企业要大力发展研发、成套、市场营销、物流等生产服务业；中小企业和小企业集群要加大品牌与设计、物流与销售两方面的工作。这样才能掌握发展的主动权，提高抵御风险的能力。最近这些年我们老在讲结构调整，但日子好过的时候，想搞也搞不动啊！现在有市场压力，过不下去就要调整，市场是无情的，这个压力比行政命令的作用要大得多。所以，我们要化严峻挑战为发展机遇，变市场压力为调整动力，努力做好解决当前困难和实现可持续发展相结合这篇大文章，在结构调整和产业升级上有所作为。至于调整的途径，我看主要有三条：一是在海外设立研发中心，二是搞并购重组，三是加强中外技术合作。

我们的企业"走出去"，既要为保增长服务，更要为国内结构调整和产业升级服务。这也是一篇大文章。国际金融危机给国外许多企业的经营造成困难，不得不寻求重组或者合作，而中国企业恰恰是他们重要的合作对象。应当看到，他们虽然遇到了困难，但技术、人才和经验的优势还在，而这些正是我们调整结构和产业升级所需要的。在这种情况下加强合作，既是我们企业发展难得的机会，也必将为结构调整和产业升级注入新的动力。希望你们在这些方面多探索，使企业"走出去"能更好地为国内经济结构调整和产业优化升级服务。当然，有关政府部门和金融机构要给予全力支持。

三、大力培养国际经营人才。

企业发展最终靠人才。企业国际化经营，参与经济全球化，离不开熟悉国际经营的人才。打入国际市场不容易，要跟外商打交道，要跟外国市场打交道，一定要有一批熟悉国际经营的人才。我在国务院工作的时候，二〇〇一年在上海宝钢召开大型企业座谈会，我就要求大型企业每家选派三五位有管理经验、懂外语的干部到国外跨国公司去接受培训和锻炼。当时有同志担心跑了怎么办，我说，只要给他们干事业的舞台，派出去的人是会回来的，即使跑了两个，也没什么了不起，企业还是划算的。希望中资企业在与国外企业合作中，进一步解放思想，有意识地加强人才培养，让他们在实践中经受锻炼，增长才干，为我国的经济发展提供人才储备。比如，大家在意大利开展业务，意大利百分之九十八以上的企业是中小企业，有"中小企业王国"之称，他们的设计理念、品牌意识、营销策略等都值得我们很好地学习。

要高度重视发展低碳经济 *

（二〇〇九年七月六日）

低碳经济是以低能耗、低污染、低排放为基础的经济发展方式。一些专家预言，低碳经济将像信息技术一样，给人类社会带来革命性的变化。党的十七大明确提出，必须把建设资源节约型、环境友好型社会放在工业化、现代化发展战略的突出位置，落实到每个单位、每个家庭。"十一五"规划纲要确定了节能减排的约束性指标。全国人大常委会修订了节约能源法、科技进步法，制定了循环经济促进法，还连续开展了资源环境方面的执法检查等监督工作。应当说，节约能源资源、保护生态环境越来越成为各方面的自觉行动。

发展低碳经济，我们既有被动的一面，也有主动的一面。从被动方面看，气候变化是国际社会面临的共同挑战，节能减排是国际社会普遍关注的问题。今年十二月将在哥本哈根举行的联合国气候变化大会，主要是讨论二氧化碳减排问题。八国集团等发达国家已于去年就二〇五〇年全球减半目标达成一致，并力推写入哥本哈根会议成果。不久前，美国国会众议长佩洛西来华访

---

* 这是吴邦国同志在安徽省考察工作时讲话的一部分。

问，谈的最多的是希望同中国探讨在应对气候变化、发展新能源、促进节能减排等方面加强合作的问题。奥巴马新政府上台后，大幅调整美国政府在气候变化问题上的政策，变得更加积极。现在，美国提出二氧化碳排放量到二〇二〇年比二〇〇五年减少百分之十七，到二〇五〇年减少百分之八十三；日本提出二〇二〇年比二〇〇五年减少百分之十五；澳大利亚承诺二〇二〇年比二〇〇〇年减少百分之二十五；欧盟的态度是最积极的，提出二〇二〇年比一九九〇年减少百分之二十至三十。现在看来，美欧在这个问题上的矛盾趋缓，压力向我国转移。也就是说，八国集团等发达国家提出的大幅减排要求，主要是针对发

2009 年 7 月 6 日，吴邦国在安徽奇瑞集团汽车研究院观看新能源汽车展示。

展中国家的，尤其是针对中国的。从这个意义上讲，哥本哈根会议将是一场斗争，西方国家有可能利用二氧化碳减排问题，通过硬指标来挤压发展中国家尤其是中国的发展空间。因此，发展低碳经济，大力促进节能减排，既是应对气候变化的客观需要，也是我国与西方发达国家斗争，争取更大发展空间的需要。

从主动方面看，低碳经济将成为推动发展的新的重要手段。美英等国都希望从发展低碳经济中寻找新的经济增长动力。对我国来讲，发展低碳经济、促进节能减排，是落实科学发展观、实现可持续发展的内在要求，是应对气候变化、参与国际竞争、开展国际合作的客观需要，也是结构调整、产业升级的主攻方向。前些年我们抓住了信息技术革命的机遇，把信息化与工业化结合起来，实现了跨越式发展，走出了一条中国特色工业化道路。现在，我们一定要抓住当今世界开始重视低碳经济发展的机遇，加快发展太阳能、风能等可再生能源，加快开发智能电网、洁净煤、新能源汽车、碳捕捉及其储存、利用等技术，加快建筑节能步伐，为实现经济社会可持续发展提供新的动力。

这次我们看到，在发展低碳经济、促进节能减排方面，安徽做了不少工作，已经有了一个比较好的基础，今后可以大有作为。铜陵市大搞循环经济给我留下深刻印象。铜陵有色稀贵金属分公司，收集处理铜冶炼企业电解过程中产生的阳极泥，利用先进工艺技术，回收稀有金属。目前年处理阳极泥四千吨，回收黄金十二吨、白银三百五十吨、精硒一百四十吨，不仅变废为宝，保护了环境，还给企业带来了巨大的经济效益。铜都黄铜棒材公司，利用回收的渣铜和废杂铜，生产高精度铜棒，可替代进口。华源汽车内饰材料公司，利用麻纺过程中废弃的粗短麻纤维，生产环保型汽车内装饰新材料，并对生产过程中产生的边角料进行再利用，使原料使用率达到百分之九十九。铜陵有色循环经济园区已形成规模，铜陵有色的负责人告诉我，这一举措完全可以再造一个铜陵有色。铜陵大力发展循环经济的路子是对的，措施是有力的。还有可再生能源，包括风能、太阳能等，用其发电都遇到一个不稳定的问题。因为风有大有小，太阳白天出来晚上落下去，如何解决调峰调频？能量如何储存？还有输变电技术等等。带着这些问题，今天上午，我们看了合肥阳光电源公司，他们研发的智能电网关键设备，主要用来解决这些问题。这一设备过去只有瑞士 ABB 公司能搞，现在阳光电源公司不仅搞出来了，而且在太阳能方面比 ABB 做得还好。再比如洁净煤技术，利用这一技术可以将煤的热效提高到百分之六十以上。安徽淮南、淮北煤矿规模都很大，如果能利用清洁煤技术，就可以大大降低能耗。希望安徽在现有基础上继续加大工作力度，在发展低碳经济方面走在全国前列。我看安徽有这个条件。

毫不动摇地发展清洁能源 *

（二〇〇九年十一月十三日）

发展风能、太阳能、核电等清洁能源，将成为经济发展新的增长点，是调整能源结构的主攻方向，也是应对气候变化、确保能源安全的重大举措。最近，路甬祥[1]同志在《人民日报》发表了一篇文章讲，每次经济危机都可能孕育一场新的科技革命。奥巴马就任美国总统后，提出"绿色新政"，就是要发展新能源和智能电网等新兴产业。我个人感觉，这次国际金融危机很可能要催生一些新的产业。所谓技术革命、产业革命，就是主导技术的更新换代，而主导产业更替是新一轮经济增长的领头羊。增长的主要动力是新技术的重大突破及其转化的新产品、形成的新产业、开辟的新市场。新兴产业在哪里，新的增长点在哪里，现在不仅我们在探索，全世界都在探索。上个星期在中国工程院，大家谈到了新一代互联网、物联网、智慧地球以及生物制药、新材料等等，但谈论最多的是低碳经济、绿色经济。为什么这个领域重要？因为它涉及各行各业，包括人的衣食住行，不仅给传统产业升级提供了契机，而且孕育新的产业。我看了不少材料，比

---

* 这是吴邦国同志在甘肃省考察工作时讲话的一部分。

较一致的看法是，低碳经济、绿色经济主要包括三个方面：一是节能降耗，二是可再生能源，三是环保产业。

发展清洁能源，是我这次调研的一个重点。一路上看得最多、谈得最多的也是这个问题，向大家学到了不少东西。我希望甘肃要毫不动摇地发展风电、太阳能和核电材料，这在甘肃是大有可为的。胡锦涛同志今年九月在联合国气候变化大会上提出，中国可再生能源的比重，到二〇一〇年将提高到百分之十，到二〇二〇年要提高到百分之十五左右。现在全国确实存在风力发电设备、多晶硅生产一哄而上、重复建设的问题，但甘肃情况不同。一是甘肃搞风电、太阳能是在国家规划范围内的。国家发展改革委的同志给我一份材料，全国规划有三大风电场，一个是河西走廊，一个是苏北沿海，还有一个是张家口。甘肃是全国首个千万千瓦级风电基地，也是全国第一个十兆瓦太阳能光伏发电示范项目所在地，都是国家规划的项目。二是甘肃搞风电、太阳能条件得天独厚。年满负荷风速时间达到二千三百小时，年平均日照时数在三千小时，而且这里地处戈壁荒漠，地广人稀，酒泉市面积达十九点二万平方公里，人口只有一百万，开发利用风能、太阳能的条件非常优越。而且风电场就在铁路两侧，建设风电场不必再投资基础设施，可以节省不少投资。三是甘肃发展风电、太阳能已有相当基础。全国三大风机总装企业、三大叶片生产企业已落户甘肃，今年的风电装机可达二百万千瓦，还建成七百五十千伏超高压输变电线路。希望你们充分利用甘肃的优势，在现有工作的基础上，加快发展风能、太阳能等清洁能源，全力搞好示范项目，为我国清洁能源开发利用作出新的更大的贡献。

这当中要注意解决好三个问题，一是技术问题。在参观风电场时，我就发现有些风机叶片不转。在华锐风电科技公司，我问总体设计是否过关，关键零部件是否过关。他们告诉我，轴承瓦房店可以生产，轴承钢上钢五厂可以生产。但我知道，一点五兆瓦、三兆瓦风机在总体设计、关键零部件等核心技术上还有待突破。希望加大科技投入，加强自主创新，攻克技术难题，包括总体设计、关键零部件及材料，掌握关键技术，切实提高设备质量。二是上网问题。这是风能、太阳能开发利用的瓶颈。风能、太阳能发电都会遇到不稳定的问题，因为风速有大有小，太阳白天出来晚上落下去。这就要研发智能电网，研究解决调频调峰、电储存、输变电等技术难题。希望你们在这些方面也积极进行探

2009 年 11 月 11 日，吴邦国在甘肃中材科技酒泉风机叶片有限公司了解大型叶片的生产情况。

索。三是降低成本问题。在清洁能源发展的初级阶段，国家需要采取扶持政策予以支持，全国人大常委会正在修改的可再生能源法，就专门提到了补贴问题。但一个产业要真正具有生命力，不能一直靠补贴过日子，最终要解决降低成本问题。只有工艺上成熟，形成规模，批量生产，才能降低风电、太阳能的成本。

核电也是清洁能源，发展核电对调整我国能源结构、保证我国能源安全具有重要意义。我一直十分关心核电产业的发展。我国目前运行的核电机组装机为九百一十万千瓦，到二〇二〇年将达到七千八百万至九千二百万千瓦。发展速度多快呀，世界上还没有任何一个国家达到这个速度。发展核电就涉及到核燃料、离心机国产化、核废料处理等等问题。在这方面，兰州、酒泉的一些工厂具有举足轻重的作用。希望甘肃能够抓住这些发展机会，这也是甘肃重要的新的增长点，是其他地方取代不了的。

注　释

[1] 路甬祥，时任全国人大常委会副委员长，中国科学院院长、党组书记。

大力发展节能高效特色农业[*]

（二〇〇九年十一月十三日）

甘肃发展现代农业大有可为。从二〇〇二年到二〇〇八年，甘肃粮食总产量由七百八十二万七千吨增加到八百八十八万五千吨，连续五年超过八百万吨。今年虽然遭受了严重干旱，但粮食总产量仍然超过九百万吨，创历史新高。经过多年的努力，甘肃基本解决了省内粮食自求平衡问题，节水高效特色农业成为甘肃农业的亮点。甘肃马铃薯种植面积达到一千万亩，亩产达到三千斤，好的亩产达到五千斤。玉米制种占全国的百分之六十，每亩四千株，每株产玉米三两，亩产达六百公斤。还有葡萄、啤酒花大麦、中药材等发展得都不错。这些都说明，甘肃在发展现代农业、建设社会主义新农村方面做了大量工作，取得很大成绩。甘肃是一个干旱少雨的内陆型省份，发展农业生产一定要走节水高效特色的路子，推行专业化、标准化生产，实行规模化、产业化经营，发展农民专业合作组织，完善新型农业社会化服务体系，搞好农副产品深加工，提高农产品附加值，为农民增收致富开辟新途径。

---

* 这是吴邦国同志在甘肃省考察工作时讲话的一部分。

希望上海在转变经济发展
方式上走在全国前列*

（二〇一〇年二月一日）

上海在转变经济发展方式上走在全国前列，是中央对上海的期望，也是全国对上海的期望。

第一，转变经济发展方式是中央的精神。

中央提出今年经济工作的亮点是"五个更加注重"，即更加注重提高经济增长质量和效益，更加注重推动经济发展方式转变和经济结构调整，更加注重推进改革开放和自主创新、增强经济增长活力和动力，更加注重改善民生、保持社会和谐稳定，更加注重统筹国内国际两个大局，努力实现经济平稳较快发展。中央即将举办省部级领导干部研讨班，主题就是"发展方式转变"，这是中央的要求、中央的精神。

增长方式的转变和发展方式的转变，不是现在才提出来的，早在上个世纪末就已经意识到这个问题了。当时讲的是"内涵"和"外延"的概念，强调要重视"内涵"也就是增长质量和效益，强调要把经济的发展建立在科技进步、劳动者素质提高和管理创新的基础上。到党的十七大的时候，胡锦涛同志把"发

---

* 这是吴邦国同志在上海市考察工作时讲话的一部分。

展方式转变"提高到战略高度，提出"三个转变"，即经济增长由主要依靠投资、出口拉动向依靠消费、投资、出口协调拉动转变；由主要依靠第二产业带动向依靠第一、第二、第三产业协同带动转变；由主要依靠增加物质资源消耗向主要依靠科技进步、劳动者素质提高、管理创新转变。现在情况怎么样？应该讲这些年取得很大成绩。比如，去年的经济增长主要依靠内需拉动，而出口同比下降百分之二十多，是拖后腿的，是负贡献。还有，这些年节能减排等工作也取得了很大成绩。同时，我们也要清醒地看到，经济发展方式并没有发生根本性转变，基本上还是粗放型的。有些矛盾还在进一步积累。比如，积累和消费的关系，现在我们居民消费支出占国内生产总值的比例已经下降到百分之三十五的水平，据国际货币基金组织统计，发达国家最终消费支出占国内生产总值的比例平均在百分之八十左右，发展中国家平均约百分之七十。还有内需与外需的关系，德国的对外贸易依存度是很高的，中国外贸依存度还高于德国，更高于日本、美国。我国经济发展遇到较大困难，既是国际金融危机冲击的结果，也反映出我国发展方式总体粗放、结构不合理的问题，包括产能过剩的问题。所以中央提出要坚定不移地推进经济发展方式的转变。当然，看看数字都是很鼓舞人心的，企业利润增加多少，财政增加多少，效益也不错，但是这个效益是以牺牲环境和资源为代价的，是以低劳动力成本为代价的，没有发展方式的转变是难以持续的。这些年中国发展得够快的，举世瞩目、世人公认，但我们也要清醒地看到经济自身存在的突出问题。现在我们的出口超过德国，成为世界上最大的出口国，是世界第一，但我们出口的产品百分之九十以上是贴牌生产的。即使我们统计的高新技术产品，包括俞正声[1]同志刚才讲的增长百分之十三的高新技术产业领域中很多产品也是组装的。因此，只能说我们是制造业大国，但远不是制造业强国。另外，我们的高速发展也付出了很大的代价。比如，单位国内生产总值的能耗是世界平均水平的二点六二倍，是欧美国家的四倍，是日本的八倍，所以我们作为产煤大国现在每年还要进口煤炭。去年，我们还进口石油二亿吨。可以说，中国经济到了一个发展的关键时期，这个坎跨过去就实现可持续发展，这个坎跨不过去那就不仅仅是经济问题，就会演变为社会问题和政治问题。这是有前车之鉴的，南美洲、东欧的一些国家都出现了这个问题。这也正是胡锦涛同志提出科学发展观的生命力所在。中央提出要转变经济发展方式，这是中央对包括上海在内的全国各地提出的总要求，更对上海寄以厚望，希望上海能走在全国前列。

第二，转变经济发展方式是上海自身发展的内在需要。

转变经济发展方式，上海与全国相比紧迫性更强。有些问题别的地方还感觉不到，上海这里矛盾已经很突出了。我反复讲，上海就六千多平方公里这点地儿，除去崇明岛，只有五千多平方公里，在这么大个弹丸之地上完全靠投资拉动、靠出口拉动、靠工业扩张拉动已经没有发展空间了。我看了一下上海劳动力的成本，城市是二万八千元，农村是一万二千元，而且每年都要涨，加上社会保障入不敷出，劳动力的低成本已经不是上海的优势了。如果按照原有的方式继续发展下去，上海的资源、能源、环境、土地等制约因素比全国任何一个省区市都更加突出，再不转变发展方式，上海很可能就失去了发展动力。

第三，上海完全有条件在转变经济发展方式上走在全国前列。

上海的优势是人才、科技、管理等。你们这里有一百五十八位院士。我这几天跑了几个研究所，碰到了很多院士，而且都是著名的院士。这也表明上海有很好的基础，包括工业基础、科技基础、教育基础和管理基础。上海还有独特的区位优势，具备对内对外开放的条件，人才、技术、资金、信息在上海集散。这些是促进经济发展方式转变的有利条件。当然，这是讲外因，是外部条件。这里特别重要、也难能可贵的是，上海对转变经济发展方式的认识是早的，起步也是早的，而且对于怎么发展已经有了十分明确的思路。也就是说，上海在转变发展方式上走在全国的

2010 年 1 月 29 日，吴邦国在上海张江高科技园区考察高新技术项目成果。二排左二为中共中央政治局委员、上海市委书记俞正声。

前列，这不仅是一个理论探讨的问题，而且变为一种实践。尽管我来上海不多，但对上海工作一直很关心，有点上海情结，所以对有关上海的一些报道都很注意。去年十一月三十日《人民日报》头版有篇文章，题目叫《上海，经济转型大幕再启》，从中得到了很多信息。这次又来上海看了看，刚刚又听了正声同志的情况介绍，有两点印象很深。一个是决心大，转变经济发展方式已成为大家的共识。正声同志讲"上海不转变发展方式没有出路"，我完全同意这个判断，而且强调转变发展方式首先是观念上的转变，观念上的转变首先要解放思想。在这一点上，上海做了大量工作，包括科学发展观的学习实践活动。这反映了上海市委的决心，而且在全市达成共识，形成了大家共同的思想。另一个是有明确的发展思路。怎么转变经济发展方式，往哪里转变，思路是清晰的。韩正[2]同志说，上海转型的目标是形成以服务经济为主的经济结构，具体讲有两条，一条是围绕经济、金融、贸易、航运中心的建设，就是国务院提出的"四个中心"建设，发展现代服务业；一条是工业向产前研发和产后营销延伸，加快九大高新技术产业化。这个思路符合中央精神，符合上海实际，也符合世界经济发展的客观规律。世界上转型成功的国家，无非是两条路，一条路是从工业经济向服务经济转型，加快发展服务业；一条路是制造业向高附加值集中，提高科技人才管理对经济增长的贡献率。

总而言之，上海在经济发展方式转变上走在全国前列，不是纸上谈兵、不是理论问题，现在已经形成了明确的工作思路和部署，变成了具体工作，可以把大家的积极性、创造性凝聚到工作里面去。所以我相信，上海是完全有可能走在全国前列的。

注　释

[1] 俞正声，时任中共中央政治局委员，中共上海市委书记。

[2] 韩正，时任中共上海市委副书记，上海市市长。

进一步加大保障性住房建设 *

（二〇一〇年二月一日）

现在全国上上下下都很关心房价问题。二〇〇九年房地产交易量和交易价格都高于预期，可能是由两条原因造成的，一是信贷货币资金大量投放，一月到十一月，可用的房地产资金达到四万八千亿元。二是受前几年收缩政策的影响，三年的购房需求在一年中集中释放。国务院对这些问题已经出台了一系列的政策，主要是用土地、税收、信贷进行调控，增加一些供给量。居民住房问题，不仅是一个市场问题、一个民生问题，更是一个社会问题和政治问题。作为政府来讲，首先必须要保证每个公民有起码的居住权。但是要注意，我们讲的是"住有所居"，没有用"居者有其屋"。就是你有房子住，但不一定房子是你的。现在我们的舆论也有误导，说大学生毕业、研究生毕业都买不起房子，其实买得起房子才怪。就是在发达国家，一般大学生毕业后，可能也要经过十五年、二十年的积累，才能买得起房子。所以政府首先要关注的是保证居民有起码的居住条件。我自己当年也是深有体会的，记得当上海市委常委后，还住在天潼路，祖

---

* 这是吴邦国同志在上海市考察工作时讲话的一部分。

孙三代五口人住十一平方米的房子。正如刚才俞正声[1]同志讲
的，要重视解决民生问题，而解决低收入者住房困难户住房问题
又是其中的重中之重。令人高兴的是，上海高度重视解决这个问
题，今年要保证至少二千万平方米的住宅开工量，而各类保障性
住房和租赁住房占到全市住宅年度开工面积的百分之六十。上海
为了解决保障性住房的房源，采取了多种方式，包括旧厂房、旧
学校的改造。这个问题，全国都很关心，专家提出把保障性住房
分为两种，第一种是基本型的，对象是低收入住房困难户，采用
租赁方式，政府补助房租，不是用市场的方式，而是用非市场的
方式，由政府来建造住房。第二种是延伸型的，主要对象是中等
收入以下住房困难户，以成本价出租，几年以后可以买，将来要
卖还是卖给政府，政府有优先购买权。为什么谈这个问题？因为
我们的统计数字有时无法准确反映问题，比如上海城镇居民家庭
人均可支配收入二万八千八百三十八元，但平均数字掩盖了最困
难群体的状况。上海人均建筑面积是三十三平方米，但是很多人
是没有房子住的。我讲这个话，就是希望上海多做一点雪中送炭
的事，少干一点锦上添花的活，为老百姓多谋点实事。这是德
政，做好这个事，老百姓是不会忘记的。

注　释

[1] 俞正声，时任中共中央政治局委员，中共上海市委书记。

尽早研究制定三网融合的管理办法[*]

（二〇一〇年二月九日）

三网融合[1]是大势所趋，但其必然会对信息安全提出新挑战（包括有害信息的传播和外资介入），尽早研究，着手制定相关管理办法很有必要。三网融合涉及部门多，各有关部门都应讲大局，为维护国家信息安全做工作。

注　释

[1] 三网融合，指电信网、广电网、互联网在向宽带通信网、数字电视网、下一代互联网演进过程中，其技术功能趋于一致，业务范围趋于相同，网络互联互通、资源共享，能为用户提供话音、数据和广播电视等多种服务。

---

* 这是吴邦国同志在中共中央宣传部报送的《推动三网融合与维护安全研讨会纪要》上的批示。

智能电网的建设应提高到
国家战略层面研究[*]

（二〇一〇年二月二十四日）

发展清洁能源是应对气候变化、调整能源结构的重大举措，锦涛同志已提出明确要求，而发展可再生能源其瓶颈是智能电网。近年来国家电网公司在特高压输变电上做了大量工作，取得重大突破，走在世界前列，可喜可贺。希望以特高压为骨干网，加大智能电网的研究，实现新的突破。近我参观甘肃风电场、上海的钠硫电池、智能变电站及电动汽车，深感一是需加强规划，要有顶层设计；二是加大投入，实现核心技术突破。这不仅支持清洁能源发展，而且将带动相关产业发展，形成新的经济增长点，智能电网的研发建设应提高到国家战略层面研究。

---

*　这是吴邦国同志在国家电网公司报送的《关于建设坚强智能电网工作的汇报》上的批示。

759

转变经济发展方式刻不容缓 [*]

（二〇一〇年四月十五日）

改革开放以来，我国经济持续快速发展，经济总量去年超过德国居世界第三，今年有望超过日本到世界第二，这是了不起的伟大成就。但我们必须清醒地认识到，我国经济发展方式总体上还是粗放型的，即使没有国际金融危机也有一个调整的问题，只是国际金融危机使得转变经济发展方式的任务更加凸显，变得刻不容缓。就这个问题，我谈几点意见。

第一，虽然我国产业规模已经相当大，但总体上产业层次低、产品档次不高、企业创新能力不强、技术含量低，在国际竞争中处于不利地位。我这里有几组数据。联合国把制造业分为二十二个大类，据统计，我国有七个大类的产量居世界第一，另外十五个大类的产量居世界第三，所以叫我们"世界工厂"。但我们产品的增加值率只是日本的百分之四点三七、美国的百分之四点三八、德国的百分之五点五六。去年我国的出口总额已经超过德国，成为世界上第一出口大国，但我们出口的产品百分之九十以上是贴牌生产的。比如，我们的服装出口占世界服装出口

---

* 这是吴邦国同志在吉林省考察工作时讲话的一部分。

额的百分之二十，而自主品牌不到百分之一。即便是我们统计的高新技术产品中很多也是组装的，处在利润链的末端，高端产品仍然需要大量进口。目前，我国石化行业低端产能大量过剩，但高端的合成树脂、合成橡胶、合成纤维每年的进口量分别要占到消费总量的百分之四十二点八、百分之四十三点七、百分之五十二点九。这些年我国集成电路产业发展很快，产业规模达到一千七百亿元，但每年还要进口一千多亿美元。也就是说，我们生产的还是中低档的东西。因此，只能说我们是制造业大国，还远不是制造业强国。

第二，我国这些年的快速发展也付出很大的代价，资源环境已经成为制约我国经济社会发展的主要瓶颈。据统计，我国单位国内生产总值能耗是世界平均水平的二点六二倍，是美国和欧洲的四倍，是日本的八倍。记得我过去在国务院工作的时候，年产煤炭十亿吨、库存一亿吨就够了。现在已经增加到三十亿吨，还觉得不够。能不能采得出来？采出来后能不能运得出来？都用上环境怎么吃得消？我跟很多欧洲国家领导人和议员接触，他们说，像北京和上海这样的大城市，在生活上同欧洲国家差不多，吃的方面中国人更讲究，房子也不差，汽车很多家庭也都有了，差就差在空气、水等环境质量上。

第三，我们的发展也不能再靠低成本劳动力和低价格生产要素来支撑。我们现在的效益，包括财政收入和企业利润，增长都很快，看上去也很漂亮，但客观地分析，它是建立在生产要素低成本基础上的。我们现在的水价是世界平均水平的三分之一，煤价放开但电价还是国家定价，原油和成品油价格倒挂问题也没有解决。北京一年的土地出让收入是四百七十亿元，上海一年的土地出让收入是六百七十亿元。我们的劳动者报酬占国内生产总值的比重不到百分之四十，而世界平均水平是百分之五十到百分之五十五，我们低了百分之十到百分之十五。因此，生产要素价格改革势在必行。温家宝总理在今年的政府工作报告中专门讲了收入分配制度改革，提出在把社会财富这个"蛋糕"做大的同时，要通过改革收入分配制度把"蛋糕"分好，逐步提高居民收入在国民收入分配中的比重，提高劳动报酬在初次分配中的比重。刚才你们也谈到，要力争经过三到五年的努力，使吉林城乡居民收入水平有一个比较大的提高。如果我们的劳动者报酬占国内生产总值的比重达到世界平均水平，我看我国的劳动力低成本优势就不大有了。

从以上分析我们不难看出，我国经济粗放型发展方式已经难以为继，加快经济发展方式转变刻不容缓。特别是在国际金融危机背景下，市场倒逼机制的压力明显加大。市场是无情的，不加快经济发展方式转变、不加快结构调整和产业优化升级，就会被市场淘汰、就会过不下去。也就是说，我国经济已经到了一个发展的关键阶段，这个坎迈过去就可以实现可持续发展，这个坎迈不过去，那不仅仅是经济问题，还会演变为社会问题和政治问题。这也正是胡锦涛总书记提出科学发展观的生命力所在。我们一定要深入领会和贯彻落实科学发展观，进一步解放思想、转变观念，把思想和行动统一到中央对形势的分析判断和对工作的整体部署上来，真正从传统的发展思维和粗放型发展方式中解放出来，妥善处理速度与效益、当前与长远、局部与全局的关系，推动经济发展方式转变取得实质性进展。

吉林要从自身实际情况出发
加快经济发展方式转变*

（二〇一〇年四月十五日）

我经常讲，中央精神只能有一个，中央文件只能发一个，而全国有三十一个省、自治区、直辖市，各地的实际情况差别很大，适应上海的，不一定能适应西藏。怎么办？关键是要深刻领会中央的精神，结合自己的实际情况创造性地开展工作，把中央的精神落实到具体措施上、落实到实际工作中。也就是说，看你本事大不大，就看你把中央精神和实际情况结合得好不好。有本事的就结合得好，没本事的就照抄照搬，最不应该的是同中央对着干，这当然是不允许的。做好结合这篇大文章，才能走出一条符合实际的科学发展之路来。这里，我想强调三点。

第一点，要充分重视科技在加快经济发展方式转变中的作用。吉林经济总量在全国排第二十二位，但科教实力在全国排第六位，充分发挥科技与人才在转变经济发展方式中的作用，对吉林振兴与发展至关重要。党的十七大报告明确提出要实现经济发展方式的"三个转变"[1]，其中第三个转变就是由主要依靠增加物质资源消耗向主要依靠科技进步、劳动者素质提高、管理创新

---

　　* 这是吴邦国同志在吉林省考察工作时讲话的一部分。

转变。吉林加快经济发展方式转变面临两大任务：一是推动传统优势产业优化升级，二是培育新的经济增长点。而做好这两项工作，关键在科技、关键在人才。科技和人才在哪里？从这些年的经验和吉林的实际与潜力来看，主要有三个方面。一是通过引进消化吸收再创新，提高自主创新能力，实现跨越式发展。比如，近些年一汽和长客就是这样发展起来的。再比如，七十万千瓦水轮机组，五十万伏、八十万伏直流输变电技术，一百万伏交流输变电技术，也是依托三峡、西电东送等重大工程，通过引进消化吸收再创新，掌握关键技术的。我们要在加强原始创新的同时，依托大企业大项目，坚持市场换技术，通过引进消化吸收再创新和集成创新，掌握核心技术和关键部件，培养和锻炼人才，提高自主创新能力，努力抢占技术制高点。二是挖掘科研院所和高等学校科技与人才优势，加快科技成果向现实生产力转化。科研院所和高等学校既是人才库也是科研库。我们都深有体会，企业有科技人才、地方有科技人才，但大量科技人才在科研院所和高等院校。这次我们专门看了长春光机所和吉林大学。光机所有四位中科院院士，还有一百八十二名研究员，三百三十四名副研究员，是一个很大的人才库。我曾去过上海光机所、合肥光机所，那两个所的不少科技人员都是从长春光机所调过去的。我们这次看了很多东西，印象深刻。比如卫星上用的高分辨率照相机、四十五纳米光刻机镜头、集成电路铝丝金丝焊接机、片状电阻激光调阻设备、光谱分析仪、大屏幕显示器、半导体照明、光学水晶玻璃等等，就民用产品而言，搞好了每项成果都可以形成一个大的产业。吉林大学的化学、汽车、法律等专业很有特色，单化学学科就有四名院士，这是国家的财富也是吉林的财富。但刚才你们提到，吉林的科研成果转化率只有百分之三十左右，本地转化率仅为百分之十三点一。坦率地讲，这个比例太低了，同时也说明吉林在科研成果产业化方面还有很大潜力。要坚持科技为经济社会发展服务的方向，整合科技资源，通过市场机制和灵活用人机制，引导和支持创新要素向企业集聚，促进科技支撑与产业振兴、企业创新的有机结合，加快科技成果向现实生产力转化。三是通过创新体制机制，培养和引进科技人才。这方面有很大潜力，有大量工作可做。为什么海外人才愿意回来创业？因为这里可以成就他们的事业，他们的劳动和价值能够得到承认。还有一条也很重要，就是能够拥有自己的股份，从科学家变成老板。因此，我们要加快形成激励创新的体制机制，积极培养和引进创新人才，加强创新团队建设，充分调动科技人才的积极性、主动性、创造性，为科技人才创业与发展创造条件、提供舞台。

第二点，加快推进城镇化。刚才你们讲到，吉林将有步骤、分层次地推进城镇体系建设。这一点对解决吉林"三农"问题和实现城乡区域统筹协调发展至关重要。现在，全国城镇化率每年提高约一个百分点，每年有一千万左右农民变为城镇居民。这么大规模的城镇化进程，必然带动投资和消费的增长，成为促进经济持续快速发展的重要动力。当然也会带来一些问题，给城市财政、公共服务特别是教育、社保和就业等带来压力。但随着经济发展，第一产业劳动力向二、三产业转移是经济社会发展的客观规律，解决中国"三农"问题的重要途径是推进城镇化。吉林省的两大城市长春市和吉林市，人口占全省人口的百分之四十三点五，经济规模占全省的百分之六十，在全省具有举足轻重的作用，但中小城市发展相对滞后，尤其是地级市这样的中等城市发展滞后。现吉林高速公路通车里程只有一千零八十公里，可能比贵州还少，主要原因在于地级市发展滞后。吉林提出发展一百个小城镇的规划，这很好。但就吉林的现状而言，工作的重点应首先放在加快发展地级市等中等城市上，增强中等城市在基础设施建设、发展产业、聚集资源、活跃市场等方面的辐射带动功能，带动县城、小城镇建设，推进县域经济发展，活跃和繁荣区域经济，促进城乡、区域协调发展。

第三点，要高度关注民生。保障和改善民生是贯彻落实科学发展观的内在要求，是发展经济的最终目的，也是扩大内需、转变经济发展方式的重大举措。吉林这些年在保障和改善民生方面做了大量工作，办了很多实事，积累了很多很好的经验，让老百姓得到实惠。刚才你们提出，要加快实施"六路安居"工程，让老百姓安居乐业，还要解决一百万户农村人口饮水安全问题，还有就业、社保、教育、医疗等方面的工作。我完全同意，希望你们继续做下去，把中央一系列保障和改善民生的政策措施落到实处。这里，我再强调两点：一是要更加关心困难群众的生活。现在，我们的统计数据都讲人均，比如人均住房面积是多少，人均收入是多少。作为统计指标这么讲没什么问题，但我们在分析情况的时候，要特别注意只讲人均数字会掩盖特别困难群众的问题。比如，去年吉林农村居民人均纯收入五千多元，有的地方可能上万元，但有的地方可能只有两千元。对我们来讲，口袋里多三百元、少三百元可能影响不大，但对困难群众来讲，三百元也能解决不少困难。因此，我总讲一句话，多一些雪中送炭，少搞点锦上添花。我们要特别关心困难群众的生活，切实解决他们遇到的子女上学、社保、医疗、住房等实际困难，使广大人民共享改革发展的成果。二是要认真实施更加积极的就业政策，千方百计扩大就业再就业，不断增加城乡居民收入。我们要实现经济增长向依靠消费、投资、出口协调拉动转变，很重要的一点就是要提高城乡居民收入水平，加强社会保障体系建设，加快发展社会事业，促进公共服务均等化，等等。

今年，国家将编制"十二五"规划纲要。"十二五"规划纲要的重点是加快转变经济发展方式，将出台一系列涉及关键环节和重点领域的改革措施，这必将带来经济领域的深刻变革和利益格局的深刻调整。希望你们密切跟踪这些情况，认真研究相关问题，结合吉林实际进一步解放思想、转变观念，争取工作起步更早一点、更主动一些。

注　释

[1] 见本书（下）《走出一条符合内蒙古实际的科学发展路子》注 [1]。

充分认识中国发展的阶段性特征*

（二〇一〇年七月九日）

这些年我接触过不少外国朋友，他们对中国持续快速的发展和日新月异的变化表示称赞，对中国取得抗震救灾和灾后重建重大胜利、成功举办北京奥运会、面对国际金融危机冲击率先实现经济回升向好，更是感到惊叹。有的朋友甚至提出中国还是不是发展中国家的疑问。我坦率地告诉他们，中国之所以能够创造一个又一个奇迹，主要是依靠集中力量办大事的制度优势、改革开放三十年来的发展积累、中华儿女自强不息的民族精神。事实上，中国仍处于并将长期处于社会主义初级阶段，中国仍然是世界上最大的发展中国家。这是我们基于对中国基本国情认识得出的结论。这当中，最重要的有这么三条。

第一，经济实力显著增强，同时长期形成的结构性矛盾和粗放型增长方式尚未根本改变。我们坚持把发展作为第一要务，保持宏观经济政策的连续性和稳定性，聚精会神搞建设，一心一意谋发展。经过改革开放三十多年来的努力，中国经济实力大大增

＊ 这是吴邦国同志访问法国期间在巴黎举行的中法经贸合作论坛上的主旨演讲《新形势下的中法经贸合作》的一部分。

强。到二〇〇九年，中国国内生产总值已经达到四万九千亿美元，跃居世界第三位，主要农产品和工业品产量都位居世界第一，进出口贸易总额达到二万二千亿美元，成为世界第一大货物出口国和第二大货物进口国，国家外汇储备达到近二万四千亿美元，粮食总产量从三亿吨增加到五亿多吨，成功解决了占世界近五分之一人口的吃饭问题。同时要看到，中国的生产力总体水平不高，自主创新能力不强，长期形成的结构性矛盾和粗放型增长方式尚未根本改变。突出体现在三个方面：一是经济增长主要依靠工业带动，农业基础薄弱，基本还是"靠天吃饭"，农业科技进步贡献率只有百分之五十一，比发达国家低了约二十个百分点，服务业增加值占国内生产总值的比重仅为百分之四十，低于世界平均水平约三十个百分点，同法国相比更是差了近四十个百分点，而且主要以餐饮、商业等传统服务业为主，金融、保险、信息和现代物流等现代服务业正处在培育发展过程中。二是经济增长过于依赖物质资源的投入，依靠土地、劳动力等要素的低成本优势，单位国内生产总值能耗是世界平均水平的二点七八倍，劳动者报酬占国内生产总值的比重不到百分之四十，比世界平均水平低了百分之十至百分之十五。三是自主创新能力不强，缺乏核心技术，缺少知名品牌，中国产品的增加值率只有日本的百分之四点三七、美国的百分之四点三八、德国的百分之五点五六。也就是说，虽然很多产品标注为中国制造，但研发设计、关键部件和市场营销都在国外，只有加工、封装等劳动力密集型环节在中国。中国出口商品中百分之九十是贴牌生产，每部手机售价的百分之二十、计算机售价的百分之三十、数控机床售价的百分之二十到百分之四十，都要支付给国外专利持有者。转变经济发展

2010 年 7 月 9 日，吴邦国在巴黎出席中法经贸合作论坛开幕式，并发表主旨演讲。

方式、促进经济结构调整和产业优化升级的任务刻不容缓。

　　第二，协调发展取得显著成绩，同时城乡、区域、经济社会发展不平衡问题依然突出。我们坚持统筹城乡、区域、经济社会协调发展，把解决好农业、农村、农民问题作为工作的重中之重，把逐步缩小区域发展差距作为重大战略任务。改革开放三十多年来，中国的城镇化率从百分之十七点九提高到百分之四十六点六，每年有一千万左右的农村居民转为城镇居民，城镇化速度是发展中国家中最快的。西部大开发战略实施十年来，西部地区生产总值年均增长达到百分之十二，高出全国同期平均水平一点八个百分点，城乡基础设施建设取得突破性进展，生态环境保护得到显著加强。同时要看到，中国仍处在城镇化加速推进的过程中，城镇化水平远低于世界平均水平，与法国相比更是差了三十个百分点。农村居民年人均纯收入只有五千一百五十三元人民币，还不到城镇居民人均可支配收入的三分之一，不少农村地区行路难、饮水难问题尚未解决，一些农民还住着泥草房和棚屋，家里不仅没有电器设备，甚至连像样的家具也很少。虽然区域发展不平衡在世界许多国家都存在，但在中国这一问题更加突出。西部内陆最不发达地区的人均国内生产总值只有沿海地区的十分之一左右。这些年经济快速发展，但社会事业发展和社会领域改革相对滞后，念书难、看病难、就业难等关系老百姓切身利益的问题比较突出，社会保障、医疗卫生等公共服务不仅起步晚，而且起点低。在城镇，每年有二千四百万人需要解决就业问题，其中大学毕业生近七百万人。在农村，有二亿三千万农民进入城镇务工，还有近二亿富余劳动力需要转移就业。实现城乡、区域、经济社会全面协调发展的任务艰巨繁重。

第三，人民生活总体上达到小康水平，同时贫困人口和低收入人口还有相当数量。我们坚持以人为本，把实现好、维护好、发展好最广大人民根本利益作为党和国家一切工作的出发点和落脚点，做到发展为了人民、发展依靠人民、发展成果由人民共享。从一九七八年到二〇〇九年，中国城镇居民年人均可支配收入增长八倍，农村居民年人均纯收入增长七点六倍，城乡居民人均住房面积分别由六点七平方米增加到三十平方米、由八点一平方米增加到三十三点六平方米，彩电、冰箱、洗衣机等家用电器广泛进入普通家庭，汽车也开始走进寻常百姓家，贫困人口减少了近二亿四千万人，平均预期寿命从一九四九年前的三十五岁上升到七十三岁，九年义务教育全面普及，成人识字率达到百分之九十三以上，人民生活总体达到小康水平，老百姓的日子一天比一天过得好。同时要看到，中国有十三亿人口，经济总量被这一巨大的人口数一除，人均国内生产总值只相当于法国的十二分之一，仅排在世界第九十九位，人均国民总收入更是排在世界一百位之后。我们现在实现的小康，还是低水平的、不全面的、发展很不平衡的小康，仍有一亿五千万人每天生活费不足一美元，相当于法国人口总数的两倍多，还有四千多万农村人口没有解决温饱问题，有二千三百多万城镇人口靠领取最低生活费过日子。即使在北京、上海等较为发达的地区，虽然人均国内生产总值达到一万美元左右，但在较高的平均数下照样存在特别困难群众的问题。比如，现在上海人均住房面积达到三十三平方米，但中心城区还有七百多万平方米的棚户亟待改造，就从一个侧面说明了这一点。要让十三亿中国人民都过上富裕美好的生活任重道远。

由此不难看出，中国是在人口多、底子薄、起步晚的基础上发展起来的，虽然取得的发展成就举世瞩目、发生的变化翻天覆地，但面临的矛盾和问题也世所罕见。实现现代化，是一代又一代中国人梦寐以求的美好愿景和矢志不渝的奋斗目标。

正是因为中国人民曾饱受贫穷饥饿的煎熬，更加渴望过上富足安康的生活，发展已经成为中国人内在的共同追求。

正是因为中国改革开放以来始终坚持把发展作为第一要务，人民生活一天比一天好，发展是硬道理的思想已经深入人心、不可逆转。

正是因为中华民族酷爱和平，近代又频受劫难、屡遭战乱，中国人更加珍惜和平，更加懂得维护世界和平既是应尽的国际义务，也是谋求自身发展的内在需要。

　　我们深知，前进的道路上还会遇到这样或那样的矛盾和问题，但我们对发展前景充满信心。因为我们已经开辟了中国特色社会主义发展道路，形成了中国特色社会主义理论体系。只要我们坚定不移地沿着这条道路走下去，就一定能够把中国建设成为富强民主文明和谐的社会主义现代化国家。

给广西田东县陇穷小学学生的回信

（二〇一〇年七月二十七日）

张玉玲小朋友：

祝贺你光荣地当选为少先队六次全国代表大会的代表，来到北京，见到胡锦涛爷爷，并作为农村留守儿童的代表在大会上发言。这是你努力的结果，是老师教育的结果，真为你、为陇穷小学感到高兴。你的愿望是当一名医生，为农村的爷爷奶奶和小朋友送去健康。相信经努力，你的愿望一定会实现。

陪同我出访的郭声琨[1]书记向我谈了陇穷村的变化，但读了你的信[2]，更感亲切，真为陇穷村、陇穷小学的变化而高兴。一定要记住，这是党和国家对百色老区的关怀，也是对老区孩子的期盼。希望老区人民的日子一年比一年过得好，老区孩子个个都有出息。

请代向老师、同学及你们的爸爸妈妈问好。

吴 邦 国

二〇一〇年七月二十七日

774

注　释

[1] 郭声琨，时任中共广西壮族自治区党委书记。

[2] 根据中共中央政治局常委参加深入学习实践科学发展观活动的安排，中央政治局常委分赴联系点参加学习实践活动。二〇〇八年十月十九日至二十一日，吴邦国到联系点广西田东县指导深入学习实践科学发展观活动，期间考察了田东县作登瑶族乡陇穷小学。二〇一〇年七月初，收到该校六年级学生张玉玲的来信。

走出一条符合宁夏实际、
富有特色的兴区富民之路 *

（二〇一〇年九月十四日）

宁夏经济社会发展取得了很大成就，但同时也要清醒地看到宁夏的差距。一是城镇居民人均可支配收入比全国平均水平低三千一百多元，农民人均纯收入比全国平均水平低一千一百多元。二是人口不多，只有六百二十五万，但南北差距大。中南部地区人均收入不足一千三百五十元的贫困人口还有一百一十二万，占到全区人口的六分之一。三是财政自给率低，全区地方财政收入虽然突破了一百一十亿元，但支出要四百二十多亿元，建设与发展长期以来主要靠中央转移支付。这不是你们的工作没做好，宁夏的自然条件差、基础薄弱，面临的矛盾也比较多，取得同样的成绩要比在东部地区花的精力更多。当然，这对你们的工作确实提出了更高的要求。

我赞成你们关于宁夏经济社会发展的思路。一是下决心解决中南部干旱地区水的问题，宁夏发展节水高效特色农业的路子已经走出来了，取得了可喜的成绩。二是规划建设沿黄城市带，包括四个地级市、六个县城，滨河大道已全线贯通。以城市群的发

---

* 这是吴邦国同志在宁夏回族自治区考察工作时讲话的一部分。

776

展带动乡镇发展和产业发展，逐步提高城镇化率，解决城乡、区域发展不平衡问题。三是发展与阿拉伯国家的关系，利用阿拉伯国家的资金和市场，这是宁夏的特殊优势，可带动沿海投资、外商投资。四是发挥电力、资源和劳动力优势，承接东部地区产业转移，尤其是承接非公经济产业转移，承接轻纺和电子等工业转移，调整所有制结构和轻重工业结构，增强宁夏经济活力。这些都是很好的思路，符合中央精神，符合宁夏实际，我都赞成。关键在于统一思想、狠抓落实。这里，我再强调两点。

（一）希望进一步做好水和煤这两篇文章。从宁夏实际来说，成也在水、煤，败也在水、煤。当然，这个话讲得有些绝对，但坦率地说，水和煤对宁夏的发展确实太重要了。关于水的问题，来之前，我看到一份材料，反映全国人大重点督办宁夏代表建议的情况，都涉及水的问题。一是中部干旱地区七十六万农民饮水难的问题，经过五年的努力已经解决了五十六万人，还有二十万人仍然饮水难。二是中部干旱地区发展高效节水农业问题，搞三个"一百万亩"，包括设施农业一百万亩，覆膜保墒节水农业一百万亩，扬黄补灌节水农业一百万亩。三是南部山区城乡饮水安全的问题，需要从六盘山的泾河源头截蓄水四千万立方米，包括水库、隧道和管道工程建设。四是马铃薯种薯基地的建设问题，要建立三级种薯的繁育体系。还有解决生态移民搬迁的问题、大柳树水利枢纽工程规划建设等更长远的问题。总之，对这些代表建议的办理，全国人大高度重视，一直进行重点督办，国务院有关部门认真办理，大力支持。在上下共同努力下，应该说取得了很大进展。下一步，全国人大将加大监督力度，争取推动以上谈到的四个问题在二〇一二年前基本解决，并进一步加大中南部地区生态移民搬迁工作力度。当然这需要国务院及其有关部门继续大力支持，有关部门也会在现有基础上加大支持力度。因为这些问题是全国人大代表提出的建议，是关系民生的重大问题，是迫切需要解决的问题。现在看来，经过努力也是完全可以解决的。

2010 年 9 月 10 日，吴邦国来到宁夏固原市原州区开城镇海沟村看望回族群众。

关于煤的问题，是这次调研的一个重点。因为这涉及到宁夏的发展后劲和资源优势的发挥，是自治区重点开发的项目，也是国家重点支持的开发项目。考察宁东基地时，与神华集团和自治区的同志交换了意见。现在宁东已完成投资一千亿元，近三年来，每年在宁东的投资要占到宁夏总投资的三分之一左右，说明宁东在宁夏发展中的地位举足轻重。二〇〇五年我去看过宁东基地，这次又专门用半天时间看了看，问得比较细，给我留下三点印象。

一是煤电已形成气候。二〇〇九年产煤量达四千五百多万吨，今年可达六千万吨，规划到二〇二〇年达到一亿三千万吨，而且都是现代化的大矿，一个大的矿井年产量达一千二百万吨，只有两千名工人。火电装机今年可达一百万千瓦，都是大型现代电厂，包括一百万千瓦的超超临界风冷机组。关键是送电，现在与西北电网已联通送电，六十六万伏到青岛的直流线路正在建设，计划搞八十万伏的直流线路将电送到浙江，电网建设对宁东的煤电发展至关重要。

二是煤基聚丙烯已显示发展前景。这个项目投资一百七十多亿元，目标是年产五十万吨聚丙烯，副产十八万吨汽油。煤的汽化是国内第一次采用德国西门子的气化炉。丙烯合成装置的直径达到十米。这次去正好赶上试车，他们告诉我比较顺利。当然，这类大化工装置即使试车成功，也还有一个稳定工艺的过程。为什么说煤基聚丙烯显示出良好发展前景，主要是生产成本有竞争力。据介绍，目前每吨煤头的聚丙烯比油头的聚丙烯成本要低一千多元。神华集团的负责人跟我讲，如果这个项目成功，他们准备再在宁东上四套装置，总产量达二百五十万吨聚丙烯。这说明，煤化工是一个很大的产业，潜力很大，是宁夏发展的一大后劲。

三是与南非合作搞间接液化煤制油项目。神华集团积极性很高，据说中国国际工程咨询公司认为可行。神华集团准备上两条线，年产油八百万吨，年用煤六千万吨，投资超过一千亿元。当然，如果不用壳牌武德士古气化炉，而是采用西门子的，成本可能降低几十亿元。

（二）关于重点发展沿黄城市带的问题。我认为，这是个好思路，也是个大思路，建议把它提到宁夏经济社会发展战略的高度来认识、来推动。宁夏人口不多，只有六百多万，面积不大，只有六万多平方公里，宁夏的发展可以考虑按一个城市来规划。现在有这个条件，五百零八公里的滨河大道已将十个城市连接起来，北部地区一直又是宁夏经济最有活力的地区。如果今后搞条轻轨，那就更方便了。沿黄城市带发展可以带动乡镇的发展、带动产业的发展，带动宁夏城镇化的发展，也可解决中南部地区农民就业问题，还有利于中南部地区的生态恢复与建设，走出宁夏特色的城镇化发展道路，可以从根本上解决宁夏南北差距大，区域、城乡发展不平衡的问题。关于你们刚才讲到的南部山区群众的脱贫问题，我们不能只解决群众的喝水问题，还要解决群众的就业问题、致富问题。现在中南部地区的大部分农民是间歇性外出打工，一年也就三四个月，如果沿黄城市带发展起来，带动产业发展，就可吸纳大量山区、干旱地区的农民工，变间歇打工为稳定打工，慢慢就变成城镇居民了。这也是恢复和保护干旱地区和山区生态环境最好的办法。另外，我国东部沿海地区产业转移，总归是要找基础设施相对好的地方。建设沿黄城市带，还可以为宁夏承接东部地区产业转移创造条件。总之，沿黄城市带规划建设是个大战略。要实施好这一大战略，关键是要把城镇体系规划和城乡规划搞好，一定要统一规划，合理整合资源，优化产业布局，科学功能分区，避免重复建设。规划的起点要高，可以搞全国招标。要统一思想，顾全大局，防止各自为政。在这个基础上，再选准突破口，扎实稳妥地向前推进。

上面讲的两点意见，归纳为两篇文章一个战略，供同志们参考。

实现航空工业由先导产业
向支柱产业的跨越*

（二〇一一年一月七日、四月十一日）

一

　　"十二五"时期是我国社会主义事业加快发展的重要时期，航空工业作为国家的战略性产业，肩负着重要而特殊的使命。希望你们深入学习实践科学发展观，以科学发展为主题，以加快转变发展方式为主线，抓住机遇，奋发进取，坚持把自主创新作为科学发展的战略基点，全面加强科技攻关和原始创新，大力培养和凝聚创新型人才，尽快完成由仿制创新向自主创新的跨越，跻身世界航空工业强者之林；加快完成公司化改制并整体上市，建立市场化的体制机制，尽快完成由传统国企向现代公司的跨越；加快推进国际化、全球化发展，利用全球资源和市场做大做强，尽快成长为具有国际影响力的跨国公司，更好地服务于中华民族的伟大复兴；走军民融合式发展道路，坚持全产业链、全价值链发展，在坚决完成好军品任务的同时，大力发展民机产业、非航空民品产业和现代服务业，实现军机与民机、航空与非航空、制

---

　　*　这是吴邦国同志关于航空工业两则批示的节录。

造业与现代服务业协调发展，为国家转方式、调结构作出更大贡献！

（二〇一一年一月七日给中航工业集团
二〇一一年年度峰会的批示）

二

新中国航空工业建立六十年来，在党中央、国务院、中央军委的正确领导下，在全国各行各业的大力协同下，几代航空人艰苦奋斗、前赴后继、矢志报国，建立了新中国现代航空工业体系，取得了举世瞩目的辉煌成就，为国防现代化建设、国家科技进步和经济社会作出了重要贡献。特别是新世纪以来，航空工业认真贯彻党和国家的一系列方针政策，解放思想，开拓创新，团结奋斗，砥砺攻坚，加快先进航空装备研制，大力发展军民融合产业，坚决实施市场化改革，奋力推进自主创新，着力打造卓越队伍，企业综合实力和国际竞争力大幅提升，为建设航空工业强国奠定了坚实基础。

当前，我国大国崛起、民族复兴处于关键时期，航空工业作为高科技战略性产业，作为大国博弈的高端平台，肩负着神圣而光荣的历史使命。希望你们在党中央、国务院、中央军委的正确领导下，以科学发展为主题，以加快转变经济发展方式为主线，以高度的政治责任感和历史责任感，戒骄戒躁，再接再厉，顽强拼搏，力争用十年左右时间，努力把我国建设成为世界航空工业强国，实现航空产业由先导产业向支柱产业的跨越，强力支撑大

783

国崛起、民族复兴。要以只争朝夕的精神和临战的姿态，按时优质完成重点型号任务，打造先进的航空武器装备，为国防现代化建设再立新功。要坚持把自主创新作为科学发展的战略基点，全面加强科技攻关和原始创新，大力培养和凝聚创新型人才，尽快完成由跟踪创新向自主创新的跨越，跻身世界航空工业强者之林。要坚决打一场航空发动机翻身仗，保障航空工业的安全发展、跨越发展。要加快推进市场化改革，建立现代企业制度，积极推进子公司和母公司两级上市，尽快完成由传统国企向现代公司的跨越。要积极推进军民融合、产融结合，加快振兴民机产业，发挥航空产业的辐射和带动作用，促进相关产业协调发展，在转方式、调结构中勇挑重担。要加快"走出去"步伐，加快发展成为具有国际竞争力的跨国公司，在全球组织产业、创新科技、销售产品、传播文化，更好地支撑国家战略。要大力加强人才队伍建设，培养和凝聚世界一流的出资人代表队伍、经营管理人才队伍、专业技术人才队伍、复合型党群工作者队伍、高技能人才队伍，大胆吸纳和使用国际化人才，夺取事业发达、人才兴旺的双丰收，为建设人才强国作贡献。

（二〇一一年四月十一日给新中国航空工业创建六十周年的批示）

把发展速度适当放慢一点[*]

（二〇一一年三月五日）

"十二五"时期经济增长的预期目标是年均百分之七，到二〇一五年国内生产总值超过五十五万亿元。中央提出百分之七的目标，就是不希望搞得太快。事实上，百分之七的发展速度已经不慢了，在世界上也是少有的高速度。我记得很清楚，小平同志当年提出"翻两番"奋斗目标，经过测算，年均增长百分之七点二，十年就可以翻一番。现在我国的经济总量已经达到五万多亿美元。按照年均百分之七的发展速度，十年翻一番，就是十万亿美元，二十年翻两番，就是二十万亿美元。美国现在是十四万亿美元，但其增长速度很低很低。也就是说，我国的经济总量二十年内就可能超过美国，而且我相信这期间我国的科技实力会有很大的进步，到那时国家的综合实力就更加雄厚。我们之所以不希望搞得太快，主要基于两点考虑。

第一，速度太高、绷得太紧，不利于党的十七届五中全会精神的贯彻落实。坚持以科学发展为主题、以加快转变经济发展方

---

* 这是吴邦国同志在十一届全国人大四次会议安徽代表团会议上讲话的一部分。

式为主线，就必须妥善处理好保速度与调结构、质量与效益、经济发展与社会发展的关系。速度太高、大干快上，主题和主线就可能被置于从属地位。这些年，我国经济的快速发展有目共睹，但坦率地讲，一些深层次的矛盾和问题也在积累，发展中不平衡、不协调、不可持续的问题依然突出。比如，经济增长过分依赖出口和投资，一、二、三产业发展不协调，经济增长更多地依靠第二产业拉动。在第二产业中，高能耗、高投资的重化工比重过大，达到百分之七十。我国的研发经费占国内生产总值的比重仅有百分之一点八。美国经济总量十四万亿美元，研发经费占到百分之二点七，日本、以色列、瑞士大体上占到百分之三点五到百分之四点五。要看到，我国的生产力水平总体不高，自主创新能力不强。举两个小例子，政协的一份材料讲，全世界百分之七十的圆珠笔都在中国生产，但笔芯百分之九十靠进口，墨水百分之八十靠进口。我国手机、计算机产量都是世界第一，但每部手机售价的百分之二十、计算机售价的百分之三十，要支付给国外的专利持有者。我国经济结构的不合理，还表现在投资与消费的关系上。现在投资率是百分之四十三，消费率是百分之四十八点六，其中居民消费只有百分之三十五点三。记得陈云同志过去总讲积累和消费的关系，主张积累不要超过百分之三十，现在是大大超过了。以上这些深层次的矛盾和问题，必须下大力气解决，否则就难以为继。而且，国际上尤其是金融危机后的国际经济环境，也逼迫我们加快转变经济发展方式。美国总统奥巴马提出实施出口倍增、再工业化计划，他与胡锦涛总书记会谈时，翻来覆去讲汇率问题、贸易逆差问题，压我们升值人民币、扩大内需。今后一段时间，贸易保护主义很可能成为一种常态，过分依赖出口的经济增长格局不可能长期维持。

第二，这些年的经济快速发展也付出了很大的资源环境代价。二〇〇一年，全国能源消费总量是十三亿吨标准煤。记得我在国务院工作的时候，年产煤炭十亿吨、库存一亿吨就够用了。现在，年能源消费总量超过了三十亿吨标准煤，还觉得不够用。根据各地报上来的计划，到二〇二〇年要达到五十亿吨标准煤。这么多煤怎么生产出来？生产出来怎么运出去？就是生产出来、运出去了，环境能承受得了吗？最近因为中东局势的影响，国际石油价格已经超过一百美元一桶。还有，在快速发展过程中，大量土地被消耗，生态环境被污染。我们不能再走先污染后治理

2011 年 3 月 5 日，吴邦国参加十一届全国人大四次会议安徽代表团的审议。

的老路了。资源环境已经成为制约我国经济发展的主要瓶颈，而且这种制约将会长期存在。为子孙后代着想，为了可持续发展，必须加快转变经济发展方式。

总之，我们希望把发展的速度适当放慢一点。坦率地讲，从这些年的情况看，想把速度搞快一点相对容易，但调结构、转方式就很不简单，难度要大很多，花的精力要多得多。我们要切实解决发展中的深层次矛盾和问题，真正把精力放在调整经济结构、增强创新能力、提高质量效益、保障改善民生上。但问题是，往往事与愿违、落实不下去。"十一五"时期的预期目标为年均百分之七点五，结果是百分之十一点二，各地都希望快一点、再快一点。原因很多，有认识问题，也有体制机制问题。比如税收体制，我国以增值税等流转税为主，只要有项目、有产出，不管盈亏，都有税收，所以地方政府都希望搞大项目。还有干部考核体系，一些地方提拔干部，主要就看发展速度。体制机制不创新，很难从根本上改变"国内生产总值挂帅"。因此，我们要继续深化改革，加快构建有利于科学发展的体制机制。这里我要强调的是，要创新发展思路，真正把思想和行动统一到党的十七届五中全会精神上来，统一到胡锦涛总书记的重要讲话精神上来，努力推动经济增长实现"三大转变"，确保科学发展取得新的显著进步，确保转变经济发展方式取得实质性进展。

调整收入分配关系，
扭转收入分配差距扩大趋势 *

（二〇一一年三月五日）

　　这些年，城乡居民的收入都在较快增长，但收入差距扩大的趋势没有改变。关于收入差距，学术界有一个指标叫"基尼系数"，是二十世纪初由意大利的一个经济学家提出来的。按照世界银行的测算，中国的基尼系数是零点四七，而国际公认的警戒线是零点四，我们在十多年前就超过了零点四。还有城乡居民收入差距问题，一九八五年我国城乡居民收入差距是一点八六倍，现在扩大到了三点三倍，世界上其他国家一般不超过两倍。中央政治局讨论今年的《中共中央国务院关于加快水利改革发展的决定》时谈到，去年是农民人均纯收入增长比较快的一年。我当时提出，要用两个参照系看问题，一个是与上年农民收入比，增长比较快；一个是与城市居民收入比，差距还在扩大。再有一点，统计数据都讲人均，比如人均住房面积是多少，人均收入是多少，而讲人均往往容易掩盖低收入群众的困难。收入差距是当前社会普遍关注的问题，这方面材料也很多。我看到一些材料

---

　　* 这是吴邦国同志在十一届全国人大四次会议安徽代表团会议上讲话的一部分。

说，百分之十的高收入者和百分之十的低收入者之间的收入差距，一九八八年是七点三倍，二〇〇七达到二十三倍。上市公司高管的收入是一般职工工资的十八倍。这里讲的是收入，如果按财产计算，估计差距更大。今年政府工作报告提出，要提高最低工资标准。广州一九九三年最先搞最低工资制度，十七年来先后调整八次，最低工资增长了二点四四倍，但同期社会平均工资增长了六点四八倍。一九九三年最低工资是社会平均工资的百分之四十八，而二〇〇九年只有社会平均工资的百分之二十二。总之，这些年大家的收入都提高了，但差距仍在拉大。

我们是社会主义国家，实现共同富裕是社会主义的本质特征。小平同志在改革开放初期就讲过，我们允许一些地区、一些人先富起来，是为了最终达到共同富裕，所以要防止两极分化。在一九九二年视察南方的谈话中，小平同志强调，社会主义的本质，是解放生产力，发展生产力，消灭剥削，消除两极分化，最终达到共同富裕。他明确提出，到二十世纪末达到小康水平的时候，就要突出地解决贫富差距问题。现在新世纪已经过去十年了，贫富差距还没有根本扭转，反而有逐渐扩大的趋势。我们要高度重视这个问题，下大力气尽快扭转收入分配差距扩大趋势。

胡锦涛同志在去年中央经济工作会议上的讲话中明确提出，经济发展的内涵应该既包括较快增长，也包括合理分配。他强调，没有持续增长，分配就缺乏物质基础；没有合理分配，增长也会缺乏持久动力和稳定的社会环境。今年的政府工作报告提出，要努力实现居民收入增长和经济发展同步、劳动报酬增长和劳动生产率提高同步，逐步提高居民收入在国民收入分配中的比重，提高劳动报酬在初次分配中的比重，加快形成合理的收入分配格局。

同时指出，这既是一项长期任务，也是当前的紧迫工作。

中央经济工作会议明确提出，今年要研究制定收入分配改革方案。"十二五"规划纲要也提出，要提高"两个比重"，即逐步提高居民收入在国民收入分配中的比重，提高劳动报酬在初次分配中的比重。一九九〇年到二〇〇七年，我国居民收入占国内生产总值的比重，从百分之五十六点一八下降到百分之四十三点四七，下降了十二点七一个百分点。中央财经领导小组办公室课题组提出，希望"十二五"时期提高到百分之六十以上。至于劳动报酬在初次分配中的比重，我们同发达国家相比差得太多。美国企业的工资成本占企业运营成本的百分之七十，其他发达国家大体在百分之五十四到百分之六十五之间，而我们的企业不足百分之十。当然，这是发展中的问题，反映出我国发展的阶段性特征。但是，现在到了必须高度重视和切实解决的时候了。否则，不仅是经济持续发展缺乏动力，而且会影响社会稳定，经济问题就会变为社会问题，甚至演变成政治问题。另外，中央提出实施扩大内需战略，根本上要靠提高居民收入，要让老百姓有钱花，敢花钱，有地方花钱。所谓中等收入陷阱，其中一条就是不能很好地解决贫富差距问题，菲律宾、泰国和南美洲许多国家都是这样，韩国解决得比较好。

总之，调整收入分配关系是事关全局的重大改革，涉及到发展方式转变、利益格局调整、体制机制改革等。今年，全国人大常委会准备就这一问题开展专题调研，待条件成熟时安排听取审议国务院的专项工作报告。希望安徽高度重视这个问题，加强调研，做些探索，为中央研究决策提供重要参考，为全国解决这个问题积累有益经验。

深刻认识转变经济发展方式与
广大劳动者的关系[*]

（二〇一一年四月二十七日）

　　经济全球化与工会国际论坛成立七年来，在各方的支持和参与下，得到了长足发展，论坛规模不断扩大，交流议题日益广泛，国际影响逐步增强，已成为各国工会加强合作、平等交流的重要平台，对促进各国经济社会发展、维护劳动者合法权益、推动国际工运健康发展发挥着重要的作用。我们相信，经过有关各方的共同努力，论坛一定能够办得越来越好。

　　加快转变经济发展方式，是当今世界各国面临的重大课题，国际金融危机、气候变化等全球性挑战，使这一课题变得更加迫切。本次论坛以"转变经济发展方式与提高劳动者素质"和"体面劳动与社会保障"为主题，为各国推进经济发展方式转变、实现经济社会全面协调可持续发展提供了重要的交流平台。作为世界上最大的发展中国家，我们提出了科学发展观的重大战略思想，把转变经济发展方式作为"十二五"规划的主线，着力调整经济结构，着力推进科技进步和创新，着力深化改革开放，着力

---

　　* 这是吴邦国同志在北京举行的"2011'经济全球化与工会国际论坛"开幕式上致辞的主要部分。

加强资源节约和环境保护，着力保障和改善民生，努力实现全面
协调可持续发展。我们从中国的实践认识到，转变经济发展方式
是一场深刻变革，与广大劳动者密切相关。这当中，很重要的有
这样三点。

2011 年 4 月 27 日，"2011'经济全球化与工会国际论坛"开幕式在北京举行。吴邦
国出席并致辞。

一是转变经济发展方式离不开劳动者的积极参与。在中国，
人民是国家和社会的主人，社会主义现代化建设是亿万人民实
现自己利益、创造美好生活的共同事业。加快经济发展方式转
变，必须充分发挥广大劳动者的主力军作用。我们始终坚持尊重
劳动、尊重知识、尊重人才、尊重创造的方针，充分发挥和尊
重劳动者的首创精神，充分调动劳动者积极性、主动性和创造

性。我们大力发展社会主义民主，从各个层次、各个领域扩大公民有序政治参与，坚持和完善企业职工代表大会制度，实行民主选举、民主决策、民主管理、民主监督，依法保障劳动者的知情权、参与权、表达权、监督权。截至二〇一〇年九月底，中国已建立基层工会一百九十七万六千个，拥有会员近二亿四千万人，工人入会率达百分之七十五，建立职工代表大会的各类企业一百八十一万四千家，覆盖百分之六十四的公有制企业和百分之六十二的非公有制企业。我们还积极开展各种形式的社会主义劳动竞赛，鼓励和支持广大职工立足本职岗位、争创一流业绩，争当锐意改革创新的先锋和推动科学发展的楷模。亿万劳动者以国家主人翁的责任感和使命感，积极投身社会主义现代化建设，劳动热情充分发挥，创造活力竞相迸发。

二是转变经济发展方式离不开劳动者素质的普遍提高。在中国，工人阶级是领导阶级，推动先进生产力发展是工人阶级先进性的具体体现。加快经济发展方式转变，必须造就宏大的建设创新型国家的劳动者队伍。我们深入实施科教兴国战略和人才强国战略，充分发挥科技第一生产力和人才第一资源作用，推动发展向主要依靠科技进步、劳动者素质提高、管理创新转变。我们制定国家中长期人才发展规划纲要，提出到二〇二〇年人才资源总量增加到一亿八千万人，高技能人才占技能劳动者的比例达到百分之二十八，主要劳动年龄人口受高等教育的比例达到百分之二十，人力资本对经济增长的贡献率达到百分之三十三，逐步实现由人力资源大国向人才强国转变。我们大力推进重点领域、重点行业创新人才培养工程，着力加强普通劳动者技能和创业培训，深入开展技术革新和发明创造活动，建立健全培养人才、聚积人才、激励人才、人尽其才的体制机制。亿万劳动者以开拓创新、自强不息的进取精神，在创造物质财富的过程中努力实现自身的全面发展，劳动者素质不断提高，一批拔尖创新人才脱颖而出。

三是转变经济发展方式离不开劳动者权益的有效保障。在中国，人民的利益高于一切，全心全意为人民服务是党和国家的根本宗旨。加快经济发展方式转变，必须把最广大人民的根本利益实现好、维护好、发展好。我们始终坚持以人为本、执政为民，把保障和改善民生作为加快转变经济发展方式的根本出发点和落脚点，切实维护广大劳动者的合法权益，积极构建和谐劳动关系。我们制定了劳动法、就业促进法、劳动合同法、劳动争议调解仲裁法、社会保险法、安全生产法、工会法等一大批法律法规，并通过执法检查等方式督促行政机关、审判机关、检察机关切实做到有法必依、执法必严、违法必究。我们大力实施积极的就业政策，改善就业环境，提高就业质量，让广大劳动者实现体面劳动；积极推进职工工资集体协商制度，建立职工工资正常增长机制和支付保障机制，实行最低工资保障制度，不断增加劳动者特别是一线劳动者的劳动报酬；建立健全涵盖养老、医疗、失业、工伤、生育等在内的社会保险制度，解除广大劳动者的后顾之忧；着力解决拖欠职工工资、职业病防治、安全生产等劳动者普遍关注的突出问题，妥善处理各方面的利益关系，形成企业与职工共建共享共赢的良好局面。亿万劳动者以乐观向上、甘于奉献的精神风貌，通过辛勤劳动创造自己的幸福生活，劳动关系更加和谐，工作生活更有尊严。

工会作为广大劳动者的组织，是各国政治、经济、社会生活中不可或缺的重要力量，在推动国家经济社会发展方面发挥着不可替代的作用。中国党和政府一贯高度重视中国工会的地位和作用，支持工会依照法律和章程独立自主地开展工作，充分履行维护劳动者合法权益的神圣职责，更好地团结和动员广大劳动者为社会主义现代化建设事业建功立业。希望各国工会组织进一步扩大交往、增进友谊、加强合作，共同推动发展互相尊重、友好合作、民主和谐的国际工会关系，为建设和谐劳动关系、实现可持续发展，为推动建设持久和平、共同繁荣的和谐世界作出更大贡献。

做好新形势下新疆工作的
两项重大任务[*]

（二〇一一年六月十九日）

中央新疆工作座谈会召开一年来，自治区党委、政府和生产建设兵团，认真贯彻中央的决策部署，结合新疆实际创造性开展工作，新疆的发展路子是正确的，工作是有成效的。中央对自治区及兵团的工作是满意的。

紧紧抓住机遇，实现新疆跨越式发展

胡锦涛同志强调，在当代中国，坚持发展是硬道理的本质要求，就是坚持科学发展，更加注重以人为本，更加注重全面协调可持续发展，更加注重统筹兼顾，更加注重保障和改善民生，促进社会公平正义。这就是新疆实现跨越式发展应当坚持的指导原则。你们围绕实现新疆科学跨越发展提出了"五个发展"的理念，这符合科学发展的精神，体现了四个"更加注重"的要求。希望你们认真贯彻落实中央和锦涛同志指示精神，结合本地实际创造性地开展工作，扎扎实实推进新疆跨越式发展。关于新疆的

＊ 这是吴邦国同志在新疆维吾尔自治区考察工作时讲话的一部分。

工作,我在此出几个题目,和大家一起研究,具体答案需要同志们通过工作实践来回答。

第一,做好民生三件事。解决新疆的民生问题涉及到方方面面,从这几天实地考察看,应重点抓好三件事。

第一件事:改善居民住房条件。这次我们看了很多住房建设项目,有和田的棚户区改造,喀什的农村"安居富民"工程和老城区危旧房改造,还有兵团农八师的保障性住房建设,也接触了不少住户。有两点感受,一是相当一部分新疆群众的居住条件困难,尤其是南疆地区,百分之七十的房子需要改造,群众要求改善住房条件的愿望强烈。二是解决住房问题的任务艰巨。"十二五"期间,新疆农村"安居富民"工程要覆盖一百七十五万户,游牧民定居工程覆盖近九万户,城市棚户区改造涉及一百五十二万户,总数达三百三十六万户,每户建筑面积七十至八十平方米,工作量相当大,任务十分艰巨。应当看到,保障群众基本住房条件是政府的责任,是政府应该帮助解决的问题。解决好了,这就是一项功德无量的民心工程。解决住房问题有两大难题,就是土地和资金,土地在新疆不是大的障碍,我最担心的是资金问题。据统计,今年全国计划新开工建设一千万套保障房,到目前为止还有百分之七十没有开工,主要原因就是资金不落实。因此,每到一地,我问得最多的是资金问题,多大面积、多少造价、政府贴多少、老百姓拿多少、要借多少钱、多少年可以还清,等等。从了解到的情况看,新疆在这个问题上积累了不少好经验。比如,"安居富民"工程,每户国家和自治区补贴一万元,对口支援补一万元,各种补贴有五千至一万元,群众自筹一部分,还不足的由政府提供三年贴息贷款。比如老城区的危旧房改造，前天我们在喀什看了老城区危旧房改造，二十八个集中连片区改造面积五百三十万平方米，总投资近七十亿元，其中国家出二十亿，国家廉租房补助二亿二千六百万，自治区拿十亿，地市拿三亿四千三百万，企业拿八亿八千五百万，群众自筹二十四亿。我看了两户人家，一家低保户借了部分银行贷款，十年基本可以还清，还有一户，家里有六人就业，比较富裕，没有贷款。再比如兵团的土坯房和危房改造，新建的保障性住房，每户建筑面积八十平方米，造价八万元，各级财政和援建地区补助四万元，个人自筹四万元。大部分群众可以承担，不会过度负债，已经搬进新居的个个兴高采烈，情不自禁地说，想不到这一生还能住上这么好的房子。情景令人感动。这里我想强调两点，一是除"安居富民"工程、牧民定居工程、棚户区和危房改造外，还要重视保障性住房建设，以解决城市居民住房困难问题。前不久我到重庆调研，他们一年开工建设一千万平方米的保障性住房，三年就达到四千万平方米，可以覆盖全市百分之三十的人口，能够基本上解决群众住房困难问题。总结他们的模式，特点是把公租房作为保障性住房的唯一平台，租金半市场化，实行租补分离、分类补贴，先租后售，租满五年可以按成本价购买，这些措施可以保障资金的良性循环。希望你们借鉴各地的有益经验，积极探索适合新疆实际的保障性住房政策模式。二是吸收社会资金解决住房问题。比如中石油、中石化这些中央企业在新疆的分公司，他们为地方作了不少贡献，如巴音郭楞州和阿克苏地区的国内生产总值近百分之六十来自中石油在这两个地方的分公司，还有天然气利民工程等也让当地群众得到实惠，但他们是分公司，利润要上缴总部，税收也都交到北京。我想他们对新疆的贡献可以再大一些，在政策允许范围内为新疆排忧解难，回报社会。总的来讲，希望你们在住房建设资金问题上仔细算算账，有些潜在的问题和矛盾要早发现、早解决，争取用五年时间让新疆百姓的住房条件明显改善，用十年时间彻底解决住房问题。

第二件事：实现居民稳定就业。这些年新疆城乡居民收入大幅度提高，增长幅度高于全国平均水平，但收入总体水平不高。城市人均收入大概是全国平均水平的百分之七十，农牧民人均收入是全国平均水平的百分之八十，南疆地区居民收入又大大低于全区平均水平。记得计划经济时期，北京是六类地区，上海是八类地区，新疆是十一类地区。大学生毕业后到北京、上海工作的工资是五十八元，到新疆工作的加上各种补贴要高出五十多块钱，这在当时是一笔不小的数目。现在新疆老百姓的收入比起北京、上海来差远了。所以说，要让到新疆工作更有吸引力，很重要一条是提高新疆居民收入水平。当然这要建立在发展经济的基础上，而且需要有一个过程。当前最为紧迫的是提高低收入人群的收入水平，而要做到这一点，最重要的是解决他们的就业问题。二〇〇二年中央召开全国再就业工作会议，江泽民同志在会上强调就业是民生之本。新疆在促进就业方面做了大量工作，去年解决了五十一万六千八百人的就业问题，但任务依然艰巨，仅仅是没有完全就业的大学生就有二十八万人。不解决就业问题，增收就是一句空话。而且长期没有工作，无事生非，也是社会的一大不稳定因素。目前解决就业最现实的途径，一是劳务输出。比如，和田二百零三万人口中有三十到四十万人在外打工，每人每年可以寄回一万多元，这个途径见效快。二是承接产业转移。新疆除劳动力、政策优势外，还有对口支援的优势，一些支援省份的产业，尤其是劳动密集型产业，可以转移到新疆。当然产业转移不能是简单的搬迁，而是在转移过程中将企业改造升级。我们看的天盛集团就是这样做的。天盛是浙江的企业，他们在新疆建厂招收职工，月工资二千多元，一年就是二万多元。新疆有资源、劳动力、土地以及西北和中亚市场的优势，承建东部地区产业转移的空间大得很。要强调的是，无论是劳务输出还是承接产业转移，一项关键工作就是必须加强对劳动力的培训。去年你们培训了八十三万人，就业率达到百分之五十四，而且经过培训人员的工资也增加了。我问了一下培训时间，他们说是三个月到半年，包括职业技能培训和语言培训。建议你们加大就业工作力度，把劳务输出搞好，把产业转移搞好，把技能和语言培训搞好，切实提高老百姓的收入水平。

第三件事：抓好"双语教育"。我在和田参观了"双语"幼儿园，五六岁的孩子完全可以用汉语同我们交流，听得懂，讲得出。在核桃精品园，一对维吾尔族夫妇用普通话告诉我们，在"双语"幼儿园上学的女儿是他们的汉语老师。你们对学前"双语"教育按每年生均一千三百元的标准进行补贴，深受少数民族群众欢迎。搞"双语教育"，不是不要母语，母语不仅要学，还要学好，希望今后出现更多少数民族文学家、诗人，这是中华灿烂文明的一部分。汉族同志要学点少数民族语言，少数民族的同志要学点普通话，这不仅有利于民族间的交流交往，就业也方便。搞好"双语"教育，关键有两个问题，一个是"双语"教育从幼儿园抓起很好，但要研究学前教育与中小学教育的衔接；再

2011 年 6 月 16 日,在和田县巴格其镇"双语"幼儿园,吴邦国欣赏维吾尔族小朋友用"双语"表演的精彩节目。

一个就是下决心培养一批年轻的"双语"教师,结合对口支援把老师送到内地培训,半年不行一年,一年不行就两年,把缺乏"双语"教师的问题切实解决好。

第二,发展新疆的优势产业。新疆已经拥有一批有竞争力、有实力的大企业。这次参观的金风科技、特变电工、天业化工等都是知名企业。金风科技是全国三大风机制造厂商之一,掌握了世界最先进的直驱永磁风机技术。特变电工不仅搞输变电,还涉足电子铝箔、电极箔等新材料领域,开发多晶硅、太阳能电池等新能源产品。天业化工的滴灌技术也走在全国前列。水资源是我国紧缺资源,新疆百分之九十五的水用于农业,发展节水农业势在必行。新疆四千万亩耕地,有一半用上了天业的滴灌设备,一

亩地成本七百元，远远低于以色列的同类产品。这些企业之所以
站得住，靠的是科研投入，特变电工科研投入占销售收入的百分
之四点六，金风是百分之三。此外，新疆番茄酱产量占世界市场
的四分之一，石化领域有乌鲁木齐石化公司和独山子石化公司。
这些都是你们的优势。应当说，新疆工业已经有了相当基础，完
全有条件发展自己的优势产业。关键是要加大科技投入，延伸产
业链，提升产业层次，在现有基础上更上一层楼。在研究西部大
开发会议上，我强调区域平衡发展是相对的，不平衡是绝对的，
西部大开发，不是和东部比经济规模，山东去年国内生产总值达
到四万五千亿元，你怎么和它比。关键是要有自己的特色，一是
要有自己的特色产业，二是老百姓要生活得好。

煤炭是新疆的一大优势。这次来新疆，同志们谈得最多的是
发展煤化工。为什么高度重视在新疆先行先试煤化工，主要原因
有三条，一是富煤少油缺气是我国的基本国情，我国现在每年消
耗石油四亿多吨，其中进口二亿四千多万吨，对外依存度达百分
之五十八。发展煤制油、煤制气、煤制烯烃，符合我国的实际情
况，有利于国家经济安全。二是我国已经在技术上实现了重大突
破，并实现了产业化，在这方面我们处于世界领先水平。煤制气
有三种技术途径，一个是西门子的技术，一个是壳牌的技术，再
一个是采用德士古炉制气，都是成熟的技术。更为可贵的是，中
科院大连化物所突破了甲醇制烯烃的技术，实现产业化，处于世
界先进水平，且价格上比以石脑油为原料的更有竞争力。三是制
约的因素有两条，一是耗水量大，一吨煤制油要耗水七至八吨，
二是二氧化碳排放问题，但这两个问题也不是不可克服、不可攻
破的。煤化工在伊犁先行先试，有可能成为新疆独具优势的产

业，希望同志们积极主动地争取有关部门支持。

第三，加大对外开放力度，深化对外合作。新疆有五千六百公里边境线，与中亚、南亚相邻，地缘优势明显。中亚国家与我国政治关系良好，经济互补性强，而且有很好的合作基础。今年我先后会见了乌兹别克斯坦总统和哈萨克斯坦总统，他们都强烈希望加强与我国的经贸合作，尤其是加强与新疆的合作。除中亚、南亚外，还要拓展与欧洲的合作。我到重庆考察，看到东南沿海很多出口加工企业都搬到那里，包括一批知名的笔记本电脑代工企业。原因之一是有欧亚大陆桥铁路通道这个便利条件，把产品运输到比利时的布鲁塞尔，从上海、深圳走海路需要三十九天，从重庆走铁路只需十三天，而从新疆走铁路还用不了十三天。上海的浦东开发带动了整个上海的发展，天津的滨海新区带动了天津的发展，重庆的两江新区带动了重庆的发展。这次中央批准在喀什、霍尔果斯设立两个经济开发区，希望你们发挥后发优势，从战略高度加大对外开放力度，深化对外经贸合作，带动整个新疆经济的发展。有同志就这个问题提出了两个很好的建议，一是请海关总署牵头，在新疆召开现场会，落实两个经济开发区的海关监管问题。二是出口加工区要面向欧美市场，着力引进内地有实力的企业和更大范围地吸引外商投资。

高度重视新疆的稳定工作

我们改革开放三十多年的一条基本经验，就是正确处理改革发展稳定的关系。前不久，我访问南非时发表了一个演讲，其中很重要一部分就是介绍我们治国理政的经验，讲了三个坚持，一是坚持把发展作为执政兴国的第一要务，二是坚持把改革作为发展进步的强大动力，三是坚持把和谐稳定作为改革发展的重要基础。没有和谐稳定这个基础，改革开放、经济发展都无从谈起。从改革开放三十多年的实践和国际风云变幻中，我们得出一条结论，稳定是福，动乱是祸。实现新疆长治久安是中央对新疆提出的两大重要任务之一。发展是硬道理，稳定是硬任务。新疆要实现跨越式发展，新疆人民要过上好日子，基本前提就是维护新疆的和谐稳定，和谐稳定是新疆各族人民的共同利益所在。关于维护稳定问题。我强调四点。

第一，发展是解决一切问题的基础，是实现新疆稳定的治本之策。这个问题前面已讲过，就不再重复。

第二，认真贯彻党的民族宗教政策，促进民族团结。就像一首歌里唱的，我们国家是"五十六个民族、五十六朵花"。五十六个民族共同创造了灿烂的中华文明，实现中华民族的伟大复兴是五十六个民族的共同理想、共同事业。在这个伟大事业中，汉族离不开少数民族，少数民族离不开汉族，各少数民族之间也相互离不开。新疆是少数民族聚居的地区，新疆的各级干部要带头认真学习宣传贯彻党的民族宗教政策。前面讲到，这次来新疆接触了不少维吾尔族同胞。我们为群众做一点好事，他们就发自内心地感谢党和国家，感谢对口支援省市，感情是真挚的、朴实的。落实党的民族宗教政策，汉族干部要作表率，学一点少数民族语言，交一些少数民族的知心朋友。各族人民要共同努力，维护民族大团结。

第三，坚决打击民族分裂势力。影响新疆稳定的主要危险来自于"三股势力"，尤其是民族分裂势力。利用民族宗教问题达到西化分化我国的目的，是西方敌对势力的惯用手法。我看了一些材料，新疆每次动乱包括"七五"事件，背后都有一只黑手，就是西方敌对势力的煽动、破坏。我们与他们的矛盾不是人民内部矛盾，而是敌我矛盾。中央对民族分裂势力的方针是明确的，要先发制敌，坚决打击，决不手软。经过各方面共同努力，现在新疆总体上是稳定的、可控的，但稳定的基础还比较薄弱。最近，西亚北非地区持续动荡，"东突"、"世维会"等分裂势力也蠢蠢欲动，一些反华势力想在我们国内做文章，加大渗透破坏力度，新疆是他们图谋的一个重点地区。我们要充分认识与他们斗争的长期性、复杂性和艰巨性，居安思危，全面做好防范打击工作，坚决把各类渗透破坏活动消灭在预谋阶段和行动之前，处置在第一时间和第一现场。

第四，充分发挥新疆生产建设兵团的作用。新疆生产建设兵团坚决履行屯垦戍边的历史使命，有效发挥建设大军、中流砥柱、铜墙铁壁的作用，为开发、建设和保卫新疆作出了重大历史性贡献。我们要重视兵团的建设，支持兵团的工作，更好地发挥他们的作用。

调结构是一项长期而艰巨的任务[*]

（二〇一二年三月四日）

　　调结构是一项长期而艰巨的任务。我经常讲，在中国保速度容易、调结构难，因为经济增长的内生动力非常强，投资需求、消费需求都很旺盛。在中国，各种发展水平的产业都有生存的空间，既搞航空航天，也生产打火机，这在世界主要经济体中是不多见的。因为中国幅员辽阔、发展不平衡，东部干不了，可以到中部干，中部干不了，还可以到西部干。

　　在转方式、调结构方面，东部地区率先感受到转型的压力。现在东部地区许多产能是过剩的，基础设施也搞得差不多了，大量投资找不到好的项目，同时劳动力成本、生产要素价格大幅上升，不调结构只能是死路一条。因为市场是无情的，遵循优胜劣汰原则，不调整、不转型就要被淘汰。在这种市场压力下，东部地区经济转型已经出现了一些好的苗头。前些天，全国人大财经委的彭小枫副主任委员带队到上海调研，送给我一份材料，讲到上海在调结构方面跨出了一大步。从投资和消费拉动看，最终消

---

　　[*]　这是吴邦国同志在全国政协十一届五次会议致公党、侨联界委员联组会上讲话的一部分。

费对上海经济增长的贡献率达到百分之七十点一，全国是百分之五十一点六，上海投资的贡献率从二〇〇六年的百分之五十二点三下降到去年的百分之二十五点八，全国是百分之五十四点二。从二、三产业拉动看，上海原来是全国重要的工业基地，有宝钢、江南造船、金山石化等大型企业，第二产业比重很高，服务业比重一直比较低。现在上海的服务业比重上升到百分之五十七点九，而且主要是生产性服务业和现代服务业。环保投入也大幅提升，占到上海国内生产总值的将近百分之三。研发投入占国内生产总值的比重达到百分之二点八三，全国是百分之一点八三。当然，跟日本等发达国家相比，上海的研发投入比重还有差距。在出口和投资形势严峻的情况下，上海通过调结构实现了百分之八点二的增速。北京也是这个情况，服务业比重提高到百分之七十五，财政收入突破三千亿元。最近这些年，我们老在讲结构调整，但日子好过的时候，想调也调不动啊！现在有市场压力，市场是无情的，这个压力比行政命令的作用要大得多。

东部地区的结构调整也给中西部地区带来很大的机遇，比如许多劳动密集型产业都在向中西部转移。去年仅安徽皖江城市带承接的产业转移项目就达两千九百多个。去年我在新疆调研时，参观了一家纺织印染厂，老板是浙江人。他告诉我，在新疆建厂招工，一个车间主任的工资也就是两千五百元左右，这在当地算高的，但在浙江这个工资水平肯定没人干。中西部地区有资源、劳动力、土地等许多优势，承接东部地区产业转移的空间大得很。当然产业转移绝不是简单搬迁，必须在转移过程中改造升级。从某种程度上讲，产业转移也带来了全国范围内生产布局的大调整。

青海加快发展靠什么[*]

（二〇一二年三月八日）

　　青海资源丰富，包括钾盐、水电、有色金属等等，这是青海发展的优势所在。依托资源优势，青海一批特色优势产业已经开始形成，包括能源、盐化、农畜产品加工等。钾盐是重要资源，中国的钾盐资源很稀少、很珍贵，主要集中在柴达木盆地。我先后三次到过盐湖集团。前些年生产技术不过关，想同以色列搞合作，我还曾经帮他们牵线搭桥。经过这些年的自主开发，盐湖集团攻克了技术上的难关，实现了现代化自动化生产，年生产能力跃升至数万吨。去年，我访问白俄罗斯和乌兹别克斯坦，跟两位总统谈得最多的就是搞钾肥合作。青海黄河上游河道窄、落差大，水力资源丰富，另外光照条件也很好，发展水电、太阳能等清洁能源得天独厚。二〇一一年，青海建成了一千兆瓦光伏电站，而且安全并网发电，开创世界之最。二〇〇九年我访问美国时，专门考察了第一太阳能公司，他们同中广核合作，在内蒙古搞太阳能光伏发电。为了鼓励开发可再生能源，全国人大常委会

---

　　* 这是吴邦国同志在十一届全国人大五次会议青海代表团会议上讲话的一部分。

制定了可再生能源法，二〇〇九年又作了修改，要求电网企业对再生能源发电实行全额保障性收购，同时设立了国家可再生能源发展基金。青海旅游资源也很丰富。我去过塔尔寺、青海湖。现在，青海每年都搞环青海湖国际公路自行车赛。青海是三江源地区，少数民族多，自然风光和人文习俗都很独特。青藏铁路通车后，青海既是重要的旅游目的地，也是进藏旅游的主要通道。去年接待境内外游客一千四百一十二万人次，增长百分之十五点二，实现旅游总收入九十二亿三千万元，增长百分之三十，甚至已经到了"一票难求、一床难求"的地步。

我过去长期在上海工作，到北京工作有二十多年，全国各地基本上都跑遍了。我深深体会到，在西部地区尤其是在青海、西藏这样的高原地区工作很不容易。如果说东部地区取得一份成绩要花一份力气，在青海这样的高原地区要取得同样的一份成绩，可能要花三倍甚至五倍的力气。青海总面积七十二万平方公里，平均海拔三千多米，百分之五十四的地区海拔在四千米以上，年均气温零下五点六摄氏度，多数地区寒冷、缺水，自然条件十分严酷。在这样艰苦的条件下，在这样薄弱的基础上，青海能取得今天的成绩很不容易。

小平同志讲"发展是硬道理"，这个道理对青海来讲尤为重要。从全国来讲，二〇一一年国内生产总值预计增长百分之八，最终实现百分之九点二，今年预期目标下调为百分之七点五。这是我们主动调下来的，是希望大家把更多精力放在提高增长的质量和效益上。但青海还是要讲速度，努力实现跨越式发展。这是符合中央精神的。国家实施西部大开发、支持四省藏区发展，在政策和投入上予以倾斜，就是希望你们能发展得更快一些。如果像青海这样的中西部地区没有跨越式发展，东中西部区域发展不平衡的问题就会越来越突出。当然，中西部地区加快发展不能简单重复传统发展模式，不能以牺牲资源和环境为代价，不能以牺牲子孙后代的利益为代价。

青海加快发展靠什么？我们通常讲，经济增长依靠"三驾马车"。第一个是消费。青海只有五百六十多万人，能有多大的消费市场？坦率地讲，靠消费拉动青海的经济是远远不够的。第二个是出口。青海地处内陆腹地，二〇一一年进出口总额只有九亿二千万美元，想靠出口拉动也很困难。第三个是投资。我想，青海的发展主要还得靠投资拉动。过去因为投入不足，青海的发展慢一些、起步晚一些。讲到投资，包括三个方面。一是基础设施和资源开发。长期以来，青海交通比较闭塞，基础设施方面欠账比较多。要努力争取国家更多支持，把铁路、公路、电力、输变电、油气管道等基础设施建设纳入国家整体规划，加大投入力度。要加大对青海资源勘探开发投入，包括柴达木盆地的油气资源和有色金属等矿产资源的勘探。我过去长期分管石油石化，有位中科院院士跟我讲，"天生盆地必有油"，我问柴达木盆地有没有油，他说柴达木盆地的勘探程度太低，找一找可能就有了。无论是勘探还是开发，都会带来很大的投入。二是制造业。你们现有的制造业本身就需要升级改造。比如青海铝厂在全国很有名，由于产品升级换代不及时，再加上国际金融危机影响，经营销售遇到很大困难。美国铝业公司是世界第三大铝材生产商，也是中国最大的铝产品贸易伙伴。他们的老板跟我讲，中国的上游铝产品，比如电解铝等，品质还可以，但中下游产品比较薄弱，急需增加研发投入，加快升级改造。另外，在承接产业转移方面，你们的潜力同样巨大。前几天，我参加安徽代表团审议，仅二〇一一年就有两千九百多个大项目落户皖江城市带。传统产业升级改造和承接产业转移，都会有大量投资。三是房地产。安居乐业是老百姓的基本需求。玉树灾后恢复重建，包括老百姓的住房重建和基础设施建设，都是很大投入。去年，青海固定资产投资达到一千四百三十四亿元，增长百分之三十四点二，投资率达到百分之八十七点七，创历史最高。如果没有投资的大幅增长，就很难拉动百分之十三点五的经济增长。总之，青海还是要靠发展，要进一步加大投资力度，努力实现跨越发展。这是缩小地区差距、解决发展不平衡问题的重要途径。中央应该继续加大对青海的支持力度。

青海的发展跟其他省区市比什么？我想，不要比经济规模，想比也比不了。二〇一一年，广东国内生产总值是五万三千亿元，江苏四万八千亿元，山东四万五千亿元，青海只有一千六百三十四亿元。搞市场经济，靠的是比较优势。青海不要跟其他省区市比经济规模，而是要比特色、比优势，把你们的资源、生态优势充分发挥出来，把特色产业做大做强做优。刚才提到青海钾肥、钾盐有优势，我们搞新能源汽车，最有潜力的是电动汽车，电动汽车电池恰好需要这些资源，而这些资源都是很稀缺的。青海还有许多生态食品，比如青稞酒、牦牛肉干等，这也是你们的特色。

青海可以跟其他省区市比的另一个方面是民生。现在有个说法叫"幸福指数"，也有人叫"民生指数"。我多次讲，西部大开发不是要求西部地区都超过东部地区，这是做不到的，因为发展不平衡是客观存在的，但西部地区人民的生活可以比东部更安逸一些。我访问过美国亚利桑那州的凤凰城和阿拉斯加州的安克雷奇市，当地的经济规模并不大，跟纽约等大城市没法比，但居民生活舒适、社会安定。青海的一大优势是人口少，让人民的生活过得好一点是完全可以做到的。很高兴地看到，你们坚持小财政支撑大民生，二〇一一年财政对民生的投入增长百分之三十一点八，民生支出占财政总支出的比例为百分之七十五，居全国前列。城乡居民养老保险待遇、职工生育保险待遇、城乡居民人均基本公共卫生服务经费补助标准等民生指标走在西部省区前列，企业退休人员基本养老金标准位列全国第三，新农合和城镇居民基本医保人均筹资标准分别提高到三百元，今年医保标准要提高到四百元，一举跨入全国前列。希望通过你们的工作，逐步提高城镇居民和农牧民收入水平，把老百姓的生活搞上去，让生态环境更好一些。我跟很多欧洲国家领导人和议员接触，他们说中国的许多大城市在生活上同欧洲国家差不多，住的房子不差，汽车很多家庭都有了，吃的方面中国人更讲究，差就差在空气、水等环境质量上。青海在这方面有优势，空气、水的质量比北京、上海这些大城市好得多。总之，青海加快发展不要跟其他省区市比规模、比数量，而是要把自己的优势搞得更突出，让老百姓的生活过得更好、更实惠。

最后强调一点，青海要认真贯彻民族宗教政策，严厉打击分裂势力。刚才讲到，青海的稳定在全国具有重要地位。要正确贯彻民族宗教政策，依法加强宗教管理，把工作的着力点放在发展经济、改善民生上。费孝通[1]先生讲，中华民族多元一体。我们的各民族相互依存，谁也离不开谁。汉族应当更多地关心少数民族，这是我们做好工作的基础。当然也要看到，不是每个人、每种势力都希望民族团结和睦、民生得到改善。我们要始终保持清醒头脑，对那些搞分裂、搞极端宗教势力的，要坚决打击。

注　释

[1] 费孝通（一九一〇——二〇〇五），江苏吴江人。著名社会学家、人类学家和社会活动家。曾任全国人大常委会副委员长，全国政协副主席，民盟中央主席等职。

关于稳中求进的"稳"和"进"[*]

（二〇一二年四月十七日）

锦涛同志在中央经济工作会议上明确提出，做好今年经济社会发展工作，要突出把握好稳中求进的工作总基调，为党的十八大胜利召开营造一个良好的经济环境和社会环境。

关于稳中求进的"稳"。锦涛同志提出四点要求：一是保持宏观经济政策基本稳定。今年的宏观调控依然是坚持积极的财政政策和稳健的货币政策。二是保持经济平稳较快发展。这一点是很有针对性的。今年一至二月份，全国规模以上工业增加值增长百分之十一点四，但企业利润下降百分之五点二，尤其是国有企业利润下降百分之十九点七，这是多年没有过的。保持经济平稳较快发展，就是要避免经济运行大起大落，避免经济硬着陆。三是保持物价总水平基本稳定。今年居民消费价格指数涨幅预计百分之四，目前总的势头较好，一季度实际上涨百分之三点八，三月份上涨百分之三点六，其中食品上涨百分之七点五，肉禽及其制品上涨百分之十一点三，鲜菜上涨百分之二十点五，水产品上涨百分之十一点四。食品类物价上涨过快，而食品又直接关系到

---

* 这是吴邦国同志在河南省考察工作时讲话的一部分。

群众生活，群众感受最深，稳定物价工作不可大意。四是保持社会大局稳定。为落实稳中求进的总基调，做好今年工作就要在充分调查研究的基础上，分析影响经济稳定运行的不稳定因素，并采取积极措施化解这些不稳定因素。从全国看，当前经济社会发展中还存在一些不容忽视的问题。

第一，中小企业困难问题。全国现有中小企业一千一百多万家，对就业的贡献率是百分之八十，税收贡献率是百分之五十，科技创新贡献率是百分之七十五。应当讲，中小企业在创造财富、吸纳就业、提高居民收入方面发挥着不可替代的作用。但去年中小企业亏损额增长百分之三十二点七，财务费用增加百分之四十三。导致财务费用增高的主要原因是融资难，这也是当前制

2012 年 4 月 14 日，吴邦国在河南考察期间了解动漫产业情况。

约中小企业发展的突出问题，有的地方贷款实际利率达百分之三十到百分之六十。今年又面临工资、原材料等生产要素价格上涨和出口形势严峻等新问题。中小企业生产经营困难影响全局稳定，希望你们予以高度重视，加大对中小企业的扶持力度。一是加强金融扶持。最近我在报纸上看到，河南搞了一个"金融为中小企业服务月"活动，说明你们已经意识到了这个问题，但解决中小企业融资难、贷款难问题的根本出路是发展面向中小企业的小型金融机构和担保机构，降低企业融资成本。二是加强财政扶持，通过结构性减税降低中小企业特别是困难企业的税费负担。

第二，地方政府性债务问题。根据审计署的审计，截至二〇一〇年末，全国地方政府性债务余额十万七千亿元，高于去年全国财政收入，而且目前正处于用款高峰，债务余额还在增加，一些地方已经出现了借新还旧。政府性债务问题处理不好，就容易造成财政风险甚至经济风险。中央提出，要按照"分类管理、区别对待、逐步化解"的原则，妥善处理存量债务，严格控制新增债务。目前全国人大常委会正在修改预算法，常委会组成人员在审议草案时强调两条：一是地方政府要按照量入为出、收支平衡的原则编制预算，不搞赤字预算。二是除法律和国务院另有规定外，地方政府不得发债。大家还提出，要把地方政府性债务全部纳入预算，接受人大监督。希望你们高度重视这个问题，在调查研究的基础上，按照中央确定的原则妥善处理。

第三，缺电问题。现在南方六省都缺电。河南是产煤大省和电力大省，但也出现了电力供应紧张问题。影响火电供应的核心问题是价格，煤炭价格由市场调节，电价还是国家管控。这就要求我们做好煤电衔接，河南已经采取了一些措施。听说河南设了一个基金，每吨煤提五十元，再加上财政资金，补贴发电企业。总之，要密切关注缺电问题，出现大面积停电将对整个经济发展造成严重影响。

第四，社会稳定问题。现在影响社会稳定的有拆迁、上访、环境污染、重特大事故等，原因很复杂，有的是历史问题，有的是现实问题，有的是两者交织在一起。要高度重视社会稳定问题，努力从源头上预防和减少矛盾，维护社会和谐稳定，特别要警惕国际国内敌对势力利用我国人民内部矛盾把西亚北非的动乱祸水引向中国。

关于稳中求进的"进"。锦涛同志说，就是要继续抓住和用好我国发展的重要战略机遇期，在转变经济发展方式上取得新进展，在深化改革开放上取得新突破，在改善民生上取得新成效。当前我国发展形势总体是好的，但经济发展中不平衡、不协调、不可持续的矛盾和问题仍很突出。在今年的两会党员负责人会议上，锦涛同志指出了当前面临的六个方面的问题，主要是需求增长存在下行压力，物价上涨压力仍然很大，部分企业生产经营困难加重，自主创新能力不强，节能减排形势更趋严峻，保障和改善民生任务艰巨，还强调要重视经济、金融领域里存在的不可忽视的潜在风险。比如需求结构方面，去年资本形成总额对经济增长的贡献率是百分之五十四点二；产业结构方面，重工业增长高于轻工业，六大高能耗行业增长过快，造成电力资源紧张和环境压力加大；收入分配结构方面，这些年财政收入和企业利润增幅明显高于居民收入增幅，居民收入占国民收入分配比重、劳动报酬在初次分配中比重下降，制约居民购买力提升。这些问题反映出我国发展的阶段性特征，解决不好就会陷入中等收入陷阱。我国能取得今天这样的发展成就，靠的是改革。要破解前进中存在的问题，还是要靠改革。因此，必须正视矛盾和问题，通过深化改革，找到解决矛盾和问题的办法，推动我们的事业不断向前发展。坚持稳中求进，就是要在解决深层次矛盾和问题上能够破题，努力在一些重点领域和关键环节取得突破。要加强调查研究，能做的尽快做起来，一时做不到的也要着手研究。

河南要抓住加快建设
中原经济区的重要机遇 *

（二〇一二年四月十七日）

　　去年，国务院专门下发了《关于支持河南省加快建设中原经济区[1]的指导意见》，加快建设中原经济区上升为国家战略。我仔细读了国务院文件，印象很深的有两条。一是，河南省是人口大省、粮食和农业生产大省、新兴工业大省，解决好工业化、城镇化和农业现代化协调发展问题具有典型性和代表性。这里强调河南的典型性、代表性，说明中原经济区建设不仅是河南的工作，也是为全国同类地区创造经验，带动中部地区崛起。二是，积极探索不以牺牲农业和粮食、生态和环境为代价的工业化、城镇化和农业现代化协调发展的路子。强调这是中原经济区建设的核心任务，我想这也是中央对河南的要求和期望。加快建设中原经济区，对河南是一次难得的发展机遇。机不可失，失不再来。希望河南抓住机遇，努力实现经济社会跨越式发展。这里我强调四点。

　　第一，坚持发展是硬道理。这一点对中西部地区来讲尤为重要。建设中原经济区，促进中部地区崛起，关键靠发展。没有发

---

　　* 这是吴邦国同志在河南省考察工作时讲话的一部分。

展速度，就谈不上中部崛起，也谈不上缩小地区差距。中央提出促进中部地区崛起、实施西部大开发，就是希望中西部发展得更快一些。科学发展观的第一要义也是发展。我赞成你们提出的"在发展中转变、在发展中调整、在发展中提升、在发展中增效"的工作思路，这体现了发展是硬道理的精神，体现了科学发展观的要求。希望你们在中原经济区建设中始终贯彻这一点，让发展

2012 年 4 月 14 日，在位于新乡市的河南省现代农业研究开发基地，吴邦国走进试验田察看良种小麦长势。

是硬道理的思想深入人心。

河南靠什么加快发展？发展的动力在哪里？中央提出，要促进经济增长由主要依靠投资、出口拉动向依靠消费、投资、出口协调拉动转变，强调要着力扩大内需特别是消费需求。这是中央站在全局高度、从宏观上对全国提出的总要求，是完全正确的。中央精神只能有一个，而全国有三十一个省区市，各地的实际情况差别很大。关键是要深刻领会中央的精神，结合自己的实际情况，创造性地开展工作。看你的工作水平，就看你把中央精神和实际情况结合得好不好。一路上，我跟河南的同志们就发展动力的问题进行了分析。大家知道，经济增长依靠"三驾马车"。就出口而言，今年一季度河南外贸总额一百一十四亿美元，算下来一年充其量也就五百多亿美元。就消费而言，河南有一亿人口的消费市场，但现在居民收入还比较低，只能说消费拉动经济增长的潜力巨大。所以，河南现阶段的发展主要还得靠投资拉动。从材料看，"十一五"期间，河南累计完成投资五万四千七百亿元，是"十五"期间的四点一倍。二〇一一年实际利用省外投资突破四千亿元，利用外商直接投资突破一百亿美元，民间投资达到一万三千亿元。正是依靠投资拉动，这些年河南经济保持了两位数增长，城乡居民收入也实现了五年翻一番。我估计，在今后相当长的一段时间，随着工业化、城镇化和农业现代化进程加速，河南还会有大量的投资需求。这同东部地区的情况不一样。上海去年经济增长百分之八点二，消费对经济增长的贡献率达百分之七十，因为现在东部地区许多产能是过剩的，基础设施也搞得差不多了，同时劳动力成本、生产要素价格大幅上升，大量投资找不到好的项目。浙江、江苏也是类似情况。在市场压力下，东部地区率先感受到经济转型的压力，并且已经出现了一些好的苗头。但坦率地说，河南还没有达到江、浙、沪那样的发展阶段。对你们来讲，总的方向是向投资、消费、出口协调拉动转变，在积极扩大出口、刺激消费的同时，要更加注重把握投资方向，更加注重质量和效益，更加注重保护生态环境，避免盲目投资和重复建设，避免影响农业和粮食，使投资有利于促进"三化"协调发展。

第二，科学编制和细化中原经济区专项规划。过去汪道涵同志做上海市长时，有外国记者问他市长最重要的职责是什么，他回答说是规划。河南在推进新型城镇化建设中重视规划，坚持高起点高标准，把新型农村社区建设作为推进城乡基础设施一体化和基本公共服务均等化的载体，做到公共设施"五通六有三集中"，还请清华大学、同济大学的专家为农民设计不同户型的住房，做到农民新居"三十年不落后、五十年不后悔"。资金筹集方面，每家农户自筹十五万元，还有拆迁补偿，政府补贴十吨水泥，金融机构提供三年贴息贷款。这方面的经验值得认真总结并坚持下去。这里要强调的是，在坚持城镇建设规划的基础上，深化各种园区、基地、市场的专项规划。国务院指导意见应该说是加快建设中原经济区的总体规划，不仅提出了总体要求、基本原则、发展目标，还提出了许多具体措施，明确了一批基地、市场和园区的建设。我梳理了一下，农业方面主要有驻马店、周口、商丘、濮阳国家级农业示范区，许昌、南阳国家级农业科技园，郑州、商丘、驻马店大型农产品批发交易市场，周口、南阳农产品综合交易市场等；工业方面主要有郑洛工业走廊，郑州汽车制造基地和生物产业基地，郑州、漯河、鹤壁电子信息产业基地，洛阳新材料产业基地；在市场建设方面，还有郑州期货交易市场等。这些都是河南经济新的增长极，希望河南按照国家关于中原经济区建设的战略定位、空间布局和发展重点，抓紧做好各类专业基地、综合市场、示范园区专项规划，坚持高标准高起点，体现"三化"协调发展的原则，把规划的前瞻性和可操作性结合起来，做到科学规划、总体部署，分步实施、扎实推进。要维护规划的严肃性和权威性，严格执行已经制定的规划，不能一任领导一个规划。

第三，积极探索以工促农、以城带乡的长效机制。河南在促进城乡协调发展方面做了大量工作，提出"产城互动、以产兴城、以城保产"的发展思路，以产业集聚区为抓手，促进城乡一体化发展，财政投入重点向农村倾斜，产业转移也向农村靠拢，同时加强农民工技能培训和农村劳动力转移就业，积累了很多好的经验。这里再强调两点：一是充分发挥县市统筹城乡协调发展的重要作用，把发展产业集聚区和推动新型城镇化结合起来，以此作为壮大县域经济的重要抓手和产业转型升级的突破口，拓宽农民转移就业渠道，带动社会主义新农村建设，促进基本公共服务均等化和城乡基础设施一体化。二是把农村土地整理开发的增值收益更多留给农民。这个问题讲了多年，也有进步，但从全局看还没有根本改变。希望河南深入探讨这个问题，以改革的精神探索提高农民财产性收入的路子。

第四，把保障和改善民生放在突出位置。河南是人口大省，农村人口多，就业压力大。要大力发展中小企业，加强职业技能培训，引导农村劳动力转移就业，提高城乡居民收入。要进一步完善城乡社会保障体系，深化教育、医疗领域改革，抓好保障性住房建设，办好涉及民生的大事实事。要把民生工作的重点放在农村，把更多新增财力用于农村，在基础设施建设和社会事业发展方面向农村倾斜。解决民生问题既要尽力而为又要量力而行，能做的要尽量去做，一下做不到的逐步推进。民生支出是刚性支出，只能增不能减。这一点在希腊等欧洲国家的债务危机中看得很清楚，美国减少财政赤字也面临这个难题。河南人均财力只有全国平均水平的一半，要注意把握好尽力而为、量力而行这个原则。

注　释

[1] 二〇一一年九月，国务院印发《关于支持河南省加快建设中原经济区的指导意见》。二〇一二年十一月，国务院正式批复《中原经济区规划》。规划明确了中原经济区的具体范围，规划范围包括河南省全境，河北省邢台市、邯郸市，山西省长治市、晋城市、运城市，安徽省宿州市、淮北市、阜阳市、亳州市、蚌埠市和淮南市凤台县、潘集区，山东省聊城市、菏泽市和泰安市东平县，区域面积二十八万九千平方公里。

为产业优化升级和经济结构调整
提供强有力的科技支撑[*]

（二〇一二年五月十日）

就深化科技体制改革搞一个意见[1]很有必要。锦涛同志在党的十七大报告中提出实现经济发展方式"三个转变"[2]，强调加快调整经济结构和产业优化升级，核心是科技进步和自主创新，这是关系我国经济社会发展全局的重大战略任务。这些年来，我国科技体制改革取得了很大成绩，现在出台意见已有较好基础。比如意见明确企业是技术创新的主体，在二〇一一年国家科技支撑计划、重大专项、八六三计划中，企业参加的项目分别占到百分之九十五、百分之五十和百分之六十。国家中长期科技规划确立到二〇二〇年建成创新型国家的目标。我觉得，今后十年是科技创新取得突破的重要时期。提交讨论的文件很系统，我原则上同意，希望能够进一步具体化、增强可操作性。下面，我讲三点意见。

一要加大科技投入。"十一五"规划提出的二十二个经济社会发展指标，有三个没有完成，这当中就包括科技投入指标，规划目标为百分之二，实际是百分之一点七五。去年全国达到了

---

　　* 这是吴邦国同志在中共中央政治局常务委员会会议上讲话的要点。

百分之一点八三，当然各地情况不一样，上海达到百分之二点八三，河南只有百分之零点九。但即便是上海，同日本比也还有很大差距。日本提出到二〇二〇年研发投入占国内生产总值的百分之四，二〇一五年财政对科技的投入占国内生产总值的百分之一。"十二五"规划提出，到二〇一五年研发投入占国内生产总值的百分之二点二，企业研发投入要占销售额的百分之一点五，现在只占百分之零点九。现在企业投入占研发投入总量的百分之七十四，要加大研发投入关键是调动企业的积极性。优惠政策主要有三条：一是研发投入加计扣除，现在是加计百分之一百五十扣除。二是认定高新技术企业，并实行百分之十五的所得税率。三是加快固定资产折旧。中国电信行业过去很落后，后来实行百

2012 年 6 月 29 日，吴邦国来到北京国家会议中心，参观这里举办的信息化与工业化融合成果展。

分之二十五的折旧率，再加上初装费，很快就搞上去了。这些在文件中基本上都点到了，希望进一步论证，尽量细化。比如，逐步扩大扣除范围。这一做法是从美国开始的，他们的扣除范围包括人员工资、设备、职工培训等。美国的许多大公司提取百分之十五至百分之二十的研发经费，抵扣额是相当可观的。还有，认定高新技术企业要从实际出发。我们鼓励企业向产业链的高端优化升级，向工程设计、成套、总承包等高端方向发展，就是要把这些企业认定为高新技术企业，以支持现代服务业特别是生产性服务业发展。

二要扶持创新型企业特别是中小型创新企业。这是美国硅谷的经验。微软、思科、雅虎就是成功的例子，他们开始都是不起眼的小公司，后来成为引领行业的大型跨国企业。全国人大专题讲座，讲到美国之所以创新能力强，主要有三条，一是有硅谷这个科技创新中心，二是有华尔街的金融资本，三是有风险投资基金这样的中介公司。美国四百多家风投基金，百分之八十的资金投向创新型小企业，等到企业发展成熟上市后基金再退出运营。政府对风投基金只征很低的所得税，税率远远低于其他企业。美国政府还专门设立了中小企业署，规定超出一亿美元的联邦预算支出项目要留给中小企业百分之二十五的份额，政府采购份额的百分之二十必须留给中小企业。我们要研究和借鉴美国的做法，搭建科技创新和金融资本对接的桥梁，设立支持企业创新的基金，用好现有的创业板、私募基金等融资工具，并从政府采购等方面支持中小企业发展、创新。

三要坚持科技与经济相结合，加大对带动面大的关键技术的支持。这些年搞的第三代核电、三峡工程、高速铁路、特高压输变电、新一代互联网、国防军工、高端机床等等，都是成功的例子，成绩令人鼓舞。现在还有一批影响深远的项目正在搞，比如锂离子电池、页岩气开发、燃气轮机、T700 碳纤维、硅基 LED、有机电致发光等。同时要看到，一些项目低水平重复建设严重，各地都在搞，力量分散。要通过产学研联盟等手段把各方面力量集中起来，引导创新要素向企业集聚，加快突破关键技术，促进科技成果产业化，为产业优化升级和经济结构调整提供强有力的科技支撑。国家重大专项对此要给予重点支持。

注　释

[1] 指《中共中央、国务院关于深化科技体制改革加快国家创新体系建设的意见》，二○一二年七月二日印发。

[2] 见本书（下）《走出一条符合内蒙古实际的科学发展路子》注 [1]。

大别山革命老区
扶贫开发的思路和重点[*]

（二〇一二年六月十八日——二十一日）

  消除贫困、改善民生、实现共同富裕，是社会主义的本质要求。中央历来高度重视扶贫工作。去年，中央作出重大决策，把扶贫标准提高到农民人均纯收入两千三百元，比原来的标准提高了百分之九十二；提出扶贫总体目标是"两个不愁"、"三个保障"，即扶贫对象不愁吃、不愁穿，保障其义务教育、基本医疗和住房；同时明确十一个连片特困地区为扶贫攻坚主战场，大别山区是其中之一。

  大别山区涉及安徽、湖北和河南三省，既是革命老区，又是贫困山区。安徽大别山革命老区有十个县（区），扶贫对象近二百万人。我这次来安徽调研，重点看了六安市及金寨县、霍山县，主要目的是推动中央扶贫开发决策部署的贯彻落实，进一步理清大别山区特别是安徽大别山革命老区扶贫开发的思路和重点。今后，人大可以将扶贫工作作为监督的一项内容，为贫困地区多做一些实事好事。

  推进贫困地区脱贫致富，基本上有两个方面：一个是加快发

---

* 这是吴邦国同志在大别山革命老区考察工作期间讲话的要点。

展，通过开发式扶贫发展经济，提高贫困地区自我造血功能；另一个是推进基础设施一体化和公共服务均等化，这更多要靠加大财政投入，也就是外部输血。两个方面我们都做了调研，这当中更为关注的是如何推进开发式扶贫，尽快把老区经济发展起来。主要涉及以下几个问题。

第一，特色农业。

大别山区山多地少，人均耕地不足六分，当然还要种些粮食，以解决口粮问题，但从脱贫致富的角度考虑，应当依托本地资源优势，大力发展特色农业。这些年，你们发展高山蔬菜、蚕茧、竹子、汉麻、林果、中药材等特色产业，取得了不少成绩。我们考察的宏发工艺品公司、龙华集团和凯旋大麻纺织集团等企业，依托藤、竹、麻等特色资源生产工艺品、纺织品和家具，不仅延伸了产业链，提供了大量就业岗位，还让从事种植业的农民

2012 年 6 月 20 日，吴邦国考察安徽省金寨县麻埠镇当地茶叶生产基地。

得到了实惠。宏发就带动了三十多万农民就业，龙华带动了十万户农民种植毛竹，还有不少农户搞粗加工。一笑堂茶业和圣农生物科技公司采取"公司＋基地＋农户"的方式，带动农民种植茶叶和石斛，也提高了农户的收入。总之，大别山区发展特色农业具有独特优势，基础也很好。要努力将资源优势转化为经济优势，积极扶持农业产业化龙头企业和农民专业合作社，抓好特色农产品的标准化、专业化、规模化经营，大力发展农副产品深加工，培育具有地方特色的知名品牌，更好地发挥龙头企业的辐射带动作用，实现企业、农民和地方共同受益。在考察龙头企业时，他们提到存在贷款难、融资难的问题，农民发展特色农业也遇到这个问题。广西百色的田东县是学习实践科学发展观活动期间我的实践点，他们的一条经验就是把创新农村金融服务作为发展特色农业的重要抓手。希望你们学习借鉴田东农村金融改革的经验，发展面向"三农"的农村金融机构和特色农业保险，推动农村金融网点、支付结算体系、社会信用体系全面覆盖，增加农村小额贷款投放，不断满足农民特别是扶贫对象生产和创业的资金需求。

第二，特色旅游。

我们这次专门考察了天堂寨景区，还参观了金寨县革命博物馆和独山镇苏维埃城。应当说，大别山旅游资源十分丰富，绿色旅游、红色旅游、古色旅游都有文章可做。要把发展特色旅游作为脱贫致富的一条路子，不断丰富旅游产品，打造一批精品线路，让更多的老区群众吃上旅游饭、走上致富路。在天堂寨，我们看到一些农民正在盖房子，准备搞农家乐，这个思路是对头的，和我们的想法也是一致的。现在，大别山周边的交通条件已

经明显改善，但腹地交通基础设施建设仍然滞后，成为制约发展特别是旅游业发展的瓶颈。要进一步加大投入力度，优先抓好对

2012 年 6 月 19 日，吴邦国在安徽金寨县革命博物馆考察。

促进旅游业发展起关键作用的联络线建设，尽快实现鄂豫皖大别山区交通网联通。大别山区是华中和长三角地区重要的生态安全屏障，有六座大型水库，都是二级水质，还有多个自然保护区和森林公园。要把保护生态环境摆在突出位置，加强自然保护区和水源涵养区建设，建立健全生态补偿机制，严防高能耗、高污染项目进入，确保大别山区青山绿水常在。还有，大别山区矿产资源丰富，钼矿探明储量更是位居世界第二。开发矿产资源要立足长远、统筹规划，坚决防止乱采滥挖，引进有实力的大型企业集团，真正做到科学开发利用，实现发展经济与保护生态有机结合。

第三，承接产业转移。

改革开放以来，我国东部地区发展比较快，目前上海人均国内生产总值一万二千美元，浙江、江苏都在九千美元左右，这些地方生产要素成本不断提高，劳动密集型产业已经缺少发展空间，而你们有比较优势，劳动力素质也比较高，承接产业转移潜力巨大，完全可以大有作为。今年全国人民代表大会上，我看到你们的一份材料讲，安徽去年承接产业转移项目两千九百多个，这是安徽发展速度快的一个重要推动力。这次我们到了霍山，这样一个山区县去年财政收入达到十六亿元，主要得益于抓工业，工业对财政的贡献率达到百分之七十以上。做好承接产业转移这篇大文章，对于加快大别山区乃至安徽经济发展、拓宽就业渠道、增加居民收入，意义十分重大。要重点抓好产业集聚区建设，作为承接产业转移的主要平台，既降低基础设施建设和企业投资成本，又推进产业配套发展和生态环境保护。要切实优化发展环境，大力发展民营经济，加大招商引资力度，吸引更多市场主体。当然，承接产业转移也要讲条件，不能来者不拒。要在不牺牲生态的前提下，引进一批在国内有影响、符合本地办厂条件、可以发挥本地优势的知名民营企业，重点发展轻工、纺织、农副产品加工、中药等劳动密集型产业，有效吸收农村转移劳动力就业。目前，大别山革命老区农民人均纯收入比全国平均水平低两千多元。提高老区人民生活水平，关键是拓宽就业渠道，增加群众现金收入。要下力气抓好承接产业转移，六安特别是金寨这方面的步子可以迈得更大一些。

第四，改善民生。

要在发展经济的同时，把更多新增财力投向民生领域，优

安徽金寨现代产业园。

先解决扶贫对象最紧迫的问题。调研中我们看了几个困难户，有一户兄弟两人，哥哥一家在家种蚕桑、茶叶，但规模都很小，收入也不高，弟弟一家外出打工。有的同志讲，现在农民有三怕：怕得大病、怕受大灾、怕孩子上大学。这就要求我们高度重视农村社会保障问题，农村孩子能够上大学的，我想无论如何都要保证他们上大学。这次我们在山区跑了不少路，一路上看了不少。应当说，经过各方面努力，许多贫困村组的生产生活条件得到了改善，但也还有不少群众住在深山区和水库库区，生存条件差、脱贫难度大。对这些群众，要结合新农村、小城镇、工业园区建设，有计划、有步骤地实施易地扶贫搬迁和生态移民搬迁，同时尽力帮助搬迁群众解决生产生活困难，保障他们的长远生计。

第五，技能培训。

技能培训包括方方面面的培训。比如，搞旅游就离不开培训，现在有的群众没有这方面的意识，就需要培训来开窍，经过培训以后再从事旅游服务业。承接产业转移也需要培训，农民外出打工更要培训，培训不培训，就业能力和工资水平大不一样。山区相当一部分人初中毕业后就不再升学，可以先上职业技术学校，经过培训后不仅就业能力增强，工资也要高很多。要切实办好各类职业培训学校，重点加强农村劳动力特别是扶贫对象的职业技能培训，不断提高培训的实效性，增强转移就业能力。

这次调研，我们采取了统分结合的办法，请几位同志分别带队，就一些项目和要求做点调研工作，目的就是想为老区办点实事。从调研和讨论的情况看，有这样几件事可以先办起来，这几件事既是当前情况下经过努力能够办到的，而且对老区的长远发展将起到重要的支撑作用。一是重点扶持几家特色农业产业化龙头企业。二是借鉴广西田东的经验，在金寨开展农村金融扶贫试点。三是改建大别山区旅游公路联络线，把发展旅游和脱贫致富结合起来。四是在金寨规划建设一个工业园区，作为发展特色农业、承接产业转移的载体，还有加快推进金寨抽水蓄能电站建设。五是在金寨重组建设一所较大规模、高水平的中等职业技术学校。这些事都还要继续同有关方面沟通协调，能办的一定尽力帮你们办。你们也要相应做些准备，集中力量先拿出规划，积极主动同有关部门对接，争取把这几件事情办好。

我们永世不忘老区人民为中国革命和建设事业作出的重大贡献。加快老区脱贫致富、科学发展步伐，是我们的历史责任。中央和国家有关部门将继续加大扶持力度，在资金投入、项目安排、对口帮扶等方面予以倾斜。希望你们抓住全国新一轮扶贫开发攻坚机遇，大力发扬自力更生、艰苦奋斗精神，结合实际创造性地开展工作，走出一条革命老区脱贫致富、科学发展的新路子，不断提升老区自我发展能力，让老区群众的生活一天天好起来。

全面把握党的十八大报告提出的
重大理论观点和工作部署[*]

（二〇一二年十一月八日）

党的十八大报告起草充分发扬民主，经历了几上几下，多次讨论，广泛听取各方面的意见和建议。报告集中了全党智慧，是个纲领性文件。我们要全面把握报告提出的重大理论观点和重大工作部署，抓好贯彻落实，把中国特色社会主义全面推向新高度。

一、对中国特色社会主义作了高度概括。

报告概括了中国特色社会主义的基本内涵，包括三个方面：开辟了中国特色社会主义道路，形成了中国特色社会主义理论体系，确立了中国特色社会主义制度，也就是一个道路、一个理论体系、一个制度。这是党和人民九十多年奋斗、创造、积累的根本成就，必须倍加珍惜、始终坚持、不断发展。报告深刻阐述了三者的基本内涵及相互关系，道路是实现途径，理论体系是行动指南，制度是根本保障，三者统一于中国特色社会主义伟大实践，是党领导人民在建设社会主义长期实践中形成的最鲜明特

---

　　* 这是吴邦国同志在中国共产党第十八次全国代表大会安徽代表团会议上讲话的一部分。

2012年11月8日，吴邦国在中国共产党第十八次全国代表大会安徽代表团会议上讲话提纲手迹。

色。这个概括非常科学。中国特色社会主义是几代人接力探索的成果。改革开放之初，我们非常重视学习别人的经验，派了很多人出去学习，很多外国人也给我们出主意。小平同志明确提出，要吸收借鉴外国经验，但绝不照搬照抄，要走自己的路，建设有中国特色的社会主义。新中国成立以来，尤其是改革开放以来，我们取得巨大成绩，最主要的成果就是探索出中国特色社会主义发展道路，它不同于其他国家的发展模式，是中国共产党领导中国人民选择的符合中国国情和实际、引领中华民族实现伟大复兴的唯一正确道路。当前国际形势复杂多变，特别是世界各国普遍受到国际金融危机冲击，美国、欧盟、日本经济都面临不少问题，相比而言，我们的情况要好得多，这就凸显了中国特色社会主义的强大生命力和巨大的优越性。国际社会越来越关注我们的发展道路和发展模式，很多发展中国家的领导人明确表示，中国的发展道路是成功的。

二、对科学发展观作了新的历史定位。

党的十七大把科学发展观写进大会报告，将其确立为"我国经济社会发展的重要指导方针"，局限在经济社会领域。十八大报告强调，科学发展观同马列主义、毛泽东思想、邓小平理论、"三个代表"重要思想一道，是全党必须长期坚持的指导思想。科学发展观成为指导党和国家全部工作的强大思想武器。近十年来，经过全党全国人民的实践、认识，再实践、再认识，科学发展观内涵不断丰富、日益深入人心，形成了比较系统完善的科学体系。十八大报告指出，科学发展观是中国特色社会主义理论体系的最新成果，是全党智慧的结晶，既表明我们对中国特色社会主义规律的认识提高到新的水平，也说明我们党是一个永不僵化、永不停滞、与时俱进的政党。面向未来，必须把科学发展观贯彻到我国现代化建设全过程、体现到党的建设各方面。

三、提出中国特色社会主义事业总体布局由"四位一体"发展为"五位一体"。

报告把生态文明建设纳入中国特色社会主义事业总体布局，党章修正案专门增写了生态文明建设的内容，意义重大而深远。现在资源环境对我国经济社会发展的制约日益增强。全国人大常委会每次会议后都要搞专题讲座，一位环境专家在讲课中介绍说，二〇〇九年我国因为生态环境造成的损失约占国内生产总值的百分之三点八。中国面临的资源环境压力比任何国家都大，治理的难度也比任何国家都大。而且资源环境问题也是群众广泛关注、社会反映强烈的突出问题，因为它直接关系群众的身体健康、生活质量，处理不当，极易引发群体性事件。欧洲人说我们发展水平很高，吃的、住的、用的、行的都很好，但空气和水的质量不如他们，我们在国外访问时也有这方面的体会。按照二〇一二年国务院发布的空气质量新标准，全国有五分之四的城市不达标，六亿人生活在其中。近年来，因环境问题引发的群体性事件逐年增加。中央提出大力加强生态文明建设，着力建设资源节约型、环境友好型社会。报告中增加了生态文明建设的内容，体现了我们对中国特色社会主义规律的认识进一步深化，体现了科学发展观的要求，也反映了我们以人为本的执政理念。

四、明确了全面建成小康社会的目标要求和重大举措。

报告提出要在党的十六大、十七大确立的全面建设小康社会目标的基础上实现新的要求，确保到二〇二〇年实现全面建成小康社会宏伟目标。目标非常全面，非常符合实际，特别是首次提出实现城乡居民人均收入比二〇一〇年翻一番，很有意义、很不容易。日本、韩国都曾提出过居民收入倍增目标，效果很好。这个目标，我们经过努力是可以达到的，只要年均增长百分之七点二，就可以做到十年翻一番。实际上，改革开放以来，我国城乡居民收入年均增长百分之七点四，基本上也是十年翻一番，但作为目标提出还是第一次。报告还提到了大家关注的一些深层次问题，都有明确的意见。比如收入分配问题，报告从理论上、从公平与效率的关系上，提出提高两个比重，实现两个同步增长。再如财税体制改革问题，提出健全中央和地方财力和事权相匹配的体制，第一次提出构建地方税体系。还有利率市场化问题，目前银行赚钱太容易，利润的百分之七十至百分之八十靠存贷款利差，而发达国家一般是百分之四十左右，这不利于发展实体经济，解决问题的关键是要引入竞争机制，所以报告提出要发展民营金融机构。

报告作为党的政治报告，不可能像政府工作报告那样讲得很具体，但指导思想是明确的，改革的方向和目标是明确的，提出的重大举措是符合实际的，有很强的针对性、可操作性，必将成为解决我们面临的深层次矛盾和问题的行动指南。我赞成这个报告。

形势越好，越要有忧患意识*

（二〇一二年十一月八日）

　　党的十八大报告深入分析了当前形势。总体而言，我国形势很好，经济发展，社会稳定，民生改善，民族团结，对外关系总体上讲也不错，国际上形势像中国这么好的国家不多，这是事实，大家都有切身体会，就是国内外敌对势力也不得不承认我们取得的巨大成绩，承认中国发生了翻天覆地的变化。我要强调的是，形势越好，越要有忧患意识，要居安思危，更何况我们正处在矛盾的凸显期。当前我国面临不少矛盾和问题，这既反映了发展的阶段性特征，也暴露出我们工作确实存在不足。总的来讲，越是形势好的时候，越是要谦虚谨慎，要居安思危，增强忧患意识、责任意识，尤其是党的高级领导干部一定要头脑清醒，只有这样才能确保党和国家长治久安。从党的工作角度，我想强调三个问题。

　　一、政治体制改革问题。

　　报告从七个方面阐述了坚持走中国特色社会主义政治发展道

---

　　* 这是吴邦国同志在中国共产党第十八次全国代表大会安徽代表团会议上讲话的一部分。

路和推进政治体制改革，包括支持和保证人民通过人民代表大会行使国家权力、健全社会主义协商民主制度等。西方是选举一种民主形式，我们是社会主义民主的两种重要形式相结合，比如十八大报告的起草，就经过了反复协商。改革开放三十多年来，我们党领导的改革是全面的改革，在推进经济体制改革的同时，一直积极稳妥推进政治体制改革，并取得重大进展，对此我们都深有体会。从"以阶级斗争为纲"到以经济建设为中心，这是多大的变化！从计划经济到市场经济，这是多大的变化！还有从领导干部职务终身制到退休制、任期制，实行公务员公开招聘，这是多大的变化！过去我们的干部是"小车不倒只管推"，"活到老干到老"，许多人老死在工作岗位上。正是因为我们积极稳妥推进政治体制改革，使上层建筑适应经济基础的发展变化，才有了我国经济发展的突飞猛进。现在有些人认为我国经济体制改革推进力度大，政治体制改革滞后，把经济社会发展中遇到的矛盾和问题都归因于政治体制。他们之所以随意把一切问题都上升为政治问题，是因为他们想搞的政治体制改革，就是全盘西化、照搬西方那一套。我之所以要强调这个问题，是因为对西方政治制度在党内还存在模糊认识，那一套在社会上还有一定市场。中央认为，深化政治体制改革，最核心的是必须坚持正确政治方向。小平同志曾讲过，政治体制改革总的方向是发扬、保证党内民主和人民民主，总的目标是要有利于巩固社会主义制度，有利于巩固党的领导，有利于在党的领导和社会主义制度下发展生产力。他讲得很清楚，政治体制改革必须坚持"三个有利于"的标准，必须以加强党的领导、增强党和国家活力、发挥社会主义制度优越性、调动人民群众积极性为目标。什么是正确政治方向，

2012 年 11 月 8 日，吴邦国参加党的十八大安徽代表团讨论。

就是要坚持党的领导、人民当家作主、依法治国有机统一，核心是坚持党的领导。党的领导是根本保证，人民当家作主是本质要求，依法治国是基本方略。这是党的十八大精神，也是我们的一贯主张。在这些重大原则问题上，我们必须立场坚定、旗帜鲜明，与中央保持高度一致，来不得半点含糊。在中国，最大的折腾就是政治体制改革偏离正确政治方向。报告明确提出，既不走封闭僵化的老路，也不走改旗易帜的邪路。这是经典论断，不能动摇。以经济建设为中心、坚持四项基本原则、坚持改革开放，"一个中心、两个基本点"是党在社会主义初级阶段的基本路线。小平同志讲，基本路线一百年不动摇。十八大报告提出，基本路线是党和国家的生命线，必须把"一个中心、两个基本点"统一于建设中国特色社会主义的伟大实践。不能只讲改革开放，少讲或不讲四项基本原则这个立国之本。要警惕上世纪八十年代末政治风波那样的深刻教训，切不可掉以轻心。

报告提出人民民主是社会主义的生命。我们发展的民主是可控的、有序的民主，是集中指导下的民主、民主基础上的集中，也就是民主集中制，不是无政府主义的大民主，这方面我们有"文革"的惨痛教训。现在民主讲得多，集中讲得少了，很值得注意。

二、关于反腐倡廉问题。

这些年，我们高度重视党风廉政建设，取得很大成绩，但这个问题仍是社会关注的热点。陈云同志说，党风问题是关系党的生死存亡的问题。锦涛同志讲，我们党面临四种危险，其中之一就是消极腐败危险。报告中指出，这个问题解决不好，就会对党造成致命伤害，甚至亡党亡国。党的十七届七中全会处理了薄熙来、刘志军[1]问题，以前还处理了陈良宇、陈希同、成克杰[2]的问题。从案情看，真的是触目惊心，涉及到一大批干部，极大损害了党在群众中的形象，给党造成极大伤害。国内外一些敌对势力利用党内腐败问题，抹黑共产党、煽动群众，以达到其不可告人的目的。报告强调，反腐倡廉必须常抓不懈，拒腐防变必须警钟长鸣。从大量案件分析，尤其要加强三个方面的工作。一是加强对"一把手"的监督。江泽民同志常讲，"上梁不正下梁歪，中梁不正倒下来"。薄熙来、陈良宇、刘志军都是"一把手"，"一把手"出问题必然导致一批人跟着犯错误，领导班子大伤元气，影响极坏，这反映出对"一把手"的监督不到位。冰冻三尺非一日之寒。很多腐败案件早就有苗头，不少人早有察觉，但在干部考察、巡视组巡视时却没有反映出来，这也从一个侧面反映出党内不讲原则、做老好人、多一事不如少一事的风气在蔓延滋长。我们有很多好的制度，但"一把手"的权力过大，更有甚者，个人凌驾于组织之上，不受制度约束，好的制度也就失去了作用。现在群众还能谅解我们，是因为我们对党内腐败不护短，无论其职务多高，只要有问题，就坚决查处。从我们的工作来说，如何加强对"一把手"的监督，从制度上、机制上确保党的纯洁性，应成为下一步工作的重点。二是管好领导干部家属和身边工作人员。领导干部家属和身边工作人员不能搞特殊化，不能利用领导干部的影响谋取私利。现在有一种很不好的风气，只要是领导干部的亲属、领导干部的秘书和警卫，就另眼相待，请客吃饭、有求必应，凡事开绿灯，不该办的事也办，违法违规的事也办，既引起群众不满，也害了干部本人。对亲属、身边工作人员，领导干部自己要管，组织上也要管，党内要改变这种不讲原则的风气。三是切实加强对案件多发部门的管理。要进一步加大对行贿、受贿以及买官卖官的打击力度，严查权钱交易，涉及有职有权的经济和组织人事管理部门，应成为加强反腐倡廉重点关注的对象。

三、重视收入分配问题，防止两极分化。

小平同志讲，社会主义的本质是两条，一是坚持以公有制为主体，二是走共同富裕的道路。贫穷不是社会主义，两极分化也不是社会主义。他在视察南方谈话中还专门提出，到二〇〇〇年就要突出地提出和解决共同富裕问题。锦涛同志讲，科学发展包括较快增长和合理分配，没有合理的分配，就会缺乏增长的持久动力和社会环境的稳定。现在，收入分配中存在的主要问题是收入差距过大、居民收入在国民收入中的比重和劳动报酬在初次分配中所占比重较低，另外还存在一些不合理的、非法的收入。有材料显示，我国百分之十的高收入群体的收入是百分之十的低收入群体的二十三倍，如果加上其他难以统计的收入，差距可达五十五倍。收入分配差距拉大是影响发展和稳定的大问题，也是社会关注的热点问题。我们讲转变经济发展方式，其中一条是促进经济增长由主要依靠投资、出口拉动转为依靠消费、投资、出口协调拉动。但老百姓手中没钱，怎么增加消费、拉动经济增长？据世界银行统计，我国基尼系数是零点四七。国家统计局给我的一份材料中讲，我国基尼系数二〇〇八年是零点四九一，二〇〇九年是零点四九，二〇一〇年是零点四八，二〇一一年是零点四七七。虽呈逐步下降趋势，但也超过了国际公认的警戒线零点四。而美国是零点四一，加拿大是零点三，德国是零点二八。我们要高度重视收入分配差距过大问题，及时加以遏止，否则就可能会造成社会分化、阶层对立，最终演变为政治问题。况且这是关系到社会主义本质特征的重大问题。现在社会上出现的仇官、仇富现象，就是这种心态的反映。报告中明确提出调整收入分配的任务，要提高居民收入在国民收入分配中的比重，提高劳动报酬在初次分配中的比重。国务院正在研究制定国民收入分配改革方案，准备尽快出台。

总之，在当前大好形势下，我们一定要居安思危，增强忧患意识，尤其是各级领导干部，要保持头脑清醒，务必戒骄戒躁，常怀忧党之心，恪尽兴党之责，确保国家长治久安，确保中国特色社会主义永葆青春。

注　释

[1] 薄熙来，曾任中共中央政治局委员，中共重庆市委书记，商务部部长等职。刘志军，曾任中共中央委员，铁道部部长、党组书记等职。二○一二年十一月一日至四日，中国共产党第十七届中央委员会第七次全体会议审议并通过了《中共中央纪律检查委员会关于薄熙来严重违纪问题的审查报告》、《中共中央纪律检查委员会关于刘志军严重违纪问题的审查报告》，确认中央政治局二○一二年九月二十八日作出的给予薄熙来开除党籍、二○一二年五月二十八日作出的给予刘志军开除党籍的处分。二○一三年九月二十二日，山东省济南市中级人民法院以受贿罪、贪污罪和滥用职权罪判处薄熙来无期徒刑，并剥夺政治权利终身。二○一三年七月八日，北京市第二中级人民法院以受贿罪和滥用职权罪判处刘志军死刑，缓期两年执行，并剥夺政治权利终身。

[2] 陈良宇，曾任中共中央政治局委员，中共上海市委书记，上海市市长等职。二○○七年七月二十六日，中共中央政治局会议审议了中共中央纪律检查委员会《关于陈良宇严重违纪问题的审查报告》，决定给予其开除党籍、开除公职处分。二○○八年四月十一日，天津市第二中级人民法院以受贿罪和滥用职权罪判处其有期徒刑十八年。陈希同，曾任中共中央政治局委员，中共北京市委书记，北京市市长等职。一九九五年九月，中国共产党第十四届中央委员会第五次全体会议决定撤销其中央政治局委员、中央委员的职务。一九九七年八月二十九日，中共中央纪律检查委员会决定并报中央批准开除其党籍。一九九八年七月三十一日，北京市高级人民法院以贪污罪和玩忽职守罪判处其有期徒刑十六年。成克杰，曾任全国人大常委会副委员长，中共广西壮族自治区委员会副书记，广西壮族自治区人民政府主席等职。二○○○年四月二十日，中共中央纪律检查委员会召开新闻发布会，公布成克杰严重违纪违法案件

的查处情况。中央纪委决定并经中共中央批准，给予其开除党籍处分。二〇〇〇年七月三十一日，北京市第一中级人民法院以受贿罪判处其死刑，并剥夺政治权利终身。

编辑统筹：张振明

责任编辑：郑　治　朱云河

封面设计：肖　辉　王欢欢

版式设计：汪　莹

责任校对：张　彦　梁　悦

图书在版编目（CIP）数据

吴邦国论经济社会发展：全 2 册 / 吴邦国 著 . —北京：人民出版社，2017.8

ISBN 978 - 7 - 01 - 018248 - 3

I. ①吴…　II. ①吴…　III. ①吴邦国 - 文集②中国经济 - 经济发展 - 文集
　③社会发展 - 中国 - 文集　IV. ① D2-0 ② F124–53 ③ D668–53

中国版本图书馆 CIP 数据核字（2017）第 221868 号

吴邦国论经济社会发展

WU BANGGUO LUN JINGJI SHEHUI FAZHAN

吴邦国　著

人民出版社 出版发行

（100706　北京市东城区隆福寺街 99 号）

北京新华印刷有限公司印刷　新华书店经销

2017 年 8 月第 1 版　2017 年 8 月北京第 1 次印刷

开本：710 毫米 ×1000 毫米 1/16　印张：54.5

字数：618 千字　插页：6

ISBN 978 - 7 - 01 - 018248 - 3　定价：166.00 元（上、下）

邮购地址 100706　北京市东城区隆福寺街 99 号

人民东方图书销售中心　电话（010）65250042　65289539